黑龙江统计年鉴

HEILONGJIANG STATISTICAL YEARBOOK

2020

（总第34期 No.34）

黑 龙 江 省 统 计 局
国家统计局黑龙江调查总队 编

Compiled by

HEILONGJIANG PROVINCIAL BUREAU OF STATISTICS
SURVEY ORGANIZATION OF HEILONGJIANG OF NBS

图书在版编目（CIP）数据

黑龙江统计年鉴. 2020 = Heilongjiang Statistical Yearbook 2020 : 汉英对照 / 黑龙江省统计局, 国家统计局黑龙江调查总队编. -- 北京 : 中国统计出版社, 2020.12
ISBN 978-7-5037-9395-0

Ⅰ. ①黑… Ⅱ. ①黑… ②国… Ⅲ. ①统计资料—黑龙江省—2020—年鉴—汉、英 Ⅳ. ①C832.35-54

中国版本图书馆 CIP 数据核字（2020）第 236686 号

黑龙江统计年鉴—2020

作　　者 / 黑龙江省统计局　国家统计局黑龙江调查总队
责任编辑 / 佘竞雄
执行编辑 / 且淑芬
装帧设计 / 李　静
出版发行 / 中国统计出版社
地　　址 / 北京市丰台区西三环南路甲 6 号　邮政编码 /100073
电　　话 / 邮购（010）63376909　书店（010）68783171
网　　址 / http://www.zgtjcbs.com
印　　刷 / 哈尔滨翱翔印务有限公司
经　　销 / 新华书店
开　　本 / 890mm×1240mm　1/16
字　　数 / 858 千字
印　　张 / 37　彩页：1.25
版　　别 / 2020 年 12 月第 1 版
版　　次 / 2020 年 12 月第 1 次印刷
定　　价 / 438.00 元　Price:438.00 yuan (RMB)

《黑龙江统计年鉴—2020》
编委会和编辑工作人员

编委会

编辑工作人员

Heilongjiang Statistical Yearbook-2020

Editorial Board And Editorial Staff

编 辑 说 明

一、《黑龙江统计年鉴—2020》是一部全面反映黑龙江省经济和社会发展状况的资料性工具书。本书系统收录了全省及各市（地）、县2019年经济和社会各方面的统计数据，以及历史重要年份的主要统计数据。

二、全书共分20个部分：1. 综合；2. 人口、就业人员和工资；3. 国民经济核算；4. 价格指数；5. 人民生活；6. 财政、金融和保险；7. 资源与环境；8. 能源；9. 固定资产投资；10. 对外经济贸易；11. 农业；12. 工业；13. 建筑业；14. 住房和房地产；15. 国内贸易和旅游业；16. 运输和邮电；17. 教育与科技；18. 文化、体育、卫生和社会服务；19. 城市概况；附录：各县、市主要指标。各部分均附有主要统计指标解释。

三、资料中使用的度量衡单位均采用国际统一标准的计量单位。

四、本年鉴的资料大部分来自年度统计报表，部分数据来自抽样调查和专业部门年报，部分专业历史数据和资料来源口径有调整，请留意表中注释。

五、附录中的县域经济指标为各县（市）上报数，未做逐级核对，仅供参考。

六、由于数据来源和计算方法不同，一些指标分地区数据相加不等于全省数，请使用时注意。部分合计数或相对数因单位取舍不同而产生的计算误差均未做调整。

七、本年鉴中的符号使用说明："空格"表示该项数据不详或数据太小，不足本表计量单位；"#"表示其中主要项。

EDITOR'S NOTES

I. *Heilongjiang Statistical Yearbook—2020* is an annual statistics publication, which covers very comprehensive data in 2019 and some selected data series in historically important years at provincial levels and local levels of cities, regions, and counties directly under the provincial government and therefore, reflects various aspects of social and economic development of Heilongjiang.

II. The book contains the following 20 parts, 1. General Survey; 2. Population, Employment and Wages; 3. National Accourts; 4. Price Indices; 5. People's Living Conditions; 6. Finance, Banking and Insurance; 7. Resources and Environment; 8. Energy; 9. Investment in Fixed Assets; 10. Foreign Trade and Economic Cooperation; 11. Agriculture; 12. Industry; 13. Construction; 14.Housing and Real Estate; 15. Domestic Trade and Tourism; 16. Transport, Posts and Telecommunication Services; 17. Education, Science and Technoloy; 18. Culture, Sports, Public Health and Social Services; 19. General Survey of Cities; Appedix Main Indicators of Counties. In addition, explanatory notes on main statistical indicators are provided at the end of each part.

III. The units of measurement used in this book are internationally standard measurement units.

IV. The major data sources of this publication are obtained from annual statistical reports, and some from sample surveys and professional departments. Statistical coverage of some professional historical data has adjusted. Please attention to explanatory notes in charts.

V. Some statistical data gathering from regions are not the same as total of province. Please attention to use. Statistical discrepancies due to rounding are not adjusted in this yearbook.

VI. Economic indicators in appendix are statistical data of county. The data are not checked from level. It is reference only.

VII. Notations used in this yearbook:

"(Blank) " indicates that the data not available or the figure is not large enough to be measured with the smallest unit in the table; "# " indicates the major items of the total.

篇 目 索 引　　Subject Index

1. 综　合	1.General Survey
2. 人口、就业人员和工资	2.Population, Employment and Wages
3. 国民经济核算	3.National Accounts
4. 价格指数	4.Price Indices
5. 人民生活	5.People's Living Conditions
6. 财政、金融和保险	6.Finance, Banking and Insurance
7. 资源与环境	7.Resources and Environment
8. 能　源	8.Energy
9. 固定资产投资	9.Investment in Fixed Assets
10. 对外经济贸易	10.Foreign Trade and Economic Cooperation
11. 农　业	11.Agriculture
12. 工　业	12.Industry
13. 建筑业	13.Construction
14. 住房和房地产	14.Housing and Real Estate
15. 国内贸易和旅游业	15.Domestic Trade and Tourism
16. 运输和邮电	16.Transport, Posts and Telecommunication Services
17. 教育与科技	17.Education, Science and Technoloy
18. 文化、体育、卫生和社会服务	18.Culture, Sports, Public Health and Social Services
19. 城市概况	19.General Survey of Cities
附录 各县、市主要指标（2019 年）	Appendix Main Indicators of Counties(2019)

耕地

黑龙江省是中国耕地面积最大的省份，是世界著名的三大黑土带之一。
全省人均耕地面积居全国第一位。

■耕地面积2.39亿亩（含加格达奇松岭区）

■人均耕地面积6.4亩

Heilongjiang province has the largest area of cultivated land among the provinces in China, Heilongiang province lies in one of the three most famous black earth belts in the world. The cultivated land per capita list the first in China.

粮食

黑龙江省粮食产量连续9年居全国首位，是中国重要的商品粮基地。

■粮食播种面积2019年21507.2万亩

■粮食产量2019年1500.6亿斤

Heilongiang province is an important commodity grain base in China,and its grain output ranks first in China for 9 consecutive years.

大豆

黑龙江省大豆种植面积和产量居全国首位。

■大豆播种面积2019年6419.2万亩

■大豆产量2019年156.2亿斤

The sown areas and yield soybean in Heilongjiang are standing number one in China.

绿色食品

黑龙江省绿色食品认证面积居全国第一位。

■绿色食品认证数量2019年2800个

■绿色食品种植面积2019年8120.0万亩

Heilongjiang ranks first in China in area of green food certification.

草原

黑龙江省草地面积约201.8万公顷，优质的牧草为畜牧业发展提供了丰厚的天然条件，全省牛奶和乳制品产量均居全国前列。

■奶牛数量2019年107.6万头

■乳制品产量2019年164.2万吨

■牛奶产量2019年465.2万吨

The provincial grassland area is about 2018000 hectares, and the high- quality grazing provide rich natural condition for the development of the stock raising. The prodction of milk and dairy products rank the total accumulation of the nation.

旅游资源

黑龙江省冰雪旅游资源堪称中国之最。

■亚布力是亚洲最大的滑雪场;

■镜泊湖是中国最大的高山堰塞湖;

■五大连池被誉为“天然火山博物馆”。

The resources of ice-and-snow in Heilongiang are praised the best of all in China. Yabuli sking site is the biggest in Asia Jingpohu lake is the largest mountain-and-wei stufing lake in China. Wudalianchi is praiscd as the natural volcano museum.

原油

黑龙江省原油产量居全国第三，大庆油田累计提供原油24.0亿吨。

■原油产量2019年3110万吨

Heilongjiang's crude oil ranks third in China,and Daqing provides 2.4 billion tons.

森林

黑龙江省是我国重点林区之一，森林面积、森林总蓄积量和木材产量均居全国前列，是国家重要的木材战略储备基地。

■森林面积2145万公顷

■森林覆盖率47.21%

■森林蓄积量20.52亿立方米

Heilongjiang Province is one of China's major forest areas. The forest area, total volume of forest and timber production rank the total accumulation of the nation, is an important national timber strategic reserve base.

黑龙江的一天（2019年）

Selected Indicators Average Daily Social and Economic Activities of Heilongjiang Province(2019)

地区生产总值37.30亿元
GDP 3730million yuan

出生人口589人
Birth population 589 persons

死亡人口693人
Deadth population 693 persons

粮食产量20.56万吨
Yield of Grain 205562 tons

公共财政收入3.46亿元
Public financial revenue 346 million yuan

旅游收入7.35亿元
Earnings from tourism 735 million yuan

公共财政支出13.73亿元
Public financial ecpenditures 1373 million yuan

客运量88.4万人
Passenger traffic 0.88 million persons

进出口总额7425万美元
Total exports and imports 74.25 million USD

货运量159.0万吨
Freight traffic 1590219 tons

进口总额6036万美元
Total imports 60.36 million USD

邮电业务总量5.06亿元
Business volume of post and telecom-munications service 506 million yuan

出口总额1389万美元
Total exports 13.89 million USD

金融机构各项存款增加额6.56亿元
Every deposit tota value of financial institution 656 million yuan

原油产量8.52万吨
Yield of Crude Oil 85205 tons

居民储蓄增加额6.70亿元
Savings deposit of rural and urban residents 670 million yuan

钢材产量2.14万吨
Yield of steel 21425 tons

发电量2.90亿千瓦小时
Electricity 290 million kwh

乳制品产量0.45万吨
Yield of dairy product 4499 tons

三项专利授权54.8件
Number of three types of patent applications granted 54.8 units

汽车产量518辆
Yield of Automobile 518 unit

牛奶产量1.27万吨
Yield of milk 12745 tons

肉类产量0.65万吨
Output of Meat 6496 tons

总人口及自然增长率

Total Population and Natural Growth Rate

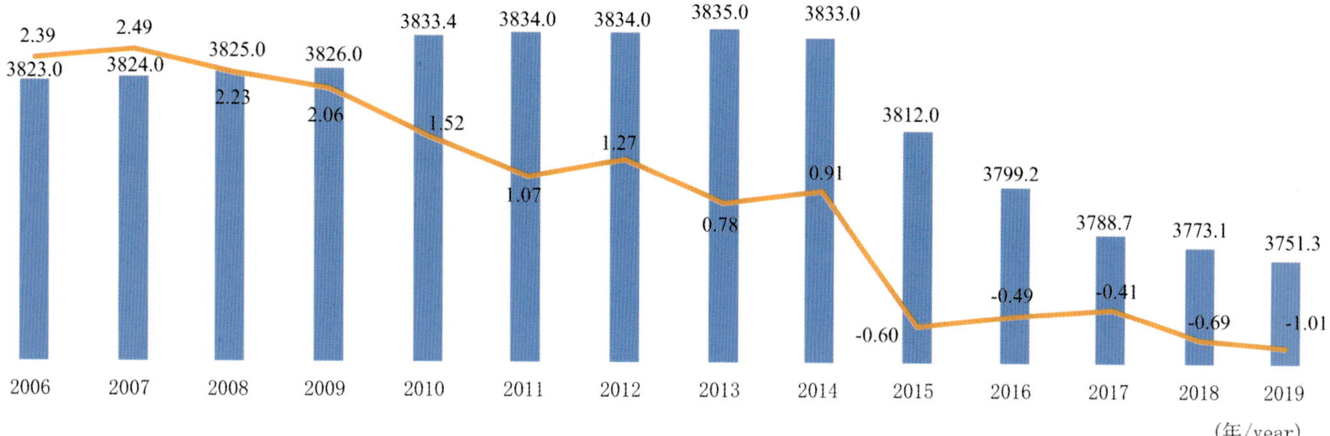

常住人口城镇化率（%）

Resident Population Urbanization Rate (%)

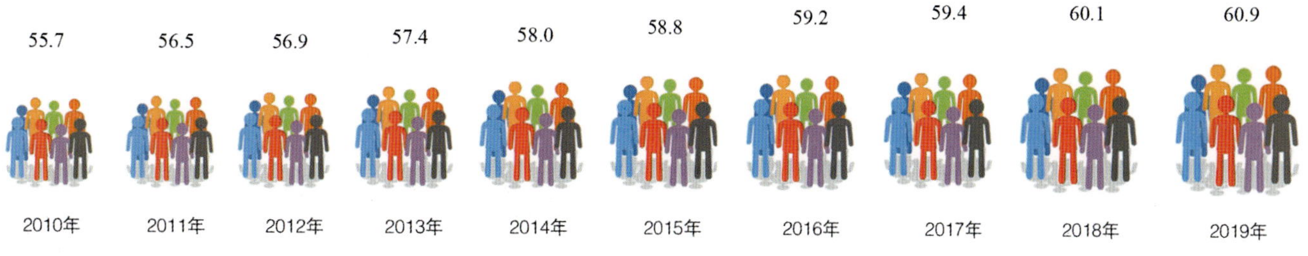

就业人数（万人）

Number of Employed Persons (10000 persons)

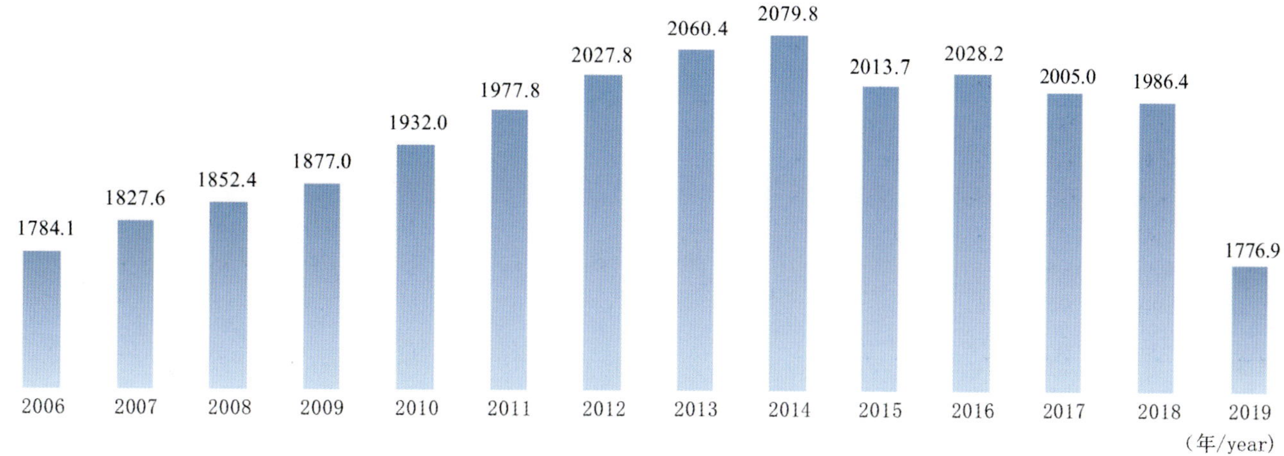

城镇非私营单位就业人员平均工资（元）
Average Wage of Employed Persons in Urban Non-private Units(yuan)

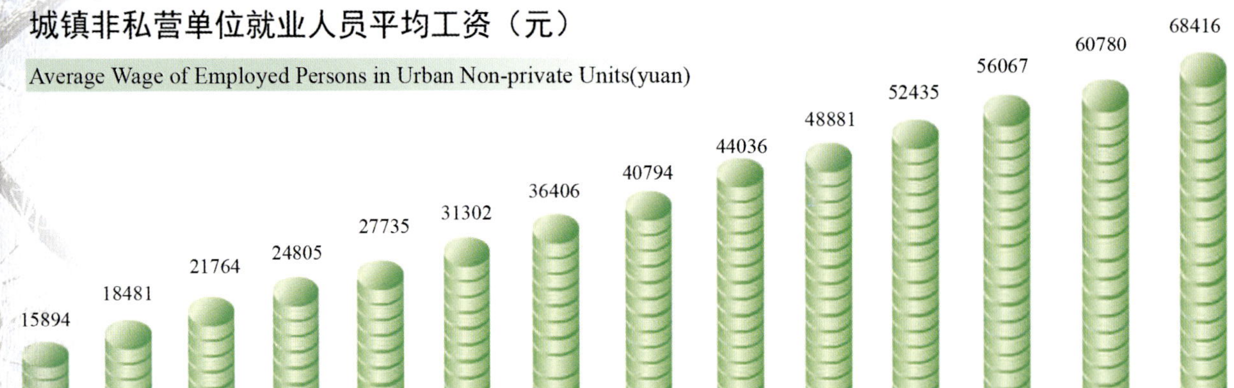

地区生产总值及增长速度
Gross Domestic Product &It's Growth Rate

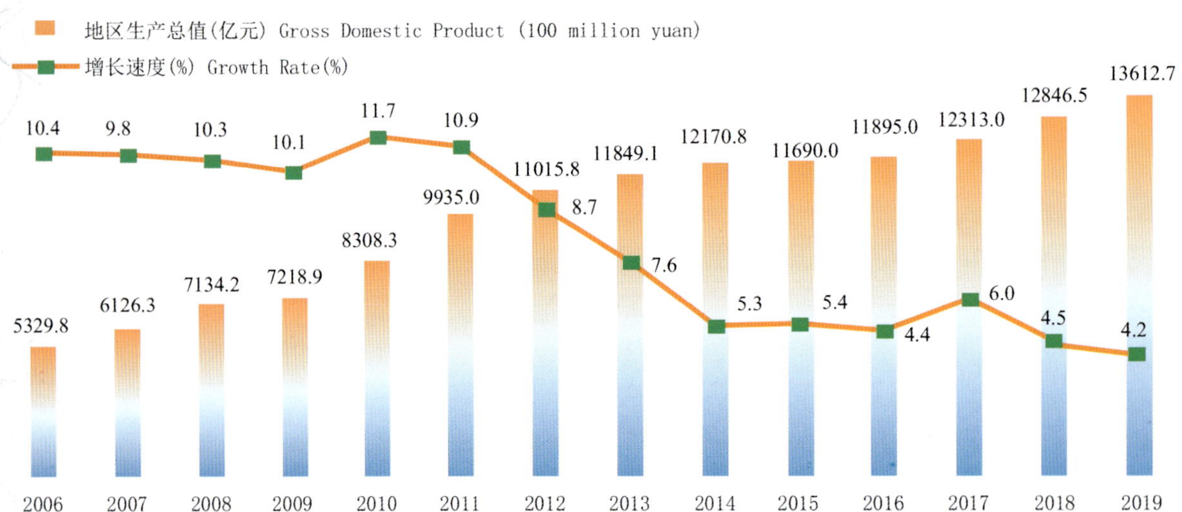

地区生产总值构成(%)
Composition of GDP (%)

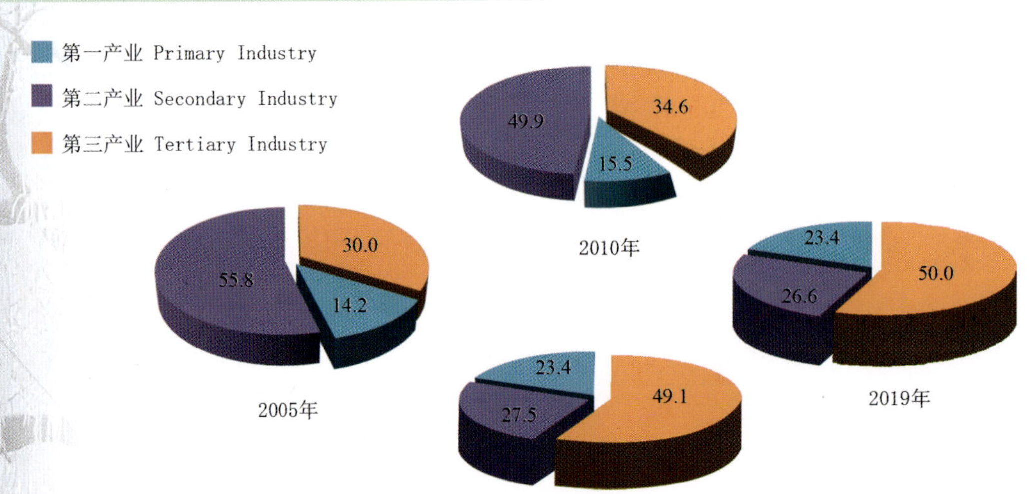

数字黑龙江

人均地区生产总值（元）

Per Capita GDP (yuan)

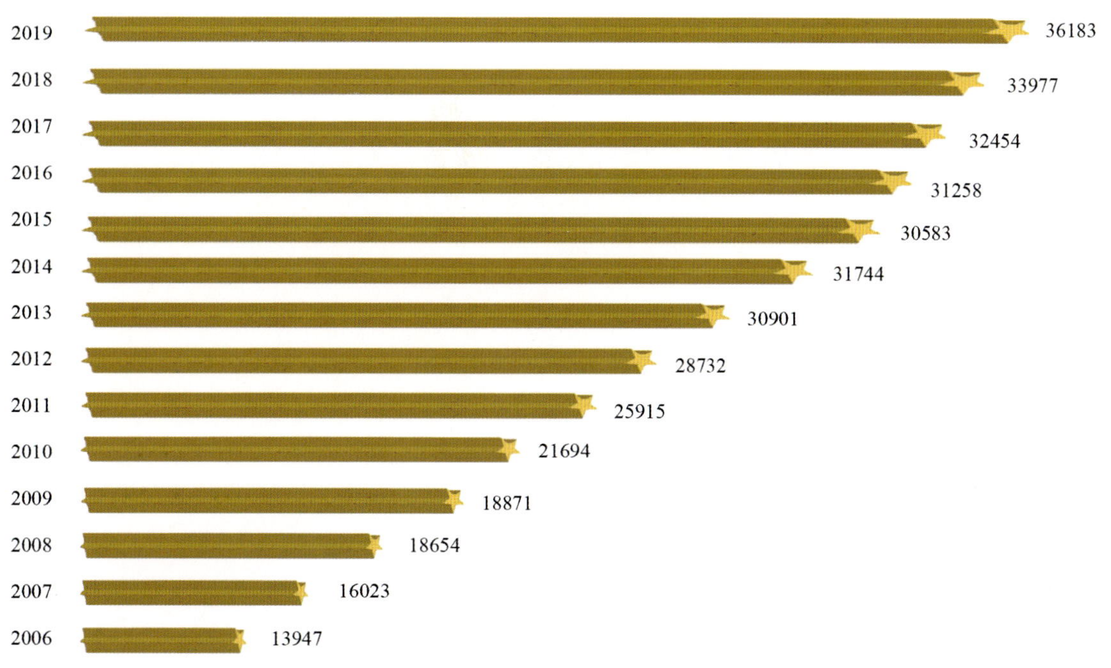

城乡常住居民人均可支配收入（元）

Annual Per Capita Disposable Income of Urban & Rural Households (yuan)

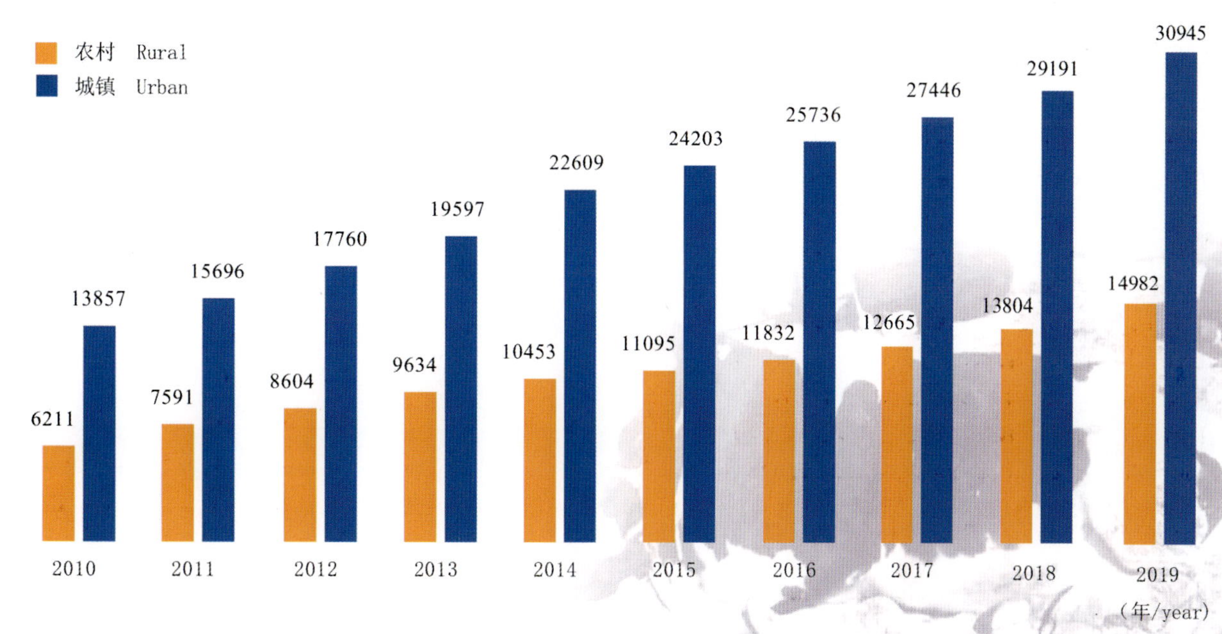

城镇居民消费结构（%）
Urban Resident's Consumption Composition (%)

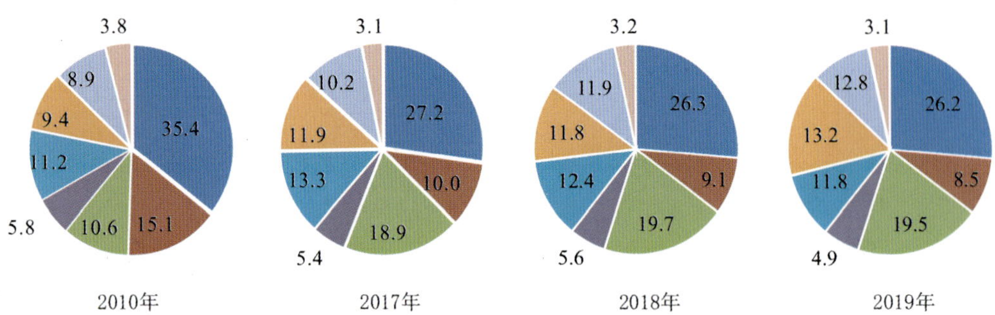

农村居民消费结构（%）
Rural Resident's Consumption Composition (%)

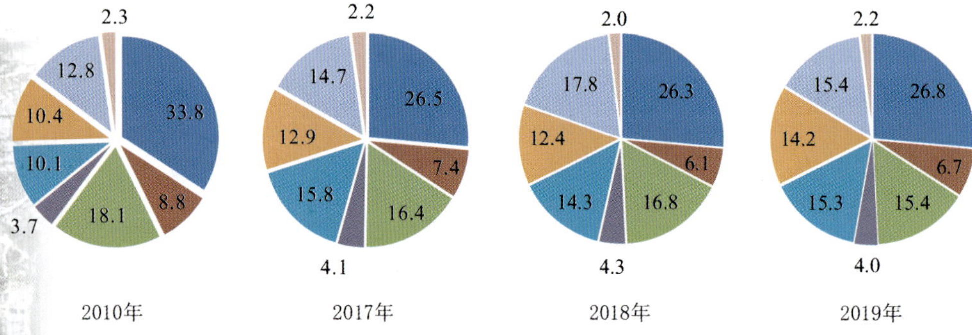

单位GDP能耗上升或下降（%）
Rise or Fall Rate of Energy Consumption Per Unit of GDP (%)

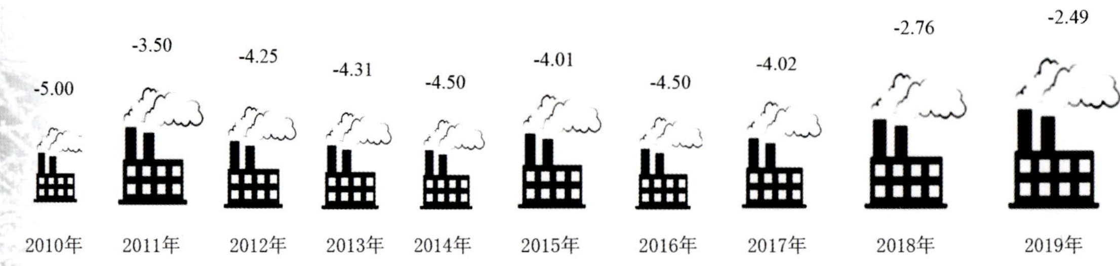

数字黑龙江

进出口总额（亿美元）

Total Value of Imports and Exports (USD 100 million)

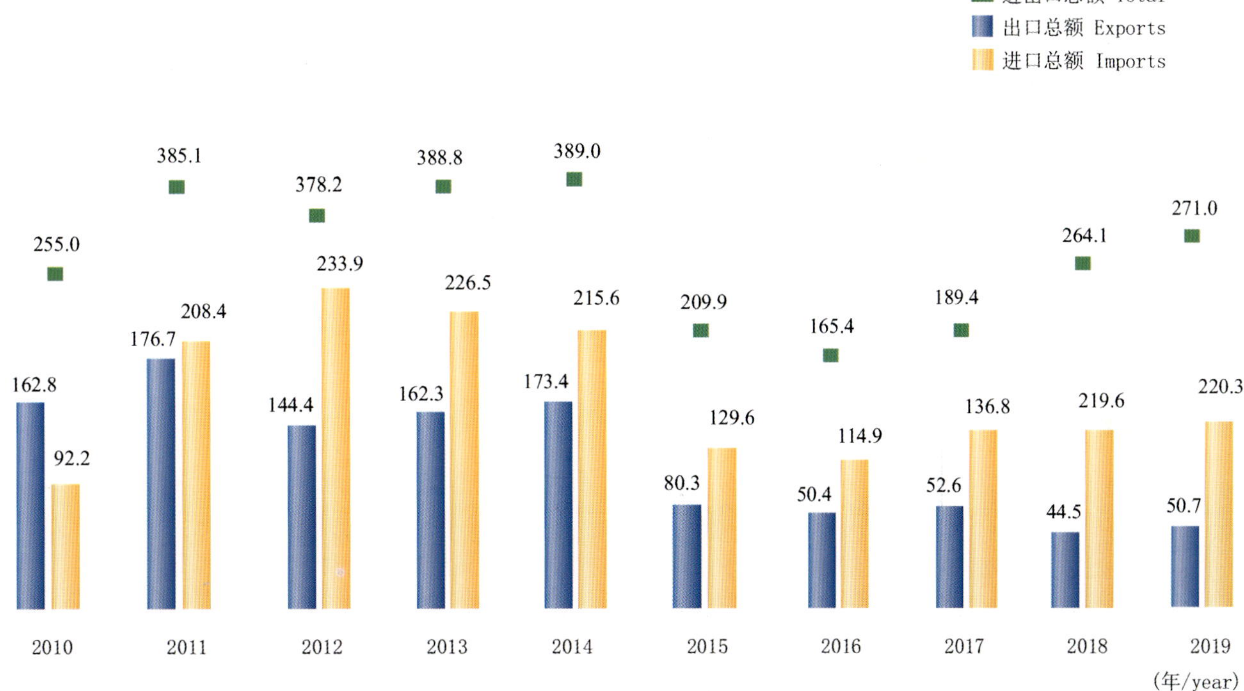

进出口总额/GDP（%）

Degree of Dependence upon Foreign Trade (%)

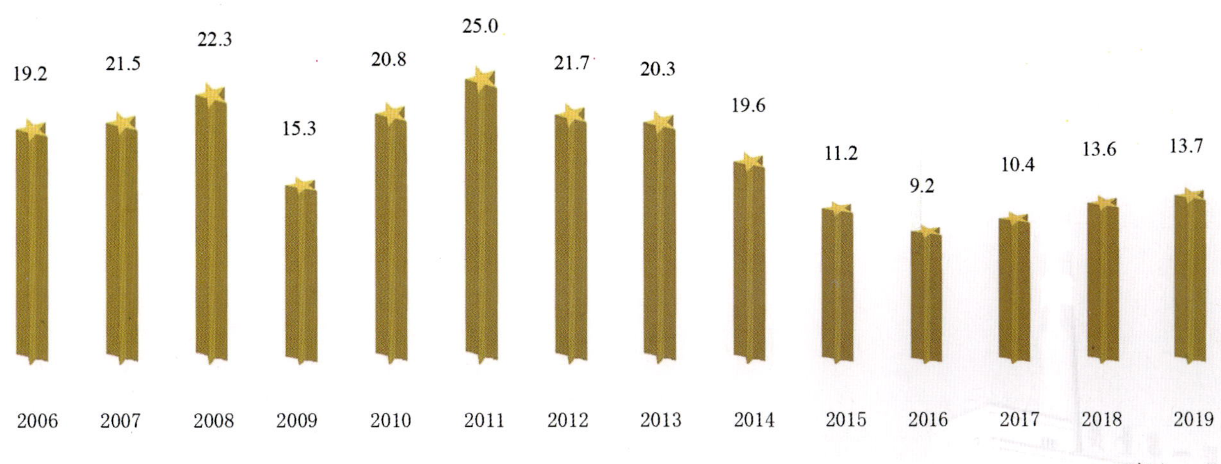

粮食产量（万吨）

Yield of Grain (10000 tons)

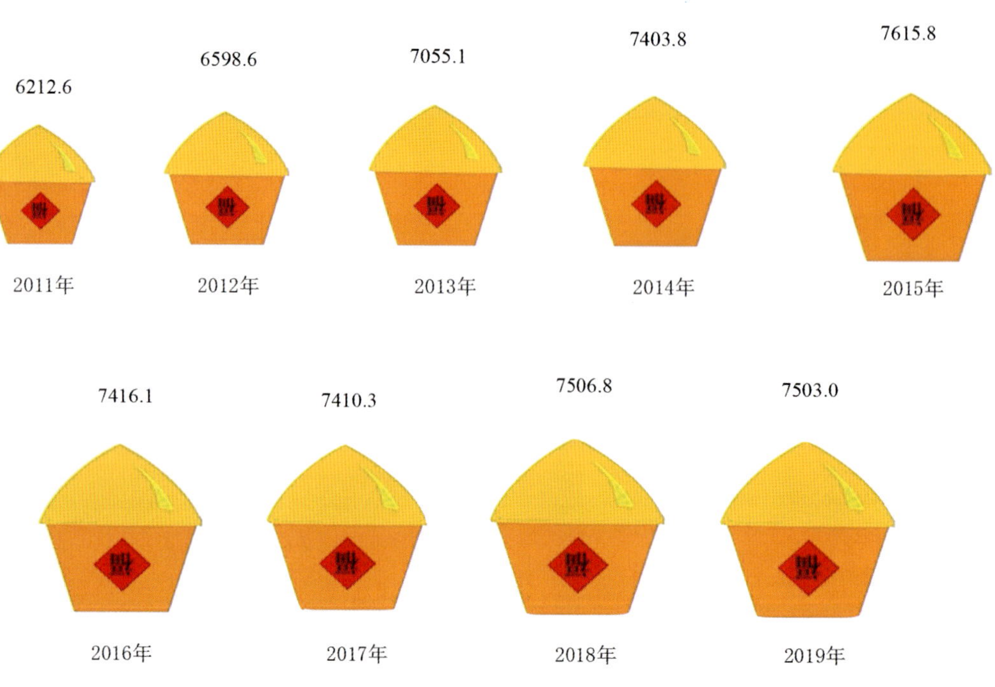

农业总产值（亿元）

Gross Output Value of Farming, Forestry, Animal Husbandry & Fishery (100 million yuan)

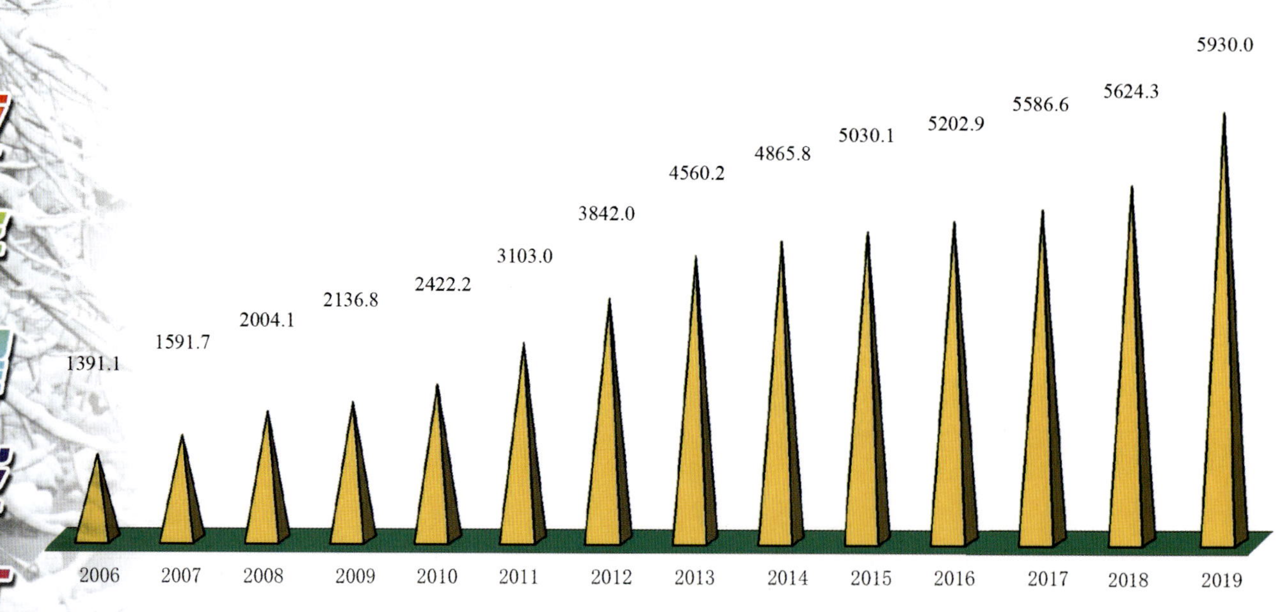

数字黑龙江

绿色食品产业发展

Green Food Industry Development

规模以上工业增加值增长速度（%）

Rate of Value-added of Industry Above Designated Size (%)

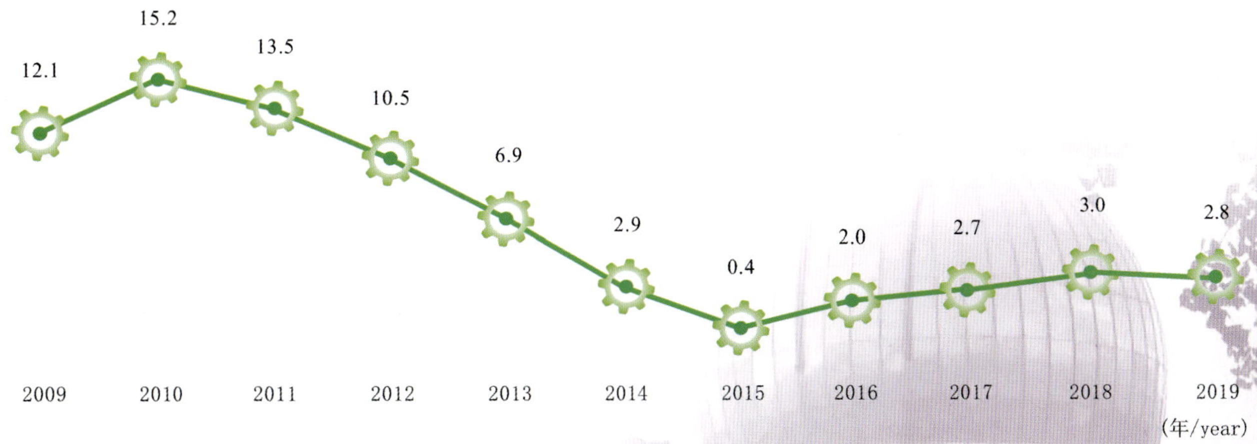

石油产量（万吨）
Yield of Crude Oil (10000 tons)

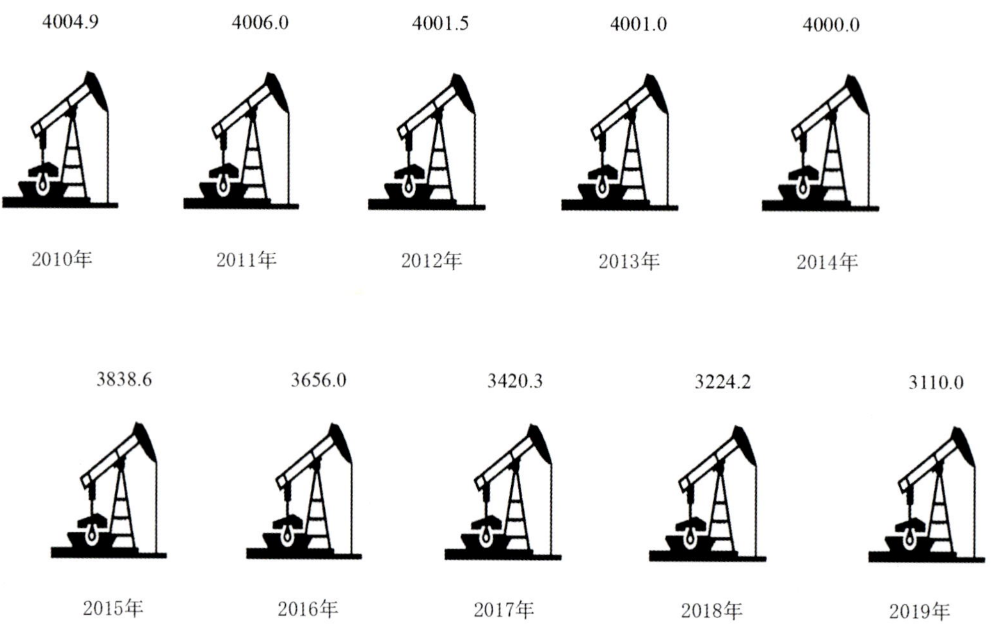

客货运输量
Total Passenger & Freight Traffic

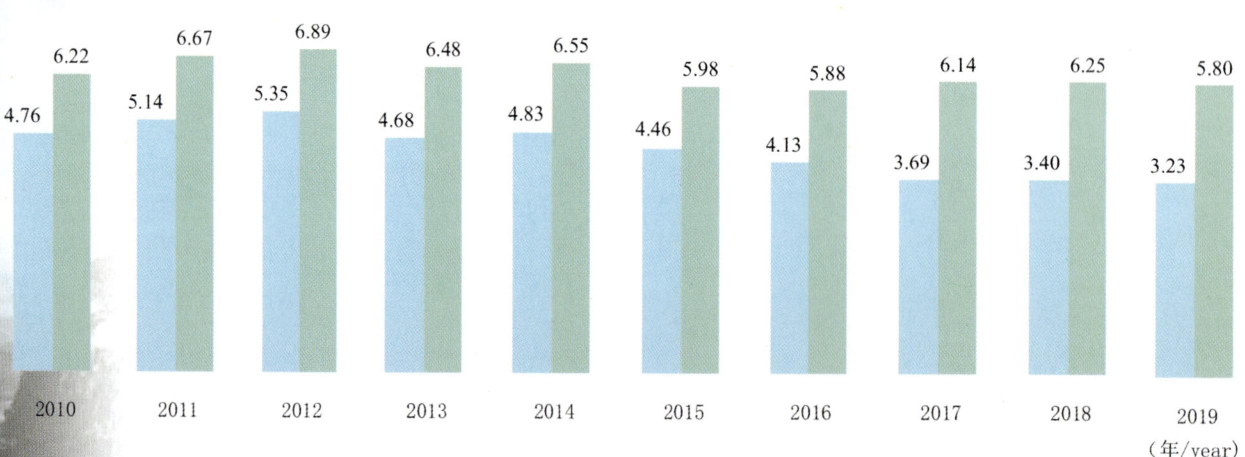

各类学校在校学生数（万人）

Number of Students Enrollment By Type of School (10000 persons)

每万人拥有大学生数（人）

Number of University and College Students Per 10000 Population (person)

三项专利授权数（件）

Number of Patent Applications Certified (item)

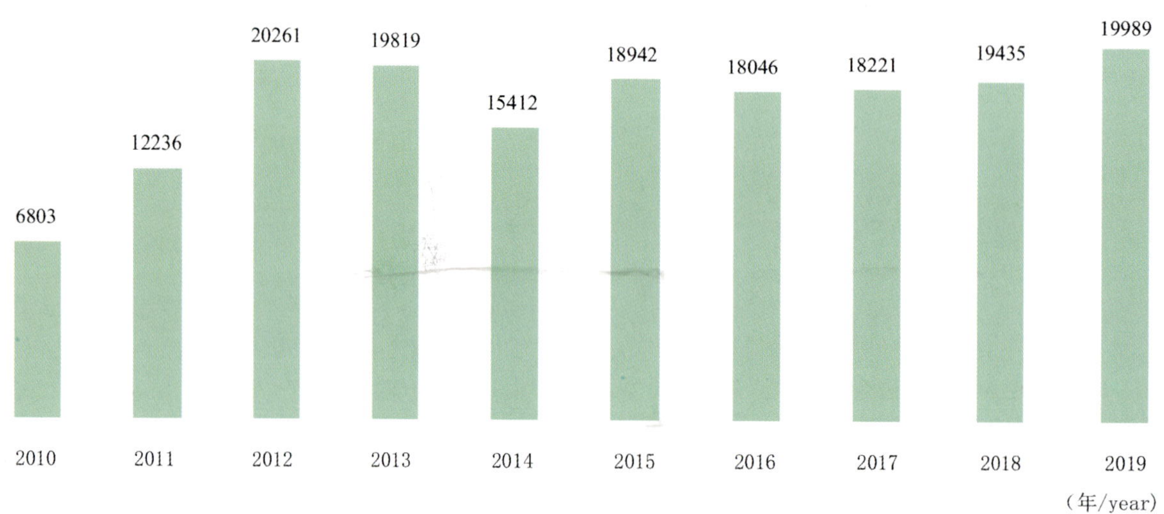

每万人拥有卫生资源数

Number of Health Resources Per 10000 Population

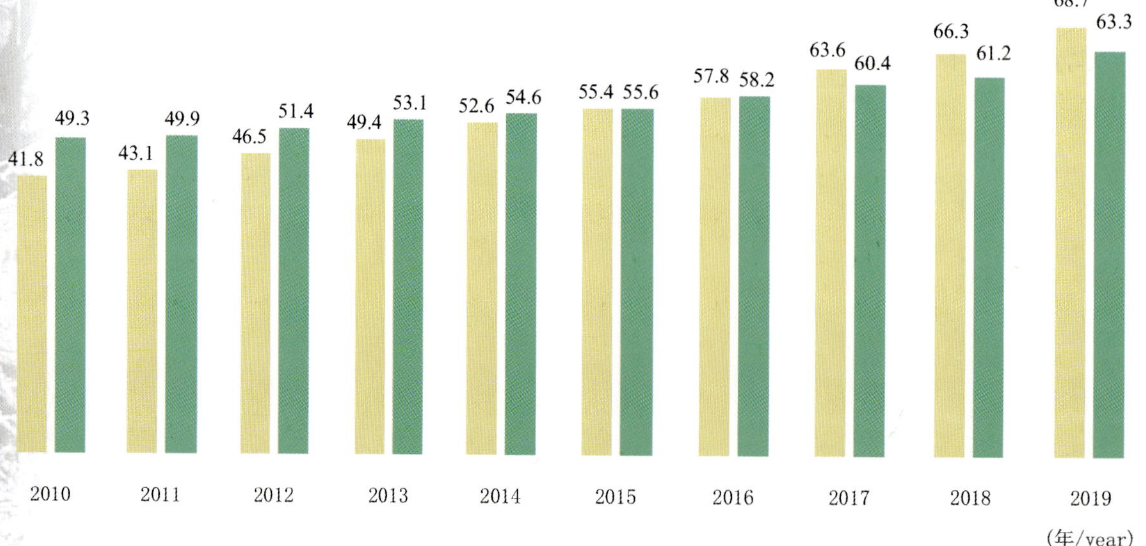

数字黑龙江

目 录

CONTENTS

第一篇 综 合
Chapter 1 General Survey

第二篇 人口、就业人员和工资
Chapter 2 Population, Employment and Wages

第三篇 国民经济核算
Chapter 3 National Accounts

第四篇 价格指数
Chapter 4 Price Indices

第五篇 人民生活

Chapter 5 People's Living Conditions

第六篇 财政、金融和保险

Chapter 6 Government Finance, Financial Intermediation and Insurance

第七篇 资源与环境
Chapter 7 Resources and Environment

第八篇 能 源
Chapter 8 Energy

第九篇 固定资产投资
Chapter 9 Investment in Fixed Assets

第十篇　对外经济贸易
Chapter 10　Foreign Trade and Economic Cooperation

第十一篇　农 业
Chapter 11　Agriculture

第十二篇 工 业
Chapter 12 Industry

第十三篇 建筑业
Chapter 13 Construction

第十四篇 住房和房地产
Chapter 14 Housing and Real Estate

第十五篇　国内贸易和旅游业
Chapter 15　Domestic Trade and Tourism

第十六篇 运输和邮电
Chapter 16 Transport, Postal and Telecommunication Services

第十七篇 教育与科技
Chapter 17 Education, Science and Technology

第十八篇 文化、体育、卫生和社会服务
Chapter 18 Culture, Sports, Public Health and Social Services

第十九篇 城市概况
Chapter 19 General Survey of Cities

第一篇　综　合

CHAPTER 1　GENERAL SURVEY

资料整理：王志博　陈　宇　高　健

1-1 行政区划（2019年）
Divisions of Administrative Areas(2019)

单位：个 (unit)

地 区	Region	市、地辖区 Districts Under the Jurisdiction of Cities(Prefecture)	县级市 Cities at County Level	县、自治县 County, Autonomous Couties	镇 Towns	民族镇 Ethnic Towns	乡 Township	民族乡 Ethnic Community Township	城市街道办事处 Cities Street Communities
合 计	**Total**	**58**	**21**	**46**	**546**	**11**	**293**	**52**	**338**
哈尔滨	Harbin	9	2	7	109	3	45	11	136
齐齐哈尔	Qiqihar	7	1	8	68	3	46	6	38
鸡 西	Jixi	6	2	1	25		19	4	29
鹤 岗	Hegang	6		2	11		8	2	32
双鸭山	Shuangyashan	4		4	21		19	2	24
大 庆	Daqing	5		4	31		24	3	
伊 春	Yichun	4	1	5	24		8	1	13
佳木斯	Jiamusi	4	3	3	46		25	4	20
七台河	Qitaihe	3		1	9		6	2	
牡丹江	Mudanjiang	4	5	1	46	2	3	4	23
黑 河	Heihe	1	3	2	29		29	7	11
绥 化	Suihua	1	3	6	101	3	52	4	6
大兴安岭	Daxinganling	4	1	2	26		9	2	6

1-1 续表1 Continued

地 区	Region	县级市	City at County Level	县	County	区	District
哈尔滨市	**Harbin City**	尚志市	Shangzhi	宾 县	Binxian	道里区	Daoli
		五常市	Wuchang	方正县	Fangzheng	南岗区	Nangang
				依兰县	Yilan	道外区	Daowai
				巴彦县	Bayan	松北区	Songbei
				木兰县	Mulan	香坊区	Xiangfang
				通河县	Tonghe	平房区	Pingfang
				延寿县	Yanshou	呼兰区	Hulan
						阿城区	Acheng
						双城区	Shuangcheng
齐齐哈尔市	**Qiqihar City**	讷河市	Nehe	龙江县	Longjiang	龙沙区	Longsha
				依安县	Yian	建华区	Jianhua
				泰来县	Tailai	铁锋区	Tiefeng
				甘南县	Gannan	昂昂溪区	Angangxi
				富裕县	Fuyu	富拉尔基区	Fularji
				克山县	Keshan	碾子山区	Nianzishan
				克东县	Kedong	梅里斯达斡尔族区	Meilisi Daur Nationality District
				拜泉县	Baiquan		
鸡西市	**Jixi City**	密山市	Mishan	鸡东县	Jidong	鸡冠区	Jiguan
		虎林市	Hulin			恒山区	Hengshan
						城子河区	Chengzihe
						滴道区	Didao
						梨树区	Lishu
						麻山区	Mashan
鹤岗市	**Hegang City**			绥滨县	Suibin	向阳区	Xiangyang
				萝北县	Luobei	工农区	Gongnong
						南山区	Nanshan
						兴安区	Xingan
						东山区	Dongshan
						兴山区	Xingshan

1-1 续表2 Continued

地 区	Region	县级市	City at County Level	县	County	区	District
双鸭山市	**Shuangyashan City**			集贤县	Jixian	尖山区	Jianshan
				友谊县	Youyi	岭东区	Lingdong
				宝清县	Baoqing	宝山区	Baoshan
				饶河县	Raohe	四方台区	Sifangtai
大庆市	**Daqing City**			林甸县	Lindian	萨尔图区	Sartu
				肇源县	Zhaoyuan	龙凤区	Longfeng
				肇州县	Zhaozhou	让胡路区	Ranghulu
				杜尔伯特蒙古族自治县	Durbote Mongolia Natio-nality Autonomous	红岗区	Honggang
						大同区	Datong
伊春市	**Yichun City**	铁力市	Tieli	嘉荫县	Jiayin	伊美区	Yimei
				汤旺县	Tangwang	乌翠区	Wucui
				丰林县	Fenglin	友好区	Youhao
				大箐山县	Daqingshan	金林区	Jinlin
				南岔县	Nancha		
佳木斯市	**Jiamusi City**	同江市	Tongjiang	桦南县	Huanan	向阳区	Xiangyang
		富锦市	Fujin	桦川县	Huachuan	前进区	Qianjin
		抚远市	Fuyuan	汤原县	Tangyuan	东风区	Dongfeng
						郊　区	Suburb
七台河市	**Qitaihe City**			勃利县	Boli	新兴区	Xinxing
						桃山区	Taoshan
						茄子河区	Qiezihe
牡丹江市	**Mudanjiang City**	绥芬河市	Suifenhe	林口县	Linkou	东安区	Dongan
		海林市	Hailin			阳明区	Yangming
		宁安市	Ningan			爱民区	Aimin
		穆棱市	Muling			西安区	Xian
		东宁市	Dongning				
黑河市	**Heihe City**	北安市	Beian	逊克县	Xunke	爱辉区	Aihui
		五大连池市	Wudalianchi	孙吴县	Sunwu		
		嫩江市	Nenjiang				
绥化市	**Suihua City**	安达市	Anda	望奎县	Wangkui	北林区	Beilin
		肇东市	Zhaodong	兰西县	Lanxi		
		海伦市	Hailin	青冈县	Qinggang		
				庆安县	Qingan		
				明水县	Mingshui		
				绥棱县	Suiling		
大兴安岭地区	**Daxinganling Prefecture**	漠河市	Mohe	呼玛县	Huma	新林区	Xinlin
				塔河县	Tahe	呼中区	Huzhong
						松岭区	Songling
						加格达奇区	Jiagedaqi

1-2 各部门机构数
Grass-roots Unit in Various Sectors

单位：个 (unit)

部 门	Sector	2016	2017	2018	2019
规模以上工业企业	**Industrial Enterprises above Designated Size**	**3946**	**3731**	**3251**	**3531**
内资企业	Domestic Funded Enterprises	3758	3549	3096	3377
国有企业	State-owned Industry	120	119	109	89
集体企业	Collective-owned Industry	29	28	34	28
股份合作企业	Cooperative Enterprises	11	6	6	6
联营企业	Joint Ownership Enterprises	1			
有限责任公司	Limited Liability Corporations	1612	1532	1283	1334
股份有限公司	Share Holding Enterprises	214	191	169	166
私营企业	Private Enterprises	1759	1660	1488	1746
港、澳、台商投资企业	Enterprises with Funds from Hong Kong, Macao and Taiwan	61	65	49	43
外商投资企业	Foreign Funded Enterprises	127	117	106	111
建筑企业	**Construction Enterprises and Units**	**1566**	**1614**	**1671**	**1850**
内资企业	Domestic Funded Enterprises	1558	1608	1667	1847
国有企业	State-owned Industry	104	91	66	78
集体企业	Collective-owned Industry	83	77	70	60
股份合作企业	Cooperative Enterprises	1	1	2	
联营企业	Joint Ownership Enterprises	1	1	1	
有限责任公司	Limited Liability Corporations	728	717	479	781
股份有限公司	Share Holding Enterprises	75	77	62	64
私营企业	Private Enterprises	564	641	987	863
港、澳、台商投资企业	Enterprises with Funds from Hong Kong, Macao and Taiwan	4	3	2	1
外商投资企业	Foreign Funded Enterprises	4	3	2	2
外商投资企业	**Enterprise of Foreign-Funded**	**4227**	**4444**	**5028**	**5296**
中外合资	Joint Ventures	474	497	610	618
中外合作	Cooperative Operation	48	49	66	66
外资企业	Foreign Investment	719	773	907	1010
教育(所)	**Education (unit)**				
普通高等学校	Regular Institutions of Higher Education	82	81	81	81
成人高等学校	Adult Education Schools	21	21	20	16
中等专业学校	Specialized Secondary Schools	77	82	80	76
成人中等专业学校	Secondary Schools for Adults	41	40	36	32
普通中学	Regular Secondary Schools	1823	1800	1784	1788
#高 中	#Senior Secondary Schools	372	371	366	368
职业中学	Vocational Secondary Schools	119	115	113	111
技工学校	Vestibule Schools	127	127	129	129
小 学	Primary Schools	1979	1537	1469	1431
幼儿园	Kindergartens	5720	5888	5852	5881
科学研究与开发机构数	Number of R&D Institutions	226	226	226	226

1-2 续表 Continued

单位：个 (unit)

部　　门	Sector	2016	2017	2018	2019
文化事业机构	**Cultural Establishments**	**2457**	**2444**	**2466**	**2255**
艺术业	Art Institutions	105	122	146	151
图书馆业	Library	108	109	109	110
群众文化服务业	Mass Cultural Establishments	1665	1635	1635	1430
艺术教育业	Arts Education Establishments	6	6	6	6
文物业	Cultural Relic Establishments	268	275	282	277
#博物馆	#Museums	176	183	191	193
其他文化业	Others	305	297	288	281
广播、电视	**Broadcasting and Television**				
广播电台(座)	Radio Stations(unit)	14	10	10	10
电视台(座)	Television Stations(unit)	15	10	10	10
出版、发行事业	**Publishing and Distribution Establishments**	**693**	**692**	**625**	**668**
出版单位	Publishing Houses	421	420	367	413
书刊印刷厂	Printing Houses	169	155	155	155
书　店	Book Stores	103	103	103	100
卫生机构	**Health Institutions**	**20378**	**20278**	**20357**	**20377**
医　院	Hospitals	1029	1088	1104	1143
疗养院	Sanatoriums	2	2	2	2
县(区)社区卫生服务站	Sanitation snd Service Agencies of Community of County	652	629	614	631
卫生院	Health Cares	999	984	976	972
县(区)卫生所、医务室	Institutions of Sanitation of County	1256	933	851	855
门诊部	Clinics	390	722	863	949
县(区)诊所	Cliniques of County	3572	4283	4415	4623
村卫生室	Village Clinics	11384	10832	10740	10448
急救中心	First-aid Centers	14	16	16	15
采供血机构	Institutions of Pick and Supply Blood	28	29	29	28
妇幼保健院(所、站)	Institutes of Maternity and Child	139	144	145	140
专科疾病防治院(所、站)	Specialized Disease Prevention and Treatment Institutes	109	107	94	87
疾病预防控制中心	Diseases Prevent and control Centers	168	164	166	162
卫生监督所	Medical Supervise Institutions	148	150	149	145
计划生育技术服务机构	Family Planning Institutions	439	147	146	129
医学科学研究机构	Research Institutes of Medical Sciences	6	4	5	5
医学在职培训机构	Medical Institutions of In-service Education	10	9	9	8
统计信息中心	Statistical Information Center	4	4	4	4
其他卫生机构	Other Medical Institutions	29	31	29	31
社会福利	**Social Welfare Establishments**				
社会福利事业单位	Social Welfare Institutions	1019	1162	1290	1556
收容遣送站	Collecting and Repatriation Units	64	65	57	56
殡葬事业单位	Funeral and Interment Institutions	139	138	134	135

1-3 法人单位数(2019年)
Number of Corporate Units (2019)

单位：个 (unit)

地 区	Region	总 计 Total	农、林、牧、渔业 Agriculture, Forestry, Animal Husbandry and Fishery	采矿业 Mining	制造业 Manufacturing	电力、热力、燃气及水的生产和供应业 Production and Supply of Electric,heat, Gas and Water	建筑业 Construction	批发和零售业 Wholesale and Retail Trades
全 省	**Total**	**295957**	**50726**	**1641**	**25649**	**2209**	**13722**	**66673**
哈尔滨	Harbin	109178	12349	240	10434	390	6101	27288
齐齐哈尔	Qiqihar	26561	6023	51	1989	402	948	5062
鸡 西	Jixi	10347	2227	275	933	105	367	1995
鹤 岗	Hegang	5669	672	141	491	58	280	1096
双鸭山	Shuangyashan	11563	2512	165	704	132	463	2460
大 庆	Daqing	30600	4093	135	2740	246	1372	8048
伊 春	Yichun	6763	936	63	724	66	389	1064
佳木斯	Jiamusi	22231	4916	59	1656	161	859	5087
七台河	Qitaihe	4058	598	98	323	36	109	677
牡丹江	Mudanjiang	25767	3333	233	2765	224	1210	6795
黑 河	Heihe	15398	5025	77	753	149	658	2697
绥 化	Suihua	22322	7011	31	1810	201	708	3591
大兴安岭	Daxinganling	5500	1031	73	327	39	258	813

注：本表国民经济行业分类采用《国民经济行业分类(GB/T 4754—2017)》(下同)。
a) The national economy industry classification uses the Industrial Classification of the National Economy (GB/T 4754-2017) (the same below).

1-3 续表1 Continued

单位：个 (unit)

地 区	Region	交通运输、仓储和邮政业 Transport, Storage and Post	住宿和餐饮业 Hotels and Catering Services	信息传输、软件和信息技术服务业 Information Transmission, Software and IT Softwares	金融业 Financial Intermediation	房地产业 Real Estate	租赁和商务服务业 Leasing and Business Services	科学研究和技术服务业 Scientific Research and Technical Services
全 省	**Total**	**9175**	**2502**	**9855**	**1412**	**9317**	**23561**	**15290**
哈尔滨	Harbin	3234	1262	5584	491	3429	12296	8370
齐齐哈尔	Qiqihar	762	155	404	109	709	1289	827
鸡 西	Jixi	289	81	105	52	385	445	257
鹤 岗	Hegang	228	41	108	54	232	295	141
双鸭山	Shuangyashan	434	43	182	53	325	683	333
大 庆	Daqing	795	173	1819	149	1045	2401	2594
伊 春	Yichun	213	88	96	43	166	429	150
佳木斯	Jiamusi	886	154	503	92	732	1475	649
七台河	Qitaihe	105	21	69	44	117	198	104
牡丹江	Mudanjiang	828	211	506	130	941	1959	772
黑 河	Heihe	393	90	179	71	469	770	388
绥 化	Suihua	808	133	237	96	668	811	523
大兴安岭	Daxinganling	200	50	63	28	99	510	182

1-3 续表2 Continued

单位：个 (unit)

地 区	Region	水利、环境和公共设施管理业 Management of Water Conservancy, Environment and Public Facilities	居民服务、修理和其他服务业 Services to Households Repair and Other Services	教 育 Education	卫生和社会工作 Health and Social Services	文化、体育和娱乐业 Culture, Sports and Entertainment	公共管理、社会保障和社会组织 Public Management Social Security and Social Organizations
全 省	**Total**	**2366**	**4540**	**11980**	**6160**	**6322**	**32857**
哈尔滨	Harbin	803	2272	3701	1679	2255	7000
齐齐哈尔	Qiqihar	251	344	1396	865	591	4384
鸡 西	Jixi	114	111	484	263	201	1658
鹤 岗	Hegang	48	58	269	177	132	1148
双鸭山	Shuangyashan	113	118	372	265	272	1934
大 庆	Daqing	215	528	1255	429	689	1874
伊 春	Yichun	115	51	256	202	186	1526
佳木斯	Jiamusi	167	313	888	550	399	2685
七台河	Qitaihe	43	43	353	118	111	891
牡丹江	Mudanjiang	171	277	1193	572	640	3007
黑 河	Heihe	107	149	719	345	295	2064
绥 化	Suihua	140	218	888	552	380	3516
大兴安岭	Daxinganling	79	58	206	143	171	1170

1-4 按地区和行业门类分组的产业活动单位数(2019年) Number of Industrial Activities Units by Sector and Region(2019)

单位：个 (unit)

地 区	Region	总 计 Total	农、林、牧、渔业 Agriculture, Forestry, Animal Husbandry and Fishery	采矿业 Mining	制造业 Manufa-cturing	电力、热力、燃气及水的生产和供应业 Production and Supply of Electric,heat, Gas and Water	建筑业 Construction
全 省	**Total**	**352648**	**52519**	**1785**	**26234**	**3519**	**14828**
哈尔滨	Harbin	126818	12503	245	10668	741	6488
齐齐哈尔	Qiqihar	32109	6084	51	2028	591	1086
鸡 西	Jixi	13117	2358	305	969	181	383
鹤 岗	Hegang	7473	798	161	526	93	308
双鸭山	Shuangyashan	14372	2665	182	726	206	547
大 庆	Daqing	34306	4108	142	2790	319	1462
伊 春	Yichun	9124	1180	64	736	130	424
佳木斯	Jiamusi	27419	5141	60	1695	274	929
七台河	Qitaihe	5347	622	132	339	85	117
牡丹江	Mudanjiang	30039	3527	250	2817	294	1317
黑 河	Heihe	19250	5313	80	775	254	697
绥 化	Suihua	26309	7043	32	1823	286	770
大兴安岭	Daxinganling	6965	1177	81	342	65	300

1-4 续表1 Continued

单位：个 (unit)

地 区	Region	批发和零售业 Wholesale and Retail Trades	交通运输、仓储和邮政业 Transport, Storage and Post	住宿和餐饮业 Hotels and Catering Services	信息传输、软件和信息技术服务业 Information Transmission, Software and IT Software	金融业 Financial Intermediation	房地产业 Real Estate	租赁和商务服务业 Leasing and Business Services
全 省	**Total**	**83560**	**13244**	**3332**	**12984**	**9706**	**10332**	**26236**
哈尔滨	Harbin	33502	4257	1729	6378	2719	4005	13469
齐齐哈尔	Qiqihar	6786	1200	197	748	947	764	1494
鸡 西	Jixi	2791	554	99	273	496	408	523
鹤 岗	Hegang	1584	401	59	196	290	243	353
双鸭山	Shuangyashan	3160	693	71	419	501	342	777
大 庆	Daqing	9115	1095	228	2017	845	1132	2689
伊 春	Yichun	1712	368	112	266	310	198	468
佳木斯	Jiamusi	6845	1220	196	751	775	781	1654
七台河	Qitaihe	899	211	26	117	233	125	229
牡丹江	Mudanjiang	7603	1304	267	803	793	1006	2145
黑 河	Heihe	3511	625	109	418	557	509	953
绥 化	Suihua	4925	948	147	375	1017	702	894
大兴安岭	Daxinganling	1127	368	92	223	223	117	588

1-4 续表2 Continued

单位：个 (unit)

地 区	Region	科学研究和技术服务业 Scientific Research and Technical Service	水利、环境和公共设施管理业 Management of Water Conservancy, Environment and Public Facilities	居民服务、修理和其他服务业 Services to Households Repair and Other Services	教 育 Education	卫生和社会工作 Health and Social Services	文化、体育和娱乐业 Culture, Sports and Entertainment	公共管理、社会保障和社会组织 Public Management Social Security and Social Organization
全 省	**Total**	**16831**	**2826**	**4887**	**13058**	**8174**	**6978**	**41615**
哈尔滨	Harbin	8984	897	2442	3985	2176	2440	9190
齐齐哈尔	Qiqihar	908	285	365	1633	1088	641	5213
鸡 西	Jixi	325	145	131	500	290	237	2149
鹤 岗	Hegang	199	84	69	282	215	149	1463
双鸭山	Shuangyashan	401	148	127	388	295	300	2424
大 庆	Daqing	2737	230	548	1344	468	747	2290
伊 春	Yichun	182	136	66	274	366	210	1922
佳木斯	Jiamusi	768	206	336	947	1002	464	3375
七台河	Qitaihe	137	50	47	392	350	119	1117
牡丹江	Mudanjiang	868	206	302	1391	654	709	3783
黑 河	Heihe	513	188	167	775	426	370	3010
绥 化	Suihua	593	154	225	940	695	407	4333
大兴安岭	Daxinganling	216	97	62	207	149	185	1346

1-5 按地区和行业门类分组的单产业法人单位数(2019年)

Number of Single Industrial Corporate Units by Sector and Region (2019)

单位：个 (unit)

地区	Region	总计 Total	农、林、牧、渔业 Agriculture, Forestry, Animal Husbandry and Fishery	采矿业 Mining	制造业 Manufacturing	电力、热力、燃气及水的生产和供应业 Production and Supply of Electric, heat, Gas and Water	建筑业 Construction	批发和零售业 Wholesale and Retail Trades
全省	**Total**	**287547**	**50513**	**1586**	**25193**	**2048**	**13243**	**64923**
哈尔滨	Harbin	106121	12331	237	10235	346	5853	26593
齐齐哈尔	Qiqihar	25821	6003	51	1949	384	910	4910
鸡西	Jixi	9982	2212	264	915	93	364	1908
鹤岗	Hegang	5465	658	134	487	52	272	1066
双鸭山	Shuangyashan	11168	2494	157	683	122	436	2397
大庆	Daqing	29989	4090	129	2700	232	1338	7932
伊春	Yichun	6429	914	63	713	61	374	1013
佳木斯	Jiamusi	21609	4890	59	1631	145	836	4916
七台河	Qitaihe	3860	594	89	315	30	107	653
牡丹江	Mudanjiang	25084	3318	228	2724	216	1174	6646
黑河	Heihe	14822	4993	74	738	138	647	2617
绥化	Suihua	21919	6999	31	1790	196	685	3506
大兴安岭	Daxinganling	5278	1017	70	313	33	247	766

1-5 续表1 Continued

单位：个 (unit)

地区	Region	交通运输、仓储和邮政业 Transport, Storage and Post	住宿和餐饮业 Hotels and Catering Services	信息传输、软件和信息技术服务业 Information Transmission, Software and IT Softwares	金融业 Financial Intermediation	房地产业 Real Estate	租赁和商务服务业 Leasing and Business Services	科学研究和技术服务业 Scientific Research and Technical Service
全省	**Total**	**8775**	**2372**	**9685**	**924**	**8972**	**23031**	**14999**
哈尔滨	Harbin	3095	1185	5508	363	3278	11995	8194
齐齐哈尔	Qiqihar	724	145	393	66	684	1256	815
鸡西	Jixi	269	80	99	27	373	436	254
鹤岗	Hegang	215	38	103	37	227	293	137
双鸭山	Shuangyashan	413	41	172	21	314	670	323
大庆	Daqing	773	164	1809	111	998	2358	2566
伊春	Yichun	195	83	92	18	156	423	148
佳木斯	Jiamusi	854	147	494	53	720	1447	633
七台河	Qitaihe	96	21	64	28	115	190	103
牡丹江	Mudanjiang	789	205	498	93	909	1921	750
黑河	Heihe	370	84	168	41	448	748	381
绥化	Suihua	799	132	231	55	656	802	517
大兴安岭	Daxinganling	183	47	54	11	94	492	178

1-5 续表2 Continued

单位：个 (unit)

地 区	Region	水利、环境和公共设施管理业 Management of Water Conservancy, Environment and Public Facilities	居民服务、修理和其他服务业 Services to Households Repair and Other Services	教 育 Education	卫生和社会工作 Health and Social Services	文化、体育和娱乐业 Culture, Sports and Entertainment	公共管理、社会保障和社会组织 Public Management Social Security and Social Organization
全 省	**Total**	**2314**	**4470**	**11674**	**5936**	**6245**	**30644**
哈尔滨	Harbin	781	2232	3578	1611	2216	6490
齐齐哈尔	Qiqihar	245	339	1341	835	588	4183
鸡 西	Jixi	112	111	477	257	200	1531
鹤 岗	Hegang	46	56	268	173	131	1072
双鸭山	Shuangyashan	109	117	368	258	265	1808
大 庆	Daqing	212	519	1227	427	685	1719
伊 春	Yichun	114	50	255	196	183	1378
佳木斯	Jiamusi	164	308	871	509	394	2538
七台河	Qitaihe	43	43	338	104	111	816
牡丹江	Mudanjiang	168	275	1152	560	634	2824
黑 河	Heihe	104	147	710	329	291	1794
绥 化	Suihua	140	216	883	535	378	3368
大兴安岭	Daxinganling	76	57	206	142	169	1123

1-6 按地区和行业门类分组的多产业法人单位数(2019年)

Number of Multi-industrial Corporate Units by Sector and Region(2019)

单位：个 (unit)

地 区	Region	总 计 Total	农、林、牧、渔业 Agriculture, Forestry, Animal Husbandry and Fishery	采矿业 Mining	制造业 Manufacturing	电力、热力、燃气及水的生产和供应业 Production and Supply of Electric, heat, Gas and Water	建筑业 Construction
全 省	**Total**	**8410**	**213**	**55**	**456**	**161**	**479**
哈尔滨	Harbin	3057	18	3	199	44	248
齐齐哈尔	Qiqihar	740	20		40	18	38
鸡 西	Jixi	365	15	11	18	12	3
鹤 岗	Hegang	204	14	7	4	6	8
双鸭山	Shuangyashan	395	18	8	21	10	27
大 庆	Daqing	611	3	6	40	14	34
伊 春	Yichun	334	22		11	5	15
佳木斯	Jiamusi	622	26		25	16	23
七台河	Qitaihe	198	4	9	8	6	2
牡丹江	Mudanjiang	683	15	5	41	8	36
黑 河	Heihe	576	32	3	15	11	11
绥 化	Suihua	403	12		20	5	23
大兴安岭	Daxinganling	222	14	3	14	6	11

1-6 续表1 Continued

单位：个 (unit)

地区	Region	批发和零售业 Wholesale and Retail Trades	交通运输、仓储和邮政业 Transport, Storage and Post	住宿和餐饮业 Hotels and Catering Services	信息传输、软件和信息技术服务业 Information Transmission, Software and IT Softwares	金融业 Financial Intermediation	房地产业 Real Estate	租赁和商务服务业 Leasing and Business Services
全　省	**Total**	**1750**	**400**	**130**	**170**	**488**	**345**	**530**
哈尔滨	Harbin	695	139	77	76	128	151	301
齐齐哈尔	Qiqihar	152	38	10	11	43	25	33
鸡　西	Jixi	87	20	1	6	25	12	9
鹤　岗	Hegang	30	13	3	5	17	5	2
双鸭山	Shuangyashan	63	21	2	10	32	11	13
大　庆	Daqing	116	22	9	10	38	47	43
伊　春	Yichun	51	18	5	4	25	10	6
佳木斯	Jiamusi	171	32	7	9	39	12	28
七台河	Qitaihe	24	9		5	16	2	8
牡丹江	Mudanjiang	149	39	6	8	37	32	38
黑　河	Heihe	80	23	6	11	30	21	22
绥　化	Suihua	85	9	1	6	41	12	9
大兴安岭	Daxinganling	47	17	3	9	17	5	18

1-6 续表2 Continued

单位：个 (unit)

地区	Region	科学研究和技术服务业 Scientific Research and Technical Service	水利、环境和公共设施管理业 Management of Water Conservancy, Environment and Public Facilities	居民服务、修理和其他服务业 Services to Households Repair and Other Services	教育 Education	卫生和社会工作 Health and Social Services	文化、体育和娱乐业 Culture, Sports and Entertainment	公共管理、社会保障和社会组织 Public Management Social Security and Social Organization
全　省	**Total**	**291**	**52**	**70**	**306**	**224**	**77**	**2213**
哈尔滨	Harbin	176	22	40	123	68	39	510
齐齐哈尔	Qiqihar	12	6	5	55	30	3	201
鸡　西	Jixi	3	2		7	6	1	127
鹤　岗	Hegang	4	2	2	1	4	1	76
双鸭山	Shuangyashan	10	4	1	4	7	7	126
大　庆	Daqing	28	3	9	28	2	4	155
伊　春	Yichun	2	1	1	1	6	3	148
佳木斯	Jiamusi	16	3	5	17	41	5	147
七台河	Qitaihe	1			15	14		75
牡丹江	Mudanjiang	22	3	2	41	12	6	183
黑　河	Heihe	7	3	2	9	16	4	270
绥　化	Suihua	6		2	5	17	2	148
大兴安岭	Daxinganling	4	3	1		1	2	47

1-7 按地区和行业门类分组的多产业法人所属产业活动单位数(2019年)

Number of Multi-industrial Activities Units of Corporation by Sector and Region(2019)

单位：个 (unit)

地 区	Region	总 计 Total	农、林、牧、渔业 Agriculture, Forestry, Animal Husbandry and Fishery	采矿业 Mining	制造业 Manufa-cturing	电力、热力、燃气及水的生产和供应业 Production and Supply of Electric, heat, Gas and Water	建筑业 Construction	批发和零售业 Wholesale and Retail Trades
全 省	**Total**	**65101**	**2006**	**199**	**1041**	**1471**	**1585**	**18637**
哈尔滨	Harbin	20697	172	8	433	395	635	6909
齐齐哈尔	Qiqihar	6288	81		79	207	176	1876
鸡 西	Jixi	3135	146	41	54	88	19	883
鹤 岗	Hegang	2008	140	27	39	41	36	518
双鸭山	Shuangyashan	3204	171	25	43	84	111	763
大 庆	Daqing	4317	18	13	90	87	124	1183
伊 春	Yichun	2695	266	1	23	69	50	699
佳木斯	Jiamusi	5810	251	1	64	129	93	1929
七台河	Qitaihe	1487	28	43	24	55	10	246
牡丹江	Mudanjiang	4955	209	22	93	78	143	957
黑 河	Heihe	4428	320	6	37	116	50	894
绥 化	Suihua	4390	44	1	33	90	85	1419
大兴安岭	Daxinganling	1687	160	11	29	32	53	361

1-7 续表1 Continued

单位：个 (unit)

地 区	Region	交通运输、仓储和邮政业 Transport, Storage and Post	住宿和餐饮业 Hotels and Catering Services	信息传输、软件和信息技术服务业 Information Transmission, Software and IT Softwares	金融业 Financial Intermediation	房地产业 Real Estate	租赁和商务服务业 Leasing and Business Services	科学研究和技术服务业 Scientific Research and Technical Service
全 省	**Total**	**4469**	**960**	**3299**	**8782**	**1360**	**3205**	**1832**
哈尔滨	Harbin	1162	544	870	2356	727	1474	790
齐齐哈尔	Qiqihar	476	52	355	881	80	238	93
鸡 西	Jixi	285	19	174	469	35	87	71
鹤 岗	Hegang	186	21	93	253	16	60	62
双鸭山	Shuangyashan	280	30	247	480	28	107	78
大 庆	Daqing	322	64	208	734	134	331	171
伊 春	Yichun	173	29	174	292	42	45	34
佳木斯	Jiamusi	366	49	257	722	61	207	135
七台河	Qitaihe	115	5	53	205	10	39	34
牡丹江	Mudanjiang	515	62	305	700	97	224	118
黑 河	Heihe	255	25	250	516	61	205	132
绥 化	Suihua	149	15	144	962	46	92	76
大兴安岭	Daxinganling	185	45	169	212	23	96	38

1-7 续表2 Continued

单位：个 (unit)

地 区	Region	水利、环境和公共设施管理业 Management of Water Conservancy, Environment and Public Facilities	居民服务、修理和其他服务业 Services to Households Repair and Other Services	教 育 Education	卫生和社会工作 Health and Social Services	文化、体育和娱乐业 Culture, Sports and Entertainment	公共管理、社会保障和社会组织 Public Management Social Security and Social Organization
全 省	**Total**	**512**	**417**	**1384**	**2238**	**733**	**10971**
哈尔滨	Harbin	116	210	407	565	224	2700
齐齐哈尔	Qiqihar	40	26	292	253	53	1030
鸡 西	Jixi	33	20	23	33	37	618
鹤 岗	Hegang	38	13	14	42	18	391
双鸭山	Shuangyashan	39	10	20	37	35	616
大 庆	Daqing	18	29	117	41	62	571
伊 春	Yichun	22	16	19	170	27	544
佳木斯	Jiamusi	42	28	76	493	70	837
七台河	Qitaihe	7	4	54	246	8	301
牡丹江	Mudanjiang	38	27	239	94	75	959
黑 河	Heihe	84	20	65	97	79	1216
绥 化	Suihua	14	9	57	160	29	965
大兴安岭	Daxinganling	21	5	1	7	16	223

1-8 按登记注册类型分组的法人单位数和产业活动单位数(2019年)

Numbers of Corporate Units and Industrial Activities Units by Register Type(2019)

单位：个 (unit)

项 目	Item	法人单位数 Unit Number of Legal Person	产业活动单位数 Unit Number of Industry Activity
合 计	**Total**	**295957**	**352648**
内资企业	**Domestic Funded Enterprises**	**295289**	**350023**
国有	State-owned Enterprises	31799	50382
集体	Collective-owned Enterprises	2070	3974
股份合作	Cooperative Enterprises	503	1317
联营企业	Joint Ownership Enterprises	203	299
国有联营	State Joint Ownership Enterprises	33	54
集体联营	Collective Joint Ownership Enterprises	75	123
国有与集体联营	State-Collective Joint Ownership Enterprises	16	20
其他联营	Other Joint Ownership Enterprises	79	102
有限责任公司	Limited Liability Corporations	21219	29762
国有独资公司	State-owned Proprietorship	970	2080
其他有限责任公司	Other Limited Liability Corporations	20249	27682
股份有限公司	Share Holding Enterprises	2782	9888
私营企业	Private Enterprises	168579	184402
私营独资	Private Proprietorship	16137	16668
私营合伙	Private Partnership	1561	1603
私营有限责任公司	Private Limited Liability Corporations	147987	162692
私营股份有限公司	Private Share Holding Enterprises	2894	3439
其他企业	Others	68134	69999
港澳台商投资企业	**Enterprises with Funds from Hong Kong, Macao and Taiwan**	**248**	**987**
与港澳台资合资经营	Joint Ventures with Hong Kong,Macao and Taiwan	87	156
与港澳台资合作经营	Cooperative Operation with Hong Kong, Macao and Taiwan	9	14
港澳台商独资经营	Individual Proprietorship of Hong Kong, Macao and Taiwan	127	700
港澳台商投资股份有限公司	Share Holding Enterprises with Funds from Hong Kong, Macao and Taiwan	9	67
其他港、澳、台商投资	Others	16	50
外商投资	**Foreign Funded Enterprises**	**420**	**1638**
中外合资经营	Joint Ventures	158	259
中外合作经营	Cooperative Operation	14	19
外资企业	Foreign Investment	181	799
外商投资股份有限公司	Foreign Funded Share Holding Enterprises	45	512
其他外商投资	Others	22	49

1-9 国民经济和社会发展总量与速度指标

指 标	Item	总量指标	
		2000	2005
人口与就业	**Population and Employment**		
人口(万人)	**Population(10000 persons)**		
总人口	Population at Year-end	3807.0	3820.0
男性人口	Male	1945.8	1933.1
女性人口	Female	1861.2	1886.9
市镇人口	Urban	1977.4	2028.4
乡村人口	Rural	1829.6	1791.6
就业(万人)	**Employment (10000 persons)**		
就业人员数	Number of Employed Persons	1600.7	1748.8
#城镇就业人员	# Urban Employed Persons	722.8	799.8
城镇登记失业人数	Registered Unemployed in Urban Areas	25.3	31.3
宏观经济	**Macro Economy**		
国民经济核算(亿元)	**National Accounting(100 million yuan)**		
地区生产总值	Gross Domestic Product	2855.5	4756.4
第一产业	Primary Industry	375.5	674.6
第二产业	Secondary Industry	1633.4	2656.4
第三产业	Tertiary Industry	846.5	1425.4
人均地区生产总值(元)	Per Capita GDP (yuan)	7515	12456
固定资产投资(亿元)	**Investment in Fixed Assets(100 million yuan)**		
房地产开发	Real Estate Development	104.1	267.6
对外贸易	**Foreign Trade**		
进出口总额(万美元)	Total Exports and Imports(USD 10000)	298620	957216
出口额	Exports	145101	607202
进口额	Imports	153519	350014
实际利用外资额(万美元)	Total Amount of Foreign Capital Actually Used(USD 10000)	110359	152202
#外商直接投资	#Foreign Direct Investments	83085	144690
财政(亿元)	**Government Finance(100 million yuan)**		
公共财政收入	General Budgetary Financial Revenue	185.3	318.2
公共财政支出	General Budgetary Financial Expenditure	381.9	787.8
价格指数(上年=100)	**Price Indices(preceding year=100)**		
居民消费价格总指数	General Consumer Price Index	98.3	101.2
商品零售价格总指数	General Retail Price Index	97.8	100.4
农业生产资料价格指数	Price Index for Means of Agricultural Production	98.6	108.6
工业生产者购进价格指数	Producer Price Index for Industrial Products	108.6	111.8
工业生产者出厂价格指数	Producer Price Index for Industrial Products	122.9	116.7
产 业	**Industry**		
农 业	**Agriculture**		
农林牧渔业总产值(亿元)	Gross Output Value of Farming, Forestry, Animal Husbandry and Fishery(100 million yuan)	625.1	1294.4
乡村从业人员(万人)	Number of Rural Employees(10000 persons)	913.2	950.1

Principal Aggregate Indicators on National Economic and Social Development and Growth Rates

Aggregate Data			速度指标(%) Indices and Growth Rates(%)						
			指数(2019年为以下各年) Index (2019 as percentage of the following years)				年均增长 Average Annual Growth Rate		
2010	2015	2019	2000	2005	2010	2015	"十一五"时期 Eleventh Five-Year Period	"十二五"时期 Twelfth Five-Year Period	2016-2019年
3833.4	3812.0	3751.3	98.5	98.2	97.9	98.4	0.1	-0.1	-0.4
1943.6	1926.8	1884.8	96.9	97.5	97.0	97.8	-0.1	-0.2	-0.5
1889.8	1885.2	1866.5	100.3	98.9	98.8	99.0	0.3	0.0	-0.2
2133.7	2241.5	2284.5	115.5	112.6	107.1	101.9	0.5	1.0	0.5
1699.7	1570.5	1466.8	80.2	81.9	86.3	93.4	-0.4	-1.6	-1.7
1932.0	2013.7	1776.9	111.0	101.6	92.0	88.2	1.8	0.8	-3.1
942.6	1037.7	901.5	124.7	112.7	95.6	86.9	2.0	1.9	-3.5
36.2	41.0	34.7	137.1	110.8	95.7	84.7	4.3	2.5	-4.1
8308.3	11690.0	13612.7	476.7	286.2	163.8	116.4	10.7	7.1	3.9
1291.8	2712.2	3182.5	847.5	471.8	246.4	117.3	12.4	16.0	4.1
4146.1	3926.9	3615.2	221.3	136.1	87.2	92.1	10.2	-1.1	-2.0
2870.4	5050.9	6815.0	805.1	478.1	237.4	134.9	11.0	12.0	7.8
21694	30583	36183	481.4	290.5	166.8	118.3	10.6	7.1	4.3
843.1	992.1	958.0	920.3	358.0	113.6	96.6	20.8	3.3	-0.9
2550382	2098599	2709500	907.3	283.1	106.2	129.1	26.2	-3.8	6.6
1628176	803072	506528	349.1	83.4	31.1	63.1	33.1	-13.2	-10.9
922207	1295527	2202972	1435.0	629.4	238.9	170.0	17.9	7.0	14.2
275851	554509	54324	49.2	35.7	19.7	9.8	6.6	15.0	-44.1
266151	544875	54324	65.4	37.5	20.4	10.0	11.7	15.4	-43.8
755.6	1165.9	1262.8	681.4	396.9	167.1	108.3	11.4	9.1	2.0
2253.3	4020.7	5011.6	1312.4	636.2	222.4	124.6	15.6	12.3	5.7
103.9	101.1	102.8					0.6	-0.5	0.4
103.1	100.1	102.1					0.5	-0.6	0.5
105.6	101.3	105.6					2.0	-0.8	1.0
114.5	88.2	100.3					0.6	-5.1	3.3
115.0	86.0	98.2					-1.0	-5.6	3.4
2422.2	5030.1	5930.0	948.6	458.1	244.8	117.9	15.7	15.7	4.2
989.4	976.0	875.4	95.9	92.1	88.5	89.7	0.8	-0.3	-2.7

1-9 续表1

指标	Item	总量指标 2000	2005
主要农产品产量(万吨)	Output of Major Farm Products(10000 tons)		
粮豆薯	Grain	2545.5	3600.0
#水稻	#Rice	1042.2	1172.5
玉米	Corn	790.8	1379.5
大豆	Bean	450.1	748.0
薯类	Tubers	81.8	85.3
油料	Oil-bearing Crops	43.8	60.6
麻类	Fiber Crops	18.7	36.1
蔬菜、食用菌	Vegetables, Mushroom	1325.6	1153.5
烟叶	Tobacco	9.6	7.4
瓜果	Fruits	319.4	306.4
奶类	Milk	156.5	444.2
水产品	Aquatic Products	38.2	44.6
规模以上工业	**Industry above Designated Size**		
主要工业产品产量	Output of Major Industrial Products		
原油(万吨)	Crude Oil(10000 tons)	5306.7	4495.0
天然气(亿立方米)	Natural Gas(100 million cu.m)	23.0	24.4
水泥(万吨)	Cement(10000 tons)	903.7	1113.3
成品钢材(万吨)	Steel Products(10000 tons)	76.3	232.3
汽车(万辆)	Automobile(10000 unit)	13.4	26.6
发电量(亿千瓦时)	Electricity(100 million kwh)	426.7	596.0
建筑业	**Construction**		
建筑业总产值(亿元)	Gross Output Value(100 million yuan)	334.1	572.9
房屋建筑施工面积(万平方米)	Floor Space of Buildings under Construction(10000 sq.m)	2962.6	4467.7
房屋建筑竣工面积(万平方米)	Floor Space of Buildings Completed(10000 sq.m)	1886.9	2249.7
交通运输业	**Transportation**		
货运量(万吨)	Freight Traffic(10000 tons)	57332	64776
铁路	Railways	13077	16123
公路	Highways	39685	44376
水运	Waterways	788	1301
民航	Civil Aviation	3.2	4.2
管道	Pipelines	3779	2972
客运量(万人)	Passenger Traffic(10000 persons)	49975	57758
铁路	Railways	9897	8359
公路	Highways	39864	46809
水运	Waterways	45	240
民航	Civil Aviation	169	350
邮电通信业	**Postal and Telecommunication Services**		
邮电业务总量(亿元)	Business Volume of Postal and Telecommunication Services(100 million yuan)	167.1	346.8
邮政业务总量	Business Volume of Post	10.5	23.7
电信业务总量	Business Volume of Telecommunications	156.6	323.1
函件(万件)	Number of Letters Delivered (10000 pieces)	9114	13010
报刊期发数(万份)	Number of Newspapers and Magazines(10000 pieces)	240.0	386.0
固定电话年末用户(万户)	Number of Fixed Telephone Subscribers at Year-end(10000 subscribers)	486.9	1082.1
移动电话用户(万户)	Number of Mobile Telephone(10000 subscribers)	315.8	1132.3

Continued

Aggregate Data			速度指标(%) Indices and Growth Rates(%)						
			指数(2019年为以下各年) Index (2019 as percentage of the following years)				年均增长 Average Annual Growth Rate		
2010	2015	2019	2000	2005	2010	2015	“十一五”时期 Eleventh Five-Year Period	“十二五”时期 Twelfth Five-Year Period	2016–2019年
5632.9	7615.8	7503.0	294.8	208.4	133.2	98.5	7.2	6.2	-0.4
2277.5	2720.9	2663.5	255.6	227.2	116.9	97.9	2.4	3.6	-0.5
2513.7	4280.2	3939.8	498.2	285.6	156.7	92.0	11.8	11.2	-2.1
615.4	498.8	780.8	173.5	104.4	126.9	156.5	10.7	-4.1	11.9
82.9	69.8	53.0	64.9	62.2	64.0	76.0	0.8	-3.4	-6.6
27.5	18.3	11.5	26.3	19.0	41.9	62.9	6.7	-7.8	-10.9
2.2	2.0	12.4	66.1	34.2	568.3	624.1	14.1	-1.9	58.1
723.8	807.4	655.4	49.4	56.8	90.5	81.2	-2.7	2.2	-5.1
9.6	6.9	2.6	27.0	35.0	27.0	37.8	-5.1	-6.5	-21.6
321.5	161.6	131.8	41.3	43.0	41.0	81.5	-0.8	-12.9	-5.0
482.7	495.8	467.2	298.5	105.2	96.8	94.2	23.2	0.5	-1.5
40.0	54.2	64.8	169.6	145.4	162.2	119.5	3.1	6.3	4.6
4004.9	3838.6	3110.0	58.6	69.2	77.7	81.0	-3.3	-0.8	-5.1
30.0	35.6	45.7	198.7	187.3	152.3	128.2	1.2	3.5	6.4
3507.2	3264.5	2148.0	237.7	192.9	61.2	65.8	4.3	-1.4	-9.9
566.0	403.8	782.0	1024.9	336.6	138.2	193.7	24.9	-6.5	18.0
24.8	8.0	18.9	141.0	71.0	76.3	234.8	14.7	-20.1	23.8
774.5	870.0	1057.2	247.8	177.4	136.5	121.5	6.9	2.4	5.0
1769.7	1675.1	1181.3	353.6	206.2	66.8	70.5	11.4	-1.1	-8.4
7171.0	5617.1	3430.1	115.8	76.8	47.8	61.1	8.6	-4.8	-11.6
3620.0	2966.8	1301.4	69.0	57.8	36.0	43.9	3.6	-3.9	-18.6
62205	59758	58043	101.2	89.6	93.3	97.1	2.5	-0.8	-0.7
17717	9033	12073	92.3	74.9	68.1	133.7	4.3	-12.6	7.5
40582	44200	37624	94.8	84.8	92.7	85.1	2.3	1.7	-3.9
1015	1245	780	99.0	59.9	76.8	62.6	10.5	4.2	-11.0
7.6	12.2	14.1	443.7	337.6	186.7	115.2	5.6	10.1	3.6
2883	5268	7552	199.9	254.1	262.0	143.4	-4.7	12.8	9.4
47746	44551	32260	64.6	55.9	67.6	72.4	2.9	-1.4	-7.8
10602	9865	11223	113.4	134.3	105.9	113.8	-3.3	-1.4	3.3
36001	32632	18212	45.7	38.9	50.6	55.8	3.3	-1.9	-13.6
292	372	317	703.6	131.9	108.4	85.1	39.8	5.0	-4.0
851	1682	2509	1486.4	717.8	294.7	149.2	15.7	14.6	10.5
823.4	511.5	1846.8	1105.2	532.5	224.3	361.1	15.7	-9.1	37.8
47.0	52.2	114.7	1092.2	483.9	244.0	219.7	17.7	2.1	21.7
776.4	459.3	1732.1	1106.1	536.1	223.1	377.1	15.6	-10.0	39.4
9305	4609	1979	21.7	15.2	21.3	42.9	7.4	-13.1	-19.1
367.7	297.3	244.7	102.0	63.4	66.6	82.3	10.0	-4.2	-4.7
813.5	596.0	339.9	69.8	31.4	41.8	57.0	17.3	-6.0	-13.1
2243.0	3329.8	3929.0	1244.1	347.0	175.2	118.0	29.1	8.2	4.2

1-9 续表2

指 标	Item	总量指标 2000	2005
旅游业	**Tourism**		
国际旅游人数(万人)	Number of Tourists from Abroad(10000 persons)	55.2	82.2
国际旅游外汇收入(万美元)	Foreign Exchange Earnings from Tourism(USD 10000)	18905	34043
金融业（亿元）	**Financial Intermediation(100 million yuan)**		
金融机构人民币各项存款余额	Deposits of National Banking System	3333.4	6135.1
金融机构人民币各项贷款余额	Loans of National Banking System	3145.1	3658.5
保险公司保费金额	Insurance Premium of Insurance Companies	40.8	139.6
保险公司赔款及给付金额	Indemnity Expenditure and Payment of Insurance Companies	11.1	25.2
教育、科技、文化	**Education, Science and Technology and Culture**		
教 育	**Education**		
在校学生数(万人)	Students Enrollment(10000 persons)		
普通高等学校	Institutions of Higher Education	20.0	54.0
中等专业学校	Specialized Secondary Schools	11.5	9.8
普通中学	Regular Secondary Schools	248.7	228.0
小 学	Primary Schools	283.1	220.4
专任教师数(万人)	Full-time Teachers(10000 persons)		
普通高等学校	Institutions of Higher Education	1.6	3.5
中等专业学校	Specialized Secondary Schools	0.7	0.3
普通中学	Regular Secondary Schools	14.4	14.3
小 学	Primary Schools	19.3	16.3
科 技	**Science and Technology**		
研究与试验发展经费支出(亿元)	Expenditures on Research and Development(100 million yuan)		
授权专利数(件)	Total Patent Applications Certified(item)	2252	2906
技术市场成交额(亿元)	Volume of Transaction in Technical Markets(100 million yuan)	15.2	14.3
文 化	**Culture**		
电视节目制作时间(小时)	Time for TV Programs Production(hour)	21266	47647
印刷图书(万册)	Number of Printed books(10000 copies)	9944	5938
印刷杂志(万册)	Number of Printed magazine(10000 copies)	7919	3503
印刷报纸(万份)	Number of Printed newspapers(10000 copies)	73571	71410
人民生活	**People's Living Conditions**		
生 活	**Living Conditions**		
城镇非私营单位就业人员平均工资(元)	Average Wage of Employed Persons In Urban Non-private Units(yuan)		
城镇常住居民人均可支配收入(元)	Annual Per Capita Disposable Income of Urban Households(yuan)		
农村常住居民人均可支配收入(元)	Annual Per Capita Disposable Income of Rural Households(yuan)		
城乡居民储蓄存款余额(亿元)	Outstanding Amount of Saving Deposits in Urban and Rural Areas(100 million yuan)	2286	4079
人均储蓄存款(元)	Per Capita Balance of Saving Deposit(yuan)	6003	10677
婚姻(万对)	**Marriages and Divorces(10000 couples)**		
结婚登记总数	Registered Number of Marriages	21.8	22.8
离婚数	Number of Divorces	7.5	9.6
卫 生	**Public Health**		
卫生机构(个)	Health Institutions(unit)	8038	8326
卫生机构床位(万张)	Beds of Health Institutions(10000 unit)	12.0	12.0
卫生技术人员(万人)	Medical Technical Personnel(10000 persons)	17.1	15.1
城市建设	**Municipal Works**		
全年供水总量(亿立方米)	Total Annual Volume of Tap Water Supply(100 million cu.m)	15.4	12.0
城市排水管道长度(公里)	Length of City Sewage Pipes(km)	4877	5918
人工煤气供气量(万立方米)	Volume of Coal Gas Supply(10000 cu.m)	30347	40199
液化石油气供应量(万吨)	Volume of Liquefied Petroleum Gas Supply(10000 tons)	19.9	22.9
年末实有道路长度(公里)	Length of Paved Roads at Year-end(km)	8286	9318
园林绿地面积(公顷)	Green Areas(hectare)	33768	51415
清运垃圾(万吨)	Volume of Garbage Disposal(10000 tons)	918	1027

Continued

Aggregate Data			速度指标(%) Indices and Growth Rates(%)						
			指数(2019年为以下各年) Index (2019 as percentage of the following years)				年均增长 Average Annual Growth Rate		
2010	2015	2019	2000	2005	2010	2015	"十一五" 时期 Eleventh Five-Year Period	"十二五" 时期 Twelfth Five-Year Period	2016-2019年
172.4	83.5	110.7	200.6	134.7	64.2	132.6	8.3	-13.5	7.3
76250	39533	63181	334.2	185.6	82.9	159.8	12.5	-12.3	12.4
12835.7	21218.9	27716.7	831.5	451.8	215.9	130.6	13.0	10.6	6.9
7230.5	16214.9	21370.0	679.5	584.1	295.6	131.8	3.1	17.5	7.1
343.2	591.8	952.2	2332.8	681.8	277.4	160.9	27.9	11.5	12.6
77.6	169.3	324.0	2930.1	1286.0	417.9	191.5	17.9	16.9	17.6
71.9	73.5	77.8	388.3	144.1	108.2	105.8	21.9	0.4	1.4
11.9	11.2	8.3	71.9	84.7	69.7	74.4	-3.2	-1.3	-7.1
190.8	145.4	146.6	58.9	64.3	76.8	100.8	-1.7	-5.3	0.2
188.0	147.8	127.9	45.2	58.0	68.0	86.5	-4.9	-4.7	-3.6
4.4	4.7	4.7	290.7	133.9	106.3	100.4	16.8	1.2	0.1
0.4	0.5	0.4	54.4	123.2	95.3	87.2	-15.1	1.8	-3.4
14.2	15.3	13.0	90.0	90.8	91.4	85.0	-0.2	1.5	-4.0
15.1	10.9	10.7	55.4	65.6	70.7	98.1	-3.3	-6.3	-0.5
	157.7	146.6							-1.8
6803	18942	19989	887.6	687.9	293.8	105.5	5.2	22.7	1.4
53.4	127.3	235.8	1547.4	1653.6	441.7	185.3	-1.3	19.0	16.7
81482	97437	88602	416.6	186.0	108.7	90.9	17.5	3.6	-2.3
7420	7170	8452	85.0	142.3	113.9	117.9	-9.8	-0.7	4.2
5253	4467	3049	38.5	87.0	58.0	68.3	-15.1	-3.2	-9.1
78219	66308	42801	58.2	59.9	54.7	64.5	-0.6	-3.3	-10.4
27735	48881	68416			246.7	140.0		12.0	8.8
13857	24203	30945			223.3	127.9		11.8	6.3
6211	11095	14982			241.2	135.0		12.3	7.8
7255	12440	18056	790.0	442.7	248.9	145.1	12.3	11.4	9.8
18944	32544	47993	799.5	449.5	253.3	147.5	12.2	11.4	10.2
30.9	31.8	24.4	112.2	107.0	79.1	76.8	1.0	0.6	-6.4
14.0	19.0	18.7	249.6	194.7	133.8	98.5	5.1	6.3	-0.4
8938	9304	20377	253.5	244.7	228.0	219.0			21.7
16.0	21.2	25.8	213.8	214.9	161.0	121.7	-0.1	5.8	5.0
18.9	21.3	23.8	138.7	157.7	126.0	111.8	-2.5	2.4	2.8
16.4	14.9	13.5	87.5	112.5	82.3	90.6	-4.9	-1.9	-2.4
7504	10345	12422	254.7	209.9	165.5	120.1	3.9	6.6	4.7
7587	7202	2872	9.5	7.1	37.8	39.9	5.8	-1.0	-20.5
22.0	21.0	18.8	94.5	82.1	85.5	89.3	2.8	-0.9	-2.8
10090	12364	13422	162.0	144.0	133.0	108.6	2.4	4.1	2.1
69581	76501	68732	203.5	133.7	98.8	89.8	8.8	1.9	-2.6
782	523	524	57.1	51.0	67.0	100.2	2.3	-7.7	0.0

1-10 国民经济和社会发展结构指标
Composition Indicators on National Economic and Social Development

单位：% (%)

指 标	Item	2000	2010	2015	2019
人口与就业	**Population and Employment**				
人 口	**Population**				
性别结构	Sexual Composition				
男	Male	51.1	50.7	50.5	50.2
女	Female	48.9	49.3	49.5	49.8
城乡结构	Urban and Rural Composition				
城 镇	Urban	51.9	55.7	58.8	60.9
乡 村	Rural	48.1	44.3	41.2	39.1
就 业	**Employment**				
城乡结构	Urban and Rural Composition				
城 镇	Urban	45.2	48.8	51.5	50.7
乡 村	Rural	54.8	51.2	48.5	49.3
宏观经济	**Macro Economy**				
国民经济核算	**National Accounting**				
地区生产总值产业结构	Structure of Gross Domestic Product				
第一产业	Primary Industry	13.2	15.5	23.2	23.4
第二产业	Secondary Industry	57.2	49.9	33.6	26.6
第三产业	Tertiary Industry	29.6	34.5	43.2	50.1
货物进出口	**Imports and Exports of Goods**				
进出口总额结构	Structure of Total Exports and Imports				
出 口	Exports	48.6	63.8	38.3	18.7
进 口	Imports	51.4	36.2	61.7	81.3
财 政	**Government Finance**				
财政收入结构	Composition of Government Revenue				
省 级	Province		21.7	22.3	23.8
地 级	City		41.3	56.5	57.5
县 级	County		35.6	21.2	18.7
乡镇级	Town & Township		1.4		
财政支出结构	Composition of Government Expenditure				
一般公共服务	General Public Services		9.9	6.0	6.0
教 育	Education		13.3	13.7	11.1
科学技术	Science and Technology		1.2	1.1	0.8
社会保障和就业	Social Safety Net and Employment Effort		13.6	18.1	22.2
卫生健康	Health		6.0	6.8	6.3
节能环保	Energy Saving and Environmental Protection		3.9	3.9	4.2
城乡社区事务	Urban and Rural Area Community Affairs		6.3	8.7	11.1
农林水事务	Agriculture, Forestry and Water Conservancy		15.0	16.9	17.6
交通运输	Transportation		6.6	6.8	4.4
住房保障支出	Affairs of Housing Security		4.8	5.3	3.3
其 他	Others		19.4	12.7	13.0

1-10 续表1 Continued

单位：% (%)

指 标	Item	2000	2010	2015	2019
产 业	**Industry**				
农 业	**Agriculture**				
农林牧渔业总产值结构	Composition of Gross Output Value of Agriculture, Forestry, Animal Husbandry and Fishery				
农 业	Farming	66.3	54.5	62.8	63.7
林 业	Forestry	2.9	3.5	3.1	3.3
牧 业	Animal Husbandry	28.1	37.8	30.1	28.2
渔 业	Fishery	2.7	1.4	1.7	2.1
农林牧渔服务业	Service Industry of Farming, Agriculture Husbandry and Fishery		2.7	2.3	2.8
建筑业	**Construction**				
建筑业总产值结构	Composition of Gross Output Value of Construction Industry				
国有企业	State-owned Enterprise	53.3	32.0	14.7	4.9
集体企业	Collective-owned Enterprises	22.6	5.2	6.3	2.0
有限责任公司	Limited Liability Corporations	10.5	37.9	57.6	62.3
股份有限公司	Share Holding Enterprises	7.6	7.3	5.4	11.8
私营企业	Private Enterprises	2.9	17.2	15.4	18.8
其 他	Other Enterprises	3.2	0.4	0.6	0.1
交通运输业	**Transportation**				
货运量结构	Structure of Freight Traffic				
铁 路	Railways	22.6	28.2	15.1	20.8
公 路	Highways	69.4	65.5	74.0	64.8
水 运	Waterways	1.4	1.6	2.1	1.3
管 道	Petroleum and Gas Pipelines	6.6	4.7	8.8	13.0
客运量结构	Structure of Passenger Traffic				
铁 路	Railways	19.7	22.0	22.1	34.8
公 路	Highways	79.9	75.6	73.2	56.5
水 运	Waterways	0.1	0.6	0.8	1.0
民 航	Civil Aviation	0.3	1.8	3.8	7.8

1-10 续表2 Continued

单位：% (%)

指 标	Item	2000	2010	2015	2019
旅游业	**Tourism**				
国际游客人数结构	Structure of Tourists				
外国人	Foreigners	91.5	95.6	94.3	89.7
港澳台同胞	Compatriots form Hong Kong, Macao and Taiwan	8.5	4.4	5.7	10.3
教育、科技、卫生	**Education, Science and Health Care**				
教 育	**Education**				
普通学校在校学生结构	Structure of Students Enrollment				
大学生	College and University Students	3.5	18.7	24.1	26.8
中学生	Secondary School Students	47.2	45.7	41.1	39.1
小学生	Primary School Students	49.3	35.6	34.8	34.1
普通学校专任教师结构	Full-time Teachers by Type				
普通高等学校	College and Universities	4.4	12.1	14.6	15.9
中等学校	Secondary Schools	43.4	46.6	51.4	47.9
小 学	Primary Schools	52.3	41.3	34.0	36.2
科 技	**Science and Technology**				
研究与试验发展经费内部支出结构	Composition of Intramural Expenditure on R&D				
基础研究	Basic Research			11.3	17.5
应用研究	Applied Research			20.2	22.9
试验发展	Experimental Development			68.5	59.6
卫 生	**Health Care**				
卫生技术人员结构	Composition of Medical Technical Personnel				
#执业(助理)医师	#Licensed (Assistant) Doctors	45.9	40.8	37.4	39.3
注册护士	Registered Nurses	30.0	33.2	38.2	41.1
药师(士)	Pharmacist		5.9	9.5	4.8
人民生活	**People's Living Conditions**				
城镇居民现金消费结构	**Cash Consumption Composition of Urban Residents**				
食品烟酒	Food, Tobacco and Liquor	38.4	35.4	27.7	26.2
衣 着	Clothing	13.3	15.1	10.3	8.5
居 住	Residence	9.4	10.6	19.9	19.5
生活用品及服务	Household Facilities, Articles and Services	5.9	5.8	5.3	4.9
交通通信	Transport and Communications	7.6	11.2	12.0	11.8
教育文化娱乐	Education, Cultural and Recreation	12.0	9.4	10.8	13.2
医疗保健	Health Care and Medical Services	8.9	8.9	11.2	12.8
其他用品和服务	Miscellaneous Goods and Services	4.5	3.8	2.8	3.1
农村居民消费结构	**Consumption Composition of Rural Residents**				
食品烟酒	Food, Tobacco and Liquor	44.3	33.8	27.5	26.8
衣 着	Clothing	6.8	8.8	7.6	6.7
居 住	Residence	19.7	18.1	18.5	15.4
生活用品及服务	Household Facilities, Articles and Services	3.3	3.7	4.3	4.0
交通通信	Transport and Communications	7.6	10.1	13.8	15.3
教育文化娱乐	Education, Cultural and Recreation	5.5	10.4	13.1	14.2
医疗保健	Health Care and Medical Services	9.8	12.8	13.3	15.4
其他用品和服务	Miscellaneous Goods and Services	3.0	2.3	1.9	2.2

1-11 国民经济和社会发展比例与效益指标
Indicators on National Economic and Social Development

指 标	Item	2000	2010	2015	2019
人口与就业	**Population and Employment**				
出生率(‰)	Birth Rate(‰)	9.43	7.35	6.00	5.73
死亡率(‰)	Death Rate(‰)	5.50	5.83	6.60	6.74
自然增长率(‰)	Natural Growth Rate(‰)	3.93	1.52	-0.60	-1.01
每一就业人员负担人口(含本人)(人)	Dependency Ratio (including the labour self)(person)	2.38	1.98	1.89	2.20
城镇登记失业率(%)	Unemployment Rate in Urban Areas(%)	3.30	4.27	4.48	3.53
国民经济核算	**National Accounts**				
三次产业增加值比例(第一产业=100)	Ratio of Value-added by Type of Industry (Value added in primary industry=100)				
第二产业	Secondary Industry	435.0	321.0	144.8	113.6
第三产业	Tertiary Industry	225.4	222.2	186.2	214.1
全社会劳动生产率(元/人)	Overall Labor Productivity (yuan/person)	17546	43624	57115	72344
第一产业	Primary Industry	4663	16044	35348	48938
第二产业	Secondary Industry	45198	108964	99555	113304
第三产业	Tertiary Industry	18379	39931	57072	74704
	in Construction(%)				
财 政	**Government Finance**				
公共财政收入相当于GDP比例(%)	Proportion of General Budgetary Financial Revenue to GDP(%)	6.5	9.1	10.0	9.3
公共财政支出相当于GDP比例(%)	Proportion of General Budgetary Financial Expenditure to GDP(%)	13.4	27.1	34.4	36.8
对外贸易	**Foreign Trade**				
进出口总额相当于GDP比例(%)	Proportion of Total Imports & Exports to GDP(%)	8.7	20.8	11.2	13.7
实际利用外资占签订利用外资额比例(%)	Proportion of Foreign Capital for Utilization by Signed Contracts or Agreements(%)	101.7	93.4	95.0	26.6
能 源	**Energy**				
能源生产弹性系数	Elasticity Ratio of Energy Production	-1.05	0.002	-0.75	-0.48
能源消费弹性系数	Elasticity Ratio of Energy Consumption	-1.35	0.55	0.25	0.38
单位国内生产总值能耗上升或下降率(±%)	Rise or Fall Rate of Energy Consumption per Unit of GDP(±%)		-5.00	-4.01	-2.49
农 业	**Agriculture**				
农业从业者人均农产品产量(千克)	Per Capita Agricultural Output of Agricultural practitioners(kg)				
粮 食	Grain	3420	8274	11804	12516
油 料	Oil-bearing Crops	58.8	40.4	28.4	19.2
亚 麻	Flax	24.2	3.2	0.9	1.5
烤 烟	Flue-Cured Tobacco	10.9	12.5	9.7	4.2
水产品	Aquatic Products	51.3	58.7	84.1	108.1
每公顷播种面积农产品产量(千克)	Output of Farm Crops per Hectare of Sown Area(kg)				
粮 食	Grain	3242	4526	5332	5235
# 水 稻	#Rice	6489	7254	6944	6982
大 豆	Soybean	1569	1651	1874	1822
亚 麻	Flax	2039	4138	4029	5275
甜 菜	Beetroots	17482	22476	35541	46773
烤 烟	Flue-cured Tobacco	1810	2622	2678	2610

1-11 续表 Continued

指 标	Item	2000	2010	2015	2019
规模以上工业	**Industry above Designated Size**				
总资产贡献率(%)	Ratio of Industrial Output Value(%)		22.1	8.7	7.3
资产负债率(%)	Assets-Liability Ratio(%)	58.1	55.2	56.4	58.9
成本费用利润率(%)	Ratio of Profits to Industrial Cost(%)	31.4	15.2	4.2	4.5
营业收入利润率(%)	Proportion of Products Sold(%)				4.2
建筑业	**Construction**				
全员劳动生产率(按总产值计算，元/人)	Overall Labor Productivity (in terms of Gross Output Value, yuan/person)	51580	183395	228445	303720
技术装备率(元/人)	Value of Machinery per Laborer (yuan/person)	10478	7771	10425	13360
动力装备率(千瓦/人)	Power of Machines per Laborer(kw/person)	7.1	3.4	4.2	6.2
产值利税率(%)	Ratio of Pre-tax Profit to Gross Output Value(%)	4.0	10.1	6.0	8.1
交通运输业	**Transportation**				
货运量弹性系数	Elasticity of Freight Traffic				-1.71
客运量弹性系数	Elasticity of Passenger Traffic				-1.23
铁路网密度(公里/万平方公里)	Railway Density(km/10000 sq.km)	120.4	125.4	135.2	147.3
公路网密度(公里/万平方公里)	Highway Density(km/10000 sq.km)	1108	3358	3607	3728
铁路货运密度(万吨公里/公里)	Railway Freight Traffic Density(10000 ton/km)	1315	1821	970	1221
公路货运密度(万吨公里/公里)	Highway Freight Traffic Density(10000 ton/km)	32.2	50.2	56.9	47.1
电话普及率(部/百人)	Access to Telephones(set/100 persons)	22.0	80.0	105.0	113.8
旅游业	**Tourism**				
每一国际游客花费(美元)	Per Capita Expenditure of International Tourists(USD)	342.7	442.2	473.6	583.5
国内旅游人均花费（元）	Expenditure per Domestic Tourist (yuan)	446.2	529.9	1034.3	1224.8
金融业	**Finance intermediation**				
金融机构存款增加额相当于GDP比例(%)	Increasing Deposits as Percentage of GDP(%)	11.1	21.8	16.8	17.6
金融机构贷款增加额相当于GDP比例(%)	Increasing Loans as Percentage of GDP(%)	1.4	15.0	24.2	8.9
百元存款相应的贷款(元)	Loans to Per 100 yuan Deposits(yuan)	94.4	56.3	76.4	77.1
教 育	**Education**				
学龄儿童入学率(%)	Rate of School-age Children Enrollment(%)	98.8	99.1	99.9	
小学升学率(%)	Rate of Graduates of Primary Schools Entering Junior Secondary Schools(%)	95.9	99.9	98.8	99.2
学校教师负担系数(%)	Student-teacher Ratio (in percentage)(%)				
高等学校	Colleges and Universities	12.4	16.3	15.7	16.5
中等学校	Secondary Schools	16.9	13.9	9.9	11.3
小 学	Primary Schools	14.7	12.4	13.6	11.9
教育支出相当于GDP比例(%)	Expenditures for Operating Expenses of Education as Percentage of GDP(%)			4.7	4.1
科 技	**Science and Technology**				
研究与科学发展经费相当于GDP比例(%)	R&D Expenditures as Percentage of GDP(%)				1.1
卫 生	**Health Care**				
每万人拥有卫生技术人员(人)	Number of Doctors per 10000 Persons(person)	45.0	49.3	55.6	63.3
每万人拥有卫生机构床位(张)	Number of Hospital Beds per 10000 Persons(unit)	31.6	41.8	55.4	68.7
医疗机构病床使用率(%)	Beds Utilization Rate of Medical Organizations(%)	48.7	72.4	76.5	69.6
人民生活	**People's Living Conditions**				
城镇居民家庭恩格尔系数(%)	Engel's Coefficient of Urban Households(%)	38.4	35.4	27.7	26.2
农村居民家庭恩格尔系数(%)	Engel's Coefficient of Rural Households(%)	44.3	33.8	27.5	26.8
城市建设	**Municipal Works**				
城市人口用水普及率(%)	Coverage Rate of Urban Population with Access to Tap Water(%)	74.7	89.1	97.2	98.8
城市燃气普及率(%)	Coverage Rate of Urban Population with Access to Tap Gas(%)	59.3	88.8	86.6	91.1
城市人均公园绿地面积(平方米)	Per Capita Public Green Areas(sq.m)	5.4	11.8	12.0	12.4

1-12 按人口平均的主要工农业产品产量
Per Capita Major Farm Products and Industrial Products

年 份 Year	粮豆薯 (千克) Grain (kg)	油 料 (千克) Oil-bearing Crops (kg)	猪牛羊肉 (千克) Pork, Beef and Mutton (kg)	牛 奶 (千克) Cow Milk (kg)	水产品 (千克) Aquatic Products (kg)	钢 (千克) Steel (kg)	原 煤 (吨) Coal (ton)	原 油 (吨) Crude Oil (ton)	发电量 (千瓦时) Electricity (kwh)
1978	476.4	2.8	10.3	4.4	0.7	17.6	1.20	1.62	347
1980	459.0	7.5	11.6	3.9	0.6	16.5	1.33	1.62	405
1985	420.2	8.5	9.4	12.9	2.0	22.7	1.87	1.65	559
1990	655.7	4.9	13.0	28.8	4.2	27.0	2.34	1.58	837
1991	608.1	4.3	14.3	31.6	4.6	28.0	2.39	1.56	889
1992	658.9	6.1	14.8	33.5	5.0	32.7	2.34	1.55	966
1993	659.7	4.4	14.5	30.8	5.2	34.5	1.99	1.54	1027
1994	705.3	4.3	16.9	30.3	5.7	30.3	2.10	1.53	1044
1995	703.2	5.4	19.1	32.9	6.9	25.4	2.15	1.52	1052
1996	820.2	4.5	25.1	35.9	7.8	22.7	2.21	1.51	1105
1997	830.2	4.9	26.8	37.6	8.6	23.6	2.02	1.50	1158
1998	799.7	4.5	29.8	37.8	9.5	21.0	1.89	1.49	1127
1999	812.8	10.4	31.6	37.8	9.6	20.5	1.65	1.44	1088
2000	670.0	11.5	33.1	40.6	10.1	23.4	1.31	1.40	1123
2001	696.2	9.5	35.3	49.6	10.6	24.2	1.34	1.35	1150
2002	771.6	13.9	38.8	61.9	11.0	37.8	1.54	1.32	1205
2003	658.7	11.7	43.9	78.8	11.0	43.4	1.74	1.27	1277
2004	821.6	12.1	53.3	98.1	11.3	47.4	1.87	1.22	1295
2005	942.8	15.9	63.5	115.3	11.7	60.8	1.90	1.18	1561
2006	989.1	16.5	36.7	110.8	8.7	82.5	2.07	1.14	1654
2007	1015.0	13.1	35.7	114.6	9.0	114.1	2.09	1.09	1782
2008	1209.9	7.4	37.0	114.6	9.3	111.5	2.14	1.05	1881
2009	1251.8	7.4	41.7	119.2	10.0	147.9	2.29	1.05	1879
2010	1470.8	7.2	44.4	124.4	10.4	147.8	2.42	1.05	2022
2011	1620.5	6.1	45.3	122.2	9.3	155.6	2.29	1.04	2149
2012	1721.1	5.9	48.9	125.9	11.8	159.2	2.26	1.04	2199
2013	1839.9	5.0	50.6	116.5	12.7	164.6	2.00	1.04	2155
2014	1931.1	4.5	53.8	125.2	13.4	126.1	1.77	1.04	2280
2015	1992.4	4.8	53.5	128.7	14.2	105.6	1.65	1.00	2276
2016	1948.7	5.5	54.4	123.7	15.1	87.4	1.48	0.96	2359
2017	1953.2	3.8	57.0	122.6	15.5	108.2	1.43	0.90	2405
2018	1985.5	3.0	54.2	120.6	16.5	148.5	1.53	0.85	2686
2019	1994.3	3.1	51.4	123.7	17.2	207.9	1.38	0.83	2810

注：2005、2006年钢产量为粗钢产量。
a) In 2005, 2006 the output of steel is crude steel.

1-13 平均每天主要社会经济活动
Selected Indicators on Average Daily Social and Economic Activities

指　标	Item	2000	2005	2010	2015	2019
每天创造的财富	**Daily Production**					
地区生产总值(亿元)	Gross Domestic Product(100 million yuan)	7.82	13.03	22.76	32.03	37.30
第一产业	Primary Industry	1.03	1.85	3.54	7.43	8.72
第二产业	Secondary Industry	4.48	7.28	11.36	10.76	9.90
工　业	Industry	4.29	7.00	10.67	9.85	9.02
建筑业	Construction	0.27	0.42	0.86	1.16	1.15
第三产业	Tertiary Industry	2.32	3.91	7.86	13.84	18.67
公共财政收入(亿元)	General Budgetary Financial Revenue(100 million yuan)	0.51	0.87	2.07	3.19	3.46
粮豆薯(万吨)	Grain(10000 tons)	6.97	9.86	15.43	20.87	20.56
#水　稻	#Rice	2.86	3.21	6.24	7.45	7.30
玉　米	Corn	2.17	3.78	6.89	11.73	10.79
大　豆	Bean	1.23	2.05	1.69	1.37	2.14
薯　类	Tuber	0.22	0.23	0.23	0.19	0.15
油料(吨)	Oil-bearing Crops(ton)	1200	1660	754	502	316
麻类(吨)	Fiber Crops(ton)	512	989	60	54	338
烟叶(吨)	Tobacco(ton)	263	203	262	188	71
瓜果类(吨)	Melon and Fruits(ton)	8751	8395	8809	4428	3611
水产品(吨)	Aquatic Products(ton)	1047	1222	1095	1486	1776
原油(万吨)	Crude Oil(10000 tons)	14.54	12.32	10.97	10.52	8.52
天然气(亿立方米)	Natural Gas(100 million cu.m)	0.06	0.07	0.08	0.10	0.13
水泥(万吨)	Cement(10000 tons)	2.48	3.05	9.61	8.94	5.88
粗钢(万吨)	Crude Steel(10000 tons)	0.24	0.68	1.79	1.15	2.46
成品钢材(万吨)	Steel Products(10000 tons)	0.21	0.64	1.55	1.11	2.14
汽车(辆)	Automobile(unit)	367	729	679	221	518
发电量(亿千瓦时)	Electricity(100 million kwh)	1.17	1.63	2.12	2.38	2.90
每天消费量	**Daily National Consumption**					
公共财政支出(亿元)	General Budgetary Financial Expenditure(100 million yuan)	1.05	2.16	6.17	11.02	13.73
全社会用电量(亿千瓦时)	Electricity Consumption(100 million kwh)			2.05	2.38	2.73

1-13 续表 Continued

指 标	Item	2000	2005	2010	2015	2019
每天其他经济活动	**Other Daily Economic Activities**					
邮电业务总量(亿元)	Business Volume of Postal and Telecommunication Services(100 million yuan)			2.26	1.40	5.06
客运量(万人)	Passenger Traffic (10000 persons)	136.9	152.8	130.8	122.1	88.4
货运量(万吨)	Freight Traffic (10000 tons)	157.1	177.5	170.4	163.7	159.0
居民新增储蓄额(亿元)	Outstanding Amount of Savings Deposit(100 million yuan)	0.46	1.35	2.26	4.34	6.70
进出口总额(万美元)	Total Value of Imports and Exports (USD 10000)	818	2622	6986	5751	7425
出 口	Total Exports	398	1663	4460	2200	1389
进 口	Total Imports	421	959	2526	3551	6036
实际利用外资额(万美元)	Foreign Capital Actually Used (USD 10000)	302	417	756	1519	149
国际旅游人数(人)	Number of Tourists from Abroad (person)	1511	2251	4724	2287	3033
国际旅游外汇收入(万美元)	Foreign Exchange Earnings (USD 10000)	51.8	93.3	208.9	108.3	173.1
人口和社会活动	**Population and Social Activities**					
出生人口(人)	Births(person)	984	824	772	627	589
死亡人口(人)	Deaths(person)	574	544	612	689	693
结婚(对)	Marriages(couple)	597	626	846	872	670
离婚(对)	Divorces(couple)	205	263	383	520	512
发表科技论文(篇)	Scientific and Technological Papers(piece)		56.0	110.2	123.4	142.0
出版科技著作(种)	Scientific and Technological Composing(kind)		2.0	2.5	2.8	2.9
成交技术合同(件)	Number of Technical Contracts Completed(piece)	27.08	5.59	5.44	5.08	10.41
技术市场成交额(万元)	Transaction Value on Technical Market(10000 yuan)	417	391	1462	3487	6460
授权专利(件)	Number of Patent Applications Certified(item)	6.17	7.96	18.64	51.90	54.76
公共图书馆流通人次(万人次)	Circulation of Public Libraries(10000 person-times)	1.67	1.38	1.70	2.65	3.16
印刷图书(万册)	Printed Copies of Books(10000 copies)	27.2	16.3	20.3	19.6	23.2
印刷杂志(万册)	Printed Copies of Magazines(10000 copies)	21.7	9.6	14.4	12.2	8.4
印刷报纸(万份)	Printed Copies of Newspaper(10000 copies)	201.6	195.6	214.3	181.7	117.3
诊疗人次(万人次)	Total Number of Patients Treated(10000 person-times)	12.09	12.02	20.35	20.71	30.80
入院人数(万人)	Hospital Admissions(10000 patients)	0.41	0.55	1.02	1.39	1.66
生活垃圾清运量(万吨)	Volume of Garbage Disposal(10000 tons)	2.51	3.08	2.14	1.43	1.44
受理劳动争议案件(件)	Number of Labor Dispute Cases Accepted(piece)	7.81	16.81	24.99	31.13	99.33
劳动争议结案案件(件)	Number of Labor Dispute Cases Settled(piece)	7.99	16.63	24.75	31.33	96.45

主要统计指标解释

行政区划 指国家对行政区域的划分。根据有关法规规定，我国的行政区域划分如下：(1)全国分为省、自治区、直辖市；(2)省、自治区分为自治州、县、自治县、市；(3)自治州分为县、自治县、市；(4)县、自治县分为乡、民族乡、镇； (5)直辖市和较大的市分为区、县；(6)国家在必要时设立的特别行政区。

平均增长速度 平均增长速度表明社会经济现象在一个较长的时期内逐期平均增长变化的程度，它不能根据各个环比增长速度直接求得，但与平均发展速度之间存在着一定的数量关系：平均增长速度＝平均发展速度－1。

平均发展速度是一种根据环比发展速度计算的序时平均数，由于各时期对比的基础不同，所以计算平均发展速度不能采用一般的序时平均数的计算方法，计算方法分为水平法和累计法。水平法，又称几何平均法，即将环比发展速度按连乘法用几何平均数公式计算。累计法，也称方程法，根据一段时期内各年发展水平总和与基期水平的关系，列出方程式计算平均发展速度。水平法着重考虑最后一年所达到的发展水平；累计法着重考虑整个时期累计发展水平的总量。

本《年鉴》内所列的平均增长速度，除固定资产投资用“累计法”计算外，其余均用“水平法”计算。从某年到某年平均增长速度的年份，均不包括基期年在内。如建国四十三年以来的平均增长速度是以 1949 年为基期计算的，则写为 1950-1992 年平均增长速度，其余类推。

国民经济行业分类 自 2017 年年报和 2018 年定期报表开始使用新的《国民经济行业分类》(GB/T4754-2017)。该分类是由国家统计局组织修订，国家质量监督检验检疫总局和中国国家标准化管理委员会于 2017 年 6 月 30 日发布。这次修订是在 2011 年分类标准的基础上，结合我国经济活动特点，参照联合国《全部经济活动的国际标准产业分类》(ISIC/Rev.4) 进行的。修订后的《国民经济行业分类》(GB/T4754-2017) 共有门类 20 个，大类 97 个，中类 473 个，小类 1382 个。

企业登记注册类型 是以在市场监管部门登记注册的各类企业为划分对象，以市场监管部门对企业登记注册的类型为依据，将企业登记注册类型分为内资企业、港澳台商投资企业和外商投资企业三大类。内资企业包括国有企业、集体企业、股份合作企业、联营企业、有限责任公司、股份有限公司、私营企业和其他企业；港澳台商投资企业和外商投资企业分别包括合资经营企业、合作经营企业、独资经营企业和股份有限公司等。

国有企业 指企业全部资产归国家所有，并按《中华人民共和国企业法人登记管理条例》规定登记注册的非公司制的经济组织。不包括有限责任公司中的国有独资公司。

集体企业 指企业资产归集体所有，并按《中华人民共和国企业法人登记管理条例》规定登记注册的经济组织。

股份合作企业 指以合作制为基础，由企业职工共同出资入股，吸收一定比例的社会资产投资组建，实行自主经营，自负盈亏，共同劳动，民主管理，按劳分配与按股分红相结合的一种集体经济组织。

联营企业 指两个及两个以上相同或不同所有制性质的企业法人或事业单位法人，按自愿、平等、互利的原则，共同投资组成的经济组织。联营企业包括国有联营企业、集体联营企业、国有与集体联营企业和其他联营企业。

有限责任公司 指根据《中华人民共和国公司登记管理条例》规定登记注册，由两个以上、五十个以下的股东共同出资，每个股东以其所认缴的出资额对公司承担有限责任，公司以其全部资产对其债务承担责任的经济组织。有限责任公司包括国有独资公司以及其他有限责任公司。

股份有限公司 指根据《中华人民共和国公司登记管理条例》规定登记注册，其全部注册资本由等额股份构成并通过发行股票筹集资本，股东以其认购的股份对公司承担有限责任，公司以其全部资产对其债务承担责任的经济组织。

私营企业 指由自然人投资设立或由自然人控股，以雇佣劳动为基础的营利性经济组织。包括按照《公司法》、《合伙企业法》、以及《个人独资企业法》规定登记注册的私营独资企业、私营合伙企业、私营有限责任公司、私营股份有限公司和个人独资企业。

其他企业 指上述企业之外的其他内资经济组织。

与港澳台商合资经营企业 指港澳台地区投资者与内地企业依照《中华人民共和国中外合资经营企业法》及有关法律的规定，按合同规定的比例投资设立、分享利润和分担风险的企业。

与港澳台商合作经营企业 指港澳台地区投资者与内地企业依照《中华人民共和国中外合作经营企业法》及有关法律的规定，依照合作合同的约定进行投资或提供条件设立、分配利润和分担风险的企业。

港澳台商独资经营企业 指依照《中华人民共和国外资企业法》及有关法律的规定，在内地由港澳台地区投资者全额投资设立的企业。

港澳台商投资股份有限公司 指根据国家有关规定，经商务部（原外经贸部）依法批准设立，其中港、澳、台商的股本占公司注册资本的比例达 25%以上的股份有限公司。凡其中港、澳、台商的股本占公司注册资本的比例小于 25%

的，属于内资企业中的股份有限公司。

其他港澳台商投资企业 指在中国境内参照《外国企业或个人在中国境内设立合伙企业管理办法》和《外商投资合伙企业登记管理规定》，依法设立的港、澳、台商投资合伙企业等。

中外合资经营企业 指外国企业或外国人与中国内地企业依照《中华人民共和国中外合资经营企业法》及有关法律的规定，按合同规定的比例投资设立、分享利润和分担风险的企业。

中外合作经营企业 指外国企业或外国人与中国内地企业依照《中华人民共和国中外合作经营企业法》及有关法律的规定，依照合作合同的约定进行投资或提供条件设立、分配利润和分担风险的企业。

外资企业 指依照《中华人民共和国外资企业法》及有关法律的规定，在中国内地由外国投资者全额投资设立的企业。

外商投资股份有限公司 指根据国家有关规定，经原外经贸部依法批准设立，其中外资的股本占公司注册资本的比例达25% 以上的股份有限公司。凡其中外资股本占公司注册资本的比例小于25%的，属于内资企业中的股份有限公司。

其他外商投资企业 指在中国境内依照《外国企业或个人在中国境内设立合伙企业管理办法》和《外商投资合伙企业登记管理规定》，依法设立的外商投资合伙企业等。

行政机关、事业单位和社会团体 参照企业登记注册类型，主要按其经费来源和管理方式划分。具体规定如下:

⑴行政机关: 包括国家机关和政党机关，原则上均列为“国有”。但有特殊规定的，如供销社等，则列为“集体”。

⑵事业单位: 包括经国家机构编制部门和有关业务主管部门批准成立的各类事业单位，不包括实行企业化管理的事业单位。事业单位的划分办法如下:

①由国家财政预算拨款或列入财政预算外资金管理以及经费主要来源于国有主管部门或国有上级单位的事业单位，列为“国有”。

②经费主要来源于集体单位的事业单位，列为“集体”。

③公民个人(或个人合伙)开办的事业单位，列为“私营”。

④上述以外的其他事业单位，如果其经费来源不明确，按管理方式进行归类。

⑶社会团体: 包括经民政部门批准成立以及未纳入社会团体管理条例范围的工会、妇联等各类社会团体。社会团体的划分办法如下:

①未纳入民政部社会团体管理条例范围的工会、妇联、共青团、青联、工商联、科协、侨联等社会团体，国家拨款设立的基金会或基金管理组织以及经费主要来源于国有业务主管部门或国有上级单位的社会团体，列为“国有”。

②经费主要来源于集体单位的社会团体，列为“集体”。

③公民个人(或个人合伙)开办的社会团体，划为“私营”。

④上述以外的其他社会团体，如果其经费来源不明确，改按管理方式进行归类。

Explanatory Notes on Main Statistical Indicators

Divisions of Administrative Areas refer to the division of administrative areas by the State. The relative laws stipulate that 1) the whole country is divided into provinces, autonomous regions and municipalities directly under the Central Government; 2) provinces and autonomous regions are further divided into autonomous prefectures, counties, autonomous counties and cities; 3) autonomous prefectures are further divided into counties, autonomous counties and cities; 4) counties and autonomous counties are further divided into townships, ethnic townships and towns; 5) municipalities directly under the Central Government and large cities are divided into districts and counties, 6) the State shall, when necessary, establish special administrative regions.

Average Annual Growth Rate shows the average growth rate of social and economic development during a longer period. It can not be directly calculated by chain based growth rate. The relation is:

Average Annual Growth Rate = Average Speed of Development – 1

Average speed of development is the time series average of speed which calculated by chain based. Because the reference bases during the different periods are not same, average speed of development can not be calculated by the general method. Level approach and accumulative approach for calculating average speed of development rate are applied. The "level approach", or the method of calculating the geometric average, is derived by the formula of geometric average of the chain-based speeds of development, or comparing the level of the last year of the interval with that of the beginning year; the other is called the "accumulative approach" or the "algebraic average", "equation" method, which is derived by the summation of the actual figure of each year in the interval divided by the figure in the base year. The level approach focuses on the level of the last year, while the accumulative approach emphasizes the aggregate development in the duration.

The average annual growth rates listed in the Yearbook are calculated by the level approach except for the growth rate of investment in fixed assets. The base year is not listed in the duration for which average annual growth rates are computed. For instance, the average annual growth rate of the 43 years since 1949 is shown as the average annual growth rate of 1950-1992 without showing the base year 1949.

Industrial Classification of the National Economy The new Industrial Classification of the National Economy (GB/T 4754-2017) is introduced starting from the compilation of 2017 annual statistics and 2018 monthly or quarterly statistics. The revision, based on the 2011 classification, was organized by the National Bureau of Statistics taking into consideration of the characteristics of economic activities in China and the International Standards of the Industrial Classification of All Economic Activities (ISIC/Rev.4) of the United Nations. The new Classification was promulgated by the National Administration of Quality Supervision, Inspection and Quarantine and the Standardization Administration of the People's Republic of China on June 30, 2017. The revised version of the Industrial Classification of the National Economy (GB/T 4754-2017) is composed of 20 sections, 97 divisions, 473 groups and 1382 classes.

Registration Status of Enterprises (units) Enterprises are classified into 3 categories, namely enterprises with domestic investment, enterprises with investment from Hong Kong, Macao and Taiwan, and enterprises with foreign investment, according to the registration status of an enterprise in market supervision administration. Domestic-invested enterprises include state-owned enterprises, collective-owned enterprises, cooperative enterprises, joint ownership enterprises, limited liability corporations, share-holding corporations Ltd., private enterprises and other enterprises. Included in the enterprises with investment from Hong Kong, Macao and Taiwan and enterprises with foreign investment are joint-venture enterprises, cooperative enterprises, sole- proprietorship enterprises and share-holding corporations Ltd.

State-owned Enterprises refer to non-corporation economic units where the entire assets are owned by the State and which have been registered in accordance with the *Regulation of the People's Republic of China on the Management of Registration of Corporate Enterprises*. Not included from this category are solely State-funded corporations in the limited liability corporations.

Collective-owned Enterprises refer to economic units where the assets are owned collectively and which have been registered in accordance with the *Regulation of the People's Republic of China on the Management of Registration of Corporate Enterprises.*

Cooperative Enterprises refer to a form of collective economic units (enterprises) where capitals come mainly from employees as their shares, with certain proportion of capital from the outside, where production is organized on the basis of independent operation, independent accounting for profits and losses, joint work, democratic management, and a distribution system that integrates remuneration according to work with dividend according to capital share.

Joint Ownership Enterprises refer to economic units established by two or more corporate enterprises or corporate institutions of the same or different ownership, through joint investment on the basis of voluntary participation, equality, and mutual benefits. They include State joint ownership enterprises; collective joint ownership enterprises; joint State-collective enterprises; and other joint ownership enterprises.

Limited Liability Corporations refer to economic units established with investment from 2-50 investors and registered in accordance with the Regulation of the People's Republic of China on the Management of Registration of Corporations, each investor bearing limited liability to the corporation depending on its share of investment, and the corporation bearing liability to its debt to the maximum of its total assets. Limited liability corporations include solely State-funded limited liability corporations and other limited liability corporations.

Share-holding Corporations Ltd. refer to economic units registered in accordance with the Regulation of the People's Republic of China on the Management of Registration of Corporations, with total registered capital divided into equal shares and raised through issuing stocks. Each investor bears limited liability to the corporation depending on the holding of shares, and the corporation bears liability to its debt to the maximum of its total assets.

Private Enterprises refer to profit-making economic units invested and established by natural persons, or controlled by natural persons using employed labour. Included in this category are private limited liability corporations, private share-holding corporations Ltd., private partnership enterprises and private-funded enterprises registered in accordance with the Company Law, the Law on Partnership Business and Interim Regulations on Private Enterprises.

Other Domestic-funded Enterprises refer to domestic-invested economic units other than those mentioned above.

Joint Venture Enterprises with Hong Kong, Macao and Taiwan are enterprises jointly established by investors from Hong Kong, Macao and Taiwan with enterprises in the mainland of China in accordance with the Law of the People's Republic of China on Sino-foreign Equity Joint Ventures and other relevant laws, where the establishment of the investment and the sharing of profits, taking risks and loss are stipulated in joint venture contracts.

Cooperative Enterprises with Hong Kong, Macao and Taiwan established by investors from Hong Kong, Macao and Taiwan with enterprises in the mainland of China in accordance with the Law of the People's Republic of China on Sino-foreign Contractual Joint Venture and other relevant laws, where the investment or provision of facilities and the sharing of profits and risks are stipulated under cooperative contracts.

Sole-proprietorship Enterprises with Investment from Hong Kong, Macao and Taiwan refer to enterprises established in the mainland of China with exclusive investment from investors from Hong Kong, Macao and Taiwan in accordance with the *Law of the People's Republic of China on Enterprises with Foreign Investment* and other relevant laws.

Share-holding Corporations Ltd. with Investment from Hong Kong, Macao and Taiwan refer to share-holding corporations Ltd. established with the approval from the Ministry of Commerce（the former Ministry of Foreign Trade and Economic Relations）in line with relevant state regulations, where the share of investment from Hong Kong, Macao or Taiwan businessmen exceeds 25% of the total registered capital of the corporation. In case the share of investment from Hong Kong, Macao or Taiwan is less than 25% of the total registered capital, the enterprise is to be classified as domestic-invested share-holding corporation Ltd..

Other Enterprises with Funds From Hong Kong, Macao and Taiwan refer to partnership enterprises with investments from Hong Kong, Macao and Taiwan established within the territory of China in accordance with Administrative Measures on the Establishment of Partnership Enterprises in China by Foreign Enterprises or Foreign Individuals and Regulations for the Administration of the Registration of Foreign-invested Partnership Enterprises.

Joint Venture Enterprises with Foreign Investment refer to enterprises jointly established by foreign enterprises or foreigners with enterprises in the mainland of China in accordance with the Law of the People's Republic of China on Sino-foreign Equity Joint Ventures and other relevant laws, where the sharing of investment, profits and risks is stipulated under contract.

Cooperative Enterprises with Foreign Investment refer to enterprises jointly established by foreign enterprises or foreigners with enterprises in the mainland of China in accordance with the Law of the People's Republic of China on Sino-foreign Contractual Joint Venture and other relevant laws, where the investment or provision of facilities and the sharing of profits and risks are stipulated under cooperative contracts.

Enterprises with Sole (exclusive) Foreign Investment refer to enterprises established in the mainland of China with exclusive investment from foreign investors in accordance with the Law of the People's Republic of China on Wholly Foreign-owned Enterprises and other relevant laws.

Share-holding Corporations Ltd. with Foreign Investment refer to share-holding corporations Ltd. established with the approval from the Ministry of Commerce（the former Ministry of Foreign Trade and Economic Relations）in line with relevant state regulations, where the share of investment from foreign investors exceeds 25% of the total registered capital of the corporation. In case the share of foreign investment is less than 25% of the total registered capital, the enterprise is to be classified as domestic-invested share-holding corporation Ltd.

Other Enterprises with Foreign Funds refer to partnership enterprises established within the territory of China in accordance with Administrative Measures on the Establishment of Partnership Enterprises in China by Foreign Enterprises or Foreign Individuals and Regulations for the Administration of the Registration of Foreign-invested Partnership Enterprises.

Government Agencies, Institutions and Social Organizations are classified into the following categories by source of funds and manner of management taking reference of the registration status of enterprises:

(1) Government agencies: include State and party agencies, classified in principle as State-owned. There are exceptions, such as supply and marketing cooperatives which are classified

as collective-owned.

(2) Institutions: include institutions of various types established with the approval by organization and staffing departments of the government, but exclude institutions where enterprise management system is introduced. Institutions are further classified as follows:

(a) Institutions for which their main budgets are from government budget appropriations or extra-budget funds, or allocated from the budget of their competent government agencies. Such institutions are classified as state-owned.

(b) Institutions for which their budget mainly come from collective units. Such institutions are classified as collective-owned.

(c) Social institutions established by individual or a group of citizens, which are classified as private.

(d) Institutions other than those mentioned above for which their sources of budget are not clear. Such institutions are classified by the manner of management.

(3) Social organizations: include social organizations established with the approval from the Ministry of Civil Affairs, and organizations that are not covered by social organization management regulations such as trade unions, women's federations etc.. Social organizations are further classified as follows:

(a) Social organizations that are not covered by social organization management regulations of the Ministry of Civil Affairs such as trade unions, women federations, communist youth leagues, youth associations, industrial and commerce associations, scientist associations, overseas Chinese associations, etc., foundations and fund management organizations established with funds from the state, and social organizations whose funds mainly come from the budget of their competent government agencies. Such institutions are classified as State-owned.

(b) Social organizations for which their budget mainly come from collective units. Such institutions are classified as collective-owned.

(c) Social organizations established by individual or a group of citizens, which are classified as private.

(d) Social organizations other than those mentioned above for which their sources of budget are not clear. Such organizations are classified by the manner of management.

第二篇　人口、就业人员和工资

CHAPTER 2　POPULATION, EMPLOYMENT AND WAGES

资料整理：魏　瑨　曹夏茵

2-1　人口和就业基本情况
Population and Employment

指　标	Item	2015	2016	2017	2018	2019
人　口	**Population**					
总人口(万人)	Total Population (10000 persons)	3812.0	3799.2	3788.7	3773.1	3751.3
男	Male	1926.8	1918.1	1910.7	1899.3	1884.8
女	Female	1885.2	1881.1	1878.0	1873.8	1866.5
市　镇	Urban	2241.5	2249.1	2250.5	2267.6	2284.5
乡　村	Rural	1570.5	1550.1	1538.2	1505.5	1466.8
性别比(女性=100)	Sex Ratio (Female=100)	102.2	102.0	101.7	101.4	101.0
出生率(‰)	Birth Rate (‰)	6.00	6.12	6.22	5.98	5.73
死亡率(‰)	Death Rate (‰)	6.60	6.61	6.63	6.67	6.74
自然增长率(‰)	Natural Growth Rate (‰)	-0.60	-0.49	-0.41	-0.69	-1.01
就　业	**Employment**					
就业人员合计(万人)	Total Number of Employed Persons (10000 persons)	2013.7	2028.2	2005.0	1986.4	1776.9
城镇就业人员	Urban Employed Persons	1037.7	1072.9	1059.5	1049.9	901.5
#国有单位	State-owned Units	267.8	263.7	254.1	246.4	176.9
集体单位	Collective-owned Units	14.1	12.2	10.6	9.6	2.9
其他单位	Units of Other Types of Ownership	151.6	149.0	148.3	136.7	169.8
私营单位	Private Units	185.5	152.1	162.3	178.9	187.5
灵活就业	Obtain Employment Flexibly	236.9	232.2	209.9	200.3	180.8
乡村就业人员	Rural Employed Persons	976.0	955.3	945.5	936.5	875.4
城镇登记失业人数(万人)	Number of Registered Unemployed Persons in Urban Areas(10000 persons)	41.0	39.6	39.7	39.4	34.7
城镇登记失业率(%)	Registered Unemployment Rate in Urban Areas(%)	4.48	4.22	4.21	3.99	3.53
城镇非私营单位就业人员平均工资(元)	Average Wage of Employed Persons In Urban Non-private Units (yuan)	48881	52435	56067	60780	68416
国有单位	State-owned Units	49307	52847	55789	59716	64184
集体单位	Collective-owned Units	39063	41618	45814	51838	63906
私营单位	Private Units	28586	30533	32422	34801	36674
其他单位	Other Units	49062	52621	57290	63332	72922

2-2 年末人口数
Population at Year-End

单位：万人、% (10000 persons,%)

年 份 Year	总人口 Total Population	按性别分 By Sex				按城乡分 By Residence			
		男 Male		女 Female		城镇 Urban		乡村 Rural	
		人口数 Population	比 重 Proportion	人口数 Population	比 重 Proportion	人口数 Population	比 重 Proportion	人口数 Population	比 重 Proportion
1953	1189.7	646.4	54.3	543.3	45.7	378.9	31.8	810.8	68.2
1954	1250.2	676.2	54.1	574.0	45.9	416.7	33.3	833.5	66.7
1955	1321.2	714.2	54.1	607.0	45.9	433.8	32.8	887.4	67.2
1956	1418.2	770.9	54.4	647.3	45.6	496.0	35.0	922.2	65.0
1957	1478.5	796.8	53.9	681.7	46.1	545.1	36.9	933.4	63.1
1958	1563.7	842.2	53.9	721.5	46.1	587.1	37.5	976.6	62.5
1959	1682.0	908.1	54.0	773.9	46.0	741.9	44.1	940.1	55.9
1960	1807.1	973.4	53.9	833.7	46.1	877.6	48.6	929.5	51.4
1961	1897.1	1018.4	53.7	878.7	46.3	900.1	47.4	997.0	52.6
1962	1893.5	1001.8	52.9	891.7	47.1	811.2	42.8	1082.3	57.2
1963	1972.0	1041.0	52.8	931.0	47.2	796.0	40.4	1176.0	59.6
1964	2053.3	1078.7	52.5	974.6	47.5	811.5	39.5	1241.8	60.5
1965	2133.9	1116.8	52.3	1017.1	47.7	805.6	37.8	1328.3	62.2
1966	2188.6	1143.9	52.3	1044.7	47.7	822.2	37.6	1366.4	62.4
1967	2258.9	1179.6	52.2	1079.3	47.8	842.0	37.3	1416.9	62.7
1968	2343.4	1218.8	52.0	1124.6	48.0	867.2	37.0	1476.2	63.0
1969	2440.8	1264.7	51.8	1176.1	48.2	865.9	35.5	1574.9	64.5
1970	2522.6	1306.9	51.8	1215.7	48.2	907.3	36.0	1615.3	64.0
1971	2627.2	1361.6	51.8	1265.6	48.2	936.7	35.7	1690.5	64.3
1972	2723.4	1409.7	51.8	1313.7	48.2	1007.3	37.0	1716.1	63.0
1973	2818.6	1459.4	51.8	1359.2	48.2	1034.0	36.7	1784.6	63.3
1974	2894.0	1496.6	51.7	1397.4	48.3	1059.1	36.6	1834.9	63.4
1975	2958.1	1528.7	51.7	1429.4	48.3	1078.8	36.5	1879.3	63.5
1976	3019.4	1558.3	51.6	1461.1	48.4	1093.7	36.2	1925.7	63.8
1977	3072.5	1585.3	51.6	1487.2	48.4	1118.2	36.4	1954.3	63.6
1978	3129.6	1614.2	51.6	1515.4	48.4	1122.9	35.9	2006.7	64.1
1979	3168.7	1629.2	51.4	1539.5	48.6	1181.4	37.3	1987.3	62.7
1980	3203.8	1642.4	51.3	1561.4	48.7	1232.7	38.5	1971.1	61.5
1981	3239.3	1660.3	51.3	1579.0	48.7	1275.3	39.4	1964.0	60.6
1982	3281.1	1677.9	51.1	1603.2	48.9	1309.4	39.9	1971.7	60.1
1983	3306.0	1692.0	51.2	1614.0	48.8	1356.8	41.0	1949.2	59.0
1984	3331.0	1706.0	51.2	1625.0	48.8	1398.0	42.0	1933.0	58.0
1985	3357.0	1718.2	51.2	1638.8	48.8	1440.5	42.9	1916.5	57.1
1986	3385.0	1733.6	51.2	1651.4	48.8	1485.3	43.9	1899.7	56.1
1987	3424.0	1753.0	51.2	1671.0	48.8	1536.0	44.9	1888.0	55.1
1988	3466.0	1774.4	51.2	1691.6	48.8	1589.9	45.9	1876.1	54.1
1989	3510.0	1796.6	51.2	1713.4	48.8	1646.5	46.9	1863.5	53.1
1990	3543.0	1812.0	51.1	1731.0	48.9	1699.2	48.0	1843.8	52.0
1991	3575.0	1827.5	51.1	1747.5	48.9	1753.2	49.0	1821.8	51.0
1992	3608.0	1844.0	51.1	1764.0	48.9	1809.1	50.1	1798.9	49.9
1993	3640.0	1861.1	51.1	1778.9	48.9	1866.2	51.3	1773.8	48.7
1994	3672.0	1873.0	51.0	1799.0	49.0	1924.9	52.4	1747.1	47.6
1995	3701.0	1887.5	51.0	1813.5	49.0	1985.9	53.7	1715.1	46.3
1996	3728.0	1901.3	51.0	1826.7	49.0	2007.5	53.8	1720.5	46.2
1997	3751.0	1912.0	51.0	1839.0	49.0	2021.8	53.9	1729.2	46.1
1998	3773.0	1923.5	51.0	1849.5	49.0	2037.4	54.0	1735.6	46.0
1999	3792.0	1933.2	51.0	1858.8	49.0	2055.3	54.2	1736.7	45.8
2000	3807.0	1945.8	51.1	1861.2	48.9	1977.4	51.9	1829.6	48.1
2001	3811.0	1948.2	51.1	1862.8	48.9	1996.2	52.4	1814.8	47.6
2002	3813.0	1953.0	51.2	1860.0	48.8	2004.5	52.6	1808.5	47.4
2003	3815.0	1940.4	50.9	1874.6	49.1	2006.3	52.6	1808.7	47.4
2004	3816.8	1937.8	50.8	1879.0	49.2	2014.5	52.8	1802.3	47.2
2005	3820.0	1933.1	50.6	1886.9	49.4	2028.4	53.1	1791.6	46.9
2006	3823.0	1942.5	50.8	1880.5	49.2	2045.3	53.5	1777.7	46.5
2007	3824.0	1931.1	50.5	1892.9	49.5	2061.1	53.9	1762.9	46.1
2008	3825.0	1933.2	50.5	1891.8	49.5	2119.0	55.4	1706.0	44.6
2009	3826.0	1943.6	50.8	1882.4	49.2	2123.4	55.5	1702.6	44.5
2010	3833.4	1943.6	50.7	1889.8	49.3	2133.7	55.7	1699.7	44.3
2011	3834.0	1936.2	50.5	1897.8	49.5	2166.2	56.5	1667.8	43.5
2012	3834.0	1943.8	50.7	1890.2	49.3	2181.5	56.9	1652.5	43.1
2013	3835.0	1929.6	50.3	1905.4	49.7	2201.3	57.4	1633.7	42.6
2014	3833.0	1925.1	50.2	1907.9	49.8	2223.5	58.0	1609.5	42.0
2015	3812.0	1926.8	50.5	1885.2	49.5	2241.5	58.8	1570.5	41.2
2016	3799.2	1918.1	50.5	1881.1	49.5	2249.1	59.2	1550.1	40.8
2017	3788.7	1910.7	50.4	1878.0	49.6	2250.5	59.4	1538.2	49.9
2018	3773.1	1899.3	50.3	1873.8	49.7	2267.6	60.1	1505.5	39.9
2019	3751.3	1884.8	50.2	1866.5	49.8	2284.5	60.9	1466.8	39.1

2-3 人口出生率、死亡率、自然增长率
Birth Rate, Death Rate and Natural Growth Rate of Population

单位：‰ (‰)

年份 Year	全省 Provincial			市 City			县 County		
	出生率 Birth Rate	死亡率 Death Rate	自然增长率 Natural Growth Rate	出生率 Birth Rate	死亡率 Death Rate	自然增长率 Natural Growth Rate	出生率 Birth Rate	死亡率 Death Rate	自然增长率 Natural Growth Rate
1957	36.59	10.45	26.14	48.33	9.50	38.83	33.01	10.74	22.27
1962	35.46	8.62	26.84	38.94	8.08	30.86	33.79	8.87	24.92
1965	40.38	8.00	32.38	40.11	6.08	34.03	40.47	8.67	31.80
1970	34.80	5.81	28.99	30.78	5.21	25.57	36.04	6.00	30.04
1975	21.98	5.43	16.55	16.21	5.11	11.10	23.70	5.53	18.17
1978	16.84	4.68	12.16	14.12	4.91	9.21	17.64	4.61	13.03
1980	13.49	4.86	8.63	11.74	4.77	6.97	14.07	4.89	9.18
1985	15.04	4.76	10.28	13.39	5.22	8.17	16.86	3.86	13.00
1990	18.11	6.35	11.76	15.43	5.92	9.51	20.71	6.79	13.92
1991	15.89	5.70	10.19	12.30	5.42	6.88	17.05	5.73	11.32
1992	16.25	6.12	10.13	12.88	5.40	7.48	17.65	6.55	11.10
1993	15.90	5.52	10.38	15.37	5.88	9.49	16.10	5.65	10.45
1994	15.15	5.47	9.68	14.91	5.06	9.85	15.39	6.18	9.21
1995	13.23	5.33	7.90	12.09	5.30	6.79	13.72	5.34	8.38
1996	12.40	5.05	7.35	12.28	5.02	7.26	12.43	5.06	7.37
1997	12.02	5.17	6.85	11.46	5.02	6.44	12.91	5.35	7.56
1998	11.68	5.32	6.36	10.24	4.67	5.57	13.31	6.07	7.25
1999	10.55	5.49	5.06	9.56	4.68	4.87	11.23	5.86	5.37
2000	9.43	5.50	3.93	8.76	4.94	3.82	10.11	6.10	4.01
2001	8.48	5.49	2.99	7.56	5.31	2.25	9.44	5.82	3.62
2002	7.98	5.44	2.54	7.30	5.29	2.01	9.12	5.61	3.51
2003	7.48	5.45	2.03	5.80	4.60	1.20	9.30	6.40	2.90
2004	7.27	5.45	1.82	5.15	3.97	1.18	9.53	7.02	2.51
2005	7.87	5.20	2.67	5.81	4.74	1.07	10.57	5.80	4.77
2006	7.57	5.18	2.39	5.82	4.86	0.96	9.18	4.90	4.28
2007	7.88	5.39	2.49	6.25	4.89	1.36	9.85	6.02	3.83
2008	7.91	5.68	2.23	6.94	5.77	1.17	9.21	5.55	3.66
2009	7.48	5.42	2.06	6.55	5.40	1.15	8.76	5.54	3.22
2010	7.35	5.83	1.52	6.45	5.36	1.09	7.78	5.98	1.80
2011	6.99	5.92	1.07	6.58	5.57	1.01	7.59	6.33	1.26
2012	7.30	6.03	1.27	6.52	5.21	1.31	8.27	7.06	1.21
2013	6.86	6.08	0.78	5.82	5.21	0.61	7.52	6.49	1.03
2014	7.37	6.46	0.91	6.47	5.51	0.96	7.92	7.11	0.81
2015	6.00	6.60	-0.60	5.96	6.17	-0.21	6.04	7.04	-1.00
2016	6.12	6.61	-0.49	6.19	6.23	-0.04	6.02	7.14	-1.12
2017	6.22	6.63	-0.41	6.33	6.11	0.22	6.06	7.39	-1.33
2018	5.98	6.67	-0.69	6.04	5.94	0.10	5.89	7.77	-1.88
2019	5.73	6.74	-1.01	5.92	6.04	-0.12	5.43	7.83	-2.40

2-4 人口年龄构成和抚养比

Age Composition and Dependency Ratio of Population

单位：万人、% (10000 persons,%)

年 份 Year	人口数 Total Population	0-14岁 Aged 0-14	15-64岁 Aged 15-64	65岁及以上 Aged 65 and over	总抚养比 Gross Dependency Ratio	少年儿童抚养比 Children Dependency Ratio	老年人口抚养比 Old Dependency Ratio
1986	3385.0	1020.7	2230.6	133.7	51.8	45.8	6.0
1987	3424.0	993.4	2305.5	125.0	48.5	43.1	5.4
1988	3466.0	931.3	2403.4	131.3	44.2	38.7	5.5
1989	3510.0	957.1	2412.1	140.9	45.5	39.7	5.8
1990	3543.0	944.3	2463.7	135.0	43.8	38.3	5.5
1991	3575.0	990.9	2438.9	145.2	46.6	40.6	6.0
1992	3608.0	984.6	2474.0	149.4	45.8	39.8	6.0
1993	3640.0	881.6	2613.3	145.1	39.3	33.8	5.6
1994	3672.0	869.1	2649.9	153.1	38.6	32.8	5.8
1995	3701.0	868.1	2663.5	169.5	38.9	32.6	6.4
1996	3728.0	802.0	2732.5	193.5	36.4	29.4	7.1
1997	3751.0	798.9	2757.0	195.1	36.1	29.0	7.1
1998	3773.0	776.0	2800.5	196.5	34.7	27.7	7.0
1999	3792.0	778.1	2808.5	205.3	35.0	27.7	7.3
2000	3807.0	719.1	2876.0	211.7	32.4	25.0	7.4
2001	3811.0	699.0	2882.0	230.0	32.2	24.3	8.0
2002	3813.0	648.2	2922.3	242.5	30.5	22.2	8.3
2003	3815.0	604.3	2957.1	253.6	29.0	20.4	8.6
2004	3816.8	555.0	3002.6	259.2	27.1	18.5	8.6
2005	3820.0	563.7	2966.5	289.8	28.8	19.0	9.8
2006	3823.0	536.4	2979.3	307.4	28.3	18.0	10.3
2007	3824.0	501.3	2978.5	344.2	28.4	16.8	11.6
2008	3825.0	481.6	2990.4	353.0	27.9	16.1	11.8
2009	3826.0	464.1	2999.2	362.7	27.6	15.5	12.1
2010	3833.4	458.5	3056.0	318.9	25.4	15.0	10.4
2011	3834.0	453.6	3054.2	326.3	25.5	14.9	10.7
2012	3834.0	452.0	3041.1	340.9	26.1	14.9	11.2
2013	3835.0	450.1	3026.0	358.9	26.8	14.9	11.9
2014	3833.0	449.2	2998.2	385.6	27.8	15.0	12.8
2015	3812.0	423.1	2973.4	415.5	28.2	14.2	14.0
2016	3799.2	416.0	2942.5	440.7	29.1	14.1	15.0
2017	3788.7	406.9	2926.0	455.8	29.5	13.9	15.6
2018	3773.1	400.7	2887.1	485.3	30.7	13.9	16.8
2019	3751.3	387.5	2848.0	515.8	31.7	13.6	18.1

2-5　按年龄和性别分人口数
Population by Age and Sex

单位：万人、%　　　　(10000 persons,%)

年　龄	Age	合计 Total			男 Male			女 Female		
		2010	2015	2019	2010	2015	2019	2010	2015	2019
人口数	**Population**									
总　计	**Total**	**3833.4**	**3812.0**	**3751.3**	**1943.6**	**1926.8**	**1884.8**	**1889.8**	**1885.2**	**1866.5**
0-4岁	Age 0-4	137.4	125.9	119.4	72.1	66.2	63.0	65.3	59.7	56.4
5-9岁	Age 5-9	149.1	141.7	128.5	77.8	74.9	67.8	71.3	66.8	60.7
10-14岁	Age 10-14	169.1	155.5	139.6	87.8	81.5	73.3	81.3	74.0	66.3
15-19岁	Age 15-19	225.1	172.7	156.8	114.6	87.9	80.8	110.5	84.8	76.0
20-24岁	Age 20-24	332.0	237.1	208.6	166.6	117.9	105.9	165.4	119.2	102.7
25-29岁	Age 25-29	281.8	299.7	268.7	142.0	151.2	137.0	139.7	148.5	131.7
30-34岁	Age 30-34	306.7	273.0	279.4	156.6	137.1	144.4	150.0	135.9	135.0
35-39岁	Age 35-39	395.1	300.7	302.0	202.7	153.4	155.1	192.3	147.3	146.9
40-44岁	Age 40-44	400.6	388.2	363.9	206.3	199.1	188.9	194.3	189.1	175.0
45-49岁	Age 45-49	366.5	391.1	368.8	186.7	199.3	189.5	179.9	191.8	179.3
50-54岁	Age 50-54	302.7	354.6	337.8	153.2	180.2	172.3	149.5	174.4	165.5
55-59岁	Age 55-59	268.2	292.9	281.8	132.9	145.6	140.9	135.2	147.3	140.9
60-64岁	Age 60-64	182.1	263.4	280.2	89.3	129.8	131.6	92.8	133.6	148.6
65-69岁	Age 65-69	115.5	173.5	187.7	55.4	85.4	83.5	60.1	88.1	104.2
70-74岁	Age 70-74	97.5	104.8	158.6	47.7	50.4	71.9	49.8	54.4	86.7
75-79岁	Age 75-79	59.3	77.1	96.5	29.8	37.3	45.3	29.5	39.8	51.2
80-84岁	Age 80-84	30.1	39.5	48.9	15.2	19.7	23.1	14.9	19.8	25.8
85-89岁	Age 85-89	11.0	15.5	17.9	5.3	7.6	8.0	5.7	7.9	9.9
90岁及以上	Age 90 and Over	3.8	5.1	6.2	1.7	2.3	2.5	2.1	2.8	3.7
构成	**Composition**									
总　计	**Total**	**100.0**	**100.0**	**100.0**	**100.0**	**100.0**	**100.0**	**100.0**	**100.0**	**100.0**
0-4岁	Age 0-4	3.6	3.3	3.2	3.7	3.4	3.3	3.5	3.2	3.0
5-9岁	Age 5-9	3.9	3.7	3.4	4.0	3.9	3.6	3.8	3.5	3.3
10-14岁	Age 10-14	4.4	4.1	3.7	4.5	4.2	3.9	4.3	3.9	3.6
15-19岁	Age 15-19	5.9	4.5	4.2	5.9	4.7	4.3	5.8	4.5	4.1
20-24岁	Age 20-24	8.7	6.2	5.6	8.6	6.1	5.6	8.8	6.3	5.5
25-29岁	Age 25-29	7.4	7.9	7.2	7.3	7.9	7.3	7.4	7.9	7.1
30-34岁	Age 30-34	8.0	7.2	7.4	8.1	7.1	7.7	7.9	7.2	7.2
35-39岁	Age 35-39	10.3	7.9	8.1	10.4	8.0	8.2	10.2	7.8	7.9
40-44岁	Age 40-44	10.5	10.2	9.7	10.6	10.3	10.0	10.3	10.0	9.4
45-49岁	Age 45-49	9.6	10.3	9.8	9.6	10.3	10.1	9.5	10.2	9.6
50-54岁	Age 50-54	7.9	9.3	9.0	7.9	9.4	9.1	7.9	9.3	8.9
55-59岁	Age 55-59	7.0	7.7	7.5	6.8	7.6	7.5	7.2	7.8	7.5
60-64岁	Age 60-64	4.7	6.9	7.5	4.6	6.7	7.0	4.9	7.1	8.0
65-69岁	Age 65-69	3.0	4.6	5.0	2.8	4.4	4.4	3.2	4.7	5.6
70-74岁	Age 70-74	2.5	2.7	4.2	2.5	2.6	3.8	2.6	2.9	4.6
75-79岁	Age 75-79	1.5	2.0	2.6	1.5	1.9	2.4	1.6	2.1	2.7
80-84岁	Age 80-84	0.8	1.0	1.3	0.8	1.0	1.2	0.8	1.1	1.4
85-89岁	Age 85-89	0.3	0.4	0.5	0.3	0.4	0.4	0.3	0.4	0.5
90岁及以上	Age 90 and Over	0.1	0.1	0.2	0.1	0.1	0.1	0.1	0.1	0.2

2-6 分地区年末人口数(2019年)
Population at Year-End by Region (2019)

单位：户、万人、% (Household,10000 persons,%)

地 区	Region	年底总户数 Total Household	总人口 Total Population	按性别分 By Sex 男 Male 人口数 Population	比重 Proportion	女 Female 人口数 Population	比重 Proportion
全 省	**Total**	**14959165**	**3554.5**	**1785.5**	**50.2**	**1769.0**	**49.8**
哈尔滨	Harbin	3934219	951.3	475.2	49.9	476.2	50.1
齐齐哈尔	Qiqihar	2126823	526.7	265.8	50.5	260.8	49.5
鸡 西	Jixi	753465	169.4	84.8	50.1	84.6	49.9
鹤 岗	Hegang	457410	98.5	48.9	49.7	49.5	50.3
双鸭山	Shuangyashan	606079	140.7	70.9	50.4	69.8	49.6
大 庆	Daqing	1061547	274.7	136.6	49.7	138.1	50.3
伊 春	Yichun	569317	112.4	55.7	49.5	56.8	50.5
佳木斯	Jiamusi	999978	232.0	116.6	50.3	115.4	49.7
七台河	Qitaihe	358031	77.0	39.0	50.6	38.0	49.4
牡丹江	Mudanjiang	1049126	250.4	125.2	50.0	125.2	50.0
黑 河	Heihe	721635	158.1	79.5	50.3	78.5	49.7
绥 化	Suihua	2131430	521.7	266.1	51.0	255.6	49.0
大兴安岭	Daxinganling	190105	41.7	21.1	50.6	20.6	49.4

注：本表根据公安年报计算。
a) Data in this table are calculated in accordance with police annual report forms.

2-7 分地区城镇登记失业人员及失业率
Registered Unemployed Persons and Unemployment Rate in Urban Area by Region

单位：万人、% (10000 persons,%)

地 区	Region	失业人员 Unemployed Persons 2015	2016	2017	2018	2019	失业率 Unemployment Rate 2015	2016	2017	2018	2019
全 省	**Total**	**40.98**	**39.58**	**39.74**	**39.41**	**34.69**	**4.48**	**4.22**	**4.21**	**3.99**	**3.53**
哈尔滨	Harbin	9.54	8.96	8.82	10.03	9.48	3.88	3.76	3.68	3.76	3.51
齐齐哈尔	Qiqihar	4.04	4.36	4.52	3.96	3.62	4.10	4.30	4.31	3.81	3.34
鸡 西	Jixi	1.48	1.55	1.55	1.71	1.61	3.84	4.09	4.02	3.77	3.68
鹤 岗	Hegang	1.80	1.67	1.72	1.45	1.23	4.10	4.10	4.11	3.82	3.55
双鸭山	Shuangyashan	1.12	1.09	0.96	0.95	0.94	4.03	4.04	4.04	3.82	3.50
大 庆	Daqing	4.00	4.11	4.29	3.81	3.24	4.14	4.06	4.22	3.76	3.20
伊 春	Yichun	2.17	2.21	2.13	1.88	1.66	4.14	4.18	4.15	3.94	3.50
佳木斯	Jiamusi	1.92	2.18	2.32	2.15	1.82	4.05	4.08	4.05	3.95	3.20
七台河	Qitaihe	0.82	0.80	0.78	1.00	0.94	4.30	4.31	4.27	3.87	3.60
牡丹江	Mudanjiang	2.02	2.63	2.82	2.43	2.20	3.38	3.29	3.52	3.81	3.25
黑 河	Heihe	0.94	0.97	0.99	0.97	0.88	3.48	3.59	3.60	3.51	3.27
绥 化	Suihua	1.92	1.91	2.23	1.97	1.80	3.37	3.47	3.82	3.76	3.61
大兴安岭	Daxinganling	0.56	0.59	0.67	0.58	0.56	3.90	4.13	4.20	3.36	3.44
绥芬河	Suifenhe	0.09	0.10	0.10	-	-	2.61	3.05	2.99	-	-
抚 远	Fuyuan	0.15	0.15	0.14	-	-	4.28	4.20	3.97	-	-
农垦总局	ARB	1.80	1.67	1.70	1.65	1.61	2.39	2.11	2.35	1.90	2.05
省森工总局	Heilongjiang Forestry Group	6.61	4.63	3.99	4.85	3.10	-	-	-	-	-

2-8　三次产业年末就业人数

Number of Employed Persons at Year-End by Three Strata of Industry

单位：万人、%　　(10000 persons,%)

年 份 Year	就业人员数 Number of Employed Persons				构 成 Composition		
	合 计 Total	第一产业 Primary Industry	第二产业 Secondary Industry	第三产业 Tertiary Industry	第一产业 Primary Industry	第二产业 Secondary Industry	第三产业 Tertiary Industry
1978	1000.6	526.3	292.2	182.1	52.6	29.2	18.2
1980	1073.2	502.3	345.6	225.4	46.8	32.2	21.0
1985	1280.9	527.7	448.3	304.9	41.2	35.0	23.8
1990	1427.3	565.2	501.0	361.1	39.6	35.1	25.3
1991	1472.7	562.6	525.8	384.4	38.2	35.7	26.1
1992	1474.8	542.7	536.8	395.2	36.8	36.4	26.8
1993	1481.1	565.8	527.3	388.0	38.2	35.6	26.2
1994	1504.0	553.5	532.4	418.1	36.8	35.4	27.8
1995	1552.1	571.2	532.3	448.6	36.8	34.3	28.9
1996	1557.9	559.2	534.4	464.3	35.9	34.3	29.8
1997	1647.5	581.6	510.7	555.2	35.3	31.0	33.7
1998	1700.0	826.2	385.9	487.9	48.6	22.7	28.7
1999	1654.1	807.2	375.5	471.4	48.8	22.7	28.5
2000	1600.7	803.6	347.3	449.8	50.2	21.7	28.1
2001	1592.6	804.3	339.2	449.1	50.5	21.3	28.2
2002	1588.6	800.6	335.2	452.8	50.4	21.1	28.5
2003	1623.3	832.7	318.2	472.4	51.3	19.6	29.1
2004	1681.0	811.9	356.4	512.7	48.3	21.2	30.5
2005	1748.8	804.4	367.3	577.1	46.0	21.0	33.0
2006	1784.0	806.1	374.8	603.1	45.2	21.0	33.8
2007	1827.6	798.7	395.2	633.7	43.7	21.6	34.7
2008	1852.4	803.8	385.1	663.5	43.4	20.8	35.8
2009	1877.0	811.7	386.6	678.7	43.2	20.6	36.2
2010	1932.0	798.6	374.4	759.0	41.3	19.4	39.3
2014	2079.8	768.6	403.1	908.1	37.0	19.4	43.7
2015	2013.7	766.0	385.8	861.9	38.0	19.2	42.8
2016	2028.2	758.2	365.6	904.4	37.4	18.0	44.6
2017	2005.0	746.3	348.2	910.5	37.2	17.4	45.4
2018	1986.4	736.5	331.3	918.6	37.1	16.7	46.2
2019	1776.9	564.1	306.8	905.9	31.7	17.3	51.0

注：1.1998年起从业人员中不含城镇单位离岗职工；乡村劳动力与农业普查数据衔接后，第一产业变化较大，故与以前年份不可比。
2.2003年起执行新的国民经济行业分类标准，三次产业的划分有所调整，相关的历史数据未作调整。

a) Since 1998, the number of employed persons has excluded off-post staff and workers in urban units; rural employed persons has been adjusted in accordance with the data obtained from general investigation of agriculture, as a result, the data of primary industry employed persons are not comparable with the data of the previous years.

b) From 2003, the new criteria for classification of national economy trade will be performed, accordingly the division of industry will change, the relevant historical data have not been adjusted.

2-9 分城乡就业人数

Number Employed Persons at Year-End in Urban and Rural Areas

单位：万人、人 (10000 persons, person)

年份 Year 地区 Region		合计 Total	城镇 Urban Areas	#国有单位 State-owned Units	集体单位 Collective-owned Units	私营单位 Private Enterprises	灵活就业 Obtain Employment Flexibly	其他单位 Units of Other Types of Ownership	乡村 Rural Areas
2006		1784.0	839.7	313.6	36.5	82.8	149.1	146.4	944.3
2007		1827.6	878.2	319.0	32.9	92.5	167.7	150.6	949.4
2008		1852.4	886.1	318.3	30.6	108.5	182.2	126.1	966.3
2009		1877.0	898.8	334.4	29.1	112.0	189.6	105.6	978.2
2010		1932.0	942.6	332.4	22.0	147.7	188.7	105.6	989.4
2011		1977.8	988.6	333.6	16.1	145.1	201.9	116.5	989.2
2012		2027.8	1039.3	335.4	15.3	158.7	195.0	120.2	988.5
2013		2060.4	1067.6	291.9	15.8	159.2	208.4	159.7	992.8
2014		2079.8	1096.9	277.1	14.7	148.2	231.8	159.1	982.9
2015		2013.7	1037.7	267.8	14.1	185.5	236.9	151.6	976.0
2016		2028.2	1072.9	263.7	12.2	152.1	232.2	149.0	955.3
2017		2005.0	1059.5	254.1	10.6	162.3	209.9	148.3	945.5
2018		1986.4	1049.9	246.4	9.6	178.9	200.3	136.7	936.5
2019		1776.9	901.5	176.9	2.9	187.5	180.8	169.8	875.4
哈尔滨	Harbin	4755716	2690301	410304	8145	781050	108150	568718	2065415
齐齐哈尔	Qiqihar	2632724	1032109	167876	1673	172294	149372	109247	1600615
鸡西	Jixi	846590	540521	77821	1083	51395	180395	71860	306069.0
鹤岗	Hegang	492328	385866	93300	2910	58319	182059	72873	106462
双鸭山	Shuangyashan	703311	483167	95247	588	52194	54073	55522	220144
大庆	Daqing	1373226	712125	118673	8359	126225	57806	342150	661101
伊春	Yichun	562066	473046	130111	426	63911	209315	33588	89020
佳木斯	Jiamusi	1159899	488260	167448	1853	131551	235955	59834	671639
七台河	Qitaihe	384755	223320	34821	102	70569	70975	47001	161435
牡丹江	Mudanjiang	1251737	561919	122524	1297	182946	53847	68212	689818
黑河	Heihe	790103	519294	123752	1074	74297	64453	52260	270809
绥化	Suihua	2608172	720312	160506	1682	101459	214292	74888	1887860
大兴安岭	Daxinganling	208373	184954	66604	66	8788	57499	7570	23419

注：本表部分数据根据劳动力调查数据推算得出。
a) Part of the data in this table is calculated according to the data of labor legislation survey.

2-10　分地区年末按登记注册类型分城镇单位就业人数
Number of Employment in Urban Non-Private Units at Year-End by Registration Status

单位：人　(person)

年份 地区	Year Region	城镇单位就业人数 Number of Urban Employed Persons	国有单位 State-owned Units	集体单位 Urban Collective-owned Units	其他单位 Units of Other Types of Ownership	内资 Domestic Funded Units	股份合作 Cooperative Units
2013		6266144	2919007	158145	1597193	1435236	70516
2014		5990490	2770991	147269	1590568	1433065	57611
2015		5853144	2678459	141049	1515643	1377680	54302
2016		5770004	2636890	122044	1489780	1357465	51080
2017		5753201	2540814	105883	1483439	1359899	49592
2018		5715078	2464248	95469	1366843	1263318	40510
2019		5370740	1768987	29258	1697495	1594328	13433
哈尔滨	Harbin	1768217	410304	8145	568718	514556	3956
齐齐哈尔	Qiqihar	451090	167876	1673	109247	102160	1186
鸡西	Jixi	202159	77821	1083	71860	69132	35
鹤岗	Hegang	227402	93300	2910	72873	70122	746
双鸭山	Shuangyashan	203551	95247	588	55522	54676	50
大庆	Daqing	595407	118673	8359	342150	332462	402
伊春	Yichun	228036	130111	426	33588	32093	1351
佳木斯	Jiamusi	360686	167448	1853	59834	55978	1221
七台河	Qitaihe	152493	34821	102	47001	45397	727
牡丹江	Mudanjiang	374979	122524	1297	68212	58058	1419
黑河	Heihe	251383	123752	1074	52260	49640	12
绥化	Suihua	338535	160506	1682	74888	69224	2257
大兴安岭	Daxinganling	83028	66604	66	7570	7058	71
哈尔滨铁路局	Harbin Railway Bureau	133772			133772	133772	

2-10 续表 Continued

单位：人 (person)

年份 Year 地区 Region		联营 Joint Ownership Units	有限责任公司 Limited Liability Corporations	股份有限公司 Share-Holding Corporations Ltd.	其他 Others	港澳台商投资 Units of Funds from Hong Kong, Macao & Taiwan	外商投资 Foreign Funded Units	私营单位 Private Units
2013		4145	1046255	305320	9000	52854	109103	1591799
2014		4354	1059309	304826	6965	51198	106305	1481662
2015		3357	1010657	300355	9009	47402	90561	1517993
2016		3290	965417	308077	29601	45876	86439	1521290
2017		3973	991126	271455	43753	46485	77055	1623065
2018		3855	985212	219154	14587	34825	68700	1788518
2019		972	1222215	295826	61882	37137	66030	1875000
哈尔滨	Harbin	328	369412	109870	30990	21239	32923	781050
齐齐哈尔	Qiqihar	8	73518	18408	9040	2305	4782	172294
鸡西	Jixi	63	54117	13384	1533	1171	1557	51395
鹤岗	Hegang	2	59374	8629	1371	1238	1513	58319
双鸭山	Shuangyashan		43539	10137	950	579	267	52194
大庆	Daqing	25	276476	50786	4773	2633	7055	126225
伊春	Yichun	216	24141	3148	3237	808	687	63911
佳木斯	Jiamusi	3	31946	21872	936	1205	2651	131551
七台河	Qitaihe	15	36824	7045	786	690	914	70569
牡丹江	Mudanjiang	34	32644	18520	5441	2987	7167	182946
黑河	Heihe	18	36688	11374	1548	252	2368	74297
绥化	Suihua	260	45443	20060	1204	2030	3634	101459
大兴安岭	Daxinganling		4321	2593	73		512	8788
哈尔滨铁路局	Harbin Railway Bureau		133772					

2-11　分地区年末城镇非私营单位就业人数

Number of Employment in Urban Non-Private Units at Year-End by Region

单位：人　　(person)

年份 地区	Year Region	总计 Total	农、林、牧、渔业 Agriculture, Forestry, Animal Husbandry and Fishery	采矿业 Mining	制造业 Manufacturing	电力、热力、燃气及水的生产和供应业 Production and Supply of Electric, heat, Gas and Water	建筑业 Construction
2013		4674345	798383	323312	653326	181815	369628
2014		4508828	710984	359280	613082	180839	338497
2015		4335151	654595	318638	574066	180621	311202
2016		4248714	667985	279101	519865	176015	284420
2017		4130136	677202	255592	456676	168343	247003
2018		3926560	656214	268514	386097	136521	214861
2019		3495740	407217	234219	301119	144566	174291
哈尔滨	Harbin	987167	6810	310	127730	57768	72681
齐齐哈尔	Qiqihar	278796	22054	10	42795	13831	8868
鸡西	Jixi	150764	12530	32839	6395	7976	6387
鹤岗	Hegang	169083	51623	29693	5535	5838	4907
双鸭山	Shuangyashan	151357	31783	24548	2704	6799	4248
大庆	Daqing	469182	713	114192	52826	16935	45033
伊春	Yichun	164125	80170	281	9330	3070	4102
佳木斯	Jiamusi	229135	63381		10770	7195	7928
七台河	Qitaihe	81924	2811	28309	3709	2475	1518
牡丹江	Mudanjiang	192033	29771	8	12556	7093	5016
黑河	Heihe	177086	49964	2570	3298	6009	2601
绥化	Suihua	237076	13039	415	22536	8675	9652
大兴安岭	Daxinganling	74240	42568	1044	935	902	1350
哈尔滨铁路局	Harbin Railway Bureau	133772					

2-11 续表1 Continued

单位：人 (person)

年份 地区	Year Region	批发和零售业 Wholesale and Retail Trades	交通运输仓储和邮政业 Transport, Storage and Post	住宿和餐饮业 Hotels and Catering Services	信息传输、软件和信息技术服务业 Information Transmission, Software and Information Technology	金融业 Financial Intermediation	房地产业 Real Estate	租赁和商务服务业 Leasing and Business Services
2013		196718	280624	109287	70793	159208	60212	59092
2014		187562	277461	45246	76385	169005	60346	62055
2015		182176	274955	41511	73668	187020	59870	62900
2016		186170	271327	40433	72891	213468	61337	68933
2017		177763	270041	36859	81555	226548	62550	79775
2018		156808	250300	32438	79656	217173	64203	108374
2019		111888	257628	14195	88156	234283	57983	135422
哈尔滨	Harbin	47996	46669	7818	53268	64829	25656	93226
齐齐哈尔	Qiqihar	8815	7917	547	4410	12980	4011	4337
鸡西	Jixi	5607	4665	340	2169	10962	995	3057
鹤岗	Hegang	4429	3985	487	1467	4560	902	10882
双鸭山	Shuangyashan	3275	5079	245	1867	6239	1855	3420
大庆	Daqing	9917	14011	703	7307	30632	14512	1472
伊春	Yichun	1668	4236	744	2369	3456	1186	1325
佳木斯	Jiamusi	8218	9759	459	2634	22094	782	5752
七台河	Qitaihe	1274	2305	195	1007	7858	899	753
牡丹江	Mudanjiang	5939	5112	700	4824	30336	2329	6328
黑河	Heihe	3816	8921	752	2059	16631	1118	3285
绥化	Suihua	10265	9604	531	3583	21347	3600	1268
大兴安岭	Daxinganling	669	1593	674	1192	2359	138	317
哈尔滨铁路局	Harbin Railway Bureau		133772					

2-11 续表2 Continued

单位：人 (person)

年份 地区	Year Region	科学研究和技术服务业 Scientific Research and Technical Service	水利、环境和公共设施管理业 Management of Water Conservancy, Environment and Public Facilities	居民服务、修理和其他服务业 Services to Households Repair and Other Services	教育 Education	卫生和社会工作 Health and Social Services	文化、体育和娱乐业 Culture, Sports and Entertainment	公共管理、社会保障和社会组织 Public Management Social Security and Social Organization
2013		111528	104330	46290	450369	223051	45595	430784
2014		115422	101503	42642	453708	225950	40981	447880
2015		111809	108794	43100	442622	223709	39965	443930
2016		111223	111348	39937	430329	229192	39209	445531
2017		106923	109521	39102	417976	231389	38244	447074
2018		91742	103924	42349	409036	229921	35017	443412
2019		86370	67099	28329	396144	249073	28254	479504
哈尔滨	Harbin	28681	19403	5044	132330	79182	11133	106633
齐齐哈尔	Qiqihar	3927	9501	709	43794	34122	3226	52942
鸡西	Jixi	1239	3797	337	16800	10192	1018	23459
鹤岗	Hegang	569	1622	1461	10882	9292	846	20103
双鸭山	Shuangyashan	1010	2923	315	15482	9975	1009	28581
大庆	Daqing	38869	2387	18669	38415	20115	1899	40575
伊春	Yichun	1561	4481	137	12304	8720	1330	23655
佳木斯	Jiamusi	2647	3399	279	27822	17553	1550	36913
七台河	Qitaihe	1299	1496	78	6683	5353	390	13512
牡丹江	Mudanjiang	2013	3199	392	25672	18530	2329	29886
黑河	Heihe	1136	8176	240	18173	11459	1226	35652
绥化	Suihua	2780	5260	636	44599	22019	1642	55625
大兴安岭	Daxinganling	639	1455	32	3188	2561	656	11968
哈尔滨铁路局	Harbin Railway Bureau							

2-12 分地区年末国有单位就业人数
Number of Employment in State-Owned Units at Year-End by Region

单位：人　　　　(person)

年份 地区	Year Region	总计 Total	农、林、牧、渔业 Agriculture, Forestry, Animal Husbandry and Fishery	采矿业 Mining	制造业 Manufa-cturing	电力、热力、燃气及水的生产和供应业 Production and Supply of Electric, heat, Gas and Water	建筑业 Construction	批发和零售业 Wholesale and Retail Trades
2013		2919007	790212	11744	70486	89916	96218	53685
2014		2770991	702780	9331	63476	86450	88314	46677
2015		2678459	647035	7789	69258	85612	68363	45404
2016		2636890	660654	7357	56580	81301	63001	43197
2017		2540814	670334	5199	44306	78987	43438	40301
2018		2464248	650035	23386	28965	49661	39066	36741
2019		1768987	374905	9654	9770	34624	12080	11034
哈尔滨	Harbin	410304	6499		6903	7780	4231	2503
齐齐哈尔	Qiqihar	167876	19211		467	4072	527	791
鸡西	Jixi	77821	12358	31	268	4158	1033	715
鹤岗	Hegang	93300	47657	225	21	1835	650	289
双鸭山	Shuangyashan	95247	31390		23	2003	307	926
大庆	Daqing	118673	689	8335	10	732	1628	908
伊春	Yichun	130111	71424	19	200	2197	663	242
佳木斯	Jiamusi	167448	61772		233	394	949	797
七台河	Qitaihe	34821	2811		14	1603	59	293
牡丹江	Mudanjiang	122524	29759		361	1699	585	1433
黑河	Heihe	123752	36019		29	3883	528	525
绥化	Suihua	160506	12748		1241	3666	825	1434
大兴安岭	Daxinganling	66604	42568	1044		602	95	178

2-12　续表1　Continued

单位：人　(person)

年份 地区	Year Region	交通运输仓储和邮政业 Transport, Storage and Post	住宿和餐饮业 Hotels and Catering Services	信息传输、软件和信息技术服务业 Information Transmission, Software and Information Technology	金融业 Financial Intermediation	房地产业 Real Estate	租赁和商务服务业 Leasing and Business Services	科学研究和技术服务业 Scientific Research and Technical Service
2013		255329	72907	22082	51414	15017	26177	99043
2014		250879	22073	20135	56488	14570	31374	101157
2015		245370	20231	19380	59693	13292	31133	100886
2016		242424	20527	19327	61832	11708	30544	97896
2017		223218	18634	12894	52705	11345	31126	92959
2018		211133	17986	16769	54447	9106	31369	77070
2019		62021	4897	5610	31583	3362	38498	35667
哈尔滨	Harbin	17669	2936	1733	9137	1328	21371	19196
齐齐哈尔	Qiqihar	5472	89	424	2871	78	560	3193
鸡西	Jixi	2926	154	289	1431	346	571	1114
鹤岗	Hegang	2013	183	128	1056	98	213	400
双鸭山	Shuangyashan	2901	40	260	1104	61	483	886
大庆	Daqing	3104	200	286	4648	27	305	1119
伊春	Yichun	3371	316	335	1229	389	583	1407
佳木斯	Jiamusi	6814	172	171	1824	123	5663	2029
七台河	Qitaihe	1355	152	422	896	3	668	1295
牡丹江	Mudanjiang	4171	58	559	3347	334	4389	1497
黑河	Heihe	4127	195	231	1329	349	2891	779
绥化	Suihua	6806	97	617	2179	226	693	2113
大兴安岭	Daxinganling	1292	305	155	532		108	639

2-12 续表2 Continued

单位：人 (person)

年份 地区	Year Region	水利、环境和公共设施管理业 Management of Water Conservancy, Environment and Public Facilities	居民服务、修理和其他服务业 Services to Households Repair and Other Services	教育 Education	卫生和社会工作 Health and Social Services	文化、体育和娱乐业 Culture, Sports and Entertainment	公共管理、社会保障和社会组织 Public Management Social Security and Social Organization
2013		97903	37582	445445	213996	39741	430110
2014		92670	36379	447551	217401	35943	447343
2015		97350	36998	437422	214746	34957	443540
2016		100762	33485	421810	216171	33112	435202
2017		98509	33298	404402	210674	30998	437487
2018		90943	38022	404386	213393	28431	443339
2019		59258	4900	362915	213435	19394	475380
哈尔滨	Harbin	16486	2202	112319	67593	6420	103998
齐齐哈尔	Qiqihar	8639	407	41563	24063	2845	52604
鸡西	Jixi	3662	278	16065	8273	873	23276
鹤岗	Hegang	1456	108	10018	6242	813	19895
双鸭山	Shuangyashan	2401	255	15000	7687	946	28574
大庆	Daqing	1411	68	34470	19480	802	40451
伊春	Yichun	4211	135	11674	7214	964	23538
佳木斯	Jiamusi	3370	270	27279	17322	1412	36854
七台河	Qitaihe	1192	54	6244	4049	390	13321
牡丹江	Mudanjiang	2443	381	24179	16888	717	29724
黑河	Heihe	7970	196	16973	11009	1140	35579
绥化	Suihua	5214	514	43946	21120	1465	55602
大兴安岭	Daxinganling	803	32	3185	2495	607	11964

2-13　分地区年末城镇集体单位就业人数
Number of Employment in Urban Collective-Owned Units at Year-End by Region

单位：人　　　　(person)

年份 地区	Year Region	总计 Total	农、林、牧、渔业 Agriculture, Forestry, Animal Husbandry and Fishery	采矿业 Mining	制造业 Manufa-cturing	电力、热力、燃气及水的生产和供应业 Production and Supply of Electric, heat, Gas and Water	建筑业 Construction
2013		158145	1538	13188	46735	829	33110
2014		147269	881	7840	48279	888	32932
2015		141049	767	7643	44383	835	28796
2016		122044	642	7416	36047	751	22304
2017		105883	817	9269	33902	741	16451
2018		95469	531	7460	33156	804	12213
2019		29258	136	5702	5783	215	6540
哈尔滨	Harbin	8145	44		933		3672
齐齐哈尔	Qiqihar	1673			475	200	
鸡西	Jixi	1083			135		493
鹤岗	Hegang	2910	73	2480	100		57
双鸭山	Shuangyashan	588			7		99
大庆	Daqing	8359		3134	4001		696
伊春	Yichun	426		88	17		173
佳木斯	Jiamusi	1853			31		275
七台河	Qitaihe	102					88
牡丹江	Mudanjiang	1297	4		23		340
黑河	Heihe	1074			14	15	421
绥化	Suihua	1682	15		38		169
大兴安岭	Daxinganling	66			9		57

2-13 续表1 Continued

单位：人 (person)

年份 地区	Year Region	批发和零售业 Wholesale and Retail Trades	交通运输仓储和邮政业 Transport, Storage and Post	住宿和餐饮业 Hotels and Catering Services	信息传输、软件和信息技术服务业 Information Transmission, Software and Information Technology	金融业 Financial Intermediation	房地产业 Real Estate	租赁和商务服务业 Leasing and Business Services
2013		12578	2147	3521	193	19208	1166	6632
2014		10150	2008	2346	63	19384	929	5160
2015		11671	1569	2143	55	19239	503	7055
2016		11414	1025	2401	43	19159	563	6928
2017		9206	841	2257	40	16778	642	6012
2018		6871	587	1051	64	14662	650	6992
2019		2372	703	141		1865	421	1203
哈尔滨	Harbin	401	95	117			339	687
齐齐哈尔	Qiqihar	242	23	12			34	2
鸡西	Jixi	76	123	8			13	109
鹤岗	Hegang	38						
双鸭山	Shuangyashan	51	3			417	9	2
大庆	Daqing	157						309
伊春	Yichun	3	120					21
佳木斯	Jiamusi	1001				439		
七台河	Qitaihe							
牡丹江	Mudanjiang	187	92				2	53
黑河	Heihe	32	247	4			23	7
绥化	Suihua	184				1009	1	13
大兴安岭	Daxinganling							

2-13　续表2　Continued

单位：人　(person)

年　份 地　区	Year Region	科学研究和技术服务业 Scientific Research and Technical Service	水利、环境和公共设施管理业 Management of Water Conservancy, Environment and Public Facilities	居民服务、修理和其他服务业 Services to Households Repair and Other Services	教　育 Education	卫生和社会工作 Health and Social Services	文化、体育和娱乐业 Culture, Sports and Entertainment	公共管理、社会保障和社会组织 Public Management Social Security and Social Organization
2013		1677	3493	2863	2483	5928	678	178
2014		1319	3851	2552	2498	5246	665	278
2015		938	4912	2804	1962	5076	602	96
2016		767	3638	2695	433	4983	732	103
2017		506	1554	1859	513	3885	525	85
2018		450	3299	1534	994	3881	197	73
2019		329	46	203	812	2610	3	174
哈尔滨	Harbin	196	37	140	118	1343	3	20
齐齐哈尔	Qiqihar			7	30	641		7
鸡　西	Jixi	2				124		
鹤　岗	Hegang				49	37		76
双鸭山	Shuangyashan							
大　庆	Daqing			36	20	6		
伊　春	Yichun	4						
佳木斯	Jiamusi	22				55		30
七台河	Qitaihe							14
牡丹江	Mudanjiang	33	9		254	295		5
黑　河	Heihe	72		20	185	12		22
绥　化	Suihua				156	97		
大兴安岭	Daxinganling							

2-14 分地区年末城镇其他单位就业人数
Number of Employment in Urban Other Units at Year-End by Region

单位：人 (person)

年份 地区	Year Region	总计 Total	农、林、牧、渔业 Agriculture, Forestry, Animal Husbandry and Fishery	采矿业 Mining	制造业 Manufacturing	电力、热力、燃气及水的生产和供应业 Production and Supply of Electric, heat, Gas and Water	建筑业 Construction	批发和零售业 Wholesale and Retail Trades
2013		1597193	6633	298380	536105	91070	240300	130455
2014		1590568	7323	342109	501327	93501	217251	130735
2015		1515643	6793	303206	460425	94174	214043	125101
2016		1489780	6689	264328	427238	93963	199115	131559
2017		1483439	6051	241124	378468	88615	187114	128256
2018		1366843	5648	237668	323976	86056	163582	113196
2019		1697495	32176	218863	285566	109727	155671	98482
哈尔滨	Harbin	568718	267	310	119894	49988	64778	45092
齐齐哈尔	Qiqihar	109247	2843	10	41853	9559	8341	7782
鸡西	Jixi	71860	172	32808	5992	3818	4861	4816
鹤岗	Hegang	72873	3893	26988	5414	4003	4200	4102
双鸭山	Shuangyashan	55522	393	24548	2674	4796	3842	2298
大庆	Daqing	342150	24	102723	48815	16203	42709	8852
伊春	Yichun	33588	8746	174	9113	873	3266	1423
佳木斯	Jiamusi	59834	1609		10506	6801	6704	6420
七台河	Qitaihe	47001		28309	3695	872	1371	981
牡丹江	Mudanjiang	68212	8	8	12172	5394	4091	4319
黑河	Heihe	52260	13945	2570	3255	2111	1652	3259
绥化	Suihua	74888	276	415	21257	5009	8658	8647
大兴安岭	Daxinganling	7570			926	300	1198	491
哈尔滨铁路局	Harbin Railway Bureau	133772						

2-14　续表1　Continued

单位：人　　(person)

年份 地区	Year Region	交通运输仓储和邮政业 Transport, Storage and Post	住宿和餐饮业 Hotels and Catering Services	信息传输、软件和信息技术服务业 Information Transmission, Software and Information Technology	金融业 Financial Intermediation	房地产业 Real Estate	租赁和商务服务业 Leasing and Business Services	科学研究和技术服务业 Scientific Research and Technical Service
2013		23148	32859	48518	88586	44029	26283	10808
2014		24574	20827	56187	93133	44847	25521	12946
2015		28016	19137	54233	108088	46075	24712	9985
2016		27878	17505	53521	132477	49066	31461	12560
2017		45982	15968	68621	157065	50563	42637	13458
2018		38580	13401	62823	148064	54447	70013	14222
2019		194904	9157	82546	200835	54200	95721	50374
哈尔滨	Harbin	28905	4765	51535	55692	23989	71168	9289
齐齐哈尔	Qiqihar	2422	446	3986	10109	3899	3775	734
鸡西	Jixi	1616	178	1880	9531	636	2377	123
鹤岗	Hegang	1972	304	1339	3504	804	10669	169
双鸭山	Shuangyashan	2175	205	1607	4718	1785	2935	124
大庆	Daqing	10907	503	7021	25984	14485	858	37750
伊春	Yichun	745	428	2034	2227	797	721	150
佳木斯	Jiamusi	2945	287	2463	19831	659	89	596
七台河	Qitaihe	950	43	585	6962	896	85	4
牡丹江	Mudanjiang	849	642	4265	26989	1993	1886	483
黑河	Heihe	4547	553	1828	15302	746	387	285
绥化	Suihua	2798	434	2966	18159	3373	562	667
大兴安岭	Daxinganling	301	369	1037	1827	138	209	
哈尔滨铁路局	Harbin Railway Bureau	133772						

2-14 续表2 Continued

单位：人 (person)

年份 地区	Year Region	水利、环境和公共设施管理业 Management of Water Conservancy, Environment and Public Facilities	居民服务、修理和其他服务业 Services to Households Repair and Other Services	教育 Education	卫生和社会工作 Health and Social Services	文化、体育和娱乐业 Culture, Sports and Entertainment	公共管理、社会保障和社会组织 Public Management Social Security and Social Organization
2013		2934	5845	2441	3127	5176	496
2014		4982	3711	3659	3303	4373	259
2015		6532	3298	3238	3887	4406	294
2016		6948	3757	8086	8038	5365	10226
2017		9458	3945	13061	16830	6721	9502
2018		9682	2793	3656	12647	6389	
2019		7795	23226	32417	33028	8857	3950
哈尔滨	Harbin	2880	2702	19893	10246	4710	2615
齐齐哈尔	Qiqihar	862	295	2201	9418	381	331
鸡西	Jixi	135	59	735	1795	145	183
鹤岗	Hegang	166	1353	815	3013	33	132
双鸭山	Shuangyashan	522	60	482	2288	63	7
大庆	Daqing	976	18565	3925	629	1097	124
伊春	Yichun	270	2	630	1506	366	117
佳木斯	Jiamusi	29	9	543	176	138	29
七台河	Qitaihe	304	24	439	1304		177
牡丹江	Mudanjiang	747	11	1239	1347	1612	157
黑河	Heihe	206	24	1015	438	86	51
绥化	Suihua	46	122	497	802	177	23
大兴安岭	Daxinganling	652		3	66	49	4
哈尔滨铁路局	Harbin Railway Bureau						

2-15　年末分行业女性就业人员(2019年，城镇非私营单位)
Number of Female Employed Persons at Year-End by Sector (2019，Excluding Private)

单位：人、%　　(person, %)

行　业	Sector	女性单位就业人员 Number of Female Employed Persons	占单位就业人员比重 Proportion of Female Employed Persons to Total
总　计	**Total**	**1321445**	**37.8**
农、林、牧、渔业	Agriculture, Forestry, Animal Husbandry and Fishery	131867	32.4
采矿业	Mining	52262	22.3
制造业	Manufacturing	90767	30.1
电力、热力、燃气及水的生产和供应业	Production and Supply of Electric, Heat, Gas and Water	34584	23.9
建筑业	Construction	34561	19.8
批发和零售业	Wholesale and Retail Trade	54700	48.9
交通运输、仓储及邮政业	Transport, Storage and Post	54174	21.0
住宿和餐饮业	Hotels and Catering Services	8142	57.4
信息传输、软件和信息技术服务业	Information Transmission, Software and Information Technology	35154	39.9
金融业	Financial Intermediation	118426	50.5
房地产业	Real Estate	23601	40.7
租赁和商务服务业	Leasing and Business Services	45924	33.9
科学研究和技术服务业	Scientific Research and Technical Services	23543	27.3
水利、环境和公共设施管理业	Management of Water Conservancy, Environment and Public Facilities	21213	31.6
居民服务、修理和其他服务业	Services to Households, Repair and Other Services	13220	46.7
教　育	Education	238715	60.3
卫生、社会工作	Health and Social Service	165074	66.3
文化、体育和娱乐业	Culture, Sports and Entertainment	12546	44.4
公共管理、社会保障和社会组织	Public Management, Social Securities and Social Organization	162972	34.0
国际组织	International Organizations		

2-16 按行业分城镇非私营单位就业人员工资总额
Total Wage of Employed Persons in Urban Non-Private Units by Sector

单位：亿元、千元 (100 million yuan, 1000 yuan)

年份 地区	Year Region	总计 Total	农、林、牧、渔业 Agriculture, Forestry, Animal Husbandry and Fishery	采矿业 Mining	制造业 Manufacturing	电力、热力、燃气及水的生产和供应业 Production and Supply of Electric, heat, Gas and Water	建筑业 Construction	批发和零售业 Wholesale and Retail Trades
2013		1944.5	188.4	185.1	262.3	99.5	180.3	74.0
2014		2033.1	186.0	200.5	266.4	105.6	167.3	75.8
2015		2164.2	187.2	185.7	265.8	113.8	143.6	80.2
2016		2251.4	190.5	174.1	261.3	114.8	132.9	88.8
2017		2368.6	227.1	179.6	255.0	115.2	118.7	89.3
2018		2421.4	215.5	215.3	246.8	100.0	114.6	81.7
2019		2421.2	136.6	214.1	210.0	116.0	100.6	67.4
哈尔滨	Harbin	77243787	317391	11880	9018396	5690981	4362034	3260849
齐齐哈尔	Qiqihar	18171848	895339	372	2925787	835406	317630	495293
鸡西	Jixi	9052054	500788	1955390	296766	437082	301570	316128
鹤岗	Hegang	8247749	1284517	1870138	271133	345207	206263	195135
双鸭山	Shuangyashan	8851122	1320305	1695552	122886	489634	140565	143718
大庆	Daqing	44872652	37916	13805555	5373440	1602613	3366840	733846
伊春	Yichun	6876475	2030993	10948	459546	186052	152546	113953
佳木斯	Jiamusi	13113973	3129908		543101	452279	277773	373185
七台河	Qitaihe	4950000	83656	1759606	144966	200503	70571	81084
牡丹江	Mudanjiang	11055153	941845	768	710862	467695	288100	407790
黑河	Heihe	8615833	1137582	181546	116195	355391	103840	167150
绥化	Suihua	13293622	267432	71988	989488	499505	418372	402492
大兴安岭	Daxinganling	3964244	1708342	49533	29615	35798	56702	46458
哈尔滨铁路局	Harbin Railway Bureau	13811754						

2-16 续表1 Continued

单位: 亿元、千元 (100 million yuan, 1000 yuan)

年 份 地 区	Year Region	交通运输仓储和邮政业 Transport, Storage and Post	住宿和餐饮业 Hotels and Catering Services	信息传输、软件和信息技术服务业 Information Transmission, Software and Information Technology	金融业 Financial Intermediation	房地产业 Real Estate	租赁和商务服务业 Leasing and Business Services	科学研究和技术服务业 Scientific Research and Technical Service
2013		140.0	46.7	39.2	89.3	22.7	23.6	67.7
2014		157.8	17.8	45.3	97.0	24.7	24.4	72.2
2015		162.4	17.6	47.8	116.4	27.1	27.7	73.8
2016		172.4	18.1	44.2	132.2	28.1	33.1	74.9
2017		187.0	18.1	52.9	150.4	29.0	41.8	78.5
2018		189.3	16.4	51.5	144.5	32.4	59.8	76.4
2019		216.5	5.8	63.1	168.7	29.9	88.1	82.4
哈尔滨	Harbin	3300240	359985	3736366	6806489	1776093	7407441	2471709
齐齐哈尔	Qiqihar	499864	21054	324695	1191968	160561	163947	270640
鸡 西	Jixi	255362	9491	146656	710467	38318	115216	74619
鹤 岗	Hegang	234328	15356	113141	341159	22950	259019	31937
双鸭山	Shuangyashan	236579	7797	144863	569684	55112	49671	69686
大 庆	Daqing	1126506	30708	715686	1898532	603743	101010	4547633
伊 春	Yichun	211598	25101	147281	319017	39875	53898	93914
佳木斯	Jiamusi	499324	12522	202474	1169958	28987	252525	185615
七台河	Qitaihe	124280	6168	73128	394093	27767	22521	51032
牡丹江	Mudanjiang	322005	25338	241968	1451621	87855	239333	145367
黑 河	Heihe	418522	26182	126625	801196	31976	68723	64016
绥 化	Suihua	521498	15257	246208	1000956	111945	60560	180779
大兴安岭	Daxinganling	92858	22237	87477	218977	4321	15028	48988
哈尔滨铁路局	Harbin Railway Bureau	13811754						

2-16 续表2 Continued

单位：亿元、千元 (100 million yuan,1000 yuan)

年份 Year 地区 Region		水利、环境和公共设施管理业 Management of Water Conservancy, Environment and Public Facilities	居民服务、修理和其他服务业 Services to Households Repair and Other Services	教育 Education	卫生和社会工作 Health and Social Services	文化、体育和娱乐业 Culture, Sports and Entertainment	公共管理、社会保障和社会组织 Public Management Social Security and Social Organization
2013		27.3	23.1	194.5	95.4	17.8	167.5
2014		28.9	23.0	223.7	106.7	17.6	192.4
2015		35.8	22.6	277.4	124.3	20.2	234.3
2016		38.8	23.4	294.3	142.0	21.7	265.8
2017		39.2	23.4	303.7	154.1	22.5	283.1
2018		40.1	25.8	318.3	164.7	21.7	306.6
2019		27.4	19.2	333.4	182.4	18.0	341.6
哈尔滨	Harbin	863689	236275	12270282	6322325	762080	8269282
齐齐哈尔	Qiqihar	408073	34809	3440152	2336336	169691	3680231
鸡西	Jixi	134487	19419	1296380	767167	57732	1619016
鹤岗	Hegang	71668	38785	900226	681623	47379	1317785
双鸭山	Shuangyashan	104795	16828	1168995	701697	68135	1744620
大庆	Daqing	88876	1477727	3704964	1703517	167804	3785736
伊春	Yichun	174853	6095	862072	463141	72127	1453465
佳木斯	Jiamusi	155261	12998	2110272	1137252	96587	2473952
七台河	Qitaihe	56536	3301	529593	385394	24546	911255
牡丹江	Mudanjiang	141268	23183	2062897	1305181	113889	2078188
黑河	Heihe	237196	13880	1438788	881647	82306	2363072
绥化	Suihua	235347	35678	3300734	1361774	90892	3482717
大兴安岭	Daxinganling	63310	1391	266957	190293	46730	979229
哈尔滨铁路局	Harbin Railway Bureau						

2-17　分地区城镇非私营单位就业人员平均工资
Average Wage of Employed Persons in Urban Non-Private Units by Region

单位：元　(yuan)

年份 地区	Year Region	总计 Total	农、林、牧、渔业 Agriculture, Forestry, Animal Husbandry and Fishery	采矿业 Mining	制造业 Manufacturing	电力、热力、燃气及水的生产和供应业 Production and Supply of Electric, heat, Gas and Water	建筑业 Construction
2013		40794	23793	58079	39668	54355	36581
2014		44036	25816	56472	43254	58221	37389
2015		48881	28556	54707	45447	62714	37948
2016		52435	28782	59875	49775	64919	39922
2017		56067	30638	68926	55497	68215	42200
2018		60780	30926	79255	62891	72319	48414
2019		68416	31754	90004	69173	80297	52767
哈尔滨	Harbin	77981	51143	36442	69545	97919	53353
齐齐哈尔	Qiqihar	63717	32723	37200	67893	60974	31445
鸡西	Jixi	59977	41477	58749	46875	55083	45315
鹤岗	Hegang	48238	24864	60098	48739	59693	39919
双鸭山	Shuangyashan	55048	32765	67868	45581	72111	33357
大庆	Daqing	94296	52808	120160	100474	94078	71883
伊春	Yichun	43682	27511	38961	50306	61525	36874
佳木斯	Jiamusi	50485	34747		50255	63053	34497
七台河	Qitaihe	59823	29750	60636	40505	80556	39893
牡丹江	Mudanjiang	59268	38161	96000	56293	66199	50218
黑河	Heihe	50272	23822	71757	36018	61359	40155
绥化	Suihua	55864	22116	173465	44181	57613	34491
大兴安岭	Daxinganling	54694	42176	47309	29497	41385	36394
哈尔滨铁路局	Harbin Railway Bureau	101274					

2-17 续表1 Continued

单位：元 (yuan)

年份 地区	Year Region	批发和零售业 Wholesale and Retail Trades	交通运输仓储和邮政业 Transport, Storage and Post	住宿和餐饮业 Hotels and Catering Services	信息传输、软件和信息技术服务业 Information Transmission, Software and Information Technology	金融业 Financial Intermediation	房地产业 Real Estate	租赁和商务服务业 Leasing and Business Services
2013		38346	50817	43308	55780	57385	36849	38722
2014		41480	56406	39387	59055	58112	40002	39918
2015		44654	58601	42095	64003	65140	44447	44945
2016		48576	62977	44807	62707	64737	45376	48066
2017		50907	68747	48778	65370	66790	46693	56493
2018		52525	74935	50404	64022	66942	48982	67108
2019		60286	83090	40192	71471	69860	51173	70901
哈尔滨	Harbin	68286	69975	45253	70714	98059	67878	90859
齐齐哈尔	Qiqihar	55414	63815	37799	72010	91360	40241	38261
鸡西	Jixi	56888	54728	27751	66511	64208	38356	36646
鹤岗	Hegang	45422	58950	33095	77229	74101	24973	23297
双鸭山	Shuangyashan	42991	46036	31955	76284	90541	29968	13949
大庆	Daqing	73487	79164	42828	95757	59495	42108	67701
伊春	Yichun	67870	50309	33290	61444	92630	34198	40103
佳木斯	Jiamusi	45610	51878	26362	76032	47971	37115	33240
七台河	Qitaihe	63051	54247	31631	71764	49615	30480	30108
牡丹江	Mudanjiang	68101	64247	35587	50201	47853	35830	44084
黑河	Heihe	44220	46752	34587	60761	50831	28911	28223
绥化	Suihua	39103	54499	28787	67380	47785	30967	48063
大兴安岭	Daxinganling	69237	58883	33744	72116	91622	31540	49762
哈尔滨铁路局	Harbin Railway Bureau		101274					

2-17　续表2　Continued

单位：元　(yuan)

年　份 地　区	Year Region	科学研究和技术服务业 Scientific Research and Technical Service	水利、环境和公共设施管理业 Management of Water Conservancy, Environment and Public Facilities	居民服务、修理和其他服务业 Services to Households Repair and Other Services	教　育 Education	卫生和社会工作 Health and Social Services	文化、体育和娱乐业 Culture, Sports and Entertainment	公共管理、社会保障和社会组织 Public Management Social Security and Social Organization
2013		60617	26855	49320	43379	43194	39726	39335
2014		62073	28993	52333	49503	47659	43083	43143
2015		66168	32980	50275	62673	55776	50931	53007
2016		68514	35519	55411	68288	62122	55056	59837
2017		73978	36282	58569	72656	66627	58391	63684
2018		82607	38571	60090	77787	71719	62263	69260
2019		94140	41454	65339	84227	73454	63598	71516
哈尔滨	Harbin	86125	44584	45683	92814	80174	67560	77964
齐齐哈尔	Qiqihar	68813	43059	48889	78440	68625	53362	70014
鸡　西	Jixi	59552	35541	56124	76845	75301	56711	69758
鹤　岗	Hegang	56326	44076	25601	82643	73316	55871	65558
双鸭山	Shuangyashan	67329	35060	53764	75551	70303	65831	60858
大　庆	Daqing	114153	37580	75649	96834	84542	86586	93077
伊　春	Yichun	60356	39249	44167	70167	53192	54231	61700
佳木斯	Jiamusi	70017	45922	46588	75670	65016	62194	67419
七台河	Qitaihe	40598	38355	42870	79590	72185	63100	67535
牡丹江	Mudanjiang	70876	43096	59292	80060	71349	51886	70008
黑　河	Heihe	55860	33822	57593	79888	77317	67464	66405
绥　化	Suihua	63387	44751	55660	74003	61972	55490	62837
大兴安岭	Daxinganling	75599	41844	43469	83009	74508	69025	82198
哈尔滨铁路局	Harbin Railway Bureau							

2-18 城镇非私营单位就业人员平均工资(2019年)
Average Wage of Employed Persons in Urban Non-Private Units (2019)

单位：元 (yuan)

项目	Item	全部单位 Total	国有单位 State-owned Units	集体单位 Urban Collective-owned Units	其他单位 Others
总计	**Total**	**68416**	**64184**	**63906**	**72922**
按隶属关系分组	**Grouped by Jurisdiction of Management**				
中央	Central		85740		
地方	Local		63143		
其他	Others		58297		
按企业、事业、机关分组	**Grouped by Enterprises, Institutions and Agencies**				
企业	Enterprises	65499	44463	63584	73164
#地方	#Local		38284		
事业	Institutions	73856	73859	66603	74431
#地方	#Local		72131		
机关	Agencies & Organizations	74760	74801	68583	64360
#地方	#Local		74911		
按行业分组	**Grouped by Sector**				
农、林、牧、渔业	Agriculture, Forestry, Animal Husbandry and Fishery	31754	32181	51783	25340
采矿业	Mining	90004	71412	78826	91095
制造业	Manufacturing	69173	41577	73169	70040
电力、热力、燃气及水的生产和供应业	Production and Supply of Electric, Heat, Gas and Water	80297	58274	75628	87178
建筑业	Construction	52767	50717	53750	52888
批发和零售业	Wholesale and Retail Trade	60286	101961	33662	56207
交通运输、仓储及邮政业	Transport, Storage and Post	83090	63683	62130	89233
住宿和餐饮业	Hotels and Catering Services	40192	43794	38450	38272
信息传输、软件和信息技术服务业	Information Transmission, Software and IT Services	71471	79570		70915
金融业	Financial Intermediation	69860	102551	90442	64656
房地产业	Real Estate	51173	47718	27399	51576
租赁和商务服务业	Leasing and Business Services	70901	40995	50299	84450
科学研究和技术服务业	Scientific Research and Technical Services	94140	79147	54602	104836
水利、环境和公共设施管理业	Management of Water Conservancy, Environment and Public Facilities	41454	41625	55064	40099
居民服务、修理和其他服务业	Services to Households, Repair and Other Services	65339	52060	32980	68498
教育	Education	84227	85716	71447	67799
卫生、社会工作	Health and Social Services	73454	74530	63644	67251
文化、体育和娱乐业	Culture, Sports and Entertainment	63598	66359	87333	57385
公共管理、社会保障和社会组织	Public Management, Social Security and Social Organization	71516	71651	51230	56336
国际组织	International Organizations				

2-19 分地区国有单位就业人员平均工资
Average Wage of Employed Persons in State-Owned Units by Region

单位：元 (yuan)

年份 地区	Year Region	总计 Total	农、林、牧、渔业 Agriculture, Forestry, Animal Husbandry and Fishery	采矿业 Mining	制造业 Manufacturing	电力、热力、燃气及水的生产和供应业 Production and Supply of Electric, heat, Gas and Water	建筑业 Construction	批发和零售业 Wholesale and Retail Trades
2013		39072	23868	40007	43876	47990	38573	44178
2014		42794	25862	45310	51557	50904	38150	50711
2015		49307	28627	45471	48958	54168	39947	55589
2016		52847	28825	46392	52532	56360	40762	57455
2017		55789	30685	47000	56784	57585	54943	65150
2018		59716	30985	77097	54715	57828	66449	70743
2019		64184	32181	71412	41577	58274	50717	101961
哈尔滨	Harbin	81122	49750		37849	65539	65385	120653
齐齐哈尔	Qiqihar	64669	33374		29251	69621	42231	112672
鸡西	Jixi	63732	41447	57194	82731	42331	43621	89496
鹤岗	Hegang	47157	23947	48482	33056	61578	39958	131111
双鸭山	Shuangyashan	52180	32676		52174	61801	44620	47448
大庆	Daqing	88957	53352	75097	47800	62856	67533	110763
伊春	Yichun	41845	27234	40500	24135	44300	32614	114186
佳木斯	Jiamusi	51972	35001		83394	54792	34387	107254
七台河	Qitaihe	65146	29750		27429	62418	29322	123010
牡丹江	Mudanjiang	65610	38157		75305	63423	36675	131741
黑河	Heihe	55289	26030		31172	57306	45488	89453
绥化	Suihua	61827	21611		43777	51490	25515	55786
大兴安岭	Daxinganling	55072	42176	47309		42691	42330	119249

2-19 续表1 Continued

单位：元 (yuan)

年份 地区	Year Region	交通运输仓储和邮政业 Transport, Storage and Post	住宿和餐饮业 Hotels and Catering Services	信息传输、软件和信息技术服务业 Information Transmission, Software and Information Technology	金融业 Financial Intermediation	房地产业 Real Estate	租赁和商务服务业 Leasing and Business Services	科学研究和技术服务业 Scientific Research and Technical Service
2013		51796	47305	54993	65784	36493	37095	61761
2014		57840	44781	57864	67957	40097	36521	63643
2015		60376	47820	63774	74356	47055	40818	67252
2016		64415	49893	65312	75790	49742	42938	69908
2017		71718	55309	68314	84871	52507	42796	74929
2018		78963	56154	67973	74878	49810	47565	83945
2019		63683	43794	79570	102551	47718	40995	79147
哈尔滨	Harbin	67899	50597	90080	137827	54363	42562	89129
齐齐哈尔	Qiqihar	65813	26124	61613	90505	45753	64957	70326
鸡西	Jixi	65236	27675	63990	98530	46188	52725	61532
鹤岗	Hegang	75497	27929	77289	87596	36930	94312	63826
双鸭山	Shuangyashan	53249	23550	117695	84518	54393	21737	71866
大庆	Daqing	89107	54906	113132	65521	55630	74411	86904
伊春	Yichun	51380	34403	55030	106726	33957	59267	60717
佳木斯	Jiamusi	55990	30180	60318	96390	72935	33183	70858
七台河	Qitaihe	59355	31789	79601	101569	44333	28655	40635
牡丹江	Mudanjiang	68485	41190	61907	91039	40678	47388	74396
黑河	Heihe	51984	32459	80422	102999	36669	22130	59728
绥化	Suihua	58679	27165	71206	92424	48562	49208	67861
大兴安岭	Daxinganling	62497	34373	82744	106123		79009	75599

2-19　续表2　Continued

单位：元　　　　(yuan)

年份	Year	水利、环境和公共设施管理业 Management of Water Conservancy, Environment and Public Facilities	居民服务、修理和其他服务业 Services to Households Repair and Other Services	教育 Education	卫生和社会工作 Health and Social Services	文化、体育和娱乐业 Culture, Sports and Entertainment	公共管理、社会保障和社会组织 Public Management Social Security and Social Organization
地区	Region						
2013		26760	51217	43377	43489	39770	39364
2014		28936	53433	49462	48034	43258	43156
2015		33136	50351	62739	56328	51335	53018
2016		35422	56271	68269	62483	55653	60761
2017		35793	59070	72783	67240	58583	64490
2018		38145	60598	78075	72249	64347	69261
2019		41625	52060	85716	74530	66359	71651
哈尔滨	Harbin	43471	47792	97395	84409	74881	78619
齐齐哈尔	Qiqihar	42099	60027	79338	64799	56873	69936
鸡西	Jixi	35462	52007	77587	71053	61616	69749
鹤岗	Hegang	46630	59611	84967	76849	56883	65678
双鸭山	Shuangyashan	37032	56437	77079	66391	68191	60849
大庆	Daqing	44688	35382	96808	85737	70981	93200
伊春	Yichun	39324	44551	69079	53179	52857	61761
佳木斯	Jiamusi	45915	46896	76461	65277	61114	67430
七台河	Qitaihe	42746	52667	80596	68754	63100	67825
牡丹江	Mudanjiang	43941	60353	81423	71776	69511	70040
黑河	Heihe	33770	62259	82026	79196	70490	66432
绥化	Suihua	44733	60277	74253	62781	58549	62836
大兴安岭	Daxinganling	57500	43469	83068	75482	72572	82203

2-20 分地区城镇集体单位就业人员平均工资
Average Wage of Employed Persons in Urban Collective-Owned Units by Region

单位：元 (yuan)

年 份 地 区	Year Region	总 计 Total	农、林、牧、渔业 Agriculture, Forestry, Animal Husbandry and Fishery	采矿业 Mining	制造业 Manufacturing	电力、热力、燃气及水的生产和供应业 Production and Supply of Electric, heat, Gas and Water	建筑业 Construction
	2013	35819	15662	37757	36004	54607	31823
	2014	37740	23913	46419	36207	45483	34562
	2015	39063	21659	44709	33319	54664	36615
	2016	41618	27715	44700	34592	56491	34492
	2017	45814	35120	48670	36516	57243	37422
	2018	51838	25766	58446	47439	58825	46713
	2019	63906	51783	78826	73169	75628	53750
哈尔滨	Harbin	56386	71304		49369		65705
齐齐哈尔	Qiqihar	61660			25067	79200	
鸡 西	Jixi	53188			45023		56825
鹤 岗	Hegang	47568	36589	48561	30060		28204
双鸭山	Shuangyashan	79402			48000		31382
大 庆	Daqing	85055		99875	87938		42311
伊 春	Yichun	41677		42000	36706		41937
佳木斯	Jiamusi	39364			23419		24561
七台河	Qitaihe	39676					32580
牡丹江	Mudanjiang	50443	31000		28870		43393
黑 河	Heihe	55464			29375	28000	30979
绥 化	Suihua	73383	71400		24621		34441
大兴安岭	Daxinganling	26053			23444		26276

2-20　续表1　Continued

单位：元　　(yuan)

年　份 地　区	Year Region	批发和零售业 Wholesale and Retail Trades	交通运输仓储和邮政业 Transport, Storage and Post	住宿和餐饮业 Hotels and Catering Services	信息传输、软件和信息技术服务业 Information Transmission, Software and Information Technology	金融业 Financial Intermediation	房地产业 Real Estate	租赁和商务服务业 Leasing and Business Services
2013		26732	29559	43635	25804	49174	26971	35845
2014		26941	31064	44848	31175	52725	25945	37392
2015		33247	31845	46459	35702	53758	31321	41013
2016		37111	42310	52458	36860	60736	27125	43072
2017		34067	45467	57890	39000	70941	28726	56523
2018		30893	42482	55508	30688	69402	29256	59058
2019		33662	62130	38450		90442	27399	50299
哈尔滨	Harbin	30040	42830	40397			27657	51197
齐齐哈尔	Qiqihar	47331	26522	15000			27147	73500
鸡　西	Jixi	31776	54311	42000			36846	86992
鹤　岗	Hegang	31972						
双鸭山	Shuangyashan	21020	16333			96043	10444	21500
大　庆	Daqing	60662						38584
伊　春	Yichun	16667	42000					40429
佳木斯	Jiamusi	29355				68687		
七台河	Qitaihe							
牡丹江	Mudanjiang	31681	56850				25000	34887
黑　河	Heihe	48759	83574	45250			24217	45571
绥　化	Suihua	28590				97738	54000	14385
大兴安岭	Daxinganling							

2-20 续表2 Continued

单位：元 (yuan)

年 份 地 区	Year Region	科学研究和技术服务业 Scientific Research and Technical Service	水利、环境和公共设施管理业 Management of Water Conservancy, Environment and Public Facilities	居民服务、修理和其他服务业 Services to Households Repair and Other Services	教 育 Education	卫生和社会工作 Health and Social Services	文化、体育和娱乐业 Culture, Sports and Entertainment	公共管理、社会保障和社会组织 Public Management Social Security and Social Organization
2013		42813	22201	45573	39942	35905	40800	31017
2014		42978	24479	49224	45846	40067	48922	29081
2015		54220	25898	60850	48668	47047	53138	55031
2016		60736	32110	59834	54727	51980	57845	60221
2017		56851	39258	59900	60817	54327	61126	66800
2018		62498	38762	58554	70617	60184	36929	66905
2019		54602	55064	32980	71447	63644	87333	51230
哈尔滨	Harbin	52426	53946	35692	63737	56664	87333	52700
齐齐哈尔	Qiqihar			11714	34100	94550		65000
鸡 西	Jixi	42500				29024		
鹤 岗	Hegang				105551	58216		42039
双鸭山	Shuangyashan							
大 庆	Daqing			20972	24000	20167		
伊 春	Yichun	60000						
佳木斯	Jiamusi	47273				55582		47500
七台河	Qitaihe							84286
牡丹江	Mudanjiang	72452	59200		72589	54560		69800
黑 河	Heihe	55155		44000	78435	67917		57091
绥 化	Suihua				69647	37571		
大兴安岭	Daxinganling							

2-21　分地区城镇其他单位就业人员平均工资
Average Wage of Employed Persons in Urban Other Units by Region

单位：元　　(yuan)

年份 地区	Year Region	总计 Total	农、林、牧、渔业 Agriculture, Forestry, Animal Husbandry and Fishery	采矿业 Mining	制造业 Manufacturing	电力、热力、燃气及水的生产和供应业 Production and Supply of Electric, heat, Gas and Water	建筑业 Construction	批发和零售业 Wholesale and Retail Trades
2013		44381	16803	59698	39437	60556	36564	37067
2014		46776	21506	56996	42868	65089	37677	39436
2015		49062	22666	55165	46098	64742	37512	41944
2016		52621	24688	60649	50668	72349	40313	46734
2017		57290	24402	70110	57038	77753	39869	47833
2018		63332	24231	80087	65164	80906	44463	48251
2019		72922	25340	91095	70040	87178	52888	56207
哈尔滨	Harbin	76050	78302	36442	71515	102881	52008	65652
齐齐哈尔	Qiqihar	62237	27216	37200	68811	56699	29100	49853
鸡西	Jixi	56095	43517	58750	45296	68627	44674	52295
鹤岗	Hegang	49606	35807	61034	49187	58829	40158	38914
双鸭山	Shuangyashan	60119	41600	67868	45518	76499	32504	41705
大庆	Daqing	96350	37083	124501	101513	95434	72616	69974
伊春	Yichun	52096	32983	37237	50919	108291	37482	60160
佳木斯	Jiamusi	46145	21185		49591	63533	34904	40413
七台河	Qitaihe	56018		60636	40556	113835	40674	45046
牡丹江	Mudanjiang	48736	54125	96000	55779	67002	52519	48591
黑河	Heihe	38540	18586	71757	36096	68859	41007	36817
绥化	Suihua	43104	45057	173465	44259	62120	35164	36579
大兴安岭	Daxinganling	51995			29552	38861	36741	50763
哈尔滨铁路局	Harbin Railway Bureau	101274						

2-21 续表1 Continued

单位：元 (yuan)

年份 地区	Year Region	交通运输仓储和邮政业 Transport, Storage and Post	住宿和餐饮业 Hotels and Catering Services	信息传输、软件和信息技术服务业 Information Transmission, Software and Information Technology	金融业 Financial Intermediation	房地产业 Real Estate	租赁和商务服务业 Leasing and Business Services	科学研究和技术服务业 Scientific Research and Technical Service
2013		41889	34712	56212	54187	37244	41317	52606
2014		43606	32995	59511	53138	40257	44550	51601
2015		44547	35257	64114	61960	43860	51135	56157
2016		51342	37813	61742	60122	44549	53730	58216
2017		54413	39673	64829	60103	45605	67049	68049
2018		53419	42097	63033	63541	49072	79106	75792
2019		89233	38272	70915	64656	51576	84450	104836
哈尔滨	Harbin	71335	42117	70038	92063	69218	107682	80608
齐齐哈尔	Qiqihar	59602	40678	73090	91602	40246	34276	62230
鸡西	Jixi	35700	27183	66891	58971	34153	30288	41675
鹤岗	Hegang	42261	36459	77224	69909	23513	21857	37896
双鸭山	Shuangyashan	36091	33603	69656	91448	29297	12424	37841
大庆	Daqing	76433	38058	95063	58425	42082	76105	114948
伊春	Yichun	46855	32425	62479	84749	34313	26245	56966
佳木斯	Jiamusi	42432	23969	77104	43476	30419	38102	67939
七台河	Qitaihe	46959	31070	66180	43059	30434	41447	29000
牡丹江	Mudanjiang	44694	35090	48634	42409	35030	38195	59605
黑河	Heihe	39731	35435	58321	45964	25582	60339	45316
绥化	Suihua	44212	29150	66609	39546	29786	47444	50309
大兴安岭	Daxinganling	43990	33198	70548	87410	31540	33244	
哈尔滨铁路局	Harbin Railway Bureau	101274						

2-21　续表2　Continued

单位：元　　(yuan)

年　份 地　区	Year Region	水利、环境和公共设施管理业 Management of Water Conservancy, Environment and Public Facilities	居民服务、修理和其他服务业 Services to Households Repair and Other Services	教　育 Education	卫生和社会工作 Health and Social Services	文化、体育和娱乐业 Culture, Sports and Entertainment	公共管理、社会保障和社会组织 Public Management Social Security and Social Organization
2013		35497	38036	47305	36799	39255	17491
2014		33216	44065	57563	35322	40831	35726
2015		36261	42001	62165	36444	47216	35571
2016		39018	45051	69990	58632	51070	21320
2017		40979	53650	69185	61836	57300	26307
2018		42633	54031	46975	66216	53261	
2019		40099	68498	67799	67251	57385	56336
哈尔滨	Harbin	50998	44096	67071	54631	57525	52248
齐齐哈尔	Qiqihar	52093	34204	62100	76524	22623	82240
鸡　西	Jixi	37612	72956	60868	98210	26944	70896
鹤　岗	Hegang	21766	22990	52507	66150	30879	61053
双鸭山	Shuangyashan	25700	42254	28126	83214	28790	96714
大　庆	Daqing	27411	75891	97433	47034	98575	53121
伊　春	Yichun	38071	18000	90433	53255	57850	49376
佳木斯	Jiamusi	46724	37333	35794	42278	73268	74172
七台河	Qitaihe	21871	19870	65281	82705		44452
牡丹江	Mudanjiang	39930	22636	54847	69671	43282	63968
黑　河	Heihe	35544	30625	40351	29910	28534	51314
绥　化	Suihua	46826	37156	53271	43461	30237	64739
大兴安岭	Daxinganling	23417		20000	37788	23571	67750
哈尔滨铁路局	Harbin Railway Bureau						

2-22 分地区城镇私营单位就业人员平均工资
Average Wage of Employed Persons in Urban Private Units by Region

单位：元 (yuan)

年份 地区	Year Region	总计 Total	农、林、牧、渔业 Agriculture, Forestry, Animal Husbandry and Fishery	采矿业 Mining	制造业 Manufacturing	电力、热力、燃气及水的生产和供应业 Production and Supply of Electric, heat, Gas and Water	建筑业 Construction
2014		26960	22241	27071	26571	27860	30191
2015		28586	25011	31468	27966	29179	32129
2016		30533	26367	32478	29592	32277	34021
2017		32422	28196	34577	31469	34590	34447
2018		34801	30123	38716	34405	32493	34426
2019		36674	32354	39311	37581	36226	33595
哈尔滨	Harbin	42785	33696	41252	45067	39115	36288
齐齐哈尔	Qiqihar	34272	46109	56589	36950	33790	34877
鸡西	Jixi	28363	22311	29635	29913	30999	30262
鹤岗	Hegang	32700	29662	46947	35278	33600	35465
双鸭山	Shuangyashan	35469	22343	52086	54834	33273	28646
大庆	Daqing	36682	27841	34356	37102	36175	31831
伊春	Yichun	29930	26428	34537	27999	30765	38004
佳木斯	Jiamusi	32808	33707	27200	34980	41410	30261
七台河	Qitaihe	32285	32583	37434	33767	35645	26328
牡丹江	Mudanjiang	30074	28496	39286	30424	34194	30310
黑河	Heihe	33992	28042	40585	31719	32535	38524
绥化	Suihua	35867	33269	42051	36619	41553	37188
大兴安岭	Daxinganling	29896	33671	36192	24202	34716	33180

2-22 续表1 Continued

单位：元 (yuan)

年份 地区	Year Region	批发和零售业 Wholesale and Retail Trades	交通运输仓储和邮政业 Transport, Storage and Post	住宿和餐饮业 Hotels and Catering Services	信息传输、软件和信息技术服务业 Information Transmission, Software and Information Technology	金融业 Financial Intermediation	房地产业 Real Estate	租赁和商务服务业 Leasing and Business Services
2014		26648	27677	24030	28065	31235	28268	23625
2015		27481	30996	25377	31261	32638	31287	26644
2016		28874	35454	27556	34172	34216	35178	30494
2017		30821	36994	27875	37286	36555	37102	32501
2018		31793	40120	31009	40903	43467	36683	39310
2019		33620	43740	33176	45348	41225	36751	36813
哈尔滨	Harbin	37969	54072	37110	50744	55571	47370	44817
齐齐哈尔	Qiqihar	31544	36328	30264	19221	31333	30840	31396
鸡西	Jixi	27388	28611	24134	17255	19478	23313	23604
鹤岗	Hegang	27560	32687	26588	25622	37500	22718	24286
双鸭山	Shuangyashan	24246	24811	19494	23202	31000	22063	24669
大庆	Daqing	35508	35917	36553	52432	34854	36625	36418
伊春	Yichun	29242	28570	29795	25753	28111	31045	30309
佳木斯	Jiamusi	30261	37695	31341	30646	32142	30345	31659
七台河	Qitaihe	29574	32658	30532	31990	27567	24948	31531
牡丹江	Mudanjiang	27648	33772	25518	29427	43249	28367	28993
黑河	Heihe	33909	34263	26921	33161	34531	34409	31532
绥化	Suihua	32235	42244	34650	41003	45000	32408	33930
大兴安岭	Daxinganling	29121	31780	33637	33104	31000	25059	29942

2-22 续表2 Continued

单位：元 (yuan)

年份 地区	Year Region	科学研究和技术服务业 Scientific Research and Technical Service	水利、环境和公共设施管理业 Management of Water Conservancy, Environment and Public Facilities	居民服务、修理和其他服务业 Services to Households Repair and Other Services	教育 Education	卫生和社会工作 Health and Social Services	文化、体育和娱乐业 Culture, Sports and Entertainment	公共管理、社会保障和社会组织 Public Management Social Security and Social Organization
2014		31204	22651	21346	27379	23488	23344	
2015		33246	26537	24661	28264	26033	23913	
2016		34537	29730	28193	29425	28830	25032	
2017		38214	30315	30725	31382	33421	26825	
2018		43348	30526	30471	32520	36565	29379	
2019		44782	34459	32010	35856	36274	33856	
哈尔滨	Harbin	51865	37826	36759	38031	33895	38620	
齐齐哈尔	Qiqihar	34596	28226	25879	31204	45233	29896	
鸡西	Jixi	20612	24510	27336	33799	20757	21439	
鹤岗	Hegang	30756	19302	27567	24488	27941	23115	
双鸭山	Shuangyashan	30093	26400	25517	26626	26854	25679	
大庆	Daqing	38165	29811	29973	38244	42353	33515	
伊春	Yichun	30821	24957	32732	32480	26268	27208	
佳木斯	Jiamusi	34090	29586	31691	37042	35157	42107	
七台河	Qitaihe	34028	35368	24428	28378	35490	20526	
牡丹江	Mudanjiang	29606	29409	27044	30464	33300	26832	
黑河	Heihe	50508	29747	29681	32023	26828	24272	
绥化	Suihua	37096	37000	33253	33647	45936	31049	
大兴安岭	Daxinganling	31744	29754	30690	29890	30614	28968	

主要统计指标解释

人口数 指一定时点、一定地区范围内有生命的个人总和。

年度统计的年末人口数指每年12月31日24时的人口数。年度统计的全国人口总数内未包括香港、澳门特别行政区和台湾省以及海外华侨人数。

城镇人口和乡村人口 城镇人口是指居住在城镇范围内的全部常住人口；乡村人口是除上述人口以外的全部人口。

出生率（又称粗出生率） 指在一定时期内(通常为一年)一定地区的出生人数与同期内平均人数(或期中人数)之比，用千分率表示。本资料中的出生率指年出生率，其计算公式为:

$$出生率=\frac{年出生人数}{年平均人数}\times1000‰$$

式中：出生人数指活产婴儿，即胎儿脱离母体时(不管怀孕月数)，有过呼吸或其他生命现象。年平均人数指年初、年底人口数的平均数，也可用年中人口数代替。

死亡率（又称粗死亡率） 指在一定时期内(通常为一年)一定地区的死亡人数与同期内平均人数(或期中人数)之比，用千分率表示。本资料中的死亡率指年死亡率，其计算公式为:

$$死亡率=\frac{年死亡人数}{年平均人数}\times1000‰$$

人口自然增长率 指在一定时期内(通常为一年)人口自然增加数(出生人数减死亡人数)与该时期内平均人数(或期中人数)之比，用千分率表示。计算公式为:

$$人口自然增长率=\frac{本年出生人数-本年死亡人数}{年平均人数}\times1000‰$$

$$=人口出生率-人口死亡率$$

总抚养比 也称总负担系数。指人口总体中非劳动年龄人口数与劳动年龄人口数之比。通常用百分比表示。说明每100 名劳动年龄人口大致要负担多少名非劳动年龄人口。用于从人口角度反映人口与经济发展的基本关系。计算公式为:

$$GDR=\frac{P_{0\sim14}+P_{65^+}}{P_{15\sim64}}\times100\%$$

其中：GDR 为总抚养比;

$P_{0\sim14}$ 为 0 ~ 14 岁少年儿童人口数;

P_{65}^{+} 为 65 岁及 65 岁以上的老年人口数;

$P_{15\sim64}$ 为 15 ~ 64 岁劳动年龄人口数。

老年人口抚养比 也称老年人口抚养系数。指某一人口中老年人口数与劳动年龄人口数之比。通常用百分比表示。用以表明每100名劳动年龄人口要负担多少名老年人。老年人口抚养比是从经济角度反映人口老化社会后果的指标之一。计算公式为:

$$EDR=\frac{P_{65^+}}{P_{15-64}}\times100\%$$

其中：EDR 为老年人口抚养比;

P_{65}^{+} 为 65 岁及 65 岁以上的老年人口数;

$P_{15\sim64}$ 为 15 ~ 64 岁的劳动年龄人口数。

少年儿童抚养比 也称少年儿童抚养系数。指某一人口中少年儿童人口数与劳动年龄人口数之比。通常用百分比表示。以反映每100名劳动年龄人口要负担多少名少年儿童。计算公式为:

$$CDR=\frac{P_{0\sim14}}{P_{15\sim64}}\times100\%$$

其中：CDR 为少年儿童抚养比;

$P_{0\sim14}$ 为 0 ~ 14 岁少年儿童人口数;

$P_{15\sim64}$ 为 15 ~ 64 岁劳动年龄人口数。

劳动力 指在16周岁及以上，有劳动能力，参加或要求参加社会经济活动的人口。包括就业人员和失业人员。

就业人员 指年满十六周岁，为取得报酬或经营利润，在调查周内从事了1小时（含1小时）以上劳动的人员；或由于在职学习、休假等原因在调查周内暂时未工作的人员；或由于停工、单位不景气等原因临时未工作的人员。

单位就业人员 指报告期末最后一日24时在本单位中工作，并取得工资或其他形式劳动报酬的人员数。该指标为时点指标，不包括最后一日当天及以前已经与单位解除劳动合同关系的人员，是在岗职工、劳务派遣人员及其他就业人员之和。就业人员不包括:

(1)离开本单位仍保留劳动关系，并定期领取生活费的人员;

(2)在本单位实习的各类在校学生;

(3)本单位因劳务外包而使用的人员。如:建筑业整建制使用的人员。

城镇私营和个体就业人员 城镇私营就业人员指在工商管理部门注册登记，其经营地址设在县城关镇(含县城关镇)以上的私营企业就业人员，包括私营企业投资者和雇工。城镇个体就业人员指在工商管理部门注册登记，并持有城镇户口或在城镇长期居住，经批准从事个体工商经营的就业人员，包括个体经营者和在个体工商户劳动的家庭帮工和雇工。

在岗职工 指在本单位工作且与本单位签订劳动合同，并由单位支付各项工资和社会保险、住房公积金的人员，以及上述人员中由于学习、病伤、产假等原因暂未工作仍由单位支付工资的人员。在岗职工还包括:

(1)应订立劳动合同而未订立劳动合同人员(如使用的农村户籍人员);

(2)处于试用期人员;

(3)编制外招用的人员;

(4)派往外单位工作，但工资仍由本单位发放的人员(如挂职锻炼、外派工作等情况)。

工资总额 指根据《关于工资总额组成的规定》(1990年1月1日国家统计局发布的一号令)进行修订，在报告期内(季度或年度)直接支付给本单位全部就业人员的劳动报酬总额。包括计时工资、计件工资、奖金、津贴和补贴、加班加点工资、特殊情况下支付的工资，是在岗职工工资总额、劳务派遣人员工资总额和其他就业人员工资总额之和。

工资总额是税前工资，包括单位从个人工资中直接为其代扣或代缴的房费、水费、电费、住房公积金和社会保险基金个人缴纳部分等。

工资总额不论是计入成本的还是不计入成本的，不论是以货币形式支付的还是以实物形式支付的，均应列入工资总额的计算范围。

平均工资 指单位就业人员在一定时期内平均每人所得的工资额。它表明一定时期工资收入的高低程度，是反映就业人员工资水平的主要指标。计算公式为:

$$平均工资=\frac{报告期就业人员工资总额}{报告期就业人员平均人数}$$

城镇登记失业人员 劳动年龄（年满16周岁（含）至依法享受基本养老保险待遇）内，有劳动能力，有就业要求，处于无业状态，并在公共就业和人才服务机构进行失业登记的城镇常住人员。

城镇登记失业率 城镇登记失业人员与城镇单位就业人员(扣除使用的农村劳动力、聘用的离退休人员、港澳台及外方人员)、城镇单位中的不在岗职工、城镇私营业主、个体户主、城镇私营企业和个体就业人员、城镇登记失业人员之和的比。

Explanatory Notes on Main Statistical Indicators

Total Population refers to the total number of people alive at a certain point of time within a given area.

The annual statistics on total population is taken at midnight, the 3lst of December, not including residents in Taiwan province, Hong Kong SAR and Macao SAR and Chinese national residing abroad.

Urban Population and Rural Population Urban population refers to all people residing in cities and towns, while rural population refers to population other than urban population.

Birth Rate (or Crude Birth Rate) refers to the ratio of the number of births to the average population (or mid-period population) during a certain period of time (usually a year), expressed in ‰. Birth rate in the chapter refers to annual birth rate. The following formula is used:

$$\text{Birth Rate} = \frac{\text{Number of Births}}{\text{Annual Average Population}} \times 1000‰$$

Number of births in the formula refers to live births, i.e. when a baby has breathed or showed any vital phenomena regardless of the length of pregnancy.

Annual average population is the average of the number of population at the beginning of the year and that at the end of the year. Sometimes it is substituted by the mid-year population.

Death Rate (or Crude Death Rate) refers to the ratio of the number of deaths to the average population (or mid-period population) during a certain period of time (usually a year), expressed in ‰. Death rate in the chapter refers to annual death rate. The following formula is used:

$$\text{Death Rate} = \frac{\text{Number of Deaths}}{\text{Annual Average Population}} \times 1000‰$$

Natural Growth Rate of Population refers to the ratio of natural increase in population (number of births minus number of deaths) in a certain period of time (usually a year) to the average population (or mid-period population) of the same period, expressed in ‰. The following formula is applied:

$$\begin{matrix}\text{Natural Growth} \\ \text{Rate of Population}\end{matrix} = \frac{\text{Number of Births - Number of Deaths}}{\text{Annual Average Population}} \times 1000‰$$

Natural Growth Rate of Population = Birth Rate-Death Rate

Gross Dependency Ratio also called gross dependency coefficient, refers to the ratio of non-working-age population to the working-age population, express in %. Describing in general the number of non-working-age population that every100 people at working ages will take care of, this indicator reflects the basic relation between population and economic development from the demographic perspective. The gross dependency ratio is calculated with the following formula:

$$GDR = \frac{P_{0\sim14} + P_{65^+}}{P_{15\sim64}} \times 100\%$$

Where: *GDR* is the gross dependency ratio,

$P_{0\sim14}$ is the population of children aged 0-14,

P_{65+} is the elderly population aged 65 and over, and

$P_{15\sim64}$ is the working-age population aged 15-64.

Old Dependency Ratio also called old dependency coefficient, refers to the ratio of the elderly population to the working-age population, express in %. It describes the number of the elderly population that every 100 people at working ages will take care of. Old dependency ratio is one of the indicators reflecting the social implication of population aging from the economic perspective. The old dependency ratio is calculated with the following formula:

$$EDR = \frac{P_{65^+}}{P_{15\sim64}} \times 100\%$$

Where: *EDR* is the old dependency ratio,

P_{65+} is the elderly population aged 65 and over, and

$P_{15\sim64}$ is the working-age population aged 15-64.

Children Dependency Ratio also called children dependency coefficient, refers to the ratio of the children population to the working-age population, express in %. It describes the number of children population that every 100 people at working ages will take care of. The children dependency ratio is calculated with the following formula:

$$CDR = \frac{P_{0\sim14}}{P_{15\sim64}} \times 100\%$$

Where: *CDR* is the children dependency ratio,

$P_{0\sim14}$ is the children population aged 0-14, and

$P_{15\sim64}$ is the working-age population aged 15-64.

Labour Force refers to the population aged 16 and over who are capable of working, are participating in or willing to participate in economic activities, including employed persons and unemployed persons.

Employed Persons refer to persons, aged 16 and over, who performed some work for compensation or business gains for one hour or more during the reference period; or persons who do not work for the reasons of study or on holiday; or persons who are temporarily absent from a job for disorganization or suspension of work, recession, etc.

Persons Employed in Various Units refer to the total number of employees who work at his unit and obtain wages or other forms of payment at the end of the reporting period. This indicator is a kind of time point index and it equals to the sum of the number of employed staff and workers, labor dispatch personnel and other employed persons. Employed persons do not include:

1)persons who have left their working units while keeping their labour contract (employment relation) unchanged and receiving regular alimony;

2)all kinds of enrolled students who do internship in various units;

3) persons employed due to labor outsourcing, for example, persons employed in the organizational system of construction industry.

Persons Employed in Private Enterprises and Self-Employed Individuals in Urban Areas Persons employed in private enterprises refer to the persons employed in the private enterprises which have been registered at the departments of industrial and commercial administration for which the business operation are situated at a county town (i.e. a town where the county government is located), or at urban areas with administrative hierarchy higher than a county town. The self-employed individuals in urban areas refer to persons who hold the certificates of residence in urban areas or have resided in the urban areas for a long time and have been registered at the departments of industrial and commercial administration and approved to be engaged in individual industrial or commercial business, including self-employed persons as well as helpers and hired laborers who work in individual households.

Employed Staff and Workers refer to persons who signed labor contracts with working units and working units would pay wages, social insurance and housing funds for them. Persons who have their work posts but are temporarily absent from work for reasons of study or on sick, injury or maternal leave and still receive wages from their working units are also included. Employed staff and workers also include:

1)Persons who should have signed the labor contracts but not (like people with rural household registration);

2)Employees on probation;

3)Employees beyond the staffing quota;

4)Employees who are sent to other working units but still obtain wages from their original units (situations like on-the-job placement, expatriated assignment, etc.)

1)Employed Staff and Workers do not include: Dispatched personnel who work and are paid directly by the working units; they shall be counted into "labour dispatch personnel" of the working units;

2)Personnel through labor outsourcing, they shall be counted into "employed staff and workers" of the units which contracted them.

Total Wage Bill It is revised according to the "Provision of Composition of Total Wages" (Order No.1 by National Bureau of Statistics on January, 1st, ,1990), total wage bill refers to the total remuneration payment to all employed persons in various units during the reporting period (by quarter or by year), including hourly-paid wages, piece-rate wages, bonuses, allowance and subsidies, overtime wages and wages paid under special circumstances. It equals to the sum of total wages of employed staff and workers, dispatch labors and other employed persons.

Total wage bill is pre-tax wages, including the room charges, utility bills, housing funds and social insurance paid or withheld by employee's units.

Total wage bill, whether or not included in cost, whether or not paid in money or in kind, shall be included in the calculation of total wage.

Average Wage refers to the average per capita wage during a certain period of time for employed persons. It shows the general level of wage income during a certain period of time, one major indicator to reflect the wage level. It is calculated as follows:

$$\text{Average Wage} = \frac{\text{Total Wage Bill of Employed Persons at Reference Time}}{\text{Average Number of Persons Employed at Reference Time}}$$

Registered Unemployed Persons in Urban Areas refer to the persons residing in urban areas at certain working ages (16 years old to the age of enjoying primary endowment insurance benefits according to the law), who are capable of working, unemployed and willing to work, and have been registered at the public employment and talent service agencies to apply for a job.

Registered Unemployment Rate in Urban Areas refers to the ratio of the number of the registered unemployed persons to the sum of the number of persons employed in various units (minus the employed rural labour force, re-employed retirees, and Hong Kong, Macao, Taiwan or foreign employees), laid-off staff and workers in urban units, owners of private enterprises in urban areas, owners of self-employed individuals in urban areas, employees of private enterprises in urban areas, employee of self-employed individuals in urban areas, and the registered unemployed persons in urban areas

第三篇　国民经济核算

CHAPTER 3 NATIONAL ACCOUNTS

资料整理：于占占　付鹏鸿

3-1　地区生产总值
Gross Domestic Product

单位：亿元　　(100 million yuan)

年 份 Year	地 区 生产总值 Gross Domestic Product	第一产业 Primary Industry	第二产业 Secondary Industry	工 业 Industry	建筑业 Construction	第三产业 Tertiary Industry	#交通运输仓储邮电通信业 Transport, Post & Telecommunication Services	#批发零售贸易餐饮业 Wholesale, Retail Trade & Catering Services	人均地区生产总值(元) Per Capita GDP (yuan)
1952	26.0	11.9	7.8	7.0	0.9	6.3	1.6	2.5	238
1953	31.9	12.9	10.7	9.3	1.4	8.3	2.1	3.3	277
1954	36.5	15.0	13.1	11.5	1.6	8.4	2.1	3.0	299
1955	37.9	16.6	12.2	10.6	1.6	9.1	2.2	3.6	295
1956	41.8	18.0	13.1	11.4	1.7	10.7	2.5	4.0	305
1957	43.9	17.2	14.9	13.4	1.5	11.8	2.6	4.1	303
1958	60.8	18.2	29.4	26.9	2.5	13.2	3.2	5.0	400
1959	72.3	17.4	37.9	34.7	3.2	17.0	5.1	5.9	446
1960	78.9	11.7	47.7	43.6	4.1	19.5	6.1	6.0	452
1961	52.9	10.9	25.3	23.3	1.9	16.7	4.4	4.5	286
1962	53.3	14.5	22.9	21.2	1.7	15.9	4.2	4.3	281
1963	60.4	17.9	27.8	25.2	2.6	14.7	3.3	3.6	312
1964	66.2	16.8	32.6	29.4	3.2	16.8	4.1	4.7	329
1965	76.7	19.6	39.6	36.4	3.2	17.5	4.4	4.7	367
1966	89.6	23.3	48.0	44.1	3.9	18.3	5.0	4.8	414
1967	88.4	26.0	44.5	41.0	3.5	17.9	4.8	4.6	398
1968	86.3	25.2	43.9	40.6	3.3	17.2	4.7	4.4	375
1969	97.9	24.4	55.1	51.0	4.1	18.4	5.6	4.6	409
1970	107.7	25.6	63.0	58.5	4.5	19.1	6.0	4.6	434
1971	111.7	25.9	65.6	60.9	4.7	20.2	6.4	4.5	434
1972	111.7	27.5	63.5	59.1	4.4	20.7	6.2	4.4	417
1973	119.3	30.1	68.2	63.9	4.3	21.0	6.2	4.3	430
1974	126.8	32.6	72.3	67.8	4.5	21.9	6.4	4.4	444
1975	136.2	33.4	80.6	75.8	4.8	22.2	6.7	4.7	466
1976	139.2	33.9	83.8	79.4	4.4	21.5	6.4	4.2	466
1977	150.5	38.0	90.7	86.2	4.5	21.8	6.4	4.3	494
1978	169.2	41.0	105.1	100.6	4.5	23.1	7.7	4.0	546
1979	180.8	44.3	112.2	107.3	4.9	24.3	8.9	4.2	574
1980	212.5	55.3	128.8	122.5	6.3	28.4	9.9	4.6	667
1981	218.3	57.8	129.7	122.6	7.1	30.8	9.6	5.3	678
1982	236.2	63.8	136.9	127.3	9.7	35.5	10.8	5.3	725
1983	263.1	78.9	145.6	134.8	10.8	38.6	11.9	5.6	799
1984	300.3	86.0	169.0	154.9	14.1	45.3	13.3	6.8	905
1985	331.5	77.0	197.7	180.9	16.8	56.8	15.8	10.4	991
1986	371.1	92.7	206.6	189.0	17.6	71.8	19.3	11.9	1101
1987	422.9	90.7	252.0	231.9	20.1	80.2	20.5	13.7	1242
1988	499.0	94.2	286.5	261.6	24.9	118.3	27.9	27.5	1449
1989	569.6	93.9	335.5	310.0	25.5	140.2	31.0	29.6	1633
1990	654.0	156.9	343.1	323.9	25.4	154.0	26.2	30.7	1855
1991	734.5	145.2	390.8	369.5	28.4	198.5	34.7	47.4	2064

注：1.本表按当年价格计算。
2.表中数据为全国第四次经济普查衔接修订后的数据(下同)。
3.从1992年开始，执行《国民经济行业分类》(GB/T 4754-2017)，交通运输仓储邮电通信业改为交通运输、仓储和邮政业；批发零售贸易餐饮业调整为批发和零售业。
4.三次产业分类依据国家统计局2018年修订的《三次产业划分规定》。
5.2019年为初步核算数(下同)。

a) Data in value terms in this table are calculated at current prices.
b) The data in the table are the data of the fourth national economic census (the same below).
c) Since 1992, the data has been in accordance with the classification of national economic sectors (GB / T 4754-2017), and the transportation, warehousing, post and telecommunications industry has been changed into transportation, warehousing and postal industry; the wholesale and retail trade catering industry has been adjusted to wholesale and retail industry, accommodation and catering industry.
d) The classification of three industries is based on the provisions on the classification of three industries revised by the National Bureau of statistics in 2018.
e) The year of 2019 is the preliminary accounting amount (the same below).

3-1 续表 Continued

单位：亿元 (100 million yuan)

年 份 Year	地区生产总值 Gross Domestic Product	第一产业 Primary Industry	第二产业 Secondary Industry	工 业 Industry	建筑业 Construction	第三产业 Tertiary Industry	#交通运输仓储邮电通信业 Transport, Post & Telecommunication Services	#批发零售贸易餐饮业 Wholesale, Retail Trade & Catering Services	人均地区生产总值(元) Per Capita GDP (yuan)
1992	857.4	163.5	465.5	440.0	34.1	228.4	32.2	50.7	2387
1993	1075.3	194.2	613.1	580.4	44.0	268.0	36.6	58.5	2967
1994	1448.1	298.8	803.6	764.3	54.0	345.7	45.1	73.8	3961
1995	1790.2	363.5	992.5	949.1	61.7	434.2	54.6	88.0	4856
1996	2137.6	434.9	1205.4	1160.0	67.8	497.3	65.1	98.4	5755
1997	2397.6	450.6	1357.2	1304.9	77.7	589.8	90.2	114.0	6412
1998	2470.2	419.9	1396.1	1332.0	90.2	654.2	98.3	120.2	6566
1999	2536.9	369.2	1466.6	1399.9	93.0	701.1	100.5	123.3	6707
2000	2855.5	375.5	1633.4	1566.4	97.0	846.6	131.7	155.1	7515
2001	3043.4	426.6	1665.9	1592.0	105.2	950.9	159.2	166.7	7990
2002	3242.7	464.2	1728.3	1650.8	110.7	1050.2	177.5	180.3	8507
2003	3609.7	493.0	1956.4	1874.8	119.1	1160.3	184.9	195.0	9464
2004	4134.7	580.9	2270.3	2175.7	137.4	1283.5	201.2	216.6	10836
2005	4756.4	674.6	2656.4	2556.6	152.9	1425.4	224.0	226.3	12456
2006	5329.8	731.8	2998.0	2890.2	173.6	1600.0	236.1	243.8	13947
2007	6126.3	892.4	3383.0	3254.1	200.2	1850.9	274.3	271.0	16023
2008	7134.2	1073.8	3935.0	3765.6	243.4	2125.4	286.8	331.1	18654
2009	7218.9	1141.9	3668.1	3470.2	271.3	2408.9	284.4	406.3	18871
2010	8308.3	1291.8	4146.1	3894.1	312.9	2870.4	316.4	496.6	21694
2011	9935.0	1695.5	4916.3	4624.4	363.0	3323.2	346.3	577.2	25915
2012	11015.8	2119.6	5099.8	4776.0	409.3	3796.4	380.4	688.0	28732
2013	11849.1	2539.6	5202.7	4857.5	428.6	4106.8	374.4	713.5	30901
2014	12170.8	2691.0	4872.4	4527.9	424.5	4607.4	426.6	795.0	31744
2015	11690.0	2712.2	3926.9	3593.9	422.3	5050.9	434.3	830.9	30583
2016	11895.0	2751.2	3689.7	3367.3	429.5	5454.1	463.4	876.0	31258
2017	12313.0	2965.3	3519.5	3226.1	414.3	5828.2	488.7	900.6	32454
2018	12846.5	3001.2	3536.0	3266.7	409.4	6309.3	508.5	946.3	33977
2019	13612.7	3182.5	3615.2	3291.1	419.2	6815.0	533.0	1005.3	36183

3-2　地区生产总值构成

Composition of Gross Domestic Product

单位：%　　(%)

年　份 Year	地区生产总值 Gross Domestic Product	第一产业 Primary Industry	第二产业 Secondary Industry	工　业 Industry	建筑业 Construction	第三产业 Tertiary Industry	#交通运输仓储邮电通信业 Transport, Post and Telecommunication Services	#批发零售贸易餐饮业 Wholesale, Retail Trade & Catering Services
1952	100.0	45.8	30.2	26.8	3.4	24.0	6.3	9.4
1953	100.0	40.5	33.5	29.2	4.3	26.0	6.6	10.4
1954	100.0	41.1	35.9	31.6	4.3	23.0	5.7	8.3
1955	100.0	43.8	32.0	27.9	4.1	24.2	5.9	9.4
1956	100.0	43.1	31.3	27.2	4.1	25.6	5.9	9.6
1957	100.0	39.1	33.9	30.5	3.4	27.0	6.0	9.4
1958	100.0	29.9	48.4	44.2	4.2	21.7	5.3	8.2
1959	100.0	24.1	52.4	48.0	4.4	23.5	7.0	8.2
1960	100.0	14.8	60.5	55.2	5.3	24.7	7.7	7.6
1961	100.0	20.6	47.7	44.1	3.6	31.7	8.4	8.5
1962	100.0	27.2	43.0	39.8	3.2	29.8	7.8	8.1
1963	100.0	29.6	46.0	41.7	4.3	24.4	5.5	5.9
1964	100.0	25.4	49.1	44.4	4.7	25.5	6.1	7.1
1965	100.0	25.6	51.7	47.5	4.2	22.7	5.7	6.1
1966	100.0	26.0	53.5	49.2	4.3	20.5	5.5	5.3
1967	100.0	29.4	50.3	46.4	3.9	20.3	5.4	5.2
1968	100.0	29.2	50.9	47.1	3.8	19.9	5.4	5.1
1969	100.0	24.9	56.3	52.1	4.2	18.8	5.8	4.7
1970	100.0	23.8	58.5	54.3	4.2	17.7	5.6	4.3
1971	100.0	23.2	58.7	54.5	4.2	18.1	5.7	4.0
1972	100.0	24.6	56.9	52.9	4.0	18.5	5.5	3.9
1973	100.0	25.2	57.2	53.6	3.6	17.6	5.2	3.6
1974	100.0	25.7	57.1	53.5	3.6	17.2	5.1	3.5
1975	100.0	24.5	59.2	55.6	3.6	16.3	4.9	3.4
1976	100.0	24.4	60.2	57.1	3.1	15.4	4.6	3.0
1977	100.0	25.2	60.3	57.3	3.0	14.5	4.3	2.8
1978	100.0	24.2	62.1	59.4	2.7	13.7	4.5	2.4
1979	100.0	24.5	62.1	59.4	2.7	13.4	4.9	2.3
1980	100.0	26.0	60.6	57.6	3.0	13.4	4.7	2.2
1981	100.0	26.5	59.4	56.2	3.2	14.1	4.4	2.4
1982	100.0	27.0	58.0	53.9	4.1	15.0	4.6	2.3
1983	100.0	30.0	55.4	51.2	4.2	14.6	4.5	2.1
1984	100.0	28.6	56.3	51.6	4.7	15.1	4.4	2.3
1985	100.0	23.2	59.6	54.6	5.0	17.2	4.8	3.1
1986	100.0	25.0	55.7	50.9	4.8	19.3	5.2	3.2
1987	100.0	21.4	59.6	54.8	4.8	19.0	4.8	3.2
1988	100.0	18.9	57.4	52.4	5.0	23.7	5.6	5.5
1989	100.0	16.5	58.9	54.4	4.5	24.6	5.4	5.2
1990	100.0	24.0	52.5	49.5	3.9	23.5	4.0	4.7
1991	100.0	19.8	53.2	50.3	3.9	27.0	4.7	6.5

3-2 续表 Continued

单位：% (%)

年 份 Year	地 区 生产总值 Gross Domestic Product	第一产业 Primary Industry	第二产业 Secondary Industry	工 业 Industry	建筑业 Construction	第三产业 Tertiary Industry	#交通运输仓储邮电通信业 Transport, Post & Telecommunication Services	#批发零售贸易餐饮业 Wholesale, Retail Trade & Catering Services
1992	100.0	19.1	54.3	51.3	4.0	26.6	3.8	5.9
1993	100.0	18.1	57.0	54.0	4.1	24.9	3.4	5.4
1994	100.0	20.6	55.5	52.8	3.7	23.9	3.1	5.1
1995	100.0	20.3	55.4	53.0	3.4	24.3	3.0	4.9
1996	100.0	20.3	56.4	54.3	3.2	23.3	3.0	4.6
1997	100.0	18.8	56.6	54.4	3.2	24.6	3.8	4.8
1998	100.0	17.0	56.5	53.9	3.7	26.5	4.0	4.9
1999	100.0	14.6	57.8	55.2	3.7	27.6	4.0	4.9
2000	100.0	13.2	57.2	54.9	3.4	29.6	4.6	5.4
2001	100.0	14.0	54.7	52.3	3.5	31.3	5.2	5.5
2002	100.0	14.3	53.3	50.9	3.4	32.4	5.5	5.6
2003	100.0	13.7	54.2	51.9	3.3	32.1	5.1	5.4
2004	100.0	14.1	54.9	52.6	3.3	31.0	4.9	5.2
2005	100.0	14.2	55.8	53.8	3.2	30.0	4.7	4.8
2006	100.0	13.7	56.3	54.2	3.3	30.0	4.4	4.6
2007	100.0	14.6	55.2	53.1	3.3	30.2	4.5	4.4
2008	100.0	15.1	55.2	52.8	3.4	29.7	4.0	4.6
2009	100.0	15.8	50.8	48.1	3.8	33.4	3.9	5.6
2010	100.0	15.5	49.9	46.9	3.8	34.6	3.8	6.0
2011	100.0	17.1	49.5	46.5	3.7	33.4	3.5	5.8
2012	100.0	19.2	46.3	43.4	3.7	34.5	3.5	6.2
2013	100.0	21.4	43.9	41.0	3.6	34.7	3.2	6.0
2014	100.0	22.1	40.0	37.2	3.5	37.9	3.5	6.5
2015	100.0	23.2	33.6	30.7	3.6	43.2	3.7	7.1
2016	100.0	23.1	31.0	28.3	3.6	45.9	3.9	7.4
2017	100.0	24.1	28.6	26.2	3.4	47.3	4.0	7.3
2018	100.0	23.4	27.5	25.4	3.2	49.1	4.0	7.4
2019	100.0	23.4	26.6	24.2	3.1	50.0	3.9	7.4

3-3 地区生产总值指数

Indices of Gross Domestic Product

(上年=100)

(preceding year=100)

年份 Year	地区生产总值 Gross Domestic Product	第一产业 Primary Industry	第二产业 Secondary Industry	工业 Industry	建筑业 Construction	第三产业 Tertiary Industry	人均地区生产总值 Per Capita GDP
1953	110.0	98.4	126.9	124.1	148.9	110.7	104.4
1954	110.2	106.1	120.9	122.7	109.2	101.9	103.9
1955	106.5	111.1	98.7	97.6	106.3	111.6	101.0
1956	106.5	95.8	116.3	116.2	116.4	110.7	100.0
1957	107.8	106.8	110.0	110.7	105.1	106.0	102.0
1958	140.5	133.4	170.4	173.1	146.7	113.2	133.7
1959	118.6	93.3	133.2	134.3	120.9	134.4	111.2
1960	107.8	66.1	129.0	128.6	134.2	117.5	100.3
1961	58.1	74.8	45.5	46.0	39.5	72.8	54.7
1962	97.9	120.6	89.5	89.4	90.8	93.1	95.6
1963	115.1	121.9	118.6	115.5	158.6	104.6	112.8
1964	114.1	100.5	120.4	121.3	112.3	119.3	109.6
1965	115.5	116.7	122.4	124.3	103.1	104.7	111.0
1966	116.6	118.7	121.8	122.0	120.0	105.8	112.9
1967	101.4	111.6	96.7	96.9	94.3	99.1	98.5
1968	97.4	96.9	98.4	98.6	95.1	96.1	94.1
1969	109.3	96.9	120.2	120.3	118.2	104.1	105.2
1970	110.1	110.9	112.6	112.8	111.0	103.5	106.1
1971	102.3	100.3	102.4	102.4	102.0	104.7	98.6
1972	98.7	85.8	102.4	102.6	100.0	103.6	95.0
1973	106.4	109.3	107.7	108.4	98.7	99.1	102.7
1974	106.5	108.2	106.3	106.3	105.7	105.1	103.3
1975	107.8	110.2	109.5	110.3	98.1	98.9	105.2
1976	100.9	94.5	103.2	103.4	100.2	100.6	98.8
1977	108.3	111.9	108.6	109.1	101.5	102.3	106.3
1978	111.4	105.3	115.9	116.5	105.0	100.6	109.4
1979	102.8	92.9	105.9	105.8	107.0	102.2	101.3
1980	109.6	112.1	108.5	107.8	122.9	111.8	108.3
1981	103.4	102.8	103.5	102.9	115.4	104.3	102.3
1982	106.1	107.8	104.2	102.5	133.8	111.7	104.9
1983	108.6	124.5	102.9	102.4	108.4	103.3	107.5
1984	110.5	102.0	114.8	113.6	128.8	112.0	109.7
1985	105.2	87.4	110.8	110.6	112.8	117.3	104.4
1986	102.9	117.9	93.5	93.3	95.4	118.4	102.1
1987	108.1	95.5	112.6	113.4	104.2	113.1	107.1
1988	106.6	97.6	102.6	101.9	111.2	130.5	105.3
1989	106.2	89.6	110.6	111.6	100.1	110.8	104.9
1990	106.5	141.8	98.2	98.5	94.9	99.9	105.3
1991	105.7	91.9	110.2	110.9	101.9	109.8	104.8

注：本表按不变价格计算。

a) Data in this table are calculated at constant prices.

3-3 续表 Continued

(上年=100) (preceding year=100)

年份 Year	地区生产总值 Gross Domestic Product	第一产业 Primary Industry	第二产业 Secondary Industry	工业 Industry	建筑业 Construction	第三产业 Tertiary Industry	人均地区生产总值 Per Capita GDP
1992	106.2	105.8	106.3	106.4	105.9	106.3	105.2
1993	107.1	104.3	108.3	108.2	110.5	106.6	106.1
1994	108.3	107.2	108.7	108.9	106.4	108.2	107.3
1995	109.0	106.8	110.0	110.0	110.7	108.6	108.1
1996	110.0	110.8	110.3	110.3	111.0	108.7	109.2
1997	109.5	106.2	109.6	109.3	113.7	111.8	108.7
1998	107.6	98.9	109.2	108.5	118.8	110.6	106.9
1999	107.1	103.0	107.5	107.5	106.8	109.0	106.5
2000	107.7	96.9	109.5	109.7	107.4	110.7	107.2
2001	108.9	106.8	109.9	109.8	111.6	107.9	108.6
2002	109.9	107.1	110.9	111.1	107.3	109.1	109.8
2003	109.8	102.1	111.9	112.1	108.0	109.0	109.8
2004	110.4	112.5	111.8	111.8	110.9	106.8	110.3
2005	110.6	112.0	111.3	111.6	108.9	108.4	110.5
2006	110.4	107.4	111.3	111.6	111.1	110.2	110.3
2007	109.8	104.3	111.2	111.2	109.3	109.8	109.8
2008	110.3	108.5	111.2	111.1	108.6	109.4	110.3
2009	110.1	105.2	111.5	111.3	117.6	109.6	110.1
2010	111.7	106.1	113.8	113.5	108.1	109.9	111.6
2011	110.9	106.4	112.0	112.2	109.1	111.3	110.8
2012	108.7	106.5	109.1	109.5	107.2	109.2	108.7
2013	107.6	104.7	107.0	107.2	102.9	109.6	107.5
2014	105.3	105.6	102.9	103.3	99.2	108.6	105.3
2015	105.4	105.1	101.7	101.4	101.4	110.6	105.8
2016	104.4	104.2	102.0	102.0	101.1	106.3	104.9
2017	106.0	104.5	102.8	102.9	101.5	109.1	106.3
2018	104.5	103.7	102.1	102.6	97.9	106.4	104.8
2019	104.2	102.4	102.7	102.8	101.8	105.9	104.7

3-4　地区生产总值指数
Indices of Gross Domestic Product

(1978=100)　　(1978=100)

年　份 Year	地　区 生产总值 Gross Domestic Product	第一产业 Primary Industry	第二产业 Secondary Industry	工业 Industry	建筑业 Construction	第三产业 Tertiary Industry	人均地区 生产总值 Per Capita GDP
1953	23.0	45.4	11.7	10.9	28.5	37.7	62.2
1954	25.4	48.1	14.2	13.4	31.1	38.4	64.7
1955	27.0	53.5	14.0	13.1	33.1	42.9	65.3
1956	28.8	51.2	16.3	15.2	38.5	47.5	65.3
1957	31.0	54.7	17.9	16.8	40.5	50.3	66.6
1958	43.6	73.0	30.5	29.1	59.4	56.9	89.1
1959	51.7	68.1	40.7	39.1	71.8	76.5	99.0
1960	55.7	45.0	52.5	50.3	96.4	89.9	99.3
1961	32.4	33.7	23.9	23.1	38.1	65.5	54.3
1962	31.7	40.6	21.4	20.7	34.6	60.9	51.9
1963	36.5	49.5	25.3	23.9	54.8	63.8	58.6
1964	41.6	49.7	30.5	29.0	61.6	76.1	64.2
1965	48.1	58.0	37.3	36.0	63.5	79.6	71.3
1966	56.0	68.9	45.5	44.0	76.1	84.2	80.5
1967	56.8	76.9	44.0	42.6	71.8	83.5	79.3
1968	55.3	74.5	43.3	42.0	68.3	80.2	74.6
1969	60.5	72.2	52.0	50.5	80.7	83.5	78.5
1970	66.6	80.1	58.6	57.0	89.6	86.4	83.3
1971	68.1	80.3	60.0	58.4	91.4	90.5	82.1
1972	67.2	68.9	61.4	59.9	91.4	93.8	78.0
1973	71.6	75.3	66.1	64.9	90.2	92.9	80.1
1974	76.2	81.5	70.3	69.0	95.4	97.7	82.7
1975	82.1	89.8	77.0	76.1	93.6	96.6	87.0
1976	82.9	84.9	79.4	78.7	93.8	97.2	86.0
1977	89.8	95.0	86.3	85.8	95.2	99.4	91.4
1978	100.0	100.0	100.0	100.0	100.0	100.0	100.0
1979	102.8	92.9	105.9	105.8	107.0	102.2	101.3
1980	112.7	104.1	114.9	114.1	131.5	114.3	109.7
1981	116.5	107.1	118.9	117.4	151.7	119.2	112.2
1982	123.6	115.4	123.9	120.3	203.1	133.1	117.7
1983	134.2	143.7	127.5	123.2	220.2	137.5	126.6
1984	148.3	146.6	146.4	139.9	283.6	154.0	138.8
1985	156.0	128.1	162.2	154.8	319.9	180.7	144.9
1986	160.6	151.0	151.6	144.4	305.1	213.9	148.0
1987	173.6	144.2	170.8	163.7	318.0	241.9	158.5
1988	185.0	140.8	175.2	166.9	353.5	315.7	166.9
1989	196.5	126.1	193.8	186.2	353.9	349.8	175.1
1990	209.3	178.8	190.3	183.4	336.0	349.4	184.4
1991	221.2	164.4	209.7	203.4	342.5	383.7	193.2

注：本表按不变价格计算。

a) Data in this table are calculated at constant prices.

3-4 续表 Continued

(1978=100) (1978=100)

年 份 Year	地 区 生产总值 Gross Domestic Product	第一产业 Primary Industry	第二产业 Secondary Industry	工业 Industry	建筑业 Construction	第三产业 Tertiary Industry	人均地区 生产总值 Per Capita GDP
1992	234.9	173.9	222.9	216.4	362.7	407.9	203.2
1993	251.6	181.4	241.4	234.2	400.7	434.8	215.6
1994	272.5	194.4	262.4	255.0	426.4	470.4	231.4
1995	297.0	207.6	288.6	280.5	472.0	510.9	250.1
1996	326.7	230.1	318.4	309.4	523.9	555.3	273.1
1997	357.7	244.3	348.9	338.2	595.7	620.9	296.9
1998	384.9	241.6	381.0	366.9	707.7	686.7	317.4
1999	412.3	248.9	409.6	394.5	755.8	748.5	338.0
2000	444.0	241.2	448.5	432.7	811.8	828.6	362.4
2001	483.5	257.6	492.9	475.1	905.9	894.0	393.5
2002	531.4	275.9	546.7	527.9	972.1	975.4	432.1
2003	583.5	281.7	611.7	591.7	1049.8	1063.2	474.4
2004	644.1	316.9	683.9	661.6	1164.3	1135.5	523.3
2005	712.4	354.9	761.2	738.3	1267.9	1230.8	578.3
2006	786.5	381.2	847.2	823.9	1408.6	1356.4	637.8
2007	863.6	397.5	942.1	916.2	1539.6	1489.3	700.3
2008	952.5	431.3	1047.6	1017.9	1672.0	1629.3	772.4
2009	1048.8	453.8	1168.1	1133.0	1966.3	1785.7	850.5
2010	1171.5	481.4	1329.3	1285.9	2125.6	1962.5	949.1
2011	1299.1	512.3	1488.8	1442.8	2319.0	2184.3	1051.6
2012	1412.2	545.6	1624.2	1579.9	2486.0	2385.2	1143.1
2013	1519.5	571.2	1737.9	1693.6	2558.1	2614.2	1228.9
2014	1600.0	603.2	1788.3	1749.5	2537.6	2839.0	1294.0
2015	1686.4	633.9	1818.7	1774.0	2573.1	3140.0	1369.0
2016	1760.6	660.6	1855.1	1809.5	2601.4	3337.8	1436.1
2017	1866.3	690.3	1907.1	1861.9	2640.5	3641.5	1526.6
2018	1950.3	715.8	1947.1	1910.3	2585.0	3874.6	1599.9
2019	2032.2	733.0	1999.7	1963.8	2631.5	4103.2	1674.6

3-5　全省三次产业对地区生产总值贡献率

Share of the Contributions of the Three Strata of Industry to the Increase of the GDP

单位：%　　　　(%)

年　份 Year	地区生产总值 Gross Domestic Product	第一产业 Primary Industry	第二产业 Secondary Industry	工业 Industry	建筑业 Construction	第三产业 Tertiary Industry
2001	100.0	10.1	63.5	60.6	4.4	26.4
2002	100.0	9.3	63.6	62.4	2.6	27.1
2003	100.0	2.7	70.5	69.1	2.8	26.8
2004	100.0	14.0	67.1	64.7	3.5	18.9
2005	100.0	13.5	64.3	63.4	2.8	22.2
2006	100.0	10.1	60.7	59.6	3.4	29.2
2007	100.0	6.0	64.0	61.8	3.1	30.0
2008	100.0	10.8	61.9	59.1	2.7	27.3
2009	100.0	6.6	65.2	61.7	5.5	28.2
2010	100.0	6.5	68.5	64.6	2.3	25.0
2011	100.0	9.2	55.1	52.6	3.1	35.7
2012	100.0	11.1	52.3	51.4	3.1	36.6
2013	100.0	9.1	46.8	45.3	1.4	44.1
2014	100.0	15.0	27.4	29.7	-0.5	57.6
2015	100.0	13.4	15.3	11.6	0.8	71.3
2016	100.0	22.0	15.6	13.7	0.9	62.4
2017	100.0	17.5	15.4	14.7	0.9	67.1
2018	100.0	19.2	15.3	17.1	-1.6	65.5
2019	100.0	13.3	20.5	19.3	1.4	66.2

注：三次产业贡献率指各产业不变价增加值增量与GDP不变价增量之比。

a) Share of the contributions of the three strata of industry to the increase of the GDP refers to the proportion of the increment of the value-added of each industry to the increment of GDP.

3-6　三次产业对地区生产总值增长的拉动

Contribution of the Three Strata of Industry to GDP Growth

单位：百分点　　　　(percentage points)

年　份 Year	地区生产总值 Gross Domestic Product	第一产业 Primary Industry	第二产业 Secondary Industry	工业 Industry	建筑业 Construction	第三产业 Tertiary Industry
2001	8.90	0.90	5.65	5.39	0.39	2.35
2002	9.90	0.92	6.30	6.18	0.26	2.68
2003	9.80	0.26	6.91	6.77	0.27	2.63
2004	10.40	1.46	6.98	6.73	0.36	1.96
2005	10.60	1.43	6.82	6.72	0.30	2.35
2006	10.40	1.05	6.31	6.20	0.35	3.04
2007	9.80	0.59	6.27	6.06	0.30	2.94
2008	10.30	1.11	6.38	6.09	0.28	2.81
2009	10.10	0.67	6.59	6.23	0.56	2.84
2010	11.70	0.76	8.01	7.56	0.27	2.93
2011	10.90	1.00	6.01	5.73	0.34	3.89
2012	8.70	0.97	4.55	4.47	0.27	3.18
2013	7.60	0.69	3.56	3.44	0.11	3.35
2014	5.30	0.80	1.45	1.57	-0.03	3.05
2015	5.40	0.72	0.83	0.63	0.04	3.85
2016	4.40	0.97	0.69	0.60	0.04	2.74
2017	6.00	1.05	0.92	0.88	0.05	4.03
2018	4.50	0.86	0.69	0.77	-0.07	2.95
2019	4.20	0.56	0.86	0.81	0.06	2.78

注：三次产业拉动指GDP增长速度与各产业贡献率之乘积。

a) Contribution of the three strata of industry to GDP growth refers to the growth rate of GDP multiplied by the contribution share of each industry.

3-7 分地区生产总值和指数
Gross Regional Product and Indices by Region

地　区	Region	地区生产总值(亿元) Gross Regional Product (100 million yuan)					指　数(上年=100) Indices (preceding year=100)			
		2015	2016	2017	2018	2019	2016	2017	2018	2019
哈尔滨	Harbin	4065.3	4374.6	4717.2	5010.1	5249.4	106.4	106.3	104.9	104.4
齐齐哈尔	Qiqihar	981.6	1038.2	1043.8	1052.2	1128.9	105.6	106.0	106.1	106.0
鸡　西	Jixi	501.0	504.6	508.6	521.0	552.0	106.5	106.5	105.0	104.6
鹤　岗	Hegang	285.2	285.6	308.2	317.6	336.4	99.3	107.8	105.2	103.7
双鸭山	Shuangyashan	385.4	385.2	407.8	446.8	476.4	102.1	104.9	105.0	104.8
大　庆	Daqing	2301.8	2080.5	2234.1	2502.6	2568.3	101.3	102.7	103.4	104.0
伊　春	Yichun	233.7	238.3	261.8	276.0	298.8	100.8	106.5	106.0	105.5
佳木斯	Jiamusi	619.4	640.5	714.8	724.1	762.9	105.9	105.5	104.0	103.6
七台河	Qitaihe	190.1	193.5	204.4	225.5	231.3	100.4	105.9	105.5	103.8
牡丹江	Mudanjiang	718.5	746.1	790.0	783.9	825.0	105.8	105.6	101.2	104.2
黑　河	Heihe	457.0	482.3	504.2	531.8	578.9	106.4	106.9	107.2	106.0
绥　化	Suihua	987.5	1014.4	1016.2	1030.7	1101.1	106.2	105.6	103.9	103.5
大兴安岭	Daxinganling	106.2	112.4	122.5	129.0	138.6	105.9	106.6	105.6	105.1

注：1.本表绝对数按当年价格计算，指数按不变价格计算。
2.各地地区生产总值绝对数、指数为全国第四次经济普查衔接修订后的数据。
a) Level data in this table are calculated at current prices while indices at constant prices.
b) The absolute number and index of regional GDP are the data of the fourth national economic census.

3-8　分地区人均地区生产总值和指数
Per Capita Gross Regional Product and Indices by Region

地　　区	Region	人均地区生产总值(元) Per Capita Gross Regional Product (yuan)					指　　数(上年=100) Indices (preceding year=100)			
		2015	2016	2017	2018	2019	2016	2017	2018	2019
哈 尔 滨	Harbin	41724	45487	49213	52557	55175	107.8	106.6	105.5	104.6
齐齐哈尔	Qiqihar	18877	20123	20521	20979	22667	106.5	107.5	107.6	106.7
鸡　　西	Jixi	27472	27886	28589	29966	32278	107.4	108.3	107.5	106.3
鹤　　岗	Hegang	26827	27300	30126	31693	33981	100.9	110.3	107.4	104.9
双 鸭 山	Shuangyashan	26001	26387	28431	31562	33844	103.6	106.8	106.4	105.4
大　　庆	Daqing	84956	75479	81410	91701	94289	99.6	103.1	104.0	104.2
伊　　春	Yichun	19221	19961	22422	23994	26384	102.7	108.9	107.6	107.1
佳 木 斯	Jiamusi	25867	26966	30289	30953	32788	106.8	106.2	104.9	104.1
七 台 河	Qitaihe	22190	23714	25819	28858	29913	105.6	109.0	107.1	104.9
牡 丹 江	Mudanjiang	27341	28630	30740	30908	32811	106.7	107.1	102.5	105.1
黑　　河	Heihe	27129	29167	31189	33269	36478	108.6	109.3	108.3	106.8
绥　　化	Suihua	17927	18580	18977	19591	21045	107.2	107.7	105.7	104.1
大兴安岭	Daxinganling	21859	24349	27521	29689	32744	111.4	110.6	108.2	107.9

注：1.本表绝对数按当年价格计算，指数按不变价格计算。
2.各地生产总值绝对数、指数为全国第四次经济普查衔接修订后的数据。
3.计算2019年人均地区生产总值、指数时，齐齐哈尔使用常住人口数据。

a) Level data in this table are calculated at current prices while indices at constant prices.
b) The absolute number and index of GDP of each region are the data of the fourth national economic census.
c) When calculating the per capita GDP and index in 2019, Qiqihar use the resident population data.

3-9 分地区三次产业增加值(2019年)
Gross Regional Product by Three Strata of Industry by Region(2019)

单位: 亿元 (100 million yuan)

地 区	Region	地区生产总值 Gross Regional Product	第一产业 Primary Industry	第二产业 Secondary Industry	工 业 Industry	建筑业 Construction	第三产业 Tertiary Industry
哈尔滨	Harbin	5249.4	569.5	1127.3	861.3	266.1	3552.6
齐齐哈尔	Qiqihar	1128.9	338.1	244.9	222.3	22.8	545.8
鸡 西	Jixi	552.0	205.3	122.3	113.7	8.8	224.4
鹤 岗	Hegang	336.4	97.2	98.5	93.5	5.1	140.6
双鸭山	Shuangyashan	476.4	192.0	109.3	103.3	6.2	175.2
大 庆	Daqing	2568.3	219.9	1351.3	1385.3	54.0	997.0
伊 春	Yichun	298.8	110.5	59.2	56.1	3.1	129.1
佳木斯	Jiamusi	762.9	358.2	89.3	73.2	16.1	315.4
七台河	Qitaihe	231.3	33.1	95.5	89.2	6.2	102.7
牡丹江	Mudanjiang	825.0	179.1	176.4	157.9	18.6	469.5
黑 河	Heihe	578.9	246.1	69.9	64.9	5.0	262.9
绥 化	Suihua	1101.1	511.0	125.4	107.4	18.0	464.7
大兴安岭	Daxinganling	138.6	53.6	15.7	12.2	3.5	69.3

注：本表绝对数按当年价格计算，指数按不变价格计算。
a) Level data in this table are calculated at current prices while indices at constant prices.

3-9 续表1 Continued

单位: 亿元 (100 million yuan)

地 区	Region	交通运输、仓储和邮政业 Transport, Storage and Post	批发和零售业 Wholesale and Retail Trades	住宿和餐饮业 Hotels and Catering Services	金融业 Financial Intermediation	房地产业 Real Estate	其他服务业 Other services
哈尔滨	Harbin	242.2	710.3	180.3	603.1	333.9	1460.1
齐齐哈尔	Qiqihar	60.7	103.9	21.4	60.7	53.1	242.1
鸡 西	Jixi	16.0	37.8	7.5	28.4	19.1	111.5
鹤 岗	Hegang	10.7	14.5	5.4	19.9	14.1	67.3
双鸭山	Shuangyashan	15.7	21.3	4.5	25.6	15.1	88.1
大 庆	Daqing	43.4	260.0	47.2	73.1	67.2	415.7
伊 春	Yichun	12.1	17.6	8.3	17.5	12.4	60.5
佳木斯	Jiamusi	28.6	41.1	10.4	40.8	29.5	159.7
七台河	Qitaihe	7.2	10.7	3.9	16.7	6.3	55.2
牡丹江	Mudanjiang	37.5	107.9	16.6	43.5	46.5	210.3
黑 河	Heihe	13.8	28.9	8.9	26.0	17.6	154.3
绥 化	Suihua	54.5	88.5	14.7	45.0	35.5	223.4
大兴安岭	Daxinganling	6.4	5.7	2.9	8.6	3.6	37.7

3-9 续表2 Continued

地区	Region	构成（地区生产总值=100） Composition (GRP=100)			指数（上年=100） Indices (preceding year=100)			
		第一产业 Primary Industry	第二产业 Secondary Industry	第三产业 Tertiary Industry	地区生产总值 Gross Regional Product	第一产业 Primary Industry	第二产业 Secondary Industry	第三产业 Tertiary Industry
哈尔滨	Harbin	10.8	21.5	67.7	4.4	2.6	3.1	5.2
齐齐哈尔	Qiqihar	30.0	21.7	48.3	6.0	2.6	9.9	6.0
鸡西	Jixi	37.2	22.2	40.6	4.6	3.2	3.4	6.7
鹤岗	Hegang	28.9	29.3	41.8	3.7	1.8	3.1	5.6
双鸭山	Shuangyashan	40.3	22.9	36.8	4.8	3.1	4.8	6.5
大庆	Daqing	8.6	52.6	38.8	4.0	3.1	2.6	6.0
伊春	Yichun	37.0	19.8	43.2	5.5	3.8	9.2	5.6
佳木斯	Jiamusi	47.0	11.7	41.3	3.6	1.5	0.5	6.9
七台河	Qitaihe	14.3	41.3	44.4	3.8	1.3	1.6	6.9
牡丹江	Mudanjiang	21.7	21.4	56.9	4.2	4.0	2.8	4.8
黑河	Heihe	42.5	12.1	45.4	6.0	3.8	11.3	7.0
绥化	Suihua	46.4	11.4	42.2	3.5	1.1	5.8	5.7
大兴安岭	Daxinganling	38.7	11.4	49.9	5.1	4.4	12.6	3.9

3-10 2017年投入产出表(42个部门)
(按当年生产者价格计算)

单位：万元

产出 / 投入	中 间			
	农林牧渔产品和服务 Forestry,Animal Husbandry & Fishery	煤炭采选产品 Mining and Washing Products of Coal	石油和天然气开采产品 Extraction Products of Petroleum and Natural Gas	金属矿采选产品 Mining and Processing Products of Metal Ores
中间投入				
农林牧渔产品和服务	8408877	7129	429	86
煤炭采选产品	35983	449626	275	160002
石油和天然气开采产品	2	5328	74131	22
金属矿采选产品		1229	2	125592
非金属矿和其他矿采选产品	153	1169	3177	887
食品和烟草	3936761	488	21	217
纺织品	12732	1841	15408	177
纺织服装鞋帽皮革羽绒及其制品	47725	1675	7653	159
木材加工品和家具	10488	14102	1063	50
造纸印刷和文教体育用品	22426	7072	3315	1989
石油、炼焦产品和核燃料加工品	655815	119248	371993	23652
化学产品	5561879	84833	108367	14615
非金属矿物制品	5481	33907	8210	3361
金属冶炼和压延加工品	46468	54398	41308	7876
金属制品	348309	69403	22890	19120
通用设备	31155	34717	44416	4554
专用设备	310065	21422	137278	20491
交通运输设备	122433	4394	6584	994
电气机械和器材	6658	39659	34520	4707
通信设备、计算机和其他电子设备	11280	11889	4702	371
仪器仪表	519	4337	35574	655
其他制造产品和废品废料	5930	25	10964	615
金属制品、机械和设备修理服务	1348	15824	33846	1724
电力、热力的生产和供应	159359	150536	656768	63052
燃气生产和供应	8524			56
水的生产和供应	1011	1648	17785	905
建筑	233287	24399	1740	1222
批发和零售	2056048	81605	93806	34124
交通运输、仓储和邮政	660245	113126	57696	111670
住宿和餐饮	40080	13645	2015	4296
信息传输、软件和信息技术服务	27770	4992	39888	2154
金融	848691	199472	8497	57405
房地产	3033	190	497	10187
租赁和商务服务	11570	87449	863430	41972
研究和试验发展	1987	43234		734
综合技术服务	396281	3358	550	232
水利、环境和公共设施管理	527113	126	6	63
居民服务、修理和其他服务	93794	109025	1505	1771
教育	20378	7644	13329	1253
卫生和社会工作	99044	70022		1182
文化、体育和娱乐	17919	23207	528	4758
公共管理、社会保障和社会组织	708702	24956	133	5353
中间投入合计	**25497323**	**1942349**	**2724299**	**734305**
增加值				
劳动者报酬	27091300	1243920	1404962	84101
生产税净额	-1376500	530510	1162121	145581
固定资产折旧	1204000	325704	3659951	73169
营业盈余	3449993	270251	208102	73485
增加值合计	**30368793**	**2370385**	**6435136**	**376336**
总 投 入	**55866116**	**4312734**	**9159435**	**1110641**

Input Output Table in 2017 (42 Sectors)
(Data are calculated at producers'prices in 2017)

(10000 yuan)

使 用

非金属矿和其他矿采选产品 Mining and Processing Products of Non-metal Ores and Others	食品和烟草 Manufacture of Foods and Tobacco	纺织品 Manufacture of Tobacco	纺织服装鞋帽皮革羽绒及其制品 Manufacture of Textile Wearing Apparel, Caps,Leather, Fur, Feather & Its Products	木材加工品和家具 Processing of Timbers, Manufacture of Furniture	造纸印刷和文教体育用品 Manufacture of Paper, Articles for Culture, Educationand Sport Activities , Printing	石油、炼焦产品和核燃料加工品 Processing of Petroleum, Coking, Processing of Nuclear Fuel
204	15960543	4417	56869	2532381	340577	2068
213817	986207	104625	103391	43844	38825	1444938
6441	50594	252	11	24072	414	4230433
7	16				2857	
304891	5281	61	54	27652	852	1344
185	4266874	3800	27363	25151	8925	144
25297	55950	153826	108823	10704	32417	1044
5439	6999	214	88098	1917	13350	2090
4467	84469	403	158	589480	22610	1406
13354	519199	2183	2172	27320	480014	5236
279075	171329	2002	752	136730	6049	914518
179331	523392	71943	1388	233091	49143	351033
55734	85244	733	74	170167	5439	4502
163634	6627	105	17	165322	116898	2082
29497	166022	1853	339	341463	3510	8094
44740	62865	3549	369	6581	3112	12472
317930	37946	14030	1464	4579	7569	5394
17048	2940	59	7	71130	51	209
16354	18701	90	237	1366	1452	12924
405	1913	79	288	1890	310	609
41328	3825	5	7		292	3559
1063	4436	52	89	245	34215	53
18422	27616	463	62	9759	667	1532
79120	569373	37809	4362	110318	20892	78762
764	1043	1278		6	25	1598
7215	27048	78	148	1724	517	894
5484	44458	799	1412	3304	6774	3436
182649	3388152	39573	96534	592981	222372	173459
151989	1243263	32047	21143	133945	61852	307780
3959	127101	2099	1848	3671	6281	2636
1854	13907	238	920	3432	9153	369
38547	444081	11085	3721	52359	42215	77221
27956	55693	10797	567	5331	7518	4328
28238	734244	17629	4829	56115	23860	89455
17582	27802	896	157	3126	1652	9179
846	7608	1	65	36	44491	673
51	632	36	33	34	564	24
46234	77797	1751	1116	8268	18728	22407
1244	15447	165	1370	472	1554	3921
28591	43000	1454	246	5000	2562	14280
9279	41852	2603	2259	3319	20060	4514
3060	53302	2438	1324	5924	1781	2880
2373325	**29964791**	**527520**	**534086**	**5414209**	**1662399**	**7803500**
399276	1331435	83119	52926	255318	135045	176958
296092	1887387	56783	53216	232342	148355	1094551
559656	1050143	51698	6721	123946	63125	143136
118203	1194926	-5188	28925	227929	58568	219196
1373227	**5463891**	**186412**	**141788**	**839535**	**405093**	**1633841**
3746552	**35428682**	**713932**	**675874**	**6253744**	**2067492**	**9437341**

3-10 续表1

单位：万元

投入 \ 产出		化学产品 Chemical Industry	非金属矿物制品 Manufacture of Nonmetallic Mineral Products	金属冶炼和压延加工品 Manufacture and Processing of Metals	金属制品 Manufacture of Metal Products	通用设备 Manufacture of General Purpose Machinery
中间投入	农林牧渔产品和服务	548922	161	100	45	101
	煤炭采选产品	472032	369598	149066	19792	177268
	石油和天然气开采产品	818430	12871	22421	8412	18200
	金属矿采选产品	3121	11325	411765	6090	
	非金属矿和其他矿采选产品	155642	460702	12083	15475	510
	食品和烟草	205304	1134	1130	220	546
	纺织品	29405	3894	588	342	1635
	纺织服装鞋帽皮革羽绒及其制品	5126	3201	1164	1306	1985
	木材加工品和家具	21764	6331	668	701	2700
	造纸印刷和文教体育用品	129395	28705	3308	2999	12650
	石油、炼焦产品和核燃料加工品	770323	230979	303049	28296	28904
	化学产品	3975746	444427	37423	102690	62983
	非金属矿物制品	33694	1518105	21492	4336	21771
	金属冶炼和压延加工品	5476	398016	520382	848186	664598
	金属制品	41573	14146	7523	59653	557171
	通用设备	29609	27025	11750	5115	644390
	专用设备	198999	15403	6979	35794	59396
	交通运输设备	1003	1122	182	1318	18029
	电气机械和器材	13240	12123	1903	506	315720
	通信设备、计算机和其他电子设备	3847	5096	282	449	46998
	仪器仪表	3848	938	713	6	77204
	其他制造产品和废品废料	15616	38606	14433	4423	9299
	金属制品、机械和设备修理服务	3738	5242	621	861	8059
	电力、热力的生产和供应	248304	169226	131740	29357	57247
	燃气生产和供应	307	6279	42		361
	水的生产和供应	2369	2245	685	357	489
	建筑	19712	11398	2251	1976	15596
	批发和零售	650669	405585	156513	145084	367338
	交通运输、仓储和邮政	423898	494401	203563	65126	140599
	住宿和餐饮	100021	22302	6739	5384	23624
	信息传输、软件和信息技术服务	8405	4944	829	1180	6071
	金融	257420	123383	112451	23932	90868
	房地产	7544	19435	11983	7767	13514
	租赁和商务服务	511409	115470	55560	25653	89386
	研究和试验发展	13158	5119	2615	4421	18757
	综合技术服务	35204	1132	14	240	13476
	水利、环境和公共设施管理	439	350	109	86	204
	居民服务、修理和其他服务	49953	21202	5529	5296	38513
	教育	12929	2755	435	1571	8070
	卫生和社会工作	12784	7922	4259	2117	30166
	文化、体育和娱乐	25959	24618	8078	6053	19613
	公共管理、社会保障和社会组织	28700	69863	9457	5840	13933
	中间投入合计	**9895037**	**5116779**	**2241877**	**1478455**	**3677942**
增加值	劳动者报酬	1276806	397691	80295	113823	468213
	生产税净额	1513765	435132	86000	101439	380039
	固定资产折旧	893189	141882	52331	42042	112711
	营业盈余	358805	204312	-15229	36416	169341
	增加值合计	**4042565**	**1179017**	**203397**	**293720**	**1130304**
总投入		**13937602**	**6295796**	**2445274**	**1772175**	**4808246**

Continued

(10000 yuan)

专用设备 Manufacture of Special Purpose Machinery	交通运输设备 Manufacture of Transport Equipment	电气机械和器材 Manufacture of Electrical Machinery & Equipment	通信设备、计算机和其他电子设备 Manufacture of Communication Equipment, Computer and Other Electronic Equipment	仪器仪表 Manufacture of Measuring Instruments	其他制造产品和废品废料 Other Manufacturing and Comprehensive Utilization of Waste Resources Industry
33	210	19		8	4978
81186	197642	39513	19422	16436	1200
23199	8180	3701	6	19	449
5509	103				
125	4005	27		1	2
581	443	202	44	51	149
1601	433	1685	19	153	1201
1082	2153	1253	10	218	29
894	4850	1977	23	215	17178
8278	4778	3314	736	1468	3445
39684	14638	13142	598	1137	2682
117272	32525	57278	5035	24560	5940
14671	26229	12609	3958	127	359
547146	197946	228746	1600	6410	32
70152	102978	140063	694	1957	895
230374	120768	37302	600	4000	171
224505	1095	20020	5024	487	205
214689	1695518	131	179	36	61
56132	71235	262690	9454	26740	73
9639	39072	39988	72047	62489	267
4795	46644	19613	1060	46218	17
206	4395	932		5	11554
6294	1961	1848	154	14	75
55373	25272	14759	4769	1962	3536
111	890	1044	47	1	
260	217	172	39	16	24
1780	5052	4090	201	368	1031
241350	444341	110436	12738	21738	16892
100062	157125	46336	3820	8491	3164
14600	10591	12869	1204	1447	2969
2755	2647	1155	378	332	578
83666	27912	28704	6946	1096	18125
10651	6211	3941	438	150	2798
78907	89337	42602	2971	12113	9462
5842	6067	2658	316	79	736
5841	199350	1486	15	494	12
225	97	69	16	21	57
14484	20587	8684	643	364	2099
8934	3531	2901	436	283	288
7283	9201	3655	510	125	1191
16146	8252	5332	1151	1459	3972
13517	4814	8220	1596	2206	2815
2319834	**3599295**	**1185166**	**158897**	**245494**	**120711**
335833	273027	181136	17465	18331	15796
298237	316486	170637	19663	13300	25975
139212	237014	64140	9653	2965	12523
80258	436116	63576	14795	14363	4721
853540	**1262643**	**479489**	**61576**	**48959**	**59015**
3173374	**4861938**	**1664655**	**220473**	**294453**	**179726**

3-10 续表2

单位：万元

投入 \ 产出		金属制品、机械和设备修理服务 Metal Products, Machinery and Equipment Repair Industry	电力、热力的生产和供应 Production and Supply of Electric Power and Heat Power	燃气生产和供应 Production and Supply of Gas	水的生产和供应 Production and Supply of Water
中间投入	农林牧渔产品和服务	7	107690	16	
	煤炭采选产品	1	2587131	58921	9171
	石油和天然气开采产品	1504	46525	490158	142
	金属矿采选产品	34	51	32	
	非金属矿和其他矿采选产品		12373	266	16
	食品和烟草	345	1016	34	1206
	纺织品	33	495	150	31
	纺织服装鞋帽皮革羽绒及其制品	24	5744	157	410
	木材加工品和家具	875	359	836	78
	造纸印刷和文教体育用品	24	11486	962	428
	石油、炼焦产品和核燃料加工品	222	56475	17741	3696
	化学产品	1359	34102	10736	25935
	非金属矿物制品	365	8226	9	179
	金属冶炼和压延加工品	10367	19687	440	1028
	金属制品	2563	18261	377	412
	通用设备	2651	57002	1322	409
	专用设备	429	6171	487	157
	交通运输设备	15383	3538	62	221
	电气机械和器材	15214	65115	192	214
	通信设备、计算机和其他电子设备	953	7984	58	61
	仪器仪表		28828	347	97
	其他制造产品和废品废料	4	709		2
	金属制品、机械和设备修理服务	43	22795	1865	1970
	电力、热力的生产和供应	165	3634744	13058	27793
	燃气生产和供应		242	54003	
	水的生产和供应	18	7184	363	6444
	建筑	46	44267	1015	700
	批发和零售	9693	133439	17681	2520
	交通运输、仓储和邮政	1174	285846	21946	5865
	住宿和餐饮	70	20714	1223	1182
	信息传输、软件和信息技术服务	36	13286	1657	2071
	金融	421	753198	2143	60246
	房地产	835	3162	58	129
	租赁和商务服务	411	99084	8618	25057
	研究和试验发展		44757		8561
	综合技术服务	1	27393	12	3
	水利、环境和公共设施管理	1	308	11	13
	居民服务、修理和其他服务	21	95584	1171	14557
	教育	16	6877	647	155
	卫生和社会工作		71963		13923
	文化、体育和娱乐	93	30126	780	3723
	公共管理、社会保障和社会组织	53	21265	1509	5856
	中间投入合计	**65454**	**8395202**	**711063**	**224661**
增加值	劳动者报酬	5904	1777662	167760	100105
	生产税净额	7814	313006	45836	24233
	固定资产折旧	3515	967550	59848	30676
	营业盈余	2500	-95346	23763	-13993
	增加值合计	**19733**	**2962872**	**297207**	**141021**
总投入		**85187**	**11358074**	**1008270**	**365682**

Continued

(10000 yuan)

建筑 Construction	批发和零售 Wholesale and Retail Trades	交通运输、仓储和邮政 Traffic, Transport, Storage and Post	住宿和餐饮 Hotels and Catering Services	信息传输、软件和信息技术服务 Information Transmission, Computer Services and Software	金融 Financial Intermediation	房地产 Real Estate
42417	3331	140409	235150	17527	1058	23
34831		21345	1551			
14		34	18850			
			21			
1811602		19048	90		16	21
2082	27282	34968	593851	20004	4842	2859
525	1422	19254	8804	164	437	102
17204	5647	35394	2899	4414	14174	5597
180499	3543	24059	2452	3176	943	8503
76568	17770	71657	67242	44462	258389	80028
324784	116318	1506099	24069	25465	33435	356355
614232	7511	91450	53360	328	10510	5338
3584364	1092	24161	1465	2982	29	892
690742	280	30663	193	2		70
630010	2075	34255	3681	27660	583	26381
86911	4955	80013	21574	4489	4933	11767
104828	264	8529	1931	1433	14107	4018
8736	272	318779	8137	243	3170	444
346811	20282	48546	6975	47101	309	45532
30059	35871	37878	4238	911759	18693	34155
65792	92	5809	150	2845	295	908
1911	48	11014	1130	4731	111	8941
226	1544	6065	817	1118	241	1796
86181	132792	283250	107985	78402	53030	86459
514	15170	359930	38811			56866
10318	1947	2585	5308	1068	1533	2191
355748	79322	179093	55414	52801	50669	65630
1384218	512361	359308	204192	157730	91487	76045
1060159	494650	1703603	27112	32297	80551	70284
53171	76816	62590	14675	17603	119555	58419
14658	99684	120358	30648	813853	431574	91042
469953	1680490	956136	331149	28790	1227922	1470765
106935	591754	78326	738766	108194	508156	371814
1245247	837597	866334	391531	272298	987521	613822
				807		
656337	50109	137198	212	524	187	148
549	886	36005	328	168	1856	1169
25699	41208	371663	22538	6737	26759	12867
34852	115111	237955	16101	17046	74707	30917
	30114	1395	793	95		
39102	47067	19467	18901	11760	121879	69215
52916	140741	73823	17343	223640	471564	101268
14251705	**5197418**	**8418448**	**3080437**	**2943716**	**4615225**	**3772651**
2613049	1857850	2780198	250558	885019	5325305	1515603
596404	1882867	153126	58027	71458	726311	1081320
185677	618992	671019	39557	664664	658496	2737033
748171	4634066	1245119	1653780	438493	2303498	779526
4143301	**8993775**	**4849462**	**2001922**	**2059634**	**9013610**	**6113482**
18395006	**14191193**	**13267910**	**5082359**	**5003350**	**13628835**	**9886133**

3-10 续表3

单位：万元

投入 \ 产出		租赁和商务服务 Leasing and Business Services	研究和试验发展 Research and experimental development	综合技术服务 Comprehensive technical services	水利、环境和公共设施管理 Management of Water Conservancy, Environment and Public Facilities
中间投入	农林牧渔产品和服务	4508		23705	13048
	煤炭采选产品	1	589	2585	1938
	石油和天然气开采产品		108	471	353
	金属矿采选产品				
	非金属矿和其他矿采选产品	22		25	49
	食品和烟草	1712	1863	3040	8250
	纺织品	1844		24	101
	纺织服装鞋帽皮革羽绒及其制品	5627	251	1178	5575
	木材加工品和家具	1856	746	2994	15208
	造纸印刷和文教体育用品	78550	4410	46093	29138
	石油、炼焦产品和核燃料加工品	371138	2729	114463	63252
	化学产品	6971	25557	162713	67381
	非金属矿物制品	214	11406	593	1007
	金属冶炼和压延加工品	45		6	839
	金属制品	61530	5513	824	11584
	通用设备	5786	3508	2847	4893
	专用设备	131	711	51	130
	交通运输设备	22510	173	598	1815
	电气机械和器材	18326	2060	447	3386
	通信设备、计算机和其他电子设备	167783	8126	14734	3665
	仪器仪表	231	14331	4390	1336
	其他制造产品和废品废料	16829	290	490232	1939
	金属制品、机械和设备修理服务	913	37	1661	1225
	电力、热力的生产和供应	27110	5948	13344	131132
	燃气生产和供应	25	157	68	
	水的生产和供应	1107	94	665	420
	建筑	28126	12329	12614	42609
	批发和零售	100559	12667	164597	40499
	交通运输、仓储和邮政	63237	7183	251122	33695
	住宿和餐饮	41969	2962	35680	4096
	信息传输、软件和信息技术服务	24442	3933	13593	8620
	金融	284764	24001	20436	25928
	房地产	148043	6088	7545	21209
	租赁和商务服务	359725	10701	181492	33603
	研究和试验发展		7323		
	综合技术服务	642	37	26900	852
	水利、环境和公共设施管理	1606	21	302	38854
	居民服务、修理和其他服务	65289	124567	9782	56671
	教育	16457	5779	8154	6561
	卫生和社会工作				
	文化、体育和娱乐	27509	1693	19270	5484
	公共管理、社会保障和社会组织	510179	4596	34939	17043
	中间投入合计	**2467316**	**312487**	**1674177**	**703388**
增加值	劳动者报酬	611449	235228	749293	402210
	生产税净额	178584	5134	53074	16031
	固定资产折旧	337280	64039	274467	58465
	营业盈余	480905	19797	198816	60139
	增加值合计	**1608218**	**324198**	**1275650**	**536845**
总投入		**4075534**	**636685**	**2949827**	**1240233**

Continued

(10000 yuan)

居民服务、修理和其他服务 Services to Households and Other Services	教育 Education	卫生和社会工作 Health and Social Work	文化、体育和娱乐 Culture,Sports and Entertainment	公共管理、社会保障和社会组织 Public Management and Social Organization	**中间使用合计 Total Intermediate Use**
144	2436	900	367		**28460893**
1238	106333	12849	3926	88351	**8055449**
226	19403	2345	716	13939	**5902376**
19					**567773**
40	39	1	2	6	**2837709**
4985	9106	6230	1876	33451	**9238735**
9218	502	721	154	27202	**530358**
2295	2396	3601	1960	11742	**319135**
1868	3844	10330	1042	17713	**1066921**
44592	140064	37609	293061	1702775	**4288664**
42898	62117	43845	9375	711258	**8000329**
139732	102489	2336583	7360	80942	**15829483**
51	44626	4079	7	8	**5715958**
248	8	16	5	14	**4777926**
28154	3197	522	270	122	**2865279**
1224	14681	1855	871	25471	**1696796**
61	164	437569	63		**2027309**
125	3260	1617	460	13073	**2560733**
8261	2175	480	163	8	**1538081**
34101	15173	5481	7849	185318	**1837849**
13277	54809	3431	258	107	**488490**
99278	10	281696	6978	869	**1083878**
158	2438	805	447	4160	**190454**
19020	420972	78281	24986	322038	**8218586**
1216		61	185		**549624**
476	22785	2839	986	9146	**143323**
28134	315353	137187	12123	1194984	**3057934**
68401	78730	914275	71958	289440	**14223787**
237127	192250	80466	16184	635358	**9841450**
40404	117980	13908	11947	153245	**1257590**
23223	126767	46912	21026	401769	**2423103**
114367	44277	100429	28129	95137	**10276478**
15213	471082	66551	24652	87208	**3566249**
461693	57685	72794	73783	201874	**9792531**
					227565
106	457	12174	69	5321	**1630087**
416	324	819	82	591	**614664**
25687	295909	302115	27251	874756	**2950581**
5327	403119	56731	6221	959980	**2111623**
		125230	15		**588122**
42922	45195	13162	12164	187181	**967624**
22139	86794	259301	17264	672751	**3705798**
1538064	**3268949**	**5475800**	**686235**	**9007308**	**186027297**
337920	4346725	2537108	272977	7725101	**69933800**
61768	11170	13252	21319	49266	**12961111**
68226	631989	324250	92309	835509	**18292472**
952200	504546	518598	210906	65183	**21942531**
1420114	**5494430**	**3393208**	**597511**	**8675059**	**123129914**
2958178	**8763379**	**8869008**	**1283746**	**17682367**	**309157211**

3-10 续表4

单位：万元

投入 \ 产出		最终使用				
		最终消费支出 (Final consumption expenditure)				
		居民消费支出 (Consumer spending)			政府消费支出 Government Consumption Expenditures	合计 Total
		农村居民 Rural Household Expenditures	城镇居民 Urban Household Expenditures	**小计 Subtotal**		
中间投入	农林牧渔产品和服务	768411	2839564	**3607975**	5086455	**8694430**
	煤炭采选产品	138486	13300	**151786**		**151786**
	石油和天然气开采产品					
	金属矿采选产品					
	非金属矿和其他矿采选产品					
	食品和烟草	2278235	5605816	**7884051**		**7884051**
	纺织品	46727	235093	**281820**		**281820**
	纺织服装鞋帽皮革羽绒及其制品	739039	2758164	**3497203**		**3497203**
	木材加工品和家具	69537	240214	**309751**		**309751**
	造纸印刷和文教体育用品	172717	638620	**811337**		**811337**
	石油、炼焦产品和核燃料加工品	664403	1025172	**1689575**		**1689575**
	化学产品	782623	1873491	**2656114**		**2656114**
	非金属矿物制品	151041	91544	**242585**		**242585**
	金属冶炼和压延加工品					
	金属制品	24960	54492	**79452**		**79452**
	通用设备	1719	30026	**31745**		**31745**
	专用设备	4673	36652	**41325**		**41325**
	交通运输设备	826237	1848758	**2674995**		**2674995**
	电气机械和器材	146558	579423	**725981**		**725981**
	通信设备、计算机和其他电子设备	378126	842694	**1220820**		**1220820**
	仪器仪表	51403	200183	**251586**		**251586**
	其他制造产品和废品废料	34634	95783	**130417**		**130417**
	金属制品、机械和设备修理服务					
	电力、热力的生产和供应	420738	2201197	**2621935**		**2621935**
	燃气生产和供应	28008	397351	**425359**		**425359**
	水的生产和供应	20489	196081	**216570**		**216570**
	建筑	329341	504941	**834282**		**834282**
	批发和零售	1870699	5197727	**7068426**		**7068426**
	交通运输、仓储和邮政	552840	1710356	**2263196**	1887269	**4150465**
	住宿和餐饮	348388	2700099	**3048487**		**3048487**
	信息传输、软件和信息技术服务	578328	1451575	**2029903**		**2029903**
	金融	800796	4423564	**5224360**	17958	**5242318**
	房地产	1046433	2763607	**3810040**	1098933	**4908973**
	租赁和商务服务	59886	782610	**842496**	40361	**882857**
	研究和试验发展				293986	**293986**
	综合技术服务	21175	18332	**39507**	740616	**780123**
	水利、环境和公共设施管理	3698	65514	**69212**	4095240	**4164452**
	居民服务、修理和其他服务	203119	748897	**952016**		**952016**
	教育	1658253	3388109	**5046362**	3591755	**8638117**
	卫生和社会工作	1653469	4746741	**6400210**	2076748	**8476958**
	文化、体育和娱乐	40184	166848	**207032**	594611	**801643**
	公共管理、社会保障和社会组织	7527	78660	**86187**	9182069	**9268256**
	中间投入合计	**16922900**	**50551198**	**67474098**	**28706001**	**96180099**

Continued

(10000 yuan)

(Final Uses)					
资本形成总额 (Total Investment)			净调出	最终使用合计	**总产出**
固定资本形成总额 Gross Fixed Capital Formation	存货变动 Change in Inventories	**合计** **Total**	**Exports**	**Total of Final Uses**	**Total Output**
	-57066	**-57066**	**18767859**	**27405223**	**55866116**
	41360	**41360**	**-3935861**	**-3742715**	**4312734**
	19990	**19990**	**3237069**	**3257059**	**9159435**
	-3771	**-3771**	**546639**	**542868**	**1110641**
1027917	6733	**1034650**	**-125807**	**908843**	**3746552**
	406900	**406900**	**17898996**	**26189947**	**35428682**
	10065	**10065**	**-108311**	**183574**	**713932**
	8595	**8595**	**-3149059**	**356739**	**675874**
72248	-73639	**-1391**	**4878463**	**5186823**	**6253744**
56632	-215839	**-159207**	**-2873302**	**-2221172**	**2067492**
	125440	**125440**	**-378003**	**1437012**	**9437341**
	151725	**151725**	**-4699720**	**-1891881**	**13937602**
	32268	**32268**	**304985**	**579838**	**6295796**
	-287745	**-287745**	**-2044907**	**-2332652**	**2445274**
129431	7247	**136678**	**-1309234**	**-1093104**	**1772175**
899330	-39373	**859957**	**2219748**	**3111450**	**4808246**
1725278	29859	**1755137**	**-650397**	**1146065**	**3173374**
516541	40904	**557445**	**-931235**	**2301205**	**4861938**
495761	42940	**538701**	**-1138108**	**126574**	**1664655**
637724	5059	**642783**	**-3480979**	**-1617376**	**220473**
36972	11882	**48854**	**-494477**	**-194037**	**294453**
	-8030	**-8030**	**-1026539**	**-904152**	**179726**
			-105267	**-105267**	**85187**
	163614	**163614**	**353939**	**3139488**	**11358074**
	-2573	**-2573**	**35860**	**458646**	**1008270**
	2699	**2699**	**3090**	**222359**	**365682**
28652240		**28652240**	**-14149450**	**15337072**	**18395006**
669411	324441	**993852**	**-8094872**	**-32594**	**14191193**
131027	90130	**221157**	**-945162**	**3426460**	**13267910**
	2885	**2885**	**773397**	**3824769**	**5082359**
1895900		**1895900**	**-1345556**	**2580247**	**5003350**
			-1889961	**3352357**	**13628835**
1204032		**1204032**	**206879**	**6319884**	**9886133**
			-6599854	**-5716997**	**4075534**
957800		**957800**	**-842666**	**409120**	**636685**
339100		**339100**	**200517**	**1319740**	**2949827**
			-3538883	**625569**	**1240233**
			-944419	**7597**	**2958178**
			-1986361	**6651756**	**8763379**
			-196072	**8280886**	**8869008**
			-485521	**316122**	**1283746**
			4708313	**13976569**	**17682367**
39447344	**836700**	**40284044**	**-13334229**	**123129914**	**309157211**

3-11 42个部门直接消耗系数表(2017年)

	投入 \ 产出	中 间			
		农林牧渔产品和服务 Forestry,Animal Husbandry & Fishery	煤炭采选产品 Mining and Washing Products of Coal	石油和天然气开采产品 Extraction Products of Petroleum and Natural Gas	金属矿采选产品 Mining and Processing Products of Metal Ores
中间投入	农林牧渔产品和服务	0.1505	0.0017	0.0000	0.0001
	煤炭采选产品	0.0006	0.1043	0.0000	0.1441
	石油和天然气开采产品	0.0000	0.0012	0.0081	0.0000
	金属矿采选产品		0.0003	0.0000	0.1131
	非金属矿和其他矿采选产品	0.0000	0.0003	0.0003	0.0008
	食品和烟草	0.0705	0.0001	0.0000	0.0002
	纺织品	0.0002	0.0004	0.0017	0.0002
	纺织服装鞋帽皮革羽绒及其制品	0.0009	0.0004	0.0008	0.0001
	木材加工品和家具	0.0002	0.0033	0.0001	0.0000
	造纸印刷和文教体育用品	0.0004	0.0016	0.0004	0.0018
	石油、炼焦产品和核燃料加工品	0.0117	0.0277	0.0406	0.0213
	化学产品	0.0996	0.0197	0.0118	0.0132
	非金属矿物制品	0.0001	0.0079	0.0009	0.0030
	金属冶炼和压延加工品	0.0008	0.0126	0.0045	0.0071
	金属制品	0.0062	0.0161	0.0025	0.0172
	通用设备	0.0006	0.0080	0.0048	0.0041
	专用设备	0.0056	0.0050	0.0150	0.0184
	交通运输设备	0.0022	0.0010	0.0007	0.0009
	电气机械和器材	0.0001	0.0092	0.0038	0.0042
	通信设备、计算机和其他电子设备	0.0002	0.0028	0.0005	0.0003
	仪器仪表	0.0000	0.0010	0.0039	0.0006
	其他制造产品和废品废料	0.0001	0.0000	0.0012	0.0006
	金属制品、机械和设备修理服务	0.0000	0.0037	0.0037	0.0016
	电力、热力的生产和供应	0.0029	0.0349	0.0717	0.0568
	燃气生产和供应	0.0002			0.0001
	水的生产和供应	0.0000	0.0004	0.0019	0.0008
	建筑	0.0042	0.0057	0.0002	0.0011
	批发和零售	0.0368	0.0189	0.0102	0.0307
	交通运输、仓储和邮政	0.0118	0.0262	0.0063	0.1005
	住宿和餐饮	0.0007	0.0032	0.0002	0.0039
	信息传输、软件和信息技术服务	0.0005	0.0012	0.0044	0.0019
	金融	0.0152	0.0463	0.0009	0.0517
	房地产	0.0001	0.0000	0.0001	0.0092
	租赁和商务服务	0.0002	0.0203	0.0943	0.0378
	研究和试验发展	0.0000	0.0100		0.0007
	综合技术服务	0.0071	0.0008	0.0001	0.0002
	水利、环境和公共设施管理	0.0094	0.0000	0.0000	0.0001
	居民服务、修理和其他服务	0.0017	0.0253	0.0002	0.0016
	教育	0.0004	0.0018	0.0015	0.0011
	卫生和社会工作	0.0018	0.0162		0.0011
	文化、体育和娱乐	0.0003	0.0054	0.0001	0.0043
	公共管理、社会保障和社会组织	0.0127	0.0058	0.0000	0.0048
	中间投入合计	**0.4564**	**0.4504**	**0.2974**	**0.6612**
增加值	劳动者报酬	0.4849	0.2884	0.1534	0.0757
	生产税净额	-0.0246	0.1230	0.1269	0.1311
	固定资产折旧	0.0216	0.0755	0.3996	0.0659
	营业盈余	0.0618	0.0627	0.0227	0.0662
	增加值合计	**0.5436**	**0.5496**	**0.7026**	**0.3388**
总 投 入		**1.0000**	**1.0000**	**1.0000**	**1.0000**

Table of Direct Consumption Coefficient of 42 Departments (2017)

使 用

非金属矿和其他矿采选产品 Mining and Processing Products of Non-metal Ores and Others	食品和烟草 Manufacture of Foods and Tobacco	纺织品 Manufacture of Tobacco	纺织服装鞋帽皮革羽绒及其制品 Manufacture of Textile Wearing Apparel, Caps,Leather, Fur, Feather & Its Products	木材加工品和家具 Processing of Timbers, Manufacture of Furniture	造纸印刷和文教体育用品 Manufacture of Paper, Articles for Culture, Educationand Sport Activities , Printing	石油、炼焦产品和核燃料加工品 Processing of Petroleum, Coking, Processing of Nuclear Fuel
0.0001	0.4505	0.0062	0.0841	0.4049	0.1647	0.0002
0.0571	0.0278	0.1465	0.1530	0.0070	0.0188	0.1531
0.0017	0.0014	0.0004	0.0000	0.0038	0.0002	0.4483
0.0000	0.0000				0.0014	
0.0814	0.0001	0.0001	0.0001	0.0044	0.0004	0.0001
0.0000	0.1204	0.0053	0.0405	0.0040	0.0043	0.0000
0.0068	0.0016	0.2155	0.1610	0.0017	0.0157	0.0001
0.0015	0.0002	0.0003	0.1303	0.0003	0.0065	0.0002
0.0012	0.0024	0.0006	0.0002	0.0943	0.0109	0.0001
0.0036	0.0147	0.0031	0.0032	0.0044	0.2322	0.0006
0.0745	0.0048	0.0028	0.0011	0.0219	0.0029	0.0969
0.0479	0.0148	0.1008	0.0021	0.0373	0.0238	0.0372
0.0149	0.0024	0.0010	0.0001	0.0272	0.0026	0.0005
0.0437	0.0002	0.0001	0.0000	0.0264	0.0565	0.0002
0.0079	0.0047	0.0026	0.0005	0.0546	0.0017	0.0009
0.0119	0.0018	0.0050	0.0005	0.0011	0.0015	0.0013
0.0849	0.0011	0.0197	0.0022	0.0007	0.0037	0.0006
0.0046	0.0001	0.0001	0.0000	0.0114	0.0000	0.0000
0.0044	0.0005	0.0001	0.0004	0.0002	0.0007	0.0014
0.0001	0.0001	0.0001	0.0004	0.0003	0.0001	0.0001
0.0110	0.0001	0.0000	0.0000		0.0001	0.0004
0.0003	0.0001	0.0001	0.0001	0.0000	0.0165	0.0000
0.0049	0.0008	0.0006	0.0001	0.0016	0.0003	0.0002
0.0211	0.0161	0.0530	0.0065	0.0176	0.0101	0.0083
0.0002	0.0000	0.0018		0.0000	0.0000	0.0002
0.0019	0.0008	0.0001	0.0002	0.0003	0.0003	0.0001
0.0015	0.0013	0.0011	0.0021	0.0005	0.0033	0.0004
0.0488	0.0956	0.0554	0.1428	0.0948	0.1076	0.0184
0.0406	0.0351	0.0449	0.0313	0.0214	0.0299	0.0326
0.0011	0.0036	0.0029	0.0027	0.0006	0.0030	0.0003
0.0005	0.0004	0.0003	0.0014	0.0005	0.0044	0.0000
0.0103	0.0125	0.0155	0.0055	0.0084	0.0204	0.0082
0.0075	0.0016	0.0151	0.0008	0.0009	0.0036	0.0005
0.0075	0.0207	0.0247	0.0071	0.0090	0.0115	0.0095
0.0047	0.0008	0.0013	0.0002	0.0005	0.0008	0.0010
0.0002	0.0002	0.0000	0.0001	0.0000	0.0215	0.0001
0.0000	0.0000	0.0001	0.0000	0.0000	0.0003	0.0000
0.0123	0.0022	0.0025	0.0017	0.0013	0.0091	0.0024
0.0003	0.0004	0.0002	0.0020	0.0001	0.0008	0.0004
0.0076	0.0012	0.0020	0.0004	0.0008	0.0012	0.0015
0.0025	0.0012	0.0036	0.0033	0.0005	0.0097	0.0005
0.0008	0.0015	0.0034	0.0020	0.0009	0.0009	0.0003
0.6335	**0.8458**	**0.7389**	**0.7902**	**0.8658**	**0.8041**	**0.8269**
0.1066	0.0376	0.1164	0.0783	0.0408	0.0653	0.0188
0.0790	0.0533	0.0795	0.0787	0.0372	0.0718	0.1160
0.1494	0.0296	0.0724	0.0099	0.0198	0.0305	0.0152
0.0315	0.0337	-0.0073	0.0428	0.0364	0.0283	0.0232
0.3665	**0.1542**	**0.2611**	**0.2098**	**0.1342**	**0.1959**	**0.1731**
1.0000	**1.0000**	**1.0000**	**1.0000**	**1.0000**	**1.0000**	**1.0000**

3-11 续表1

	产出 / 投入	化学产品 Chemical Industry	非金属矿物制品 Manufacture of Nonmetallic Mineral Products	金属冶炼和压延加工品 Manufacture and Processing of Metals	金属制品 Manufacture of Metal Products	通用设备 Manufacture of General Purpose Machinery
中间投入	农林牧渔产品和服务	0.0394	0.0000	0.0000	0.0000	0.0000
	煤炭采选产品	0.0339	0.0587	0.0610	0.0112	0.0369
	石油和天然气开采产品	0.0587	0.0020	0.0092	0.0047	0.0038
	金属矿采选产品	0.0002	0.0018	0.1684	0.0034	
	非金属矿和其他矿采选产品	0.0112	0.0732	0.0049	0.0087	0.0001
	食品和烟草	0.0147	0.0002	0.0005	0.0001	0.0001
	纺织品	0.0021	0.0006	0.0002	0.0002	0.0003
	纺织服装鞋帽皮革羽绒及其制品	0.0004	0.0005	0.0005	0.0007	0.0004
	木材加工品和家具	0.0016	0.0010	0.0003	0.0004	0.0006
	造纸印刷和文教体育用品	0.0093	0.0046	0.0014	0.0017	0.0026
	石油、炼焦产品和核燃料加工品	0.0553	0.0367	0.1239	0.0160	0.0060
	化学产品	0.2853	0.0706	0.0153	0.0579	0.0131
	非金属矿物制品	0.0024	0.2411	0.0088	0.0024	0.0045
	金属冶炼和压延加工品	0.0004	0.0632	0.2128	0.4786	0.1382
	金属制品	0.0030	0.0022	0.0031	0.0337	0.1159
	通用设备	0.0021	0.0043	0.0048	0.0029	0.1340
	专用设备	0.0143	0.0024	0.0029	0.0202	0.0124
	交通运输设备	0.0001	0.0002	0.0001	0.0007	0.0037
	电气机械和器材	0.0009	0.0019	0.0008	0.0003	0.0657
	通信设备、计算机和其他电子设备	0.0003	0.0008	0.0001	0.0003	0.0098
	仪器仪表	0.0003	0.0001	0.0003	0.0000	0.0161
	其他制造产品和废品废料	0.0011	0.0061	0.0059	0.0025	0.0019
	金属制品、机械和设备修理服务	0.0003	0.0008	0.0003	0.0005	0.0017
	电力、热力的生产和供应	0.0178	0.0269	0.0539	0.0166	0.0119
	燃气生产和供应	0.0000	0.0010	0.0000		0.0001
	水的生产和供应	0.0002	0.0004	0.0003	0.0002	0.0001
	建筑	0.0014	0.0018	0.0009	0.0011	0.0032
	批发和零售	0.0467	0.0644	0.0640	0.0819	0.0764
	交通运输、仓储和邮政	0.0304	0.0785	0.0832	0.0367	0.0292
	住宿和餐饮	0.0072	0.0035	0.0028	0.0030	0.0049
	信息传输、软件和信息技术服务	0.0006	0.0008	0.0003	0.0007	0.0013
	金融	0.0185	0.0196	0.0460	0.0135	0.0189
	房地产	0.0005	0.0031	0.0049	0.0044	0.0028
	租赁和商务服务	0.0367	0.0183	0.0227	0.0145	0.0186
	研究和试验发展	0.0009	0.0008	0.0011	0.0025	0.0039
	综合技术服务	0.0025	0.0002	0.0000	0.0001	0.0028
	水利、环境和公共设施管理	0.0000	0.0001	0.0000	0.0000	0.0000
	居民服务、修理和其他服务	0.0036	0.0034	0.0023	0.0030	0.0080
	教育	0.0009	0.0004	0.0002	0.0009	0.0017
	卫生和社会工作	0.0009	0.0013	0.0017	0.0012	0.0063
	文化、体育和娱乐	0.0019	0.0039	0.0033	0.0034	0.0041
	公共管理、社会保障和社会组织	0.0021	0.0111	0.0039	0.0033	0.0029
	中间投入合计	**0.7100**	**0.8127**	**0.9168**	**0.8343**	**0.7649**
增加值	劳动者报酬	0.0916	0.0632	0.0328	0.0642	0.0974
	生产税净额	0.1086	0.0691	0.0352	0.0572	0.0790
	固定资产折旧	0.0641	0.0225	0.0214	0.0237	0.0234
	营业盈余	0.0257	0.0325	-0.0062	0.0205	0.0352
	增加值合计	**0.2900**	**0.1873**	**0.0832**	**0.1657**	**0.2351**
总 投 入		**1.0000**	**1.0000**	**1.0000**	**1.0000**	**1.0000**

Continued

专用设备 Manufacture of Special Purpose Machinery	交通运输设备 Manufacture of Transport Equipment	电气机械和器材 Manufacture of Electrical Machinery & Equipment	通信设备、计算机和其他电子设备 Manufacture of Communication Equipment, Computer and Other Electronic Equipment	仪器仪表 Manufacture of Measuring Instruments	其他制造产品和废品废料 Other Manufacturing and Comprehensive Utilization of Waste Resources Industry
0.0000	0.0000	0.0000		0.0000	0.0277
0.0256	0.0407	0.0237	0.0881	0.0558	0.0067
0.0073	0.0017	0.0022	0.0000	0.0001	0.0025
0.0017	0.0000				
0.0000	0.0008	0.0000		0.0000	0.0000
0.0002	0.0001	0.0001	0.0002	0.0002	0.0008
0.0005	0.0001	0.0010	0.0001	0.0005	0.0067
0.0003	0.0004	0.0008	0.0000	0.0007	0.0002
0.0003	0.0010	0.0012	0.0001	0.0007	0.0956
0.0026	0.0010	0.0020	0.0033	0.0050	0.0192
0.0125	0.0030	0.0079	0.0027	0.0039	0.0149
0.0370	0.0067	0.0344	0.0228	0.0834	0.0331
0.0046	0.0054	0.0076	0.0180	0.0004	0.0020
0.1724	0.0407	0.1374	0.0073	0.0218	0.0002
0.0221	0.0212	0.0841	0.0031	0.0066	0.0050
0.0726	0.0248	0.0224	0.0027	0.0136	0.0010
0.0707	0.0002	0.0120	0.0228	0.0017	0.0011
0.0677	0.3487	0.0001	0.0008	0.0001	0.0003
0.0177	0.0147	0.1578	0.0429	0.0908	0.0004
0.0030	0.0080	0.0240	0.3268	0.2122	0.0015
0.0015	0.0096	0.0118	0.0048	0.1570	0.0001
0.0001	0.0009	0.0006		0.0000	0.0643
0.0020	0.0004	0.0011	0.0007	0.0000	0.0004
0.0174	0.0052	0.0089	0.0216	0.0067	0.0197
0.0000	0.0002	0.0006	0.0002	0.0000	
0.0001	0.0000	0.0001	0.0002	0.0001	0.0001
0.0006	0.0010	0.0025	0.0009	0.0012	0.0057
0.0761	0.0914	0.0663	0.0578	0.0738	0.0940
0.0315	0.0323	0.0278	0.0173	0.0288	0.0176
0.0046	0.0022	0.0077	0.0055	0.0049	0.0165
0.0009	0.0005	0.0007	0.0017	0.0011	0.0032
0.0264	0.0057	0.0172	0.0315	0.0037	0.1008
0.0034	0.0013	0.0024	0.0020	0.0005	0.0156
0.0249	0.0184	0.0256	0.0135	0.0411	0.0526
0.0018	0.0012	0.0016	0.0014	0.0003	0.0041
0.0018	0.0410	0.0009	0.0001	0.0017	0.0001
0.0001	0.0000	0.0000	0.0001	0.0001	0.0003
0.0046	0.0042	0.0052	0.0029	0.0012	0.0117
0.0028	0.0007	0.0017	0.0020	0.0010	0.0016
0.0023	0.0019	0.0022	0.0023	0.0004	0.0066
0.0051	0.0017	0.0032	0.0052	0.0050	0.0221
0.0043	0.0010	0.0049	0.0072	0.0075	0.0157
0.7310	**0.7403**	**0.7120**	**0.7207**	**0.8337**	**0.6716**
0.1058	0.0562	0.1088	0.0792	0.0623	0.0879
0.0940	0.0651	0.1025	0.0892	0.0452	0.1445
0.0439	0.0487	0.0385	0.0438	0.0101	0.0697
0.0253	0.0897	0.0382	0.0671	0.0488	0.0263
0.2690	**0.2597**	**0.2880**	**0.2793**	**0.1663**	**0.3284**
1.0000	**1.0000**	**1.0000**	**1.0000**	**1.0000**	**1.0000**

3-11 续表2

投入 \ 产出		金属制品、机械和设备修理服务 Metal Products, Machinery and Equipment Repair Industry	电力、热力的生产和供应 Production and Supply of Electric Power and Heat Power	燃气生产和供应 Production and Supply of Gas	水的生产和供应 Production and Supply of Water
中间投入	农林牧渔产品和服务	0.0001	0.0095	0.0000	
	煤炭采选产品	0.0000	0.2278	0.0584	0.0251
	石油和天然气开采产品	0.0177	0.0041	0.4861	0.0004
	金属矿采选产品	0.0004	0.0000	0.0000	
	非金属矿和其他矿采选产品		0.0011	0.0003	0.0000
	食品和烟草	0.0040	0.0001	0.0000	0.0033
	纺织品	0.0004	0.0000	0.0001	0.0001
	纺织服装鞋帽皮革羽绒及其制品	0.0003	0.0005	0.0002	0.0011
	木材加工品和家具	0.0103	0.0000	0.0008	0.0002
	造纸印刷和文教体育用品	0.0003	0.0010	0.0010	0.0012
	石油、炼焦产品和核燃料加工品	0.0026	0.0050	0.0176	0.0101
	化学产品	0.0160	0.0030	0.0106	0.0709
	非金属矿物制品	0.0043	0.0007	0.0000	0.0005
	金属冶炼和压延加工品	0.1217	0.0017	0.0004	0.0028
	金属制品	0.0301	0.0016	0.0004	0.0011
	通用设备	0.0311	0.0050	0.0013	0.0011
	专用设备	0.0050	0.0005	0.0005	0.0004
	交通运输设备	0.1806	0.0003	0.0001	0.0006
	电气机械和器材	0.1786	0.0057	0.0002	0.0006
	通信设备、计算机和其他电子设备	0.0112	0.0007	0.0001	0.0002
	仪器仪表		0.0025	0.0003	0.0003
	其他制造产品和废品废料	0.0000	0.0001		0.0000
	金属制品、机械和设备修理服务	0.0005	0.0020	0.0018	0.0054
	电力、热力的生产和供应	0.0019	0.3200	0.0130	0.0760
	燃气生产和供应		0.0000	0.0536	
	水的生产和供应	0.0002	0.0006	0.0004	0.0176
	建筑	0.0005	0.0039	0.0010	0.0019
	批发和零售	0.1138	0.0117	0.0175	0.0069
	交通运输、仓储和邮政	0.0138	0.0252	0.0218	0.0160
	住宿和餐饮	0.0008	0.0018	0.0012	0.0032
	信息传输、软件和信息技术服务	0.0004	0.0012	0.0016	0.0057
	金融	0.0049	0.0663	0.0021	0.1647
	房地产	0.0098	0.0003	0.0001	0.0004
	租赁和商务服务	0.0048	0.0087	0.0085	0.0685
	研究和试验发展		0.0039		0.0234
	综合技术服务	0.0000	0.0024	0.0000	0.0000
	水利、环境和公共设施管理	0.0000	0.0000	0.0000	0.0000
	居民服务、修理和其他服务	0.0002	0.0084	0.0012	0.0398
	教育	0.0002	0.0006	0.0006	0.0004
	卫生和社会工作		0.0063		0.0381
	文化、体育和娱乐	0.0011	0.0027	0.0008	0.0102
	公共管理、社会保障和社会组织	0.0006	0.0019	0.0015	0.0160
	中间投入合计	**0.7684**	**0.7391**	**0.7052**	**0.6144**
增加值	劳动者报酬	0.0693	0.1565	0.1664	0.2737
	生产税净额	0.0917	0.0276	0.0455	0.0663
	固定资产折旧	0.0413	0.0852	0.0594	0.0839
	营业盈余	0.0293	-0.0084	0.0236	-0.0383
	增加值合计	**0.2316**	**0.2609**	**0.2948**	**0.3856**
总 投 入		**1.0000**	**1.0000**	**1.0000**	**1.0000**

Continued

建筑 Construction	批发和零售 Wholesale and Retail Trades	交通运输、仓储和邮政 Traffic, Transport, Storage and Post	住宿和餐饮 Hotels and Catering Services	信息传输、软件和信息技术服务 Information Transmission, Computer Services and Software	金融 Financial Intermediation	房地产 Real Estate
0.0023	0.0002	0.0106	0.0463	0.0035	0.0001	0.0000
0.0019		0.0016	0.0003			
0.0000		0.0000	0.0037			
			0.0000			
0.0985		0.0014	0.0000		0.0000	0.0000
0.0001	0.0019	0.0026	0.1168	0.0040	0.0004	0.0003
0.0000	0.0001	0.0015	0.0017	0.0000	0.0000	0.0000
0.0009	0.0004	0.0027	0.0006	0.0009	0.0010	0.0006
0.0098	0.0002	0.0018	0.0005	0.0006	0.0001	0.0009
0.0042	0.0013	0.0054	0.0132	0.0089	0.0190	0.0081
0.0177	0.0082	0.1135	0.0047	0.0051	0.0025	0.0360
0.0334	0.0005	0.0069	0.0105	0.0001	0.0008	0.0005
0.1949	0.0001	0.0018	0.0003	0.0006	0.0000	0.0001
0.0376	0.0000	0.0023	0.0000	0.0000		0.0000
0.0342	0.0001	0.0026	0.0007	0.0055	0.0000	0.0027
0.0047	0.0003	0.0060	0.0042	0.0009	0.0004	0.0012
0.0057	0.0000	0.0006	0.0004	0.0003	0.0010	0.0004
0.0005	0.0000	0.0240	0.0016	0.0000	0.0002	0.0000
0.0189	0.0014	0.0037	0.0014	0.0094	0.0000	0.0046
0.0016	0.0025	0.0029	0.0008	0.1822	0.0014	0.0035
0.0036	0.0000	0.0004	0.0000	0.0006	0.0000	0.0001
0.0001	0.0000	0.0008	0.0002	0.0009	0.0000	0.0009
0.0000	0.0001	0.0005	0.0002	0.0002	0.0000	0.0002
0.0047	0.0094	0.0213	0.0212	0.0157	0.0039	0.0087
0.0000	0.0011	0.0271	0.0076			0.0058
0.0006	0.0001	0.0002	0.0010	0.0002	0.0001	0.0002
0.0193	0.0056	0.0135	0.0109	0.0106	0.0037	0.0066
0.0752	0.0361	0.0271	0.0402	0.0315	0.0067	0.0077
0.0576	0.0349	0.1284	0.0053	0.0065	0.0059	0.0071
0.0029	0.0054	0.0047	0.0029	0.0035	0.0088	0.0059
0.0008	0.0070	0.0091	0.0060	0.1627	0.0317	0.0092
0.0255	0.1184	0.0721	0.0652	0.0058	0.0901	0.1488
0.0058	0.0417	0.0059	0.1454	0.0216	0.0373	0.0376
0.0677	0.0590	0.0653	0.0770	0.0544	0.0725	0.0621
				0.0002		
0.0357	0.0035	0.0103	0.0000	0.0001	0.0000	0.0000
0.0000	0.0001	0.0027	0.0001	0.0000	0.0001	0.0001
0.0014	0.0029	0.0280	0.0044	0.0013	0.0020	0.0013
0.0019	0.0081	0.0179	0.0032	0.0034	0.0055	0.0031
	0.0021	0.0001	0.0002	0.0000		
0.0021	0.0033	0.0015	0.0037	0.0024	0.0089	0.0070
0.0029	0.0099	0.0056	0.0034	0.0447	0.0346	0.0102
0.7748	**0.3662**	**0.6345**	**0.6061**	**0.5883**	**0.3386**	**0.3816**
0.1421	0.1309	0.2095	0.0493	0.1769	0.3907	0.1533
0.0324	0.1327	0.0115	0.0114	0.0143	0.0533	0.1094
0.0101	0.0436	0.0506	0.0078	0.1328	0.0483	0.2769
0.0407	0.3265	0.0938	0.3254	0.0876	0.1690	0.0789
0.2252	**0.6338**	**0.3655**	**0.3939**	**0.4117**	**0.6614**	**0.6184**
1.0000	**1.0000**	**1.0000**	**1.0000**	**1.0000**	**1.0000**	**1.0000**

3-11 续表3

	产出 投入	租赁和商务服务 Leasing and Business Services	研究和试验发展 Research and experimental development	综合技术服务 Comprehensive technical services	水利、环境和公共设施管理 Management of Water Conservancy, Environment and Public Facilities
中间投入	农林牧渔产品和服务	0.0011		0.0080	0.0105
	煤炭采选产品	0.0000	0.0009	0.0009	0.0016
	石油和天然气开采产品		0.0002	0.0002	0.0003
	金属矿采选产品				
	非金属矿和其他矿采选产品	0.0000		0.0000	0.0000
	食品和烟草	0.0004	0.0029	0.0010	0.0067
	纺织品	0.0005		0.0000	0.0001
	纺织服装鞋帽皮革羽绒及其制品	0.0014	0.0004	0.0004	0.0045
	木材加工品和家具	0.0005	0.0012	0.0010	0.0123
	造纸印刷和文教体育用品	0.0193	0.0069	0.0156	0.0235
	石油、炼焦产品和核燃料加工品	0.0911	0.0043	0.0388	0.0510
	化学产品	0.0017	0.0401	0.0552	0.0543
	非金属矿物制品	0.0001	0.0179	0.0002	0.0008
	金属冶炼和压延加工品	0.0000		0.0000	0.0007
	金属制品	0.0151	0.0087	0.0003	0.0093
	通用设备	0.0014	0.0055	0.0010	0.0039
	专用设备	0.0000	0.0011	0.0000	0.0001
	交通运输设备	0.0055	0.0003	0.0002	0.0015
	电气机械和器材	0.0045	0.0032	0.0002	0.0027
	通信设备、计算机和其他电子设备	0.0412	0.0128	0.0050	0.0030
	仪器仪表	0.0001	0.0225	0.0015	0.0011
	其他制造产品和废品废料	0.0041	0.0005	0.1662	0.0016
	金属制品、机械和设备修理服务	0.0002	0.0001	0.0006	0.0010
	电力、热力的生产和供应	0.0067	0.0093	0.0045	0.1057
	燃气生产和供应	0.0000	0.0002	0.0000	
	水的生产和供应	0.0003	0.0001	0.0002	0.0003
	建筑	0.0069	0.0194	0.0043	0.0344
	批发和零售	0.0247	0.0199	0.0558	0.0327
	交通运输、仓储和邮政	0.0155	0.0113	0.0851	0.0272
	住宿和餐饮	0.0103	0.0047	0.0121	0.0033
	信息传输、软件和信息技术服务	0.0060	0.0062	0.0046	0.0070
	金融	0.0699	0.0377	0.0069	0.0209
	房地产	0.0363	0.0096	0.0026	0.0171
	租赁和商务服务	0.0883	0.0168	0.0615	0.0271
	研究和试验发展		0.0115		
	综合技术服务	0.0002	0.0001	0.0091	0.0007
	水利、环境和公共设施管理	0.0004	0.0000	0.0001	0.0313
	居民服务、修理和其他服务	0.0160	0.1956	0.0033	0.0457
	教育	0.0040	0.0091	0.0028	0.0053
	卫生和社会工作				
	文化、体育和娱乐	0.0067	0.0027	0.0065	0.0044
	公共管理、社会保障和社会组织	0.1252	0.0072	0.0118	0.0137
	中间投入合计	**0.6054**	**0.4908**	**0.5676**	**0.5671**
增加值	劳动者报酬	0.1500	0.3695	0.2540	0.3243
	生产税净额	0.0438	0.0081	0.0180	0.0129
	固定资产折旧	0.0828	0.1006	0.0930	0.0471
	营业盈余	0.1180	0.0311	0.0674	0.0485
	增加值合计	**0.3946**	**0.5092**	**0.4324**	**0.4329**
总 投 入		**1.0000**	**1.0000**	**1.0000**	**1.0000**

Continued

居民服务、修理和其他服务 Services to Households and Other Services	教育 Education	卫生和社会工作 Health and Social Work	文化、体育和娱乐 Culture,Sports and Entertainment	公共管理、社会保障和社会组织 Public Management and Social Organization	**中间使用合计 Total Intermediate Use**
0.0000	0.0003	0.0001	0.0003		**0.0921**
0.0004	0.0121	0.0014	0.0031	0.0050	**0.0261**
0.0001	0.0022	0.0003	0.0006	0.0008	**0.0191**
0.0000					**0.0018**
0.0000	0.0000	0.0000	0.0000	0.0000	**0.0092**
0.0017	0.0010	0.0007	0.0015	0.0019	**0.0299**
0.0031	0.0001	0.0001	0.0001	0.0015	**0.0017**
0.0008	0.0003	0.0004	0.0015	0.0007	**0.0010**
0.0006	0.0004	0.0012	0.0008	0.0010	**0.0035**
0.0151	0.0160	0.0042	0.2283	0.0963	**0.0139**
0.0145	0.0071	0.0049	0.0073	0.0402	**0.0259**
0.0472	0.0117	0.2635	0.0057	0.0046	**0.0512**
0.0000	0.0051	0.0005	0.0000	0.0000	**0.0185**
0.0001	0.0000	0.0000	0.0000	0.0000	**0.0155**
0.0095	0.0004	0.0001	0.0002	0.0000	**0.0093**
0.0004	0.0017	0.0002	0.0007	0.0014	**0.0055**
0.0000	0.0000	0.0493	0.0000		**0.0066**
0.0000	0.0004	0.0002	0.0004	0.0007	**0.0083**
0.0028	0.0002	0.0001	0.0001	0.0000	**0.0050**
0.0115	0.0017	0.0006	0.0061	0.0105	**0.0059**
0.0045	0.0063	0.0004	0.0002	0.0000	**0.0016**
0.0336	0.0000	0.0318	0.0054	0.0000	**0.0035**
0.0001	0.0003	0.0001	0.0003	0.0002	**0.0006**
0.0064	0.0480	0.0088	0.0195	0.0182	**0.0266**
0.0004		0.0000	0.0001		**0.0018**
0.0002	0.0026	0.0003	0.0008	0.0005	**0.0005**
0.0095	0.0360	0.0155	0.0094	0.0676	**0.0099**
0.0231	0.0090	0.1031	0.0561	0.0164	**0.0460**
0.0802	0.0219	0.0091	0.0126	0.0359	**0.0318**
0.0137	0.0135	0.0016	0.0093	0.0087	**0.0041**
0.0079	0.0145	0.0053	0.0164	0.0227	**0.0078**
0.0387	0.0051	0.0113	0.0219	0.0054	**0.0332**
0.0051	0.0538	0.0075	0.0192	0.0049	**0.0115**
0.1561	0.0066	0.0082	0.0575	0.0114	**0.0317**
					0.0007
0.0000	0.0001	0.0014	0.0001	0.0003	**0.0053**
0.0001	0.0000	0.0001	0.0001	0.0000	**0.0020**
0.0087	0.0338	0.0341	0.0212	0.0495	**0.0095**
0.0018	0.0460	0.0064	0.0048	0.0543	**0.0068**
		0.0141	0.0000		**0.0019**
0.0145	0.0052	0.0015	0.0095	0.0106	**0.0031**
0.0075	0.0099	0.0292	0.0134	0.0380	**0.0120**
0.5199	**0.3730**	**0.6174**	**0.5346**	**0.5094**	**0.6017**
0.1142	0.4960	0.2861	0.2126	0.4369	**0.2262**
0.0209	0.0013	0.0015	0.0166	0.0028	**0.0419**
0.0231	0.0721	0.0366	0.0719	0.0473	**0.0592**
0.3219	0.0576	0.0585	0.1643	0.0037	**0.0710**
0.4801	**0.6270**	**0.3826**	**0.4654**	**0.4906**	**0.3983**
1.0000	**1.0000**	**1.0000**	**1.0000**	**1.0000**	**1.0000**

3-12 42个部门完全消耗系数表(2017年)

投入 \ 产出		中间			
		农林牧渔产品和服务 Forestry,Animal Husbandry & Fishery	煤炭采选产品 Mining and Washing Products of Coal	石油和天然气开采产品 Extraction Products of Petroleum and Natural Gas	金属矿采选产品 Mining and Processing Products of Metal Ores
中间投入	农林牧渔产品和服务	0.2472	0.0163	0.0082	0.0163
	煤炭采选产品	0.0330	0.1640	0.0539	0.2464
	石油和天然气开采产品	0.0349	0.0394	0.0459	0.0476
	金属矿采选产品	0.0035	0.0100	0.0048	0.1377
	非金属矿和其他矿采选产品	0.0043	0.0048	0.0022	0.0051
	食品和烟草	0.1047	0.0046	0.0024	0.0054
	纺织品	0.0022	0.0021	0.0033	0.0022
	纺织服装鞋帽皮革羽绒及其制品	0.0020	0.0015	0.0017	0.0018
	木材加工品和家具	0.0021	0.0056	0.0012	0.0026
	造纸印刷和文教体育用品	0.0138	0.0167	0.0105	0.0211
	石油、炼焦产品和核燃料加工品	0.0486	0.0704	0.0752	0.0877
	化学产品	0.1902	0.0623	0.0337	0.0547
	非金属矿物制品	0.0053	0.0182	0.0047	0.0130
	金属冶炼和压延加工品	0.0175	0.0498	0.0244	0.0520
	金属制品	0.0130	0.0273	0.0099	0.0328
	通用设备	0.0047	0.0154	0.0106	0.0148
	专用设备	0.0129	0.0118	0.0195	0.0289
	交通运输设备	0.0081	0.0080	0.0070	0.0137
	电气机械和器材	0.0037	0.0191	0.0113	0.0160
	通信设备、计算机和其他电子设备	0.0068	0.0161	0.0154	0.0169
	仪器仪表	0.0010	0.0035	0.0061	0.0032
	其他制造产品和废品废料	0.0036	0.0042	0.0032	0.0043
	金属制品、机械和设备修理服务	0.0007	0.0049	0.0045	0.0035
	电力、热力的生产和供应	0.0295	0.0823	0.1247	0.1356
	燃气生产和供应	0.0018	0.0022	0.0011	0.0054
	水的生产和供应	0.0004	0.0008	0.0023	0.0015
	建筑	0.0107	0.0130	0.0050	0.0114
	批发和零售	0.0844	0.0571	0.0347	0.0807
	交通运输、仓储和邮政	0.0460	0.0662	0.0303	0.1721
	住宿和餐饮	0.0055	0.0086	0.0040	0.0115
	信息传输、软件和信息技术服务	0.0062	0.0095	0.0099	0.0142
	金融	0.0545	0.0981	0.0385	0.1362
	房地产	0.0102	0.0132	0.0102	0.0290
	租赁和商务服务	0.0366	0.0669	0.1278	0.1056
	研究和试验发展	0.0010	0.0126	0.0014	0.0044
	综合技术服务	0.0114	0.0036	0.0018	0.0047
	水利、环境和公共设施管理	0.0123	0.0005	0.0002	0.0008
	居民服务、修理和其他服务	0.0096	0.0401	0.0084	0.0213
	教育	0.0048	0.0071	0.0050	0.0097
	卫生和社会工作	0.0038	0.0205	0.0023	0.0071
	文化、体育和娱乐	0.0035	0.0105	0.0034	0.0114
	公共管理、社会保障和社会组织	0.0267	0.0237	0.0209	0.0311
影响力系数		0.7995	0.7956	0.6748	0.9875

Table of Complete Consumption Coefficient of 42 Departments (2017)

使　用

非金属矿和其他矿采选产品 Mining and Processing Products of Non-metal Ores and Others	食品和烟草 Manufacture of Foods and Tobacco	纺织品 Manufacture of Tobacco	纺织服装鞋帽皮革羽绒及其制品 Manufacture of Textile Wearing Apparel, Caps,Leather, Fur, Feather & Its Products	木材加工品和家具 Processing of Timbers, Manufacture of Furniture	造纸印刷和文教体育用品 Manufacture of Paper, Articles for Culture, Educationand Sport Activities , Printing	石油、炼焦产品和核燃料加工品 Processing of Petroleum, Coking, Processing of Nuclear Fuel
0.0186	0.6527	0.0396	0.1673	0.5729	0.2972	0.0140
0.1492	0.0760	0.2756	0.2745	0.0728	0.0858	0.2376
0.0833	0.0380	0.0477	0.0312	0.0603	0.0419	0.5384
0.0232	0.0046	0.0067	0.0047	0.0194	0.0242	0.0052
0.0948	0.0045	0.0056	0.0038	0.0139	0.0058	0.0035
0.0061	0.1943	0.0173	0.0720	0.0562	0.0360	0.0043
0.0118	0.0048	0.2770	0.2379	0.0049	0.0303	0.0028
0.0032	0.0021	0.0019	0.1514	0.0023	0.0113	0.0018
0.0038	0.0054	0.0036	0.0031	0.1065	0.0209	0.0023
0.0203	0.0374	0.0238	0.0224	0.0226	0.3241	0.0134
0.1533	0.0570	0.0653	0.0504	0.0931	0.0683	0.1734
0.1211	0.1356	0.2151	0.0860	0.1712	0.1175	0.0917
0.0302	0.0099	0.0106	0.0088	0.0471	0.0134	0.0078
0.1198	0.0233	0.0335	0.0236	0.0997	0.1157	0.0263
0.0248	0.0168	0.0169	0.0129	0.0744	0.0137	0.0128
0.0313	0.0075	0.0172	0.0091	0.0086	0.0086	0.0111
0.1082	0.0107	0.0357	0.0143	0.0134	0.0137	0.0144
0.0264	0.0085	0.0107	0.0077	0.0280	0.0083	0.0076
0.0201	0.0064	0.0107	0.0088	0.0072	0.0078	0.0125
0.0180	0.0113	0.0146	0.0135	0.0120	0.0151	0.0143
0.0173	0.0015	0.0024	0.0017	0.0020	0.0019	0.0046
0.0050	0.0042	0.0038	0.0034	0.0047	0.0324	0.0033
0.0070	0.0018	0.0027	0.0019	0.0029	0.0015	0.0035
0.0844	0.0588	0.1427	0.0678	0.0740	0.0639	0.0981
0.0038	0.0032	0.0062	0.0038	0.0032	0.0036	0.0027
0.0027	0.0013	0.0007	0.0008	0.0009	0.0008	0.0015
0.0096	0.0118	0.0111	0.0124	0.0108	0.0144	0.0075
0.1163	0.1767	0.1234	0.2307	0.1856	0.2097	0.0594
0.1083	0.0901	0.1126	0.0974	0.0890	0.1027	0.0773
0.0083	0.0106	0.0116	0.0108	0.0080	0.0122	0.0057
0.0095	0.0096	0.0105	0.0117	0.0100	0.0180	0.0093
0.0821	0.0852	0.0996	0.0905	0.0871	0.1109	0.0627
0.0249	0.0201	0.0378	0.0255	0.0200	0.0282	0.0126
0.0723	0.0755	0.0957	0.0725	0.0695	0.0821	0.1021
0.0081	0.0024	0.0056	0.0041	0.0025	0.0029	0.0043
0.0048	0.0087	0.0046	0.0051	0.0086	0.0342	0.0029
0.0006	0.0067	0.0009	0.0021	0.0059	0.0037	0.0004
0.0293	0.0151	0.0223	0.0196	0.0145	0.0256	0.0176
0.0071	0.0073	0.0077	0.0099	0.0070	0.0087	0.0063
0.0132	0.0053	0.0093	0.0073	0.0051	0.0055	0.0070
0.0090	0.0063	0.0113	0.0107	0.0062	0.0194	0.0053
0.0207	0.0286	0.0281	0.0254	0.0274	0.0277	0.0209
1.0215	1.1066	1.0846	1.0994	1.1795	1.1563	1.0208

3-12 续表1

产出 投入		化学产品 Chemical Industry	非金属矿物制品 Manufacture of Nonmetallic Mineral Products	金属冶炼和压延加工品 Manufacture and Processing of Metals	金属制品 Manufacture of Metal Products	通用设备 Manufacture of General Purpose Machinery
中间投入	农林牧渔产品和服务	0.0979	0.0272	0.0211	0.0233	0.0189
	煤炭采选产品	0.1101	0.1772	0.2298	0.1582	0.1435
	石油和天然气开采产品	0.1490	0.0855	0.1355	0.1022	0.0655
	金属矿采选产品	0.0060	0.0301	0.2486	0.1304	0.0650
	非金属矿和其他矿采选产品	0.0202	0.1111	0.0126	0.0189	0.0082
	食品和烟草	0.0353	0.0090	0.0072	0.0082	0.0068
	纺织品	0.0061	0.0049	0.0032	0.0033	0.0030
	纺织服装鞋帽皮革羽绒及其制品	0.0020	0.0028	0.0027	0.0030	0.0024
	木材加工品和家具	0.0047	0.0054	0.0041	0.0039	0.0039
	造纸印刷和文教体育用品	0.0322	0.0301	0.0249	0.0248	0.0245
	石油、炼焦产品和核燃料加工品	0.1344	0.1458	0.2520	0.1741	0.1078
	化学产品	0.4425	0.1774	0.0783	0.1389	0.0831
	非金属矿物制品	0.0110	0.3300	0.0250	0.0196	0.0208
	金属冶炼和压延加工品	0.0287	0.1428	0.3076	0.6640	0.3378
	金属制品	0.0143	0.0171	0.0219	0.0513	0.1595
	通用设备	0.0112	0.0175	0.0179	0.0175	0.1683
	专用设备	0.0297	0.0224	0.0177	0.0360	0.0291
	交通运输设备	0.0091	0.0131	0.0128	0.0141	0.0175
	电气机械和器材	0.0093	0.0140	0.0140	0.0119	0.1036
	通信设备、计算机和其他电子设备	0.0146	0.0182	0.0190	0.0175	0.0432
	仪器仪表	0.0028	0.0042	0.0038	0.0031	0.0259
	其他制造产品和废品废料	0.0057	0.0136	0.0124	0.0108	0.0094
	金属制品、机械和设备修理服务	0.0019	0.0033	0.0029	0.0026	0.0037
	电力、热力的生产和供应	0.0782	0.1122	0.1754	0.1324	0.0928
	燃气生产和供应	0.0030	0.0072	0.0064	0.0055	0.0044
	水的生产和供应	0.0009	0.0014	0.0014	0.0012	0.0008
	建筑	0.0099	0.0140	0.0135	0.0128	0.0143
	批发和零售	0.1111	0.1530	0.1449	0.1844	0.1789
	交通运输、仓储和邮政	0.0870	0.1846	0.2029	0.1680	0.1277
	住宿和餐饮	0.0158	0.0135	0.0131	0.0137	0.0155
	信息传输、软件和信息技术服务	0.0101	0.0136	0.0157	0.0144	0.0138
	金融	0.0860	0.1168	0.1675	0.1391	0.1214
	房地产	0.0185	0.0270	0.0325	0.0329	0.0288
	租赁和商务服务	0.1122	0.1027	0.1226	0.1119	0.1028
	研究和试验发展	0.0034	0.0047	0.0054	0.0063	0.0079
	综合技术服务	0.0076	0.0057	0.0054	0.0053	0.0080
	水利、环境和公共设施管理	0.0013	0.0010	0.0010	0.0009	0.0007
	居民服务、修理和其他服务	0.0181	0.0254	0.0254	0.0237	0.0278
	教育	0.0077	0.0104	0.0108	0.0107	0.0107
	卫生和社会工作	0.0049	0.0078	0.0089	0.0075	0.0126
	文化、体育和娱乐	0.0077	0.0127	0.0129	0.0131	0.0133
	公共管理、社会保障和社会组织	0.0269	0.0411	0.0365	0.0341	0.0314
影响力系数		1.0505	1.2268	1.3097	1.3393	1.2298

Continued

专用设备 Manufacture of Special Purpose Machinery	交通运输设备 Manufacture of Transport Equipment	电气机械和器材 Manufacture of Electrical Machinery & Equipment	通信设备、计算机和其他电子设备 Manufacture of Communication Equipment, Computer and Other Electronic Equipment	仪器仪表 Manufacture of Measuring Instruments	其他制造产品和废品废料 Other Manufacturing and Comprehensive Utilization of Waste Resources Industry
0.0191	0.0165	0.0199	0.0172	0.0264	0.1181
0.1274	0.1253	0.1217	0.2004	0.1752	0.0525
0.0700	0.0422	0.0628	0.0336	0.0514	0.0410
0.0614	0.0263	0.0587	0.0131	0.0206	0.0057
0.0067	0.0064	0.0079	0.0066	0.0066	0.0053
0.0070	0.0055	0.0075	0.0064	0.0096	0.0175
0.0030	0.0022	0.0039	0.0021	0.0037	0.0119
0.0022	0.0022	0.0027	0.0014	0.0027	0.0019
0.0031	0.0052	0.0041	0.0025	0.0039	0.1151
0.0241	0.0193	0.0227	0.0250	0.0319	0.0553
0.1092	0.0702	0.1037	0.0548	0.0784	0.0658
0.1012	0.0562	0.1077	0.0855	0.1931	0.0970
0.0187	0.0199	0.0242	0.0437	0.0203	0.0141
0.3101	0.1368	0.3059	0.0667	0.1064	0.0288
0.0520	0.0507	0.1191	0.0228	0.0362	0.0198
0.1025	0.0513	0.0409	0.0161	0.0318	0.0059
0.0872	0.0085	0.0276	0.0440	0.0224	0.0078
0.1209	0.5431	0.0103	0.0115	0.0097	0.0081
0.0413	0.0402	0.2025	0.0858	0.1579	0.0066
0.0254	0.0398	0.0632	0.5046	0.3976	0.0195
0.0076	0.0206	0.0196	0.0116	0.1928	0.0017
0.0071	0.0168	0.0066	0.0037	0.0049	0.0732
0.0038	0.0019	0.0028	0.0026	0.0020	0.0014
0.0949	0.0562	0.0822	0.0867	0.0733	0.0642
0.0042	0.0042	0.0048	0.0031	0.0038	0.0026
0.0008	0.0006	0.0008	0.0007	0.0007	0.0006
0.0108	0.0106	0.0127	0.0103	0.0126	0.0167
0.1690	0.2021	0.1583	0.1391	0.1795	0.1607
0.1226	0.1161	0.1175	0.0773	0.1070	0.0637
0.0142	0.0115	0.0179	0.0155	0.0175	0.0254
0.0130	0.0111	0.0121	0.0132	0.0135	0.0182
0.1227	0.0881	0.1111	0.1185	0.1009	0.1850
0.0280	0.0239	0.0267	0.0226	0.0250	0.0437
0.1052	0.0948	0.1045	0.0777	0.1277	0.1227
0.0052	0.0044	0.0048	0.0053	0.0040	0.0058
0.0110	0.0674	0.0053	0.0038	0.0067	0.0049
0.0007	0.0006	0.0007	0.0006	0.0008	0.0018
0.0225	0.0214	0.0225	0.0203	0.0206	0.0263
0.0116	0.0089	0.0103	0.0101	0.0107	0.0099
0.0078	0.0071	0.0073	0.0087	0.0066	0.0098
0.0134	0.0094	0.0115	0.0142	0.0152	0.0305
0.0317	0.0257	0.0325	0.0330	0.0409	0.0478
1.1677	1.1567	1.1637	1.1008	1.2628	0.9847

3-12 续表2

投入 \ 产出		金属制品、机械和设备修理服务 Metal Products, Machinery and Equipment Repair Industry	电力、热力的生产和供应 Production and Supply of Electric Power and Heat Power	燃气生产和供应 Production and Supply of Gas	水的生产和供应 Production and Supply of Water
中间投入	农林牧渔产品和服务	0.0236	0.0300	0.0096	0.0232
	煤炭采选产品	0.0948	0.4061	0.1149	0.0892
	石油和天然气开采产品	0.0693	0.0359	0.5562	0.0373
	金属矿采选产品	0.0533	0.0067	0.0041	0.0044
	非金属矿和其他矿采选产品	0.0065	0.0055	0.0026	0.0043
	食品和烟草	0.0109	0.0056	0.0029	0.0109
	纺织品	0.0028	0.0019	0.0025	0.0025
	纺织服装鞋帽皮革羽绒及其制品	0.0021	0.0021	0.0015	0.0028
	木材加工品和家具	0.0143	0.0030	0.0024	0.0026
	造纸印刷和文教体育用品	0.0179	0.0186	0.0111	0.0286
	石油、炼焦产品和核燃料加工品	0.0888	0.0538	0.0749	0.0578
	化学产品	0.0772	0.0457	0.0429	0.1415
	非金属矿物制品	0.0204	0.0118	0.0051	0.0078
	金属冶炼和压延加工品	0.2761	0.0340	0.0207	0.0220
	金属制品	0.0727	0.0171	0.0091	0.0102
	通用设备	0.0576	0.0163	0.0093	0.0068
	专用设备	0.0182	0.0080	0.0125	0.0084
	交通运输设备	0.2858	0.0077	0.0066	0.0077
	电气机械和器材	0.2302	0.0209	0.0093	0.0088
	通信设备、计算机和其他电子设备	0.0438	0.0167	0.0125	0.0206
	仪器仪表	0.0092	0.0068	0.0042	0.0029
	其他制造产品和废品废料	0.0073	0.0044	0.0026	0.0060
	金属制品、机械和设备修理服务	0.0022	0.0049	0.0048	0.0065
	电力、热力的生产和供应	0.0680	0.5121	0.0964	0.1426
	燃气生产和供应	0.0039	0.0027	0.0583	0.0020
	水的生产和供应	0.0009	0.0014	0.0017	0.0184
	建筑	0.0101	0.0147	0.0064	0.0129
	批发和零售	0.2247	0.0578	0.0489	0.0516
	交通运输、仓储和邮政	0.1057	0.0812	0.0539	0.0574
	住宿和餐饮	0.0111	0.0093	0.0052	0.0117
	信息传输、软件和信息技术服务	0.0114	0.0131	0.0097	0.0222
	金融	0.1003	0.1640	0.0421	0.2397
	房地产	0.0347	0.0162	0.0099	0.0227
	租赁和商务服务	0.0859	0.0679	0.0915	0.1380
	研究和试验发展	0.0031	0.0106	0.0019	0.0260
	综合技术服务	0.0156	0.0068	0.0021	0.0033
	水利、环境和公共设施管理	0.0007	0.0007	0.0003	0.0006
	居民服务、修理和其他服务	0.0163	0.0329	0.0110	0.0603
	教育	0.0085	0.0072	0.0054	0.0084
	卫生和社会工作	0.0052	0.0172	0.0031	0.0424
	文化、体育和娱乐	0.0091	0.0106	0.0042	0.0178
	公共管理、社会保障和社会组织	0.0255	0.0246	0.0185	0.0502
影响力系数		1.2149	1.0602	0.9013	0.9194

Continued

建筑 Construction	批发和零售 Wholesale and Retail Trades	交通运输、仓储和邮政 Traffic, Transport, Storage and Post	住宿和餐饮 Hotels and Catering Services	信息传输、软件和信息技术服务 Information Transmission, Computer Services and Software	金融 Financial Intermediation	房地产 Real Estate
0.0310	0.0101	0.0328	0.1470	0.0233	0.0147	0.0112
0.0955	0.0196	0.0703	0.0389	0.0679	0.0175	0.0262
0.0680	0.0196	0.1058	0.0349	0.0247	0.0146	0.0348
0.0261	0.0017	0.0055	0.0034	0.0063	0.0020	0.0025
0.1356	0.0021	0.0067	0.0039	0.0049	0.0020	0.0023
0.0083	0.0054	0.0098	0.1480	0.0106	0.0047	0.0037
0.0041	0.0013	0.0048	0.0044	0.0021	0.0019	0.0014
0.0033	0.0014	0.0049	0.0021	0.0024	0.0022	0.0016
0.0148	0.0014	0.0047	0.0028	0.0029	0.0015	0.0022
0.0297	0.0177	0.0272	0.0391	0.0362	0.0451	0.0285
0.1209	0.0371	0.1877	0.0483	0.0454	0.0282	0.0660
0.1247	0.0132	0.0476	0.0541	0.0342	0.0134	0.0152
0.2734	0.0047	0.0127	0.0082	0.0175	0.0047	0.0052
0.1325	0.0083	0.0282	0.0169	0.0319	0.0100	0.0125
0.0523	0.0046	0.0140	0.0098	0.0177	0.0046	0.0080
0.0178	0.0027	0.0142	0.0089	0.0074	0.0025	0.0039
0.0274	0.0023	0.0069	0.0053	0.0125	0.0034	0.0032
0.0134	0.0037	0.0471	0.0070	0.0055	0.0030	0.0029
0.0340	0.0055	0.0136	0.0080	0.0358	0.0042	0.0097
0.0242	0.0179	0.0254	0.0189	0.3388	0.0244	0.0205
0.0086	0.0008	0.0034	0.0014	0.0044	0.0008	0.0011
0.0130	0.0026	0.0075	0.0035	0.0043	0.0025	0.0030
0.0022	0.0005	0.0017	0.0009	0.0013	0.0004	0.0007
0.0709	0.0289	0.0725	0.0581	0.0618	0.0207	0.0299
0.0054	0.0033	0.0346	0.0106	0.0020	0.0012	0.0074
0.0015	0.0004	0.0008	0.0016	0.0007	0.0004	0.0005
0.0311	0.0125	0.0246	0.0200	0.0235	0.0120	0.0131
0.1653	0.0571	0.0761	0.0914	0.0924	0.0303	0.0304
0.1569	0.0574	0.1900	0.0414	0.0472	0.0245	0.0271
0.0131	0.0104	0.0124	0.0101	0.0116	0.0136	0.0109
0.0136	0.0192	0.0238	0.0192	0.2037	0.0475	0.0224
0.1190	0.1684	0.1423	0.1445	0.0690	0.1318	0.1971
0.0324	0.0602	0.0273	0.1701	0.0432	0.0545	0.0559
0.1526	0.1016	0.1402	0.1381	0.1131	0.1110	0.1057
0.0030	0.0005	0.0016	0.0011	0.0020	0.0005	0.0006
0.0416	0.0056	0.0169	0.0042	0.0034	0.0022	0.0019
0.0009	0.0004	0.0038	0.0017	0.0005	0.0005	0.0004
0.0208	0.0108	0.0444	0.0147	0.0151	0.0103	0.0087
0.0115	0.0140	0.0277	0.0096	0.0129	0.0119	0.0083
0.0050	0.0031	0.0029	0.0023	0.0031	0.0008	0.0011
0.0108	0.0077	0.0078	0.0100	0.0096	0.0135	0.0117
0.0385	0.0334	0.0358	0.0345	0.0798	0.0598	0.0350
1.1883	0.6701	0.9673	0.9035	0.9539	0.6611	0.6910

3-12 续表3

产出 / 投入		租赁和商务服务 Leasing and Business Services	研究和试验发展 Research and experimental development	综合技术服务 Comprehensive technical services	水利、环境和公共设施管理 Management of Water Conservancy, Environment and Public Facilities
中间投入	农林牧渔产品和服务	0.0239	0.0201	0.0505	0.0501
	煤炭采选产品	0.0575	0.0387	0.0440	0.0864
	石油和天然气开采产品	0.0726	0.0288	0.0548	0.0578
	金属矿采选产品	0.0061	0.0054	0.0035	0.0062
	非金属矿和其他矿采选产品	0.0046	0.0076	0.0043	0.0086
	食品和烟草	0.0071	0.0097	0.0117	0.0167
	纺织品	0.0037	0.0027	0.0041	0.0039
	纺织服装鞋帽皮革羽绒及其制品	0.0033	0.0017	0.0020	0.0069
	木材加工品和家具	0.0035	0.0040	0.0222	0.0170
	造纸印刷和文教体育用品	0.0618	0.0291	0.0454	0.0501
	石油、炼焦产品和核燃料加工品	0.1508	0.0458	0.0981	0.1052
	化学产品	0.0361	0.0963	0.1150	0.1161
	非金属矿物制品	0.0109	0.0346	0.0081	0.0169
	金属冶炼和压延加工品	0.0309	0.0273	0.0176	0.0311
	金属制品	0.0249	0.0192	0.0096	0.0211
	通用设备	0.0069	0.0110	0.0058	0.0107
	专用设备	0.0067	0.0071	0.0058	0.0071
	交通运输设备	0.0139	0.0051	0.0085	0.0085
	电气机械和器材	0.0152	0.0144	0.0066	0.0121
	通信设备、计算机和其他电子设备	0.0830	0.0452	0.0246	0.0205
	仪器仪表	0.0023	0.0297	0.0032	0.0038
	其他制造产品和废品废料	0.0090	0.0104	0.1829	0.0073
	金属制品、机械和设备修理服务	0.0012	0.0007	0.0014	0.0023
	电力、热力的生产和供应	0.0463	0.0404	0.0420	0.1931
	燃气生产和供应	0.0024	0.0026	0.0044	0.0027
	水的生产和供应	0.0009	0.0005	0.0007	0.0009
	建筑	0.0243	0.0286	0.0147	0.0452
	批发和零售	0.0728	0.0641	0.1169	0.0841
	交通运输、仓储和邮政	0.0607	0.0622	0.1350	0.0786
	住宿和餐饮	0.0185	0.0130	0.0216	0.0103
	信息传输、软件和信息技术服务	0.0220	0.0173	0.0161	0.0179
	金融	0.1354	0.0930	0.0855	0.0882
	房地产	0.0593	0.0263	0.0255	0.0342
	租赁和商务服务	0.1527	0.0928	0.1295	0.0891
	研究和试验发展	0.0014	0.0127	0.0018	0.0022
	综合技术服务	0.0044	0.0035	0.0138	0.0062
	水利、环境和公共设施管理	0.0010	0.0005	0.0011	0.0332
	居民服务、修理和其他服务	0.0343	0.2090	0.0185	0.0608
	教育	0.0179	0.0152	0.0111	0.0122
	卫生和社会工作	0.0024	0.0018	0.0032	0.0038
	文化、体育和娱乐	0.0147	0.0103	0.0157	0.0108
	公共管理、社会保障和社会组织	0.1609	0.0296	0.0410	0.0360
影响力系数		0.9296	0.8355	0.9146	0.9325

Continued

居民服务、修理和其他服务 Services to Households and Other Services	教育 Education	卫生和社会工作 Health and Social Work	文化、体育和娱乐 Culture,Sports and Entertainment	公共管理、社会保障和社会组织 Public Management and Social Organization	**感应度系数 Sensitivity coefficient**
0.0273	0.0170	0.0391	0.0789	0.0429	**1.5678**
0.0406	0.0545	0.0541	0.0468	0.0545	**2.1876**
0.0430	0.0233	0.0568	0.0275	0.0449	**1.6038**
0.0048	0.0033	0.0063	0.0073	0.0060	**0.7815**
0.0046	0.0073	0.0092	0.0040	0.0118	**0.6016**
0.0101	0.0066	0.0135	0.0138	0.0105	**0.7322**
0.0069	0.0018	0.0034	0.0085	0.0067	**0.6396**
0.0026	0.0013	0.0018	0.0051	0.0029	**0.4750**
0.0067	0.0025	0.0075	0.0074	0.0055	**0.5431**
0.0460	0.0346	0.0285	0.3174	0.1478	**1.0929**
0.0755	0.0366	0.0662	0.0482	0.0857	**1.7928**
0.0940	0.0393	0.4056	0.0483	0.0460	**2.0514**
0.0087	0.0207	0.0117	0.0088	0.0248	**0.8412**
0.0241	0.0165	0.0314	0.0353	0.0298	**1.8300**
0.0193	0.0072	0.0105	0.0081	0.0098	**0.8173**
0.0052	0.0057	0.0102	0.0050	0.0067	**0.6909**
0.0058	0.0038	0.0643	0.0056	0.0062	**0.6918**
0.0081	0.0042	0.0111	0.0054	0.0067	**0.8912**
0.0112	0.0070	0.0077	0.0064	0.0083	**0.8585**
0.0422	0.0182	0.0154	0.0283	0.0350	**1.2027**
0.0069	0.0093	0.0025	0.0017	0.0025	**0.5440**
0.0401	0.0037	0.0393	0.0157	0.0077	**0.6061**
0.0008	0.0010	0.0011	0.0011	0.0011	**0.4147**
0.0401	0.0931	0.0526	0.0581	0.0607	**1.8074**
0.0046	0.0022	0.0023	0.0024	0.0030	**0.4686**
0.0006	0.0031	0.0008	0.0012	0.0012	**0.3999**
0.0199	0.0444	0.0258	0.0191	0.0808	**0.6553**
0.0707	0.0393	0.1668	0.1266	0.0723	**2.2145**
0.1259	0.0538	0.0619	0.0579	0.0867	**1.8574**
0.0217	0.0185	0.0109	0.0164	0.0157	**0.5787**
0.0206	0.0243	0.0161	0.0303	0.0370	**0.7061**
0.1057	0.0510	0.0810	0.0876	0.0577	**2.1113**
0.0285	0.0695	0.0272	0.0404	0.0234	**0.9050**
0.2228	0.0478	0.0784	0.1132	0.0682	**2.0081**
0.0012	0.0013	0.0018	0.0014	0.0014	**0.4455**
0.0043	0.0039	0.0064	0.0099	0.0086	**0.5221**
0.0009	0.0004	0.0008	0.0012	0.0008	**0.4124**
0.0234	0.0438	0.0475	0.0345	0.0644	**0.8508**
0.0101	0.0525	0.0146	0.0117	0.0644	**0.5753**
0.0020	0.0022	0.0173	0.0026	0.0024	**0.4895**
0.0214	0.0097	0.0083	0.0177	0.0174	**0.5611**
0.0466	0.0239	0.0514	0.0391	0.0580	**0.9736**
0.8684	0.7195	0.9676	0.9061	0.8767	

主要统计指标解释

国内生产总值(GDP) 指一个国家所有常住单位在一定时期内生产活动的最终成果。国内生产总值有三种表现形态，即价值形态、收入形态和产品形态。从价值形态看，它是所有常住单位在一定时期内生产的全部货物和服务价值与同期投入的全部非固定资产货物和服务价值的差额，即所有常住单位的增加值之和；从收入形态看，它是所有常住单位在一定时期内创造的各项收入之和，包括劳动者报酬、生产税净额、固定资产折旧和营业盈余；从产品形态看，它是所有常住单位在一定时期内最终使用的货物和服务价值与货物和服务净出口价值之和。在实际核算中，国内生产总值有三种计算方法，即生产法、收入法和支出法。三种方法分别从不同的方面反映国内生产总值及其构成。

对于一个地区来说，称为地区生产总值或地区 GDP。

三次产业 三次产业的划分是世界上较为常用的产业结构分类，但各国的划分不尽一致。根据《国民经济行业分类》（GB/T 4754—2017）和《三次产业划分规定》，我国的三次产业划分是：

第一产业是指农、林、牧、渔业（不含农、林、牧、渔专业及辅助性活动）。

第二产业是指采矿业(不含开采专业及辅助性活动)，制造业（不含金属制品、机械和设备修理业），电力、热力、燃气及水生产和供应业，建筑业。

第三产业即服务业，是指除第一产业、第二产业以外的其他行业。

劳动者报酬 指劳动者从事生产活动应获得的全部报酬，既包括货币形式的报酬，也包括实物形式的报酬。主要包括工资、奖金、津贴和补贴，单位为其员工交纳的社会保险费、补充社会保险费和住房公积金、行政事业单位职工的离退休金、单位为其员工提供的其他各种形式的福利和报酬等。

生产税净额 指生产税减生产补贴后的差额。其中，生产税指政府对生产单位从事生产、销售和经营活动，以及因从事生产活动使用某些生产要素（如固定资产和土地等）所征收的各种税收、附加费和其他规费。生产税分为产品税和其他生产税，产品税主要有：增值税、消费税、进口关税、出口税等；其他生产税主要有：房产税、车船使用税、城镇土地使用税等。生产补贴则相反，它是政府为影响生产单位的生产、销售及定价等生产活动而对其提供的无偿支付，包括农业生产补贴、政策亏损补贴、进口补贴等。生产补贴作为负生产税处理。

固定资产折旧 指由于自然退化、正常淘汰或损耗而导致的固定资产价值下降，用以代表固定资产通过生产过程被转移到其产出中的价值。原则上，固定资产折旧应按照固定资产的重置价值计算。

营业盈余 指常住单位创造的增加值扣除劳动者报酬、生产税净额和固定资产折旧后的余额。

支出法国内生产总值 是从最终使用的角度反映一个国家(或地区)一定时期内生产活动最终成果的一种方法，包括最终消费支出、资本形成总额及货物和服务净出口三部分。计算公式为：

支出法国内生产总值=最终消费支出+资本形成总额+货物和服务净出口

最终消费支出 指常住单位为满足物质、文化和精神生活的需要，从本国经济领土和国外购买的货物和服务的支出。它不包括非常住单位在本国经济领土内的消费支出。最终消费支出分为居民消费支出和政府消费支出。

居民消费支出 指常住住户在一定时期内对于货物和服务的全部最终消费支出。居民消费支出除了直接以货币形式购买的货物和服务的消费支出外，还包括以其他方式获得的货物和服务的消费支出，后者称为虚拟消费支出。居民虚拟消费支出主要包括：单位以实物报酬及实物转移的形式提供给劳动者的货物和服务；住户生产用于自身消费的货物（如自产自用的农产品），以及纳入生产核算范围并用于自身消费的服务（如住户的自有住房服务）；银行和保险机构提供的间接计算的金融服务。

政府消费支出 指政府部门为全社会提供的公共服务的消费支出和免费或以较低的价格向居民住户提供的货物和服务的净支出，前者等于政府服务的产出价值减去政府单位所获得的经营收入的价值，后者等于政府部门免费或以较低价格向居民住户提供的货物和服务的市场价值减去向住户收取的价值。

资本形成总额 指常住单位在一定时期内获得减去处置的固定资产和存货的净额，包括固定资本形成总额和存货变动两部分。

固定资本形成总额 指常住单位在一定时期内获得的固定资产减处置的固定资产的价值总额。固定资产是通过生产活动生产出来的，且其使用年限在一年以上、单位价值在规定标准以上的资产，不包括自然资产、耐用消费品、小型工器具。固定资本形成总额包括住宅、其他建筑和构筑物、机器和设备、培育性生物资源、知识产权产品（研发支出、矿藏的勘探、计算机软件）的价值获得减处置。

存货变动 指常住单位在一定时期内存货实物量变动的市场价值，即期末价值减期初价值的差额，再扣除当期由于价格变动而产生的持有收益。存货变动可以是正值，也可以是负值，正值表示存货上升，负值表示存货下降。存货包括生产单位购进的原材料、燃料和储备物资等存货，以及生产单位生产的产成品、在制品和半成品等存货。

货物和服务净出口 指货物和服务出口减货物和服务

进口的差额。出口包括常住单位向非常住单位出售或无偿转让的各种货物和服务的价值；进口包括常住单位从非常住单位购买或无偿得到的各种货物和服务的价值。货物的出口和进口都按离岸价格计算。

直接消耗系数　也称为投入系数，记为 aij(i,j=1,2,…,n)它是指在生产经营过程中第 j 产品(或产业)部门的单位总产出所直接消耗的第 i 产品部门货物或服务的价值量，将各产品(或产业)部门的直接消耗系数用表的形式表现出来，就是直接消耗系数表或直接消耗系数矩阵，通常用字母 A 表示。

完全消耗系数　指第 j 产品部门每提供一个单位最终使用时，对第 i 产品部门货物或服务的直接消耗和间接消耗之和。将各产品部门的完全消耗系数用表的形式表现，就是完全消耗系数表或完全消耗系数矩阵，通常用字母 B 表示。

Explanatory Notes on Main Statistical Indicators

Gross Domestic Product (GDP) Gross Domestic Product (GDP) refers to the final products produced by all resident units in a country during a certain period of time. Gross domestic product is expressed in three different perspectives, namely value, income, and products respectively. GDP in its value perspective refers to the balance of total value of all goods and services produced by all resident units during a certain period of time, minus the total value of input of goods and services of the nature of non-fixed assets; in other words, it is the sum of the value-added of all resident units. GDP from the perspective of income refers to the sum of all kinds of revenue, including Compensation of Employees, Net Taxes on Production, Depreciation of Fixed Assets, and Operating Surplus. GDP from the perspective of products refers to the value of all goods and services for final demand by all resident units plus the net exports of goods and services during a given period of time. In the practice of national accounting, gross domestic product is calculated from three approaches, namely production approach, income approach and expenditure approach, which reflect gross domestic product and its composition from different angles.

For a region, it is called as Gross Regional Product(GRP) or regional GDP.

Three Strata of Industry Classification of economic activities into three strata of industries is a common practice in the world, although the grouping varies to some extent from country to country. In China, according to Industrial Classification for National Economic Activities (GB/T 4754—2017) and Rules on Division of Three Strata of Industries, economic activities are categorized into the following three strata of industries:

Primary industry refers to agriculture, forestry, animal husbandry and fishery industries (not including services in support of agriculture, forestry, animal husbandry and fishery industries).

Secondary industry refers to mining and quarrying (not including support activities for mining), manufacturing (not including repair service of metal products, machinery and equipment), production and supply of electricity, heat, gas and water, and construction.

Tertiary industry refers to all other economic activities not included in the primary or secondary industries.

Compensation of Employees refers to the total payment of various forms to employees for the productive activities they are engaged in. It includes the employees earn in cash or in kind. It mainly include: wages, bonuses and allowances, subsidies, social insurance paid by company or unit for its staff, supplementary social insurance, housing fund, the pension for the employees of the administrative institution, other forms of welfare and remuneration provide by the units for its employees.

Net Taxes on Production refers to taxes on production less subsidies on production. The taxes on production refers to the various taxes, extra charges and fees levied on the production units on their production, sale and business activities as well as on the use of some factors of production, such as fixed assets, land etc. in the production activities they are engaged in. Taxes on production are divided into product tax and other kinds of taxes on production, product tax mainly includes: value-added tax, consumption tax, import duty, export duty; other taxes on production mainly include: House Property Tax, Tax on Vehicles and Boat Operation, Urban Land Use Tax, etc. In contrast to taxes on production, subsidies on production refer to the payment by the government for free to the production units to influence production activities of production units such as production, sales and pricing, which include agricultural production subsidies, subsidies for policy losses, import subsidies, etc. Subsidies on production are therefore regarded as negative taxes on production.

Depreciation of Fixed Assets Refers to the decline of the value of fixed assets due to natural deterioration, normal elimination or loss, it reflects the value of transfer of the fixed assets in the production of the current period. In principle, the depreciation of fixed assets should be calculated on the basis of the re-purchased value of the fixed assets.

Operating Surplus refers to the balance of the value added created by the resident units after deducting the labourers remuneration, net taxes on production and the depreciation of fixed assets.

GDP by Expenditure Approach refers to the method of measuring the final results of production activities of a country (region) during a given period from the perspective of final uses. It includes final consumption expenditure, gross capital formation and net export of goods and services. The formula for computation is.:

GDP by expenditure approach = final consumption expenditure + gross capital formation + net export of goods and services

Final Consumption Expenditure refers to the total expenditure of resident units for purchases of goods and services from both the domestic economic territory and abroad to meet the needs of material, cultural and spiritual life. It does not include the expenditure of non-resident units on consumption in the economic territory of the country. The final consumption expenditure is broken down into household consumption expenditure and government consumption expenditure.

Household Consumption Expenditure refers to the total expenditure of resident households on the final consumption of

goods and services. In addition to the consumption of goods and services bought by the households directly with money, the household consumption expenditure also includes expenditure on goods and services obtained by the households in other ways, i.e. the latter so-called imputed consumption expenditure, which mainly includes: (a) the goods and services provided to households by employers in the form of payment in kind and transfer in kind; (b) goods and services produced and consumed by the households themselves (such as self produced agricultural products); (c) financial intermediate services provided by banking and insurance institutions.

Government Consumption Expenditure refers to the consumption expenditure spent for the provision of public services provided by the government to the whole country and the net expenditure on the goods and services provided by the government to households free of charge or at reduced prices. The former equals to the output value of the government services minus the value of operating income obtained by the government departments. The latter equals to the market value of the goods and services provided by the government free of charge or at reduced prices to the households minus the value received by the government from the households.

Gross Capital Formation refers to the fixed assets acquired less disposals and the net value of inventory, thus including gross fixed capital formation and changes in inventories.

Gross Fixed Capital Formation refers to the value of acquisitions less those disposals of fixed assets during a given period. Fixed assets are the assets produced through production activities with unit value above a specified amount and which could be used for over one year. Natural assets, consumer durables, small instruments are not included. Gross Fixed Capital Formation includes the value of housing, other buildings and structure, equipment and machinery, breeding biological resources, intellectual property right product (expenditure for R&D, the prospecting of minerals and the acquisition of computer software) minus the disposal of them.

Changes in Inventories refers to the market value of the change in the physical volume of inventory of resident units during a given period, i.e. the difference between the values at the beginning and at the end of the period minus the gains due to the change in prices. The changes in inventories can have a positive or a negative value. A positive value indicates an increase in inventory while a negative value indicates a decrease in inventory. The inventory includes raw materials, fuels and reserve materials purchased by the production units as well as the inventory of finished products, semi-finished products and work-in-progress.

Net Export of Goods and Services refers to the exports of goods and services subtracting the imports of goods and services. Exports include the value of various goods and services sold or gratuitously transferred by resident units to non-resident units. Imports include the value of various goods and services purchased or gratuitously acquired resident units from non-resident units. Because the provision of services and the use of them happen simultaneously, the acquisition of services by resident units from abroad is usually treated as import while the acquisition of services by non-resident units in this country is usually treated as export. The exports and imports of goods are calculated at FOB.

Direct Input Coefficient refers to the volume of products and services of industry i, which is consumed directly by industry j in the course of its production or business, recorded as aij (i,j=1,2, … ,n). The table of direct input coefficients, or the direct input coefficients matrix, usually denoted as A, is a table that presents direct input coefficients of all industries.

Total Input Coefficient refers to the volume of products and services of industry i which is consumed directly and indirectly by industry j in producing each unit of final use. The table of total input coefficients, or total input coefficients matrix, usually denoted as B, is a table that presents total input coefficients of all industries.

第四篇　价格指数

CHAPTER 4　PRICE INDICES

资料整理: 张红艳　陆　艳　韩晓宇　于海鹏

4-1 各种价格指数
Price Indices

(上年=100) (preceding year=100)

年份 Year	商品零售价格指数 Retail Price Index	居民消费价格指数 Consumer Price Index	城市 Urban Areas	农村 Rural Areas	建筑安装工程价格指数 Price Index for Construction and Installation	固定资产投资价格指数 Price Index for Investment In Fixed Assets	农业生产资料价格指数 Price Index for Means of Agricultural Production	工业生产者购进价格指数 Purchasing Price Index for Industrial Producers	工业生产者出厂价格指数 Producer Price Index for Industrial Products
1978	100.2	100.5	100.5						
1979	101.8	102.5	102.5						
1980	105.6	107.3	107.3						
1981	102.1	102.1	102.1						
1982	102.8	103.0	103.0						
1983	102.2	102.5	102.5						
1984	104.4	104.3	104.4	103.1					
1985	111.7	111.8	111.9	110.0					
1986	105.9	106.2	106.0	107.5					
1987	109.6	109.4	109.7	106.6					
1988	117.8	118.0	118.6	116.1			114.9		
1989	114.0	114.6	114.6	114.6			111.9		
1990	104.9	105.7	105.6	106.3	103.4		104.3		
1991	106.5	107.4	108.2	105.3	109.0	107.5	105.4		
1992	108.5	109.2	109.7	105.9	112.0	113.5	109.6	112.9	111.6
1993	114.6	114.8	115.2	113.7	132.9	128.0	124.6	139.6	141.3
1994	120.7	121.9	122.0	121.3	107.2	109.0	125.9	119.3	129.0
1995	114.3	116.1	115.9	116.2	104.8	106.5	123.1	112.7	116.1
1996	105.1	107.1	107.6	105.8	103.3	103.4	110.3	103.4	104.6
1997	102.2	104.4	104.5	103.8	103.8	102.7	100.6	104.4	102.3
1998	98.4	100.4	100.9	99.7	101.6	100.8	96.0	97.7	97.8
1999	96.1	96.8	97.0	96.3	99.7	99.7	96.5	98.2	107.4
2000	97.8	98.3	98.7	97.2	103.1	101.5	98.6	108.6	122.9
2001	100.4	100.8	100.8	100.4	100.6	100.1	98.9	99.5	96.0
2002	98.5	99.3	99.3	99.5	101.1	100.2	99.7	99.3	97.8
2003	99.7	100.9	100.8	101.2	102.7	102.3	101.8	107.6	111.9
2004	102.8	103.8	103.5	105.2	106.1	104.6	112.0	115.2	113.1
2005	100.4	101.2	100.8	102.3	102.2	102.2	108.6	111.8	116.7
2006	101.5	101.9	101.8	102.4	102.2	102.1	101.9	105.6	109.9
2007	105.6	105.4	105.4	105.4	105.5	104.5	109.4	105.0	105.3
2008	105.8	105.6	105.0	107.2	111.9	109.0	122.7	114.1	114.0
2009	98.9	100.2	99.8	101.2	94.8	97.6	94.2	93.4	87.4
2010	103.1	103.9	103.6	104.9	106.7	105.2	105.6	114.5	115.0
2011	104.5	105.8	105.6	106.4	109.9	107.5	110.2	111.1	112.0
2012	102.2	103.2	103.3	102.9	101.0	100.8	107.8	98.8	100.0
2013	101.1	102.2	102.0	103.1	100.4	100.1	104.1	98.7	98.0
2014	100.8	101.5	101.4	101.6	99.9	100.0	100.3	97.6	97.1
2015	100.1	101.1	101.1	101.1	98.7	99.0	101.3	88.2	86.0
2016	101.1	101.5	101.2	102.1	99.4	99.4	100.0	96.0	95.1
2017	99.9	101.3	101.2	101.8	104.5	103.4	100.6	110.2	109.3
2018	101.1	102.0	102.0	101.9	104.4	103.3	103.6	109.0	109.0
2019	102.1	102.8	102.7	103.2	100.6	100.8	105.6	100.3	98.2

注：1.1994年后商品零售价格指数不包括农业生产资料。
2.从2011年起工业品出厂价格指数改为工业生产者出厂价格指数，原材料、燃料、动力购进价格指数改为工业生产者购进价格指数(下同)。

a) Since 1994, Retail Price Indices Exclude Agricultural Means of Production.

b) From 2011, the producer price index for manufactured goods and the purchasing price index for raw materials, fuel and power changed to the produc price index for industrial products and the purchasing price index for industrial producers. The same applies to the tables following.

4-2 各种价格定基指数
Fixed-Base Price Indices

年份 Year	商品零售价格指数 Retail Price Index	居民消费价格指数 Consumer Price Index	城市 Urban Areas	农村 Rural Areas	建筑安装工程价格指数 Price Index for Construction and Installation	固定资产投资价格指数 Price Index for Investment In Fixed Assets	农业生产资料价格指数 Price Index for Means of Agricultural Production	工业生产者购进价格指数 Purchasing Price Index for Industrial Producers	工业生产者出厂价格指数 Producer Price Index for Industrial Products
1978=100									
1979	101.8	102.5	102.5						
1980	107.5	110.0	110.0						
1981	109.7	112.3	112.3						
1982	112.8	115.7	115.7						
1983	115.3	118.6	118.6						
1984	120.4	123.7	123.8						
1985	134.6	100.0	138.6	100.0					
1986	142.5	106.2	146.9	107.5					
1987	156.2	116.2	161.1	114.6					
1988	184.0	137.1	191.1	133.1					
1989	209.8	157.1	219.0	152.5					
1990	220.1	166.1	231.3	162.1	100.0	100.0	100.0		
1991	234.4	178.4	250.3	170.7	109.0	107.5	105.4		
1992	254.3	194.8	274.6	180.8	122.1	122.0	115.5		
1993	291.5	223.6	316.3	205.6	162.2	156.2	143.9		
1994	351.8	272.6	385.9	249.4	173.9	170.2	181.2		
1995	402.1	316.5	447.3	289.8	182.3	181.3	223.1	100.0	100.0
1996	422.6	339.0	481.3	306.6	188.3	187.5	246.1	103.4	104.6
1997	431.9	353.9	503.0	318.3	195.4	192.5	247.5	107.9	107.0
1998	425.0	355.3	507.5	317.3	198.6	194.1	237.6	105.5	104.7
1999	408.0	343.8	491.8	305.4	198.0	193.5	229.3	103.6	112.4
2000	399.0	337.9	485.4	296.8	204.1	196.4	226.1	112.5	138.1
2001	400.6	340.6	489.3	298.0	205.3	196.6	223.6	111.9	132.6
2002	394.6	338.2	485.9	296.5	207.6	197.0	222.9	111.1	129.7
2003	393.4	341.2	489.8	300.1	213.2	201.5	226.9	119.5	145.1
2004	404.4	354.2	506.9	315.7	226.2	210.8	254.1	137.7	164.1
2005	406.0	358.5	510.9	322.9	231.2	215.4	276.0	153.9	191.5
2006	412.1	365.3	520.1	330.6	236.3	219.9	281.2	162.5	210.5
2007	435.2	385.0	548.2	348.5	249.3	229.8	307.6	170.6	221.7
2008	460.4	406.6	575.6	373.6	279.0	250.5	377.4	194.7	252.7
2009	455.3	407.4	574.4	378.1	264.5	244.5	355.5	181.8	220.9
2010	469.4	423.3	595.1	396.6	282.2	257.2	375.4	208.2	254.0
2011	490.5	447.8	628.4	422.0	310.2	276.5	413.7	231.3	284.5
2012	501.3	462.1	649.1	434.2	313.3	278.7	446.0	228.5	284.5
2013	506.8	472.3	662.1	447.7	314.6	279.0	464.3	225.5	278.8
2014	510.9	479.4	671.4	454.9	314.3	279.0	465.7	220.1	270.7
2015	511.4	484.7	678.8	459.9	310.2	276.2	471.8	194.1	232.8
2016	517.0	492.0	686.9	469.6	308.3	274.5	471.8	186.3	221.4
2017	516.5	498.4	695.1	478.1	322.2	283.9	474.6	205.3	242.0
2018	522.2	508.4	709.0	487.2	336.4	293.3	491.7	223.8	263.8
2019	533.2	522.6	728.1	502.8	338.4	295.6	519.2	224.5	259.1

注：居民消费价格总指数及农村居民消费价格指数以1985年为基期，农业生产资料、建筑安装工程价格指数和固定资产投资价格指数以1990年为基期，工业生产者出厂价格指数和工业生产者购进价格指数以1995年为基期。

a) The index of year 1985 is defined as 100 in Consumer Price Index and Rural Consumer Price Index, the index of year 1990 is defined as 100 in Price Index for Means of Agricultural Production, Build-in Project Price Index and Price Index of Investment In Fixed Assets, the index of year 1995 is defined as 100 in Purchasing Price Index for Industrial Producers and Producer Price Index for Industrial Products.

4-3 居民消费价格分类指数
Consumer Price Indices by Category

(上年=100) (preceding year=100)

项 目	Item	2018年			2019年		
		全 省 Total Indices	城 市 Urban Indices	农 村 Rural Indices	全 省 Total Indices	城 市 Urban Indices	农 村 Rural Indices
居民消费价格指数	**Consumer Price Index**	**102.0**	**102.0**	**101.9**	**102.8**	**102.7**	**103.2**
食品烟酒	**Food, Tobacco and Liquor**	**100.9**	**101.1**	**100.3**	**107.4**	**107.1**	**108.2**
食 品	Food	100.7	101.0	99.9	109.6	109.3	110.4
粮 食	Grain	101.3	100.7	102.2	101.0	102.3	99.3
薯 类	Tubers	106.9	106.4	108.7	97.8	98.3	96.2
豆 类	Soybeans	98.9	98.1	100.4	99.9	99.4	100.9
食用油	Edible Oil	98.9	99.4	98.2	99.9	99.6	100.4
菜	Vegetables	106.3	106.4	106.3	106.2	105.9	107.3
畜肉类	Livestock Meat	92.2	93.4	89.2	130.7	128.9	135.8
禽肉类	Poultries Meat	102.7	102.0	105.3	115.2	115.6	113.8
水产品	Aquatic Products	101.2	100.8	102.7	101.2	100.5	104.4
蛋 类	Eggs	110.7	110.2	112.1	103.5	103.1	104.6
奶 类	Milk	101.9	102.4	99.7	100.5	100.7	99.6
干鲜瓜果类	Dried and Fresh Melons and Fruits	105.3	105.2	105.5	111.5	109.7	117.5
糖果糕点类	Confectionery	101.4	102.2	98.9	100.5	100.3	101.2
调味品	Flavoring	101.9	101.8	102.2	101.3	100.0	104.7
其他食品类	Other Foods	100.9	101.3	100.1	100.8	100.6	101.2
茶及饮料	Tea and Beverages	102.1	102.5	100.7	102.6	103.0	101.1
烟 酒	Tobacco and Liquor	102.0	102.1	101.9	100.2	99.9	100.5
在外餐饮	Dining Out	101.1	101.1	101.2	103.1	102.8	104.2
衣 着	**Clothing**	**100.9**	**100.7**	**101.8**	**100.9**	**101.0**	**100.6**
服 装	Garments	101.3	101.1	102.1	101.5	101.7	100.6
服装材料	Clothing Material	99.7	99.3	101.0	100.2	100.1	100.4
其他衣着及配件	Other Clothing and Parts	99.7	99.6	99.8	99.8	99.9	99.6
衣着加工服务费	Clothing Manufacturing Services	101.7	101.5	102.2	95.7	94.5	100.5
鞋 类	Footwear	100.0	99.6	101.5	99.7	99.4	100.9
居 住	**Residence**	**101.1**	**100.5**	**102.8**	**99.6**	**99.4**	**100.1**
租赁房房租	Rent of Rental Housing	100.9	100.8	101.8	98.9	98.9	99.1
住房保养维修及管理	Housing Maintenance and Management	102.1	102.3	101.9	100.0	100.2	99.8
水电燃料	Water, Electricity and Fuels	101.9	100.6	106.2	100.8	100.4	101.9
自有住房	Private Housing	100.4	100.1	101.4	98.7	98.6	99.3
生活用品及服务	**Supplies and Services**	**100.8**	**100.5**	**101.6**	**100.3**	**100.3**	**100.5**
家具及室内装饰品	Furniture and Interior Decorations	99.8	99.8	99.7	99.2	99.2	99.1
家用器具	Household Facilities	99.8	99.8	99.7	98.7	98.6	98.9
家用纺织品	Household Textile	100.7	100.9	100.0	99.6	99.4	100.4
家庭日用杂品	Daily Use Household Articles	101.0	100.6	101.9	100.7	100.7	100.6
个人护理用品	Personal-care Supply	101.4	101.4	101.2	101.9	102.2	100.3
家庭服务	Household Services	103.2	101.0	112.4	102.2	100.8	107.6
交通和通信	**Transportation and Communication**	**101.2**	**101.2**	**101.2**	**99.3**	**99.3**	**99.3**
交 通	Transportation	103.0	103.0	102.8	100.0	100.0	99.9
通 信	Communication	97.9	97.7	98.5	98.1	98.0	98.4
教育文化和娱乐	**Education, Culture and Recreation**	**102.9**	**103.1**	**102.4**	**103.5**	**103.1**	**104.7**
教 育	Education	103.8	104.2	103.2	105.2	105.0	105.5
文化娱乐	Cultural and Recreational Articles	101.1	101.5	98.2	100.1	100.1	100.3
医疗保健	**Health Care**	**108.6**	**110.3**	**104.9**	**102.0**	**102.3**	**101.1**
药品及医疗器具	Drugs and Medical Instrument	104.5	103.9	106.2	104.2	104.6	103.3
医疗服务	Medical Service	111.2	114.8	104.2	100.6	100.9	99.9
其他用品和服务	**Other Articles and Services**	**99.8**	**99.6**	**100.7**	**102.9**	**103.3**	**101.6**
其他用品类	Other Articles	98.4	98.4	98.4	103.7	104.0	102.4
其他服务类	Other Services	100.9	100.5	101.9	102.3	102.7	101.2

4-4 商品零售价格分类指数
Retail Price Indices by Category of Commodities

(上年=100) (preceding year=100)

项 目	Item	2018年			2019年		
		全 省 Total Indices	城 市 Urban Indices	农 村 Rural Indices	全 省 Total Indices	城 市 Urban Indices	农 村 Rural Indices
商品零售价格总指数	**Retail Price Index**	**101.1**	**101.0**	**101.9**	**102.1**	**102.1**	**102.2**
食品类	**Food**	**100.6**	**100.6**	**100.5**	**108.8**	**108.7**	**109.2**
粮 食	Grain	101.1	100.8	102.0	102.0	102.8	99.4
薯 类	Tubers	106.8	106.5	108.4	98.3	98.6	96.0
豆 类	Soybeans	98.7	98.3	100.4	100.0	99.7	101.1
食用油	Edible Oil	99.0	99.2	98.5	100.2	100.0	100.9
菜	Vegetables	107.1	107.2	106.9	105.7	105.6	106.8
畜肉类	Livestock Meat	92.5	92.8	89.8	130.5	129.9	135.3
禽肉类	Poultries Meat	102.1	101.5	105.9	115.6	115.9	113.6
水产品	Aquatic Products	100.1	99.9	102.7	100.3	99.9	104.1
蛋 类	Eggs	109.8	109.3	112.5	104.7	104.6	105.1
奶 类	Milk	102.7	103.0	99.4	101.0	101.1	99.6
干鲜瓜果类	Dried and Fresh Melons and Fruits	105.0	104.8	106.1	110.7	109.7	118.7
糖果糕点类	Confectionery	101.7	102.3	98.6	100.2	100.1	101.0
调味品	Flavoring	102.1	102.1	102.2	101.3	100.7	104.9
其他食品类	Other Foods	101.5	101.7	100.2	100.5	100.3	101.3
在外餐饮	Dining Out	101.2	101.2	101.2	103.3	103.2	104.5
饮料、烟酒	**Beverages, Tobacco and Liquor**	**102.5**	**102.6**	**101.8**	**100.6**	**100.6**	**100.7**
茶及饮料	Tea and Beverages	102.3	102.4	100.6	103.2	103.3	101.2
烟 草	Tobacco	100.7	100.7	100.5	100.0	100.0	100.0
酒	Liquor	105.6	105.9	103.8	100.1	99.9	101.4
服装、鞋帽类	**Garments, Shoes and Hats**	**100.8**	**100.6**	**101.7**	**101.1**	**101.2**	**100.6**
服 装	Garments	101.2	101.1	101.9	101.8	102.0	100.4
鞋袜帽	Footgear and Hats	99.4	99.1	101.4	99.2	99.0	100.9
其他衣着配件	Others	101.5	101.6	100.4	101.0	101.0	100.4
纺织品类	**Textiles**	**100.7**	**100.8**	**100.1**	**99.7**	**99.6**	**100.4**
衣着材料	Clothing	99.5	99.2	100.9	100.1	100.0	100.5
床上用品	Bedding	101.0	101.2	99.8	99.6	99.5	100.4

4-4　续表　Continued

(上年=100)　　(preceding year=100)

项　目	Item	2018年 全省 Total Indices	2018年 城市 Urban Indices	2018年 农村 Rural Indices	2019年 全省 Total Indices	2019年 城市 Urban Indices	2019年 农村 Rural Indices
家用电器及音像器材	**Household Appliances and Music and Video Equipment**	**99.0**	**99.0**	**98.5**	**99.3**	**99.5**	**98.1**
家庭设备	Household Facilities	100.4	100.4	100.0	99.2	99.3	98.8
文娱用耐用消费品	Durable Consumer Goods for Recreational Use	97.0	97.1	96.2	99.4	99.7	96.9
音像器材类	Sound and Video Equipment	97.1	97.1	97.1	99.6	99.7	97.7
文化办公用品	**Cultural and Official Appliances**	**97.5**	**97.5**	**97.9**	**98.6**	**98.5**	**98.9**
日用品	**Articles for Daily Use**	**100.7**	**100.6**	**101.2**	**99.6**	**99.5**	**100.5**
日用百货	General Merchandise for Daily Use	102.1	102.2	101.3	99.2	98.9	100.8
厨具餐具茶具	Kitchen Utensils and Tableware	99.0	98.5	102.5	100.2	100.1	100.5
洗涤用品	Washing Product	100.8	100.7	100.8	100.7	100.8	100.2
其它日用品	Others	99.5	99.4	100.7	99.1	99.0	100.5
体育娱乐用品	**Sports and Recreation Articles**	**100.3**	**100.1**	**102.2**	**100.4**	**100.3**	**100.9**
体育用品	Sports Goods	99.3	99.2	100.0	101.1	101.0	101.5
娱乐用品	Amusement Goods	100.6	100.4	102.6	100.3	100.2	100.8
交通、通信用品	**Transportation and Communication Articles**	**98.0**	**98.0**	**98.0**	**98.6**	**98.6**	**99.1**
交通运输机械	Transportation Facility	99.9	99.9	100.1	101.7	101.6	102.1
通信器材类	Communication Facility	94.5	94.5	94.5	92.6	92.4	93.7
家　具	**Furniture**	**100.1**	**100.2**	**99.5**	**99.6**	**99.7**	**99.2**
化妆品类	**Cosmetics**	**101.8**	**101.8**	**101.1**	**102.8**	**103.1**	**100.2**
金银珠宝类	**Gold, Silver and Jewelry**	**96.6**	**96.6**	**96.9**	**106.6**	**107.0**	**103.7**
中西药品及医疗保健用品	**Medicines and Health Cares Articles**	**103.9**	**103.5**	**106.4**	**104.7**	**104.9**	**103.8**
医疗器具及用品	Medical Treatment Appliance Articles	100.0	100.0	100.7	108.5	109.4	99.2
中药材及中成药	Chinese Traditional Medicines	104.3	103.4	109.5	103.3	102.8	105.9
西　药	Western Medicine	104.4	104.2	105.4	105.6	106.1	102.9
保健器具及用品	Health Care Appliances and Articles	101.2	101.1	102.0	102.8	102.8	103.2
书报杂志及电子出版物	**Newspapers, Magazines and E-journal**	**102.1**	**101.9**	**103.8**	**102.9**	**102.8**	**103.2**
教材及参考书	Teaching Materials and Reference Books	101.7	101.9	100.8	102.8	103.1	101.2
书报杂志	Newspapers and Magazines	103.4	102.8	108.7	103.8	103.4	107.0
电子音像制品	E-journal	99.2	99.1	99.7	99.9	100.2	97.6
燃料类	**Fuels**	**109.1**	**108.5**	**112.4**	**98.3**	**98.1**	**99.1**
煤炭及制品类	Coal and Their Products	107.0	104.3	114.1	103.3	103.5	102.8
石油及制品类	Oil and Their Products	109.7	109.5	111.2	96.7	96.8	96.0
建筑材料及五金电料类	**Building Materials, Hardware and Electric Materials**	**101.4**	**101.3**	**102.0**	**100.1**	**99.9**	**101.3**
建筑装潢材料	Building Decoration Materials	101.5	101.4	102.5	99.9	99.7	101.5
五金电料类	Hardware and Electric Materials	100.9	100.9	100.7	100.5	100.5	100.8

4-5 农业生产资料价格分类指数

Price Indices for Means of Agricultural Production by Category

(上年=100) (preceding year=100)

项 目	Item	2015	2016	2017	2018	2019
总指数	**General Index**	**101.3**	**100.0**	**100.6**	**103.6**	**105.6**
农用手工工具	Farm Hand Tools	102.3	100.6	101.4	107.5	101.6
饲 料	Forage	101.2	100.0	97.5	101.3	103.1
仔畜幼禽及产品畜	Newborn Animals & Poultry, and Commodity Animals			95.9	89.7	163.8
半机械化农具	Semi-mechanized Farm Tools	98.9	97.8	99.6	100.9	100.2
机械化农具	Mechanized Farm Machinery	100.1	100.3	101.1	102.4	101.8
化学肥料	Chemical Fertilizer	103.5	97.9	102.9	105.3	103.8
农药及农药械	Pesticide & Its Appliances	100.7	99.9	100.3	106.6	102.7
化学农药	Chemical Pesticide	100.7	99.9	100.4	106.2	102.8
农药械	Pesticide Appliances	100.0	100.0	100.0	108.6	102.2
农机用油	Oil for Farm Machinery	86.7	96.0	109.9	112.8	94.7
其他农业生产资料	Others Means of Agricultural Production	101.3	100.0	100.3	104.7	101.6
农业生产服务	Service for Agricultural Production	98.7	99.8	99.8	104.8	102.7

4-6 农产品生产价格指数

Producer Price Indices for Farm Products

(上年=100) (preceding year=100)

指 标	Item	2015	2016	2017	2018	2019
总指数	**General Index**	**98.7**	**93.6**	**95.1**	**100.8**	**106.2**
农业产品	Agricultural Products	97.4	90.0	96.1	102.9	99.5
林业产品	Forestry Products	101.4	85.3	115.3	105.1	102.5
畜牧业产品	Animal Husbandry Products	105.5	112.4	89.8	89.6	141.1
渔业产品	Fishery Products	95.8	104.2	95.3	99.1	105.3

4-7　按工业部门分工业生产者出厂价格指数
Producer Price Indices for Industrial Products by Category

(上年=100)　　(preceding year=100)

类　别	Category	2015	2016	2017	2018	2019
总指数	**General Index**	**86.0**	**95.1**	**109.3**	**109.0**	**98.2**
轻工业	Light Industry	97.5	99.2	99.5	101.0	101.0
以农产品为原料	Using Farm Products as Raw Materials	98.8	99.3	99.2	100.8	101.2
以非农产品为原料	Using Non-Farm Products as Raw Materials	87.4	98.2	101.8	102.8	99.5
重工业	Heavy Industry	82.7	93.2	113.9	112.4	97.0
采掘工业	Mining & Quarrying Industry	60.2	84.9	129.3	125.2	96.1
原料工业	Raw Materials Industry	87.0	95.7	113.6	110.0	95.6
加工工业	Manufacturing Industry	96.9	97.6	102.9	103.3	99.4
生产资料	Means of Production	82.8	93.4	113.5	112.3	96.9
采　掘	Mining & Quarrying Industry	60.2	84.9	129.3	125.2	96.1
原　料	Raw Materials Industry	86.5	95.3	113.6	110.6	95.4
加　工	Manufacturing Industry	97.1	98.2	103.0	103.2	99.3
生活资料	Consumer Goods	98.8	99.1	99.4	100.6	101.4
食　品	Food	98.6	99.1	99.1	100.5	101.6
衣　着	Clothing	96.9	98.5	98.6	99.0	99.6
一般日用品	Articles for Daily Use	99.4	98.5	100.9	101.5	100.7
耐用消费品	Durable Consumer Goods	100.1	101.1	99.2	100.8	100.5
冶金工业	Metallurgical Industry	89.4	99.1	115.6	108.7	101.0
电力工业	Power Industry	98.8	99.5	100.5	99.8	100.7
煤炭及炼焦工业	Coal and Coking Industry	84.7	98.7	131.3	110.1	101.6
石油工业	Petroleum Industry	64.0	86.4	124.2	123.0	94.5
化学工业	Chemical Industry	90.2	95.0	109.8	108.9	96.3
机械工业	Machine Building Industry	99.1	99.5	100.1	100.7	100.3
建筑材料工业	Building Materials Industry	94.9	93.0	103.7	108.3	97.0
森林工业	Timber Industry	99.5	100.1	99.9	99.6	99.7
食品工业	Food Industry	98.9	99.6	99.1	100.3	101.6
纺织工业	Textile Industry	100.2	97.4	100.0	100.0	103.1
缝纫工业	Tailoring Industry	100.0	101.2	98.9	98.5	99.4
皮革工业	Leather Industry	99.6	92.7	98.8	99.9	100.0
造纸工业	Paper Industry	96.0	97.8	108.1	112.0	94.0
文教艺术用品工业	Cultural, Educational & Handicrafts Articles	98.4	100.1	100.4	100.6	100.0
其他工业	Others	99.9	99.6	101.3	101.1	99.1

4-8 按工业行业分工业生产者出厂价格指数
Producer Price Indices for Industrial Products by Sector

(上年=100) (preceding year=100)

行业	Sector	2015	2016	2017	2018	2019
总指数	**General Indices**	**86.0**	**95.1**	**109.3**	**109.0**	**98.2**
采矿业	**Mining**					
煤炭开采和洗选业	Mining and Washing of Coal	86.4	97.5	128.0	107.6	103.6
石油和天然气开采业	Extraction of Petroleum and Natural Gas	55.4	80.8	133.2	130.1	94.9
黑色金属矿采选业	Mining of Ferrous Metal Ores	91.5	103.6	114.5	103.8	111.6
有色金属矿采选业	Mining of Non-ferrous Metal Ores	92.3	103.4	121.5	117.0	99.7
非金属矿采选业	Mining and Processing of Nonmetal Ores	101.5	93.4	102.7	108.9	102.8
开采辅助活动	Mining Auxiliary Activities		101.6	99.9	98.1	99.9
制造业	**Manufacturing**					
农副食品加工业	Processing of Food from Agricultural Products	99.7	99.9	98.4	100.0	100.9
食品制造业	Manufacture of Foods	97.5	99.1	101.3	101.3	101.8
酒、饮料和精制茶制造业	Manufacture of Wine, soft drinks and refined tea	96.7	97.0	97.8	102.5	97.5
烟草制品业	Manufacture of Tobacco	100.2	100.0	100.0	100.0	118.8
纺织业	Manufacture of Textile	100.2	97.4	100.0	100.0	103.1
纺织服装、服饰业	Manufacture of Textile and Apparel	100.0	101.2	98.9	98.5	99.4
皮革、毛皮、羽毛及其制品和制鞋业	Manufacture of Leather, Furs, Feather and Related Products and Footwear	99.6	92.9	98.9	99.9	100.4
木材加工和木、竹、藤、棕、草制品业	Processing of Timber, Manufacture of Wood, Bamboo, Rattan, Palm and Straw Products	99.3	100.2	100.0	99.4	99.6
家具制造业	Manufacture of Furniture	100.3	100.1	99.1	101.0	100.4
造纸和纸制品业	Manufacture of Paper and Paper Products	96.0	97.8	108.1	112.0	94.0
印刷和记录媒介复制业	Manufacture of Printing and Record Medium Reproduction	99.1	100.0	102.2	101.3	99.4
文教、工美、体育和娱乐用品制造业	Manufacture of Articles for Culture, Education and Sports Activities	96.8	100.1	99.6	100.1	102.1
石油加工、炼焦和核燃料加工业	Processing of Petroleum ,Coking, Processing of Nucleus Fuel	81.8	94.4	118.3	115.5	93.0
化学原料和化学制品制造业	Manufacture of Chemical Raw Material and Chemical Products	82.6	93.6	117.1	113.2	93.5
医药制造业	Manufacture of Medicines	96.9	96.3	102.5	103.1	100.3
化学纤维制造业	Manufacture of Chemical Fiber	83.3	85.1	121.3	121.2	86.2
橡胶塑料制品业	Manufacture of Rubber and Plastics Products		98.2	105.7	103.0	99.6
非金属矿物制品业	Manufacture of Non-metallic Mineral Products	94.8	93.8	103.5	107.0	96.5
黑色金属冶炼和压延加工业	Manufacture and Processing of Ferrous Metals	85.6	100.0	126.1	113.4	96.9
有色金属冶炼和压延加工业	Manufacture and Processing of Non-ferrous Metals	96.1	96.2	99.8	102.8	109.5
金属制品业	Manufacture of Metal Products		98.1	104.9	102.5	101.2
通用设备制造业	Manufacture of General Purpose Machinery	98.6	99.7	99.2	99.6	100.6
专用设备制造业	Manufacture of Special Purpose Machinery	97.8	98.6	100.9	101.0	100.8
汽车制造业	Manufacture of Automobiles		100.0	100.1	100.1	100.0
铁路、船舶、航空航天和其他运输设备制造业	Manufacture of Railway, Ship, Aerospace and Other Transport Equipment		100.4	100.5	100.3	100.7
电气机械及器材制造业	Manufacture of Electrical Machinery and Equipment	99.9	99.0	100.3	102.8	98.8
计算机、通信和其他电子设备制造业	Manufacture of Computers, Communication and Other Electronic Equipment	100.0	100.1	108.8	99.9	98.0
仪器仪表制造业	Manufacture of Measuring Instruments	100.0	100.7	100.1	102.4	102.8
其他制造业	Other Manufacturing	66.7	103.7	118.7	100.0	100.0
废弃资源综合利用业	Comprehensive Utilization of Waste Resources Industry	100.0	95.3	111.5	113.6	103.3
金属制品、机械和设备修理业	Metal Products, Machinery and Equipment Repair Industry		100.0	100.0	100.0	99.9
电力、燃气及水的生产和供应业	**Production and Distribution of Electricity, Gas and Water**					
电力、热力的生产和供应业	Production and Supply of Electric Power and Heat Power	98.8	99.5	100.5	99.8	100.7
燃气生产和供应业	Production and Distribution of Gas	82.9	92.0	100.8	97.1	104.2
水的生产和供应业	Production and Distribution of Water	100.1	104.5	100.0	100.0	99.9

4-9　工业生产者购进价格指数
Purchasing Price Indices for Industrial Producers

(上年=100)　　(preceding year=100)

类　别	Category	2015	2016	2017	2018	2019
总指数	**General Index**	**88.2**	**96.0**	**110.2**	**109.0**	**100.3**
燃料、动力类	Fuels and Motive Power	80.4	93.0	117.3	114.9	98.0
黑色金属材料类	Ferrous Metals Materials	90.9	95.9	107.1	106.5	104.3
#钢　材	#Steel Products	91.1	95.0	104.3	105.5	104.1
其　他	Others	90.3	99.8	118.9	110.2	105.4
有色金属材料和电线类	Nonferrous Metals Materials and Electric Wire	97.4	98.6	103.4	100.5	99.7
化工原料类	Chemical Raw Materials	92.8	99.1	107.4	105.8	91.5
木材及纸浆类	Logging and Paper Pulp	100.2	99.9	104.9	106.2	99.0
建筑材料类及非金属矿类	Building Materials and Nonmetal Minerals	100.6	99.1	107.0	109.7	96.6
其他工业原料及半成品	Others Industry Materials & Semi Finished Articles	97.1	97.5	101.9	102.3	102.6
农副产品类	Farm Products	99.3	103.4	99.2	96.8	110.1
纺织原料类	Textile Raw Materials	99.7	96.8	101.4	99.8	98.9

4-10　固定资产投资价格指数
Price Indices for Investment in Fixed Assets

(上年=100)　　(preceding year=100)

年　份 Year	总指数 General Index	建筑安装工　程 Construction and Installation	设备、工器具购置 Purchase of Equipment and Instruments	其他费用 Other Expenses
1995	106.5	106.7	108.3	101.3
1996	103.4	103.3	105.0	101.3
1997	102.7	103.8	100.2	100.2
1998	100.8	101.6	98.9	100.9
1999	99.7	99.7	99.8	99.4
2000	101.5	103.1	97.3	100.7
2001	100.1	100.6	98.6	100.2
2002	100.2	101.1	96.9	101.5
2003	102.3	102.7	100.8	103.0
2004	104.6	106.1	101.4	102.0
2005	102.2	102.2	101.8	102.9
2006	102.1	102.2	101.3	103.4
2007	104.5	105.5	99.9	109.1
2008	109.0	111.9	100.6	110.9
2009	97.6	94.8	97.8	112.0
2010	105.2	106.7	100.4	107.6
2011	107.5	109.9	101.1	107.2
2012	100.8	101.0	99.3	102.8
2013	100.1	100.4	98.7	101.8
2014	100.0	99.9	99.7	101.4
2015	99.0	98.7	99.2	101.9
2016	99.4	99.4	99.0	100.7
2017	103.4	104.5	100.4	101.2
2018	103.3	104.4	100.8	100.4
2019	100.8	100.6	100.3	103.4

4-11 建筑安装工程价格指数
Build-In Project Price Index

(上年=100) (preceding year=100)

年 份 Year	总指数 General Index	人工费 Manpower Cost Price Index	材料费 Material Price Index	钢 材 Steel Products	木 材 Timber
1995	104.8	111.0	103.4	92.7	98.0
1996	103.3	115.0	102.8	98.9	100.0
1997	103.8	107.5	99.5	98.1	102.6
1998	101.6	103.4	101.4	99.0	100.0
1999	99.7	103.3	99.0	97.4	100.7
2000	103.1	104.1	103.0	104.6	101.5
2001	100.6	105.2	99.1	98.9	101.0
2002	101.1	101.5	101.2	99.2	107.9
2003	102.7	103.6	102.8	109.1	100.8
2004	106.1	104.0	107.4	114.7	103.6
2005	102.2	105.6	101.5	101.4	105.8
2006	102.2	108.7	100.6	98.5	103.7
2007	105.5	113.3	103.5	104.2	107.7
2008	111.9	115.5	110.7	116.5	112.7
2009	94.8	111.7	90.8	82.5	104.8
2010	106.7	111.1	105.1	105.0	107.8
2011	109.9	113.7	109.0	111.5	110.6
2012	101.0	107.3	97.6	93.2	102.4
2013	100.4	102.7	98.8	94.7	100.1
2014	99.9	101.5	98.9	97.3	100.4
2015	98.7	101.4	97.1	94.5	100.1
2016	99.4	100.7	98.4	98.2	101.8
2017	104.5	101.8	106.9	114.1	102.1
2018	104.4	102.6	106.1	108.8	102.3
2019	100.6	101.3	100.2	100.4	101.4

4-11　续表　Continued

年　份 Year						机械使用费 Machinery Price Index
	水　泥 Cement	地方材料 Local Materials	化工材料 Chemical Materials	电　料 Electrical Materials	其它材料 Other Material	
1995	106.2	111.6				
1996	102.5	104.8				107.6
1997	102.2	102.0	105.7	100.5		131.5
1998	103.4	103.8	100.1	98.0		99.6
1999	99.4	99.6	101.9	99.4		100.5
2000	102.3	103.1	109.6	103.9		102.2
2001	99.6	99.1	98.5	98.7		99.0
2002	101.1	102.8	99.3	100.1		100.1
2003	99.1	99.6	100.2	100.3	101.5	100.8
2004	99.5	103.8	102.8	102.5	103.8	100.5
2005	100.5	101.8	104.5	102.1	101.4	101.5
2006	100.2	104.1	102.0	101.4	99.9	102.6
2007	102.4	102.9	101.8	103.6	103.5	102.9
2008	102.6	106.7	107.1	106.5	105.2	106.5
2009	102.4	103.4	100.8	100.6	93.2	105.3
2010	104.7	105.8	103.5	102.2	104.2	103.7
2011	107.9	108.5	104.3	111.1	103.6	105.3
2012	103.0	100.3	101.2	99.2	102.1	102.4
2013	100.0	100.9	102.1	100.7	100.2	102.1
2014	98.9	100.7	101.4	100.0	99.8	100.7
2015	97.8	99.5	98.0	99.5	100.3	100.1
2016	97.8	98.2	99.6	99.9	99.9	99.6
2017	105.6	103.1	101.6	102.0	101.1	100.8
2018	107.2	103.0	102.5	104.1	102.8	101.4
2019	97.8		101.2	101.4	99.7	100.9

注：从2003年起建筑安装工程价格指数取消了直接费用价格指数和间接费用价格指数的分组，在材料费中新增加了“其它材料”指标。

a) Since 2003,the build-in project price index no longer be classified the direct cost price index and indirect cost price index, the other material price index is added to material price index.

主要统计指标解释

居民消费价格指数 是反映一定时期内城乡居民所购买的生活消费品和服务项目价格变动趋势和程度的相对数。

城市居民消费价格指数 是反映一定时期内城市居民家庭所购买的生活消费品价格和服务项目价格变动趋势和程度的相对数。通过该指数可以观察和分析消费品的零售价格和服务项目价格变动对城镇居民收入和消费支出的影响。

农村居民消费价格指数 是反映一定时期内农村居民家庭所购买的生活消费品价格和服务项目价格变动趋势和程度的相对数。该指数可以观察农村消费品的零售价格和服务项目价格变动对农村居民收入和生活消费支出的影响。

商品零售价格指数 是反映一定时期内城乡商品零售价格变动趋势和程度的相对数。

农业生产资料价格指数 指反映一定时期内农业生产资料价格变动趋势和程度的相对数。

农产品生产者价格指数 是反映一定时期内，农产品生产者出售农产品价格水平变动趋势及幅度的相对数。该指数可以客观反映全国农产品生产价格水平和结构变动情况，满足农业与国民经济核算需要。其中某代表品生产价格指数是通过对全部有出售该产品行为的调查单位的个体指数进行几何平均求得的，类价格指数是通过对其所属的类（或代表品）的价格指数进行加权平均求得的。季度累计价格指数的计算方法与分季指数的计算方法相同。

工业生产者出厂价格指数 是反映一定时期内全部工业产品第一次出售时的出厂价格总水平的变动趋势和变动幅度的相对数。

工业生产者购进价格指数 是反映作为中间投入的原材料、燃料、动力购进价格总水平的变动趋势和变动幅度的相对数。

固定资产投资价格指数 是反映一定时期内固定资产投资品及取费项目的价格变动趋势和变动幅度的相对数。

Explanatory Notes on Main Statistical Indicators

Consumer Price Indices are relative figures reflecting the trend and degree of changes in prices of consumer goods and services purchased by urban and rural households during a given period.

Consumer Price Indices of Urban Household reflect the trend and degree of changes in prices of consumer goods and services purchased by urban households during a given period. It can be used to observe and analyze the impact of price changes in consumer goods and services on urban household income and consumption expenditure.

Consumer Price Indices of Rural Household reflect the trend and degree of changes in prices of consumer goods and services purchased by rural households during a given period. It can be used to observe the impact of change in retail prices of consumer goods and service prices on rural household income and consumption expenditure on living.

Retail Price Indices are relative figures reflecting the trend and degree of changes in retail prices of commodities during a given period.

Price Indices for Means of Agricultural Production reflect the trend and degree of changes in the prices of the means of agricultural production during a given period. Compilation of these indices helps to understand the price changes of material input in agricultural production and facilitate the compilation of national accounts. Before 1994, price indices for means of agricultural production were a sub-category in the retail price indices for commodities, and it has been compiled separately since 1994.

Producer Prices Indices for Farm Products are relative figures reflecting the trend and degree of changes in producers' prices received by farmers when they sell farm products during a given period. These indices depict the change in the level and structure of producer prices for farm products of the country and meet the needs of agricultural statistics and national accounts statistics. The producer price index for a given product is calculated as the geometrical mean of individual indices for all surveyed units which sell such products, and the indices for a product category is obtained as the weighted mean of price indices for all products in the category. Method for calculating accumulative quarterly indices is the same as for calculating the distinctive quarterly indices.

Producer Price Indices for Industrial Products are relative figures reflecting the trend and degree of changes in general ex-factory prices of all manufactured goods for first sale during a given period.

Purchasing Price Indices for Industrial Producers are relative figures reflecting changes in the level and degree of purchasing prices such as intermediate input such as raw materials, fuels and power.

Price Indices for Investment in Fixed Assets are relative figures reflecting the trend and degree of changes in prices of investment goods and projects in fixed assets during a given period.

第五篇　人民生活

CHAPTER 5 PEOPLE'S LIVING CONDITIONS

资料整理：祖立伟　杨　洋

5-1 人民生活基本情况
Basic Statistics on People's Living Conditions

项　目	Item	2015	2016	2017	2018	2019
就　业	**Employment**					
每一农村劳动力负担人数(人)	Number of Dependents per Rural Laborer(person)	1.3	1.3	1.3	1.3	1.3
每一城镇就业者负担人数(人)	Number of Dependents per Urban Employee(person)	2.2	2.2	2.2	2.2	2.2
城镇登记失业率(%)	Urban Registered Unemployment Rate(%)	4.48	4.22	4.21	3.99	3.53
收　入	**Income of Rural and Urban Residents**					
全省居民人均可支配收入(元)	Annual Per Capita Disposable Income of the Province Households(yuan)	18593	19838	21206	22726	24254
农村常住居民人均可支配收入(元)	Annual Per Capita Disposable Income of Rural Households(yuan)	11095	11832	12665	13804	14982
城镇常住居民人均可支配收入(元)	Annual Per Capita Disposable Income of Urban Households(yuan)	24203	25736	27446	29191	30945
城镇非私营单位就业人员平均工资(元)	Average Wage of Employed Persons In Urban Non-private Units(yuan)	48881	52435	56067	60780	68416
消　费	**Consumption**					
全省居民人均消费支出(元)	Per Capita Annual Living Expenditure of the Province Households(yuan)	13403	14446	15577	16994	18111
农村常住居民人均消费支出(元)	Per Capita Annual Living Expenditure of Rural Households(yuan)	8391	9424	10524	11417	12495
农村居民恩格尔系数(%)	Engel's Coefficient of Rural Households (%)	27.5	27.7	26.5	26.3	26.8
城镇常住居民人均消费支出(元)	Per Capita Annual Living Expenditure of Urban Households(yuan)	17152	18145	19270	21035	22165
城镇居民恩格尔系数(%)	Engel's Coefficient of Urban Households (%)	27.7	27.7	27.2	26.3	26.2
储　蓄	**Savings**					
城乡居民年底储蓄存款余额(亿元)	Balance of Savings Deposit of Rural and Urban Residents at Year-end(100 million yuan)	12440	13448	14331	15611	18056
平均每人储蓄存款余额(元)	Per Capita Balance of Saving Deposit (yuan)	32544	35338	37773	41288	47993
城市公用事业	**Public Utilities in Urban Areas**					
城市人口用水普及率(%)	Coverage Rate of Urban Population with Access to Tap Water(%)	97.2	97.2	98.5	98.5	98.8
燃气普及率(%)	Coverage Rate of Urban Population with Access to Tap Gas(%)	86.6	86.7	87.8	89.5	91.1
每万人拥有公共交通车辆(标台)	Number of Public Transportation Vehicles Per 10000 Population(unit	14.4	15.1	15.5	15.8	16.5
人均公园绿地面积(平方米)	Per Capita Public Green Areas(sq.m)	12.0	11.9	11.8	12.4	12.4
教育、文化、卫生	**Education, Culture and Public Health**					
学龄儿童入学率(%)	Enrollment Ratio of School-Age Children(%)	99.9	99.9	99.9	99.9	
每万人口在校大学生数(人)	Number of University Students per 10000 Persons(person)	267.6	259.1	256.5	258.6	253.0
城镇每百户拥有彩色电视机(台)	Number of Color TV Sets per 100 Households in Urban Areas(unit)	102	99	101	99	100
农村每百户拥有彩色电视机(台)	Number of TV Sets per 100 Households in Rural Areas(unit)	105	106	106	103	102
每万人拥有卫生机构病床数(张)	Number of Hospital Beds per 10000 Persons(unit)	55.4	57.8	63.6	66.3	68.7
每万人拥有卫生技术人员数(人)	Number of Medical Personnel per 10000 Persons(person)	55.6	58.2	60.4	61.2	63.3

注：2014年居民收支调查数据为新口径汇总数据，与以前年份不可比。

a) The 2014 Income and Expenditure Survey data for the new residents caliber aggregate data is not comparable with previous years.

5-2 城乡居民家庭人均收入和恩格尔系数

Per Capita Annual Income and Engel's Coefficient of Urban and Rural Households

年 份 Year	农村居民人均纯收入 Per Capita Annual Net Income of Rural Households		城镇居民人均可支配收入 Per Capita Annual Disposable Income of Urban Households		农村居民家庭恩格尔系数(%) Engel's Coefficient of Rural Households(%)	城镇居民家庭恩格尔系数(%) Engel's Coefficient of Urban Households (%)
	绝对数(元) Value (yuan)	指数 Index (1985=100)	绝对数(元) Value (yuan)	指数 Index (1985=100)		
1978	172	56.3	455		61.8	42.9
1979	191	59.8	458		57.0	
1980	205	61.7	420		57.7	56.7
1981	224	62.7	424		58.2	57.4
1982	252	67.3	460		57.7	58.6
1983	388	102.4	518		55.0	58.2
1984	432	112.1	580		53.4	56.9
1985	398	100.0	742	100.0	57.7	52.8
1986	476	115.6	830	105.5	56.4	51.7
1987	474	112.3	889	103.0	55.2	52.6
1988	553	128.9	1004	98.1	55.5	50.3
1989	535	112.4	1138	97.0	55.0	51.8
1990	760	144.3	1211	97.7	56.6	51.1
1991	735	135.5	1389	103.6	57.7	50.6
1992	949	160.5	1630	110.9	62.0	49.9
1993	1028	163.8	1960	115.7	61.0	49.2
1994	1394	175.6	2597	125.6	64.4	50.8
1995	1766	199.9	3375	140.9	55.0	48.2
1996	2182	213.1	3768	146.2	55.5	46.2
1997	2308	219.1	4091	151.9	54.8	45.9
1998	2253	217.1	4269	157.1	55.0	43.5
1999	2166	211.9	4595	174.2	52.8	40.5
2000	2148	213.6	4913	188.9	44.3	38.4
2001	2280	226.2	5426	207.0	42.7	37.2
2002	2405	239.3	6101	241.8	41.6	35.5
2003	2509	248.9	6679	255.0	40.7	35.6
2004	3005	287.0	7471	275.7	40.9	35.4
2005	3221	299.9	8273	303.0	36.3	33.5
2006	3552	325.4	9182	330.4	35.3	33.3
2007	4132	357.0	10245	349.8	34.6	35.0
2008	4856	391.3	11581	375.2	33.0	36.3
2009	5207	414.8	12566	408.2	31.4	35.3
2010	6211	471.7	13857	434.3	33.8	35.4
2011	7591	541.5	15696	466.0	35.1	36.1
2012	8604	596.5	17760	510.4	37.9	36.1
2013	9634	647.8	19597	552.2	35.2	35.8
2014	10453		22609		28.2	27.5
2015	11095		24203		27.5	27.7
2016	11832		25736		27.7	27.7
2017	12665		27446		26.5	27.2
2018	13804		29191		26.3	26.3
2019	14982		30945		26.8	26.2

注：从2014年起,居民收支调查数据为新口径汇总数据，与以前年份不可比。

a) Since 2014, Income and Expenditure Survey data for the new residents caliber aggregate data is not comparable with previous years.

5-3　城镇居民家庭基本情况
Basic Conditions of Urban Households

单位：元　　　　(yuan)

项　目	Item	2016	2017	2018	2019
调查户数(户)	**Number of Households Surveyed (household)**	**3113**	**3097**	**3486**	**3488**
期内户均常住成员数(人)	Average Household Size(person)	2.6	2.5	2.5	2.5
平均每户就业人口(人)	Average Number of Employed Persons per Household(person)	1.2	1.1	1.2	1.1
平均每户就业面(%)	Percentage of Employment per Household(%)	46.3	45.8	46.0	45.3
平均每一就业者负担人数(人)	Number of Dependents Per Employee(person)	2.2	2.2	2.2	2.2
人均可支配收入	**Per Capita Disposable Income**	**25736**	**27446**	**29191**	**30945**
工资性收入	Income of Wages and Salaries	15008	15783	16706	17829
经营净收入	Net Business Income	2671	2897	3302	3422
财产净收入	Net Income from Property	1305	1314	1387	1367
转移净收入	Net Income from Transfer	6752	7452	7797	8327
消费支出	**Consumption Expenditure**	**18145**	**19270**	**21035**	**22165**
食品烟酒	Food, Tobacco and Liquor	5019	5247	5525	5814
衣　着	Clothing	1804	1921	1920	1873
居　住	Residence	3352	3644	4149	4319
生活用品及服务	Household Facilities, Articles and Services	1019	1031	1173	1093
交通通信	Transport and Communications	2463	2564	2605	2612
教育文化娱乐	Education, Cultural and Recreation	2012	2290	2473	2926
医疗保健	Health Care and Medical Services	2008	1967	2512	2841
其他用品和服务	Miscellaneous Goods and Services	468	607	678	687
恩格尔系数(%)	**Engel's Coefficient(%)**	**27.7**	**27.2**	**26.3**	**26.2**

5-4 农村居民家庭基本情况
Basic Conditions of Rural Households

单位：元 (yuan)

项　目	Item	2016	2017	2018	2019
调查户数(户)	**Number of Households Surveyed (household)**	**2115**	**2107**	**1810**	**1810**
期内住户常住成员数(人)	Number of Permanent Residents in the Households Surveyed	6359	6137	5109	4976
平均每户整、半劳动力	Average Number of Full/Semi Labour Force	2.2	2.2	2.1	2.0
	(including the laborer himself or herself)				
平均每个劳动力负担人口	Average Number of Dependents per Laborer Force	1.3	1.3	1.3	1.3
人均可支配收入	**Per Capita Disposable Income**	**11832**	**12665**	**13804**	**14982**
工资性收入	Income of Wages and Salaries	2430	2840	3009	3330
经营净收入	Net Business Income	6426	6693	7053	7196
财产净收入	Net Income from Property	573	553	679	759
转移净收入	Net Income from Transfer	2403	2579	3062	3698
消费支出	**Consumption Expenditure**	**9424**	**10524**	**11417**	**12495**
食品烟酒	Food, Tobacco and Liquor	2609	2788	3001	3350
衣　着	Clothing	648	777	695	834
居　住	Residence	1618	1723	1917	1922
生活用品及服务	Household Facilities, Articles and Services	387	428	491	501
交通通信	Transport and Communications	1468	1668	1633	1909
教育文化娱乐	Education, Cultural and Recreation	1249	1362	1419	1779
医疗保健	Health Care and Medical Services	1270	1551	2030	1925
其他用品和服务	Miscellaneous Goods and Services	175	227	232	275
恩格尔系数(%)	**Engel's Coefficient(%)**	**27.7**	**26.5**	**26.3**	**26.8**

5-5　城镇家庭居住户耐用消费品百户拥有情况
Number of Durable Consumer Goods Owned Per 100 Urban Households

品　名	Item	2015	2016	2017	2018	2019
摩托车(辆)	Motorcycle(unit)	11	9	9	7	6
家用汽车(辆)	Automobile(unit)	12	16	17	21	25
洗衣机(台)	Washing Machine(unit)	93	91	94	95	98
电冰箱(柜)(台)	Refrigerator(unit)	92	92	95	98	100
彩色电视机(台)	Color TV Set(unit)	102	99	101	99	100
计算机(台)	Computer(unit)	57	59	60	54	54
照相机(台)	Camera(unit)	20	17	18	12	12
微波炉(台)	Microwave Oven(unit)	36	35	36	34	35
空调(台)	Air Conditioner(unit)	10	10	11	14	14
热水器(台)	Shower(unit)	47	50	52	71	75
移动电话(部)	Mobile Telephone(unit)	198	201	208	212	223

5-6　农村家庭居住户耐用消费品百户拥有情况
Number of Durable Consumer Goods Owned Per 100 Rural Households

项　目	Item	2015	2016	2017	2018	2019
洗衣机(台)	Washing Machine(unit)	87	89	90	90	93
电冰箱(柜)(台)	Refrigerator(unit)	86	91	93	94	98
排油烟机(台)	Smoke Absorber(unit)	10	12	13	11	11
微波炉(台)	Microwave Oven(unit)	6	5	5	6	6
热水器(台)	Shower(unit)	7	7	8	8	9
摩托车(辆)	Motorcycle(unit)	59	56	53	46	42
固定电话(部)	Telephone(unit)	28	22	12	7	3
移动电话(部)	Mobile Telephone(unit)	203	212	213	222	236
彩色电视机(台)	Color TV Set(unit)	105	106	106	103	102
计算机(台)	Computer(unit)	25	26	28	21	20
照相机(台)	Camera(unit)	3	3	5	1	1

5-7 城乡居民人民币储蓄存款(年底余额)
Savings Deposit of Urban and Rural Households at Year-End

年 份 Year	城乡储蓄存款余额(亿元) Balance of Savings Deposit of Rural and Urban Residents (100 million yuan)	全省人均储蓄存款(元) Per Capita Balance of Saving Deposit (yuan)	年 份 Year	城乡储蓄存款余额(亿元) Balance of Savings Deposit of Rural and Urban Residents (100 million yuan)	全省人均储蓄存款(元) Per Capita Balance of Saving Deposit (yuan)
1978	9	30	2004	3586	9395
1980	19	59	2005	4079	10677
1985	70	209	2006	4374	11440
1990	309	872	2007	4478	11711
1991	389	1088	2008	5545	14497
1992	476	1319	2009	6430	16806
1993	583	1602	2010	7255	18944
1994	791	2153	2011	8147	21252
1995	1091	2948	2012	9269	24176
1996	1419	3806	2013	10059	26231
1997	1690	4505	2014	10857	28317
1998	1907	5054	2015	12440	32544
1999	2119	5589	2016	13448	35338
2000	2286	6003	2017	14331	37773
2001	2578	6766	2018	15611	41288
2002	2916	7649	2019	18056	47993
2003	3342.4	8761			

5-8 分地区城乡常住居民人均可支配收入
Per Capita Disposable Income of Urban and Rural Households by Region

单位：元 (yuan)

地 区	Region	城镇常住居民人均可支配收入 Annual Per Capita Disposable Income of Urban Households				农村常住居民人均可支配收入 Annual Per Capita Disposable Income of Rural Households			
		2016	2017	2018	2019	2016	2017	2018	2019
全 省	**Average**	**25736**	**27446**	**29191**	**30945**	**11832**	**12665**	**13804**	**14982**
哈尔滨	Harbin	33190	35546	37828	40007	14391	15557	16934	18238
齐齐哈尔	Qiqihar	24629	26304	28051	30031	12943	13965	15283	16689
鸡 西	Jixi	21227	22607	23889	25413	15592	16808	18258	19700
鹤 岗	Hegang	20085	21370	22639	24149	13041	13967	15134	16466
双鸭山	Shuangyashan	22416	23806	25272	26844	13035	13882	15102	16235
大 庆	Daqing	36509	38736	41091	43298	13909	14757	15978	17368
伊 春	Yichun	22189	23676	25191	26707	12827	13725	15017	16188
佳木斯	Jiamusi	24632	26332	28141	29869	13912	14872	16315	17702
七台河	Qitaihe	22071	23528	24949	26431	11405	12169	13230	14340
牡丹江	Mudanjiang	28489	30569	32504	34422	15688	16896	18458	20045
黑 河	Heihe	24474	26138	27957	29970	12969	14007	15268	16734
绥 化	Suihua	22060	23450	25023	26760	12014	12831	14002	15262
大兴安岭	Daxinganling	21803	23220	24718	26285	11349	12098	13288	14378

主要统计指标解释

从 2012 年四季度起，国家统计局对分别进行的城乡住户调查实施了一体化改革，规范了城乡划分范围，统一了城乡居民收入指标名称、分类和统计标准，建立了城乡统一的一体化住户调查，并据此采集全国居民有关数据。1978-2012 年的数据，根据国家统计局城镇住户调查和农村住户调查的历史数据，按照住户收支与生活状况调查可比口径推算得到。

一、居民可支配收入

居民可支配收入指居民可用于最终消费支出和储蓄的总和，即居民可用于自由支配的收入。既包括现金收入，也包括实物收入。按照收入的来源，可支配收入包含四项，分别为：工资性收入、经营净收入、财产净收入和转移净收入。

工资性收入　指就业人员通过各种途径得到的全部劳动报酬和各种福利，包括受雇于单位或个人、从事各种自由职业、兼职和零星劳动得到的全部劳动报酬和福利。

经营净收入　指住户或住户成员从事生产经营活动所获得的净收入，是全部经营收入中扣除经营费用、生产性固定资产折旧和生产税之后得到的净收入。计算公式为:

经营净收入=经营收入-经营费用-生产性固定资产折旧-生产税

财产净收入　指住户或住户成员将其所拥有的金融资产、住房等非金融资产和自然资源交由其他机构单位、住户或个人支配而获得的回报并扣除相关的费用之后得到的净收入。财产净收入包括利息净收入、红利收入、储蓄性保险净收益、转让承包土地经营权租金净收入、出租房屋净收入、出租其他资产净收入和自有住房折算净租金等。财产净收入不包括转让资产所有权的溢价所得。

转移净收入　计算公式为：转移净收入=转移性收入-转移性支出

转移性收入　指国家、单位、社会团体对住户的各种经常性转移支付和住户之间的经常性收入转移。包括养老金或退休金、社会救济和补助、政策性生产补贴、政策性生活补贴、救灾款、经常性捐赠和赔偿、报销医疗费、住户之间的赡养收入，本住户非常住成员寄回带回的收入等。转移性收入不包括住户之间的实物馈赠。

转移性支出　指调查户对国家、单位、住户或个人的经常性或义务性转移支付。包括缴纳的税款、各项社会保障支出、赡养支出、经常性捐赠和赔偿支出以及其他经常转移支出等。

二、居民消费支出

居民消费支出是指居民用于满足家庭日常生活消费需要的全部支出，既包括现金消费支出，也包括实物消费支出。消费支出可划分为食品烟酒、衣着、居住、生活用品及服务、交通通信、教育文化娱乐、医疗保健以及其他用品及服务八大类。

食品烟酒　指用于各种食品和烟草、酒类的支出。

衣着　指与居民穿着有关的支出，包括服装、服装材料、鞋类、其他衣类及配件、衣着相关加工服务的支出。

居住　指与居住有关的支出，包括房租、水、电、燃料、物业管理等方面的支出，也包括自有住房折算租金。

生活用品及服务　指家庭及个人的各类生活品及家庭服务。包括家具及室内装饰品、家用器具、家用纺织品、家庭日用杂品、个人用品和家庭服务。

交通通信　指用于交通和通信工具及相关的各种服务费、维修费和车辆保险等支出。

教育文化娱乐　指用于教育、文化和娱乐方面的支出。

医疗保健　指用于医疗和保健的药品、用品和服务的总费用。包括医疗器具及药品，以及医疗服务。

其他用品及服务　指无法直接归入上述各类支出的其他用品与服务支出。

服务性消费　指住户用于各种生活服务的消费支出，包括餐饮服务、衣着鞋类加工服务、居住服务、家庭服务、交通通信服务、教育文化娱乐服务、医疗服务和其他服务等。

Explanatory Notes on Main Statistical Indicators

In the fourth quarter of 2012, the NBS launched its reform on the household survey programme, to develop an integrated survey, instead of two separate urban and rural household surveys. The reform aims at regulating the division of urban and rural areas, integrating the concepts, classifications and standards, implementing the integrated household survey, and collecting household data in the whole country thereafter. Data from 1978 to 2012 are estimated based on the historical data of Urban Household Survey and Rural Household Survey according to the comparable definition and coverage of main income and consumption indicators of Household Survey on Income and Expenditure and Living Conditions.

1. Disposable Income of Households

Disposable Income of Households refers to the income of households for purpose of final expenditure and savings. It includes income both in cash and in kind. By sources of income, disposable income includes four categories: income from wages and salaries, net business income, net income from properties and net income from transfer.

Income from Wages and Salaries refers to remuneration of labour and salaries from all kinds of sources, including those employed by other units or individuals, freelance work, part-time jobs, and sporadic labour.

Net Business Income refers to net income earned by households and their members engaged in production and business activities. It refers to the net income of operating revenue minus operating costs, depreciation of productive fixed assets, and production tax. The formula is:

Net Business Income=Operating Revenue-Operating Costs-Depreciation of Productive Fixed Assets-Production Tax

Net Income from Properties refers to the net income received as returns by households or members of financial assets, non-financial assets such as housing, to other institutions, households or individuals, and minus relevant costs. Net income from properties includes net income of interest, bonus income, net income of saving insurance, net income of rents of transferring management right of contract land, income of renting housing, income of renting other assets, net converted rents of self-owned housing. Net income from properties do not include premium of transferring ownership of assets.

Net Income from Transfer The formula is:

Net Income from Transfer=Income from Transfers-Expenditure from Transfer

Income from Transfer refers to the regular transfer from country, institutions, social communities to households and between households. It includes old-age and retirement pension, disaster relief funds, regular donation and compensation, applying for medical fees, supporting income between households, income from non-usual-residing members of households, etc. Income from transfer do not include presents in kinds between households.

Expenditure from Transfer refers to regular or deontic transfer from households to country, institutions, households or individuals. It includes taxes paid, expenditure of all kinds of social security, supporting expenditure, regular donation and compensation and other regular transfer expenditure, etc.

2. Consumption Expenditure of Households

Consumption Expenditure of Households refers to all expenditure of households for living expenditure to satisfy family daily living. It includes expenditure in cash and in kind. It includes eight categories: food, tobacco and liquor; clothing; residence; household facilities, articles and services; transport and communications; education, cultural and recreational activities; health care and medical services, and miscellaneous goods and services.

Food, Tobacco and Liquor refers to expenditure for food, tobacco and liquor of all kinds.

Clothing refers to expenditure related to clothing, including clothes, clothing materials, footwear, other clothing and accessories, processing services related to clothing.

Residence refers to expenditure related to residence, including housing rents, water, electricity, fuel, property management, and including converted self-owned housing rents.

Household Facilities, Articles and Services refers to expenditure for family and individual articles for living purpose and family services. It includes furniture and interior decoration, home appliances, home textiles, household miscellaneous daily articles, personal articles, and family services.

Transport and Communications refers to expenditure for transport and communication and related services, maintenance and repairs, and vehicle insurance.

Education, Cultural and Recreational Activities refers to expenditure on education, cultural and recreational activities.

Health Care and Medical Services refers to expenditure on drugs, supplies and services of medical and health care. It includes medical appliances and drugs, and medical services.

Miscellaneous Goods and Services refers to expenditure of all kinds of expenditure of other articles and services that can not divided into the category above.

Service Consumption refers to consumption expenditure of households for various living services, including catering services, clothing and footwear processing services, housing services, household services, transportation and communication services, education, culture and entertainment services, medical services and other services.

第六篇　财政、金融和保险

CHAPTER 6 GOVERNMENT FINANCE, FINANCIAL INTERMEDIATION AND INSURANCE

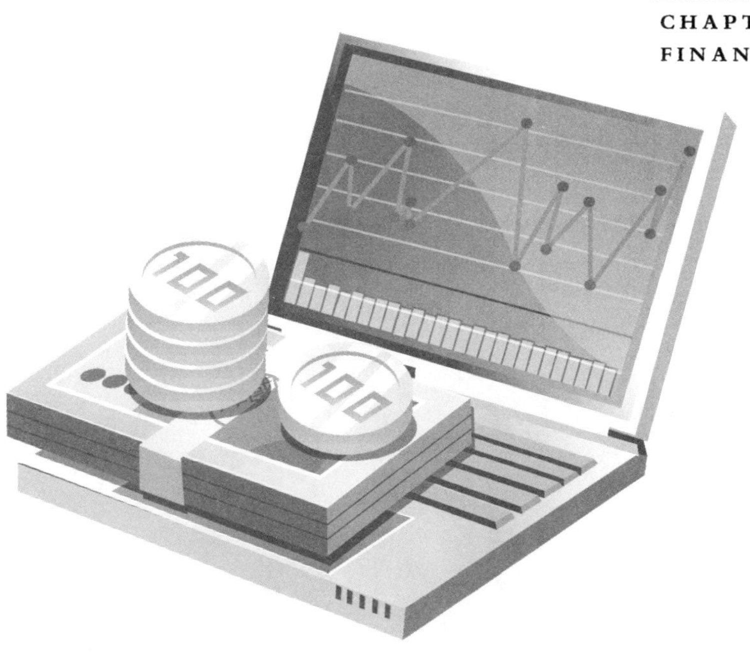

资料整理: 王　悦　王志博

6-1　财政、金融和保险

Government Finance, Financial Intermediation and Insurance

单位：亿元　　(100 million yuan)

年　份 Year	公共财政收　入 Public Financial Revenue	公共财政支　出 Public Financial Expenditure	金融机构人民币存款余额 RMB Deposits	金融机构人民币贷款余额 RMB Loans	全年各项保费收入 All Premium Income	全年各项赔款及给付 All Claim and Payment
1978	63.3	31.5	81.9	84.6		
1979	54.1	28.3	76.7	97.2		
1980	17.1	25.8	98.5	123.3		
1981	15.6	25.9	105.8	138.0		
1982	17.3	28.0	112.0	159.0		
1983	21.6	30.7	118.6	178.6		
1984	26.7	36.1	162.6	245.4		
1985	37.4	44.6	145.1	276.8		
1986	47.4	61.3	183.3	342.2		
1987	53.8	66.0	232.5	368.2		
1988	62.6	74.1	294.0	456.4		
1989	72.3	85.4	356.9	519.5		
1990	76.6	92.7	413.8	697.5		
1991	94.7	110.1	553.0	814.7	7.9	4.2
1992	84.6	102.5	690.0	953.6	11.9	5.3
1993	108.1	124.9	761.4	1247.3	8.7	5.0
1994	84.7	142.4	1012.8	1507.1	9.4	6.8
1995	101.3	174.6	1555.9	1776.4	10.8	6.1
1996	126.9	208.9	2021.3	2102.1	16.1	7.0
1997	150.6	233.6	2409.5	2524.4	25.5	7.3
1998	179.3	280.8	2713.2	2854.9	28.4	10.6
1999	170.1	339.0	3017.0	3103.9	35.3	8.0
2000	185.3	381.9	3333.4	3145.1	40.8	11.1
2001	213.6	478.3	3742.1	3358.6	53.3	14.8
2002	231.9	531.9	4236.7	3624.0	85.6	16.5
2003	248.9	564.9	4810.0	3981.3	118.7	19.9
2004	289.4	697.6	5313.9	4038.9	127.6	24.0
2005	318.2	787.8	6135.1	3658.5	139.6	25.2
2006	386.6	968.5	6923.4	3971.9	157.2	34.4
2007	440.2	1187.3	7559.7	4256.4	155.5	82.2
2008	578.4	1542.3	8993.8	4532.7	251.2	103.0
2009	641.6	1877.7	11022.8	5988.3	278.4	96.7
2010	755.6	2253.3	12835.7	7230.5	343.2	77.6
2011	997.5	2794.1	14328.4	8548.7	317.8	86.8
2012	1163.2	3171.5	16326.6	9906.7	344.1	98.3
2013	1277.4	3369.2	18131.8	11359.4	384.3	154.4
2014	1301.3	3434.2	19254.8	13391.7	507.1	154.8
2015	1165.9	4020.7	21218.9	16214.9	591.8	169.3
2016	1148.4	4227.3	22179.0	17725.0	685.5	237.8
2017	1243.3	4641.1	23615.1	19208.4	931.4	240.5
2018	1282.5	4675.7	25321.9	20156.3	899.1	257.2
2019	1262.8	5011.6	27716.7	21370.0	952.2	324.0

注：2011年开始，原指标"地方一般预算收入"和"地方一般预算支出"更名为"地方公共财政收入"和"地方公共财政支出"（下同）。

a) From 2011,local financial revenue and local financial expenditure is renamed local public financial budgetary revenue and local financial budgetary expenditure(similarly following tables).

6-2 地方公共财政收入
Local Public Financial Revenue

单位：万元 (10000 yuan)

项 目	Item	2015	2016	2017	2018	2019
收入合计	**Total Revenue**	**11658767**	**11484112**	**12433118**	**12825950**	**12627563**
税收收入	Tax Revenue	8803432	8278542	9019067	9808045	9244036
增值税	Value-added Tax	1294584	2267325	3507220	3768882	3394949
营业税	Sales Tax	2569769	1353087	70142	46080	
企业所得税	Enterprises' Income Tax	1006424	945983	1023780	1070358	1037439
企业所得税退税	Drawback of Enterprise Income Tax					
个人所得税	Individual Income Tax	355725	372830	414555	472613	326864
资源税	Resources Tax	537454	407378	535913	665485	649114
城市维护建设税	Tax on Urban Maintenance and Construction	545609	522404	580773	632876	564671
房产税	Tax on Real Estates	313835	319232	382670	411377	421829
印花税	Stamp Tax	103287	103850	117461	120908	127656
城镇土地使用税	Tax on the Use of Urban Land	614055	579344	752109	727595	808290
土地增值税	Land Value Added Tax	634589	533136	634119	798121	669295
车船税	Tax on Vehicles and Ships	155261	173576	194021	211033	226235
耕地占用税	Tax on The Occupancy of Cultivated Land	185746	215010	209184	159951	229602
契 税	Contract Tax	451279	466718	582291	690676	732589
烟叶税	Tax on Tobacco Leaf	35815	18669	14829	14924	10749
环境保护税	Environmental protection tax					23279
其他税收收入	Others				17166	21475
非税收入	Non-Tax Revenue	2855335	3205570	3414051	3017905	3383527
专项收入	Expert Project Income	763744	660067	657423	674179	619833
行政事业性收费收入	Income from Administrative Fees	693170	661676	623652	507307	557906
罚没收入	Penalty and Confiscator Income	386240	421947	459911	490675	593673
国有资本经营收入	Stated-owned Assets Profit	244663	182158	280104	77261	87180
国有资源(资产)有偿使用收入	Revenue from using Stated-owned Assets Profit	706879	961278	1137811	1039602	1199580
捐赠收入	Income from Donation		11674	16630	19555	15821
政府住房基金收入	Government Housing Fund Income		244217	161892	162906	228259
其他收入	Other	60639	318444	76628	46420	81275

6-3　各级地方公共财政收入(2019年)
Local Public Financial Revenue by Rating (2019)

单位：万元　(10000 yuan)

项　目	Item	合　计 Total	省　级 Province	地　级 City	县　级 County
收入合计	**Total Revenue**	**12627563**	**3000432**	**7260863**	**2366268**
税收收入	Tax Revenue	9244036	2264843	5590373	1388820
增值税	Value-added Tax	3394949	1304752	1701498	388699
企业所得税	Enterprises' Income Tax	1037439	238232	599647	199560
企业所得税退税	Drawback of Enterprise Income Tax				
个人所得税	Individual Income Tax	326864	41266	245965	39633
资源税	Resources Tax	649114	520190	99820	29104
城市维护建设税	Tax on Urban Maintenance and Construction	564671	265	473771	90635
房产税	Tax on Real Estates	421829	21358	322782	77689
印花税	Stamp Tax	127656	6450	93723	27483
城镇土地使用税	Tax on the Use of Urban Land	808290	40536	670229	97525
土地增值税	Land Value Added Tax	669295	33687	519260	116348
车船税	Tax on Vehicles and Ships	226235	11352	158005	56878
耕地占用税	Tax on The Occupancy of Cultivated Land	229602		117845	111757
契　税	Contract Tax	732589	36805	563388	132396
烟叶税	Tax on Tobacco Leaf	10749		1351	9398
环境保护税	Environmental protection tax	23279	3505	13898	5876
其他税收收入	Others	21475	6445	9191	5839
非税收入	Non-Tax Revenue	3383527	735589	1670490	977448
专项收入	Expert Project Income	619833	243585	272833	103415
行政事业性收费收入	Income from Administrative Fees	557906	170549	274990	112367
罚没收入	Penalty and Confiscator Income	593673	105292	342488	145893
国有资本经营收入	Stated-owned Assets Profit	87180		71223	15957
国有资源(资产)有偿使用收入	Revenue from using Stated-owned Assets Profit	1199580	185018	436251	578311
捐赠收入	Income from Donation	15821	7	3751	12063
政府住房基金收入	Government Housing Fund Income	228259	12785	209500	5974
其他收入	Other	81275	18353	59454	3468

6-4 地方公共财政支出
Local Public Financial Expenditure

单位：万元 (10000 yuan)

项 目	Item	2015	2016	2017	2018	2019
支出合计	**Total Expenditure**	**40206554**	**42273373**	**46410771**	**46767503**	**50115589**
一般公共服务	General Public Services	2426656	2667033	2790825	3076072	3009978
外 交	Foreign Affairs					
国 防	National Defense	53354	48809	53419	55208	46620
公共安全	Public Security	1809435	2102956	2233909	2472225	2538635
教 育	Education	5496567	5588722	5731126	5443838	5551255
科学技术	Science and Technology	429134	449209	469094	395249	421622
文化体育与传媒	Culture, Sport and Media	531693	532130	535564	462012	547005
社会保障和就业	Social Safety Net and Employment Effort	7287329	7324055	9285487	10240862	11132672
卫生健康	Health	2739583	2805635	2971657	3009978	3144235
节能环保	Energy Saving and Environmental Protection	1555201	1134428	1932040	1540926	2110589
城乡社区事务	Urban and Rural Area Community Affairs	3505214	3870819	4566972	4156980	5557916
农林水事务	Agriculture, Forestry and Water Conservancy	6814824	8017680	8151611	8344713	8819893
交通运输	Transportation	2720740	2503984	2525594	2447099	2206055
资源勘探电力信息等事务	Affairs of Exploration, Power and Information	1064537	819932	703486	901820	927609
商业服务业等事务	Affairs of Commerce and Services	238908	174706	182754	183753	109027
金融支出	Financial Expenditure	7974	59007	29221	23421	75874
地震灾后恢复重建支出	Post Earthquake Recovery and Reconstruction					
援助其他地区支出	Other Regional Assistance	37530	29800	28540	36856	34510
自然资源海洋气象等支出	Affairs of Land and Weather	349228	357266	478266	324406	368150
住房保障支出	Affairs of Housing Security	2123361	2719528	2651544	2409575	1668965
粮油物资储备管理事务	Affairs of Management of Grain & Oil Reserves	658619	623220	483161	546516	472599
预备事物	Reserve Funds					
灾害防治及应急管理支出	Expenditure for Prevention of Disasters and Emergency Management					304931
债务付息支出	Debt Interest Payments	179885	355080	551806	639464	1033566
其他支出	Other Expenditure	171371	81147	48209	49658	27821
债务发行费支出	Debt distribution fee payments	5411	8227	6486	6872	6062

6-5　各级地方公共财政支出(2019年)

Local Public Financial Expenditure by Rating(2019)

单位：万元　(10000 yuan)

项　目	Item	合计 Total	省级 Province	地级 City	县级 County
支出合计	**Total Expenditure**	**50115589**	**9452069**	**19844363**	**20819157**
一般公共服务	General Public Services	3009978	305257	1422194	1282527
外　交	Foreign Affairs				
国　防	National Defense	46620	30310	13195	3115
公共安全	Public Security	2538635	986776	1032351	519508
教　育	Education	5551255	1221318	2024817	2305120
科学技术	Science and Technology	421622	182318	197427	41877
文化体育与传媒	Culture, Sport and Media	547005	110954	251761	184290
社会保障和就业	Social Security and Employment	11132672	2176178	5319723	3636771
卫生健康	Health	3144235	304013	1229076	1611146
节能环保	Energy Conservation and Environment Protection	2110589	723665	662036	724888
城乡社区	Urban and Rural Community Affairs	5557916	191179	3325719	2041018
农林水	Agriculture, Forestry and Water Conservancy	8819893	1524585	1272805	6022503
交通运输	Transportation	2206055	719777	583616	902662
资源勘探信息等	Affairs of Resource Exploration and Information	927609	126694	675428	125487
商业服务业等事务	Affairs of Commerce and Services	109027	9240	42854	56933
金融	Financial Affairs	75874	63380	10880	1614
援助其他地区	Other Regional Assistance	34510	33950	560	
自然资源海洋气象等支出	Affairs of Land, Ocean and Weather	368150	80258	126001	161891
住房保障	Housing Security	1668965	111461	870187	687317
粮油物资储备	Affairs of Management of Grain & Oil Reserves	472599	298298	34577	139724
预备费	Reserve Funds				
灾害防治及应急管理支出	Expenditure for Prevention of Disasters and Emergency Management	304931	99184	114250	91497
债务付息	Interest Payment on Debts	1033566	157831	602672	273063
其他支出	Other Expenditure	27821	-5094	29833	3082
债务发行费用	Issuing Debts	6062	537	2401	3124

6-6 分地区公共财政收入(2019年)
Local Public Financial Revenue by Region (2019)

单位：万元 (10000 yuan)

地 区	Region	公 共 财政收入 General Budgetary Financial Revenue	税收入 Tax Revenue	#增值税 Value-added Tax	#企业所得税 Corporate Income Tax	#个人所得税 Individual Income Tax
哈尔滨	Harbin	3709066	3060697	918845	390703	161919
齐齐哈尔	Qiqihar	727662	506904	150798	84839	15184
鸡 西	Jixi	332705	230704	86403	25651	9216
鹤 岗	Hegang	249401	150502	61243	19107	4260
双鸭山	Shuangyashan	270544	172379	59376	14183	6143
大 庆	Daqing	1641364	1216355	324257	76455	34763
伊 春	Yichun	193438	126944	36339	12485	4894
佳木斯	Jiamusi	430404	268277	71798	29251	9038
七台河	Qitaihe	304236	167768	59128	11896	4383
牡丹江	Mudanjiang	587884	390903	129055	39415	12808
黑 河	Heihe	388098	190122	43711	28287	8667
绥 化	Suihua	648896	398048	113189	48053	9916
大兴安岭	Daxinganling	95736	55289	23256	8817	1962

6-6 续表 Continued

单位：万元 (10000 yuan)

地 区	Region	#城市维护建设税 Tax on Town Maintenance and Construction	#耕地占用税 Tax on Occupation of Cultivated Land	#契 税 Deed Tax	非税收入 Non-Tax Revenue	#专项收入 Expert Project Income	#行政事业性收费收入 Income from Administrative Fees	基金收入 Fund Income
哈尔滨	Harbin	223111	91740	418974	648369	135934	138836	2324906
齐齐哈尔	Qiqihar	27766	25319	40379	220758	24505	23384	231229
鸡 西	Jixi	20302	7279	14388	102001	13171	16788	84921
鹤 岗	Hegang	12742	1891	5773	98899	6731	14285	14982
双鸭山	Shuangyashan	16148	5439	9773	98165	11060	16516	27900
大 庆	Daqing	146254	16612	60086	425009	73743	63059	235505
伊 春	Yichun	6362	5009	9323	66494	7998	6713	20107
佳木斯	Jiamusi	14780	11984	27490	162127	15276	18857	97962
七台河	Qitaihe	17480	6217	8192	136468	14833	9121	49701
牡丹江	Mudanjiang	36800	13951	39125	196981	24108	23492	115339
黑 河	Heihe	7561	11540	18110	197976	12448	15812	46247
绥 化	Suihua	28543	30327	37817	250848	29504	38312	104100
大兴安岭	Daxinganling	4494	1888	3203	40447	5635	2182	12914

6-7　分地区公共财政支出(2019年)
Local Public Financial Expenditure by Region(2019)

单位: 万元　　(10000 yuan)

地　区	Region	公共财政支出 General Budgetary Financial Expenditure	一般公共服务 Commonly Public servings	公共安全 Public security	教育 Education	科学技术 Technology	文化体育与传媒 Culture Sport and Medium	社会保障和就业 Social Security and Obtain employment
哈尔滨	Harbin	11011389	627751	495563	1194121	156306	116615	2603758
齐齐哈尔	Qiqihar	4825811	312058	148376	598905	13142	37713	1152629
鸡　西	Jixi	1734778	133362	83487	181102	5430	15674	513861
鹤　岗	Hegang	1429543	115433	49150	143543	4927	22845	278982
双鸭山	Shuangyashan	1750379	117500	61956	157354	2747	18526	394489
大　庆	Daqing	3159091	268600	175724	447771	33781	53235	618495
伊　春	Yichun	1750626	103257	58883	130125	2140	25102	491966
佳木斯	Jiamusi	2979246	206193	95071	278840	4740	27385	563254
七台河	Qitaihe	1365975	92115	47093	86265	2815	10089	223920
牡丹江	Mudanjiang	2804360	217364	103120	298124	3442	28135	648432
黑　河	Heihe	2232248	156760	75713	198010	3840	27779	370920
绥　化	Suihua	4709672	266914	125147	580486	4983	32872	894441
大兴安岭	Daxinganling	857982	84475	31746	33315	1011	20081	201247

6-7 续表 Continued

单位: 万元　　(10000 yuan)

地　区	Region	医疗卫生与计划生育 Medical Treatment and Public Health	节能环保 Environment Protection	城乡社区事务 Urban and Rural Area Community Operating	农林水事务 Farming Forestry and Water Conservancy Operating	其他支出 Other Expenditure	政府性基金支出 Government Fund Income
哈尔滨	Harbin	752289	227605	1885052	1145854	4	2806627
齐齐哈尔	Qiqihar	379502	118158	324526	1243465	20	579461
鸡　西	Jixi	136437	35361	124363	287749	104	77704
鹤　岗	Hegang	82862	76905	226672	184823	1426	66608
双鸭山	Shuangyashan	103724	85710	300595	271864		125068
大　庆	Daqing	268374	45262	450833	382336	24748	297527
伊　春	Yichun	84599	225002	171603	271313	3804	68937
佳木斯	Jiamusi	200469	141991	252260	843285	-233	229327
七台河	Qitaihe	58038	121774	330882	149929		102510
牡丹江	Mudanjiang	187762	40610	542546	380632	2736	283465
黑　河	Heihe	137303	97535	243463	695653	200	86065
绥　化	Suihua	408095	159772	465488	1264939	5	369579
大兴安岭	Daxinganling	40768	11239	37689	143541	101	11775

6-8 金融机构、人员数(2019年)

Number of Institutions and employees in Financial Intermediation(2019)

单位：个、人 (unit, person)

项 目	Item	机构总数 Number of Institutions	从业人员数 Number of Employees
金融机构合计	**Total**	**6510**	**114800**
大型商业银行	**State Owned Commercial Bank**	**3584**	**63411**
工商银行	Industrial and Commercial Bank	521	13758
农业银行	Agriculture Bank	668	14687
中国银行	Bank of China	257	6236
建设银行	Bank of Construction	419	9809
交通银行	Bank of Communication	99	2203
邮政储蓄银行	Postal Deposit and Remittance	1620	16718
政策性银行及国家开发银行	**Policy Bank**	**90**	**2552**
国家开发银行	The Bank of State Development	1	188
进出口银行	Export-Import Bank	1	70
中国农业发展银行	The Bank of Agricultural Development	88	2294
股份制商业银行	**Shareholding System Bank**	**209**	**4829**
中国光大银行	Ever Bright Bank	54	1055
招商银行	Merchants Bank	37	1013
上海浦东发展银行	Pudong Development Bank	33	645
兴业银行	Industrial Bank	30	682
中信银行	China CITIC Bank	18	511
广发银行	Development Bank	23	554
中国民生银行	China MinSheng Bank	8	209
华夏银行	HXB	6	160
城市商业银行	**City Commercial Bank**	**575**	**12998**
农村金融机构	**Rural Financial Institutions**	**2035**	**29781**
农村信用社	Rural Credit Coorpertive	803	11396
农村商业银行	Rural Commercial Bank	1135	16941
村镇银行	Village Bank	92	1393
农村资金互助社	Rural Credit Union Funds	5	51
非银行金融机构	**Non-bank Financial Institutions**	**6**	**941**
企业集团财务公司	Finance Company of Enterprise Group	3	78
信托公司	International Trust in the Financial	1	617
金融租赁公司	Financial Leasing Company	1	84
消费金融公司	Consumer Finance Companies	1	162
外资金融银行	**Foreign-funded Banks**	**7**	**100**
国民银行(中国)有限公司哈尔滨分行	Kookmin Bank Harbin Branch	1	20
韩亚银行(中国)有限公司哈尔滨分行	Hana Bank Harbin Branch	1	25
东亚银行(中国)有限公司哈尔滨分行	East Asia Bank Harbin Branch	1	20
汇丰银行(中国)有限公司哈尔滨分行	The Hongkong and Shanghai Banking Corporation Limited, Harbin Branch	1	17
摩根大通银行(中国)有限公司哈尔滨分行	JPMorgan Chase Bank Harbin branch	1	9
法兴银行(中国)有限公司哈尔滨分行	Societe Generale Bank (China) co., LTD. Harbin Branch	1	4
渣打银行(中国)有限公司哈尔滨分行	Standard Chartered Bank (China) co., LTD. Harbin Branch	1	5
资产管理公司	**Asset Management**	**4**	**188**
东方资产管理公司黑龙江省分公司	Orient Asset Management Corporation	1	32
长城资产管理公司黑龙江省分公司	Great Wall Asset Management Corporation	1	57
信达资产管理公司黑龙江省分公司	Cinda Asset Management Corporation	1	56
华融资产管理公司黑龙江省分公司	HuaRong Assets Management Corporation	1	43

6-9　金融机构人民币信贷资金平衡表(年底余额)
Balance Sheet of Credit Funds of Financial Institutions at Year-End

单位：亿元　　(100 million yuan)

指　标	Item	2017	2018	2019
资金来源总计	**Sources of Funds**	**24459.2**	**26126.5**	**28676.4**
各项存款	**Total Deposits**	**23615.1**	**25321.9**	**27716.7**
境内存款	Domestic Deposits	23600.1	25306.9	27699.9
住户存款	Households Deposits	14331.0	15610.7	18056.1
活期存款	Demand Deposits	5806.0	5956.6	6373.7
定期及其他存款	Time Deposits and Others	8525.1	9654.1	11682.4
非金融企业存款	Non-financial Corporate Deposits	4531.2	4294.2	4377.0
活期存款	Demand Deposits	2594.3	2450.8	2445.0
定期及其他存款	Time Deposits and Others	1936.9	1843.3	1932.0
财政性存款	Fiscal Deposits	619.7	852.9	748.9
机关团体存款	Organizations Deposits	3306.0	3816.2	4224.8
非银行业金融机构存款	Non-banking Financial Institutions Deposits	812.2	732.9	293.1
境外存款	Overseas Deposits	15.0	15.0	16.8
金融债券	Financial Bond	179.9	151.9	167.0
卖出回购资产	Sell Repurchase Assets	97.1	77.8	206.2
借款及非银行业金融机构拆入	Borrowing and Non-banking Financial Institutions are Dismantled	8.2	9.0	3.5
联行往来(净)	Jones Lang Lasalle Exchanges (net)			
应付及暂收款	Payable and Temporary Collection	589.0	593.3	664.4
各项准备	Reserves	516.9	595.9	633.0
所有者权益	Owners Equity	1117.8	1278.3	1389.6
#实收资本	#Paicl-up Capital	554.1	566.2	574.1
其　他	Others	-1664.7	-1901.5	-2104.0
资金运用总计	**Uses of Funds**	**24459.2**	**26126.5**	**28676.4**
各项贷款	**Total Loans**	**19208.4**	**20156.3**	**21370.0**
境内贷款	Domestic Loans	19073.5	19922.1	21109.4
住户贷款	Households Loans	5000.5	5376.4	5925.1
短期贷款	Short-term Loans	1414.5	1420.5	1508.8
消费贷款	Consumer Loans	427.2	474.6	604.8
经营贷款	Business Loans	987.3	945.9	904.0
中长期贷款	Medium & Long-term Loans	3586.0	3955.9	4416.2
消费贷款	Consumer Loans	2806.6	3147.8	3597.8
经营贷款	Business Loans	779.4	808.1	818.4
非金融企业及机关团体贷款	Non-financial Companies and Organizations Loans	14073.0	14535.7	15184.3
短期贷款	Short-term Loans	7841.0	7418.9	7581.7
中长期贷款	Medium & Long-term Loans	5370.0	5788.4	6239.0
票据融资	Bill Financing Loans	689.5	1089.3	1110.0
融资租赁	Finance Lease Loans	160.6	221.9	238.3
各项垫款	Advances	12.0	17.2	15.3
非银行业金融机构贷款	Non-banking Financial Institutions Loans		10.0	
境外贷款	Overseas Loans	134.9	234.2	260.7
债券投资	Bond Investment	1586.5	1430.3	1621.2
股权及其他投资	Equity and Other Investments	2705.6	2782.2	2492.2
买入返售资产	Buy Back to Sell Assets	97.2	40.2	27.7
存放非银行业金融机构款项	Storage of Non-banking Financial Institutions	2.7	2.8	1.9
联行往来(净)	Jones Lang LaSalle Exchanges (net)	309.7	1144.8	2580.0
#境内存放二级准备金	#Stored in the Secondary Reserve	506.0	434.2	407.1
金银占款	Funds Outstanding for Gold and Silver			
中央银行外汇占款	Central Bank Foreign Exchange Occupation			
应收及预付款	Receivables and Advance Payments	215.6	232.3	249.4
投资性房地产	Investment Real Estate	0.7	0.7	0.2
固定资产	Fixed Assets	332.7	337.0	333.6

6-10　分地区金融机构人民币信贷收支表(年底余额)(各项存款)

单位：亿元

年　份 地　区	Year Region	各项存款 Total Deposits	境内存款 Domestic Deposits	住户存款 Households Deposits	活期存款 Demand Deposits	定期及其他存款 Time Deposits and Others
2015		21218.9	21204.2	12439.8	4928.1	7511.6
2016		22179.0	22165.1	13448.4	5525.0	7923.3
2017		23615.1	23600.1	14331.0	5806.0	8525.1
2018		25321.9	25306.9	15610.7	5956.6	9654.1
2019		27716.7	27699.9	18056.1	6373.7	11682.4
哈尔滨	Harbin	12250.5	12237.6	6291.8	2329.1	3962.8
齐齐哈尔	Qiqihar	2263.3	2262.8	1745.0	636.2	1108.8
鸡　西	Jixi	1192.0	1191.7	930.2	298.0	632.2
鹤　岗	Hegang	757.1	757.0	586.9	208.2	378.7
双鸭山	Shuangyashan	944.8	944.7	717.7	269.3	448.5
大　庆	Daqing	2814.1	2813.8	1990.9	549.9	1441.0
伊　春	Yichun	791.6	791.4	558.3	164.6	393.7
佳木斯	Jiamusi	1478.9	1478.4	1138.6	472.4	666.3
七台河	Qitaihe	506.9	506.9	380.4	126.1	254.3
牡丹江	Mudanjiang	1641.4	1640.0	1343.8	419.7	924.1
黑　河	Heihe	896.2	895.8	679.4	281.0	398.4
绥　化	Suihua	1802.4	1802.2	1464.3	537.9	926.4
大兴安岭	Daxinganling	377.6	377.6	228.6	81.4	147.2

Balance Sheet of Credit Funds of Financial Institutions at Year-End by Region(Deposits)

(100 million yuan)

非金融企业存款 Non-financial Corporate Deposits	活期存款 Demand Deposits	定期及其他存款 Time and Others	财政性存款 Fiscal Deposits	机关团体存款 Organizations	非银行业金融机构存款 Non-banking Financial Institutions Deposits
4085.2	2337.3	1747.9	859.2	2939.9	880.2
4298.8	2448.5	1850.3	689.8	3174.9	553.2
4531.2	2594.3	1936.9	619.7	3306.0	812.2
4294.2	2450.8	1843.3	852.9	3816.2	732.9
4377.0	2445.0	1932.0	748.9	4224.8	293.1
2839.6	1401.1	1438.5	542.7	2286.8	276.7
241.1	151.0	90.1	31.4	244.9	0.4
91.2	72.7	18.5	12.8	155.3	2.2
38.4	33.0	5.5	14.0	113.6	4.1
81.8	52.3	29.5	7.0	138.2	0.01
478.7	235.5	243.2	18.7	324.0	1.5
89.6	83.9	5.7	12.3	131.2	0.01
129.3	104.3	24.9	24.6	178.8	7.1
32.7	27.1	5.6	4.7	89.1	0.01
119.3	87.3	32.0	19.8	157.2	0.01
65.3	50.7	14.5	13.7	137.4	0.01
123.9	106.9	17.1	28.1	184.7	1.2
46.2	39.3	6.9	19.1	83.6	0.01

6-11 分地区金融机构人民币信贷收支表(年底余额)(各项贷款)

单位：亿元

年 份 地 区	Year Region	各项贷款 Total Loans	境内贷款 Domestic loans	住户贷款 Households loans	短期贷款 Short-term Loans	消费贷款 Consumer	经营贷款 Business	中长期贷款 Medium & Long-term Loans
2015		16214.9	16174.2	4036.7	1398.9	322.6	1076.3	2637.8
2016		17725.0	17625.1	4590.2	1412.5	363.3	1049.3	3177.7
2017		19208.4	19073.5	5000.5	1414.5	427.2	987.3	3586.0
2018		20156.3	19922.1	5376.4	1420.5	474.6	945.9	3955.9
2019		21370.0	21109.4	5925.1	1508.8	604.8	904.0	4416.2
哈尔滨	Harbin	12053.0	11792.4	3515.1	718.9	393.6	325.3	2796.2
齐齐哈尔	Qiqihar	1448.0	1448.0	425.6	107.3	30.8	76.5	318.3
鸡 西	Jixi	836.5	836.5	140.4	61.8	11.5	50.3	78.6
鹤 岗	Hegang	466.0	466.0	58.0	33.6	10.2	23.4	24.4
双鸭山	Shuangyashan	919.5	919.5	133.0	63.3	9.4	53.9	69.7
大 庆	Daqing	1120.2	1120.1	389.3	70.1	29.4	40.7	319.1
伊 春	Yichun	164.9	164.9	47.5	17.3	8.0	9.3	30.2
佳木斯	Jiamusi	1790.5	1790.5	248.9	101.9	18.9	83.0	147.0
七台河	Qitaihe	222.2	222.2	51.6	19.9	7.0	12.9	31.7
牡丹江	Mudanjiang	667.4	667.4	302.0	93.5	21.4	72.2	208.5
黑 河	Heihe	500.7	500.7	155.2	65.1	15.8	49.2	90.2
绥 化	Suihua	1048.4	1048.4	411.8	120.8	37.0	83.8	291.0
大兴安岭	Daxinganling	132.7	132.7	46.7	35.2	11.8	23.4	11.4

Balance Sheet of Credit Funds of Financial Institutions at Year-End by Region(Loans)

(100 million yuan)

消费贷款 Consumer	经营贷款 Business	非金融企业及机关团体贷款 Non-financial Companies and Organizations Loans	短期贷款 Short-term Loans	中长期贷款 Medium & Long-term Loans	票据融资 Bill Financing	融资租赁 Finance Lease	各项垫款 Advances
1893.8	744.0	12137.5	6353.3	4512.8	1155.0	105.6	10.8
2382.0	795.7	13034.9	7119.0	4726.9	1023.9	152.9	12.2
2806.6	779.4	14073.0	7841.0	5370.0	689.5	160.6	12.0
3147.8	808.1	14535.7	7418.9	5788.4	1089.3	221.9	17.2
3597.8	818.4	15184.3	7581.7	6239.0	1110.0	238.3	15.3
2468.1	328.1	8277.3	2528.2	4591.0	915.3	238.3	4.4
244.3	74.0	1022.3	766.4	233.5	22.4		
43.1	35.5	696.1	582.0	99.5	14.6		
15.9	8.5	408.0	322.0	75.2	10.8		
17.9	51.8	786.5	616.9	156.4	13.2		
218.6	100.5	730.9	395.3	270.3	54.7		10.6
18.6	11.6	117.5	36.3	70.1	11.1		
96.1	50.8	1541.6	1330.1	204.1	7.4		
19.9	11.8	170.6	89.5	60.6	20.5		
178.8	29.7	365.4	158.5	201.0	5.7		0.2
53.2	37.0	345.4	276.2	59.5	9.6		0.1
217.1	73.9	636.6	442.7	173.0	20.9		
6.2	5.2	86.1	37.6	44.8	3.7		

6-12 黑龙江A股股票发行情况

单位:万元

公司名称	Company Name	证券代码 Securities Code
金洲慈航集团股份有限公司	Goldleaf Jewelry Co., Ltd	000587.SZ
黑龙江京蓝科技股份有限公司	Heilongjiang Kingland Technology Co., Ltd.	000711.SZ
航天科技控股集团股份有限公司	Aerospace Hi-Tech Holding Group Co., Ltd.	000901.SZ
哈尔滨电气集团佳木斯电机股份有限公司	Harbin Electric Corporation Jiamusi Electric Machine Co., Ltd.	000922.SZ
大庆华科股份有限公司	Daqing Huake Co., Ltd.	000985.SZ
哈尔滨誉衡药业股份有限公司	Gloria Pharmaceuticals	002437.SZ
哈尔滨博实自动化股份有限公司	Harbin Boshi Automation Co., Ltd.	002698.SZ
葵花药业集团股份有限公司	Sunflower Pharmaceutical Group Co., Ltd.	002737.SZ
哈尔滨三联药业股份有限公司	MEDISAN	002900.SZ
哈尔滨九洲电气股份有限公司	JZE, Inc	300040.SZ
哈尔滨中飞新技术股份有限公司	Harbin ZhongFei New Technology Co., Ltd.	300489.SZ
中航直升飞机股份有限公司	AVIC Helicopter Co., Ltd.	600038.SH
哈尔滨高科技(集团)股份有限公司	Harbin High-Tech Group Co., Ltd.	600095.SH
哈尔滨东安汽车动力股份有限公司	Harbin Dongan Automotive Powertrain Co., Ltd.	600178.SH
安通控股股份有限公司	Antong Holdings Co., Ltd.	600179.SH
佳通轮胎股份有限公司	Jiatong Tyre Holding Co., Ltd.	600182.SH
黑龙江国中水务股份有限公司	Interchina Water Treatment Co.,Ltd.	600187.SH
哈尔滨空调股份有限公司	Harbin Air Conditioning Co., Ltd.	600202.SH
亿阳信通股份有限公司	Bright Oceans Co., Ltd.	600289.SH
牡丹江恒丰纸业股份有限公司	Mudanjiang Hengfeng Paper Co., Ltd	600356.SH
万向德农股份有限公司	Wan Xiang Doneed Co., Ltd.	600371.SH
黑龙江北大荒农业股份有限公司	Heilongjiang Bei Da Huang Agriculture Co., Ltd	600598.SH
哈药集团股份有限公司	Harbin Pharmaceutical Group Holding Co., Ltd.	600664.SH
哈尔滨工大高新技术产业开发股份有限公司	Harbin Industry University High-tech Industry Development Holding Co., Ltd.	600701.SH
中航资本控股股份有限公司	Avic Capital Co., Ltd.	600705.SH
华电能源股份有限公司	Huadian Energy Co., Ltd.	600726.SH
东方集团股份有限公司	Orient Group Co., Ltd.	600811.SH
哈药集团人民同泰医药股份有限公司	Hpgc Renmintongtai Pharmaceutical Corporation	600829.SH
龙建路桥股份有限公司	Long Jian Holding Co., Ltd.	600853.SH
哈尔滨哈投投资股份有限公司	Harbin Investment Co., Ltd.	600864.SH
哈尔滨秋林集团股份有限公司	Qiulin Group	600891.SH
宝泰隆新材料股份有限公司	Bao Tyrone	601011.SH
中国第一重型机械股份公司	China First Heavy Industries	601106.SH
黑龙江交通发展股份有限公司	HTDC	601188.SH
哈尔滨威帝电子股份有限公司	Harbin VITI Electronic Co., Ltd.	603023.SH
黑龙江珍宝岛药业股份有限公司	ZBD Pharmaceutical	603567.SH
奥瑞德光电股份有限公司	Aoruide Photoelectric Co., Ltd	600666.SH
哈尔滨新光光电科技股份有限公司	Harbin Xinguang Optoelectronic Technology Co., Ltd	688011.SH

Issuance of A Shares

(10000 yuan)

上市时间 Listed Time	首发融资额 Initial Issue	可转债 Transferable Bond	配股 Rationed Shares	定向增发 Directed Issuance	公开增发 Public Issuance	融资额合计 Total Amount of Financing	总股本(万股)(2019年末) Stock Capital by 2019 (10000 share)
1996/4/25			18711	269960		288671	212375
1997/4/11	5988		5962	372383		384333	87666
1999/4/1	18600		48721	167055		234377	61419
1999/6/18	37510			79695		117205	48989
2000/7/26	25020					25020	12964
2010/6/23	175000					175000	219812
2012/9/11	52480					52480	68170
2014/12/30	133335					133335	58400
2017/9/22	95349					95349	31660
2010/1/8	59400	30800				90200	34303
2015/7/1	19931					19931	9075
2000/12/18	47100		27476	110600		185176	58948
1997/7/8	28900		19843			48743	36126
1998/10/14	57400		35622			93022	46208
1998/11/4	39100			70000		109100	148698
1999/5/7	40320					40320	34000
1998/11/11	22850		18150	295759		336759	165394
1999/6/3	18240					18240	38334
2000/7/20	72960			111176		184136	63105
2001/4/19	28360	45000		28938		102298	29873
2002/9/16	13880					13880	22506
2002/3/29	161400	150000				311400	177768
1993/6/29			154739			154739	254495
1996/5/28	13500		28690	74252		116442	103474
1996/5/16			17971	638880	90000	746851	897633
1996/7/1	5898	80000		150000	68850	304748	196668
1994/1/6	26760		103240	870300		1000300	371458
1994/2/24	13000					13000	57989
1994/4/4	29400			47024		76424	64417
1994/8/9	11500		7994	500000		519494	210851
1996/3/25	18360		14074	45000		77434	61759
2011/3/9	174600			256160		430760	161098
2010/2/9	1140000			155095		1295095	685778
2010/3/19				23000		23000	131588
2015/5/27	26500	20000				46500	36000
2015/4/24	152409					152409	84916
				103000		103000	
2019/7/22	95225					95225	

6-13　保险公司机构数(2019年)

单位：个

机构名称	Organization Name	机构总数 Number of Institutions
全省合计	**Total**	**2544**
寿险公司小计	**Life Insurance Companies Subtotal**	**1434**
中国人寿保险股份有限公司	China Life Insurance Co., Ltd.	610
中国太平洋人寿保险股份有限公司	China Pacific Life Insurance Co., Ltd.	123
中国平安人寿保险股份有限公司	China Ping An Life Insurance Co., Ltd.	136
新华人寿保险股份有限公司	China Life Insurance Co., Ltd.	70
泰康人寿保险有限责任公司	Tai Kang Life Insurance Co., Ltd.	83
太平人寿保险有限公司	Taiping Life Insurance Co., Ltd.	75
建信人寿保险股份有限公司	CCB Life Insurance Co., Ltd.	7
民生人寿保险股份有限公司	Minsheng Life Insurance Co., Ltd.	17
富德生命人寿保险股份有限公司	Fude Sino Life Insurance Co., Ltd.	48
平安养老保险股份有限公司	Ping An Endowment Insurance Co., Ltd.	3
合众人寿保险股份有限公司	Union Life Insurance Co., Ltd.	28
君康人寿保险股份有限公司	June Life Insurance Co., Ltd.	10
信泰人寿保险股份有限公司	Xintai Life Insurance Co., Ltd.	20
农银人寿保险股份有限公司	ABC Life Insurance Co., Ltd.	4
和谐健康保险股份有限公司	Hexie Health Insurance Co., Ltd.	2
中国人民人寿保险股份有限公司	Chinese People's Life Insurance Co., Ltd.	79
阳光人寿保险股份有限公司	Sun Life Insurance Co., Ltd.	55
百年人寿保险股份有限公司	Century Life Insurance Co., Ltd.	21
大家人寿保险股份有限公司	Dajia Life Insurance Co., Ltd.	7
中意人寿保险有限公司	Generali China Life Insurance Co., Ltd.	7
中英人寿保险有限公司	England Life Insurance Co., Ltd.	15
光大永明人寿保险有限公司	Sun Life Everbright Life Insurance Co., Ltd.	4
太平养老保险股份有限公司	Taiping Pension Insurance Co., Ltd.	1
华夏人寿保险股份有限公司	Huaxia Life Insurance Co., Ltd.	1
中邮人寿保险股份有限公司	China Post Life Insurance Co., Ltd	1
泰康养老保险股份有限公司	Tai Kang Pension Insurance Co., Ltd.	1
华泰人寿保险股份有限公司	Huatai Life Insurance Co., Ltd.	5
英大泰和人寿保险股份有限公司	Yingdataihe Life Insurance Co., Ltd.	1
财险公司小计	**Insurance Company Subtotal**	**1110**
中国人民财产保险股份有限公司	China PICC	385
中国大地财产保险股份有限公司	China Continent Property & Casualty Insurance Co., Ltd.	60
中国出口信用保险公司	China Export & Credit Insurance Corporation	1
中华联合财产保险股份有限公司	China United Property Insurance Co., Ltd.	5
中国太平洋财产保险股份有限公司	China Pacific Property Insurance Co., Ltd.	61
中国平安财产保险股份有限公司	China Ping An Insurance Company	77
天安保险股份有限公司	Tian An Insurance Co., Ltd.	23
华安财产保险股份有限公司	Hua An Property Insurance Co., Ltd.	44
太平财产保险有限公司	Pacific Property Insurance Co., Ltd.	7
永诚财产保险股份有限公司	Yongcheng Property Insurance Co., Ltd.	9
大家财产保险股份有限公司	DaJia Property and Casualty Insurance Co., Ltd	57
安华农业保险股份有限公司	Anhua Agricultural Insurance Co., Ltd.	10
阳光财产保险股份有限公司	Sunshine Property and Casualty Insurance Co., Ltd.	64
阳光农业相互保险公司	Sunshine Agriculture Mutual Insurance Company	188
都邦财产保险股份有限公司	Du Bang Property Insurance Company	10
中国人寿财产保险股份有限公司	China Life Insurance Company	79
中意财产保险有限公司	China Insurance Co., Ltd.	2
英大泰和财产保险股份有限公司	Yingda Taihe Property Insurance Co., Ltd.	5
华泰财产保险有限公司	Huatai Property Insurance Co., ltd	3
中航安盟财产保险有限公司	AVIC UNITA Property Insurance Co., Ltd	19
中银保险有限公司	BOC Insurance Co., Ltd.	1

Number of Institutions of Insurance Company(2019)

(unit)

机构类别 Organization Type					
总公司 Company	分公司 Branch	中心支公司 Center Support Company	支公司 Support Company	营业部 Sales Department	营销服务部 Marketing Services Division
1	**48**	**331**	**1018**	**39**	**1107**
	28	**175**	**435**	**2**	**794**
	1	14	91	2	502
	1	13	92		17
	1	11	53		71
	1	12	22		35
	1	11	33		38
	1	11	1		62
	1	5			1
	1	6	6		4
	1	12	16		19
	1	2			
	1	9	5		13
	1	9			
	1	6	9		4
	1	3			
	1	1			
	1	13	65		
	1	9	32		13
	1	7	6		7
	1	6			
	1	4	2		
	1	6			8
	1	2	1		
	1				
	1				
	1				
	1				
	1	3	1		
	1				
1	**20**	**156**	**583**	**37**	**313**
	1	14	145	37	188
	1	12	34		13
	1				
	1	3	1		
	1	13	47		
	1	13	37		26
	1	9			13
	1	12	16		15
	1	5	1		
	1	7	1		
	1	13	31		12
	1	2	7		
	1	13	46		4
1		12	168		7
	1	7			2
	1	13	32		33
	1	1			
	1	3	1		
	1	2			
	1	2	16		
	1				

6-14 保险业务情况
Major Indicators of Insurance Business

单位：万元 (10000 yuan)

项　目	Item	2014	2015	2016	2017	2018	2019
保费收入	**Premium Income**	**5070910**	**5917671**	**6855239**	**9314112**	**8991064**	**9521556**
企业财产险	Enterprise Property Insurance	50404	48861	50093	48405	47217	47166
家庭财产险	Family Property Insurance	6254	7885	8647	11272	12473	15190
机动车辆险	Motor Vehicle Insurance	780339	870855	999313	1146753	1181570	1228451
船舶险	Ships Insurance	96	111	96	84	78	70
货物运输险及责任保险	Cargo Transportation Insurance and Liability Insurance	6645	5875	6693	5900	7251	6879
责任险	Liability Insurance	28452	31216	33808	43045	51469	62818
保证保险	Guarantee Insurance	39677	54912	39162	57919	144579	194399
农业险	Agriculture Insurance	260574	298473	318422	354612	396870	432777
其他保险	Other Insurance	47867	17464	32721	27392	36270	33800
寿　险	Life Insurance	3467932	4033169	4135990	6392455	5455620	5273386
健康险	Health Insurance	295908	447541	1107113	1075470	1487407	2047283
人身意外伤害险	Person Accident Insurance	86761	101308	123180	150806	170260	179336
赔款及给付	**Claim and Payment**	**1547548**	**1692546**	**2377512**	**2405184**	**2571690**	**3240484**
企业财产险	Enterprise Property Insurance	25612	22560	31127	34603	22765	20920
家庭财产险	Family Property Insurance	3534	2588	3456	5095	5424	6625
机动车辆险	Motor Vehicle Insurance	407110	421467	492419	556124	620019	626711
船舶险	Ships Insurance	0.39	2.66	13.95	7.76	5.37	8.49
货物运输险及责任保险	Cargo Transportation Insurance and Liability Insurance	7539	3051	2433	3175	4735	2668
责任险	Liability Insurance	18279	14717	21279	29058	30477	34755
保证保险	Guarantee Insurance	5394	8663	15516	18800	34399	85099
农业险	Agriculture Insurance	180441	189845	375930	273767	280285	624517
其他保险	Other Insurance	6126	6916	8069	7321	8199	13780
寿　险	Life Insurance	770700	867684	1187491	1120847	1064294	1049992
健康险	Health Insurance	105953	138198	218194	329204	462425	734902
人身意外伤害险	Person Accident Insurance	16860	16853	21583	27182	38664	40506

注：其他保险=建筑安装工程保险及责任保险+出口信用险+其他险

a) Other Insurance = construction and installation insurance and liability insurance + export credit insurance + other

主要统计指标解释

一般公共预算收入　指国家财政参与社会产品分配所取得的收入，是实现国家职能的财力保证。主要包括：（1）各项税收：包括国内增值税、国内消费税、进口货物增值税和消费税、出口货物退增值税和消费税、企业所得税、个人所得税、资源税、城市维护建设税、房产税、印花税、城镇土地使用税、土地增值税、车船税、船舶吨税、车辆购置税、关税、耕地占用税、契税、烟叶税、环境保护税等。（2）非税收入：包括专项收入、行政事业性收费、罚没收入、国有资本经营收入、国有资源（资产）有偿使用收入和其他收入。财政收入按现行分税制财政体制划分为中央本级收入和地方本级收入。

一般公共预算支出　指国家财政将筹集起来的资金进行分配使用，以满足经济建设和各项事业的需要。主要包括：一般公共服务、外交、国防、公共安全、教育、科学技术、文化体育与传媒、社会保障和就业、医疗卫生与计划生育、节能环保、城乡社区、农林水、交通运输、资源勘探信息等、商业服务业等、金融、援助其他地区、国土海洋气象等、住房保障、粮油物资储备、债务付息、债务发行费用等方面的支出。财政支出根据政府在经济和社会活动中的不同职权，划分为中央财政支出和地方财政支出。

信贷资金　指金融机构以信用方式积聚和分配的货币资金。金融机构信贷资金的来源有各项存款、金融债券、对国际金融机构负债、流通中现金、其他项目等；信贷资金的运用有各项贷款、有价证券及投资、金银占款、外汇占款、财政借款及在国际金融机构中的资产等。

存款　指企业、机关、团体或居民根据资金必须收回的原则，把货币资金存入银行或其他信贷机构保管并取得一定利息的一种信用活动形式。根据存款对象或性质的不同可划分为单位存款、个人存款、财政性存款、临时性存款、委托存款、其他存款等科目。它是银行信贷资金的主要来源。

贷款　指银行或其他信贷机构根据资金必须归还的原则，按一定利率，为企业、个人等提供资金的一种信用活动形式。我国银行贷款分为短期贷款、中长期贷款、融资租赁、票据融资、各项垫款、境外贷款等。

保险公司　在中国境内的、经过保险监督管理部门批准设立，并依法登记注册的各类商业保险公司。

保险金额　指保险人承担赔偿或者给付保险金责任的最高限额。

保费　指投保人为取得保险人在约定范围内所承担赔偿责任而支付给保险人的费用。

赔款　指保险人根据保险合同的规定，向被保险人支付的赔偿保险责任损失的金额。

给付　包括死伤医疗给付和满期给付。死伤医疗给付是指保险人根据人寿保险及长期健康保险合同的规定，因被保险人在保险期内发生保险责任范围内的保险事故支付给被保险人(或受益人)的金额。满期给付是指被保险人生存期满，保险人按人寿保险合同规定支付给被保险人的满期保险金额。

股票及其他股权　指股票购买者及直接投资者对其投资企业净资产所拥有的权益。股票是股份公司签发的证明股东投资并按其所持股份享有权益和承担义务的权益性证券。其他股权是机构单位以直接投资的方式用除股票、债权性证券以外的土地、房屋及建筑物、机器设备、存货、资源资产等实物资产，商标、专利权、土地使用权、特许使用权、商誉等无形资产及货币资金直接向其他单位进行的投资。通常以股权证、出资证明书、参与证或类似的单据为凭证。

Explanatory Notes on Main Statistical Indicators

General Public Budget Revenue refers to income for the government finance through participating in the distribution of social products. It is the financial guarantee to ensure government functioning. The government revenue includes the following main items: (1) Various tax revenues including domestic value added tax (VAT), domestic consumption tax, VAT and consumption tax from imports, VAT and consumption tax rebate for exports, corporate income tax, individual income tax, resource tax, city maintenance and construction tax, house property tax, stamp tax, urban land use tax, land appreciation tax, tax on vehicles and boat operation, ship tonnage tax, vehicle purchase tax, tariffs, farm land occupation tax, deed tax, and tobacco tax, environment protection tax, etc. (2) Non-tax revenue, including special program receipts, charge of administrative and institutional units, penalty receipts, operating income from government capital, income from use of state-owned resources (assets) and others non-tax receipts.

General Public Budget Expenditure refers to the distribution and use of the funds which the government finance has raised, so as to meet the needs of economic construction and various undertakings. It includes the following main items: expenditure for general public services, expenditure for foreign affairs, expenditure for national defence expenditure for public security, expenditure for education, expenditure for science and technology, expenditure for culture, sport and media, expenditure for social safety net and employment effort, expenditure for medical and health care and family planning, expenditure for energy conservation and environment protection, expenditure for urban and rural community affairs, expenditure for agriculture, forestry and water conservancy, expenditure for transportation, expenditure for resource exploration and information, expenditure for affairs of commerce and services, expenditure for finance, aid to other regions, expenditure for land, ocean and weather, expenditure for housing security, expenditure for grain & oil reserves, interest payment for public debts, expenditure for issuing debts. General public budget expenditure is divided into general public budget expenditure of central government and general public budget expenditure of local government according to the different functions of the governments played in economic and social activities,

Credit Funds refer to the monetary funds accumulated and distributed in the means of credit by the financial institutions. The sources of credit funds include various deposits, financial bonds, liabilities to international financial institutions, currency in circulation, other items. The uses of credit funds include loans, securities and investment, position for bullion and silver purchase, position for foreign exchange purchase, advances to treasury, and assets with international financial institutions.

Deposit is a form of credit by which enterprises, institutions, organizations or households can put money into banks and other credit institutions for safekeeping and interest earning under the principle of free withdrawal. According to different depositors, deposits are divided into unit deposits, personal deposits, fiscal deposits, temporary deposits, entrusted deposits and other deposits. Deposits are major sources of the credit funds of banks.

Loan is a form of credit by which banks and other credit institutions provide funds at certain interest rate to enterprises and individuals in the light of the principle of unconditional repayment. Loans from Chinese banks include short-term loan, medium-term and long-term loans, financial lease, bill financing, various money advanced, foreign loans.

Insurance Companies refer to commercial insurance companies of various forms registered by law and established in China with the approval of insurance regulatory agencies.

Amount Insured refers to the maximum that the insurant will get for the claim of the case insured.

Premium is the fee paid by the insurant to the insurer to obtain the obligation of compensation from the insurance within the agreed terms.

Settled Claim is the compensation paid by the insurer to the insurant in accordance with the insurance contract.

Payment includes payment for death, injury or medical treatment and payment at maturity. Payment for death, injury or medical treatment refers to the money paid to the insurant (or the beneficiary) in accordance with the life or health insurance contract when the insurant encounters accidents within the insured period covered in the contract. Payment at maturity refers to the payment to the insurant in accordance with the life insurance contract at the end of the insured period.

Shares and Other Holding Rights refer to the rights of stockholders and direct investors on the net assets of corporations they have invested in. Shares refer to negotiable securities on creditor's rights, issued by share companies certifying the investment by stockholders and their rights and duties in accordance with the amount of stocks that they hold. Other holding rights refer to the direct investment by

institutional units in other units with currency capital or with assets, in forms other than shares and negotiable securities on creditor's rights, including such tangible assets such as land, buildings, machines and equipment, inventory, resources, etc., and such intangible assets as trade marks, patents, monopolies, rights on land use, licenses, commercial reputation, etc.. Documents of proof of holding rights usually include certificates on creditor's right, certificates on investment or on participation, etc.

第七篇　资源与环境

CHAPTER 7 RESOURCES AND ENVIRONMENT

资料整理：王志博

7-1　土地状况
Land Characteristics

项　目	Item	面　积 (万公顷) Area (10000 hectares)	占总面积 (%) Percentage to Total Area(%)
总面积	**Total Land Area**	**4525.3**	**100.0**
耕　地	Cultivated Land	1584.4	35.0
园　地	Garden Land	4.4	0.1
林　地	Forests Land	2181.9	48.2
草　地	Grassland	201.8	4.5
城镇村及工矿用地	Land for Inhabitation, Mining and Manufacturing	123.7	2.7
交通运输用地	Land for Transport Facilities	59.4	1.3
水域及水利设施用地	Land for Water Conservancy Facilities	217.1	4.8
其他用地	Other	152.6	3.4

注：1.本表数据来源于黑龙江省自然资源厅，为2018年土地变更调查数据(7-2表同)。
2.本表面积不包含加格达奇、松岭区面积共计181.6万公顷。

a) Figures in this table are from the 2018 Land Change Survey and obtained from the Department of Natural Resources of Heilongjiang Province (the same as 7-2 table).

b) This table does not include Jiagedaqi and Songling,the area of Jiagedaqi and Songling is 1.816 million hectares.

7-2　分地区土地面积
Land Area in the Region

地　区	Region	总面积(万公顷) Total Land Area (10000 hectares)
全　省	**Total**	**4525.3**
哈 尔 滨	Harbin	530.8
齐齐哈尔	Qiqihar	422.6
鸡　西	Jixi	224.9
鹤　岗	Hegang	146.7
双 鸭 山	Shuangyashan	220.5
大　庆	Daqing	212.0
伊　春	Yichun	328.0
佳 木 斯	Jiamusi	324.6
七 台 河	Qitaihe	61.9
牡 丹 江	Mudanjiang	388.3
黑　河	Heihe	668.6
绥　化	Suihua	348.7
大兴安岭	Daxinganling	647.7

7-3 主要河流基本情况(2019年)
Major Rivers(2019)

名 称	Name	流域面积（平方公里） Drainage Area (sq.km)	河长（公里） Length (km)
呼玛河	Humahe River	31197	524
逊毕拉河	Xunbilahe River	15739	279
穆棱河	Mulinghe River	18136	834
挠力河	Naolihe River	22495	596
呼兰河	Hulanhe River	31424	523
蚂蚁河	Ant River	10547	341
汤旺河	Tangwanghe River	20557	509

注：水利数据来源于黑龙江省水文水资源中心。
a) Figures of water resources were obtained from the Hydrographic Department of Heilongjiang Province.

7-4 分地区水资源状况(2019年)
Water Resources by Region(2019)

单位：亿立方米 (100 Million cu.m)

地 区	Region	水资源总量 Total Water Resources Volume	地下水资源与地表水资源不重复量 Unduplicated Measurement Volume of Surface Water and Ground Water	地表水资源量 Total Surface Water Resources Volume
全 省	**Total**	**1511.4**	**205.8**	**1305.7**
哈尔滨	Harbin	254.9	29.1	225.8
齐齐哈尔	Qiqihar	98.0	31.7	66.3
鸡 西	Jixi	94.0	14.8	79.2
鹤 岗	Hegang	83.1	11.8	71.3
双鸭山	Shuangyashan	89.5	12.9	76.6
大 庆	Daqing	23.9	15.7	8.2
伊 春	Yichun	183.0	4.6	178.4
佳木斯	Jiamusi	109.6	33.6	76.0
七台河	Qitaihe	23.3	1.2	22.1
牡丹江	Mudanjiang	137.9	4.3	133.7
黑 河	Heihe	218.1	19.5	198.6
绥 化	Suihua	96.2	22.0	74.3
大兴安岭	Daxinganling	100.0	4.8	95.2

7-5 主要矿产资源储量
Reserves of Major Mineral Resources

项 目	Item	2015	2016	2017	2018	2019
煤炭(亿吨)	Coal(100 million tons)	198.5	198.0	199.1	198.2	198.2
铁矿(矿石亿吨)	Iron(Ore,100 million tons)	4.02	4.03	4.06	3.68	3.65
铜矿(铜万吨)	Copper(Metal,10000 tons)	425.0	425.2	425.2	573.5	317.8
铅矿(万吨)	Lead(Metal,10000 tons)	54.8	54.7	58.0	57.5	57.4
锌矿(万吨)	Zinc(Metal,10000 tons)	185.9	185.3	192.7	190.8	190.2
镁矿(万吨)	Magnesium(10000 tons)	891.3	891.3	891.3	891.3	891.3
镍矿(吨)	Nickel(ton)	21612	21612	21612	21612	21612
钨矿(WO3)(万吨)	Tungsten(WO3,10000 tons)	16.50	16.51	16.51	15.67	15.40
金矿(岩金)(千克)	Gold ore (rock gold) (kg)	153909	160297	159695	162260	218474
矽线石(万吨)	Fibrolite(10000 tons)	757.3	757.3	757.3	757.3	757.3
熔剂用灰岩(万吨)	Limestone for Flux(10000 tons)	4643.745	4643.7	4229.4	4120.4	4051.9
冶金用白云岩(万吨)	Dolomite for Metallurgy(10000 tons)	3653	3653	3653	3653	3653
铸型用砂(万吨)	Placer for Mould(10000 tons)	1039.9	1039.9	1039.9	1039.9	1039.9
耐火粘土(万吨)	Refractory Clay(10000 tons)	1533.7	1533.7	1533.7	1533.7	1533.7
硫铁矿(万吨)	Pyrite Ore(10000 tons)	251.4	251.4	251.4	251.4	251.4
化肥用蛇纹岩(万吨)	Serpentinite for Chemical Fertilizer(10000 tons)	7880.3	7880.3	7880.3	7880.3	7880.3
泥炭(万吨)	Peat(10000 tons)	2877.3	2877.3	2877.3	2877.3	2877.3
磷矿石(万吨)	Phosphorite(10000 tons)	4255	4255	4255	4255	4255
长石(万吨)	Feldspar(10000 tons)	17558	17558	17558	17558	17558
陶瓷土(万吨)	Pottery Clay(10000 tons)	3601	3600	2021	2021	2021
玻璃用砂(万吨)	Gritstone for Glass(10000 tons)	1591	1591	1591	1591	1591
玻璃用脉石英(万吨)	Vein Quartz for Glass(10000 tons)	799.5	799.5	799.5	799.5	799.5
玻璃用大理岩(万吨)	Marble for Glass(10000 tons)	2820	2820	2820	2820	2820
水泥配料用粘土(万吨)	Clay for Cement Industry(10000 tons)	11210.9	11210.9	11210.9	11210.7	11210.5
水泥用大理岩(亿吨)	Marble for Cement(100 million tons)	15.8	16.2	16.2	16.8	18.2
膨润土(万吨)	Bentonite(10000 tons)	14594	14594	14594	14594	14594
饰面用花岗岩(万立方米)	Granite for Facing(10000 cu.m)	5265	5265	5265	5265	5264
火山灰(万吨)	Pozzolana(10000 tons)	4948	4948	4948	4948	4948
饰面用大理岩(万立方米)	Marble for Facing(10000 cu.m)	668	668	668	668	668
石墨(万吨)	Graphite(10000 tons)	12407.4	12884.8	19535.8	23263.4	28604.6
沸石(万吨)	Zeolite(10000 tons)	11908	11908	11908	11908	11908
颜料黄土(万吨)	Sienna(10000 tons)	192	192	192	192	192
铸石用玄武岩(万吨)	Basalt for Casting(10000 tons)	11110	11110	11110	11110	11110
岩棉用玄武岩(万吨)	Basalt for Artificial Asbestos(10000 tons)	7274	7274	7274	7274	7274
珍珠岩(万吨)	Perlite(10000 tons)	3324	3322	3316	3304	3298

注：本表数据来源于黑龙江省自然资源厅。

a) Figures in this table were obtained from the Department of Natural Resources of Heilongjiang Province.

7-6 主要城市(区)平均气压(2019年)
Monthly Average Atmospheric Pressure of Major Cities(2019)

单位：百帕 (hPa)

月份	Month	哈尔滨 Harbin	齐齐哈尔 Qiqihar	北林 Beilin	大庆 Daqing	加格达奇 Jiagedaqi	爱辉 Aihui	伊春 Yichun	佳木斯 Jiamusi	鸡西 Jixi	牡丹江 Mudanjiang	鹤岗 Hegang	双鸭山 Shuangyashan	七台河 Qitaihe
年平均	**Annual Average**	**999.6**	**995.6**	**991.9**	**995.0**	**968.1**	**992.2**	**980.9**	**1003.0**	**980.6**	**977.5**	**990.5**	**991.5**	**989.7**
1 月	Jan.	1008.7	1004.0	1000.1	1003.6	974.0	998.9	987.4	1010.4	986.4	984.3	996.5	997.7	996.2
2 月	Feb.	1007.7	1003.5	999.2	1002.9	973.2	998.0	986.6	1009.8	986.2	983.8	996.2	997.3	995.7
3 月	Mar.	998.8	995.5	991.0	994.6	968.0	992.3	979.8	1002.1	978.9	975.8	989.4	990.2	988.2
4 月	Apr.	996.5	992.4	988.8	991.9	965.2	988.8	977.4	999.4	977.5	974.8	986.9	988.0	986.4
5 月	May	989.6	985.9	982.3	985.2	959.9	983.2	972.0	993.4	972.1	969.2	981.5	982.5	980.7
6 月	June	991.0	987.6	984.1	986.8	962.9	986.3	974.9	996.0	974.0	970.4	984.8	985.3	982.9
7 月	July	989.2	985.3	982.4	984.7	960.4	983.7	973.1	994.3	973.4	969.6	983.1	983.9	981.9
8 月	Aug.	992.0	988.8	985.1	987.8	965.0	988.1	975.9	996.8	975.2	971.4	985.6	986.1	983.9
9 月	Sept.	1000.7	996.3	993.4	996.1	968.6	992.2	982.7	1004.0	982.8	979.6	992.0	993.1	991.5
10 月	Oct.	1003.9	999.7	996.3	999.2	971.7	996.0	985.3	1007.5	985.6	982.4	995.1	996.2	994.5
11 月	Nov.	1007.8	1003.5	999.5	1003.0	973.6	998.3	987.0	1010.0	986.8	984.2	996.7	997.7	996.2
12 月	Dec.	1009.2	1004.7	1000.8	1004.2	974.8	1000.9	988.7	1012.1	987.9	984.8	998.5	999.5	997.9
春季	Spring	995.0	991.3	987.4	990.6	964.4	988.1	976.4	998.3	976.2	973.3	985.9	986.9	985.1
夏季	Summer	990.7	987.2	983.9	986.4	962.8	986.0	974.6	995.7	974.2	970.5	984.5	985.1	982.9
秋季	Fall	1004.1	999.8	996.4	999.4	971.3	995.5	985.0	1007.2	985.1	982.1	994.6	995.7	994.1
冬季	Winter	1008.5	1004.1	1000.0	1003.6	974.0	999.3	987.6	1010.8	986.8	984.3	997.1	998.2	996.6
最高	Highest	1002.5	998.5	994.8	997.9	970.9	995.1	983.8	1005.8	983.3	980.2	993.3	994.2	992.4
最低	Lowest	996.3	992.4	988.8	991.8	965.2	989.4	977.8	999.9	977.7	974.6	987.6	988.5	986.7

注：气象数据来源于黑龙江省气象数据中心。
a) Figures of climate were obtained from Herlongjiang Province Meteorological Data Center.

7-7　主要城市(区)平均气温(2019年)

Monthly Average Temperature of Major Cities (2019)

单位：摄氏度　　(℃)

月　份	Month	哈尔滨 Harbin	齐齐哈尔 Qiqihar	北林 Beilin	大庆 Daqing	加格达奇 Jiagedaqi	爱辉 Aihui	伊春 Yichun	佳木斯 Jiamusi	鸡西 Jixi	牡丹江 Mudan-jiang	鹤岗 Hegang	双鸭山 Shuang-yashan	七台河 Qitaihe
年平均	**Annual Average**	**5.9**	**5.4**	**5.1**	**6.2**	**0.4**	**1.7**	**2.8**	**5.1**	**5.7**	**5.8**	**3.1**	**5.8**	**5.0**
1　月	Jan.	-13.3	-12.6	-13.8	-11.8	-18.1	-17.5	-16.0	-13.3	-11.8	-12.2	-15.0	-12.1	-13.7
2　月	Feb.	-9.3	-9.7	-10.1	-8.7	-15.6	-14.5	-13.1	-9.5	-8.2	-8.4	-12.2	-8.8	-9.2
3　月	Mar.	0.1	0.2	-0.3	0.6	-5.6	-4.8	-2.3	-0.7	0.1	0.5	-2.6	-0.2	-0.6
4　月	Apr.	8.5	8.5	7.9	8.6	3.3	4.8	5.8	8.1	7.8	7.0	6.2	8.4	7.0
5　月	May	15.5	15.5	14.7	15.8	11.9	12.0	12.3	14.4	15.5	15.7	11.9	14.5	15.6
6　月	June	19.8	20.1	19.5	20.4	17.1	18.2	16.0	17.7	18.3	18.4	15.8	17.6	17.5
7　月	July	23.7	23.1	23.0	24.2	19.1	21.2	21.0	22.8	22.3	22.5	21.2	23.2	22.3
8　月	Aug.	20.7	20.3	20.2	21.3	17.1	18.6	18.4	20.0	20.2	20.9	18.7	20.2	20.1
9　月	Sept.	17.0	17.0	15.7	17.3	11.5	13.1	13.6	15.7	15.9	15.9	13.9	16.7	15.4
10 月	Oct.	8.3	6.9	7.2	7.8	1.1	3.1	5.4	7.2	7.9	8.0	5.6	8.8	7.1
11 月	Nov.	-4.9	-6.6	-6.3	-5.2	-13.3	-11.4	-8.4	-5.4	-5.4	-5.2	-7.5	-4.9	-5.6
12 月	Dec.	-15.6	-17.5	-16.8	-15.5	-23.7	-22.9	-19.2	-16.2	-14.0	-13.5	-18.3	-14.4	-16.5
春　季	Spring	8.0	8.1	7.4	8.3	3.2	4.0	5.3	7.3	7.8	7.7	5.2	7.6	7.3
夏　季	Summer	21.4	21.2	20.9	22.0	17.8	19.3	18.5	20.2	20.3	20.6	18.6	20.3	20.0
秋　季	Fall	6.8	5.8	5.5	6.6	-0.2	1.6	3.5	5.8	6.1	6.2	4.0	6.9	5.6
冬　季	Winter	-12.7	-13.3	-13.6	-12.0	-19.1	-18.3	-16.1	-13.0	-11.3	-11.4	-15.2	-11.8	-13.1
最　高	Highest	11.7	11.1	10.7	11.4	8.0	7.9	9.2	10.9	11.2	12.4	9.3	10.6	10.9
最　低	Lowest	0.7	0.2	0.2	1.6	-6.0	-3.7	-3.0	-1.1	0.9	0.3	-3.0	1.4	-0.8

7-8 主要城市(区)平均相对湿度(2019年)
Monthly Average Relative Humidity of Major Cities (2019)

单位: % (%)

月 份	Month	哈尔滨 Harbin	齐齐哈尔 Qiqihar	北林 Beilin	大庆 Daqing	加格达奇 Jiagedaqi	爱辉 Aihui	伊春 Yichun	佳木斯 Jiamusi	鸡西 Jixi	牡丹江 Mudan-jiang	鹤岗 Hegang	双鸭山 Shuang-yashan	七台河 Qitaihe
年平均	**Annual Average**	**62**	**53**	**61**	**57**	**62**	**62**	**66**	**64**	**59**	**61**	**66**	**59**	**64**
1 月	Jan.	60	47	61	50	58	60	63	63	53	57	61	54	59
2 月	Feb.	43	35	43	37	55	53	54	50	42	46	53	43	44
3 月	Mar.	46	32	46	37	48	52	54	54	48	51	54	46	52
4 月	Apr.	42	34	43	38	40	41	44	42	43	47	42	36	47
5 月	May	54	45	54	47	50	56	61	61	53	50	65	58	56
6 月	June	68	65	66	64	68	66	79	77	71	69	83	75	75
7 月	July	83	78	82	78	85	82	85	85	79	78	89	79	84
8 月	Aug.	88	82	86	84	85	83	89	90	86	84	90	89	91
9 月	Sept.	70	59	68	64	70	67	71	71	66	71	74	62	71
10 月	Oct.	56	49	53	53	62	63	58	60	53	57	62	49	60
11 月	Nov.	58	51	57	56	60	58	59	53	52	56	55	48	56
12 月	Dec.	72	64	73	71	67	66	72	67	64	66	66	64	71
春 季	Spring	47	37	48	41	46	50	53	52	48	49	54	47	52
夏 季	Summer	80	75	78	75	79	77	84	84	79	77	87	81	83
秋 季	Fall	61	53	59	58	64	63	63	61	57	61	64	53	62
冬 季	Winter	58	49	59	53	60	60	63	60	53	56	60	54	58

7-9 主要城市(区)降水量(2019年)
Monthly Precipitation of Major Cities (2019)

单位：毫米 (millimeters)

月份	Month	哈尔滨 Harbin	齐齐哈尔 Qiqihar	北林 Beilin	大庆 Daqing	加格达奇 Jiagedaqi	爱辉 Aihui	伊春 Yichun	佳木斯 Jiamusi	鸡西 Jixi	牡丹江 Mudan-jiang	鹤岗 Hegang	双鸭山 Shuang-yashan	七台河 Qitaihe
合计	**Total**	**618.2**	**579.4**	**661.8**	**529.3**	**544.9**	**689.1**	**945.6**	**858.1**	**721.9**	**563.2**	**1134.6**	**771.2**	**762.1**
1月	Jan.	1.8	0.4	2.5	0.5	0.7	1.1	4.1	3.8	2.0	2.5	1.0	4.1	1.9
2月	Feb.	0.0	0.0	0.3	0.0	1.1	2.3	0.6	0.3	0.3	0.1	0.2	0.6	0.0
3月	Mar.	12.4	0.0	20.6	1.2	2.4	9.1	8.1	10.0	24.1	24.5	11.0	10.1	13.1
4月	Apr.	12.9	15.0	23.8	8.2	1.7	9.3	16.3	2.3	7.1	6.5	5.5	8.1	9.6
5月	May	88.3	45.7	99.5	79.4	76.9	92.8	154.4	119.9	90.6	74.8	131.9	104.4	101.8
6月	June	86.3	99.7	77.7	34.3	61.7	50.2	177.0	97.1	103.6	79.8	203.8	93.1	99.2
7月	July	156.7	195.1	192.7	179.0	164.1	244.9	217.6	218.4	124.2	128.8	267.9	171.3	117.9
8月	Aug.	157.2	178.2	162.4	192.4	166.5	191.2	229.1	234.2	258.7	149.2	350.2	257.5	255.5
9月	Sept.	69.2	6.1	44.8	7.1	26.8	39.5	101.4	108.7	54.2	36.9	129.1	79.2	85.5
10月	Oct.	7.8	19.0	5.7	10.0	29.0	23.4	12.0	29.1	12.3	15.7	11.6	11.3	28.3
11月	Nov.	10.6	13.9	11.0	8.4	12.2	21.4	12.2	18.1	31.0	28.2	9.0	20.6	33.5
12月	Dec.	15.0	6.3	20.8	8.8	1.8	3.9	12.8	16.2	13.8	16.2	13.4	10.9	15.8
春季	Spring	113.6	60.7	143.9	88.8	81.0	111.2	178.8	132.2	121.8	105.8	148.4	122.6	124.5
夏季	Summer	400.2	473.0	432.8	405.7	392.3	486.3	623.7	549.7	486.5	357.8	821.9	521.9	472.6
秋季	Fall	87.6	39.0	61.5	25.5	68.0	84.3	125.6	155.9	97.5	80.8	149.7	111.1	147.3
冬季	Winter	16.8	6.7	23.6	9.3	3.6	7.3	17.5	20.3	16.1	18.8	14.6	15.6	17.7

7-10 主要城市(区)平均风速(2019年)
Monthly Average Wind Velocity of Major Cities(2019)

单位: m/s (m/s)

月 份	Month	哈尔滨 Harbin	齐齐哈尔 Qiqihar	北林 Beilin	大庆 Daqing	加格达奇 Jiagedaqi	爱辉 Aihui	伊春 Yichun	佳木斯 Jiamusi	鸡西 Jixi	牡丹江 Mudan-jiang	鹤岗 Hegang	双鸭山 Shuang-yashan	七台河 Qitaihe
年平均	**Annual Average**	**3.0**	**2.5**	**2.2**	**3.1**	**2.3**	**2.7**	**2.5**	**2.6**	**3.9**	**3.3**	**2.3**	**2.1**	**3.2**
1 月	Jan.	2.8	2.2	2.1	3.0	2.1	2.5	2.8	2.8	5.1	3.7	2.7	2.3	3.1
2 月	Feb.	2.8	2.4	2.2	3.2	2.0	2.3	2.7	2.8	4.7	3.5	2.8	2.4	3.6
3 月	Mar.	3.4	2.8	2.3	3.2	2.3	3.1	2.5	2.6	3.7	3.6	2.4	2.0	3.0
4 月	Apr.	3.8	3.2	2.7	3.7	3.0	3.4	2.9	3.4	4.5	3.6	2.8	2.5	3.5
5 月	May	3.8	3.2	2.8	3.9	3.2	3.8	3.0	3.1	4.8	4.7	2.8	2.2	4.2
6 月	June	3.1	2.8	2.1	2.9	2.3	2.3	1.9	2.3	3.0	3.1	1.8	1.7	2.5
7 月	July	2.2	2.1	1.8	2.5	2.0	2.0	1.6	1.9	2.7	2.2	1.5	1.5	2.3
8 月	Aug.	2.3	2.2	1.7	2.5	2.3	2.1	1.8	2.1	2.6	2.3	1.8	1.4	2.1
9 月	Sept.	2.5	2.7	2.1	2.8	2.5	2.9	2.5	2.5	3.6	2.7	2.1	2.1	3.1
10 月	Oct.	3.2	2.8	2.4	3.4	2.3	2.6	2.6	2.7	3.6	3.3	2.3	2.3	3.2
11 月	Nov.	3.2	2.3	2.4	3.2	2.4	3.0	3.3	3.2	4.7	3.5	3.1	2.5	4.5
12 月	Dec.	2.7	1.8	1.9	2.6	1.6	1.8	2.1	2.3	3.6	2.8	2.0	2.3	2.8
春 季	Spring	3.7	3.1	2.6	3.6	2.8	3.4	2.8	3.0	4.3	4.0	2.7	2.2	3.6
夏 季	Summer	2.5	2.4	1.9	2.6	2.2	2.1	1.8	2.1	2.8	2.5	1.7	1.5	2.3
秋 季	Fall	3.0	2.6	2.3	3.1	2.4	2.8	2.8	2.8	4.0	3.2	2.5	2.3	3.6
冬 季	Winter	2.8	2.1	2.1	2.9	1.9	2.2	2.5	2.6	4.5	3.3	2.5	2.3	3.2
最 大	Maximum	11.9	10.4	9.4	14.1	12.1	11.9	13.0	12.8	17.3	17.2	12.5	11.2	16.3
风 向	Wind Direction	SW	NNW/N	SW	WSW	SE	NNW/W	W	WSW	WSW	SW	W	WSW	WNW

7-11　主要城市(区)日照时数(2019年)
Monthly Sunshine Hours of Major Cities (2019)

单位：小时 (hour)

月份	Month	哈尔滨 Harbin	齐齐哈尔 Qiqihar	北林 Beilin	大庆 Daqing	加格达奇 Jiagedaqi	爱辉 Aihui	伊春 Yichun	佳木斯 Jiamusi	鸡西 Jixi	牡丹江 Mudan-jiang	鹤岗 Hegang	双鸭山 Shuang-yashan	七台河 Qitaihe
合计	**Total**	**2498.1**	**2729.8**	**2408.7**	**2821.3**	**3230.1**	**2448.8**	**2352.6**	**3062.8**	**2601.3**	**2354.0**	**2336.1**	**2352.3**	**2960.4**
1 月	Jan.	148.1	219.9	179.0	191.5	167.9	168.5	139.4	175.5	196.8	182.9	200.9	180.0	151.7
2 月	Feb.	168.7	218.3	203.4	206.6	205.0	207.2	182.1	217.4	203.5	181.4	225.0	204.4	184.0
3 月	Mar.	225.1	281.6	247.4	252.1	255.5	261.8	212.6	249.5	232.8	220.8	268.3	243.4	183.5
4 月	Apr.	245.2	297.2	276.1	277.9	260.9	257.3	241.0	289.1	251.5	201.3	307.7	301.7	213.3
5 月	May	226.5	238.6	202.2	280.0	363.7	187.7	326.9	214.3	217.0	215.7	182.7	178.7	295.1
6 月	June	234.5	243.0	213.9	270.1	391.3	267.5	320.3	311.9	203.1	229.1	176.4	150.6	331.9
7 月	July	186.8	196.9	150.2	253.9	320.6	138.4	181.4	337.8	172.8	179.8	123.1	170.9	352.2
8 月	Aug.	108.8	162.9	91.6	172.7	291.1	139.6	78.8	253.0	110.8	120.8	79.7	85.5	250.4
9 月	Sept.	277.0	271.7	239.5	295.8	302.9	215.5	238.9	321.7	290.9	268.9	257.9	248.5	323.1
10 月	Oct.	238.8	223.7	205.2	241.7	253.1	190.3	202.7	262.3	262.8	231.3	217.2	219.6	257.6
11 月	Nov.	228.6	193.1	210.8	187.3	215.6	209.0	136.0	223.0	234.7	159.6	153.9	182.6	208.6
12 月	Dec.	210.0	182.9	189.4	191.7	202.5	206.0	92.5	207.3	224.6	162.4	143.3	186.4	209.0
春 季	Spring	696.8	817.4	725.7	810.0	880.1	706.8	780.5	752.9	701.3	637.8	758.7	723.8	691.9
夏 季	Summer	530.1	602.8	455.7	696.7	1003.0	545.5	580.5	902.7	486.7	529.7	379.2	407.0	934.5
秋 季	Fall	744.4	688.5	655.5	724.8	771.6	614.8	577.6	807.0	788.4	659.8	629.0	650.7	789.3
冬 季	Winter	526.8	621.1	571.8	589.8	575.4	581.7	414.0	600.2	624.9	526.7	569.2	570.8	544.7

主要统计指标解释

耕地 指种植农作物的土地，包括熟地，新开发、复垦、整理地，休闲地（含轮歇地、轮作地）；以种植农作物（含蔬菜）为主，间有零星果树、桑树或其他树木的土地；平均每年能保证收获一季的已垦滩地和海涂。耕地中包括南方宽度<1.0 米，北方宽度<2.0 米固定的沟、渠、路和地坎（埂）；临时种植药材、草皮、花卉、苗木等的耕地，以及其他临时改变用途的耕地。

园地 指种植以采集果、叶、根、茎、汁等为主的集约经营的多年生木本和草本作物，覆盖度大于 50%和每亩株数大于合理株数 70%的土地。包括用于育苗的土地。

林地 指生长乔木、竹类、灌木的土地，及沿海生长红树林的土地。包括迹地，不包括居民点内部的绿化林木用地，铁路、公路征地范围内的林木，以及河流、沟渠的护堤林。

牧草地 指生长草本植物为主的土地。

径流量 指在一定时段内通过河流某一过水断面的水量，用以反映一个国家或地区水资源的丰歉程度。计算公式为：

径流量=降水量-蒸发量

流域 每条河流都有自己的干流和支流，干支流共同组成这条河流的水系。每条河流都有自己的集水区域，这个集水区域就称为该河流的流域。

矿产资源 矿产资源指由地质作用形成的，具有利用价值的，呈固态、液态、气态的自然资源，是社会生产发展的重要物质基础。目前我国已发现矿种有 170 多种，按其特点和用途，可分为能源矿产(如煤炭、石油、天然气、地热)、金属矿产(如铁矿、锰矿、铜矿、铅矿、铝土矿)、非金属矿产(如金刚石、石灰岩、粘土)和水气矿产(如地下水、矿泉水、二氧化碳气)四大类。其中：金属矿产按其物质成份和性质又可分为：黑色金属矿产、有色金属矿产、贵金属矿产、稀有金属矿产、稀土金属矿产、分散元素金属矿产六类。

矿产基础储量 基础储量是查明矿产资源的一部分。它能满足现行采矿和生产所需的指标要求，是控制的、探明的并通过可行性或预可行性研究认为属于经济的、边界经济的部分，用未扣除设计、采矿损失的数量表示。

平均气温 气温指空气的温度，我国一般以摄氏度为单位表示。气象观测的温度表是放在离地面约 1.5 米处通风良好的百叶箱里测量的，因此，通常说的气温指的是离地面 1.5 米处百叶箱中的温度。计算方法：月平均气温是将全月各日的平均气温相加，除以该月的天数而得。年平均气温是将 12 个月的月平均气温累加后除以 12 而得。

平均相对湿度 指空气中实际水气压与当时气温下的饱和水气压之比。其统计方法与气温相同。

降水量 指从天空降落到地面的液态或固态(经融化后)水，未经蒸发、渗透、流失而在地面上积聚的深度。计算方法：月降水量是将全月各日的降水量累加而得。年降水量是将 12 个月的月降水量累加而得。

日照时数 指太阳实际照射地面的时数，通常以小时为单位表示。其统计方法与降水量相同。

水资源总量 指当地降水形成的地表和地下产水总量，即地表径流量与降水入渗补给量之和。

地表水资源量 指河流、湖泊以及冰川等地表水体中可以逐年更新的动态水量，即天然河川径流量。

地下水资源量 指地下饱和含水层逐年更新的动态水量，即降水和地表水入渗对地下水的补给量。

地表水与地下水重复计算量 指地表水和地下水相互转化的部分，即天然河川径流量中的地下水排泄量和地下水补给量中来源于地表水的入渗补给量。

供水总量 指各种水源为用水户提供的包括输水损失在内的毛水量。

地表水源供水量 指地表水体工程的取水量，按蓄、引、提、调四种形式统计。从水库、塘坝中引水或提水，均属蓄水工程供水量；从河道或湖泊中自流引水的，无论有闸或无闸，均属引水工程供水量；利用扬水站从河道或湖泊中直接取水的，属提水工程供水量；跨流域调水指水资源一级区或独立流域之间的跨流域调配水量，不包括在蓄、引、提水量中。

地下水源供水量 指水井工程的开采量，按浅层淡水、深层承压水和微咸水分别统计。城市地下水源供水量包括自来水厂的开采量和工矿企业自备井的开采量。

其他水源供水量 包括污水处理再利用、集雨工程、海水淡化等水源工程的供水量。

用水总量 指各类用水户取用的包括输水损失在内的毛水量。

农业用水 包括农田灌溉用水、林果地灌溉用水、草地灌溉用水、鱼塘补水和畜禽用水。

工业用水 指工矿企业在生产过程中用于制造、加工、冷却、空调、净化、洗涤等方面的用水，按新水取用量计，不包括企业内部的重复利用水量。

生活用水 包括城镇生活用水和农村生活用水。城镇生活用水由居民用水和公共用水（含第三产业及建筑业等用水）组成；农村生活用水指居民生活用水。

生态环境补水 仅包括人为措施供给的城镇环境用水和部分河湖、湿地补水，而不包括降水、径流自然满足的水量。

一般工业固体废物产生量 指当年全年调查对象实际产生的一般工业固体废物的量。一般工业固体废物系指未被列入《国家危险废物名录》（2016 版）或者根据《国家规定的危险废物鉴别标准》（GB5085）、《固体废物浸出毒性浸出方法》（GB5086）及《固体废物浸出毒性测定方法》（GB／T 15555）鉴别方法判定不具有危险特性的工业固体废物。

一般工业固体废物综合利用量　指当年全年调查对象通过回收、加工、循环、交换等方式，从固体废物中提取或者使其转化为可以利用的资源、能源和其他原材料的固体废物量（包括当年利用的往年工业固体废物累计贮存量）。如用作农业肥料、生产建筑材料、筑路等。综合利用量由原产生固体废物的单位统计。

一般工业固体废物处置量　指当年全年调查对象将工业固体废物焚烧和用其他改变工业固体废物的物理、化学、生物特性的方法，达到减少或者消除其危险成分的活动，或者将工业固体废物最终置于符合环境保护规定要求的填埋场的活动中，所消纳固体废物的量（包括当年处置的往年工业固体废物累计贮存量）。

一般工业固体废物贮存量　指当年全年调查对象以综合利用或处置为目的，将固体废物暂时贮存或堆存在专设的贮存设施或专设的集中堆存场所内的量。专设的固体废物贮存场所或贮存设施必须有防扩散、防流失、防渗漏、防止污染大气、水体的措施。

一般工业固体废物倾倒丢弃量　指当年全年调查对象将所产生的固体废物倾倒或者丢弃到固体废物污染防治设施、场所以外的量。

危险废物产生量　指当年全年调查对象实际产生的危险废物的量。危险废物指列入国家危险废物名录或者根据国家规定的危险废物鉴别标准和鉴别方法认定的，具有爆炸性、易燃性、易氧化性、毒性、腐蚀性、易传染性疾病等危险特性之一的废物。包括利用处置危险废物过程中二次产生的危险废物的量。按《国家危险废物名录》（2016）填报。

危险废物综合利用量和处置量　综合利用量指当年全年调查对象从危险废物中提取物质作为原材料或者燃料的活动中消纳危险废物的量。包括本单位利用或委托、提供给外单位利用的量。处置量指当年全年调查对象将危险废物焚烧和用其他改变工业固体废物的物理、化学、生物特性的方法，达到减少或者消除其危险成分的活动，或者将危险废物最终置于符合环境保护规定要求的填埋场的活动中，所消纳危险废物的量。处置量包括处置本单位或委托给外单位处置的量。

危险废物年末累积贮存量　指将危险废物以一定包装方式暂时存放在专设的贮存设施内的量。专设的贮存设施指对危险废物的包装、选址、设计、安全防护、监测和关闭等符合《危险废物贮存污染控制标准》（GB18597-2001）等相关环保法律法规要求，具有防扩散、防流失、防渗漏、防止污染大气和水体措施的设施。包括本单位自行贮存的本单位产生的和接收外单位的危险废物量。

生活垃圾清运量　指报告期收集和运送到各生活垃圾处理厂(场)和生活垃圾最终消纳点的生活垃圾数量。生活垃圾指城市日常生活或为城市日常生活提供服务的活动中产生的固体废物以及法律行政规定的视为城市生活垃圾的固体废物。包括：居民生活垃圾、商业垃圾、集市贸易市场垃圾、街道清扫垃圾、公共场所垃圾和机关、学校、厂矿等单位的生活垃圾。

生活垃圾无害化处理率　指报告期生活垃圾无害化处理量与生活垃圾产生量的比率。在统计上，由于生活垃圾产生量不易取得，可用清运量代替。计算公式为:

$$\begin{matrix}\text{生活垃圾无}\\\text{害化处理率}\end{matrix}=\frac{\text{生活垃圾无害化处理量}}{\text{生活垃圾产生量}}\times 100\%$$

森林面积　包括郁闭度0.2以上的乔木林地面积和竹林面积，国家特别规定的灌木林地面积，农田林网以及村旁、路旁、水旁、宅旁林木的覆盖面积。

森林覆盖率　以行政区域为单位的森林面积占区域土地总面积的百分比。计算公式为:

$$\text{森林覆盖率}=\frac{\text{森林面积}}{\text{土地总面积}}\times 100\%$$

活立木总蓄积量　指一定范围土地上全部树木蓄积的总量，包括森林蓄积、疏林蓄积、散生木蓄积和四旁树蓄积。

森林蓄积量　指一定森林面积上存在着的林木树干部分的总材积。

湿地　指天然或人工、长久或暂时性的沼泽地、泥炭地或水域地带，包括静止或流动、淡水、半咸水、咸水体，低潮时水深不超过 6 米的水域以及海岸地带地区的珊瑚滩和海草床、滩涂、红树林、河口、河流、淡水沼泽、沼泽森林、湖泊、盐沼及盐湖。

自然保护区　指为了保护自然环境和自然资源，促进国民经济的持续发展，将一定面积的陆地和水体划分出来，并经各级人民政府批准而进行特殊保护和管理的区域个数。根据保护对象，自然保护区分为自然生态系统类、野生生物类、自然遗迹类。风景名胜区、文物保护区不计在内。

Explanatory Notes on Main Statistical Indicators

Cultivated Land refers to land mainly for the regular cultivation of farm crops (including vegetables), with some fruit trees, mulberry trees and others, covers cultivated land, newly-developed land, reclaimed land, consolidated land, fallow, beach land that can guarantee one harvest per year on average. It also covers fixed ditch, canal, road and sill (ridge) with width less than 1 meter in the South and 2 meters in the North, lands planted temporarily with herbs, grass, flowers and nursery stocks, and other cultivated land with temporary change of use.

Garden Land refers to land for intensive cultivation of perennial woody plants and herbs to collect fruits, leaves, roots, stems and juice, with a covering rate over 50% and plant number per mu over 70% of rational plant number. Land for nursery is included.

Forestland refers to land for planting arbor, bamboo, bush shrub and land in coastal zones for planting mangrove. It includes slash, but not the green belts in residential area, forests requested for railway and highway, and the dike protection forest around rivers and ditches.

Pastureland refers to land mainly for the growth of herbs.

Volume of Runoff refers to the total volume of water running through a certain cross section of a river during a certain period of time, reflecting the water resource condition in a country or a region. The formula for calculating volume of runoff is as follows:

Runoff =Precipitation-Evaporation

Drainage Area Each river has its own main stream and branches to form the water system of the river. Each river has its own catchment's area, which is also called as the drainage area of the river.

Mineral Resources refer to useful minerals, with solid state, liquid state, gaseity, due to the geological process. Minerals are important natural resources, and important material base for social development. At present, there are more than 170 types of minerals discovered in China. They can be categorized into four groups: energy producing minerals (including coal, petroleum, natural gas and terrestrial heat), metallic minerals (including iron, manganese, copper, lead and bauxite), non metallic minerals (including diamond, limestone and clay), and water/gas related minerals (including ground water, mineral water and carbon dioxide). Metallic minerals can be further classified as ferrous, non-ferrous, noble metal, rare metal, rare earth metal and dispersed metals.

Ensured Mineral Reserves refer to the actual mineral reserves, which equal to the proven mineral reserves (including industrial reserves and prospective reserves) minus extracted parts and underground losses.

Average Temperature refers to the air temperature. China uses centigrade as the unit. The thermometry used for weather observation is put in a breezy shutter, which is 1.5 meters high from the ground. Therefore, the commonly used temperature refers to the temperature in the breezy shutter 1.5 meters away from the ground. The calculation method is as follows:

Monthly average temperature is the summation of average daily temperature of one month divided by the actual days of that particular month.

Annual average temperature is the summation of monthly average of a year divided by 12 months.

Average Annual Relative Humidity refers to the ratio of actual water vapour pressure to the saturation water vapour pressure under the current temperature. The calculation method is the same as that of temperature.

Volume of Precipitation refers to the deepness of liquid state or solid state (thawed) water falling from the sky to the ground that has not been evaporated, infiltrated or run off. The calculation method is as follows:

Monthly precipitation is the summation of daily precipitation of a month.

Annual precipitation is the summation of 12 months precipitation of a year.

Annual Sunshine Hours refer to the actual hours of sun irradiating the earth, usually expressed in hours. The calculation method is the same as that of the precipitation.

Total Water Resources refers to total volume of surface water and groundwater and is measured as run-off for surface water and replenishment of groundwater with rainfall in local area.

Surface Water Resources refers to total volume of year by year renewable dynamic resources which exist in rivers, lakes, glaciers and other surface water and are the natural run-off of rivers.

Groundwater Resources refers to total volume of year by year renewable dynamic resources which exist in saturation acquifers of groundwater and are measured as replenishment of groundwater with rainfall and surface water.

Duplicated Measurement between Surface Water and Groundwater refers to mutual exchange between surface water and groundwater, i.e. run-off of rivers includes some depletion into groundwater while groundwater includes some replenishment from surface water.

Water Supply refers to gross water of various sources supplied to consumers, including losses during distribution.

Surface Water Supply refers to withdrawals by surface water supply system, broken down with storage, flow, pumping and transfer. Supply from storage projects includes withdrawals from reservoirs; supply from flow includes withdrawals from

rivers and lakes with natural flows no matter if there are locks or not; supply from pumping projects includes withdrawals from rivers or lakes with pumping stations; and supply from transfer refers to water supplies transferred from first-level regions of water resources or independent river drainage areas to others, and should not be covered under supplies of storage, flow and pumping.

Groundwater Supply refers to withdrawals from supplying wells, broken down with shallow layer freshwater, deep layer freshwater and slightly brackish water. Groundwater supply for urban areas includes water mining by both waterworks and own wells of enterprises.

Other Water Supply Sources include supplies by waste-water treatment, rain collection, seawater desalinization and other water projects.

Water Use refers to gross water used by various water users, including losses during distribution.

Water Use for Agriculture includes uses of water for irrigation of farming fields, forestry and orchards, irrigation of grassland, replenishment of fishing farms and water used for animal husbandry.

Water Use for Industry refers to new withdrawals of water, excluding reuse of water within enterprises.

Water Use for Residential includes use of water for residential in both urban and rural areas. Urban water useof residential is composed of household use and public use (including tertiary industry and construction). Rural water use for residential includes water used by households.

Water Use for Ecological purposes includes recharge of rivers , lakes and wetlands, and use for urban environment protection.

Common Industrial Solid Wastes Generated refers to the amount of common industrail solid wastes the surveyed units actual generated over the year. The common industrial solid wastes refers to the industrial solid wastes that are not listed in the 《National Catalogue of Hazardous Wastes》(2016 Version), or not regarded as hazardous according to the National Hazardous Waste Identification Standards (GB5085), the Solid Waste-Extraction Procedure for Lleaching Toxicity (GB5086) and the Assay Method of Solid Waste-Extraction Procedure for Leaching Toxicity (GB/T 15555).

Common Industrial Solid Wastes Integrated Use refers to amount of solid wastes from which useable materials can be extracted or converted into usable resources, energy or other materials through reclamation, processing, recycling and exchange (including utilizing in the year the stocks of industrial solid wastes of the previous year) generated by surveyed units over the year of the survey, e.g. being used as agricultural fertilizers, building materials or as material for paving road. The information should be measured as the unit of generating wastes.

Common Industrial Solid Wastes Disposed refers to the amount of industrial solid wastes disposed, which covers the amount of previous years, through incineration or other methods to change its physical, chemical and biological propertiesto reduce or eliminate the hazardsor landfilled in the sites following the requirements for environmental protection by surveyed units over the year of the survey.

Stock of Common Industrial Solid Wastes refers to the amount of solid wastes placed in special facilities or special sites by enterprises for the purposes of integrated use or disposal over the year of the survey. The sites or facilities should take measures against dispersion, loss, seepage, and air and water contamination.

Common Industrial Solid Wastes Discharged refers to the amount of industrial solid wastes dumped or discharged by producing enterprises to disposal facilities or to other sites over the year of the survey.

Hazardous Wastes Generated refers to the amount of actual hazardous wastes generated by surveyed units over the year of the survey, which is covered secondary generation during the process of disposal and reuse of hazardous wastes. Hazardous waste refers to those listed in the National Hazardous Wastes catalogue or identified as any one of the following properties in light of the national hazardous wastes identification standards and methods: explosive, ignitable, oxidizable, toxic, corrosive or liable to cause infectious diseases or lead to other dangers. It should be reported following the National Catalogue of Hazardous Wastes (2016 Version).

Hazardous Wastes Integrated Reused and Disposed Hazardous Wastes Integrated Reused refers to the amount of hazardous wastes that are used to extract materials for raw materials or fuel over the year of the survey, including own-use by the producing enterprise and other use of enterprises. Hazardous Wastes Disposed refers to the amount of hazardous wastes which are incineration or specially disposed using other methods to change itsits physical, chemical and biological properties and thus to reduce or eliminate the hazards, or placed ultimately in the sitesfollwoing the requirements for environmental protection over the year of the survey.

Year-end Stock of Hazardous Wastes refers to the amount of hazardous wastes specially packaged and placed in special facilities or special sites by enterprises, which covered stock of surveyed units generated and received from other units. The special stock facilities should meet the requirements set in relevant environment protection laws and regulations such as “Pollution Control Standards for Hazardous Waste Stock” (GB18597-2001) in regard to package of hazardous waste, location, design, safety, monitoring and shutdown, and take measures against dispersion, loss, seepage, and air and water contamination.

Municiple Wastes Transported refers to amount of municiple wastes collected and transported to disposal factories or sites during the reference period. Municiple wastes are solid wastes generated from urban households or from service activities for urban households, and solid wastes regarded by laws and regulations as municiple wastes, including those from households, commercial activities, markets, cleaning of streets, public sites, offices, schools, factories, mining units and other sources.

Treated Ratio of municiple Wastes refers to the amount ofmunicple wastes treated over the generation amount.

Accutually it is difficult to get the amount of generation of municiple wastes, so in practise it is substituted by that the amount of municiple wastes transported. It is calculated as:

$$\frac{\text{Ratio of consumption}}{\text{wastes treated}} = \frac{\dfrac{\text{consumption}}{\text{wastes treated}}}{\dfrac{\text{consumption}}{\text{wastes produced}}} \times 100\%$$

Forest Area refers to the area of trees and bamboo grow with a canopy density above 0.2 degree, the area of shrubby tree according to regulations of the government, the area of forest land inside farm land and the area of trees planted by the side of villages, farm houses and along roads and rivers.

Forest Coverage Rate refers to the percentage of afforested land area to the total land area.within the administrative region, The formula is as follows:

$$\text{Forestry coverage rate} = \frac{\text{Area of Afforested Land}}{\text{Area of Total Land}} \times 100\%$$

Total Living Forest Stock Volume refers to the total stock volume of timber of living treeswithin the given region, including forest,trees sparse trees, scattered trees and trees planted by the side of villages, farm houses and along roads and rivers.

Stock Volume of Forest refers to total stock volume of timber of tree trunk in a given forest area, which shows the total size and level of forest resources of a country or a region.

Wetlands refer to marshland and peat bog, whether natural or man-made, permanent or temporary; water covered areas, whether stagnant or flowing, with fresh or semi-fresh or salty water that is less than 6 meters deep at low tide; as well as coral beach, weed beach, mud beach, mangrove, river outlet, rivers, fresh-water marshland, marshland forests, lakes, salty bog and salt lakes along the coastal areas.

Natural Reserves refer to number of certain areas of land, or waters that have been set aside and put under special protection and management in order to protect natural environment and natural resources, and promote the sustainable development of national economy. They are subject to formal approval from governments of various levels. According to the protected targets, natural reserves can be divided into three categories: reserves of natural ecological system, natural reserves of wildlife species, and natural heritage of historical significance.Scenic spots and cultural preservation zones are not included.

第八篇　能　源

CHAPTER 8　ENERGY

资料整理：苗立辉　鄢杰明　高　超

8-1 能源生产和消费弹性系数

Elasticity Ratio of Energy Production and Consumption

单位：% (%)

年 份 Year	能源生产比上年增长 Growth Rate of Energy Production over Preceding Year	能源消费比上年增长 Growth Rate of Energy Consumption over Preceding Year	能源生产弹性系数 Elasticity Ratio of Energy Production	能源消费弹性系数 Elasticity Ratio of Energy Consumption
1957	20.60	7.30	2.42	0.86
1962	-1.70	-18.80	0.85	9.40
1965	15.80	-6.60	1.03	-0.43
1970	26.80	28.90	2.65	2.86
1975	11.60	3.00	1.53	0.39
1978	4.30	9.30	0.39	0.83
1980	1.50	4.30	0.15	0.43
1985	5.10	0.50	0.85	0.08
1990	2.70	3.10	0.47	0.53
1995	1.30	8.50	0.14	0.92
1996	1.10	0.10	0.11	0.01
1997	-9.60	5.90	-0.96	0.59
1998	4.50	0.90	0.54	0.11
1999	-6.10	-4.70	-0.81	-0.63
2000	-8.60	-11.10	-1.05	-1.35
2001	-1.00	2.90	-0.11	0.31
2002	3.00	6.40	0.29	0.62
2003	2.30	12.40	0.22	1.20
2004	13.60	11.90	1.16	1.02
2005	0.90	9.30	0.08	0.80
2006	1.20	8.60	0.10	0.72
2007	-2.70	7.50	-0.23	0.63
2008	-3.60	6.50	-0.31	0.55
2009	0.62	4.60	0.06	0.41
2010	0.02	6.98	0.002	0.55
2011	1.29	8.23	0.11	0.67
2012	-0.04	5.28	-0.004	0.53
2013	-4.90	3.30	-0.61	0.41
2014	-6.20	0.86	-1.11	0.15
2015	-4.28	1.43	-0.75	0.25
2016	-3.71	1.27	-0.61	0.21
2017	0.08	2.08	0.01	0.33
2018	-3.94	1.76	-0.85	0.38
2019	-1.98	1.56	-0.48	0.38

8-2 规模以上工业企业分品种能源购进、消费及库存(2019年)

项　目	Item	年初库存 Stock of Year Beginning
原煤(万吨)	Coal(10000 tons)	1186.35
无烟煤	Anthracite Coal	1.72
炼焦烟煤	Coking Bituminous Coal	3.55
一般烟煤	General Bituminous Coal	908.96
褐　煤	Brown Coal	272.12
洗精煤用于炼焦(万吨)	Clean Coal(10000 tons)	116.94
其它洗煤(万吨)	Other Clean Coal(10000 tons)	99.44
煤制品(万吨)	Coal Products(10000 tons)	1.71
焦炭(万吨)	Coke(10000 tons)	7.54
其他焦化产品(万吨)	Other Coking Products(10000 tons)	0.59
焦炉煤气(亿立方米)	Coking Gas(100 million cu.m)	
高炉煤气(亿立方米)	Blast furnace Gas(100 million cu.m)	
转炉煤气(亿立方米)	Converter Gas(100 million cu.m)	
发生炉煤气(亿立方米)	Producer Gas(100 million cu.m)	
天然气(亿立方米)	Natural Gas(100 million cu.m)	0.01
液化天然气(万吨)	Liquefied Gas(10000 tons)	0.004
煤层气(亿立方米)	Coal Bed Methane(100 million cu.m)	
原油(万吨)	Crude Oil(10000 tons)	23.05
汽油(万吨)	Gasoline(10000 tons)	0.03
煤油(万吨)	Kerosene(10000 tons)	0.005
柴油(万吨)	Diesel Fuel Oil(10000 tons)	1.30
燃料油(万吨)	Fuel Oil(10000 tons)	0.36
液化石油气(万吨)	Liquefied Petroleum Gas(10000 tons)	0.002
炼厂干气(万吨)	Net Gas of Plant(10000 tons)	
石脑油(万吨)	Naphtha(10000 tons)	0.003
润滑油(万吨)	Lubricating Oil(10000 tons)	0.02
石腊(万吨)	Paraffin(10000 tons)	
溶剂油(万吨)	Solvent Oil(10000 tons)	0.06
石油焦(万吨)	Petroleum Coke(10000 tons)	
石油沥青(万吨)	Petroleum Pitch(10000 tons)	0.01
其他石油制品(万吨)	Other Petroleum Products(10000 tons)	0.04
热力(百亿千焦)	Heat(10 billion kilo-joule)	
电力(亿千瓦时)	Power(100 milling kwh)	
煤矸石(用于燃料)(万吨)	Coal Waste for Fuel(10000 tons)	59.82
城市生活垃圾(用于燃料)(万吨)	Biomass Waste for Fuel (10000 tons)	1.74
生物燃料(万吨标准煤)	Biofuels(10000 tons of SCE)	52.20
余热余压(百亿千焦)	Residual Heat and Pressure(10 billion kilo-joules)	
工业废料(用于燃料)(万吨)	Industrial Wastes for Fuel(10000 tons)	
其他燃料(万吨标准煤)	Other Fuel(10000 tons of SCE)	
能源合计(万吨标准煤)	Total Energy(10000 tons of SCE)	

Purchase, Consume, and Stock of Energy in above Designated Size Industrial Enterprises by Type of Energy(2019)

购进量 Purchase Capacity	消费量 Total Energy Consumption	工 业 生产消费 Consumption of Industrial Production	非工业 生产消费 Consumption of Nonindustrial Production	年末库存 Stock of Year End
9860.34	12361.05	12300.55	60.51	1263.74
11.68	12.53	12.49	0.03	4.10
46.38	46.33	46.32	0.01	3.56
6432.58	9106.08	9056.30	49.78	811.62
3369.71	3196.12	3185.44	10.68	444.46
1349.13	1534.98	1534.98		124.08
217.46	319.91	304.08	15.83	39.08
13.33	13.45	13.30	0.15	0.13
335.89	377.22	372.05	5.17	4.70
9.86	10.35	10.35		0.11
12.60	19.26	19.16	0.10	
32.19	108.23	107.35	0.87	
2.55	8.10	8.10		
0.0002	3.47	3.47		
19.11	31.74	31.60	0.13	1.35
0.44	0.48	0.45	0.04	0.002
1522.64	1534.77	1534.67	0.10	27.33
5.48	5.49	3.58	1.91	0.02
0.02	0.02	0.02		
34.75	34.90	32.58	2.32	1.14
0.80	13.14	13.11	0.03	0.31
37.70	89.95	89.95		0.002
0.0002	118.57	118.57		
44.64	44.64	44.64		
0.49	0.13	0.10	0.03	0.01
0.004	0.004	0.004		
0.15	0.10	0.10		0.10
0.0001				
0.39	0.37	0.37		0.03
147.81	147.84	147.84	0.002	0.001
3034.13	10024.78	9500.06	524.71	
1288.79	573.07	565.03	8.04	
391.89	584.53	583.07	1.45	44.45
75.51	75.82	75.82		1.43
306.83	308.85	308.02	0.83	51.04
44.57	384.68	384.68		
0.53	2.08	2.08		
0.15	0.15	0.12	0.03	
	14220.60	14131.27	89.33	

8-3 全社会用电量
Electricity Consumption

单位：亿千瓦时 (100 million kwh)

行 业	Sector	2018	2019
全社会用电量	**Electricity Consumption**	**973.88**	**995.63**
居民生活用电	**Electricity Consumption for Households**	**184.64**	**182.28**
城镇居民	Urban	114.75	112.05
乡村居民	Rural	69.88	70.24
行业用电	**Electricity Consumption for Sector**	**789.24**	**813.34**
第一产业	Primary Industry	28.43	25.77
第二产业	Secondary Industry	583.01	597.77
工 业	Industry	571.46	586.88
建筑业	Construction	11.82	11.14
第三产业	Tertiary Industry	177.80	189.80
批发和零售业	Wholesale and Retail Trade	35.64	41.54
交通运输、仓储和邮政业	Traffic, Transport, Storage and Post	25.12	30.57
住宿和餐饮业	Accommodation and Restaurants	10.57	11.76
信息传输、软件和信息技术服务业	Information Transmission, Software and IT Service	12.94	13.82
金融业	Finance	2.47	2.58
房地产业	Real estate	12.53	13.49
租赁和商务服务业	Leasing and Business Services	4.37	4.98
科学研究和技术服务业	Scientific Research and Technical Services	1.59	1.86
水利、环境和公共设施管理业	Management of Water Conservancy, Environment and Public Establishment	6.72	7.47
居民服务、修理和其他服务业	Services to Households, Repair and Other Services	21.13	18.35
教 育	Education	9.41	9.87
卫生和社会工作	Health, Social Security and Social Welfare	6.17	6.79
文化、体育和娱乐业	Culture, Sports and Entertainment	2.76	2.92
公共管理和社会组织、国际组织	Public Management, Social Securities and Social Organization	7.28	7.68

8-4　工业用电量
Electricity Consumption of Industry

单位：亿千瓦时　　(100 million kwh)

行　业	Sector	2018	2019
工业合计	**Total**	**571.46**	**586.88**
采矿业	**Mining**	**184.32**	**186.83**
煤炭开采和洗选业	Mining and Washing of Coal	42.73	40.09
石油和天然气开采业	Extraction of Petroleum and Natural Gas	125.28	125.64
黑色金属矿采选业	Mining of Ferrous Metal Ores	0.69	0.59
有色金属矿采选业	Mining of Non-ferrous Metal Ores	10.86	15.69
非金属矿采选业	Mining and Processing of Nonmetal Ores	3.03	2.73
其他采矿业	Mining of Other Ores	1.73	2.09
制造业	**Manufacturing**	**194.50**	**202.98**
农副食品加工业	Processing of Food from Agricultural Products	21.16	21.96
食品制造业	Manufacture of Foods	8.14	9.20
酒、饮料和精制茶制造业	Manufacture of Wine, soft drinks and refined tea	5.77	5.88
烟草制品业	Manufacture of Tobacco	0.64	0.65
纺织业	Manufacture of Textile	2.23	2.45
纺织服装、服饰业	Manufacture of Textile, Wearing Apparel and Accessories	0.42	0.42
皮革毛皮羽毛及其制品和制鞋业	Manufacture of Leather, Fur, feather and Its Products and Footwear	0.14	0.20
木材加工和木竹藤棕草制品业	Processing of Timbers, Manufacture of Wood, Bamboo, Rattan, Palm, and Straw Products	4.09	3.98
家具制造业	Manufacture of Furniture	1.15	1.00
造纸及纸制品业	Manufacture of Paper and Paper Products	4.14	3.61
印刷和记录媒介的复制业	Printing, Reproduction of Recording Media	0.81	0.84
文教工美体育和娱乐用品制造业	Manufacture of Culture, Art, Sports and Entertainment Goods	0.30	0.32
石油加工、炼焦及核燃料加工业	Processing of Petroleum, Coking, Processing of Nuclear Fuel	24.76	26.18
化学原料及化学制品制造业	Manufacture of Chemical Raw Material and Chemical Products	25.31	25.40
医药制造业	Manufacture of Medicines	4.94	4.62
化学纤维制造业	Manufacture of Chemical Fiber	0.15	0.19
橡胶和塑料制品业	Manufacture of Rubber and Plastic	4.81	4.73
非金属矿物制品业	Manufacture of Non-metallic Mineral Products	24.04	24.81
黑色金属冶炼及压延加工业	Manufacture and Processing of Ferrous Metals	29.65	32.60
有色金属冶炼及压延加工业	Manufacture & Processing of Non-ferrous Metals	3.15	3.90
金属制品业	Manufacture of Metal Products	5.44	5.12
通用设备制造业	Manufacture of General Purpose Machinery	8.24	7.94
专用设备制造业	Manufacture of Special Purpose Machinery	1.47	1.47
汽车制造业	Manufacture of Automobile	1.14	1.04
铁路、船舶、航空航天和其他运输设备制造业	Manufacture of Railroads, Ships, Aerospace and Other Transport Equipment	4.39	4.45
电气机械及器材制造业	Manufacture of Electrical Machinery & Equipment	2.19	2.16
计算机、通信和其他电子设备制造业	Manufacture of Computer, Communication and Other Electronic Equipment	0.60	0.48
仪器仪表制造业	Manufacture of Instrument	0.08	0.10
其他制造业	Other Manufacture	4.39	6.37
废弃资源综合利用业	Recycling and Disposal of Waste	0.52	0.68
金属制品、机械和设备修理业	Metal Products, Machinery and Equipment Repair	0.26	0.25
电力、热力、燃气及水的生产和供应业	**Production and Distribution of Electricity, Heat, Gas and Water**	**192.64**	**197.08**
电力、热力的生产和供应业	Production and Supply of Electric Power and Heat Power	182.30	185.61
燃气生产和供应业	Production and Distribution of Gas	1.95	1.90
水的生产和供应业	Production and Distribution of Water	8.39	9.57

8-5 工业企业水消费(2019年)
Water Consumption of Industry Enterprise (2019)

单位：万立方米 (10000 cu.m)

项目	Item	取水量 Quantity of Water	外供水量 External Water Supply	用水量 Water Consumption
总计	Total	164442.6	101782.4	62660.2
地表淡水	Surface Water	100445.6	16466.7	83979.0
地下淡水	Ground Water	37251.2	6699.9	30551.3
自来水	Tap Water	22131.9	77603.6	-55471.7
陆地苦咸水	Land Brackish	0.1		0.1
矿井水	Mine Water	708.0		708.0
雨水	Rainwater	4.2		4.2
再生水(中水)	Recycled Water	2225.6		2225.6
其他水	Other Water	1675.9	1012.2	663.7
外排水量	External Displacement	49304.4		
重复用水量	Duplicated Use	1058134.6		
直流冷却水量(河湖水)	DC Cooling Water (river water)	82382.1		
污水处理企业污水处理量	Treatment Capacity Of Sewage Treatment Enterprises	32481.7		

8-6 分地区规模以上工业企业综合能源消费量
Energy Consumption of Industry Enterprise above Designated Size by Region

单位：万吨标准煤 (10000 tons of SCE)

地区	Region	2013	2014	2015	2016	2017	2018	2019
全省	**Total**	**5575.9**	**5272.5**	**4975.0**	**5051.3**	**5094.3**	**5202.2**	**5471.3**
哈尔滨	Harbin	829.8	713.8	715.3	715.6	609.8	680.0	699.8
齐齐哈尔	Qiqihar	515.6	503.7	469.9	384.7	390.3	463.5	548.5
鸡西	Jixi	410.0	305.6	282.3	245.9	250.6	250.4	251.6
鹤岗	Hegang	265.7	199.0	190.6	272.1	290.1	323.7	316.3
双鸭山	Shuangyashan	436.2	392.8	372.3	402.2	377.0	422.1	383.5
大庆	Daqing	1600.6	1749.5	1593.6	1658.1	1714.4	1637.2	1772.9
伊春	Yichun	211.5	134.2	124.7	161.9	217.5	242.9	299.7
佳木斯	Jiamusi	166.6	153.1	144.1	138.7	146.2	155.1	155.4
七台河	Qitaihe	427.1	442.8	427.3	411.9	416.4	448.1	450.1
牡丹江	Mudanjiang	260.2	203.2	191.1	189.5	172.1	161.9	156.9
黑河	Heihe	89.5	87.6	90.3	81.1	78.4	75.9	76.1
绥化	Suihua	181.9	191.1	217.0	234.7	239.8	264.4	260.1
大兴安岭	Daxinganling	25.7	21.6	20.9	19.3	16.5	12.5	12.5
农垦总局	ARB	144.4	99.8	126.7	127.2	100.3		
绥芬河	Suifenhe	9.1	9.3	6.7	6.2	7.0		
抚远	Fuyuan	2.1	2.1	2.1	2.1	2.1		

8-7　分地区单位地区生产总值能耗上升或下降
Rise or Fall Rate of Energy Consumption Per Unit of GDP by Region

单位：%　　(%)

地　区	Region	2013	2014	2015	2016	2017	2018	2019
全　省	**Total**	**-4.31**	**-4.50**	**-4.01**	**-4.50**	**-4.02**	**-2.76**	**-2.49**
哈尔滨	Harbin	-4.60	-4.84	-3.11	-3.31	-4.86	-0.31	-3.50
齐齐哈尔	Qiqihar	-6.07	-8.78	-10.08	-7.29	-3.63	0.77	0.25
鸡　西	Jixi	-5.35	-4.69	-1.53	-7.34	-5.04	-3.32	-1.11
鹤　岗	Hegang	-4.21	-4.36	-4.18	-3.85	-3.63	-2.53	-3.00
双鸭山	Shuangyashan	-4.52	-4.06	-2.51	-4.03	-4.01	-3.11	-3.05
大　庆	Daqing	-3.52	-3.30	-2.51	-3.20	-3.20	-3.32	-2.96
伊　春	Yichun	-3.25	-3.95	-2.19	-3.55	8.30	2.57	13.03
佳木斯	Jiamusi	-3.83	-3.52	-3.11	-5.30	-5.11	-3.67	-1.53
七台河	Qitaihe	-4.50	-4.30	-4.34	-4.51	-4.05	-3.13	-2.92
牡丹江	Mudanjiang	-3.81	-3.79	-4.01	-3.63	-3.64	-2.75	-3.19
黑　河	Heihe	-3.42	-3.42	-3.09	-8.99	-2.88	-3.31	-2.33
绥　化	Suihua	-3.23	-3.45	-3.42	-3.31	-3.40	1.36	-3.03
大兴安岭	Daxinganling	-3.51	-3.21	-2.53	-3.24	-3.13	-3.19	-2.81
绥芬河	Suifenhe	-3.62	-4.19	-4.30	-1.02	-3.64		
抚　远	Fuyuan	-3.25	-3.56	-3.12	-3.24	-2.51		

主要统计指标解释

能源生产总量 指一定时期内，全国一次能源生产量的总和。该指标是观察全国能源生产水平、规模、构成和发展速度的总量指标。一次能源生产量包括原煤、原油、天然气、水电、核能及其他动力能(如风能、地热能等)发电量，不包括低热值燃料生产量、太阳热能等的利用和由一次能源加工转换而成的二次能源产量。

能源消费总量 是指一定地域内，国民经济各行业和居民家庭在一定时间消费的各种能源的总和。包括：原煤、原油、天然气、水能、核能、风能、太阳能、地热能、生物质能等一次能源；一次能源通过加工转换产生的洗煤、焦炭、煤气、电力、热力、成品油等二次能源和同时产生的其他产品；其他化石能源、可再生能源和新能源。其中水能、风能、太阳能、地热能、生物质能等可再生能源，是指人们通过一定技术手段获得的，并作为商品能源使用的部分。在核算过程中，一次能源、二次能源消费不能重复计算。能源消费总量分为终端能源消费量、能源加工转换损失量和能源损失量三部分。

(1)终端能源消费量：指一定时期内，全国生产和生活消费的各种能源在扣除了用于加工转换二次能源消费量和损失量以后的数量。

(2)能源加工转换损失量：指一定时期内，全国投入加工转换的各种能源数量之和与产出各种能源产品之和的差额。该指标是观察能源在加工转换过程中损失量变化的指标。

(3)能源损失量：指一定时期内，能源在输送、分配、储存过程中发生的损失和由客观原因造成的各种损失量，不包括各种气体能源放空、放散量。

能源生产弹性系数 是研究能源生产增长速度与国民经济增长速度之间关系的指标。计算公式：

$$\text{能源生产弹性系数}=\frac{\text{能源生产量年平均增长速度}}{\text{国民经济年平均增长速度}}$$

国民经济年平均增长速度，可根据不同的目的或需要，用国民生产总值、国内生产总值等指标来计算，本年鉴是采用国内生产总值指标计算的。

电力生产弹性系数 是研究电力生产增长速度与国民经济增长速度之间关系的指标。一般来说，电力的发展应当快于国民经济的发展，也就是说电力应超前发展。计算公式为：

$$\text{电力生产弹性系数}=\frac{\text{电力生产量年平均增长速度}}{\text{国民经济年平均增长速度}}$$

能源消费弹性系数 反映能源消费增长速度与国民经济增长速度之间比例关系的指标。计算公式为：

$$\text{能源消费弹性系数}=\frac{\text{能源消费量年平均增长速度}}{\text{国民经济年平均增长速度}}$$

电力消费弹性系数 反映电力消费增长速度与国民经济增长速度之间比例关系的指标。计算公式为：

$$\text{电力消费弹性系数}=\frac{\text{电力消费量年平均增长速度}}{\text{国民经济年平均增长速度}}$$

能源加工转换效率 指一定时期内，能源经过加工、转换后，产出的各种能源产品的数量与同期内投入加工转换的各种能源数量的比率。该指标是观察能源加工转换装置和生产工艺先进与落后、管理水平高低等的重要指标。计算公式为：

$$\text{能源加工转换效率}=\frac{\text{能源加工转换产出量}}{\text{能源加工转换投入量}}\times 100\%$$

单位国内生产总值能耗 指一定时期内，一个国家或地区每生产一个单位的国内生产总值所消耗的能源。计算公式为：

$$\text{单位国内生产总值能耗}=\frac{\text{能源消费总量}}{\text{国内生产总值}}$$

单位国内生产总值电耗 指一定时期内，一个国家或地区每生产一个单位的国内生产总值所消耗的电力。计算公式为：

$$\text{单位国内生产总值电耗}=\frac{\text{全社会用电量}}{\text{国内生产总值}}$$

Explanatory Notes on Main Statistical Indicators

Total Energy Production refers to the total production of primary energy by all energy producing enterprises in the country in a given period of time. It is a comprehensive indicator to show the level, scale, composition and pace of development of energy production of the country. The production of primary energy includes that of coal, crude oil, natural gas, hydro-power and electricity generated by nuclear energy and other means such as wind power and geothermal power. However, it does not include the production of fuels of low calorific value, solar thermal and secondary energy converted from primary energy.

Total Energy Consumption refers to the total consumption of energy of various kinds by the production sectors of the economy and the households in a given period of time. It includes the primary kinds of energy such as coal, crude oil, natural gas, hydro-power, nuclear power, wind power, solar power, geothermal power and bio-energy; the secondary kinds of energy and their products which are transformed from the primary energy such as washed coal, coke, coal gas, electricity, heating, and petroleum products; and other kinds of fossil energy, renewable energy and new energy. The renewable energy, including hydro-power, wind power, solar power, geothermal power and bio-energy, refers to the part attained with some given technical means and used for commercial purposes. Total energy consumption can be divided into three parts: end-use energy consumption; loss during the process of energy conversion; and energy loss.

(1) End-use Energy Consumption: It refers to the total energy consumption by the production sectors and the households in the country (region) in a given period of time. It does not include the consumption during the conversion of primary energy into secondary energy and the loss in the process of energy conversion.

(2) Loss During the Process of Energy Conversion: It refers to the total input of various kinds of energy for conversion, minus the total output of various kinds of energy in the country in a given period of time. It is an indicator to show the loss that occurs during the process of energy conversion.

(3) Energy Loss: It refers to the total of the loss of energy during the course of energy transport, distribution and storage and the loss caused by any objective reason in a given period of time. The loss of various kinds of gas due to gas discharges and stocktaking is not included.

Elasticity Ratio of Energy Production is an indicator to show the relationship between the growth rate of energy production and the growth rate of the national economy. The formula is:

$$\text{Elasticity Ratio of Energy Production} = \frac{\text{Average Annual Growth Rate of Energy Production}}{\text{Average Annual Growth Rate of National Economy}}$$

The average annual growth rate of the national economy can be measured by indicators such as the Gross National Product and the Gross Domestic Product, depending on the purposes or needs. The Gross Domestic Product has been used in the calculation of the ratio in this Yearbook.

Elasticity Ratio of Electricity Production is an indicator to show the relationship between the growth rate of electricity production and the growth rate of the national economy. Generally speaking, the growth rate of electricity production should be higher than that of the national economy.

Its formula is:

$$\text{Elasticity Ratio of Electricity Production} = \frac{\text{Average Annual Growth Rate of Electricity Production}}{\text{Average Annual Growth Rate of National Economy}}$$

Elasticity Ratio of Energy Consumption is an indicator to show the relationship between the growth rate of energy consumption and the growth rate of the national economy. The formula is:

$$\text{Elasticity Ratio of Energy Consumption} = \frac{\text{Average Annual Growth Rate of Energy Consumption}}{\text{Average Annual Growth Rate of National Economy}}$$

Elasticity Ratio of Electricity Consumption is an indicator to show the relationship between the growth rate of electricity consumption and the growth rate of the national economy. The formula is:

$$\text{Elasticity Ratio of Electricity Consumption} = \frac{\text{Average Annual Growth Rate of Electricity Consumption}}{\text{Average Annual Growth Rate of National Economy}}$$

Efficiency of Energy Processing and Conversion refers to the ratio of the total output of energy products of various kinds after processing and conversion to the total input of energy of various kinds for processing and conversion in the same reference period. It is an important indicator to show the current conditions of energy processing and conversion equipment, production technique and management. The formula is:

$$\text{Efficiency of Energy Processing \& Conversion} = \frac{\text{Output of Energy After Processing \& Conversion}}{\text{Input of Energy for Processing \& Conversion}} \times 100\%$$

Energy Consumption per Unit of GDP refers to the energy consumption per unit of Gross Domestic Product in a country or the Gross Regional Product in a region in the same reference period. The formula is:

$$\text{Energy Consumption per Unit of GDP} = \frac{\text{Total Energy Consumption}}{\text{Gross Domestic Product}}$$

Electricity Consumption per Unit of GDP refers to the electricity consumption per unit of Gross Domestic Product in a country or the Gross Regional Product in a region in the same reference period. The formula is:

$$\text{Electricity Consumption per Unit of GDP} = \frac{\text{Total Electricity Consumption}}{\text{Gross Domestic Product}}$$

第九篇　固定资产投资

CHAPTER 9　INVESTMENT IN FIXED ASSETS

资料整理：高福东　李明武　王晓静

9-1　固定资产投资比上年增长情况
Growth Rate of Investment in Fixed Assets Over Preceding Year

单位：%　　(%)

指　　标	Item	2019
全社会固定资产投资总额	**Total Investment**	**6.0**
固定资产投资总额(不含农户)	**Total Investment(Excluding Rural Households)**	**6.3**
按登记注册类型分	**Grouped by Registration Status**	
内　　资	Domestic Capital	5.2
国　　有	State-Owned Units	22.9
集　　体	Collective-Owned Units	-48.1
股份合作	Cooperative	135.1
联　　营	Joint	70.1
国有独资公司	State-owned Companies	7.6
其他有限责任公司	Other Limited Liability	24.0
股份有限公司	Share-holding	28.5
私　　营	Private	-30.6
其　　他	Others	-36.4
港澳台商投资	Funds from Hong Kong, Macao and Taiwan	166.0
外商投资	Foreign Funded	20.0
个体经营	Self-employed	-41.9
按隶属关系分	**Grouped By Jurisdiction of Management**	
中　　央	Central Investment	16.3
地　　方	Local Investment	4.2
按控股情况分	**By Situation of Holdings**	
国有控股	State-holding	22.0
集体控股	Collective-holding	35.2
私人控股	Private-holding	-8.3
港澳台商控股	Hong Kong, Macao and Taiwan-holding	44.4
外商控股	Foreign-holding	-41.3
其　　他	Others	115.4
按构成分	**Grouped by Compositipon of Funds**	
建筑安装工程	Construction and Installation	-1.0
设备工器具购置	Purchase of Equipment and Instruments	8.6
其他费用	Others	51.4
按产业分	**Grouped by Sector**	
第一产业	Primary Industry	-30.8
第二产业	Secondary Industry	7.7
#工　业	#Industry	8.5
第三产业	Tertiary Industry	7.6
按建设性质分	**Grouped by Type of Construction**	
#新　　建	#New Construction	3.4
扩　　建	Expansion	19.7
改建和技术改造	Reconstruction	50.5
房屋施工面积	**Floor Space of Buildings under Construction**	**0.9**
#住　　宅	#Residential Buildings	4.1
房屋竣工面积	**Floor Space of Buildings Completed**	**-11.7**
#住　　宅	#Residential Buildings	1.8
到位资金	**Funds Available**	**4.1**
施工项目个数	Number of Projects Under Construction	17.3
#本年新开工	#Started This Year	-38.5

9-2 各行业按建设性质和构成分固定资产投资及施工、投产项目比上年增长情况(不含农户)(2019)

单位：%

指标	Item	投资额 Investment	#新建 New Construction	#扩建 Expansion
总计	**Total**	**6.3**	**3.4**	**19.7**
农、林、牧、渔业	**Agriculture, Forestry, Animal Husbandry and Fishery**	**-4.0**	**-5.7**	**5.5**
农业	Farming	-34.4	-35.7	-41.6
林业	Forestry	-24.0	-19.5	-62.8
畜牧业	Animal Husbandry	-27.5	-28.4	-1.2
渔业	Fishery	-20.1	206.3	-77.0
农、林、牧、渔专业及辅助性活动	Professional and Support Activities for Agricultrue,Forestry, Animal Husbandry and Fishery	66.2	62.1	160.5
采矿业	**Mining and Quarrying**	**22.3**	**12.6**	**-9.6**
煤炭开采和洗选业	Mining and Washing of Coal	5.8	-41.7	-65.6
石油和天然气开采业	Extraction of Petroleum and Natural Gas	22.5	22.5	
黑色金属矿采选业	Mining and Processing of Ferrous Metals Ores	-78.8		
有色金属矿采选业	Mining and Processing of Non-ferrous Metal Ores	58.8	47.4	
非金属矿采选业	Mining and Processing of Nonmetal Ores	130.6	6.6	
开采辅助活动	Mining Auxiliary Activities	451.3	-48.7	
其他采矿业	Mining of Other Ores			
制造业	**Manufacturing**	**-0.9**	**-4.0**	**-15.2**
农副食品加工业	Processing of Food from Agricultural Products	-34.6	-34.0	-43.7
食品制造业	Manufacture of Foods	-31.9	-35.3	-26.3
酒、饮料和精制茶制造业	Manufacture of Wine, soft drinks and refined tea	-30.3	-39.4	47.5
烟草制品业	Manufacture of Tobacco	-13.3	-13.3	
纺织业	Manufacture of Textile	51.7	40.6	
纺织服装和服饰业	Manufacture of Textile and Apparel	-8.9	-8.9	
皮革、毛皮、羽毛及其制品和制鞋业	Manufacture of Leather, Furs, Feather and Related Products and Footwear	-76.3	-61.7	
木材加工及木竹藤棕草制品业	Processing of Timber, Manufacture of Wood,Bamboo,Rattan, Palm and Straw Products	32.1	32.2	150.2
家具制造业	Manufacture of Furniture	-39.2	-36.9	
造纸及纸制品业	Manufacture of Paper and Paper Products	-19.1	-0.9	-81.4
印刷和记录媒介复制业	Manufacture of Printing and Record Medium Reproduction	21.8	-1.9	4615.4
文教体育用品制造业	Manufacture of Articles for Culture, Education and Sports Activities	-50.9	-50.1	
石油、煤炭及其他燃料加工业	Processing of Petoleum,Coal and Other Fuels	100.9	85.1	157.9
化学原料及化学制品制造业	Manufacture of Raw Chemical Materials and Chemical Products	49.7	69.0	-95.7
医药制造业	Manufacture of Medicines	153.7	134.9	172.7
化学纤维制造业	Manufacture of Chemical Fibers	-23.6	-23.6	
橡胶和塑料制品业	Manufacture of Rubber and Plastics	175.0	54.5	389.0
非金属矿物制品业	Manufacture of Non-metallic Mineral Products	-4.7	9.3	-9.6
黑色金属冶炼及压延加工业	Smelting and Pressing of Ferrous Metals	31.2	-84.4	14.3
有色金属冶炼及压延加工业	Smelting and Pressing of Non-ferrous Metals	46.3	40.0	
金属制品业	Manufacture of Metal Products	38.4	54.4	6.5
通用设备制造业	Manufacture of General Purpose Machinery	2.5	-19.4	163.3
专用设备制造业	Manufacture of Special Purpose Machinery	14.4	21.6	
汽车制造业	Manufacture of Automotive	39.2	-82.1	2013.2
铁路、船舶、航空航天等制造业	Manufacture of Railroad, Marine, Aerospace and Other Transportation Equipment	99.9	115.7	211.8
电气机械及器材制造业	Manufacture of Electrical Machinery and Equipment	-61.7	-61.4	
计算机、通信和其他电子设备制造业	Manufacture of Computers, Communication and Other Electronic Equipment	-44.6	-38.2	-54.7
仪器仪表制造业	Manufacture of Measuring Instruments	90.9	90.9	
其他制造业	Other Manufacturing			
废弃资源综合利用业	Comprehensive Utilization of Waste Resources Industry	9.1	13.0	-98.0
金属制品、机械和设备修理业	Metal Products, Machinery and Equipment Repair Industry			
电力、热力、燃气及水的生产和供应业	**Production and Supply of Electric Power,heat,Gas and Water**	**16.2**	**10.2**	**96.7**
电力、热力的生产和供应业	Production and Supply of Electric Power and Heat Power	-0.3	1.0	-7.3
燃气生产和供应业	Production and Supply of Gas	12.9	10.1	-84.9
水的生产和供应业	Production and Supply of Water	173.4	115.2	503.8
建筑业	**Construction**			
房屋建筑业	Housing Building Construction			
土木工程建筑业	Civil Engineering Construction			
建筑安装业	Construction Installation			
建筑装饰和其他建筑业	Construction Decoration and Other Construction			

Growth Rate of Investment in Fixed Assets over Preceding Year by Sector, Type of Construction and Composition of Funds Number of Construction Projects and under Construction and Put into Use (Excluding Rural Households)(2019)

(%)

#改 建 Recons-truction	建筑安装工程投资 Construction and Installation	设备工器具购置 Purchase of Equipment and Instruments	其 他 费 用 Others	施工项目 Number of Projects under Construction	#新开工 Number of Projects Started This Year
50.5	**-1.0**	**8.6**	**51.4**	**17.3**	**4.7**
32.2	**2.5**	**-29.9**	**-42.2**	**3.3**	**-14.6**
176.5	-26.2	-75.2	-30.2	-18.8	-31.4
-86.2	55.2	-50.3	-93.6	-18.5	-27.3
-94.8	-22.6	-33.3	-68.9	-25.9	-47.7
	-40.3	280.5			-75.0
35.4	66.7	58.6	79.4	56.5	30.9
198.5	**32.1**	**-20.3**	**28.2**	**10.7**	**28.6**
157.4	24.3	-15.0	31.2	19.4	45.7
	29.6	-40.0	-6.3		
	-75.4	-89.0		-71.4	-80.0
	829.4	-66.8	92.1	33.3	
56.6	83.0	201.2	4060.0	16.7	150.0
665.0	620.6	398.9	9.2	-20.0	-50.0
45.8	**-7.5**	**7.7**	**17.9**	**9.3**	**2.6**
63.2	-31.0	-40.9	-59.1	0.3	-2.7
-2.1	-47.5	11.3	-91.0	6.4	-15.8
2.2	-26.3	-30.4	-85.6	-3.2	
	-9.9				
	-3.4	333.7		125.0	133.3
	-32.2		1247.0		
	-82.7	-13.2		-25.0	
-33.7	9.1	183.9		3.3	-29.2
-48.4	-38.2	-78.1		-37.5	
	45.9	-57.4	460.0	-14.3	
-80.6	16.6	32.4	98.0	87.5	150.0
	-63.6	-47.2		-42.9	-25.0
402.4	123.0	77.7	88.1	42.3	21.0
-47.2	48.3	44.2	147.2	33.3	
487.7	99.7	220.9	596.8	38.5	63.2
	-85.5	389.5		100.0	
367.3	45.6	340.7	772.9	57.1	60.0
-70.6	0.1	-9.9	-22.3	-0.8	-12.8
324.0	46.0	21.4	40.5	36.4	-54.5
259.6	82.5	-13.8	91.5	75.0	50.0
-54.5	24.1	132.1	-25.6	27.8	77.8
115.1	-15.8	24.2	436.3	7.9	25.0
-51.5	-8.0	54.7	123.0	-5.8	-9.1
176.2	-68.5	110.1	902.2	-48.1	-73.3
-7.7	36.8	165.1	288.3	87.5	166.7
-60.4	-33.5	-70.0	-72.9	-44.4	50.0
274.7	-30.0	-61.4	-65.6	-8.3	-25.0
	-12.8				
	-11.1	83.6	444.0	17.6	
17.2	**3.9**	**38.2**	**58.6**	**32.6**	**27.0**
-15.9	-22.8	39.1	64.7	-1.9	-6.7
	22.9	-3.5	-72.2	16.2	
128.5	206.5	57.9	19.8	132.7	127.9

9-2 续表

单位：%

指标	Item	投资额 Investment	#新建 New Construction
批发和零售业	**Wholesale and Retail Trades**	**-30.6**	**-32.3**
批发业	Wholesale Trade	-23.4	-21.9
零售业	Retail Trade	-34.2	-37.8
交通运输、仓储和邮政业	**Traffic, Transport, Storage and Post**	**13.1**	**3.3**
铁路运输业	Transport Via Railway	-8.3	-15.7
道路运输业	Transport Via Road	49.5	39.6
水上运输业	Water Transport	-67.9	-72.7
航空运输业	Air Transport	1.1	-5.3
管道运输业	Transport Via Pipeline	-5.8	-5.8
多式联运和运输代理业	Intermodality and Forwarding Agency	-89.3	-89.3
装卸搬运和仓储业	Loading, Unloading and Storage	-5.9	-6.3
邮政业	Post	7.2	7.2
住宿和餐饮业	**Hotels and Catering Services**	**-14.4**	**-6.5**
住宿业	Hotels	-0.3	6.5
餐饮业	Catering Services	-63.6	-55.5
信息传输、软件和信息技术服务业	**Information Transmission, Software and Information Technology**	**-14.8**	**-16.3**
电信、广播电视和卫星传输服务业	Telecom & Other Information Transmission Services	-2.8	-3.4
互联网和相关服务业	Computer Services	46.0	43.5
软件和信息技术服务业	Software Industry	-77.1	-83.6
金融业	**Financial Intermediation**	**-21.2**	**-23.3**
货币金融业	Monetary and Financial Industry	-26.0	-28.5
资本市场业	Capital Markets Industry		
保险业	Insurance		
其他金融业	Others		
房地产业	**Real Estate**	**0.6**	**-11.3**
租赁和商务服务业	**Leasing and Business Services**	**-19.2**	**-20.4**
租赁业	Leasing		
商务服务业	Business Services	-21.1	-21.2
科学研究和技术服务业	**Scientific Research and Technical Services**	**38.2**	**50.5**
研究与试验发展	Research and Experimental Development	-28.9	-42.3
专业技术服务业	Professional Technical Services	-12.7	8.9
科技交流和推广服务业	Services of Science and Technology Exchanges and Promotion	177.4	399.4
水利、环境和公共设施管理业	**Management of Water Conservancy, Environment and Public Facilities**	**44.9**	**42.8**
水利管理业	Management of Water Conservancy	53.4	52.3
生态保护和环境治理业	Ecological Protection and Environmental Management Industry	222.3	221.5
公共设施管理业	Management of Public Facilities	27.4	23.9
居民服务和其他服务业	**Services to Households and Other Services**	**-49.7**	**-76.5**
居民服务业	Services to Households	-53.9	-79.0
机动车、电子产品和日用产品修理业	Motor Vehicles, Electronics and Household Goods Repair Industry	-20.4	-84.8
其他服务业	Other Services	-20.4	-84.8
教　育	**Education**	**19.7**	**11.4**
卫生和社会工作	**Health and Social Work**	**-30.9**	**-40.4**
卫　生	Health	-41.5	-59.6
社会工作	Social Work	10.1	32.7
文化、体育和娱乐业	**Culture, Sports and Entertainment**	**0.9**	**16.6**
新闻出版业	Journalism and Publishing Activities		
广播、电视、电影和影视录音制作业	Broadcasting, Movies, Television and Video Recording Production Industry	-61.4	-55.7
文化艺术业	Cultural and Art Activities		
体　育	Sports Activities		
娱乐业	Entertainment	-1.5	7.2
公共管理和社会组织	**Public Management and Social Organization**	**-5.1**	**28.2**
中国共产党机关	Organs of Communist Party of China		
国家机构	Government Agencies	-1.8	34.6
人民政协和民主党派	People's Political Consultative Conference and Democratic Parties		
社会保障	Social Security		
群众团体、社会团体和其他成员组织	Non-Governmental Organizations, Social Organizations and Other Members Organizations	-75.8	-97.6
基层群众自治组织	Grass Roots Self-governing Organizations	-50.4	-50.4
国际组织	**International Organizations**		

Continued

(%)

#扩 建 Expansion	#改 建 Reconstruction	建筑安装工程投资 Construction and Installation	设备工器具购置 Purchase of Equipment and Instruments	其 他 费 用 Others	施工项目 Number of Projects under Construction	#新开工 Number of Projects Started This Year
288.8	**-78.6**	**-45.2**	**105.3**	**228.4**	**-14.9**	**-33.9**
	-30.4	-28.1	-10.6	40.2	-29.0	-61.1
574.2	-88.1	-53.1	245.8	524.3	-7.9	-21.1
68.1	**37.8**	**0.3**	**17.5**	**84.6**	**45.3**	**27.1**
	27.6	-28.9	79.9	141.6	-3.2	33.3
74.9	73.1	36.7	155.3	72.3	81.5	56.1
		-69.5			33.3	-25.0
24.9		3.2	45.1	-20.1	33.3	-44.4
		178.6	-50.2	-56.1		
		-89.3			-42.9	
-0.1		0.4	-41.2	74.4	-5.0	-30.7
		-23.6			33.3	
-75.9	**-37.4**	**0.2**	**-49.6**	**-92.7**	**-15.6**	**-25.7**
-56.1	-26.4	22.4	-50.1	-87.9	2.3	-8.7
	-86.5	-63.8	-44.7		-52.4	-58.3
-33.7	**-7.0**	**-40.9**	**11.4**	**-1.2**	**-12.5**	**-22.2**
	-16.1	-22.1	8.6	147.1		
	-7.4	25.9	64.6	112.1	12.0	-23.5
	13.0	-82.6	0.4	-67.3	-45.5	-40.0
26.3	**65.3**	**-24.9**	**43.3**	**191.2**	**28.6**	
26.3	143.1	-29.0		191.2	33.3	
-86.9	**259.7**	**-14.0**	**1.5**	**56.1**	**-8.2**	**-43.5**
-74.2	**293.9**	**-0.9**	**55.4**	**-53.5**	**22.6**	**55.6**
-74.2	293.9	-1.9	22.8	-53.5	16.1	33.3
-77.4	**-0.1**	**44.5**	**-13.6**	**501.4**	**19.5**	**19.0**
	-14.9	1.4	-38.6	-87.8	8.3	
-91.5		-8.1	-41.9	100.0	-10.5	-30.8
-76.7		141.0	71.7	644.5	90.0	160.0
72.4	**43.9**	**47.4**	**13.8**	**33.2**	**47.9**	**44.8**
44.9	260.8	66.1	-10.2	6.2	47.7	43.2
-19.8	4167.0	305.8	4.7	521.0	136.1	154.5
93.1	15.6	27.0	22.6	42.9	34.3	28.3
333.4		**-42.2**	**-92.9**	**-46.5**	**5.1**	**4.5**
256.2		-47.4	-96.5	201.8	33.3	35.3
		-1.0	-72.4		-66.7	
		-1.0	-72.4		-66.7	
3.8	**49.9**	**13.6**	**130.6**	**-55.4**	**12.4**	**-32.9**
-45.8	**6.3**	**-45.3**	**54.6**	**60.3**	**-6.5**	**-31.3**
-24.3	17.5	-58.9	77.1	-16.7	-15.9	-37.1
-72.4	-77.1	8.8	-33.3	141.7	17.3	-17.2
-89.3	**-53.4**	**16.0**	**-71.2**	**141.9**	**-8.0**	**-32.1**
		-83.7	397.6		-50.0	
		23.7	-95.9	158.3	-32.8	-56.8
-86.8	**-87.7**	**-13.6**	**115.7**	**338.4**	**-4.1**	**-21.6**
-89.6	-87.7	-10.0	105.5	335.4	1.5	-14.9
-23.5		-76.8			-60.0	
					-50.0	

9-3 固定资产投资资金来源比上年增长情况(不含农户)(2019)
Growth Rate of Funds Sources for Investment in Fixed Assets Over Preceding Year (Excluding Rural Households)(2019)

单位：% (%)

年份 地区	Year Region	合计 Total	按资金来源分 By Sources of Funds 国家预算内资金 State Budget	国内贷款 Domestic Loans	债券 Bond	利用外资 Foreign Investment	自筹资金 Self-raising Funds	其他资金 Others
总计	**Total**	**2.1**	**46.3**	**-16.3**	**26.6**	**60.7**		**106.7**
哈尔滨	Harbin	-6.7	46.0	-26.2	11.8	108.1	8.7	93.5
齐齐哈尔	Qiqihar	28.6	173.6	-2.7	801.6		14.1	200.8
鸡西	Jixi	4.3	60.7	-51.2			-6.0	32.0
鹤岗	Hegang	12.4	-9.4	-44.0			10.8	21.4
双鸭山	Shuangyashan	47.4	93.4	5986.2			-19.4	245.0
大庆	Daqing	13.8	-16.4	-48.5	79.5		-6.8	304.5
伊春	Yichun	18.8	431.0	229.6	26.6		-19.6	88.3
佳木斯	Jiamusi	-1.3	53.5	-78.1	2512.0		-4.9	60.2
七台河	Qitaihe	24.7	-10.1	-77.8			22.7	104.9
牡丹江	Mudanjiang	-12.1	42.1	-58.5	845.8	105.4	-27.5	110.4
黑河	Heihe	-8.7	-40.9	-25.6	869.1		-7.2	143.3
绥化	Suihua	13.8	131.5	-72.7			4.9	5.8
大兴安岭	Daxinganling	26.7	104.3				-65.5	19.5
不分地区	Not Classified by Region	-8.3	-8.7	15.0	-53.8	49.2	13.8	-60.8

9-4　分地区按构成和建设性质分固定资产投资比上年增长情况(不含农户)(2019)

Growth Rate of Investment in Fixed Assets over Preceding Year by Region, Composition of Funds and Type of Construction (Excluding Rural Households)(2019)

单位：%　　(%)

年份 地区	Year Region	投资额 Total Investment	按构成分 By Composition of Funds 建筑安装工程 Construction and Installation	设备、工器具购置 Purchase of Equipment and Instruments	其他费用 Others	按建设性质分 By Type of Construction #新建 New Construction	#扩建 Expansion	#改建 Reconstruction
总　计	**Total**	**6.3**	**-1.0**	**8.6**	**51.4**	**3.4**	**19.7**	**50.5**
哈尔滨	Harbin	7.3	-11.2	52.7	47.5		37.5	40.2
齐齐哈尔	Qiqihar	9.6	8.3	0.4	58.5	5.4	41.8	73.3
鸡　西	Jixi	7.9	-2.8	28.4	251.0	-20.2	-7.9	357.5
鹤　岗	Hegang	-7.5	-5.8	-24.9	49.0	3.8	-12.7	-43.5
双鸭山	Shuangyashan	3.4	4.2	-6.2	27.4	35.4	-32.0	-42.9
大　庆	Daqing	8.3	7.7	-7.1	54.9	0.9	191.9	150.4
伊　春	Yichun	7.1	-4.9	78.3	205.2	-0.4	28.6	273.1
佳木斯	Jiamusi	3.7	2.6	12.7	11.1	5.1	13.8	-47.0
七台河	Qitaihe	14.3	28.6	-16.9	18.5	22.6	80.0	-5.9
牡丹江	Mudanjiang	5.1	3.8	22.8	-6.6	-5.3	45.2	142.8
黑　河	Heihe	3.2	9.8	-41.5	61.5	5.5	-5.7	132.0
绥　化	Suihua	6.5	8.5	-1.6	27.0	35.1	-19.4	-4.6
大兴安岭	Daxinganling	5.6	2.3	-42.3	81.1	-31.1	-12.2	111.1
不分地区	Not Classified by Region	5.0	-18.1	45.5	113.0	-7.5	3867.9	44.1

9-5 分地区按行业分固定资产投资比上年增长情况(不含农户)(2019)
Growth Rate of Investment in Fixed Assets over Preceding Year by Region and Sector(Excluding Rural Households)(2019)

单位：% (%)

年份 地区	Year Region	总计 Total	农、林、牧、渔业 Agriculture, Forestry, Animal Husbandry and Fishery	采矿业 Mining	制造业 Manufa-cturing	电力、热力、燃气及水的生产和供应业 Production and Supply of Electric, heat, Gas and Water	建筑业 Construction	批发和零售业 Wholesale and Retail Trades
总　计	**Total**	**6.3**	**-4.0**	**22.3**	**-0.9**	**16.2**		**-30.6**
哈尔滨	Harbin	7.3	41.3	655.1	-5.2	150.5		-0.8
齐齐哈尔	Qiqihar	9.6	16.2		-6.6	25.6		-56.1
鸡　西	Jixi	7.9	-9.2	32.8	5.1	0.5		508.8
鹤　岗	Hegang	-7.5	54.6	-12.4	-19.5	-22.7		72.6
双鸭山	Shuangyashan	3.4	-17.2	-35.7	1.6	32.1		-53.5
大　庆	Daqing	8.3	-55.6	27.4	14.2	-54.1		-48.1
伊　春	Yichun	7.1	-18.9		46.4	79.8		-66.5
佳木斯	Jiamusi	3.7	-27.3		-7.1	62.2		-43.3
七台河	Qitaihe	14.3	159.5	7.8	-7.6	-29.2		
牡丹江	Mudanjiang	5.1	9.1	33.1	-25.5	50.3		-7.1
黑　河	Heihe	3.2	-3.4	7.4	12.8	-3.1		-67.4
绥　化	Suihua	6.5	8.5		3.5	30.0		291.5
大兴安岭	Daxinganling	5.6	6.1	-77.0	-91.9	-2.1		
不分地区	Not Classified by Region	5.0				21.9		

9-5　续表1 Continued

单位：%　　(%)

年　份 地　区	Year Region	交通运输仓储和邮政业 Transport, Storage and Post	住宿和餐饮业 Hotels and Catering Services	信息传输、软件和信息技术服务业 Information Transmission, Software and Information Technology	金融业 Financial Intermediation	房地产业 Real Estate	租赁和商务服务业 Leasing and Business Services	科学研究和技术服务业 Scientific Research and Technical Service
总　计	**Total**	**13.1**	**-14.4**	**-14.8**	**-21.2**	**0.6**	**-19.2**	**38.2**
哈尔滨	Harbin	1.3	-3.4	-61.2	-51.0	6.3	-26.0	71.3
齐齐哈尔	Qiqihar	113.5	-22.5	-72.2	-28.1	6.9	-40.2	23.4
鸡　西	Jixi	170.4	-62.6			-28.2		428.0
鹤　岗	Hegang	3.2	328.7	-58.3		-49.0		351.7
双鸭山	Shuangyashan	88.7	-97.6	46.1		-42.0	-27.5	311.4
大　庆	Daqing	8.8	-57.3	-55.9		17.4		148.8
伊　春	Yichun	7.1	-26.2			-9.1	-82.4	
佳木斯	Jiamusi	5.2	-70.2	-25.1		-0.4	230.4	189.6
七台河	Qitaihe	-64.5				49.5		-23.2
牡丹江	Mudanjiang	16.4	518.5	-28.1		5.7	632.0	-93.5
黑　河	Heihe	9.9	211.9	-56.3		-21.0	-43.9	
绥　化	Suihua	43.4	-97.9	364.3	26.3	-32.6		93.8
大兴安岭	Daxinganling	-30.9		206.1		263.1	-73.8	-96.3
不分地区	Not Classified by Region	3.5		-1.2				

9-5 续表 2 Continued

单位：% (%)

年份 地区	Year Region	水利、环境和公共设施管理业 Management of Water Conservancy, Environment and Public Facilities	居民服务、修理和其他服务业 Services to Households Repair and Other Services	教育 Education	卫生和社会工作 Health and Social Work	文化、体育和娱乐业 Culture, Sports and Entertainment	公共管理、社会保障和社会组织 Public Management Social Securities and Social Organization
总计	**Total**	**44.9**	**-49.7**	**19.7**	**-30.9**	**0.9**	**-5.1**
哈尔滨	Harbin	22.0	-87.4	47.1	-30.7	18.2	-33.5
齐齐哈尔	Qiqihar	19.8	-10.4	50.8	0.2	-40.0	-20.7
鸡西	Jixi	-12.1	-29.1	-3.6	-13.3	-63.3	102.7
鹤岗	Hegang	71.6	-71.0	-58.1	39.9	-19.9	990.3
双鸭山	Shuangyashan	98.9	177.5	-61.0	-95.0	-23.3	26.3
大庆	Daqing	44.6	-92.3	313.9	-46.2	12.0	36.4
伊春	Yichun	5.3		-52.1	-45.2	-14.9	-56.6
佳木斯	Jiamusi	77.9	-35.8	-4.6	-37.6	58.8	50.2
七台河	Qitaihe	346.4		-15.6	-33.2		588.4
牡丹江	Mudanjiang	25.5		-10.7	-15.6	68.1	95.5
黑河	Heihe	254.1	-95.8	1.7	-25.8	24.4	-49.9
绥化	Suihua	22.3	228.7	-13.9	-35.1	-42.1	-63.6
大兴安岭	Daxinganling	182.3		-59.6	-77.7		-17.6
不分地区	Not Classified by Region	-13.2					

9-6　分地区固定资产投资(不含农户)房屋施工、竣工面积比上年增长情况(2019)

Growth Rate of Investment in Fixed Assets over Preceding Year by Floor Space of Buildings under Construction and Buildings Completed (Excluding Rural Households) by Region (2019)

单位：%　　(%)

年　份 地　区	Year Region	房屋施工面积 Floor Space of Buildings under Construction	#住　宅 Residential Buildings	房屋竣工面积 Floor Space of Buildings Completed	#住　宅 Residential Buildings
总　计	**Total**	**0.9**	**4.1**	**-11.7**	**1.8**
哈尔滨	Harbin	14.3	18.2	44.1	72.1
齐齐哈尔	Qiqihar	7.5	7.2	-38.8	-39.8
鸡　西	Jixi	-3.6	-4.6	59.5	94.0
鹤　岗	Hegang	-45.9	-44.2	-71.3	-82.6
双鸭山	Shuangyashan	-39.5	-35.2	-60.9	-58.1
大　庆	Daqing	9.9	14.3	-17.6	-12.4
伊　春	Yichun	-31.3	-6.0	-77.9	-53.0
佳木斯	Jiamusi	-13.8	-12.0	-52.6	-36.2
七台河	Qitaihe	3.0	-3.3	-50.6	-39.1
牡丹江	Mudanjiang	-10.2	-5.8	-55.3	-55.9
黑　河	Heihe	3.0	19.6	-36.4	-27.7
绥　化	Suihua	-28.3	-23.8	-20.9	-24.6
大兴安岭	Daxinganling	134.1	-6.2		
不分地区	Not Classified by Region				

9-7 国有单位固定资产投资比上年增长情况(2019)
Growth Rate of Investment in Fixed Assets over Preceding Year of State-Owned Units (2019)

单位：% (%)

指　　标	Item	2019
投资总额	**Total Investment**	**22.9**
按构成分	**Grouped by Composition of Funds**	
建筑安装工程	Construction and Installation	13.8
设备、工器具购置	Purchase of Equipment and Instruments	90.8
其他费用	Others	80.7
按隶属关系分	**Grouped By Jurisdiction of Management**	
中　　央	Central Investment	-1.5
地　　方	Local Investment	32.6
按建设性质分	**Grouped by Type of Construction**	
#新　　建	# New Construction	14.4
扩　　建	Expansion	66.2
改　　建	Reconstruction	53.9
按行业分	**Grouped by Sector**	
农、林、牧、渔业	Agriculture, Forestry, Animal Husbandry and Fishery	49.3
采矿业	Mining	-63.3
制造业	Manufacturing	-35.1
电力、热力、燃气及水的生产和供应业	Production and Supply of Electric,heat,Gas and Water	59.7
建筑业	Construction	
批发和零售业	Wholesale and Retail Trade	134.7
交通运输、仓储及邮政业	Transport, Storage and Post	14.7
住宿和餐饮业	Hotels and Catering Services	-70.6
信息传输、软件和信息技术服务业	Information Transmission, Software and Information Technology	-18.4
金融业	Financial Intermediation	-78.6
房地产业	Real Estate	-6.3
租赁和商务服务业	Leasing and Business Services	37.6
科学研究和技术服务业	Scientific Research and Technical Services	-8.5
水利、环境和公共设施管理业	Management of Water Conservancy, Environment and Public Facilities	52.9
居民服务、修理和其他服务业	Services to Households, Repair and Other Services	523.2
教　　育	Education	19.9
卫生、社会工作	Health and Social Work	-1.1
文化、体育和娱乐业	Culture, Sports and Entertainment	-34.6
公共管理、社会保障和社会组织	Public Management, Social Securities and Social Organization	-5.1
国际组织	International Organizations	
房屋建筑面积	**Floor Space of Buildings**	
施工面积	Floor Space under Construction	-13.8
竣工面积	Floor Space Completed	-13.6
#住　　宅	#Residential Buildings	28.2

9-8　按构成和建设性质分的国有单位固定资产投资比上年增长情况(2019)
Growth Rate of Investment in Fixed Assets over Preceding Year of State-Owned Units by Composition of Funds and Type of Construction(2019)

单位：%　　(%)

年份 Year 地区 Region	投资总额 Total Investment	按构成分 By Composition of Funds 建筑安装工程 Construction and Installation	设备、工器具购置 Purchase of Equipment and Instruments	其他费用 Others	按建设性质分 By Type of Construction #新建 New Construction	#扩建 Expansion	#改建 Recon-struction
总　计 Total	**22.9**	**14.4**	**66.2**	**53.9**	**13.8**	**90.8**	**80.7**
哈尔滨 Harbin	10.4	1.5	54.5	20.7	-6.3	135.1	30.2
齐齐哈尔 Qiqihar	48.5	47.7	31.2	136.9	52.1	91.2	-55.1
鸡　西 Jixi	77.1	90.0	14.9	114.7	57.8	110.2	437.2
鹤　岗 Hegang	8.8	14.9	-11.6	-28.0	4.3	54.0	109.1
双鸭山 Shuangyashan	-8.3	-2.5	-45.2	186.5	-14.8	44.4	61.4
大　庆 Daqing	30.6	35.6	-55.0	-33.3	35.3	-12.8	20.0
伊　春 Yichun	10.2	12.7	19.2	-64.5	4.3	-29.8	1328.3
佳木斯 Jiamusi	42.6	43.8	75.9	-57.0	49.1	331.2	-46.7
七台河 Qitaihe	55.1	121.6	-21.6	-66.0	57.5	-16.5	749.8
牡丹江 Mudanjiang	11.1	-15.4	169.8	111.1	15.0	10.9	-42.8
黑　河 Heihe	55.0	59.0	-17.5	448.2	57.0	16.1	97.9
绥　化 Suihua	88.2	87.1	137.1	-3.0	75.3	57.2	5279.7
大兴安岭 Daxinganling	33.8	-8.0	-6.5	134.3	16.9	190.6	255.4
不分地区 Not Classified by Region	25.9	521.2	64.4	-88.9	1625.5	-84.2	-73.7

主要统计指标解释

全社会固定资产投资　是以货币形式表现的在一定时期内全社会建造和购置固定资产的工作量以及与此有关的费用的总称。该指标是反映固定资产投资规模、结构和发展速度的综合性指标。全社会固定资产投资按登记注册类型可分为国有、集体、联营、股份制、私营和个体、港澳台商、外商、其他等。

固定资产投资（不含农户）　指城镇和农村各种登记注册类型的企业、事业、行政单位及城镇个体户进行的计划总投资500万元及以上的建设项目投资和房地产开发投资，包括原口径的城镇固定资产投资加上农村企事业组织项目投资，该口径自2011年起开始使用。

房地产开发投资　指各种登记注册类型的房地产开发法人单位统一开发的包括统代建、拆迁还建的住宅、厂房、仓库、饭店、宾馆、度假村、写字楼、办公楼等房屋建筑物，配套的服务设施，土地开发工程（如道路、给水、排水、供电、供热、通讯、平整场地等基础设施工程）和土地购置的投资；不包括单纯的土地开发和交易活动。

实际到位资金　指用于固定资产投资的各种货币资金。包括国家预算资金、国内贷款、利用外资、自筹资金和其他资金。

国家预算资金　国家预算包括一般预算、政府性基金预算、国有资本经营预算和社保基金预算。各类预算中用于固定资产投资的资金全部作为国家预算资金填报，其中一般预算中用于固定资产投资的部分包括基建投资、车购税、灾后恢复重建基金和其他财政投资。各级政府债券也应归入国家预算资金。

国内贷款　指报告期固定资产投资项目单位向银行及非银行金融机构借入用于固定资产投资的各种国内借款，包括银行利用自有资金及吸收存款发放的贷款、上级拨入的国内贷款、国家专项贷款（包括煤代油贷款、劳改煤矿专项贷款等），地方财政专项资金安排的贷款、国内储备贷款、周转贷款等。

利用外资　指报告期收到的境外（包括外国及港澳台地区）资金(包括设备、材料、技术在内)。包括对外借款(外国政府贷款、国际金融组织贷款、出口信贷、外国银行商业贷款、对外发行债券和股票)、外商直接投资、外商其他投资(包括利用外商投资收益在国内进行固定资产再投资活动的资金)。不包括我国自有外汇资金(国家外汇、地方外汇、留成外汇、调济外汇和国内银行自有资金发放的外汇贷款等)。各类外资按报告期的外汇牌价（中间价）折成人民币计算。

自筹资金　指固定资产投资单位在报告期收到的，由各企、事业单位筹集用于固定资产投资的资金，包括各类企事业单位的自有资金和从其他单位筹集的用于固定资产投资的资金，但不包括各类财政性资金、从各类金融机构借入资金和国外资金。

其他资金来源　指在报告期收到的除以上各种资金之外的用于固定资产投资的资金。包括社会集资、个人资金、无偿捐赠的资金及其他单位拨入的资金等。

固定资产投资按国民经济行业分　指根据其从事的社会经济活动性质对各类单位进行的分类。应根据建设项目建成投产后的主要产品种类或主要用途及社会经济活动种类来划分，不能根据项目单位本身的行业类别来划分。如果项目投产后有几种产品，应根据主要产品来确定行业类别。一般情况下，一个建设项目只能属于一种国民经济行业。

固定资产投资按隶属关系分　是按建设单位或企业、事业、行政单位的主管上级机关确定的。

(1)中央　是指中共中央、人大常委会和国务院各部、委、局、总公司以及直属机构直接领导的建设项目和企业、事业、行政单位。这些单位的固定资产投资计划由国务院各部门直接编制和下达，统一组织或委托下级实施。包括有中央垂直管理的部门（如国家统计局各级调查队）和中央直属企业、事业单位（如工商银行、中国电信、中国石油）等。

(2)地方　是由省（自治区、直辖市）、地（区、市、州、盟）、县（区、市、旗）三级政府及业务主管部门直接领导和管理的建设项目、企业、事业、行政单位。地方项目还包括不隶属以上各级政府及主管部门的建设项目和企业、事业单位，如外商投资企业和无主管部门的企业等。

固定资产投资按建设性质分　按整个建设项目情况来确定。建设项目的性质一般分为新建、扩建、改建和技术改造、单纯建造生活设施、迁建、恢复、单纯购置。农户投资不划分建设性质。

(1)新建　指从无到有"平地起家"开始建设的项目。现有企业、事业、行政单位投资的项目一般不属于新建。但如有的单位原有基础很小，经过建设后新增的固定资产价值超过该企业、事业、行政单位原有固定资产价值（原值）三倍以上的，也应作为新建。

(2)扩建　指在厂内或其他地点，为扩大原有产品的生产能力(或效益)或增加新的产品生产能力，而增建的生产车间(或主要工程)、分厂、独立的生产线等项目。行政、事业单位在原单位增建业务性用房(如学校增建教学用房、医院增建门诊部、病房等)也作为扩建。

现有企、事业单位为扩大原有主要产品生产能力或增加新的产品生产能力，增建一个或几个主要生产车间(或主要工程)、分厂，同时进行一些更新改造工程的，也应作为扩建。

(3)改建和技术改造　指现有企业、事业单位对原有设施进行技术改造或更新(包括相应配套的辅助性生产、生活福利设施）的建设项目。改建项目包括现有企业、事业单位为适应市场变化的需要，而改变企业的主要产品种类(如军

工企业转民产品等）的建设项目，原有产品生产作业线由于各工序(车间)之间能力不平衡，为填平补齐充分发挥原有生产能力而增建但不增加主要产品设计能力的建设项目。技术改造是指企业、事业单位在现有基础上用先进的技术代替落后的技术，用先进的工艺和装备代替落后的工艺和装备，以改变企业落后的技术经济面貌，实现以内涵为主的扩大再生产，达到提高产品质量、促进产品更新换代、节约能源、降低消耗、扩大生产规模、全面提高社会经济效益的目的。技术改造具体包括以下内容：机器设备和工具的更新改造；生产工艺改革、节约能源和原材料的改造；厂房建筑和公共设施的改造；保护环境进行的“三废”治理改造；劳动条件和生产环境的改造等。

固定资产投资按构成分

(1)建筑工程　指各种房屋、建筑物的建造工程。这部分投资额必须兴工动料，通过施工活动才能实现，是固定资产投资额的重要组成部分。

(2)安装工程　指各种设备、装置的安装工程。

在安装工程中，不包括被安装设备本身价值。

(3)设备工具器具购置　指报告期内购置或自制的，达到固定资产标准的设备、工具、器具的价值。新建单位及扩建单位的新建车间，按照设计或计划要求购置或自制的全部设备、工具、器具，不论是否达到固定资产标准均计入“设备工具器具购置”中。

(4)其他费用　指在固定资产建造和购置过程中发生的，除建筑安装工程和设备、工器具购置投资完成额以外的应当分摊计入固定资产投资的费用，不指经营中财务上的其他费用。

施工项目个数　是指本年正式进行过建筑或安装施工活动的建设项目个数。包括本年新开工项目，以前年度开工跨入本年继续施工项目，本年全部建成投产项目、以前年度全部停缓建在本年恢复施工的项目，本年进行过施工又在本年内全部停缓建的项目。施工项目个数可以反映一定时期固定资产投资的实际规模，与同期全部建成投产项目个数相比，可以从建设速度的角度反映固定资产投资的效果。

本年投产项目个数　指报告期内按设计文件规定建成主体工程和相应配套的辅助设施，形成生产能力或工程效益，经过验收合格，并且已正式投入生产或交付使用的建设项目。

新增生产能力(或工程效益)　指通过固定资产投资活动而增加的设计能力(或工程效益)。主要指标包括建设规模、本年施工规模、自开始建设累计新增生产能力(或工程效益)、本年新增生产能力(或工程效益)等。

建设规模　指建设项目或工程设计文件中规定的全部设计能力(或工程效益)。包括已经建成投产和尚未建成投产的工程的生产能力(或工程效益)。

本年施工规模　指报告期内施工的单项工程（或更新改造项目）的设计能力(或工程效益)，包括报告期以前已开工跨入本年继续施工的工程的设计能力和报告期新开工工程的设计能力。也包括报告期内建成投产或报告期施工后又停缓建的单项工程设计能力。不包括在报告期以前建成投产或已经停、缓建的工程，以及报告期内尚未正式开工的工程的设计能力。

自开始建设累计新增生产能力(或工程效益)　指自开始建设至本年底止建成投产的全部单项工程累计新增生产能力(或工程效益)。

本年新增生产能力(或工程效益)　指在本年度内按照新增生产能力(或工程效益)的计算条件和标准，实际建成投入生产或交付使用的生产能力(或工程效益)。

新增固定资产　是指已经完成建造和购置过程，并已交付生产或使用单位的固定资产的价值，包括已经建成投入生产或交付使用的工程投资和达到固定资产标准的设备、工具、器具的投资及有关应摊入的费用。该指标是表示固定资产投资成果的价值指标，也是反映建设进度，计算固定资产投资效果的重要指标。

项目建成投产率　指一定时期内全部建成投产项目个数与同期施工项目个数的比率。该指标从建设单位建设速度的角度反映投资效果。

固定资产交付使用率　指一定时期新增固定资产与同期完成投资额的比率。该指标是反映固定资产动用速度，衡量建设过程中宏观投资效果的综合指标。由于新增固定资产是较长时期内形成的结果，而投资额则是当年完成的，因此，该指标一般适宜于反映较长时期内固定资产的动用情况。

Explanatory Notes on Main Statistical Indicators

Total Investment in Fixed Assets in the Whole Country refers to the volume of activities in construction and purchases of fixed assets of the whole country and related fees, expressed in monetary terms during the reference period. It is a comprehensive indicator which shows the size, structure and growth of the investment in fixed assets. Total investment in fixed assets in the whole country includes, by type of ownership, the investment by State-owned units, collective-owned units, joint ownership units, share-holding units, private units, individuals as well as investments by entrepreneurs from Hong Kong, Macao and Taiwan, foreign investors and others.

Investment in Fixed Assets (Excluding Rural Households) refers to the investment in construction projects with a total planned investment of 5 million yuan and over by enterprises of various ownerships, institutions, administrative units and urban self-employed individuals, and the investment in real estate development in both urban and rural areas. Since 2011, it covers the urban investment in fixed assets under the previous statistical coverage plus project investments by rural enterprises and institutions.

Investment in Real Estate Development refers to investment by real estate development companies, commercialized buildings construction companies and other real estate development units of various types of ownership in the construction of buildings, such as residential buildings, factory buildings, warehouses, hotels, guesthouses, holiday villages, office buildings, the complementary service facilities and land development projects, such as roads, water supply, water drainage, power supply, heating supply, telecommunications, land leveling and other infrastructural projects. It does not include activities in pure land transactions.

Actual Funds for Investment refer to all kinds of monetary funds used for fixed assets investment. It includes state budget funds, domestic loans, foreign capital utilization, self-raising funds and other funds.

Fund from the State Budget State budget consists of general budget, government fund budget, operation budget of state-owned assets and social security fund budget. Funds for investment in fixed assets from various budgets are reported as fund from the state budget, of which, the general budget utilized on fixed assets investment includes investment on infrastructure construction, vehicle purchase tax, post-disaster restoration and reconstruction funds and other financial investment. Government bonds at all levels should also be included.

Domestic Loans refer to loans of various forms borrowed by investing units from banks and non-bank financial institutions during the reference period for the purpose of investment in fixed assets, including loans issued by banks from their self-owned funds and deposit, loans appropriated by higher responsible authorities, special loans by government (including loan for substituting petroleum with coal, special loans for reform-through-labour coal mines), loans arranged by local government from special funds, domestic reserve loan, and revolving loan, etc.

Foreign Investment refers to overseas (including foreign countries, Hongkong, Macao and Taiwan) funds received during the reference period (covering equipment, materials and technology), including foreign borrowings (loans from foreign governments and international financial institutions, export credit, commercial loans from foreign banks, issue of bonds and stocks overseas), foreign direct investment and other foreign investments (including funds from foreign direct investment income that are reinvested in fixed assets domestically). Excluded from this category is capital in foreign exchanges owned by China (foreign exchanges owned by the central and local governments, foreign exchanges retained by enterprises, foreign exchanges by enterprises through the regulating mechanism, loans in foreign exchanges issued by the Bank of China with its own fund, etc.). In calculating the utilization of foreign capital, foreign currencies are converted into Chinese Renminbi applying the exchange rate (central parity rate) at the end of the reference period.

Self-raised Funds refer to funds for investment in fixed assets received during the reference period by investing units, including investment in fixed assets using own funds of various enterprises and institutions or funds raised from other units other than financial funds, funds borrowed from financial institutions and overseas funds.

Other Funds refer to funds for investment in fixed assets received from sources other than those listed above, including funds raised from individuals and through donations, and funds transferred from other units.

Investment in Fixed Assets by Sector refers to the classification of investment by the nature of social economic activities the investing units are engaged in. The classification of construction projects by sector is determined by the major products or the purpose of the projects when they are put into production or use, and by the nature of their social economic activities, instead of being determined by industrial classification of the project enterprises. The project will be classified according to major product if there are several kinds of products yielded. In general, one project can only be classified into one sector.

Investment in Fixed Assets by Jurisdiction of Management refers to the classification of investment by the

competent authorities under which investment is made by construction units, enterprises, institutions or administrative units.

(1) Central investment refers to the investment in projects or by enterprises, institutions or administrative units which are under the direct leadership and management of the State Council and of the national commissions, ministries, agencies and State-owned large corporations. Various ministries and departments of the State Council prepare and implement plans through unified organization or lower-level commissions, which include departments direct under central government (i.e. survey offices at all level of the National Bureau of Statistics) and enterprises and institutions directly under central government (like the Industrial and Commercial Bank of China, China Telecom and China National Petroleum Corporation)..

(2) Local investment refers to the investment in projects or by enterprises, institutions or administrative units which are under the direct leadership and management of competent departments and governments at the level of province (autonomous regions and municipalities directly under the Central Government), prefecture （prefectures, cities and leagues） and county (districts, cities and banners). Also included are projects by foreign-invested enterprises and enterprises without competent managing authorities.

Investment in Fixed Assets by Type of Construction Construction projects in general can be classified, by the type of construction, into new construction, expansion, reconstruction and technical transformation, purely construction of living facilities, moving, restoration and purely purchasing. However, investment by type of construction is not applied to investment by and investment by rural households.

(1) New construction in general refers to construction projects, which start from scratch. The existing projects invested by enterprises, institutions and administrative agencies cannot be classified as new construction. In case the size of the existing unit is quite small, and the value of newly added fixed assets is more than three times of the original value, the expansion will be considered as new construction.

(2) Expansion refers to construction of new production workshop, branch factory or independent production line within a factory or in other locations, for the purpose of increasing the production capacity (or improving efficiency) or adding new production capacity by enterprises and institutions. Newly constructed accommodation for the operation of institutions and administrative organizations (such as newly constructed buildings for teaching in schools, buildings for clinics or wards in hospitals, etc.) are also classified as expansion.

Also included in expansion are investments by existing enterprises or institutions in building major production line(s) or branch factory (ies) along with some work on innovation, for the purpose of expanding the production capacity of original products or producing new products.

(3) Reconstruction and technical transformation refers to construction projects by existing enterprises or institutions in innovation or technical transformation of the old facilities (including auxiliary production equipment and welfare facilities). Also considered as reconstruction is the construction of new workshops by the existing enterprises or institutions to change the variety of products to meet the market demand (such as the production of civil products by defence industries), or to bring the designed production capacity into full play through a more balanced production process on production lines. Technical transformation refers to replacement of old technology or equipment by new technology or equipment, in order to expand the reproduction through improvement of technology contents in production, to improve product quality, to promote new products, to save energy, to reduce consumption, to expand the production scale and to improve overall social-economic efficiency. Contents of technical transformation include: updating of machinery, equipment and tools; reforming production process by using energy or materials saving technology; construction of factory workshops and transformation of public facilities; treatment transformation of “three wastes” (waste gas, waste water and industrial residue) aiming at environmental protection; improvement of working conditions and environment, etc.

Investment in Fixed Assets by Structure

(1) Construction refers to the construction of houses and buildings. This part of investment can only be achieved through construction activities, it is the major component of the total investment in fixed assets.

(2) Installation refers to the installation of various kinds of equipment and instruments.

The value of equipment installed itself is not included in the value of installation projects.

(3) Purchase of equipment and instruments refers to the total value of equipment, tools, and instruments purchased or self-produced which come up to the cut-off point for fixed assets during the reference period. Equipment, tools and instruments purchased or self-produced for new workshops by newly established or expanded units are categorized as “purchase of equipment and instruments” no matter whether they come up to the cut-off point for fixed assets.

(4) Other expenses refer to expenses arising during the construction or purchase of fixed assets other than those expenses on construction, installation and purchase of equipment and instruments. Other financial expenses arising in operation are not included.

Number of Projects under Construction refers to number of all projects with actual construction or installation activities in current year, including newly started projects, projects started previously and extended into the current year, projects completed and put into operation in current year, projects suspended previously and resumed in current year, and projects started this year but suspended or postponed in current year. The number of projects under construction can reflect the actual size of investment in fixed assets during a given period, and when compared with the number of projects completed and put into use during the same period, it demonstrates the results of investment in fixed assets from the angle of the speed of the construction.

Number of Projects Put into Use This Year refer to

projects have completed the main construction and correspondent auxiliary facilities in accordance with the design documents, resulting in forming production capacity (efficiency) and have been checked and accepted after relevant tests, and have been formally delivered for use.

Newly Increased Production Capacity (or Project Efficiency) refers to the increase in design capacity (or project efficiency) through investment in fixed assets. The main indicators include: construction scale, scale of projects under construction in current year, the accumulated newly increased production capacity (project efficiency) since the start of the projects and the newly increased production capacity (project efficiency) of current year.

Construction Scale refers to the total designed production capacity (project efficiency) of the construction projects in accordance with the design document, including those have been put into operation and those that have not been completed.

Scale of Projects under Construction in Current Year refers to the designed production capacity (project efficiency) of a single project (or renovation project) under construction in the reference period, including the designed production capacity of projects that have been started previously and still under construction in the current year, the newly started projects, and projects that have been completed and put into operation in the reference period or those have been started but suspended or postponed in the reference period. Projects that have been completed and put into operation, suspended or postponed before the reference period, and projects that have not been officially started in the reference period are not included.

The Accumulated Newly Increased Production Capacity (project efficiency) since the Start of the Projects refers to the accumulated newly increased production capacity of all the single projects which have been put into use from the beginning of the projects till the end of current year.

The Newly Increased Production Capacity (project efficiency) of Current Year refers to the production capacity (project efficiency) that has been completed and put into operation in current year according to the calculation conditions and standards on newly increased production capacity (project efficiency).

Newly Increased Fixed Assets refer to the value of fixed assets that has completed the construction and purchase, and has been delivered to the production or owner units, including investment in projects that have been completed and put into operation in current year and the investment in equipment, tools and appliance that meet the standard of fixed assets and fees that should be apportioned. This is an indicator that demonstrates the results of investment in fixed assets in monetary terms, and an important indicator to reflect the speed of construction and to calculate the efficiency of investment.

Rate of Construction Projects Completed and Put into Use refers to the ratio of the number of construction projects completed and put into use in a certain period of time to the number of projects under construction in the same period. This reflects the investment efficiency from the perspective of the speed of projects construction.

Rate of Projects of Fixed Assets Completed and Put into Operation refers to the ratio of the newly increased fixed assets to the total investment made in the same period. This is a comprehensive indicator reflecting the speed of the employment of fixed assets and the investment efficiency at the macro-level. As the newly increase fixed assets is the result of a long period while the investment is completed in the current year, this indicator is expected to be used to reflect the employment of fixed assets over a long period of time.

第十篇　对外经济贸易

CHAPTER 10 FOREIGN TRADE AND ECONOMIC COOPERATION

资料整理：刘　妍

10-1　对外经济贸易基本情况
Foreign Trade and Economic Cooperation

指　　标	Item	2015	2016	2017	2018	2019
货物进出口总额(人民币亿元)	**Total Value of Imports and Exports (RMB 100 million yuan)**	**1307.3**	**1093.7**	**1280.7**	**1747.7**	**1865.9**
出口总额	Total Exports	500.1	332.5	356.3	294.0	349.4
初级产品	Primary Goods	8.6	7.4	8.3	54.5	55.4
工业制成品	Manufactured Goods	71.7	43.1	44.3	239.5	294.2
进口总额	Total Imports	807.2	761.2	924.5	1453.7	1516.5
初级产品	Primary Goods	99.0	85.3	96.0	1226.1	1273.6
工业制成品	Manufactured Goods	30.6	29.7	40.7	227.6	243.7
进出口差额	Balance	-306.4	-428.8	-568.2	-1159.8	-1167.1
货物进出口总额(亿美元)	**Total Value of Imports and Exports (USD 100 million)**	**209.9**	**165.4**	**189.4**	**264.1**	**271.0**
出口总额	Total Exports	80.3	50.4	52.6	44.5	50.7
进口总额	Total Imports	129.6	114.9	136.8	219.6	220.3
进出口差额	Balance	-49.2	-64.5	-84.2	-175.1	-169.6
实际使用外资额(亿美元)	**Total Amount of Foreign Investment Actually Utilized (USD 100 million)**	**55.5**	**59.0**	**58.6**	**59.5**	**5.4**
#对外借款	#Foreign Loans	1.0	0.8	0.2	0.8	
外商直接投资	Foreign Direct Investments	54.5	58.2	58.4	58.7	5.4
外商直接投资合同项目(个)	**Number of Projects for Contracted Foreign Direct Investment (unit)**	**91**	**117**	**105**	**127**	**158**
外商直接投资合同金额(亿美元)	**Contract Value of Projects for Contracted Forei Direct Investment (USD 100 million)**	**58.4**	**77.2**	**97.6**	**84.9**	**20.3**
外资企业基本情况	**Registered Foreign-funded Enterprises**					
年底登记户数(户)	Number of Registered Enterprises (household)	4149	4227	4444	5028	5296
投资总额(亿美元)	Total Investment (USD 100 million)	223.0	282.8	336.7	427.5	460.5
注册资本(亿美元)	Registered Capital (USD 100 million)	126.9	149.1	200.4	259.1	287.6
#外方	#Capital from Foreign Investors	96.5	110.4	148.3	177.0	192.0

注：进出口总额1993年以前为对外贸易经济合作厅数据，1993年起为哈尔滨海关数据，未包括石油出口业务(下同)。

a) The data of total value of imports and exports were provided by Department of Foreign Trade and Economic Cooperation prior to 1993.Since 1994,the data were provided by Harbin CIQ expecting exports of petroleum. The same as following tables.

10-2 货物进出口总额
Total Value of Imports and Exports of Goods

年 份 Year	人民币(亿元) (RMB 100 million yuan)				美元(亿元) (USD 100 million)			
	进出口总额 Total Value of Imports and Exports	出口总额 Total Exports	进口总额 Total Imports	进出口差额 Balance	进出口总额 Total Value of Imports and Exports	出口总额 Total Exports	进口总额 Total Imports	进出口差额 Balance
1957	2.6	2.6			0.8	0.8		
1965	0.6	0.6			0.2	0.2		
1970	0.5	0.5			0.2	0.2		
1975	1.3	1.3			0.7	0.7		
1978	0.8	0.8			0.5	0.5		
1979	1.2	1.2			0.7	0.7		
1980	1.9	1.5	0.5	1.0	1.3	1.0	0.3	0.7
1981	2.7	2.3	0.4	1.8	1.6	1.3	0.3	1.1
1982	3.8	3.3	0.5	2.9	2.0	1.7	0.2	1.5
1983	6.5	5.4	1.1	4.3	3.3	2.7	0.5	2.2
1984	10.0	7.9	2.1	5.8	4.3	3.4	0.9	2.5
1985	15.0	12.1	2.9	9.3	5.1	4.1	1.0	3.2
1986	28.0	21.2	6.7	14.5	8.1	6.2	2.0	4.2
1987	35.8	30.2	5.6	24.6	9.6	8.1	1.5	6.6
1988	46.2	34.9	11.3	23.6	12.4	9.4	3.0	6.3
1989	53.2	38.7	14.5	24.2	14.1	10.3	3.9	6.4
1990	71.4	52.0	19.4	32.6	14.9	10.9	4.1	6.8
1991	107.4	73.3	34.1	39.2	20.2	13.8	6.4	7.4
1992	158.9	101.0	57.9	43.1	28.8	18.3	10.5	7.8
1993	190.1	97.2	92.9	4.3	33.0	16.9	16.1	0.7
1994	209.1	107.0	102.1	4.9	24.3	12.4	11.8	0.6
1995	199.3	97.4	101.9	-4.5	23.9	11.7	12.2	-0.5
1996	203.6	90.0	113.7	-23.7	24.5	10.8	13.7	-2.9
1997	204.2	108.4	95.8	12.6	24.6	13.1	11.6	1.5
1998	166.4	75.0	91.4	-16.4	20.1	9.1	11.0	-2.0
1999	181.4	78.7	102.7	-24.1	21.9	9.5	12.4	-2.9
2000	247.2	120.1	127.1	-7.0	29.9	14.5	15.4	-0.8
2001	280.2	133.4	146.7	-13.2	33.9	16.1	17.7	-1.6
2002	360.1	164.7	195.3	-30.6	43.5	19.9	23.6	-3.7
2003	441.2	237.5	203.6	33.9	53.3	28.7	24.6	4.1
2004	562.0	304.6	257.4	47.2	67.9	36.8	31.1	5.7
2005	783.9	497.2	286.7	210.5	95.7	60.7	35.0	25.7
2006	1025.2	672.8	352.4	320.5	128.6	84.4	44.2	40.2
2007	1315.5	933.0	382.5	550.5	173.0	122.7	50.3	72.4
2008	1590.4	1150.8	438.9	711.9	229.0	165.7	63.2	102.5
2009	1108.0	688.6	419.4	268.5	162.2	100.8	61.4	39.3
2010	1726.2	1102.1	624.1	477.9	255.0	162.8	92.2	70.6
2011	2487.3	1141.3	1346.0	-204.7	385.1	176.7	208.4	-31.7
2012	2387.4	911.5	1476.5	-565.0	378.2	144.4	233.9	-89.5
2013	2407.9	1005.2	1402.8	-397.0	388.8	162.3	226.5	-64.1
2014	2389.5	1065.2	1324.4	-259.2	389.0	173.4	215.6	-42.2
2015	1307.3	500.1	807.2	-306.4	209.9	80.3	129.6	-49.2
2016	1093.7	332.5	761.2	-428.8	165.4	50.4	114.9	-64.5
2017	1280.7	356.3	924.5	-568.2	189.4	52.6	136.8	-84.2
2018	1747.7	294.0	1453.7	-1159.8	264.1	44.5	219.6	-175.1
2019	1865.9	349.4	1516.5	-1167.1	271.0	50.7	220.3	-169.6

10-3 海关货物进出口总额
Total Value of Imports and Exports by Country and Region(Customs Statistics)

单位：万美元 (USD 10000)

类 别	Category	进出口总额 Total Value of Imports and Exports				
		2015	2016	2017	2018	2019
总 额	**Total**	**2098599**	**1653789**	**1893574**	**17477261**	**18659107**
一般贸易	General Trade	1440287	1123261	1266303	13891134	15367668
国家间、国际组织无偿援助和赠送的物资	Donation of Countries and International		277		1869	6064
进出口捐赠物资	Others Donation of Overseas Chinese	1	22	1		
来料加工	Processing and Assembling with Customer's Materials	104018	85338	37947	68707	103597
进料加工	Processing and Assembling with Import Materials	46443	33519	187128	872877	858512
边境小额贸易	Little Amount Trade on the Borders	348615	265337	310924	1868991	1671026
对外承包工程出口货物	Export Goods of Contracted Projects with Foreign Countries or Territories	101449	72508	45523	213819	192501
外商投资企业作为投资进口的设备、物品	Import Equipment's and Goods of Foreign-Funded Enterprises		575	13	49	
保税监管场所进出境货物	Inbound and Outbound Goods in Bonded Supervision Places	6679	6055	13972	473614	75374
其 他	Others	51107	66897	31763	86200	371733

注：2018年-2019年数据单位为万元人民币。(下同)
a)The data unit from 2018 to 2019 is RMB 10000. (same below)

10-3 续表 Continued

单位：万美元 (USD 10000)

类 别	Category	出口总额 Total Exports				
		2015	2016	2017	2018	2019
总 额	**Total**	**803072**	**504386**	**525751**	**2939826**	**3493875**
一般贸易	Ordinary Trade	432750	224766	209731	1580638	1995715
国家间、国际组织无偿援助和赠送的物资	Donation of Countries and International		5		1869	6064
进出口捐赠物资	Others Donation of Overseas Chinese	1				
来料加工	Processing and Assembling with Customer's Materials	46584	39619	19076	47417	29907
进料加工	Processing and Assembling with Import Materials	35662	21793	118496	533566	505517
边境小额贸易	Little Amount Trade on the Borders	142431	93022	116074	554429	512219
对外承包工程出口货物	Export Goods of Contracted Projects with Foreign Countries or Territories	101449	72508	45523	213819	192501
保税监管场所进出境货物	Inbound and Outbound Goods in Bonded Supervision Places	1740	96	101	7	65
其 他	Others	42455	52577	16750	8081	248223

10-4 海关分国家(地区)货物进出口总额
Total Value of Imports and Exports by Countries and Territories (Customs Statistics)

单位：万美元 (USD 10000)

国家(地区)	Countries(Territories)	进出口总额 Total Value of Imports and Exports		出口总额 Total Exports		进口总额 Total Imports	
		2018	2019	2018	2019	2018	2019
总　额	**Total**	**17477261**	**18659107**	**2939826**	**3493875**	**14537435**	**15165232**
亚　洲	**Asia**	**2338626**	**2717341**	**1047220**	**1381276**	**1291406**	**1336065**
阿富汗	Afghanistan	21	13	**21**	**13**		
巴　林	Bahrain	3291	5689	3291	5292		397
孟加拉国	Bangladesh	17385	24766	17385	24766		
文　莱	Brunei	4854	46	4854	46		
缅　甸	Myanmar	5167	4590	5167	2304		2286
柬埔寨	Cambodia	2450	6001	2348	6001	102	
塞浦路斯	Cyprus	190	714	189	679	1	35
中国香港	Hong Kong, China	60890	205877	59386	205330	1503	547
印　度	India	175223	139622	161914	126361	13309	13261
印度尼西亚	Indonesia	82642	83317	41172	60328	41470	22989
伊　朗	Iran	18107	27133	18086	23350	21	3783
伊拉克	Iraq	314453	222439	37715	27309	276738	195130
以色列	Israel	16887	42039	5408	7436	11479	34603
日　本	Japan	242170	263186	112860	122629	129310	140557
约　旦	Jordan	1801	2344	1801	2344		
科威特	Kuwait	6883	3699	1246	3699	5637	
老　挝	Lao People's Democratic Republic	6	1240	6	1240		
黎巴嫩	Lebanon	831	1397	831	1397		
中国澳门	Macao, China	138	9	138	9		
马来西亚	Malaysia	41574	46197	17538	26398	24036	19799
马尔代夫	Maldives	547	736	547	736		
蒙　古	Mongolia	96374	62581	20322	33809	76052	28772
尼泊尔	Nepal	31	179	31	179		
阿　曼	Oman	215977	11919	676	2075	215301	9844
巴基斯坦	Pakistan	34782	28665	34607	28057	175	607
菲律宾	Philippines	40838	62403	20496	24124	20342	38279
卡塔尔	Qatar	8524	12738	2651	4054	5872	8684
沙特阿拉伯	Saudi Arabia	364612	649139	4307	46368	360305	602771
新加坡	Singapore	29143	69330	10198	50309	18945	19021
韩　国	Republic of Korea	156616	188823	109413	148309	47203	40514
斯里兰卡	Sri Lanka	2272	3506	2272	3506		
叙利亚	Syria	904	150	904	150		
泰　国	Thailand	31038	49384	23917	35021	7122	14363
土耳其	Turkey	48230	30761	46240	29125	1991	1636
阿拉伯联合酋长国	United Arab Emirates	181933	224843	180589	134406	1345	90437
也门共和国	Arab Republic of Yemen	428	767	428	767		
越　南	Viet Nam	24370	58249	19791	55523	4579	2726
中国台湾	Taiwan China	48757	62576	27140	31795	21617	30780
东帝汶	Democratic Republic of Timor-Leste		18		18		
哈萨克斯坦	Kazakhstan	10569	32187	10241	29835	328	2352
吉尔吉斯斯坦	Kirghizia	1081	12177	1081	12133		44
塔吉克斯坦	Tadzhikistan	624	3520	624	3520		
土库曼斯坦	Turkmenistan	31605	51832	28851	51697	2754	135
乌兹别克斯坦	Uzbekistan	10679	8925	10448	8761	231	163

注：亚洲差额部分为政策性进出口。

a) The part balance of Asian is policy imports and exports.

10-4　续表1 Continued

单位：万美元　　　　(USD 10000)

国家(地区)	Countries(Territories)	进出口总额 Total Value of Imports and Exports		出口总额 Total Exports		进口总额 Total Imports	
		2018	2019	2018	2019	2018	2019
非　洲	**Africa**	**190106**	**197613**	**60131**	**85958**	**129975**	**111655**
阿尔及利亚	Algeria	525	2018	525	2018		
安哥拉	Angola	46586	63867	718	643	45868	63225
贝　宁	Benin	20	49	20	49		
博茨瓦纳	Botswana	301	95	301	95		
布隆迪	Burundi		792		792		
喀麦隆	Cameroon	51	1099	51	1079		19
乍　得	Chad	7583	6607	7583	6607		
刚　果	Congo	47049	1591	22	1591	47027	
吉布提	Djibouti	863	1241	863	1241		
埃　及	Egypt	2502	8520	2396	6675	106	1845
赤道几内亚	Eq. Guinea		1		1		
埃塞俄比亚	Ethiopia	1145	782	344	782	801	
加　蓬	Gabon		590		590		
冈比亚	Gambian	1757	5423	1438	5423	318	
加　纳	Ghana	1275	1397	1275	1397		
几内亚	Guinea	238	309	238	309		
科特迪瓦	Cote Diver	252	289	252	289		
肯尼亚	Kenya	2296	1018	2097	807	199	211
利比里亚	Liberia	60	66	60	66		
利比亚	Libya	86	427	86	427		
马达加斯加	Madagascar	2325	186	155	186	2170	
马拉维	Malawi	2		2			
马　里	Mali	5		5			
毛里塔尼亚	Mauritania	197	1056	197	1056		
毛里求斯	Mauritius	238	264	238	264		
摩洛哥	Morocco	3085	6895	2965	6690	120	205
莫桑比克	Mozambique	8648	6419	5644	573	3004	5846
纳米比亚	Namibia	7	49	1	49	7	
尼日尔	Niger	403	295	128	295	276	
尼日利亚	Nigeria	2696	3182	2178	3182	517	
留尼汪	Reunion	1	61	1	61		
卢旺达	Rwanda	1	1	1	1		
塞内加尔	Senegal	821	963	611	963	210	
塞拉利昂	Sierra Leone	19		10		9	
索马里	Somalia		24		24		
南　非	South Africa	38095	51692	13151	19141	24944	32551
苏　丹	Sudan	7279	11392	5581	11392	1698	
坦桑尼亚	Tanzania	1979	1249	1853	1017	126	232
多　哥	Togo	489	214	333	179	156	35
突尼斯	Tunisia	2475	6477	507	288	1968	6189
乌干达	Uganda	488	1381	35	85	452	1296
布基纳法索	Burkina Faso	88	168	88	168		
刚果(金)	Congo	205	372	205	372		
赞比亚	Zambia	1875	478	1875	478		
津巴布韦	Zimbabwe	295	216	295	216		
梅利利亚	Melilla		17		17		
莱索托	Lesotho	221		221			
南苏丹共和国	The Republic of South Sudan	5580	8365	5580	8365		

10-4 续表2 Continued

单位：万美元 (USD 10000)

国家(地区)	Countries(Territories)	进出口总额 Total Value of Imports and Exports		出口总额 Total Exports		进口总额 Total Imports	
		2018	2019	2018	2019	2018	2019
欧 洲	**Europe**	**13429942**	**13953988**	**1349813**	**1621201**	**12080129**	**12332787**
比利时	Belgium	132148	59769	111743	42359	20405	17411
丹 麦	Denmark	49448	39867	29680	31639	19768	8227
英 国	United Kingdom	153769	86808	66045	63077	87725	23731
德 国	Germany	183271	270778	94325	131196	88946	139582
法 国	France	97118	147576	21218	25107	75899	122470
爱尔兰	Ireland	11977	6176	9601	1286	2377	4890
意大利	Italy	67197	57238	24200	26134	42997	31105
卢森堡	Luxemburg	614	18	184	2	430	16
荷 兰	Netherlands	62890	79037	50171	61947	12719	17090
希 腊	Greece	2288	17009	2261	17009	28	
葡萄牙	Portugal	9442	12080	6764	8913	2678	3167
西班牙	Spain	113166	117458	67894	79269	45272	38188
阿尔巴尼亚	Albania	2308	213	2308	213		
奥地利	Austria	40737	34554	1654	4242	39082	30312
保加利亚	Bulgaria	1786	3909	1112	1577	673	2332
芬 兰	Finland	20265	19007	6111	7829	14154	11178
匈牙利	Hungary	22046	15501	1805	1946	20242	13555
冰 岛	Iceland	77	96	77	96		
马耳他	Malta	25	396	14	168	11	228
摩纳哥	Monaco						
挪 威	Norway	12082	12771	6659	8107	5422	4664
波 兰	Poland	42912	39801	27494	27554	15418	12248
罗马尼亚	Romania	8994	7203	5445	4195	3549	3009
瑞 典	Sweden	89707	117066	9165	31450	80542	85616
瑞 士	Switzerland	12122	11246	684	1650	11437	9596
爱沙尼亚	Estonia	477	709	251	262	226	447
拉脱维亚	Latvia	3403	3814	1317	855	2086	2959
立陶宛	Lithuania	2327	5586	2088	5251	239	335
格鲁吉亚	Georgia	481	1035	173	614	308	421
亚美尼亚	Armenia	171	440	93	196	78	244
阿塞拜疆	Azerbaijan	10582	2406	10349	2406	233	
白俄罗斯	Byelorussia	1800	3486	244	1966	1556	1521
摩尔多瓦	Moldova	502	480	274	292	227	188
俄罗斯联邦	Russia	12205935	12706774	745525	999911	11460410	11706863
乌克兰	Ukraine	28369	27374	25952	16228	2416	11146
斯洛文尼亚共和国	Republic of Slovenia	14291	13178	13886	11367	405	1810
克罗地亚共和国	Republic of Croatia	1332	1095	788	1082	544	13
捷克共和国	Republic of Czech	15142	22933	1867	2908	13275	20025
斯洛伐克共和国	Republic of Slovakia	4765	6108	160	525	4606	5583
北马其顿	Macedonia		196		9		187
波斯尼亚--黑塞哥维那	Bosnia and Herzegovina	363	216	29	56	333	161
塞尔维亚	Serbia	3424	2471	179	199	3245	2272

10-4 续表3 Continued

单位：万美元 (USD 10000)

国家(地区)	Countries(Territories)	进出口总额 Total Value of Imports and Exports		出口总额 Total Exports		进口总额 Total Imports	
		2018	2019	2018	2019	2018	2019
拉丁美洲	**Latin America**	**430086**	**744931**	**105416**	**114461**	**324671**	**630470**
安提瓜和巴布达	Antigua and Barbuda		14		14		
阿根廷	Argentina	4936	16104	3248	3372	1688	12732
阿鲁巴岛	Aruba Island		1		1		
巴哈马	Bahamas	14	3	14	3		
巴巴多斯	Barbados	3	220	3	220		
伯利兹	Belize	38	49	38	49		
多民族玻利维亚国	Bolivia	54	167	54	167		
巴　西	Brazil	315316	526753	23562	26176	291754	500576
智　利	Chile	29152	62710	15526	11256	13626	51454
哥伦比亚	Colombia	9389	10078	8666	5373	724	4705
哥斯达黎加	Costa Rica	2180	1192	1771	1192	409	
古　巴	Cuba	2	10	2	10		
库腊索岛	Curacao	14	9	14	9		
多米尼加共和国	Dominican Republic	640	1670	584	1452	56	219
厄瓜多尔	Ecuador	3997	2551	3766	2248	231	303
法属圭亚那	French Guiana	51		51			
危地马拉	Guatemala	800	1966	800	1966		
圭亚那	Guyana	70	12	70	12		
海　地	Haiti	41	537	41	537		
洪都拉斯	Honduras	1920	1648	1920	1648		
牙买加	Jamaica	299	835	299	835		
墨西哥	Mexico	18140	43506	16533	39642	1607	3863
尼加拉瓜	Nicaragua	15	456	15	456		
巴拿马	Panama	923	1098	923	1098		
巴拉圭	Paraguay	1606	1701	1606	1701		
秘　鲁	Peru	20922	38608	20894	10796	27	27813
波多黎各	Puerto Rico	1429	458	1429	457		1
萨尔瓦多	El Salvador	1200	1363	1198	1363	1	
苏里南	Surinam	2	43	2	43		
特立尼达和多巴哥	Trinidad and Tobago	210	507	210	507		
乌拉圭	Uruguay	15859	30426	1313	1622	14546	28804
委内瑞拉	Venezuela	866	206	866	206		
北美洲	**North America**	**612223**	**475189**	**305408**	**226353**	**306816**	**248836**
加拿大	Canada	100003	79064	49557	46021	50446	33043
美　国	United States	512220	396027	255850	180332	256370	215695
大洋洲	**Oceania**	**475689**	**554446**	**71839**	**64625**	**403850**	**489821**
澳大利亚	Australia	253140	288713	68574	60698	184567	228014
斐　济	Fiji	133	113	133	113		
新喀里多尼亚	New Caledonia	160	69	160	69		
瓦努阿图	Vanuatu		1		1		
新西兰	New Zealand	222197	265237	2914	3430	219283	261807
巴布亚新几内亚	Papua New Guinea	23	257	23	257		
所罗门群岛	Solomon Islands		4		4		
汤　加	Tonga	26	26	26	26		
基里巴斯	Kiribati	9	8	9	8		

10-5 海关主要商品出口数量和金额

Main Export Goods in Volume and Value(Customs Statistics)

品名	Item	数量 Volume		金额(万元) Value (USD 10000)	
		2018	2019	2018	2019
肉及杂碎(吨)	Meat and Offal (ton)	4824	1704	41083	13762
猪肉(吨)	Pork(ton)				
水海产品(吨)	Aquatic Products(ton)	403	53	2307	300
谷物及谷物粉(万吨)	Cereals and Cereals Flour(10000 tons)	2	2	7379	10342
#稻谷和大米	#Paddy and Rice	2	2	7215	10245
蔬菜(万吨)	Vegetables(10000 tons)	24	26	138572	148282
鲜、干水果及坚果(万吨)	Fruits and Nuts(10000 tons)	11	8	95959	74583
食用油籽(万吨)	Seeds of Edible Oil(10000 tons)	2	2	10542	9185
食用植物油(吨)	Edible Vegetable Oil(ton)	250	397	494	648
烘焙花生(吨)	Baked Peanuts(ton)	243	293	266	320
辣椒干(吨)	Dried Capsicum(ton)	20	35	28	47
番茄酱(吨)	Ketchup(ton)	18	20	23	28
蘑菇罐头(吨)	Canned Mushroom(ton)	2134	1459	7559	4483
啤酒(万升)	Beer(10000 liters)	769	920	3349	4361
肠衣(吨)	Casings(ton)	4824	1563	41083	13614
填充用羽毛、羽绒(吨)	Feathers and Dawn for Stuffing(ton)	6	15	277	389
中药材及中式成药(吨)	Medical Materials(ton)	425	344	4913	4301
烤烟(吨)	Flue-cured Tobacco(ton)	1258	6156	2728	13571
肥料 (吨)	Chemical Fertilizers, Manufactured (Actual Weight)(ton)	279968	199701	63701	43698
锯材(立方米)	Wood Sawn(cu.m)	8494	14169	3196	5921
胶合板及类似多层板(立方米)	Plywood and Similar Products(cu.m)	35213	32506	28042	28931
印刷品(吨)	Printed Matter(ton)	783	315	2606	1378
生丝(吨)	Raw Silk(ton)	1	1	50	60
黏土及其他耐火矿物(吨)	Clay and Other Fire-resistant Mineral(ton)	2514	4882	1301	1730
煤及褐煤(吨)	Coal and Lignite(ton)				
成品油(吨)	Refined Oil(ton)	1	12	4	34
石蜡(吨)	Paraffin Wax(ton)	11996	21541	8305	13279
医药品(吨)	Medical and Pharmaceutical Products(ton)	970	874	18415	21254
新的充气橡胶轮胎(万条)	Rubber Tyres (10000 units)	44	33	8351	6043
家用或装饰用木制品(吨)	Wood for Household Use or Decorate(ton)	18092	16409	24565	17373
纸及纸板(吨)	Paper and Paperboard(ton)	9662	11658	10011	14328
纺织纱线、织物及制品	Yarns, Fabrics and Products			136550	134808
棉纱线(吨)	Cotton Yarn(ton)	722	419	583	304
毛纺机织物	Wool Textile				12
棉机织物(万米)	Cotton Textile(10000 meters)			742	959
亚麻及苎麻机织物(万米)	Textile of Flax and Ramee(10000 meters)	3052	3054	51609	57407
地　毯(万平方米)	Carpets(10000 sq.m)	18	43	588	1240
塑料编织袋(万条)	Bags of PP or PE Strip(10000 items)	39716	34431	29525	19759
水泥及水泥熟料(吨)	Cement and Cement Clinker(ton)	700	5903	25	389
花岗岩石材及制品(吨)	Granite Material and Products(ton)	4968	11639	1334	4498
平板玻璃(万平方米)	Plate Glass(10000 sq.m)	80	125	1358	3029
玻璃制品(吨)	Glass Products(ton)	1184	1929	2068	4070
钢材(吨)	Rolled Steel(ton)	184899	224367	110004	127751
未锻轧的铜及铜材(吨)	Unwrought Copper and Copper(ton)	28	38	211	262
未锻轧的铝及铝材(吨)	Unwrought Aluminum and Aluminous Material(ton)	10957	9508	21291	17916
钢铁或铜制标准紧固件(吨)	Iron and Steel Nails, Bolts, etc.(ton)	849	2937	2184	4452
不锈钢厨具、餐具等家用器皿(吨)	Household Utensils Made of Stainless Steel(ton)	78	235	162	1416

10-5 续表 Continued

品 名	Item	数 量 Volume		金额(万美元) Value (USD 10000)	
		2018	2019	2018	2019
餐桌、厨房及其他家用搪瓷(吨)	Enamelware(Table, Kitchen, etc.)(ton)	19	26	112	132
手用或机用工具(吨)	Hand Tools and Tools for Machines(ton)	1671	1763	11276	13187
电扇(万台)	Fans(10000 sets)	6	7	2189	2445
纺织机械及零件	Textile Machinery			426	1143
电子计算器(万台)	Electric Calculator(10000 sets)	9	1	148	24
自动数据处理设备及其部件(万台)	ADP Equipment's (10000 units)	10	18	3399	3675
自动数据处理设备的零件(吨)	Hardware's of ADP Equipment's (ton)	9	25	158	254
轴承(万套)	Axletrees(10000 units)	442	425	5466	4380
电动机及发电机(万台)	Electric Motors and Generators (10000 sets)	4	29	5220	6016
静止式变流器(万个)	Static Converters(10000 units)	167	85	16335	20337
蓄电池(万个)	Electric Accumulators(10000 units)	88	137	82987	51211
扬声器(万个)	Loudspeakers(10000 units)	19	14	1184	1658
录、放像机(万台)	Video Tape Recorders(10000 sets)	1	4	539	1017
声音录制或重放设备(万台)	Sound Recording Apparatus(10000 sets)	1	2	35	234
收音设备(万台)	Radio Equipment(10000 sets)	4	2	252	254
录放音、像机及唱机的零附件(吨)	Parts of Tape Recorders and Phonograph(ton)			13	61
印刷电路(万块)	Printed Circuits(10000 sets)	437	164	1091	489
通断保护电路装置及零件(吨)	Electrical Apparatus for Switching or Protecting Electrical Circuits(ton)			20253	20219
二极管及类似半导体器件(万个)	Diodes and Hardware's Resembled Semiconductors(10000 units)	351	445	1262	548
集成电路(万个)	Integrated Circuits(10000 sets)	2766	3150	2189	2442
电线和电缆(吨)	Electrical wires and Cables(ton)	3224	3053	54664	105009
汽车(包括整套散件)(辆)	Vehicles (including complete Spare Parts)(cars)	14040	10218	284435	250221
汽车零件	Parts of Motor Vehicles			41430	44943
摩托车及自行车的零件	Parts of Motorcycles and Bicycles			4534	4033
手表(万只)	Wrist Watches(10000 units)	1	7	96	96
医疗仪器及器械	Medical Instruments and Appliances			866	755
日用钟(万只)	Clocks(10000 units)	45	54	1240	1772
家具及其零件	Furniture			90088	88132
床垫、寝具及类似品	Mattresses, Bed clothing and Similar Articles			3344	2690
灯具、照明装置及类似品	Lamps and Lanterns, Lighting Sets and Similar Articles			17881	27776
箱包及类似容器(吨)	Bags and similar containers		4877	12019	24805
服装及衣着附件	Garments and Affix of Clothing			74675	94047
#织物制服装	#Knitted and Crocheted Garments			51388	76890
皮革服装(万件)	Leather Garments(10000 pairs)	3	1	154	86
裘皮服装(吨)	Furry Garments(ton)	12		1590	317
皮革手套(万双)	Leather Gloves(10000 pairs)	88	112	161	1010
织物制手套(万双)	Knitted and Crocheted Gloves(10000 pairs)	1082	587	3769	1541
织物制袜子(万双)	Knitted and Crocheted Stockings(10000 pairs)	2685	2142	11129	4387
帽类(万个)	Headgear(10000 units)	169	3045	2062	1713
鞋类(吨)	Footwear		19203	145313	102892
#鞋(万双)	#Shoes(10000 pairs)	2265	2015	122978	90833
塑料制品(吨)	Plastic Articles(ton)	9096	9346	20287	29964
玩具	Toys			13174	31915
游戏机及零件(吨)	Game Machines and Parts(ton)	9	4	23	108
圣诞用品(吨)	Articles for Christmas Day(ton)	953	1030	4561	4299
足球、篮球、排球(万个)	Footballs, Basketballs and Volleyballs(10000 units)	57	83	1503	1835
伞(万把)	Umbrellas (10000 units)	24	27	1647	1606
柳编结品(吨)	Wickerwork(ton)	165	117	408	264
农产品	Farm Produce			605009	617057
机电产品	Mechanical and Electrical Products			1249781	1468014
高新技术产品	High and New-tech Products			178890	311110

10-6 海关主要商品进口数量和金额

Main Import Goods in Volume and Value(Customs Statistics)

品 名	Item	数 量 Volume		金额(万元) Value (USD 10000)	
		2018	2019	2018	2019
冻鱼(吨)	Frozen Fishes (ton)	2192	2255	2537	2953
鲜、干水果及坚果(吨)	Fresh, Dried Fruit and Nuts (ton)	2251	2751	5189	10832
粮食(万吨)	Grain(10000 tons)	171	237	402788	585477
谷物及谷物粉(吨)	Cereals and Cereal Powder (ton)	109066	73966	15258	11409
大豆(吨)	Soybean (ton)	1602347	2297826	386880	573691
酒类(万升)	Alcohol (10000 liters)	3046	3349	17555	19626
啤酒(万升)	Beer (10000 liters)	2873	3142	13180	14844
葡萄酒(万升)	Wine (10000 liters)	129	113	3344	2827
天然橡胶(包括胶乳)(吨)	Caoutchouc (ton)	827	504	791	497
合成橡胶(包括胶乳)(吨)	Synthetic Rubber (ton)	26171	15615	28560	17231
原木(万立方米)	Logs (10000 cu.m)	629	518	528401	451503
锯材(万立方米)	Wood Sawn (10000 cu.m)	354	352	487430	487860
纸浆(吨)	Paper Pulp (ton)	434245	343230	231325	144866
铁矿砂及其精矿(万吨)	Iron Ore and Concentrates (10000 tons)	459	650	198739	396909
煤及褐煤(万吨)	Coal and Lignite(10000 tons)	990	1110	462434	469881
原油(万吨)	Crude Oil (10000 tons)	2952	3246	10501198	10682509
成品油(万吨)	Petroleum Products Refined (10000 tons)	1	1	5975	5390
医药品(吨)	Pharmaceutical Products (ton)	19	22	531	617
肥料(万吨)	Manufactured Fertilizers (10000 tons)	48	30	74583	54461
聚合物油漆及清漆(吨)	Polymer Paint or Varnish (ton)	722	652	1710	1585
初级形状的塑料(吨)	Plastic in Primary Form (ton)	7717	1573	7228	1430
纸及纸板(吨)	Paper and Paperboard (ton)	36040	27563	19074	15145
涂布纸(吨)	Coated paper (ton)	219	186	728	549
棉机织物	Cotton Textiles			40	25
合成纤维长丝机织物(万米)	Synthetic Fibers Silk Knit Goods (10000 meters)	97	99	1675	1607
服装及衣着附件	Apparel and Clothing Accessories			867	950
玻璃纤维及其制品(吨)	Fiberglass (ton)	4	3	58	255
钢材(吨)	Rolled Steel (ton)	9994	17253	34257	32884
钢铁制标准坚固件(吨)	Steely Nails, Bolts, etc. (ton)	840	665	6294	5494
未锻轧的铜及铜材(吨)	Unwrought Copper and Copper(ton)	465	352	4688	1598
铜材(吨)	Rolled Copper (ton)	465	80	4688	992

10-6 续表 Continued

品 名	Item	数 量 Volume		金额(万元) Value (USD 10000)	
		2018	2019	2018	2019
未锻轧的铝及铝材(吨)	Unwrought Aluminum and Aluminum(ton)	134	144	623	683
铝材(吨)	Aluminum(ton)	134	144	623	683
钢铁或铝制结构及其部件(吨)	Steel and Aluminum Structure or Parts(ton)	14	52	83	141
活塞式内燃机的零件(吨)	Parts of Gas Engine with Piston (ton)	215	99	4516	2448
液泵及液体提升机(台)	Liquid Pumps and Machines with Liquid Exaltation(set)	16670	21301	25425	21014
非家用型水的过滤、净化机(台)	Depurative Machineries or Filters for Water (set)	409	1552	152	147
机械提升搬运设备及零件	Portage, Load and Unload Equipment and Accessories with Machine Exaltation			885	4607
建筑及采矿用机械及零件	Construction and Mining Machinery and Parts			483	1577
食品加工机械及零件	Food Processing Machinery and Parts			1710	2531
制造纸及制品用机械及零件	Paper and Related Products Manufacturing Machinery and Parts			1617	848
印刷、装订机械及零件	Printing, Bookbinding Machinery and Parts			683	1243
纺织机械及零件	Textile Machinery and Parts			1150	1697
金属加工机床(台)	Machine Tools for Processing Metals(set)	67	78	11173	17120
金属轧机及零件	Metal Rolling Mill and Accessories			372	391
橡胶或塑料加工机械及零件	Rubber or Plastic Processing Machinery and Parts			1973	851
型模及金属铸造用型箱(吨)	Models and Patterns(ton)			2796	1748
阀门(万套)	Valves(10000 sets)	118	23	36239	27233
自动数据处理设备及其部件(台)	ADP Equipment(set)	176	83	261	562
电动机及发电机(台)	Electric Motors and Generators(set)	5364	3142	3323	1328
变压、整流、电感器及零件	Transformers, Rectifiers, Inductances and Accessories			6493	10349
无线电导航雷达及遥控设备(台)	Radio Navigation Radar and Remote Control Equipment(set)	107874	107491	16969	16918
电容器(吨)	Capacitors(ton)	4	14	127	360
电阻器(吨)	Resistors(ton)	2	1	83	75
印刷电路(块)	Printed Circuit(unit)	24321660	561346	248	47
通断保护电路装置及零件(吨)	On-off Protection Circuit Devices and Components(ton)			9104	10736
二极管及类似半导体器件(万个)	Diode and Similar Semiconductor Devices(10000 units)	39	144	1891	2342
集成电路(万个)	Integrated Circuit(10000 units)	85	105	4354	4603
电缆和电线(吨)	Electrical wires and Cables(ton)	55	55	2191	3373
汽车(包括整套散件)(辆)	Vehicles (including the package parts)(car)	83	36	5322	2227
汽车零件	Parts of Motor Vehicles			222979	193637
航空器零件(吨)	Parts of Aircraft(ton)	74	81	14406	17024
医疗仪器及器械	Medical Instruments and Equipment			15032	26315
计量检测分析自控仪器具	Detection and Analysis of the Measurement Apparatus with Automatic Control			65901	61035
塑料制品(吨)	Plastic Articles(ton)	377	374	3130	3011
农产品	Farm Produce			910432	1212237
机电产品	Mechanical and Electrical Products			722505	721576
高新技术产品	High and New-tech Products			158277	208065

10-7 分地区进出口总额
Total Value of Import and Export by Region

单位：万元 (10000 yuam)

地区	Region	进出口总额 Total Value of Imports and Exports		出口总额 Total Exports		进口总额 Total Imports		进出口差额 Balance	
		2018	2019	2018	2019	2018	2019	2018	2019
全省	**Total**	**17477261**	**18659107**	**2939826**	**3493875**	**14537435**	**15165232**	**-11597609**	**26762841**
哈尔滨	Haerbin	2045771	2482572	983836	1165489	1061935	1317083	-78099	1395181
齐齐哈尔	Qiqihar	259831	426193	205178	299057	54653	127136	150525	-23389
鸡西	Jixi	172006	220410	132601	188889	39405	31521	93196	-61675
鹤岗	Hegang	75801	187603	5654	6538	70146	181065	-64492	245557
双鸭山	Shuangyashan	102120	139645	36416	84960	65705	54685	-29289	83974
大庆	Daqing	9751907	10371871	392912	415918	9358995	9955953	-8966082	18922036
伊春	Yichun	52550	37392	44227	27357	8323	10035	35904	-25869
佳木斯	Jiamusi	429667	547682	157887	212776	271779	334905	-113892	448797
七台河	Qitaihe	4881	8787	1398	1596	3483	7191	-2086	9276
牡丹江	Mudanjiang	3760003	3412350	728114	821461	3031889	2590889	-2303775	4894665
黑河	Heihe	444745	386505	115887	136662	328858	249843	-212971	462814
绥化	Suihua	354208	416565	117932	115837	236276	300728	-118344	419072
大兴安岭	Daxinganling	23770	20844	17783	16684	5987	4160	11795	-7636

10-8 分地区外商直接投资情况
Foreign Direct Investment Actually Utilized by Region

地区	Region	项目(个) Number of Projects(unit)			合同外资(万美元) Contract Value (USD 10000)			实际使用额(万美元) Used Value (USD 10000)		
		2017	2018	2019	2017	2018	2019	2017	2018	2019
全省	**Total**	**103**	**126**	**158**	**969041**	**817915**	**202683**	**583643**	**587026**	**54324**
哈尔滨	Harbin	52	76	84	374644	433335	90719	344218	365310	33953
齐齐哈尔	Qiqihar	6	6	9	64265	97508	71454	50859	53679	11139
鸡西	Jixi	4	1	4	19538	16558	2210	15733	16520	50
鹤岗	Hegang	1		2	3732	101	5527	3730	101	145
双鸭山	Shuangyashan	1	3	2	3327	2857	256	3182	3347	
大庆	Daqing	4	8	11	42515	66156	8849	37596	39551	7225
伊春	Yichun		1	1	4714	922	649	500	587	
佳木斯	Jiamusi	4	2	9	29656	3676	510	26999	3592	98
七台河	Qitaihe		1	1	262	882	6	262	511	
牡丹江	Mudanjiang	14	18	24	67908	147179	20210	57352	60589	636
黑河	Heihe	10	8	5	12951	14609	34	12650	13537	302
绥化	Suihua	6	2	5	345304	34021	2229	30457	29591	759
大兴安岭	Daxinganling	1		1	225	111	30	105	111	18

10-9　利用外资概况

Utilization of Foreign Capital

单位：个、万美元　　　　(unit, USD 10000)

年份 Year	总计 Total			对外借款 Foreign Loans		
	项目 Number of Projects	合同金额 Contracted Value	实际使用额 Used Value	项目 Number of Projects	合同金额 Contracted Value	实际使用额 Used Value
1984	21	2505	8317	3	1288	8000
1985	53	9169	1747	8	4951	249
1986	52	4389	4987	5	2641	2409
1987	46	11291	4558	5	3332	2597
1988	97	15949	9860	11	5328	3553
1989	90	9952	15347	4	861	11050
1990	89	4100	11777	2	788	7102
1991	256	16517	6462	6	3484	4148
1992	928	56177	10516	5	1655	99
1993	1729	123291	29969	13	22317	7007
1994	726	106265	49054	13	47281	14241
1995	868	161269	74994	18	54693	23458
1996	545	77627	78725	12	5988	22034
1997	407	88757	103537	27	30052	30052
1998	278	96398	87009	28	34370	34370
1999	331	122651	111309	18	29414	29414
2000	281	108557	110359	21	27274	27274
2001	269	118800	115114	27	29000	29000
2002	199	141404	123656		29100	29100
2003	258	165283	128772	28	25800	25800
2004	286	197366	144546	6	20907	20907
2005	272	215776	152203	6	18252	7512
2006	251	261030	174901	11	39800	4100
2007	242	295757	216908	2	22800	8400
2008	170	402686	265642	10	66700	10900
2009	169	331852	250900	11	76700	14700
2010	149	307439	275851	2	20329	9700
2011	131	352006	345694			20890
2012	98	390017	399140			9144
2013	86	514829	464231	1	15000	2901
2014	102	614462	515551	4	28135	6760
2015	91	583934	554509	11	15096	9634
2016	117	772249	589647	1	2664	7814
2017	105	975847	585717	2	6806	2074
2018	127	848915	594792	1	31000	7766
2019	158	202683	54324			

10-10 按行业分外商直接投资情况(2019年)
Foreign Direct Investment by Sector(2019)

单位：万美元 (USD 10000)

行业	Sector	项目数(个) Number of Projects (unit)	外商直接投资额 Direct Foreign Investment	#合资经营 Joint Ventures Enterprises	#合作经营 Cooperative Operation Enterprises	#外资企业 Foreign Investment Enterprises	#外资股份制 Share-holding
总计	**Total**	**158**	**54324**	**6321**	**14**	**36607**	**611**
农、林、牧、渔业	Farming, Forestry, Animal Husbandry and Fishery	12	903	18		274	611
采矿业	Mining		10771				
制造业	Manufacturing	26	13462	783		12679	
电力、燃气及水的生产和供应业	Production and Distribution of Electricity, Gas and Water	10	4557	3226		1331	
建筑业	Construction						
交通运输、仓储和邮政业	Traffic, Transport, Storage and Post	5	2545			2545	
信息传输、计算机服务和软件业	Information Transfer, Computer Services and Software	4	65	64		1	
批发零售业	Wholesale and Retail Trade	39	399	28		371	
住宿和餐饮业	Accommodation and Restaurants	3					
金融业	Banking business						
房地产业	Real Estate	5	18529			18529	
租赁和商务服务业	Tenancy and Business Services	16	709	3		706	
科学研究、技术服务和地质勘查业	Scientific Research, Technical Service and Geologic Perambulation	29	176	5	14	157	
水利、环境和公共设施管理业	Management of Water Conservancy, Environment and Public Establishment	2	2111	2111			
居民服务和其他服务业	Resident Services and Other Services	1					
卫生、社会保障和社会福利业	Health, Social Security and Social Welfare	1	84	84			
文化、体育和娱乐业	Culture, Sports and Entertainment	5	14			14	

10-11　按国别(地区)分外商直接投资额(2019年)
Overseas Direct Investment by Country (Territory)(2019)

单位：个、万美元　　　　(unit, USD 10000)

国别(地区)	Country (Territory)	外商直接投资 Direct Foreign Investment		#合资经营 Joint Ventures Enterprises		#合作经营 Cooperative Operation Enterprises		#外资企业 Foreign Investment Enterprises	
		项目 Number of Projects	投资额 Investment	项目 Number of Projects	投资额 Investment	项目 Number of Projects	投资额 Investment	项目 Number of Projects	投资额 Investment
总　计	**Total**	**158**	**54324**	**54**	**6321**	**1**	**14**	**103**	**36607**
亚　洲	**Asia**	**97**	**39170**	**38**	**3650**	**1**	**14**	**58**	**26508**
中国香港	Hong Kong, China	59	19753	20	3492			39	7270
中国澳门	Macao, China								
中国台湾	Taiwan, China	9	438	6	18			3	420
菲律宾	Philippines								
马来西亚	Malaysia								
新加坡	Singapore	6	18065	3				3	18044
蒙　古	Mongolia								
日　本	Japan	6	186	4	82			2	104
韩　国	Korea	14	727	3	58			10	669
非　洲	**Africa**	**3**	**94**	**1**				**2**	
塞舌尔	Seychelles		94						
安哥拉	Angola								
欧　洲	**Europe**	**41**	**551**	**7**	**201**			**34**	**350**
英　国	United Kingdom	2						2	
德　国	Germany	2						2	
法　国	France		23						23
意大利	Italy	1	31		31			1	
比利时	Belgium		289						289
丹　麦	Denmark								
卢森堡	Luxembourg								
荷　兰	Holland								
瑞　典	Sweden								
瑞　士	Switzerland		145		145				
俄罗斯	Russia	31	63	5	25			26	38
拉丁美洲	**Latin America**	**6**	**2818**	**3**				**3**	**1000**
开曼群岛	Cayman Islands	1						1	
维尔京群岛	Virgin Is.	4	1818	3				1	
北美洲	**North America**	**8**	**8**	**7**	**5**			**1**	**3**
加拿大	Canada	3	5	3	5				
美　国	United States	5	3	4				1	
大洋洲	**Oceania**	**2**	**477**					**2**	**5**
澳大利亚	Australia	2	44					2	
新西兰	New Zealand								
萨摩亚	Samoa		433						5
投资性公司投资	**Investment Company**	**6**	**11206**	**1**	**2465**			**5**	**8741**

10-12 外商投资企业户数和投资额(2019年)
Number of Enterprise and Investment of Foreign-Funded Enterprises(2019)

单位：户、万美元 (unit,USD 10000)

项 目	Item	户数 Number of Enterprise	投资总额 Total Investment	注册资本 Registered Capital	#外方 Foreign
全 省	**Total**	**5296**	**4604610**	**2876439**	**1919538**
按企业类别分组	**Grouped by Status**				
中外合资	Equity Joint Venture	618	2558340	1547607	686278
中外合作(法人)	Contractual Joint Venture	66	292924	121473	87278
外资企业	Foreign Companies	1010	1637799	1101806	1101806
外商投资股份有限公司	Foreign Investment Co., Ltd.	19	115537	105549	44173
其他外商投资企业	Other Foreign-invested Enterprises	8	10	4	2
外商投资企业分支机构	Branches of Foreign-invested Enterprises	3575			
按行业分组	**Grouped by Sector**				
农林牧渔业	Agriculture, Forestry, Animal Husbandry and Fishery	83	463729	424804	390818
采矿业	Mining	8	8343	6230	5942
制造业	Manufacturing	661	1331697	799766	595693
电力、燃气及水的生产和供应业	Production and Supply of Electricity, Gas and Water	101	369236	140026	87796
建筑业	Construction	51	13538	10443	8739
交通运输、仓储和邮政业	Transport, Storage and Post	51	46985	26015	22952
信息传输、计算机服务和软件业	Information Transmission, Computer Services and Software	1668	11197	8780	5480
批发和零售业	Wholesale and Retail Trades	1113	483895	446457	179988
住宿和餐饮业	Hotels and Catering Services	464	73685	31293	23949
金融业	Financial Intermediation	157	234560	93268	15591
房地产业	Real Estate	80	197747	108824	96443
租赁和商务服务业	Leasing and Business Services	465	576928	237824	146074
科学研究和技术服务业	Scientific Research, Technical Services and Geologic Prospecting	210	629085	422699	251886
水利、环境和公共设施管理业	Management of Water Conservancy, Environment and Public Facilities	16	13298	7676	7292
居民服务和其他服务业	Services to Households and Other Services	47	5448	5189	3759
教 育	Education	1			
卫生、社会保障和社会福利业	Health, Social Security and Social Welfare	8	17835	10424	8341
文化、体育和娱乐业	Culture, Sports and Entertainment	46	40122	19588	19133
其 他	Others	66	87281	77134	49661

主要统计指标解释

货物进出口总额 指实际进出我国国境的货物总金额。包括对外贸易实际进出口货物，来料加工装配进出口货物，国家间、联合国及国际组织无偿援助物资和赠送品，华侨、港澳台同胞和外籍华人捐赠品，租赁期满归承租人所有的租赁货物，进料加工进出口货物，边境地方贸易及边境地区小额贸易进出口货物，中外合资企业、中外合作经营企业、外商独资经营企业进出口货物和公用物品，到、离岸价格在规定限额以上的进出口货样和广告品(无商业价值、无使用价值和免费提供出口的除外)，从保税仓库提取在中国境内销售的进口货物，以及其他进出口货物。该指标可以观察一个国家在对外贸易方面的总规模。我国规定出口货物按离岸价格统计，进口货物按到岸价格统计。

商品收发货人所在地进、出口额 指按进出口企业注册登记地进行分组汇总的进、出口额。

商品目的地进口额和商品货源地出口额 目的地进口额指进口货物的消费、使用或最终抵运地的实际进口额;货源地出口额指出口货物的产地或原始发货地的实际出口额。

服务进出口 指常住单位与非常住单位之间相互提供的服务。包括运输，旅行，建筑，保险服务，金融服务，电信、计算机和信息服务，知识产权使用费，个人、文化和娱乐服务，维护和维修服务，加工服务，其他商业服务，政府服务。

外商直接投资 是指外国投资者在我国境内通过设立外商投资企业、合伙企业、与中方投资者共同进行石油资源的合作勘探开发以及设立外国公司分支机构等方式进行投资。外国投资者可以用现金、实物、无形资产、股权等投资，还可以用从外商投资企业获得的利润进行再投资。

外商其他投资 指除对外借款和外商直接投资以外的各种利用外资的形式。包括企业在境内外股票市场公开发行的以外币计价的股票发行价总额，国际租赁进口设备的应付款，补偿贸易中外商提供的进口设备、技术、物料的价款，加工装配贸易中外商提供的进口设备、物料的价款。

对外直接投资 是境内投资者以控制国（境）外企业的经营管理权为核心的经济活动，体现在一经济体通过投资于另一经济体而实现其持久利益的目标。

对外承包工程 根据《对外承包工程管理条例》，对外承包工程是指中国的企业或者其他单位承包境外建设工程项目的活动。

对外劳务合作 指组织劳务人员赴其他国家或地区为国外的企业或机构工作的经营性活动。

Explanatory Notes on Main Statistical Indicators

Total Import and Export of Goods refer to the real value of commodities imported and exported across the border of China. They include the actual imports and exports through foreign trade, imported and exported goods under the processing and assembling trades and materials, supplies and gifts as aid given gratis between governments and by the United Nations and other international organizations, and contributions donated by overseas Chinese, compatriots in Hong Kong and Macao and Chinese with foreign citizenship, leasing commodities owned by tenant at the expiration of leasing period, the imported and exported commodities processed with imported materials, commodities trading in border areas, the imported and exported commodities and articles for public use of the Sino-foreign joint ventures, cooperative enterprises and ventures with sole foreign investment. Also included is import or export of samples and advertising goods for which CIF or FOB value are beyond the permitted ceiling (excluding goods of no trading or use value and free commodities for export), imported goods sold in China from bonded warehouses and other imported or exported goods. The indicator of the total imports and exports at customs can be used to observe the total size of external trade in a country. In accordance with the stipulation of the Chinese government, imports are calculated at CIF, while exports are calculated at FOB.

Import or Export by Location of Importers/Exporters The location of importers or exporters refers to the place inside China's customs territory where the importers or exporters are registered..

Import Value of Commodities by Place of Destination and Export Value of Commodities by Place of Origin in China The former indicator refers to the value of import commodities of the places of their consumption, utilization or the places of their final destination. The latter indicator refers to the value of export commodities of the places of their origin or the places of the commodities dispatched.

Import and Export of Services refers to services provided between resident and non-resident units, including transportation, travel, construction, insurance, finance, telecommunications, computer and informations, professional and management consultancy, intellectual property fee, individual, culture and recreation, maintenance and repair, and other services, but excluding government services.

Foreign Direct Investment refers to foreign investment in China through the establishment of foreign invested enterprises, cooperative exploration and development of petroleum resources with domestic investors and the establishment of branch organizations of foreign enterprises. Foreign investment can be made in forms of cash, physical investment, intangible assets and equity, in addition with reinvestment of the foreign enterprises with the profits gained from the investment.

Other Foreign Investment refers to all forms of utilization of foreign capitals other than foreign borrowings and foreign direct investment. It includes the total value of stock shares in foreign currencies issued by enterprises at domestic or foreign stock exchanges, rent payable for the imported equipment through international leasing arrangement, cost of imported equipment, technology and materials provided by foreign counterparts in compensation trade and processing and assembly trade.

Overseas Direct Investment refers to investment made by domestic enterprises and organizations (referred to as domestic investors) in foreign countries and Hong Kong SAR, Macao SAR and Taiwan province in forms of cash, physical investment and intangible assets, and the economic activities centring on operation and management of those enterprises are under the control of domestic investors. The content of overseas direct investment mainly reflects one economic entity by investing in another economic entity to achieve its goal of lasting interest.

Overseas Contracted Projects refer to activities of contracting overseas construction projects by Chinese enterprises or any other units, which are stipulated in the *Regulations on Administration of Foreign Contracted Project.*

Overseas Labour Services refer to operational activities of organizing labour force to go abroad providing services to foreign enterprises or agencies.

第十一篇　农业

CHAPTER 11　AGRICULTURE

资料整理：罗华军　赵秋梅　雷　丽
　　　　　李凤艳　于海鹏　刘忠梁

11-1 农业生产条件
Condition for Agricultural Production

项 目	Item	2015	2016	2017	2018	2019
农村基层单位(个)	Basic Unit in Rural(unit)					
乡镇数	Township and Towns	886	886	885	888	902
#镇数	#Towns	512	521	532	541	557
村民委员会	Villagers Committee	9011	8967	8967	8967	9044
化肥施用量(万吨)	Consumption of Chemical Fertilizers (10000 tons)	255.3	252.8	251.2	245.6	223.3
氮 肥	Nitrogenous Fertilizer	88.5	87.1	85.4	83.6	73.0
磷 肥	Phosphate Fertilizer	52.1	50.7	52.6	49.5	44.1
钾 肥	Potash Fertilizer	37.3	36.4	35.6	34.7	30.6
复合肥	Compound Fertilizer	77.5	78.6	77.6	77.9	75.6
农村用电量(亿千瓦时)	Electricity Consumed in Rural Areas (100 million kwh)	72.6	77.5	79.8	82.8	85.6
乡村办水电站(个)	Hydropower Station in Rural Areas (unit)	13	14	13	12	18
装机容量(万千瓦)	Capacity of Power Generating Sets (10000 kw)	1.6	2.2	2.2	1.9	2.2
发电量(万千瓦时)	Generating Capacity (10000 kwh)	4830	5932	5589	6813	6530
农用塑料薄膜使用量(万吨)	Consumption of Agricultural Films (10000 tons)	8.3	8.3	7.9	7.7	7.2
#地膜使用量	#Consumption of Ground Films	3.3	3.3	3.1	2.9	2.5
地膜覆盖面积(千公顷)	Ground Film Covered Areas (1000 hectares)	323.4	306.7	284.7	263.2	268.2
农用柴油使用量(万吨)	Consumption of Agricultural Diesel Oil (10000 tons)	145.0	145.5	146.8	148.4	137.4
农药使用量(万吨)	Consumption of Pesticide (10000 tons)	8.3	8.3	8.3	7.5	6.4
有效灌溉面积(万公顷)	Effective Irrigated Area(10000 hectares)	553.1	595.3	603.1	612.0	617.8
666.7公顷(万亩)以上灌区(处)	Number of Irrigated region 666.7 hectares and over(unit)	386	386	387	387	387
666.7公顷以上灌区	Irrigated Area of Irrigated Region					
有效灌溉面积(万公顷)	Region 666.7 hectares and over(10000 hectares)	91.4	123.4	123.7	148.3	153.4
水库(座)	Number of Reservoirs (unit)	1144	1130	1070	1031	973
大型水库(1亿立方米以上)	Large (above 100 million cu.m)	29	28	28	28	28
中型水库(1千万-1亿立方米)	Medium-sized (10 million-100 million cu.m)	100	97	102	101	98
小型水库(10万-1千万立方米)	Small (100000-10 million cu.m)	1015	1005	940	902	847
水库库容量(亿立方米)	Capacity of Reservoirs (100 million cu.m)	271.4	267.6	268.6	268.4	267.67
大型水库	Large	221.0	221.0	217.7	217.7	217.7
中型水库	Medium-sized	33.0	31.2	35.3	35.2	34.6
小型水库	Small	17.4	16.8	15.6	15.6	15.4
机电井数(万眼)	Number of Electrical and Mechanical Well(10000 unit)	27.0	26.9	27.2	27.8	28.0
易涝面积(万公顷)	Area Liable to Flooding or Water Logging (10000 hectares)	446.6	446.6	446.6	450.8	450.8
除涝面积(万公顷)	Area with Flood Prevention Measures (10000 hectares)	338.5	420.7	339.7	340.0	341.1
占易涝面积比重(%)	Proportion to Flooding or Water Logging(%)	75.8	76.0	76.1	75.4	75.7
水土流失面积(万公顷)	Area of Soil Erosion(10000 hectares)	1085.0	1085.0	1085.0	755.6	755.6
治理水土流失面积(万公顷)	Area of Soil Erosion under Control(10000 hectares)	383.4	421.3	447.7	489.5	489.5
占流失面积比重(%)	Proportion to Area of Soil Erosion (%)	35.3	38.8	41.3	64.8	65.8
堤防长度(公里)	Total Length of Dikes(km)	14347	14514	14733	15208	15321
堤防保护面积(万公顷)	Area of Land Protected by Dikes (10000 hectares)	362.5	383.9	329.5	346.0	349.9

11-2 乡村户数和从业人员
Number of Rural Households and Employed Persons

单位：万人、人 (10000 persons, person)

年份 地区	Year Region	乡村户数（万户、户）Number of Rural Households (10000 households, household)	乡村从业人员 Rural Employees	男 Male	女 Female	#农业从业人员 Agriculture Employees
2005		493.5	950.1	545.1	405.1	696.7
2006		498.3	944.3	541.3	403.0	689.6
2007		493.9	949.4	543.1	406.3	675.1
2008		504.9	966.3	554.0	412.4	678.0
2009		509.5	978.2	557.7	420.5	684.1
2010		509.1	989.4	564.2	425.3	677.5
2011		512.5	989.2	553.4	435.8	677.7
2012		514.1	988.5	552.1	436.4	667.3
2013		517.7	992.8	554.6	438.2	666.7
2014		520.5	982.8	548.9	433.9	647.9
2015		524.5	976.0	545.2	430.8	642.5
2016		521.3	955.3	535.8	419.5	632.5
2017		523.5	930.5	520.6	409.9	619.9
2018		530.8	906.5	507.5	399.0	603.5
2019		545.1	875.4	491.1	384.3	595.4
哈尔滨	Harbin	1405614	2065415	1160392	905023	1347993
齐齐哈尔	Qiqihar	960835	1600615	894473	706142	1117426
鸡西	Jixi	206937	306069	168763	137306	203178
鹤岗	Hegang	67203	106462	61377	45085	85319
双鸭山	Shuangyashan	149591	220144	124372	95772	140907
大庆	Daqing	396489	661101	362751	298350	461022
伊春	Yichun	58919	89020	49030	39990	65646
佳木斯	Jiamusi	419182	671639	384061	287578	503869
七台河	Qitaihe	110154	161435	91670	69765	115974
牡丹江	Mudanjiang	315201	689818	372205	317613	396367
黑河	Heihe	208977	270809	151736	119073	190308
绥化	Suihua	1134297	1887860	1076815	811045	1309576
大兴安岭	Daxinganling	17404	23419	13472	9947	16445

11-3　农、林、牧、渔业总产值和指数

Gross Output Value of Farming,Forestry,Animal Husbandry and Fishery and Related Indices

年　份 Year / 地　区 Region	绝对数(亿元、万元) Gross Output Value of Farming, Forestry, Animal Husbandry and Fishery(100 million yuan, 10000 yuan)					指数(上年=100) Indices (preceding year=100)				
	总产值 Total	#农业 Farming	#林业 Forestry	#牧业 Animal Husbandry	#渔业 Fishery	总产值 Total	#农业 Farming	#林业 Forestry	#牧业 Animal Husbandry	#渔业 Fishery
1978	60.9	51.0	2.6	7.2	0.1	120.2	126.3	81.3	99.0	90.0
1980	85.6	69.6	3.5	12.2	0.3	108.6	110.5	113.6	94.8	119.0
1985	114.3	84.6	7.0	21.5	1.2	92.7	91.1	89.0	110.4	137.3
1990	245.4	183.7	7.6	49.3	4.7	125.1	127.6	101.2	121.1	106.5
1991	244.3	175.0	8.2	55.9	5.2	99.5	93.6	100.7	122.0	110.9
1992	278.0	204.3	10.3	57.1	6.3	105.6	108.6	107.8	95.2	108.8
1993	318.0	235.4	10.2	64.5	7.9	102.2	100.9	98.0	106.5	103.9
1994	509.6	381.5	12.4	106.0	9.7	112.5	109.7	113.8	121.7	115.2
1995	623.6	462.2	14.7	134.3	12.4	106.3	100.7	118.9	125.0	124.1
1996	740.8	558.7	16.8	151.5	13.8	110.6	111.0	110.0	109.3	115.8
1997	772.3	571.1	17.1	168.7	15.4	107.1	107.9	101.9	105.3	111.6
1998	736.3	517.6	17.7	184.5	16.5	100.1	96.1	97.8	109.9	115.7
1999	660.5	459.9	18.3	165.9	16.4	103.0	102.6	107.0	103.0	106.3
2000	625.1	414.4	18.3	175.7	16.8	99.3	95.3	100.0	108.2	103.2
2001	711.0	450.6	15.7	224.6	20.1	106.5	106.5	97.9	109.9	105.0
2002	776.7	487.5	16.2	252.1	20.9	108.1	107.5	102.2	110.5	104.0
2003	903.3	502.9	59.1	294.2	23.1	103.0	96.5	102.5	115.4	106.0
2004	1136.6	620.2	65.8	400.7	25.0	119.3	122.7	111.4	117.7	103.5
2005	1294.4	718.6	67.3	461.2	27.4	110.2	109.0	100.6	115.8	105.6
2006	1391.1	817.5	68.0	448.7	21.1	106.4	106.5	101.0	106.8	108.8
2007	1591.7	873.4	76.7	577.3	19.3	105.7	103.3	104.7	108.3	115.9
2008	2004.1	1051.7	84.5	792.1	21.7	110.5	112.7	106.6	108.0	107.0
2009	2136.8	1136.5	78.0	836.7	28.8	106.3	105.1	99.3	108.6	119.1
2010	2422.2	1320.1	84.9	916.5	34.9	106.5	108.9	108.7	102.7	108.8
2011	3103.0	1778.5	95.1	1214.5	40.7	106.7	110.0	103.4	102.2	112.3
2012	3842.0	2339.8	112.7	1308.6	53.5	105.8	107.5	105.3	103.2	107.8
2013	4560.2	2954.7	146.9	1334.8	60.1	104.8	107.5	105.6	99.2	115.0
2014	4865.8	3193.6	154.6	1338.3	72.3	105.6	107.7	98.9	101.5	111.1
2015	5030.1	3156.9	156.6	1515.2	83.6	106.1	107.3	104.8	103.1	111.4
2016	5202.9	3189.7	163.7	1627.1	92.0	105.5	105.4	108.7	104.7	112.0
2017	5586.6	3471.3	175.2	1701.7	98.0	104.6	104.1	105.7	105.3	107.8
2018	5624.3	3635.0	186.4	1542.4	105.7	103.5	104.5	105.8	100.6	107.4
2019	5930.0	3774.5	193.9	1671.8	123.1	102.5	102.5	105.1	101.7	104.1
哈尔滨 Harbin	1076.5	679.2	32.5	297.1	23.4	102.6	102.5	102.3	101.7	111.0
齐齐哈尔 Qiqihar	658.5	356.4	10.0	272.2	13.0	103.0	101.4	115.6	104.8	102.0
鸡西 Jixi	360.3	275.3	10.4	59.8	9.1	103.4	103.0	107.1	103.8	106.0
鹤岗 Hegang	188.4	120.0	2.5	47.4	2.7	102.1	101.8	101.9	101.3	100.2
双鸭山 Shuangyashan	340.8	260.8	13.5	53.0	4.2	103.1	103.3	105.0	100.8	106.0
大庆 Daqing	448.3	188.6	7.3	226.5	21.0	103.4	101.6	101.3	105.0	103.1
伊春 Yichun	191.0	110.9	33.2	44.6	0.8	103.9	102.9	107.1	104.2	94.9
佳木斯 Jiamusi	632.7	470.6	14.6	124.2	13.7	100.9	100.2	127.9	100.1	104.9
七台河 Qitaihe	66.6	36.1	5.6	18.5	1.0	101.7	100.1	104.2	103.2	104.6
牡丹江 Mudanjiang	324.7	236.2	4.0	67.8	2.9	104.0	104.5	97.1	102.1	89.3
黑河 Heihe	464.9	339.9	34.7	57.2	5.0	103.9	104.0	106.0	99.6	107.1
绥化 Suihua	955.2	534.0	8.1	381.3	25.2	101.4	100.3	98.0	103.2	100.8
大兴安岭 Daxinganling	104.7	53.7	28.9	13.5	0.2	104.7	104.1	104.9	105.5	104.5

注：1.2003年起执行新的国民经济行业分类标准，农林牧渔业新增加了农林牧渔服务业，林业中新增加了林木采伐(下同)。
2.2007-2017年数据是与第三次农业普查衔接后数据。

a) Since 2003, the new category standard of national economy industry is implemented, the relative service industry is newly added to farming, forestry, animal husbandry and fishery, forest-cutting is newly added to forestry .

b) Data from 2007 to 2007 on national accounts have been adjusted according to the results of the third national agricultural census.

11-4 主要农业机械拥有量(年底数)
Major Agricultural Machinery at Year-end

年份 Year 地区 Region	农业机械总动力(万千瓦)(千瓦) Total Power of Agriculture Machinery (10000 kw) (kw)	拖拉机及配套机械							
		小型(22.1千瓦及以下)		中型(22.1-73.5千瓦)		大型及以上(73.5千瓦及以上)		拖拉机配套农具	其中：58.8千瓦及以上拖拉机配套
		万台、台 10000 units, unit	万千瓦、千瓦 10000 kw, kw	万台、台 10000 units, unit	万千瓦、千瓦 10000 kw, kw	万台、台 10000 units, unit	万千瓦、千瓦 10000 kw, kw	万部、部 10000 sets, sets	万部、部 10000 sets, sets
2019	5273.5	102.4	1433.4	44.4	1624.9	4.1	499.9	220.0	32.3
哈尔滨 Harbin	11489600	205313	2224018	114049	3749875	8186	1043781	422549	82910
齐齐哈尔 Qiqihar	8792600	247901	3697639	42609	1658046	8214	1039495	452204	38543
鸡西 Jixi	2826644	44388	664482	24548	905109	1304	144616	143837	5476
鹤岗 Hegang	1254448	11496	181889	12751	507928	1224	138442	50571	6643
双鸭山 Shuangyashan	2163950	34924	562756	23677	928326	1453	172226	96995	5301
大庆 Daqing	3757243	127964	1799939	14105	552597	1757	212882	146894	26175
伊春 Yichun	812000	10330	143321	12566	500887	606	68787	22206	2106
佳木斯 Jiamusi	5883886	85770	1386259	43718	1887111	2957	360667	182768	13026
七台河 Qitaihe	927741	11356	171070	11494	439986	877	97092	22860	3814
牡丹江 Mudanjiang	3211411	52664	706075	57679	1817947	1125	126789	142757	24047
黑河 Heihe	3298092	63363	983601	18951	736257	5381	668584	170258	45461
绥化 Suihua	7795897	124038	1750480	61588	2322564	6768	843474	328070	65868
大兴安岭 Daxinganling	521942	4259	62690	6370	242137	815	82488	18504	3209

11-4 续表 Continued

年份 Year 地区 Region	农用水泵 Pumps	节水灌溉机械 Irrigation Equipment	联合收割机 Combine Harvester		机动脱粒机 Motorized Threshing Machines	
	万台、台 10000 units, unit	台(套) unit	万台、台 10000 units, unit	万千瓦、千瓦 10000 kw, kw	万台、台 10000 units, unit	万千瓦、千瓦 10000 kw, kw
2019	38.1	38023	19.8	600.9	14.8	36.0
哈尔滨 Harbin	82565	13969	43472	686427	41489	59349
齐齐哈尔 Qiqihar	114027	11281	25970	828076	28548	
鸡西 Jixi	17514	559	17999	675063	7191	22202
鹤岗 Hegang	9641	489	5530	250360	949	15366
双鸭山 Shuangyashan	7755	392	6754	271713	2700	11283
大庆 Daqing	38871	3466	13494	305119	16574	27498
伊春 Yichun	3942	411	3514	110370	57	3972
佳木斯 Jiamusi	28159	275	21955	1158034	5579	83558
七台河 Qitaihe	2085	64	3338	106801	1964	7439
牡丹江 Mudanjiang	17459	3101	7952	161053	13453	32715
黑河 Heihe	2997	528	10452	604178	9037	
绥化 Suihua	55038	3415	36534	770830	20456	94973
大兴安岭 Daxinganling	450	73	1290	80585	120	1587

11-5 分地区农用化肥施用量和农村用电量

Consumption of Chemical Fertilizers and Electricity Consumption in Rural Areas by Region

地 区	Region	化肥施用量(实物量，吨) Consumption of Chemical Fertilizers (ton)	化肥施用折纯量(吨) Consumption of Chemical Fertilizers (ton Converting the Gross Weight into Weight Containing 100% Efficacious Component)					农村用电量(万千瓦时) Electricity Consumed in Rural Areas (10000 kwh)
			合 计 Total	氮 肥 Nitrog-enous Fertilizer	磷 肥 Phosphate Fertilizer	钾 肥 Potash Fertilizer	复合肥 Compound Fertilizer	
2010		5138394	2148852	773541	474006	307803	593502	557278
2011		5419483	2284366	819024	490730	340986	633626	701381
2012		5601697	2402818	859790	510504	357068	675456	643269
2013		5789762	2449560	867799	508478	369810	703473	669533
2014		5901989	2519295	889463	524068	378520	727244	695625
2015		5930227	2553071	884584	521106	372702	774679	725812
2016		5879446	2527469	870974	507033	363665	785797	774675
2017		5861176	2511953	854433	525849	356168	775503	797667
2018		5745010	2456410	835561	494820	346814	779216	828042
2019		5293241	2232662	729697	440738	305787	756441	856368
哈尔滨	Harbin	1009414	420284	139605	46670	53219	180790	207128
齐齐哈尔	Qiqihar	875848	311006	108055	55347	37739	109865	99320
鸡 西	Jixi	395429	192982	60311	48983	27470	56218	51511
鹤 岗	Hegang	96622	43765	14118	9884	7339	12424	5765
双鸭山	Shuangyashan	395689	186712	66067	36992	28418	55235	55556
大 庆	Daqing	320736	127272	47280	17909	10165	51918	51730
伊 春	Yichun	73799	26083	5990	6052	5022	9019	8797
佳木斯	Jiamusi	699108	324489	109075	73311	67275	74828	108306
七台河	Qitaihe	86635	38303	17057	9166	8333	3746	16912
牡丹江	Mudanjiang	203752	92392	30180	13087	12996	36129	53580
黑 河	Heihe	272663	130786	30263	35573	15130	49820	23861
绥 化	Suihua	848065	330767	99273	85565	31448	114481	171885
大兴安岭	Daxinganling	15482	7822	2423	2199	1233	1967	2017

11-6 分地区有效灌溉面积、水库和除涝面积
Effective Irrigated Area, Reservoirs and Area with Flood Prevention Measures by Region

地 区	Region	有效灌溉面积(千公顷) Effective Irrigated Area (1000 hectares)	水库数(座) Number of Reservoirs (unit)	水库库容量(万立方米) Capacity of Reservoirs (10000 cu.m)	除涝面积(万公顷) Area with Flood Prevention Measures (10000 hectares)
2010		3875.2	913	1787011	333.5
2011		4332.7	922	1786435	335.0
2012		4776.5	1148	2778967	336.6
2013		5342.1	1144	2713743	337.8
2014		5305.2	1144	2713743	338.2
2015		5530.9	1144	2713743	338.5
2016		5953.4	1130	2675982	420.7
2017		6031.0	1070	2686144	339.7
2018		6119.6	1031	2683999	340.0
2019		6177.6	973	2676697	341.1
哈尔滨	Harbin	806.0	261	233282	33.3
齐齐哈尔	Qiqihar	886.6	100	966237	33.7
鸡西	Jixi	203.9	52	81293	3.5
鹤岗	Hegang	135.1	15	15952	9.0
双鸭山	Shuangyashan	102.5	14	74513	14.9
大庆	Daqing	542.6	15	86930	14.1
伊春	Yichun	61.3	15	20382	2.7
佳木斯	Jiamusi	611.9	29	28045	26.0
七台河	Qitaihe	22.9	18	40248	1.9
牡丹江	Mudanjiang	116.2	53	652860	5.1
黑河	Heihe	92.3	81	249917	9.2
绥化	Suihua	601.8	101	102574	41.6
大兴安岭	Daxinganling	9.3	9	16365	1.1
农场垦局	ARB	1920.3	154	107261	144.8
省监狱管理局	Provincial Bureau of Prisons	27.6			
省森工总局	Longjiang Forestry Group	37.5	56	839	

11-7 主要农作物播种面积
Sown Areas of Major Farm Crops

单位：万公顷、公顷 (10000 hectares, hectare)

年份 地区	Year Region	粮食作物播种面积 Total Sown Areas of Grain crops	谷物 Cereal	#水稻 Rice	#小麦 Wheat	#玉米 Corn	#谷子 Millet	#高粱 Jowar
1980		731.8		21.0	210.5	188.4	76.9	27.1
1981		728.2		22.4	219.0	157.7	76.9	29.5
1982		708.9		23.9	190.4	136.3	72.3	29.0
1983		723.5		24.6	209.6	164.2	74.8	31.4
1984		735.5		27.8	198.0	192.0	63.3	29.3
1985		721.6		39.0	203.8	157.7	49.3	14.5
1986		571.5		50.7	196.9	168.9	41.0	17.5
1987		741.2		58.1	158.7	197.6	30.8	17.3
1988		688.6		55.3	123.9	182.8	24.5	17.2
1989		726.2		60.4	168.2	190.4	21.3	17.5
1990		742.0		67.4	178.1	216.9	17.5	15.9
1991		742.7	507.0	74.7	173.7	223.0	14.0	13.6
1992		734.8	491.3	77.8	161.5	216.6	13.2	14.1
1993		755.8	425.1	73.6	133.7	177.7	12.6	16.6
1994		750.1	433.1	74.8	119.5	196.4	10.8	16.2
1995		750.0	467.6	83.5	111.6	241.1	8.8	13.4
1996		779.6	534.0	110.9	123.7	266.6	7.3	17.1
1997		799.5	529.9	139.7	107.4	254.5	6.7	13.5
1998		808.3	526.8	156.3	95.9	248.6	7.0	11.7
1999		809.9	549.1	161.5	95.3	265.2	7.1	12.4
2000		785.2	427.9	160.6	59.0	180.1	8.2	11.6
2001		795.7	434.9	157.7	38.3	211.0	7.0	11.0
2002		783.3	439.4	157.1	24.5	223.7	7.4	11.6
2003		786.3	381.4	129.5	21.4	203.5	5.6	9.2
2004		821.6	423.3	167.5	24.7	214.2	4.1	6.3
2005		988.9	503.3	185.0	25.9	273.0	4.2	7.9
2006		1052.6	577.2	199.2	24.4	330.5	3.5	7.3
2007		1118.0	667.6	228.8	23.3	405.5	1.0	2.5
2008		1147.4	683.5	262.9	23.8	384.9	2.4	3.4
2009		1212.2	742.1	269.5	29.2	436.2	2.0	3.4
2010		1244.5	823.7	313.9	27.8	475.6	1.6	4.1
2011		1283.1	896.5	343.7	29.6	518.0	1.2	3.3
2012		1321.2	998.1	363.1	20.8	610.1	0.7	2.9
2013		1357.6	1059.6	386.1	13.2	657.1	0.6	2.5
2014		1396.8	1086.4	396.8	14.4	670.8	0.8	3.5
2015		1428.3	1138.4	391.8	7.0	736.1	0.7	2.6
2016		1420.2	1063.5	392.5	7.9	652.8	2.4	4.5
2017		1415.4	1000.6	394.9	10.2	586.3	1.8	5.4
2018		1421.5	1031.2	378.3	10.9	631.8	2.1	5.8
2019		1433.8	980.4	381.3	5.6	587.5	1.1	4.4
哈尔滨	Harbin	1956086.3	1680353.3	559415.6	753.8	1113742.6	2321.9	2835.0
齐齐哈尔	Qiqihar	2393823.9	1607527.6	418386.2	3490.4	1177121.0	360.6	5428.9
鸡西	Jixi	919100.2	787353.1	477861.4	585.6	308167.2	166.4	379.0
鹤岗	Hegang	517500.7	419609.8	295827.1	9.0	123525.3	3.3	245.0
双鸭山	Shuangyashan	969317.8	716556.3	406104.2	233.2	309002.0	57.6	1002.1
大庆	Daqing	698538.0	584000.0	109021.1	962.4	444974.8	9839.2	17395.7
伊春	Yichun	272279.4	97189.1	59240.9	108.4	37711.6	10.0	1.7
佳木斯	Jiamusi	1845818.6	1469250.9	1059153.2	12.3	407914.8	286.0	1884.6
七台河	Qitaihe	209170.0	169095.2	23939.5	172.9	144766.5	120.1	24.1
牡丹江	Mudanjiang	628555.5	377419.6	48538.0	476.0	325671.5	554.6	1742.9
黑河	Heihe	1816144.1	425725.2	16631.8	70379.4	325547.7	77.4	8066.8
绥化	Suihua	1840766.3	1274451.4	329399.0	6786.6	920598.0	6083.8	6362.3
大兴安岭	Daxinganling	173607.8	7090.2	4.0	5333.2	1662.4	90.7	

注：1.2007-2017年数据是与第三次农业普查衔接后数据。
2.表中的粮食作物播种面积为抽样调查结果，由于抽样框不同，全省粮食作物不等于分市县.

a) Data from 2007 to 2017 on national accounts have been adjusted according to the results of the third national agricultural census.

b) The sown area of grain crops in the table is the result of sampling survey. Due to the different sampling frame, the grain crops of the whole province are not equal to the cities and counties .

11-7 续表1 Continued

单位：万公顷、公顷 (10000 hectares, hectare)

年份 Year / 地区 Region	豆类 Soybean	#大豆 Soja	薯类 Tuber	油料 Oil-bearing Crops	#油菜籽 Rapeseeds	#葵花籽 Helianthus	#白瓜籽 Pumpkin Seeds	甜菜 Beetroots
1980	173.6	163.0	23.7	24.4	0.4	19.2		24.3
1981	190.4	180.0	21.9	31.5	0.2	26.7		23.4
1982	224.0	213.6	22.6	26.5	0.7	21.7		24.4
1983	181.1	169.3	26.1	22.5	0.8	19.0		33.7
1984	182.1	179.5	23.5	22.4	0.9	20.7		30.5
1985	226.0	216.7	22.2	39.2	2.0	33.8		29.2
1986	220.7	219.7	20.9	18.3	3.0	13.8		30.6
1987	240.9	240.0	21.4	16.9	5.4	10.6		26.3
1988	244.9	242.9	24.7	16.5	8.1	7.4		42.7
1989	229.1	226.4	23.3	13.4	5.8	6.2		31.4
1990	216.2	207.9	21.8	14.2	6.6	6.5		35.8
1991	215.4	209.4	20.3	13.7	6.5	6.5		41.6
1992	221.2	216.0	22.3	18.3	9.8	7.4		33.2
1993	307.2	297.9	23.5	15.5	6.6	7.3		28.4
1994	294.8	279.6	22.2	17.4	5.5	7.4		34.4
1995	258.9	251.3	23.5	14.7	4.5	6.8		32.8
1996	221.9	216.1	23.7	12.8	3.1	7.6		29.1
1997	245.4	239.4	24.2	14.2	2.1	8.8		25.1
1998	254.7	246.0	26.8	20.9	3.4	11.2		23.1
1999	229.2	215.3	31.6	29.3	7.2	13.9		12.4
2000	317.8	286.8	39.5	36.3	8.0	18.3		14.6
2001	319.6	287.4	41.2	30.2	1.3	18.0		18.2
2002	300.6	263.1	43.3	37.4	0.4	23.4	10.7	19.9
2003	366.1	324.2	38.8	46.3	0.2	25.7	15.1	11.9
2004	367.4	340.1	30.9	41.1	0.3	17.1	13.0	7.6
2005	452.4	421.5	33.2	41.0	0.2	20.7	16.0	8.0
2006	454.8	424.6	20.3	33.9	0.1	20.3	10.0	5.8
2007	434.7	397.9	15.8	36.8	0.1	17.5	10.0	9.0
2008	441.8	414.8	22.1	21.9	0.0	10.7	6.9	9.0
2009	441.9	416.5	28.1	20.3	0.2	8.7	7.9	6.4
2010	394.9	372.7	26.0	16.7	0.1	5.7	8.6	7.8
2011	359.7	340.2	26.9	14.9	0.1	4.0	8.4	8.2
2012	297.9	286.0	25.2	11.7	0.04	3.0	6.1	7.3
2013	275.5	263.7	22.5	9.8	0.009	2.0	5.1	3.9
2014	291.5	279.3	18.9	8.7	0.002	1.7	5.2	1.0
2015	276.3	266.1	13.5	9.5		6.7	6.7	0.2
2016	341.2	322.3	15.5	12.4	0.005	1.3	7.6	0.3
2017	398.2	373.5	16.6	7.6	0.03	0.9	5.6	0.9
2018	374.2	356.8	16.0	5.2	0.2	0.5	2.6	1.2
2019	441.9	427.9	11.5	5.2	0.2	0.2	2.6	0.9
哈尔滨 Harbin	255383.1	244888.7	20349.9	2280.6		396.4	501.0	46.7
齐齐哈尔 Qiqihar	745484.1	691312.2	40812.3	3715.1	1140.0	661.6	1037.2	8580.3
鸡西 Jixi	131191.4	127609.6	555.7	1780.1	361.0	5.1	1344.2	0.3
鹤岗 Hegang	97815.9	94769.4	75.1	35.8		2.0	12.0	
双鸭山 Shuangyashan	251876.6	250229.4	885.0	943.0	364.0	17.0	345.0	
大庆 Daqing	113160.5	69665.5	1377.6	18462.5	2.0	339.4	138.9	173.2
伊春 Yichun	174552.1	166980.8	538.2	256.4		6.4	246.1	
佳木斯 Jiamusi	374285.0	370845.3	2282.8	467.7		8.4	459.3	
七台河 Qitaihe	39384.0	37717.9	690.8	157.6		1.0	155.7	
牡丹江 Mudanjiang	228454.0	218619.7	22681.8	21705.0		268.0	21381.0	1.0
黑河 Heihe	1377486.6	1346363.4	12932.3	1264.6	28.0	95.7	519.7	30.8
绥化 Shuihua	515204.4	495453.6	51110.5	505.1		257.1	162.0	70.7
大兴安岭 Daxinganling	165287.0	163112.5	1230.5	65.0	65.0			

注：表中的粮食作物播种面积为抽样调查结果，由于抽样框不同，全省粮食作物不等于分市县。

a)The sown area of grain crops in the table is the result of sampling survey. Due to the different sampling frames, the grain crops in the whole province are not equal to those in different cities and counties.

11-7 续表2 Continued

单位：万公顷、公顷 (10000 hectares, hectare)

年 份 Year 地 区 Region		麻 类 Fiber Crops	#亚麻 Flax	药 材 Herb	烟 叶 Tobacco	#烤烟 Flue-cured	蔬 菜、食用菌 Vegetables Mushroom	瓜果类 Melon	饲料作物 Feed Crops
1980		13.7	8.9		1.0		33.0	6.6	
1981		11.4	8.0			1.7	29.5	7.8	
1982		7.8	5.3			4.0	31.0	5.8	
1983		6.2	5.3		3.2	2.8	29.6	6.0	
1984		7.1	6.5		3.4	3.1	27.3	5.9	
1985		7.8	7.4		5.0	4.3	24.9	7.7	
1986		8.2	7.9		5.0	4.2	25.1	7.7	
1987		12.3	12.1		5.9	5.1	22.8	7.6	
1988		14.1	13.9		8.3	7.6	24.8	7.1	
1989		8.9	8.8		13.8	13.0	24.5	7.6	
1990		8.2	8.1		12.5	11.6	23.0	3.4	
1991		9.8	9.7		13.2	12.3	21.8	3.1	
1992		7.1	7.0		9.7	9.2	23.4	3.8	
1993		6.5	6.4		8.4	7.8	26.3	5.0	
1994		8.3	8.2		7.1	6.6	26.3	5.0	
1995		10.1	10.0		6.8	6.5	29.3	5.0	
1996		8.5	8.4		10.2	9.8	29.4	5.0	
1997		5.5	5.4		10.8	10.3	29.9	6.0	
1998		3.6	3.5		5.9	5.4	35.4	7.8	
1999		5.0	4.9		6.4	6.1	44.6	8.2	
2000		9.5	8.8		4.9	4.5	44.6	12.6	
2001		12.9	12.4		4.6	4.1	42.7	13.0	
2002		10.3	10.1	2.4	4.5	4.0	43.2	14.1	14.9
2003		11.3	11.1	3.3	3.7	3.3	40.0	13.4	29.7
2004		9.8	8.9	3.5	3.2	2.8	29.2	9.5	29.9
2005		8.5	8.2	4.8	4.2	4.0	33.3	11.0	22.6
2006		5.6	4.8	2.6	1.9	1.7	31.3	12.2	23.4
2007		5.1	4.1	5.5	3.2	2.8	29.1	7.4	18.9
2008		4.1	3.6	5.2	3.3	3.3	28.8	6.9	19.4
2009		1.2	1.1	3.1	3.7	3.2	18.8	6.9	10.3
2010		0.5	0.5	3.7	3.7	3.2	18.4	10.6	8.4
2011		0.3	0.3	5.1	3.5	3.2	22.3	10.1	7.8
2012		0.2	0.2	4.7	3.8	3.4	25.0	5.8	6.5
2013		0.1	0.1	3.9	3.6	3.2	26.6	6.4	5.6
2014		0.3	0.1	3.0	3.3	3.1	26.9	5.7	4.3
2015		0.3	0.1	2.1	2.5	2.3	24.5	4.5	3.1
2016		1.2	0.1	2.9	2.0	1.8	17.7	5.9	8.2
2017		1.9	0.1	3.3	1.5	1.5	20.5	5.5	5.1
2018		1.7	0.1	4.2	1.2	1.2	16.2	4.0	4.0
2019		2.1	0.2	7.1	1.0	1.0	14.7	4.2	2.9
哈尔滨	Harbin	492.8	100.0	11998.8	1623.1	1623.1	29323.7	8700.7	3484.0
齐齐哈尔	Qiqihar	2761.0	112.0	7132.2	41.7		19242.8	4114.4	3547.3
鸡 西	Jixi	55.0		5051.1	146.0	146.0	2796.1	699.7	4321.7
鹤 岗	Hegang	8.0		1238.9	189.3	189.3	698.4	118.5	421.0
双鸭山	Shuangyashan	670.6		841.9	476.2	328.5	1777.7	3199.8	166.0
大 庆	Daqing	817.8	1.0	5049.2	656.2	656.2	21909.8	6805.6	4730.4
伊 春	Yichun			3698.5			1362.6	64.4	5.5
佳木斯	Jiamusi	13.8		13778.7	971.7	964.7	4325.9	3476.4	453.9
七台河	Qitaihe	106.7		69.9	520.1	460.0	4596.5	1043.6	
牡丹江	Mudanjiang	1694.0	108.0	7682.0	4057.0	3949.0	18063.0	4672.0	2131.0
黑 河	Heihe	11697.7	1428.7	6322.1			5614.4	392.0	4573.8
绥 化	Suihua	2589.9		7413.7	1287.6	1283.6	36097.3	8785.3	4900.0
大兴安岭	Daxinganling	391.7		453.8			1243.2	49.0	229.6

11-8 主要农产品产量
Yield of Major Farm Products

单位：万吨、吨 (10000 tons, ton)

年份 地区	Year Region	粮食 Grain	谷物 Cereal	#水稻 Rice	#小麦 Wheat	#玉米 Corn	#谷子 Millet	#高粱 Jowar
1980		1462.4	1085.9	79.6	394.6	520.0	103.6	63.1
1981		1250.0	969.7	55.7	314.1	455.0	99.7	64.9
1982		1150.0	819.2	70.9	268.2	352.6	87.6	54.2
1983		1549.0	1228.8	91.5	451.0	463.5	125.7	76.9
1984		1757.5	1402.0	124.0	382.5	642.0	115.5	100.5
1985		1405.0	1035.6	162.9	376.8	386.8	63.2	34.0
1986		1776.3	1169.5	220.8	355.9	632.0	60.1	55.1
1987		1737.6	1373.3	225.7	299.8	646.1	40.2	48.0
1988		1768.0	1282.1	243.5	250.4	700.6	35.5	55.2
1989		1668.9	1292.2	231.7	367.3	615.2	22.7	43.8
1990		2312.5	1901.0	314.4	474.8	1008.3	31.3	53.3
1991		2164.3	1789.6	316.2	381.1	1007.5	23.7	45.8
1992		2366.3	1936.6	376.6	424.8	1042.8	24.3	51.4
1993		2390.8	1799.5	388.3	340.0	956.6	27.2	73.3
1994		2578.7	1971.3	410.4	275.3	1146.4	24.3	86.4
1995		2592.5	2062.8	469.9	293.4	1219.1	20.9	47.9
1996		3046.5	2512.4	636.0	329.5	1445.0	21.5	65.5
1997		3104.5	2434.9	860.9	328.4	1165.9	14.4	48.3
1998		3008.5	2483.4	925.8	285.2	1199.7	9.0	51.7
1999		3074.6	2524.8	944.3	284.2	1228.4	13.6	39.6
2000		2545.5	1974.1	1042.2	95.8	790.8	8.7	26.0
2001		2651.7	1989.1	1016.3	93.8	819.5	10.3	28.5
2002		2941.2	2195.5	921.0	89.4	1070.5	16.2	52.3
2003		2512.3	1792.0	842.8	39.7	830.9	12.9	39.8
2004		3135.0	2302.5	1120.0	83.0	1050.0	8.6	24.7
2005		3600.0	2714.0	1172.5	97.0	1379.5	7.4	25.6
2006		3780.0	2986.7	1360.0	93.0	1453.5	7.3	24.5
2007		3881.0	3346.7	1655.1	68.7	1590.1	1.7	7.5
2008		4627.3	3908.4	1851.4	89.2	1915.5	3.9	18.6
2009		4788.9	4060.4	1899.6	115.8	2012.6	4.1	20.4
2010		5632.9	4918.7	2277.5	92.0	2513.7	5.6	26.2
2011		6212.6	5491.1	2438.4	103.0	2927.6	4.2	15.0
2012		6598.6	5970.4	2600.2	69.4	3283.8	2.5	13.2
2013		7055.1	6498.6	2710.8	38.5	3734.8	2.1	12.0
2014		7403.8	6797.7	2797.2	46.1	3929.1	2.9	21.8
2015		7615.8	7037.9	2720.9	21.5	4280.2	2.9	12.0
2016		7416.1	6754.8	2763.6	28.6	3912.8	9.6	27.6
2017		7410.3	6609.7	2819.3	38.1	3703.1	7.3	33.9
2018		7506.8	6747.6	2685.5	36.2	3982.2	7.5	28.9
2019		7503.0	6653.0	2663.5	20.4	3939.8	3.9	23.8
哈尔滨	Harbin	12203733.9	11624890.4	3440956.7	4548.5	8147844.2	9664.1	17438.3
齐齐哈尔	Qiqihar	11813719.1	10425774.7	2650834.9	9931.1	7715033.1	1445.2	40149.1
鸡西	Jixi	5775008.2	5512213.7	3431664.6	2002.1	2075718.4	426.9	1773.8
鹤岗	Hegang	3119147.7	2939144.7	2056289.3	49.9	881418.9	16.1	1370.4
双鸭山	Shuangyashan	5656363.4	5147371.2	2944859.2	949.1	2194561.6	165.1	6364.6
大庆	Daqing	4533080.8	4334408.6	749134.0	3556.5	3395693.9	44722.5	136866.6
伊春	Yichun	854708.5	576991.2	352287.5	345.7	223893.9	19.5	7.8
佳木斯	Jiamusi	10885435.2	10250436.6	7466802.5	47.5	2768215.4	1517.0	13854.2
七台河	Qitaihe	1020472.5	948187.0	132675.5	1037.5	813761.9	360.2	135.8
牡丹江	Mudanjiang	2966285.9	2465352.9	312127.6	1359.7	2140584.8	1890.7	7402.0
黑河	Heihe	5169896.5	2517039.4	97955.0	277903.4	2084517.4	203.4	41154.0
绥化	Suihua	11072431.2	9781528.3	2463463.1	22423.1	7222036.8	20702.1	40157.1
大兴安岭	Daxinganling	274076.3	30660.6	18.5	19661.3	10708.7	272.0	

注：1.2007-2017年数据是与第三次农业普查衔接后数据。
2.表中的粮食作物产量为抽样调查结果，由于抽样框不同，全省粮食作物不等于分市县.

a) Data from 2007 to 2017 on national accounts have been adjusted according to the results of the third national agricultural census.
b) The yield of grain crops in the table is the result of sampling survey. Due to the different sampling frame, the grain crops of the whole province are not equal to the cities and counties .

11-8 续表1 Continued

单位：万吨、吨 (10000 tons, ton)

年份/地区	Year/Region	豆类 Soybean	#大豆 Mung Bean	薯类 Tuber	油料 Oil-bearing Crops	#油菜籽 Rapeseeds	#葵花籽 Helianthus	#白瓜籽 Pumpkin Seeds
1980		325.5	220.5	51.0	23.9		22.6	
1981		235.4	188.3	44.9	37.4		40.0	
1982		330.8	245.5	43.3	34.4		41.3	
1983		258.7	238.5	61.5	32.2		28.9	
1984		293.0	290.5	62.5	26.0		24.6	
1985		325.6	313.7	43.8	28.4		25.2	
1986		306.0	378.0	47.5	19.0		16.4	
1987		397.1	383.5	67.2	12.6		6.5	
1988		285.7	384.4	71.0	13.0		7.0	
1989		303.3	291.8	73.4	13.1		6.5	
1990		337.4	325.8	74.1	17.2	7.0	8.1	
1991		317.4	309.8	57.3	15.2	7.0	6.6	
1992		354.0	349.1	75.7	21.9	9.9	10.3	
1993		505.3	491.5	86.0	16.1	4.3	9.5	
1994		532.8	513.6	74.6	15.6	4.0	9.4	
1995		448.2	438.8	81.5	20.1	5.3	9.0	
1996		435.6	413.5	98.5	16.8	3.3	10.5	
1997		588.7	576.2	80.9	18.2	2.9	11.6	
1998		458.6	444.6	66.5	16.9	3.2	7.6	
1999		474.1	446.6	75.7	39.3	7.7	22.6	
2000		489.6	450.1	81.8	43.8	6.8	26.0	
2001		537.5	496.2	125.1	36.3	1.5	20.8	
2002		610.7	556.3	135.0	52.8	0.5	36.8	10.9
2003		616.1	560.8	104.1	44.7	0.3	21.0	15.2
2004		727.5	675.0	105.0	46.0	0.4	24.2	15.1
2005		800.7	748.0	85.3	60.6	0.3	33.2	20.0
2006		689.3	652.5	104.0	63.1	0.1	32.1	23.6
2007		483.7	452.7	50.6	50.1	0.1	24.4	18.3
2008		665.3	625.5	53.5	28.5	0.1	12.8	9.5
2009		640.5	612.1	87.9	28.2	0.3	11.8	9.8
2010		631.3	615.4	82.9	27.5	0.2	10.5	11.2
2011		634.5	598.5	86.9	23.3	0.1	6.9	10.5
2012		539.9	521.5	88.3	22.5	0.1	6.0	9.2
2013		470.0	454.2	86.5	19.0	0.1	4.3	7.4
2014		530.0	514.0	76.1	17.1	0.1	3.6	8.2
2015		508.1	498.8	69.8	18.3		10.5	10.5
2016		586.3	562.8	75.1	20.7	0.1	3.1	12.6
2017		719.6	689.4	81.0	14.3	0.1	2.0	8.8
2018		678.5	657.8	80.7	11.2	0.2	1.5	4.1
2019		797.0	780.8	53.0	11.5	0.2	0.5	4.0
哈尔滨	Harbin	463678.6	443368.4	115164.9	8175.2		1479.2	1047.0
齐齐哈尔	Qiqihar	1139990.7	1062964.4	247953.7	6337.0	1778.0	1451.5	1438.1
鸡西	Jixi	259397.7	253636.9	3396.9	2152.1	59.0	12.1	1916.4
鹤岗	Hegang	179466.2	173727.2	536.8	52.0		3.0	18.0
双鸭山	Shuangyashan	504965.6	501703.0	4026.7	1074.1	422.0	36.0	481.0
大庆	Daqing	191581.0	123961.4	7091.2	59953.6	1.5	1203.0	935.7
伊春	Yichun	275173.6	260958.4	2543.8	380.9		9.0	365.9
佳木斯	Jiamusi	626431.5	622217.1	8567.1	698.0		10.0	688.0
七台河	Qitaihe	69799.1	67935.3	2486.4	331.9		2.0	326.0
牡丹江	Mudanjiang	381715.7	364562.8	119217.2	32091.0		487.0	31504.0
黑河	Heihe	2606552.8	2550743.3	46304.3	1366.0	43.0	106.5	479.2
绥化	Suihua	1006166.8	965642.2	284736.1	2594.9		622.9	354.3
大兴安岭	Daxinganling	237752.1	234817.5	5663.6	170.3	170.3		

注：表中的粮食作物产量为抽样调查结果，由于抽样框不同，全省粮食作物不等于分市县。

a)The yield of grain crops in the table is the result of sampling survey. Due to the different sampling frames, the grain crops in the whole province are not equal to those in different cities and counties.

11-8 续表2 Continued

单位：万吨、吨 (10000 tons, ton)

年份 地区	Year Region	麻类 Fiber Crops	#亚麻 Flax	甜菜 Beetroots	烟叶 Tobacco	#烤烟 Flue-cured Tobacco	蔬菜、食用菌 Vegetables Mushroom	瓜果类 Melon
1980		19.0	17.5	287.6	2.8	2.2	523.6	
1981		19.2	18.3	312.7	4.4	3.4		
1982		6.5	5.9	274.3	8.0	6.9		
1983		13.5	13.1	515.2	5.7	4.4		
1984		19.0	18.6	422.8	7.1	6.1		
1985		15.0	14.8	315.2	8.9	7.0	485.1	
1986		20.7	20.4	389.8	10.5	8.1	585.0	
1987		31.2	31.1	330.4	10.4	8.8	463.9	
1988		35.4	35.5	555.1	14.0	12.4	526.5	
1989		22.4	22.3	397.5	23.1	12.4	526.1	
1990		22.4	22.3	632.0	21.9	19.3	563.7	76.5
1991		26.8	26.7	620.3	18.5	16.8	484.0	46.5
1992		19.6	19.5	539.8	13.6	12.6	578.1	72.4
1993		17.2	17.0	298.7	13.1	11.6	672.3	94.9
1994		21.7	21.7	322.7	10.0	8.9	679.6	104.0
1995		32.2	32.0	500.8	11.2	10.1	883.6	126.6
1996		23.7	23.6	491.9	18.1	16.9	916.7	129.1
1997		13.3	13.1	447.7	17.5	16.3	990.0	158.7
1998		9.1	9.0	310.2	9.4	8.3	998.5	160.0
1999		14.8	14.6	203.6	11.2	10.3	1187.3	221.9
2000		18.7	18.0	254.8	9.6	8.1	1325.6	319.4
2001		29.8	28.1	329.8	8.4	7.3	1250.2	335.9
2002		36.2	35.7	437.6	7.4	6.3	1324.7	353.2
2003		28.3	26.7	71.4	4.6	4.5	1198.3	316.5
2004		39.3	31.0	96.0	5.6	5.6	1061.6	273.1
2005		36.1	34.5	155.0	7.4	7.4	1153.5	306.4
2006		29.4	20.5	205.0	5.6	5.6	1135.6	366.6
2007		18.0	15.4	237.2	6.9	6.9	1058.5	218.3
2008		16.5	15.0	260.0	7.8	7.8	1057.9	233.0
2009		4.5	4.4	110.0	8.3	7.3	701.1	225.6
2010		2.2	2.2	175.0	9.6	8.5	723.8	321.5
2011		1.2	1.2	275.0	8.5	7.8	789.9	308.2
2012		1.0	0.9	273.1	9.7	8.8	866.4	211.8
2013		0.9	0.6	123.2	8.9	8.1	946.1	225.3
2014		2.5	0.7	41.1	8.4	7.8	885.6	201.1
2015		2.0	0.6	7.3	6.9	6.2	807.4	161.6
2016		6.8	0.4	11.4	5.3	4.9	687.3	191.7
2017		11.8	0.6	37.4	4.7	4.6	798.6	185.8
2018		10.5	0.4	53.0	3.4	3.3	634.4	141.3
2019		12.4	0.9	41.6	2.6	2.5	655.4	131.8
哈尔滨	Harbin	3148.1	2400.0	2069.0	3713.6	3713.6	998091.7	195317.0
齐齐哈尔	Qiqihar	9660.8	164.6	408614.7	126.0		1091144.2	153358.6
鸡西	Jixi	110.0		9.0	290.3	290.3	104748.2	24608.1
鹤岗	Hegang	40.0			416.6	416.6	31203.8	3504.4
双鸭山	Shuangyashan				1155.0	794.0	58800.0	47229.0
大庆	Daqing	7280.9	3.0	4828.0	2798.3	2798.3	859989.8	270704.1
伊春	Yichun						94823.8	4208.2
佳木斯	Jiamusi	0.8			2312.0	2295.2	135645.5	112931.2
七台河	Qitaihe	236.0			1431.0	1322.2	177896.9	27317.7
牡丹江	Mudanjiang	15835.0	874.0	52.0	9857.0	9630.0	1164277.0	190976.0
黑河	Heihe	66130.0	5788.5	462.0			159509.3	12424.8
绥化	Suihua	19993.6		387.5	3810.0	3801.0	1620168.7	273703.0
大兴安岭	Daxinganling	1114					57707.6	1619.5

11-9 主要农产品单位面积产量
Yield of Major Farm Products Per Hectare

单位：千克/公顷 (kg/hectare)

年份 地区	Year Region	粮食 Grain	水稻 Rice	小麦 Wheat	玉米 Corn	大豆 Soybean	薯类 Tuber	亚麻 Flax	甜菜 Beetroots	烤烟 Flue-cured Tobacco
1980		1998	3803	1868	2768	1350	2160	1980	11813	2678
1981		1717	2498	1440	2453	1058	2048	2273	13343	2003
1982		1622	2970	1418	2183	1148	1913		11228	1755
1983		2141	3713	2138	2835	1418	2363	2475	15278	1598
1984		2390	4478	1935	2533	1620	2655	1148	13860	2025
1985		1947	4185	1845	2610	1463	1980	2003	10800	1598
1986		3108	4343	1823	3758	1733	2273	2565	12713	1913
1987		2344	3893	1890	3780	1598	3128	2588	12578	1733
1988		2568	4410	2025	3848	1643	2880	2543	13028	1643
1989		2298	3825	2183	3218	1283	3150	2543	12668	1643
1990		3117	4658	2678	4658	1575	3398	2745	17663	1665
1991		2914	4230	2183	4523	1485	2835	2768	14918	1373
1992		3220	4838	2631	4815	1616	3690	2790	16268	1373
1993		3163	5279	2543	5384	1650	3646	2676	10512	1500
1994		3438	5485	2304	5836	1837	3679	2634	9390	1354
1995		3457	5626	2628	5056	1746	3468	3205	15246	1567
1996		3908	5739	2665	5421	1914	4155	3557	16922	1735
1997		3883	6163	3075	4581	2408	3345	2447	17808	1583
1998		3722	5909	2967	4823	1808	2479	2558	13450	1550
1999		3796	5851	2982	4632	2074	2396	3013	16421	1696
2000		3242	6489	1623	4390	1569	2071	2039	17482	1810
2001		3333	6444	2450	3884	1726	3039	2262	18112	1769
2002		3755	5861	3643	4785	2115	3116	3516	21999	1585
2003		3195	6510	1854	4083	1730	2685	2416	6011	1379
2004		3816	6687	3360	4902	1985	3398	3478	12710	2019
2005		3640	6338	3744	5053	1775	2567	4190	19264	1850
2006		3714	6511	3750	4908	1657	3128	4852	18457	2201
2007		3471	7234	2952	3921	1138	3205	3734	26359	2429
2008		4033	7042	3748	4976	1508	2416	4120	28761	2388
2009		3951	7048	3969	4614	1470	3127	3915	17222	2265
2010		4526	7254	3303	5285	1651	3194	4139	22476	2622
2011		4842	7094	3485	5652	1759	3232	4507	33526	2440
2012		4994	7162	3333	5383	1823	3496	5807	37439	2623
2013		5197	7021	2923	5684	1722	3841	6725	31932	2511
2014		5300	7049	3199	5858	1840	4035	5118	40099	2541
2015		5332	6944	3065	5815	1874	5168	4029	35541	2678
2016		5222	7040	3639	5994	1746	4847	2861	34933	2666
2017		5235	7140	3742	6316	1846	4888	4776	39958	3127
2018		5281	7099	3307	6303	1844	5038	4349	43996	2831
2019		5233	6986	3643	6706	1824	4595	5275	46773	2610
哈尔滨	Harbin	6239	6151	6034	7316	1810	5659		44304	2288
齐齐哈尔	Qiqihar	4935	6336	2845	6554	1538	6075		47622	
鸡西	Jixi	6283	7181	3419	6736	1988	6113		30000	1989
鹤岗	Hegang	6027	6951	5550	7136	1833	7148			2200
双鸭山	Shuangyashan	5835	7251	4071	7102	2005	4550			2417
大庆	Daqing	6489	6871	3696	7631	1779	5148		27879	4264
伊春	Yichun	3139	5947	3188	5937	1563	4726			
佳木斯	Jiamusi	5897	7050	3862	6786	1678	3753			2379
七台河	Qitaihe	4879	5542	6000	5621	1801	3599			2874
牡丹江	Mudanjiang	4719	6431	2857	6573	1668	5256		52000	2439
黑河	Heihe	2847	5890	3949	6403	1895	3581		15000	
绥化	Shuihua	6015	7479	3304	7845	1949	5571		5483	2961
大兴安岭	Daxinganling	1579	4621	3687	6442	1440	4603			

注：表中的粮食作物单位面积产量为抽样调查结果。
a)The grain yield per hectare in the table is the result of sampling survey.

11-10 水果生产情况
Yield of Fruits

年份 地区	Year Region	果园面积(公顷) Area of Orchards (hectare)				水果产量(吨) Yield of Fruits (ton)			
		总计 Total	#苹果 Apples	#梨 Pears	#葡萄 Grapes	总计 Total	#苹果 Apples	#梨 Pears	#葡萄 Grapes
2005		39488	15488	5345	1708	461974	177432	48422	20720
2006		37593	13334	4919	1632	471209	159759	49124	22728
2007		40900	13170	5130	1780	517659	150534	46524	21847
2008		40960	11950	5250	2730	593539	138330	47078	45062
2009		35340	12000	4230	2480	493241	140670	41164	42206
2010		36150	11420	4840	2990	466371	117019	37648	56732
2011		34980	10850	4560	2970	542336	113984	40224	62120
2012		35330	11640	3980	3960	567404	150661	37259	83443
2013		34242	11648	3458	3869	491133	140649	28238	81441
2014		34710	12198	3819	4867	576390	148900	33830	118016
2015		33928	12378	3858	4608	518563	176181	34490	100042
2016		32281	9146	2708	5411	530187	147118	36923	97721
2017		27196	8646	2656	3991	510800	144496	36587	72848
2018		20416	8667	2543	3812	294717	137532	42912	87180
2019		29706	9096	2613	2809	331745	137571	64217	54160
哈尔滨	Harbin	992	229	113	238	22966	3104	6099	5990
齐齐哈尔	Qiqihar	1633	60	67	240	28026	384	2711	4019
鸡西	Jixi	917	463	156	165	14968	6784	1806	3244
鹤岗	Hegang	110	1	38	59	761	15	50	661
双鸭山	Shuangyashan	747	212	155	116	8148	2660	1767	1112
大庆	Daqing	2210	212	286	1190	55272	4013	9355	28270
伊春	Yichun	747			12	2565			94
佳木斯	Jiamusi	2239	39	17	141	6077	1544	766	2316
七台河	Qitaihe	21		5	12	311		8	283
牡丹江	Mudanjiang	19918	7881	1776	481	190752	119068	41655	6510
黑河	Heihe								
绥化	Suihua	173			156	1900			1662
大兴安岭	Daxinganling								

11-11 蔬菜、食用菌生产情况
Yield of Vegetable and Mushroom

年 份 Year 地 区 Region		播种面积(公顷) Sown Area (hectare)				产量(吨) Yield (ton)		
		总 计 Total	#白菜 Chinese Cabbage	#黄瓜 Cucumber	#萝卜 Radish	总计 Total	#白菜 Chinese Cabbage	#黄瓜 Cucumber	#萝卜 Radish
2005		333390	111305	23399	9078	11535465	4961917	777779	501397
2006		331094	113435	21731	14886	11327103	4888475	695098	487233
2007		291130	90210	20490	14041	10584756	3961792	698375	487481
2008		287700	86730	20330	14490	10578998	4094636	714842	492696
2009		187580	57040	15250	10590	7011518	2583124	589175	353666
2010		184480	60562	14407	9531	7238271	2911454	566848	357713
2011		223130	76560	17405	13742	7899314	3113831	618806	496705
2012		249850	68919	19281	13946	8664146	3006789	666798	495756
2013		265670	75352	20449	14077	9461458	3199246	783589	488111
2014		268850	73824	21086	11277	9856073	3311552	867131	424008
2015		245250	61468	15573	6420	9574374	3346748	683727	207829
2016		177083	52294	14410	8228	6872710	2480675	570552	352625
2017		205341	58946	15867	9828	7985902	2676598	650386	414174
2018		161516	45142	11548	5784	6343982	2041657	484944	218449
2019		147051	36614	12096	5365	6554007	1738876	554790	229379
哈尔滨	Harbin	29324	7270	3002	953	998092	265421	111857	40777
齐齐哈尔	Qiqihar	19243	4009	1142	769	1091144	325927	63769	46504
鸡 西	Jixi	2796	534	351	74	104748	27467	14465	2743
鹤 岗	Hegang	698	132	112	7	31204	5656	7604	442
双鸭山	Shuangyashan	1778	227	431	67	58800	10452	7558	2644
大 庆	Daqing	21910	5041	1661	796	859990	294581	64786	27689
伊 春	Yichun	1363	331	91	64	94824	12822	6046	2406
佳木斯	Jiamusi	4326	786	364	84	135645	25786	12672	2076
七台河	Qitaihe	4596	2241	403	145	177897	80057	40587	4295
牡丹江	Mudanjiang	18063	1856	1870	571	1164277	101428	114282	24023
黑 河	Heihe	5614	3275	258	193	159509	105339	9478	4949
绥 化	Suihua	36097	10437	2370	1564	1620169	456314	100085	67005
大兴安岭	Daxinganling	1243	476	40	78	57708	27625	1600	3827

11-12 畜牧业生产情况
Number of Livestock

单位：万头、头 (10000 heads, head)

年份 地区	Year Region	大牲畜数量 Large Animals	黄牛及肉牛 Cattle and Beef Cattle	奶牛 Milk Cow	马 Horses	驴 Donkeys	骡 Mules
1978		286.9	105.1	6.2	164.5	4.8	6.3
1980		257.8	95.6	7.8	143.6	4.6	6.2
1985		305.5	149.9	25.8	117.9	6.4	5.5
1986		314.0	156.7	31.9	113.3	6.5	5.6
1987		314.6	155.9	40.3	106.5	6.4	5.5
1988		318.1	157.7	47.0	101.3	6.6	5.5
1989		324.1	165.0	49.2	98.0	6.2	5.7
1990		348.2	182.8	54.0	99.2	6.3	5.9
1991		358.7	192.4	57.9	95.7	6.4	6.3
1992		365.3	200.6	61.1	90.1	7.0	6.5
1993		376.4	221.2	55.1	86.7	7.2	6.3
1994		420.2	265.9	56.4	83.4	8.2	6.5
1995		485.7	326.6	61.7	81.9	8.9	6.8
1996		540.6	376.7	65.8	81.2	9.8	7.1
1997		545.3	383.1	67.2	78.7	9.3	6.9
1998		549.5	388.1	68.5	77.8	8.9	6.3
1999		549.0	389.6	68.6	76.6	8.3	5.9
2000		547.7	391.5	69.8	72.8	7.9	5.6
2001		558.3	400.4	77.8	66.6	8.1	5.3
2002		598.3	432.3	93.3	60.0	7.6	5.1
2003		690.3	506.8	117.6	53.0	7.7	5.1
2004		773.0	573.9	141.0	45.5	7.7	4.8
2005		840.2	622.3	164.3	41.2	7.6	4.8
2006		548.4	378.6	126.2	32.2	7.5	3.9
2007		563.5	394.1	131.8	28.5	6.0	3.0
2008		560.2	392.3	131.4	28.2	5.8	2.5
2009		575.1	361.9	178.8	26.8	5.2	2.4
2010		578.2	363.2	180.6	27.6	4.5	2.4
2011		564.9	367.0	164.0	26.7	4.6	2.6
2012		567.1	367.9	166.6	25.9	4.2	2.5
2013		542.3	358.8	153.0	24.6	4.0	2.0
2014		550.0	368.8	152.4	23.6	3.8	1.4
2015		557.3	387.7	144.7	19.9	3.7	1.2
2016		540.7	389.7	128.1	18.2	3.5	1.2
2017		509.3	365.2	124.1	15.5	3.3	1.1
2018		476.2	351.5	105.0	13.4	5.2	1.0
2019		492.6	367.3	107.6	12.1	4.8	0.6
哈尔滨	Harbin	673225	545444	114265	8987	3387	1142
齐齐哈尔	Qiqihar	916559	641478	236412	25448	12174	1047
鸡西	Jixi	107507	81608	24778	701	419	1
鹤岗	Hegang	29350	23425	5694	189	42	
双鸭山	Shuangyashan	62465	59424	2554	218	269	
大庆	Daqing	576645	358465	187545	23340	6823	472
伊春	Yichun	52309	45381	4861	1864	200	3
佳木斯	Jiamusi	297919	262389	13732	4812	16711	275
七台河	Qitaihe	31187	30328	415	444		
牡丹江	Mudanjiang	295223	275666	8235	6629	2475	2218
黑河	Heihe	462283	348955	99047	13348	718	215
绥化	Suihua	1023980	849776	134854	32593	5346	1411
大兴安岭	Daxinganling	25280	21813	696	2762	9	

注：1.2006—2017年数据是与第三次农业普查衔接后数据。
2.2018年分地市畜牧业数据包含农垦系统数据，(下同)。

a) Data from 2006 to 2017 on national accounts have been adjusted according to the results of the third national agricultural census.
b) In 2018, the data of animal husbandry in different cities include the data of farming system, (the same below).

11-12 续表 Continued

年份 Year 地区 Region		肉猪出栏数量(万头、头) Slaughtered Fattened Hogs (10000 heads, head)	猪年末数量(万头、头) Hogs (10000 heads, head)	羊年末数量(万只、只) Sheep and Goats (10000 heads, head)	山羊 Goats	绵羊 Sheep	家禽(万只) Poultry (10000 heads)
1978		403.7	835.0	218.7	11.7	207.0	1899.7
1980		446.0	716.7	303.0	32.6	270.4	2238.7
1985		383.5	592.9	229.6	30.8	198.8	5947.5
1986		392.4	564.8	210.4	25.1	185.3	5081.9
1987		371.6	438.4	218.5	23.5	195.0	5507.4
1988		334.8	486.8	236.7	24.5	212.2	6531.4
1989		350.5	548.7	264.3	28.1	236.2	7027.2
1990		458.6	654.9	283.3	34.2	249.1	7791.1
1991		511.7	683.7	291.0	35.8	255.2	9398.4
1992		524.4	678.6	281.7	35.6	246.1	10280.4
1993		509.4	665.0	279.8	45.0	234.8	11284.4
1994		573.8	719.0	326.0	61.3	264.7	13302.5
1995		672.4	855.9	389.2	94.7	294.5	16530.6
1996		882.4	900.7	431.6	124.0	307.6	18297.3
1997		936.5	932.2	440.5	122.1	318.4	18580.7
1998		1063.1	958.1	462.8	121.5	341.3	12028.6
1999		1123.2	1014.4	481.1	120.2	360.9	12878.2
2000		1206.6	1085.4	507.4	123.8	383.6	13144.5
2001		1300.2	1123.0	567.8	147.3	420.4	13739.4
2002		1395.4	1163.0	749.1	228.7	520.4	14783.4
2003		1599.6	1326.4	1029.5	403.0	626.5	15987.7
2004		1905.4	1532.1	1153.6	448.2	705.4	16691.5
2005		2238.0	1670.4	1180.3	408.9	771.4	16680.8
2006		1330.8	1209.8	777.6	270.5	507.1	11926.5
2007		1244.6	1228.7	821.8	287.7	534.1	12560.4
2008		1369.5	1310.4	850.2	352.0	498.2	12975.0
2009		1555.8	1395.4	899.3	338.9	560.4	13270.1
2010		1663.1	1412.8	895.4	332.4	563.0	13601.5
2011		1714.5	1433.7	918.5	338.3	580.1	14403.2
2012		1867.4	1461.7	901.6	324.2	577.4	15544.7
2013		1945.4	1448.9	821.2	248.1	573.1	15161.6
2014		2070.8	1466.4	861.0	229.2	631.7	15074.4
2015		2027.6	1429.9	900.6	197.3	703.3	15884.3
2016		2026.3	1401.6	869.6	187.1	682.5	16634.8
2017		2090.5	1433.9	835.2	175.9	659.3	16901.0
2018		1964.4	1353.2	772.7	166.0	606.7	16124.7
2019		1701.5	1173.2	767.2	154.1	613.1	16488.0
哈尔滨	Harbin	3581475	2143581	346153	132480	213673	2589.0
齐齐哈尔	Qiqihar	3180636	2094641	2554437	318335	2236102	2054.4
鸡西	Jixi	656202	336551	182379	76266	106113	337.9
鹤岗	Hegang	708872	419729	44357	12604	31753	243.1
双鸭山	Shuangyashan	560908	369179	158818	61553	97265	385.2
大庆	Daqing	1733534	1157709	1666809	84916	1581893	1606.7
伊春	Yichun	494561	272934	106701	69448	37253	282.3
佳木斯	Jiamusi	2124479	1370603	448171	109799	338372	943.6
七台河	Qitaihe	251110	176723	79052	11326	67726	230.9
牡丹江	Mudanjiang	1138433	734246	377423	92766	284657	593.9
黑河	Heihe	658373	445218	639421	160833	478588	201.4
绥化	Suihua	4709451	3291279	1319688	176901	1142787	3125.0
大兴安岭	Daxinganling	113612	91954	81722	19292	62430	68.4

11-13 畜产品产量
Output of Livestock Products

单位：万吨、吨 (10000 tons, ton)

年份 地区	Year Region	肉类产量 Yield of Meat	#猪牛羊肉产量 Yield of Pork, Beef and Mutton	猪肉 Pork	牛肉 Beef	羊肉 Mutton	#禽肉 Meat of Poultry	奶类 Milk	#牛奶 Cow Milk
1978			31.9						
1980			37.1	34.8	1.6	0.7		13.9	12.4
1985		34.9	31.5	29.7	1.0	0.8	3.4	45.5	43.0
1986		36.4	33.1	31.1	1.5	0.5	3.3	56.3	53.8
1987		36.3	32.1	29.1	2.4	0.6	4.2	68.1	66.3
1988		37.9	32.0	28.6	2.7	0.7	5.9	83.1	81.8
1989		40.9	33.2	29.5	2.9	0.7	7.4	88.2	87.1
1990		55.9	46.0	39.5	5.2	1.3	9.7	102.7	101.7
1991		62.7	50.9	43.4	6.1	1.4	11.3	114.2	112.6
1992		66.3	53.2	44.4	7.3	1.5	12.4	122.5	120.4
1993		65.4	52.4	42.6	8.4	1.4	12.3	113.3	111.6
1994		77.7	61.7	47.5	12.4	1.8	14.9	113.1	110.8
1995		90.3	70.3	53.4	15.0	1.9	18.8	121.2	121.2
1996		116.0	93.2	68.9	21.9	2.5	21.4	136.2	133.3
1997		125.9	100.1	74.1	23.5	2.6	25.9	143.0	140.5
1998		142.7	112.2	83.5	25.7	3.0	29.0	144.5	142.1
1999		150.9	119.5	89.0	27.3	3.2	30.0	145.0	142.8
2000		159.9	125.9	95.4	27.1	3.5	32.4	156.5	154.3
2001		171.2	134.4	101.4	29.0	3.9	34.5	192.4	189.0
2002		190.0	147.9	110.9	32.3	4.7	40.0	239.8	235.8
2003		217.2	167.5	125.0	35.8	6.7	47.7	304.0	300.5
2004		260.5	203.4	149.5	44.9	9.0	54.7	378.1	374.5
2005		306.3	242.5	177.1	54.1	11.3	61.4	444.2	440.2
2006		168.1	140.2	99.5	31.0	9.7	25.2	427.7	423.5
2007		165.9	136.6	93.0	33.2	10.4	27.0	441.7	438.3
2008		171.5	141.5	98.4	32.6	10.5	28.0	442.8	438.3
2009		191.2	159.7	111.3	36.8	11.6	29.8	461.9	455.9
2010		203.1	170.1	118.9	39.0	12.2	31.3	482.7	476.4
2011		207.9	173.6	122.5	39.3	11.8	32.5	475.6	468.3
2012		225.2	187.6	135.8	39.7	12.1	35.8	487.9	482.8
2013		232.4	194.0	142.4	39.7	11.9	36.5	451.1	446.8
2014		243.7	206.2	153.7	40.6	11.9	35.9	483.5	479.9
2015		243.6	204.6	150.6	41.6	12.4	37.6	495.8	491.9
2016		248.1	207.2	151.7	42.5	12.9	39.6	473.4	470.7
2017		260.3	216.1	159.3	43.9	12.9	42.8	468.4	465.2
2018		246.9	204.9	149.9	42.6	12.5	41.3	458.5	455.9
2019		237.1	193.4	135.2	45.5	12.7	42.3	467.2	465.2
哈尔滨	Harbin	492278	370817	280508	84665	5644	119914	386213	378518
齐齐哈尔	Qiqihar	435471	370103	250174	82167	37762	63608	882720	878976
鸡西	Jixi	75737	62977	50482	8740	3755	11911	83794	83577
鹤岗	Hegang	181734	59595	55399	3218	978	122106	15287	15287
双鸭山	Shuangyashan	75297	53637	45152	5661	2824	21567	3561	3372
大庆	Daqing	261753	211278	138383	49271	23624	45935	669639	667571
伊春	Yichun	68938	48764	40402	6936	1426	19536	18802	18273
佳木斯	Jiamusi	235820	188157	161923	20658	5576	47303	70098	69798
七台河	Qitaihe	45881	24873	19103	4356	1414	20901	2119	2107
牡丹江	Mudanjiang	137408	117099	85617	24580	6902	19020	12146	11764
黑河	Heihe	107116	99955	49490	40888	9577	6743	325559	324922
绥化	Suihua	555283	457948	363688	73937	20323	95820	408656	406640
大兴安岭	Daxinganling	14062	11875	9040	1709	1126	1833	1979	1979

注：1.2006—2017年数据是与第三次农业普查衔接后数据。
2.2018年畜产品数据包含农垦系统数据，(下同)。

a) Data from 2006 to 2017 on national accounts have been adjusted according to the results of the third national agricultural census.
b) In 2018, the data of animal husbandry in different cities include the data of farming system, (the same below).

11-13 续表 Continued

单位：吨 (ton)

年份 地区	Year Region	绵羊毛 Sheep Wool	#细羊毛 Fine Wool	#半细羊毛 Semi-Fine Wool	山羊毛 粗毛 Goat Wool	羊绒 Cashmere	禽蛋(万吨) Poultry Eggs (10000 ton)	蜂蜜 Honey
1978								4770
1980		9635	4409	5043	102	4		5290
1985		7564	3476	3992	57	5	20.5	5458
1986		6542	2830	3593	30	11	18.6	3932
1987		7086	3019	4002	26	19	20.5	4933
1988		7474	3295	4067	68	15	23.8	4529
1989		8503	3390	4942	125	11	24.3	4012
1990		9614	3672	5852	93	4	30.9	3052
1991		9737	3980	5757	75	4	36.8	2640
1992		9330	3503	5827	92	2	37.8	2600
1993		8329	3192	5137	112	1	36.8	2899
1994		8817	3399	5418	99	2	40.8	2801
1995		9751	3114	6637	96	6	48.6	3038
1996		11847	4004	7843	115	12	62.4	2964
1997		13014	3820	9194	91	18	67.5	2934
1998		12921	3956	8965	91	19	71.2	2678
1999		12793	3548	9245	108	17	74.9	2956
2000		13550	4365	9185	62	22	75.3	3765
2001		14540	4423	10117	182	58	80.3	7331
2002		17505	4576	12212	251	181	84.6	7781
2003		20606	6107	13154	713	393	90.3	7016
2004		24391	6297	16817	712	691	98.3	11884
2005		25734	5296	17769	874	793	102.7	11286
2006		25007	4254	15629	827	850	88.5	12716
2007		24929	4290	15837	624	856	92.3	10881
2008		23443	6111	17332	657	687	95.5	12242
2009		25309	4611	20698	382	770	104.9	15168
2010		28952	5532	21180	763	701	109.5	20370
2011		28952	5532	21180	763	701	110.7	20370
2012		31755	5453	23404	772	707	114.7	19691
2013		32129	5281	23790	1595	494	110.0	18023
2014		28375	5434	22941	1487	332	106.2	19004
2015		28959	4404	24294	1663	329	109.1	19995
2016		27417	3561	24294	1786	269	117.2	20574
2017		29741	3803	24294	1534	263	113.8	19236
2018		27196	3924	20879	1202	190	109	18816
2019		23610	3790	19820	1226	135	114	16883
哈尔滨	Harbin	490	66	424	39	3	214	934
齐齐哈尔	Qiqihar	8296	2541	5755	128	5	134	143
鸡西	Jixi	730	3	3	8	8	29	2212
鹤岗	Hegang	193	32	161	2	1	19	702
双鸭山	Shuangyashan	453		453		36	13	4001
大庆	Daqing	6670	1050	5620	514	24	123	45
伊春	Yichun	19	4	4	18	6	29	3314
佳木斯	Jiamusi	974		974	132	26	66	170
七台河	Qitaihe	274	62	212		2	9	
牡丹江	Mudanjiang	1480		1480	158	5	35	3724
黑河	Heihe	1241	26	1083	140	18	16	826
绥化	Suihua	3635	6	3629	64		232	535
大兴安岭	Daxinganling	35		22	23	2	5	277

11-14 水产品产量
Output of Aquatic Products

单位：吨 (ton)

年份 Year / 地区 Region		总产量 Total	#鱼类 Fish	#虾蟹类 Shrimps	#贝类 Shell-fish	#淡水捕捞 Fresh Water Fishing	#人工养殖 Artificially Cultured	#鱼类 Fish
1980		20172	20122	31	19	11219	8953	8953
1985		66389	65527	759	103	28184	38205	38205
1990		147869	146916	892	52	47940	99929	99929
1995		252900	251536	1253	108	52212	200688	200676
1996		290209	287973	2164	67	51896	238313	238281
1997		323450	321708	1419	71	48572	274878	274588
1998		357033	351773	5221	37	73111	283922	281916
1999		364998	362808	2151	37	52245	312753	312418
2000		382153	380586	1522	43	57637	324516	324230
2001		401892	399823	2019	47	37010	364882	364586
2002		417786	416256	1121	48	52197	365589	365031
2003		418915	415578	3229	99	47810	371105	368678
2004		430066	425003	4637	397	53568	376498	372885
2005		445970	438486	5936	451	50762	395208	389532
2006		330852	324237	5308	390	38802	292050	286638
2007		342505	335676	5525	372	38736	303769	298143
2008		355800	350628	4784	367	41795	314005	309927
2009		380700	375354	4943	377	43149	337551	333096
2010		399700	394052	5323	284	46885	352815	347952
2011		356720	353781	2927	512	54203	314998	314998
2012		452840	447524	4914	356	51946	400894	396431
2013		488615	483859	4346	358	51560	437055	432997
2014		513534	508805	4359	319	54138	459396	455313
2015		542368	537152	4808	357	57169	485199	480595
2016		572955	566398	6124	377	54551	518404	512395
2017		587302	579819	6978	424	51640	535662	528723
2018		624320	615619	8122	495	47100	577220	569687
2019		648300	637562	9951	735	40000	608300	598386
哈尔滨	Harbin	125818	125267	465	35	3851	121967	121476
齐齐哈尔	Qiqihar	70357	69357	1000		12210	58147	57206
鸡西	Jixi	44846	44406	440		2531	42315	41875
鹤岗	Hegang	11588	11562	25		594	10994	10973
双鸭山	Shuangyashan	13168	13106	62		708	12460	12398
大庆	Daqing	104042	97736	5806	500	10374	93668	87862
伊春	Yichun	4729	4729			366	4363	4363
佳木斯	Jiamusi	62126	62021	105		3980	58146	58041
七台河	Qitaihe	5911	5898	13			5911	5898
牡丹江	Mudanjiang	16586	16577	9		420	16166	16157
黑河	Heihe	16299	15866	233	200	992	15307	15074
绥化	Suihua	171055	169262	1793		3368	167687	165894
大兴安岭	Daxinganling	1775	1775			606	1169	1169

注：2006—2017年数据是与第三次农业普查衔接后数据。

a) Data from 2006 to 2017 on national accounts have been adjusted according to the results of the third national agricultural census.

11-15 特种作物生产情况
Production of Special Products

指 标	Item	播种面积(公顷) Sown Area(hectare)				产量(吨) Yield(ton)			
		2016	2017	2018	2019	2016	2017	2018	2019
药 材	Herb	28700	32887	41533	70731				
#人 参	#Panax	2014	3051	3105	9419	7652	11440	5329	18370
甘 草	Liquorice	229	118	703	640	642	190	6697	1278
枸 杞	Meddler	25	573	73	116	131	2085	176	173
龙胆草	Gentian		161	56	66		2705	236	48
月见草	Evening Primrose	736	1181	4938	3141	1417	2696	14479	6037
白瓜籽	Pumpkin seeds	80096	56301	26012	26302	125855	90358	40356	39554
万寿菊	Marigold	13001	4413	3039	2323	252133	76389	51641	24927
甜叶菊	Stevia Rebaudiana	4907	6218	666	180	21436	26285	2310	703
甜葫芦	Sweet Calabash	1504	1675	482	174	3897	4563	1484	399
花 卉	Flower	914	2217	454	355				

11-15 续表 Continued

指 标	Item	产 量 Yield				
		2015	2016	2017	2018	2019
食用菌(吨)	Edible Mushroom (ton)	474120	346454	463713	523038	548372
黑木耳(干品)	Jew's-ear (dry)	227045	175777	194462	312803	268434
香菇(干品)	Lentinus Edodes (dry)	20296	9667	9514	60710	71198
蘑菇类(鲜品)	Others(fresh)	226779	159286	258271	79044	159885
鲜切花(万枝)	Fresh Flower and Ikebana (10000 branch)	359	352	606	3705	2633
盆栽观赏植物(包括盆景)(万盆)	Potted Ornamental (include bonsai)(10000 basin)	972	922	1059	1039	165

11-16 特色养殖生产情况
Production of Characteristic Breeding

指 标	Item	年末存栏 Stock at Year-end			指 标	Item	出栏数量和产量 Output		
		2017	2018	2019			2017	2018	2019
熊(只)	Beer (head)	3614	3671	3986	熊胆汁(千克)	Beer Bile (kg)	30453	35974	44770
鹿(只)	Deer (head)	42515	35976	26595	鹿茸(千克)	Deer horn(kg)	56304	33241	20899
鸵鸟(只)	Ostrich (head)	1461	2913	2472	出栏山鸡(只)	Wild Chicken (head)	143648	136640	137507
山鸡(只)	Wild Chicken (head)	133253	113567	101532	出栏笨鸡(万只)	Domestic Chicken (10000 heads)	2105	1773	1642
貉子(只)	Racoon Dog (head)	875567	612378	773617					
鹧鸪(只)	Francolin (head)	33873	17296	18549	出栏肉犬(只)	Slaughtered Dog(head)	274022	247008	199199
狐(只)	Fox (head)	565545	422231	458592	林蛙(千克)	Rana Japonoca (kg)	640912	666941	198297
笨鸡(万只)	Domestic Chicken (10000 heads)	2100	1674	1601	蚕茧(吨)	Pod (ton)	4736	4550	3745

11-17 绿色食品种植业和山特产品情况(2019年)
Basic Statistics on Green Food and Special Mountain-Products(2019)

单位：万公顷、万吨 (10000 hectares, 10000 tons)

指 标	Item	绿色食品 Green Food		有机食品 Organic Food	
		面积	产量	面积	产量
种植业合计	**Total Crops**	**491.95**	**2420.1**	**37.43**	**151.5**
水 稻	Rice	204.24	1195.83	14.65	65.57
小 麦	Wheat	8.05	14.30		
玉 米	Corn	121.56	685.11	8.39	53.33
谷 子	Millet	2.72	9.80	3.01	6.59
大 豆	Soja	130.07	195.53	10.51	22.28
绿 豆	Mung bean	1.99	2.56	0.03	0.07
马铃薯	Potatoes	9.91	40.18	0.06	1.80
甜 菜	Beetroots				
蔬 菜	Vegetables	1.76	52.02	0.23	1.73
其 他	Others	11.66	224.82	0.55	0.15
山特产品合计	**Total Special Mountain-Product**	**6.06**	**31.84**	**5.95**	**4.14**
山野菜	Potherb	3.03	13.43	0.13	0.01
食用菌	Edible Mushroom	3.03	18.41	1.08	0.18
其 他	Others			4.74	3.95

注：有机食品指由中绿华夏有机食品认证中心认证的产品数据。
a) Organic food data was provided by the Green China Organic Food Certification Center.

11-18 绿色食品养殖业情况
Breed Aquatics of Green Food

指 标	Item	2015	2016	2017	2018	2019
牵动农户(户)	Number of Affected Households (household)	30419	30956	26511	26108	17650
生猪存栏(头)	Hogs in Stock (head)	53107	62399	52299	220700	144700
生猪出栏(头)	Slaughtered Fattened Hogs (head)	76420	77956	51289	164320	105800
猪肉产量(吨)	Output of Pork (ton)	5542	5651	3212	10342	6854
肉牛存栏(头)	Oxus in Stock (head)					
肉牛出栏(头)	Slaughtered Fattened Oxus (head)					
牛肉产量(吨)	Output of Beef (ton)					
奶牛存栏(头)	Milk Cow in Stock (head)	380270	1700			
牛奶产量(吨)	Output of Cow Milk (ton)	1036791	1090			
鹅存栏(只)	Goose in Stock (head)	754600	815000	175000	165000	665000
鹅出栏(只)	Slaughtered Fattened Goose (head)	1289400	1360000	686000	410000	620000

11-19 绿色食品加工企业情况
Basic Statistics on Green Food Processing

指 标	Item	2015	2016	2017	2018	2019
企业个数(个)	Number of Enterprises (unit)	600	890	970	1005	1040
职工人数(万人)	Number of Staff and Workers (10000 persons)	21.9	24.5	24.9	23.6	22.8
#技术人员	# Technicians	2.5	2.7	2.8	2.6	2.6
#中级职称以上	# The Secondary Title and Above	0.9	1.1	1.1	1.0	1.1
资产总额(亿元)	Total Assets (100 million yuan)	367.4	552.5	698.5	679.3	598.7
流动资产(亿元)	Circulating Funds (100 million yuan)	167.5	239.9	273.7	257.4	217.6
固定资产净值(亿元)	Net Value of Fixed Assets(100 million yuan)	199.9	312.6	330.0	351.9	297.6
投资额度(亿元)	Investment Amount (100 million yuan)	195.4	255.2	306.6	286.7	227.7
国家预算内投资	State Budgetary Appropriation	3.2	22.9	21.6	23.1	21.6
国内贷款	Domestic Loans	38.1	56.5	65.7	63.4	54.3
利用外资	Foreign Investment	1.3	1.8	2.6	3.1	1.3
自筹资金	Fundraising	145.2	160.7	207.0	173.0	140.4
其他投资	Others	7.6	13.3	9.7	24.1	10.0
产品产量(万吨)	Yield of Products (10000 tons)	1350.0	1510.0	1740.0	1790.0	1670.0
产值(亿元)	Output Value (100 million yuan)	1380.0	1480.0	1615.0	1650.0	1585.0
利税(亿元)	Profit and Revenue (100 million yuan)	89.6	97.1	98.5	98.9	89.8
定单数量(万吨)	Amount of Orders (10000 tons)	603.4	930.6	950.3	965.0	915.0
#省 内	# Inside the Province	144.7	194.7	201.2	211.7	201.1
省 外	Outside the Province	422.3	695.7	705.4	713.2	675.1
国 外	at Abroad	36.4	40.2	43.7	40.1	38.8

11-20 林业生产情况
Basic Statistics on Forestry

指 标	Item	2017	2018	2019
营造林面积(公顷)	**Total Area of Afforestation(hectare)**	**121124**	**121705**	**120858**
人工造林面积	Manual Planting	39246	51353	41634
飞播造林面积	Airplane Planting			
当年新封山(沙)育林面积	New Closing Hillsides for Afforestation	42250	30763	26241
退化林修复面积	Restoration of Degraded Forest	39555	39184	50263
人工更新面积	Artificial Regeneration	74	406	2720
森林抚育面积	Working Area of Forest	893993	886978	816717
年末实有封山(沙)育林面积(公顷)	**Closing Hillsides for Afforestation at Year-end**	**764856**	**720140**	**272568**
四旁(零星)植树(株)	**Oddly Tree Planting (root)**	**18677925**	**4720681**	**724100**
商品材采伐(立方米)	**Forest Cutting (cu.m)**	**911841**	**690865**	**458200**

主要统计指标解释

农林牧渔业总产值 指以货币表现的农、林、牧、渔业全部产品和对农林牧渔业生产活动进行的各种支持性服务活动的价值总量，它反映一定时期内农林牧渔业生产总规模和总成果。1957 年以前的农林牧渔业总产值中包括了厩肥和农民自给性手工业(如农民自制衣服、鞋、袜，自己从事粮食初步加工等)。1958 年及以后，林业中增加了村及村以下竹木采伐产值；牧业中取消了厩肥产值；副业中取消了农民自给性手工业产值，增加了村及村以下办的工业产值；渔业中增加了海洋捕捞水产品产值。1980 年及以后，在副业中增加了农民家庭兼营工业商品部分的产值。从 1984 年起村及村以下工业产值划归工业。从 1993 年起取消副业，将野生动物的捕猎划入牧业，野生植物采集和农民家庭兼营商品性工业划归农业。从 2003 年起，执行新的国民经济行业分类标准，农林牧渔业总产值中包括了农林牧渔服务业产值，2018 年以后农林牧渔服务业产值改称农林牧渔专业及辅助性活动产值。林业中增加了森林采运业产值。农业中取消了家庭兼营商品性工业产值，将野生林产品的采集划归林业。第一、二、三次农业普查以后，根据农业普查结果，对农业、畜牧业、渔业年报数据和农业、畜牧业、渔业产值进行了修订。2010 年执行《统计用产品分类目录》，对 2009 年的农业、林业产值做了相应调整。

农林牧渔业总产值的计算方法通常是按农、林、牧、渔业产品及其副产品的产量分别乘以各自单位产品价格求得；少数生产周期较长，当年没有产品或产品产量不易统计的，则采用间接方法匡算其产值；然后将四业产品产值及农林牧渔服务业产值相加即为农林牧渔业总产值。

粮食产量 指日历年度内生产的全部粮食数量。按收获季节包括夏收粮食、早稻和秋收粮食，按作物品种包括谷物、薯类和豆类。其产量计算方法：谷物按脱粒后的原粮计算，豆类按去豆荚后的干豆计算；薯类(包括甘薯和马铃薯，不包括芋头和木薯)1964 年以前按每 4 公斤鲜薯折 1 公斤粮食计算，从 1964 年开始改为按 5 公斤鲜薯折 1 公斤粮食计算；城市郊区作为蔬菜的薯类(如马铃薯等)按鲜品计算，并且不作粮食统计。1989 年以前全国粮食产量数据主要靠全面报表取得，1989 年开始使用抽样调查数据。

棉花产量 指全社会的产量。包括春播棉和夏播棉。产量按皮棉计算。不包括木棉。

油料产量 指全部油料作物的生产量。包括花生、油菜籽、芝麻、向日葵籽、胡麻籽（亚麻籽）和其他油料。不包括大豆、木本油料和野生油料。花生以带壳干花生计算。

水产品产量 指渔业（捕捞和养殖）生产活动的最终有效成果，包括全部海水和淡水鱼类、甲壳类（虾、蟹）、贝类、头足类、藻类和其他类渔业产品的最终产量。水产品产量是通过各级水产和统计部门逐级上报取得数据。1995 年及以前，贝类中牡蛎按鲜肉计算；蚶、蛤、蛙按 5 斤鲜品折 1 斤计算。1996 年以后则统一按鲜品计算。

猪、牛、羊肉产量 指当年出栏并已屠宰、除去头蹄下水后带骨肉(即胴体重)的重量。包括全社会范围内的产量。1996 年以前为全面统计并逐级上报数据。1996 年第一次农业普查以后，根据普查结果，对畜牧业主要年报数据进行了修正。1999 年以后，国家统计局在部分地区开展了猪、牛、羊、禽等主要畜禽品种的抽样调查，并用抽样数据作为国家定案数据使用。未开展抽样调查的地区和品种，仍使用各级统计部门逐级上报数据。2008 年，建立了主要畜禽监测调查制度，猪、牛、羊、禽等主要畜禽数据均以抽样调查数为法定数据。

期初(末)畜禽存栏头(只)数 指报告期初(末)农村各种合作经济组织和国营农场、农民个人、机关、团体、学校、工矿企业、部队等单位以及城镇居民饲养的大牲畜、猪、羊、家禽等畜禽的数量。数据上报方式及数据调整情况同猪、牛、羊肉产量。

农作物播种面积 指日历年度内收获农作物在全部土地（耕地或非耕地）上的播种或移植面积。凡是本年内收获的农作物，无论是本年还是上年播种，都算为播种面积，但不包括本年播种，下年收获的农作物面积。

耕地灌溉面积 指具有一定的水源，地块比较平整，灌溉工程或设备已经配套，在一般年景下能够进行正常灌溉的耕地面积。在一般情况下，有效灌溉面积应等于灌溉工程或设备已经配套，能够进行正常灌溉的水田和水浇地面积之和。它是反映我国农田水利建设的重要指标。

农用化肥施用量 指本年内实际用于农业生产的化肥数量，包括氮肥、磷肥、钾肥和复合肥。化肥施用量要求按折纯量计算数量。折纯量是指把氮肥、磷肥、钾肥分别按含氮、含五氧化二磷、含氧化钾的百分之百成份进行折算后的数量。复合肥按其所含主要成分折算。公式为：

折纯量=实物量 × 某种化肥有效成份含量的百分比

农业机械总动力 指全部农业机械动力的额定功率之和。农业机械是指用于种植业、畜牧业、渔业、农产品初加工、农用运输和农田基本建设等活动的机械及设备。农机总动力按使用能源不同分为以下四部分：

柴油发动机动力：指全部柴油发动机额定功率之和；

汽油发动机动力：指全部汽油发动机额定功率之和；

电动机动力：指全部电动机（含潜水电泵的电动机）额定功率之和；

其他机械动力：指采用柴油、汽油、电力之外的其他能源，如水力、风力、煤炭、太阳能等动力机械功率之和。

本指标的统计数据来源于农机部门。

乡村户数 指长期(一年以上)居住在乡镇(不包括城关

镇)行政管理区域内的住户，还包括居住在城关镇所辖行政村范围内的农村住户。户口不在本地而在本地居住一年及以上的住户也包括在本地农村住户内；有本地户口，但举家外出谋生一年以上的住户，无论是否保留承包耕地都不包括在本地农村住户范围内。不包括乡村地区内的国有经济的机关、团体、学校、企业、事业单位的集体户。

乡村人口 指乡村地区常住居民户数中的常住人口数，即全年经常在家或在家居住6个月以上，而且经济和生活与本户连成一体的人口。外出从业人员在外居住时间虽然在6个月以上，但收入主要带回家中，经济与本户连为一体，仍视为家庭常住人口；在家居住，生活和本户连成一体的国家职工、退休人员也为家庭常住人口。但是现役军人、中专及以上(走读生除外)的在校学生、以及常年在外(不包括探亲、看病等)且已有稳定的职业与居住场所的外出从业人员，不应当作家庭常住人口。

乡村从业人员 指乡村人口中16周岁以上实际参加生产经营活动并取得实物或货币收入的人员，即包括劳动年龄内经常参加劳动的人员，也包括超过劳动年龄但经常参加劳动的人员，但不包括户口在家的在外学生、现役军人和丧失劳动能力的人，也不包括待业人员和家务劳动者。从业人员按从事主业时间最长（时间相同按收入）分为农林牧渔业从业人员、工业从业人员、建筑业从业人员、交通运输业、仓储及邮电通讯业从业人员、批零贸易及餐饮业从业人员、其他非农行业从业人员。

Explanatory Notes on Main Statistical Indicators

ross Output Value of Agriculture, Forestry, Animal Husbandry and Fishery refers to the total value of products of agriculture, forestry, animal husbandry and fishery, and total value of services in support of agriculture, forestry, animal husbandry and fishery activities. It reflects the total scale and results of agricultural production during a given period. Prior to 1957, China's gross agricultural output value included barnyard manure and handicraft products for self-consumption (clothes, shoes, stockings, and initial grain processing undertaken by peasants). Since 1958, cutting and felling of bamboo and trees by villages and other cooperative organizations under villages have been included in forestry; value of barnyard manure has been excluded from animal husbandry; self consumed handicrafts have not been included from sideline occupations, while the output value of industries run by villages and cooperative organizations under village has been included in sideline occupations; and the output value of fish catches by motor fishing boats has been added to fishery. Since 1980, the value of handicraft products made for sale by individuals in households has been added to sideline occupations. Since 1984, industries run by villages and under villages have been included in the sector of industry. Since 1993, the subdivision of sideline occupations has been cancelled, and the hunting of wild animals has been classified into animal husbandry, and the gathering of wild plants and commodity industry run by rural household have been included in farming. A new industrial classification of economic activities was introduced in 2003. Under the new classification, value of services to agriculture, forestry, animal husbandry and fishery is included in the gross output value of agriculture. In 2018, the output value of agriculture, forestry, animal husbandry and fishery services was renamed the output value of professional and auxiliary activities in support of agriculture, forestry, animal husbandry and fishery, value of wood felling and transport is included in forestry, value of industrial output by rural households is not included in agriculture. According to the result of the first, second, third Agriculture Census, efforts were made to adjust the annual reports of animal husbandry and fishery output and the output value of agriculture, animal husbandry and fishery output to make the figures from the annual reports consistent with the census data. "The Classification of Products for Statistical Purposes" implemented in 2010 made relevant revision on the output value of agriculture and forestry in 2009.

Gross output value of agriculture is obtained by multiplying the output of each product or by-product by its price, resulting in the output value of each single item. For a small number of products, annual output of which is not available or difficult to get due to the long production (growing) process involved, the output value is estimated through an indirect approach. The sum of output values of all products of agriculture, forestry, animal husbandry and fishery and services in support to those industries is then equal to the gross output value of agriculture.

Grain Output refers to the total output of grains produced by agricultural producers within a calendar year. It includes summer grain, early rice and autumn grain if classified by harvest seasons; it covers cereal, tubers and beans if classified by type of crops. Output of cereal should be limited to husked grain only. Output of beans refers to dry beans without pods. The output of tubers (sweet potatoes and potatoes, not including taros and cassava) are converted into that of grain at the ratio 4:1, i.e. 4 kilograms of fresh tubers were equivalent to 1 kilogram of grain up to 1964. Since 1964 the ratio for conversion has been 5:1, and Starting from 2014, the ratio for conversion has been 1:1. Tubers supplied as vegetables (such as potatoes) in cities and suburbs are calculated as fresh vegetables and their output is not included in the output of grain. Data on grain production before 1989 were obtained through the Comprehensive Statistical Reporting System. Since 1989, data from sample surveys are used.

Cotton Output refers to cotton production in the whole country including cotton planted in spring and in autumn. Output is measured as the weight of ginned cotton. Ceiba is not included.

Output of Oil-bearing Crops refers to the total production of oil-bearing crops of various kinds, including peanuts (dry, in shell), rapeseeds, sesame, sunflower seeds, flax seeds, and other oil-bearing crops. Soybeans, oil-bearing woody plants, and wild oil-bearing crops are not included.

Output of Aquatic Products refers to final output actually yielded from fishing production (fishery and breeding), including all output of marine and freshwater fish, crustaceans (shrimps, crabs), shellfish, cephalopod, seaweed and other fishery products. Data on output of aquatic products are reported by aquatic product and statistical agencies level by level. Before 1995, among the shellfish, oyster was counted as fresh meat; 5 kilograms of ark shell, clams and frogs are equivalent to 1 kilogram of fresh aquatic products; they have all been counted as fresh aquatic products since 1996.

Output of Pork, Beef, and Mutton refers to the meat of slaughtered hogs, cattle, sheep and goats with head, feet, and offal taken away. Data refers to the production of the whole country. Before 1996, it was a comprehensive reporting from the lower level to the upper one. The First Agricultural Census of China in 1996 revealed some discrepancy between the production of animal products from the annual reports and that from the census. Efforts were made to adjust the output value of animal husbandry to make the figures from the annual reports

consistent with the census data. Since 1999, the NBS conducted sample surveys for the major animal husbandry products, such as hogs, cattle, sheep and goats and fowls, and the data from sample surveys are used as national finalized data. Those products, which are not covered by the sample survey, are still reported by statistical agencies level by level. In 2007, the data on animal husbandry from 2000 to 2006 were revised according to the results of the Second Agriculture Census of China. In 2008, A Monitoring and Survey Program was set up on main livestock, the data on the main livestock such as hog, cattle, sheep and poultry became the official data based on the sampling survey.

Number of Livestock or Poultry in Stock at Beginning (or End) of Period refers to the total number of large animals, pigs, sheep, fowls, etc. raised by rural cooperative organizations, State farms, rural individuals, government agencies, schools, industrial and mining enterprises, army, and urban residents at the beginning (or end) of the reference period. Data reporting system and data adjustment are the same as that in the output of pork, beef and mutton.

Sown Area of Crops refers to area of all land (cultivated or non-cultivated area) sown or transplanted with crops that are harvested within the calendar year by agricultural producers. All crops harvested within the year are counted as sown area, regardless of being sown in this year or the previous year. Crops sown this year but will be harvested in the coming year are excluded.

Irrigated Area of Cultivated Land refers to area of land that are effectively irrigated, i.e. relatively level land, where there are water sources or complete sets of irrigation facilities to lift and move adequate water for irrigation purpose under normal conditions. Under normal situations, irrigated area is the sum of watered fields and irrigated fields where irrigation systems or equipment have been installed for regular irrigation purpose. It is an important indicator to reflect the farmland water conservancy construction in China.

Consumption of Chemical Fertilizers in Agriculture refers to the quantity of chemical fertilizers applied in agriculture in the year, including nitrogenous fertilizer, phosphate fertilizer, potash fertilizer, and compound fertilizer. The consumption of chemical fertilizers is calculated in terms of volume of effective components by means of converting the gross weight of the respective fertilizers into weight containing effective component (e.g. nitrogen content in nitrogenous fertilizer, phosphorous pentoxide contents in phosphate fertilizer, and potassium oxide contents in potash fertilizer). Compound fertilizer is converted in regard to its major components. The formula is:

Volume of effective component = physical quantity× effective component of certain chemical fertilizer (%)

Total Power of Agricultural Machinery refers to the total rated capacity of all agricultural machinery. Agricultural machinery refers to the machineries and equipments which are used for activities of planting, animal husbandry, fishery, primary processing of agricultural products, agricultural transport and infrastructure construction of farmland. Total power of agricultural machinery is grouped into four parts according to the energy used:

Diesel engine power refers to the total rated capacity of all diesel engines.

Gasoline engine power refers to the total rated capacity of all gasoline engines.

Motor power refers to the total rated capacity of all motors (include submersible pump motors).

Other mechanical powers refer to the total mechanical capacity of the sources of energy besides diesel, gasoline and motor power, such as hydro power, wind power, coal and solar energy.

Data are mainly from agricultural machinery agencies.

Number of Households in Villages refers to households resident on a long term basis (i.e. 1 year or more) in administrative districts in townships (not including urban townships), including rural households resident in areas under the jurisdiction of urban townships. Households whose household registration is not in the locality yet resident for one year or more are included among the rural households. Households having local household registration yet the whole household having left for somewhere else for work for one year or more, whether still retaining contracted farmland, are not included among the local rural households. Also not included are collective households associated with institutions of the State economy, organizations, schools and enterprises.

Number of Residents of Villages refers to the number of usual residents in usual resident households in rural areas. These are persons who are regularly at home or are at home for 6 months or more and economically and socially integrated with the household. For persons who are away from home for employment for more than 6 months yet the main income is brought back home and thus economically integrated with the household, the person is still considered as a usual resident of the household. National employee and retired personnel who reside at home and whose living is integrated with the household are also considered as usual residents. However, serving military personnel, students at secondary technical level or above (unless commuting between school and home), employed persons who are regularly elsewhere the year round (except visiting relatives or receiving medical attention) and having a stable job and residence should not be considered as usual resident of the household.

Rural Persons Engaged refer to persons in the rural labour force aged over 16 years who are engaged in actual production and management activities and receive payment in kind or wages, including those covered within the labour force age bracket and regularly participating in production activities, and those who are out of the labour force age bracket yet also participating in production activities regularly. Students studying in other places with their permanent residence registered in local areas, servicemen and persons incapable of working are not included. Also not included are those who are waiting for jobs and those engaged in housework. Persons employed are classified as persons engaged in agriculture, forestry, animal husbandry or fishery activities; persons engaged in industrial activities; persons engaged in construction activities; persons engaged in transport, storage and telecommunications activities; persons engaged in wholesale and retail trade and catering activities; and persons engaged in other non-agriculture activities. In case the person is engaged in more than one type of work, classification is according to the industry in which he works most of the time (where time is the same income would be the criterion).

第十二篇　工　业

CHAPTER 12　INDUSTRY

资料整理: 杨　阳　张小璇　吴晨晨

12-1　工业企业单位数
Number of Industry Enterprises

单位：个　　(unit)

类　别	Category	2015	2016	2017	2018	2019
总　计	**Total**	**4162**	**3946**	**3731**	**3251**	**3531**
#亏损企业	#Loss-making Enterprises	835	705	1001	876	807
#国有控股企业	#State-holding Enterprises	446	447	482	466	492
按登记注册类型分	**Grouped by Status of Registration**					
内资企业	Domestic Funded	3964	3758	3549	3096	3377
国有企业	State-owned Enterprises	135	120	119	109	89
#中央企业	#Central Industry	25	15	14	20	24
集体企业	Collective-owned Enterprises	42	29	28	34	28
股份合作企业	Cooperative Enterprises	16	11	6	6	6
联营企业	Joint Ownership Enterprises	3	1			
有限责任公司	Limited Liability Corporations	1588	1612	1532	1283	1334
股份有限公司	Share Holding Enterprises	211	214	191	169	166
私营企业	Private Enterprises	1955	1759	1660	1488	1746
私营独资企业	Private-funded Enterprises	66	42	32	23	27
私营合伙企业	Private Partnership	5	3	2	2	3
私营有限责任公司	Private Limited Liability Corporations	1769	1604	1532	1383	1642
私营股份有限公司	Private Share-holding Enterprises	115	110	94	80	74
其他企业	Other Enterprises	14	12	13	7	8
港、澳、台商投资企业	Enterprises with Funds from Hong Kong, Macao and Taiwan	60	61	65	49	43
外商投资企业	Foreign Funded Enterprises	138	127	117	106	111
按轻重工业分	**Grouped by Light and Heavy Industry**					
轻 工 业	Light Industry	2001	1952	1793	1564	1664
重 工 业	Heavy Industry	2161	1994	1938	1687	1867
按企业规模分	**Grouped by Size of Enterprises**					
大　型	Large Enterprises	102	87	79	81	79
中　型	Medium-sized Enterprises	490	465	389	339	348
小　型	Small Enterprises	3204	3050	2601	2194	2286
微　型	Micro type	366	344	662	637	818
按行业分	**Grouped by Sector**					
采矿业	Mining and Quarrying	212	175	206	198	211
#煤炭开采和洗选业	#Mining and Washing of Coal	128	95	137	135	144
石油和天然气开采业	Extraction of Petroleum and Natural Gas	1	1	2	2	3
制造业	Manufacturing	3609	3401	3107	2624	2838
电力、热力、燃气及水的生产和供应业	Production and Supply of Electric, heat, Gas and Water	341	370	418	429	482

12-2 工业企业主要经济指标(2019年)

单位：个、万元

类 别	Category	单位数 Number of Enterprises	#亏损企业 Loss-making Enterprises
总 计	**Total**	**3531**	**807**
#亏损企业	#Loss-making Enterprises	807	807
#国有控股企业	#State-holding Enterprises	492	163
按登记注册类型分	**Grouped by Status of Registration**		
内资企业	Domestic Funded	3377	773
国有企业	State-owned Enterprises	89	43
#中央企业	#Central Industry	24	10
集体企业	Collective-owned Enterprises	28	3
股份合作企业	Cooperative Enterprises	6	1
联营企业	Joint Ownership Enterprises		
有限责任公司	Limited Liability Corporations	1334	341
国有独资公司	Sole State-funded Corporations	93	30
其他有限责任公司	Other Limited Liability Corporations	1241	311
股份有限公司	Share Holding Enterprises	166	47
私营企业	Private Enterprises	1746	336
私营独资企业	Private-funded Enterprises	27	4
私营合伙企业	Private Partnership	3	
私营有限责任公司	Private Limited Liability Corporations	1642	315
私营股份有限公司	Private Share-holding Enterprises	74	17
其他企业	Other Enterprises	8	2
港、澳、台商投资企业	Enterprises with Funds from Hong Kong, Macao and Taiwan	43	8
外商投资企业	Foreign Funded Enterprises	111	26
按经济组织类型分	**Grouped by Medium-sized Enterprises**		
独资企业	Proprietorship	213	72
国有企业	State-owned Enterprises	89	43
集体企业	Collective-owned Enterprises	28	3
私营独资企业	Private-funded Enterprises	27	4
港澳台商独资经营企业	Proprietorship from Hong Kong, Macao and Taiwan	18	5
外资企业	Foreign Funded Enterprises	51	17
合作、合伙企业	Cooperative Enterprises and Partnership	25	3
股份合作企业	Cooperative Enterprises	6	1
国有联营企业	State Joint Ownership Enterprises		
集体联营企业	Collective Joint Ownership Enterprises		
国有与集体联营企业	State and Collective Joint Ownership Enterprises		
其他联营企业	Other Joint Ownership Enterprises		
私营合伙企业	Private Partnership	3	
港或澳、台资合作经营企业	Cooperative Enterprises with Funds from Hong Kong, Macao and Taiwan	2	
中外合作经营企业	Sino-foreign Cooperative Enterprises	3	
其他企业(内资)	Other Enterprises (Domestic Funded)	8	2
股份有限公司	Share Holding Enterprises	243	66
股份有限公司(内资)	Share Holding Enterprises (Domestic Funded)	166	47
私营股份有限公司	Private Share Holding Enterprises	74	17
港澳台商投资股份有限公司	Share Holding Enterprises with Funds from Hong Kong, Macao and Taiwan		
外商投资股份有限公司	Foreign Funded Share Holding Enterprises	3	2
有限责任公司	Limited Liability Corporations	3050	666
国有独资公司	Sole State-funded Corporations	93	30
私营有限责任公司	Private Limited Liability Corporations	1642	315
港澳台合资经营企业	Joint Venture Enterprises of Hong Kong, Macao and Taiwan	22	3
中外合资经营企业	Sino-foreign Cooperative joint venture Enterprises	52	7
其他有限责任公司	Other Limited Liability Corporations	1241	311

Major Indicators of Industrial Enterprises (2019)

工业总产值 Total Industrial Output Value	资产总计 Total Assets	流动资产合计 Total Current Assets	应收帐款 Accounts Receivable	产成品 Finished Goods	固定资产原价 Original Value of Fixed Assets	固定资产净额 Net Fixed Assets	负债合计 Total Liabilities	营业收入 Business Revenue
91861393	**163968365**	**71128161**	**14768399**	**4513934**	**135985750**	**57861990**	**96513756**	**100571198**
16881348	36418678	13401643	2349490	1016402	28185485	14289098	31153912	17496777
46056836	101370775	37041038	6800773	1580582	108857826	42002487	59324786	51107439
82635637	147796921	62789396	12790665	3985333	125742732	53278600	87139153	87243361
3805436	5658268	2486379	669309	210819	5554065	2343348	6492257	3855402
2814489	3303694	1643169	536186	98622	3510606	1199819	4236681	2872678
628628	794708	696258	348528	18487	308386	79600	526062	636989
20494	23119	16668	3879	642	12237	5622	5255	12573
46644887	106750548	42126646	7884604	2072359	100849778	41798254	60931999	50697281
5584171	15334030	6559007	2191554	222665	12422516	6115606	11329578	7427120
41060716	91416518	35567640	5693050	1849694	88427262	35682647	49602421	43270161
13821862	13999216	6151438	1163585	594568	10205536	3917204	6725788	13986558
17686407	20543233	11290649	2718106	1087188	8806796	5130515	12442856	18025958
133919	156301	90766	21945	7457	55129	34960	124076	141702
12084	21573	13668	2282	209	8184	2692	14811	12860
15952619	17977368	10013596	2433873	963760	8005620	4694772	11194914	16412301
1587785	2387991	1172619	260007	115762	737864	398091	1109056	1459094
27923	27830	21357	2653	1270	5934	4056	14937	28600
3129018	5342127	2984516	312552	99438	2669901	938298	2846856	4143319
6096739	10829317	5354248	1665182	429164	7573118	3645092	6527747	9184518
8263819	12437465	6890503	1509229	496865	8306852	3756719	10591338	9779390
3805436	5658268	2486379	669309	210819	5554065	2343348	6492257	3855402
628628	794708	696258	348528	18487	308386	79600	526062	636989
133919	156301	90766	21945	7457	55129	34960	124076	141702
1522073	3168119	2300202	232076	51731	470141	269004	1751549	2527532
2173762	2660069	1316898	237371	208371	1919132	1029806	1697394	2617766
869163	1202208	267211	25293	6790	1599406	332787	306092	860830
20494	23119	16668	3879	642	12237	5622	5255	12573
12084	21573	13668	2282	209	8184	2692	14811	12860
750261	956609	142909	4037	4005	1405391	229583	170945	748604
41008	76922	36950	3162		68927	30650	39301	41277
27923	27830	21357	2653	1270	5934	4056	14937	28600
15435517	16444307	7356331	1439980	711987	10987210	4336964	7890317	15508497
13821862	13999216	6151438	1163585	594568	10205536	3917204	6725788	13986558
1587785	2387991	1172619	260007	115762	737864	398091	1109056	1459094
25871	57100	32273	16388	1657	43811	21669	55472	62844
67292895	133884385	56614116	11793898	3298293	115092283	49435519	77726009	74422481
5584171	15334030	6559007	2191554	222665	12422516	6115606	11329578	7427120
15952619	17977368	10013596	2433873	963760	8005620	4694772	11194914	16412301
850101	1205360	532316	75170	43037	788230	437039	916178	861099
3845288	7951110	3941558	1400251	219136	5448655	2505455	4682920	6451799
41060716	91416518	35567640	5693050	1849694	88427262	35682647	49602421	43270161

12-2 续表1

单位：个、万元

类别	Category	单位数 Number of Enterprises
按轻重工业分	**Grouped by Light and Heavy Industry**	
轻工业	Light Industry	1664
重工业	Heavy Industry	1867
按行业分	**Grouped by Industry**	
采矿业	Mining and Quarrying	211
煤炭开采和洗选业	Mining and Washing of Coal	144
石油和天然气开采业	Extraction of Petroleum and Natural Gas	3
黑色金属矿采选业	Mining and Processing of Ferrous Metal Ores	7
有色金属矿采选业	Mining and Processing of Non-ferrous Metal Ores	12
非金属矿采选业	Mining and Processing of Non-metal Ores	27
开采专业及辅助性活动	Professional and Support Activities For Mining	18
其他采矿业	Mining of Other Ores	
制造业	Manufacturing	2838
农副食品加工业	Processing of Food from Agricultural Products	1010
食品制造业	Manufacture of Foods	128
酒、饮料和精制茶制造业	Manufacture of Liquor, Beverages and Refined Tea	96
烟草制品业	Manufacture of Tobacco	2
纺织业	Manufacture of Textile	33
纺织服装、服饰业	Manufacture of Textile, Wearing Apparel and Accessories	6
皮革、毛皮、羽毛及其制品和制鞋业	Manufacture of Leather, Fur, Feather and Related Products and Footwear	55
木材加工和木、竹、藤、棕、草制品业	Processing of Timber, Manufacture of Wood, Bamboo, Rattan, Palm and Straw Products	110
家具制造业	Manufacture of Furniture	30
造纸和纸制品业	Manufacture of Paper and Paper Products	39
印刷和记录媒介复制业	Printing and Reproduction of Recording Media	26
文教、工美、体育和娱乐用品制造业	Manufacture of Articles for Culture, Education, Arts and Crafts, Sport and Entertainment Activities	12
石油、煤炭及其他燃料加工业	Processing of Petroleum, Coal and Other Fuels	47
化学原料和化学制品制造业	Manufacture of Raw Chemical Materials and Chemical Products	178
医药制造业	Manufacture of Medicines	111
化学纤维制造业	Manufacture of Chemical Fibers	3
橡胶和塑料制品业	Manufacture of Rubber and Plastics Products	70
非金属矿物制品业	Manufacture of Non-metallic Mineral Products	274
黑色金属冶炼及压延加工业	Smelting and Pressing of Ferrous Metals	13
有色金属冶炼及压延加工业	Smelting and Pressing of Non-ferrous Metals	14
金属制品业	Manufacture of Metal Products	91
通用设备制造业	Manufacture of General Purpose Machinery	125
专用设备制造业	Manufacture of Special Purpose Machinery	153
汽车制造业	Manufacture of Automobiles	36
铁路、船舶、航空航天和其他运输设备制造业	Manufacture of Railway, Ship, Aerospace and Other Transport Equipment's	39
电气机械及器材制造业	Manufacture of Electrical Machinery and Apparatus	67
计算机、通信和其他电子设备制造业	Manufacture of Computers, Communication and Other Electronic Equipment	13
仪器仪表制造业	Manufacture of Measuring Instruments and Machinery	29
其他制造业	Other Manufacture	4
废弃资源综合利用业	Utilization of Waste Resources	17
金属制品、机械和设备修理业	Repair Industry of Metal Products, Machinery and Equipment	7
电力、热力、燃气及水的生产和供应业	Production and Supply of Electric Power, heat, Gas and Water	482
电力、热力生产和供应业	Production and Supply of Electric Power and Heat Power	407
燃气生产和供应业	Production and Supply of Gas	43
水的生产和供应业	Production and Supply of Water	32

Continued

(unit, 10000 yuan)

#亏损企业 Loss-making Enterprises	工业总产值 Total Industrial Output Value	资产总计 Total Assets	流动资产合计 Total Current Assets	应收帐款 Accounts Receivable	产成品 Finished Goods	固定资产原价 Original Value of Fixed Assets	固定资产净额 Net Fixed Assets	负债合计 Total Liabilities	营业收入 Business Revenue
341	28343944	32416443	19411514	3704605	2018671	13217221	7955501	17469941	31017613
466	63517449	131551922	51716647	11063794	2495263	122768529	49906489	79043815	69553586
59	18688486	51316290	17570074	1894383	698776	65126528	20641438	25312775	19742062
38	4206696	8076001	3286951	830915	230826	7181916	2998575	6564519	4402226
1	10392850	37615850	11950336	280449	352229	53034306	16118466	14108694	11248831
3	113507	430497	98629	8334	9047	218337	150650	297086	125672
5	755042	1527123	324379	28846	15970	800328	570139	782436	764628
9	183939	281134	160348	64291	21732	109844	61922	148243	158384
3	3036452	3385685	1749431	681548	68972	3781797	741686	3411799	3042321
593	60718292	78401064	45593689	11056557	3759274	36580553	19022528	46966564	67913910
186	14480252	12416121	7533911	960314	1195397	4642248	3119954	7509229	15495191
29	4826829	5656329	3400434	938172	173889	2597449	1534450	2765824	5627543
28	2235655	2760389	1259837	112523	126899	1492466	922486	1514364	2275921
	1106242	1016929	640633	74618	17443	581662	273279	262550	1111055
10	250225	414962	272888	58220	68198	160198	88032	261406	255394
2	42212	72151	63441	33516	4286	16499	7916	41304	49139
2	552127	141115	110962	58633	22871	21353	14916	73542	507818
22	562612	557332	369977	86497	55311	160794	94281	374674	475477
9	223779	409815	269318	79855	43262	163659	88127	279766	221122
15	418050	655619	321481	112012	40236	516881	403221	341486	415254
9	120136	169835	105313	29174	4540	113292	36453	87954	127926
2	32763	64124	31476	5424	8243	22592	11278	40613	31793
19	11884069	7791083	3096076	316966	323801	8131452	2638145	5239661	12174201
37	3393539	4786337	2492315	439909	227810	2573142	1239527	3281586	3673181
25	2688819	5694764	3527246	791711	158956	2165933	1070720	2509904	3264506
2	8643	11229	7448	1817	647	2855	1226	7038	8651
15	976138	1757029	1144902	242939	42942	517071	216391	1137939	1279168
82	2266752	5025503	2565078	962990	188187	2667925	1559541	3291543	2281147
1	3080160	3411161	1396574	266015	56717	1569603	1194531	2132787	3540148
5	606346	1062749	387017	28347	21799	802054	580430	749417	589707
12	779311	955011	614067	242242	42720	385215	234211	537498	799902
16	2135254	6125244	4742770	1033912	287690	1592503	670560	4232937	2262632
21	2690139	7120964	4777165	2277163	222686	2436288	1466879	4233872	4001776
16	1676867	3009295	1739348	484142	74517	1237548	589316	2271730	3669981
4	1019513	1557946	941443	335214	31028	598381	294888	736919	1119575
12	1494393	3784902	2655150	644176	236547	952605	437320	2009382	1483551
1	250968	842707	388205	159710	34201	191831	106571	394212	190670
2	293474	611530	464017	164818	37956	114970	43308	340851	345394
2	27249	54546	36140	13362	4427	15328	9145	25870	30381
6	507898	232466	154453	68162	5377	54275	31476	132460	503549
1	87883	231879	84605	34005	694	82483	43951	148248	102158
155	12454616	34251012	7964397	1817460	55885	34278669	18198024	24234416	12915226
131	11642271	30441884	6681844	1650730	43632	32440175	17046909	21642543	12050753
10	570611	1114347	415833	79748	11411	702687	366337	684520	592868
14	241734	2694780	866720	86982	842	1135807	784779	1907353	271606

12-2 续表2

单位：万元

类 别	Category
总 计	**Total**
#亏损企业	#Loss-making Enterprises
#国有控股企业	#State-holding Enterprises
按登记注册类型分	**Grouped by Status of Registration**
内资企业	Domestic Funded Enterprises
国有企业	State-owned Industry
#中央企业	#Central Industry
集体企业	Collective-owned Enterprises
股份合作企业	Share Holding Enterprises
联营企业	Joint Ownership Enterprises
有限责任公司	Limited Liability Corporations
国有独资公司	Sole State-funded Corporations
其他有限责任公司	Other Limited Liability Corporations
股份有限公司	Share Holding Enterprises
私营企业	Private Enterprises
私营独资企业	Private Proprietorship
私营合伙企业	Private Partnership
私营有限责任公司	Private Limited Liability Enterprises
私营股份有限公司	Private Share Holding Enterprises
其他企业	Other Enterprises
港、澳、台商投资企业	Enterprises with Funds from Hong Kong, Macao and Taiwan
外商投资企业	Foreign Funded Enterprises
按经济组织类型分	**Grouped by Type of Economic Organizations**
独资企业	Proprietorship
国有企业	State-owned Industry
集体企业	Collective-owned Enterprises
私营独资企业	Private Proprietorship
港澳台商独资经营企业	Proprietorship from Hong Kong, Macao and Taiwan
外资企业	Foreign Funded Enterprises
合作、合伙企业	Cooperative Enterprises and Partnership
股份合作企业	Cooperative Enterprises
国有联营企业	State Joint Ownership Enterprises
集体联营企业	Collective Joint Ownership Enterprises
国有与集体联营企业	State and Collective Joint Ownership Enterprises
其他联营企业	Other Joint Ownership Enterprises
私营合伙企业	Private Partnership
港或澳、台资合作经营企业	Cooperative Enterprises with Funds from Hong Kong, Macao and Taiwan
中外合作经营企业	Sino-foreign Cooperative Enterprises
其他企业(内资)	Other Enterprises (Domestic Funded)
股份有限公司	Share Holding Enterprises
股份有限公司(内资)	Share Holding Enterprises (Domestic Funded)
私营股份有限公司	Private Share Holding Enterprises
港澳台商投资股份有限公司	Share Holding Enterprises with Funds from Hong Kong, Macao and Taiwan
外商投资股份有限公司	Foreign Funded Share Holding Enterprises
有限责任公司	Limited Liability Corporations
国有独资公司	Sole State-funded Corporations
私营有限责任公司	Private Limited Liability Corporations
港澳台合资经营企业	Joint venture Enterprises of Hong Kong, Macao and Taiwan
中外合资经营企业	Sino-foreign Cooperative joint venture Enterprises
其他有限责任公司	Other Limited Liability Corporations

Continued

(10000 yuan)

营业成本 Business Cost	销售费用 Selling Expenses	管理费用 Management Expenses	财务费用 Financial Expenses	利息费用 Expenditure for Interests	利润总额 Total Profits	亏损企业亏损总额 Total Losses Made by Enterprises-in-red
82592886	**3196448**	**4641967**	**1437553**	**1559441**	**4172202**	**1863079**
17168843	447113	762588	416967	364106	-1863079	1863079
40791171	791082	2801694	902466	1080867	1219731	1237798
71981615	2212095	3946997	1275853	1380247	2894634	1712160
3803483	30721	64197	49948	39580	-64413	135010
2845522	23431	19629	20772	19856	-39085	93126
559667	4448	37882	2564	1440	28410	5953
10865	372	775	72	54	209	103
40946579	1171996	2717314	948928	1101371	1957306	1251700
6393992	64466	471911	243018	227893	169294	136403
34552587	1107530	2245403	705909	873478	1788012	1115297
10580203	423250	558852	94683	93046	427587	115092
16056278	580790	566959	179511	144612	543024	204139
113086	4486	7510	410	411	12956	1084
8060	93	807	38	48	3578	
14698879	507937	496736	152763	129118	467446	190401
1236254	68274	61907	26301	15035	59044	12654
24540	517	1019	147	144	2512	164
3144000	501700	96495	43887	35257	655268	32124
7467271	482654	598475	117814	143937	622300	118795
8516510	622836	271263	95312	112618	558665	191881
3803483	30721	64197	49948	39580	-64413	135010
559667	4448	37882	2564	1440	28410	5953
113086	4486	7510	410	411	12956	1084
1873688	422448	39361	11744	18063	478425	1951
2166587	160734	122314	30647	53123	103286	47885
694133	4250	22541	6969	7054	113050	266
10865	372	775	72	54	209	103
8060	93	807	38	48	3578	
612658	2555	16282	4599	4596	93752	
25751	536	3292	-8	46	10724	
24540	517	1019	147	144	2512	164
11870257	495438	627126	121361	108305	475642	139555
10580203	423250	558852	94683	93046	427587	115092
1236254	68274	61907	26301	15035	59044	12654
53800	3914	6367	377	224	-10990	11808
61511986	2073924	3721037	1213911	1331464	3024846	1531377
6393992	64466	471911	243018	227893	169294	136403
14698879	507937	496736	152763	129118	467446	190401
652395	76521	40486	27555	12598	82884	30174
5214133	317470	466502	84665	88378	517211	59102
34552587	1107530	2245403	705909	873478	1788012	1115297

12-2 续表3

单位：万元

类　别	Category
按轻重工业分	**Grouped by Light and Heavy Industry**
轻工业	Light Industry
重工业	Heavy Industry
按行业分	**Grouped by Industry**
采矿业	Mining and Quarrying
煤炭开采和洗选业	Mining and Washing of Coal
石油和天然气开采业	Extraction of Petroleum and Natural Gas
黑色金属矿采选业	Mining and Processing of Ferrous Metal Ores
有色金属矿采选业	Mining and Processing of Non-ferrous Metal Ores
非金属矿采选业	Mining and Processing of Non-metal Ores
开采专业及辅助性活动	Professional and Support Activities For Mining
其他采矿业	Mining of Other Ores
制造业	Manufacturing
农副食品加工业	Processing of Food from Agricultural Products
食品制造业	Manufacture of Foods
酒、饮料和精制茶制造业	Manufacture of Liquor, Beverages and Refined Tea
烟草制品业	Manufacture of Tobacco
纺织业	Manufacture of Textile
纺织服装、服饰业	Manufacture of Textile, Wearing Apparel and Accessories
皮革、毛皮、羽毛及其制品和制鞋业	Manufacture of Leather, Fur, Feather and Related Products and Footwear
木材加工和木、竹、藤、棕、草制品业	Processing of Timber, Manufacture of Wood, Bamboo, Rattan, Palm and Straw Products
家具制造业	Manufacture of Furniture
造纸和纸制品业	Manufacture of Paper and Paper Products
印刷和记录媒介复制业	Printing and Reproduction of Recording Media
文教、工美、体育和娱乐用品制造业	Manufacture of Articles for Culture, Education, Arts and Crafts, Sport and Entertainment Activities
石油、煤炭及其他燃料加工业	Processing of Petroleum, Coal and Other Fuels
化学原料和化学制品制造业	Manufacture of Raw Chemical Materials and Chemical Products
医药制造业	Manufacture of Medicines
化学纤维制造业	Manufacture of Chemical Fibers
橡胶和塑料制品业	Manufacture of Rubber and Plastics Products
非金属矿物制品业	Manufacture of Non-metallic Mineral Products
黑色金属冶炼及压延加工业	Smelting and Pressing of Ferrous Metals
有色金属冶炼及压延加工业	Smelting and Pressing of Non-ferrous Metals
金属制品业	Manufacture of Metal Products
通用设备制造业	Manufacture of General Purpose Machinery
专用设备制造业	Manufacture of Special Purpose Machinery
汽车制造业	Manufacture of Automobiles
铁路、船舶、航空航天和其他运输设备制造业	Manufacture of Railway, Ship, Aerospace and Other Transport Equipments
电气机械及器材制造业	Manufacture of Electrical Machinery and Apparatus
计算机、通信和其他电子设备制造业	Manufacture of Computers, Communication and Other Electronic Equipment
仪器仪表制造业	Manufacture of Measuring Instruments and Machinery
其他制造业	Other Manufacture
废弃资源综合利用业	Utilization of Waste Resources
金属制品、机械和设备修理业	Repair Industry of Metal Products, Machinery and Equipment
电力、热力、燃气及水的生产和供应业	Production and Supply of Electric Power, heat, Gas and Water
电力、热力生产和供应业	Production and Supply of Electric Power and Heat Power
燃气生产和供应业	Production and Supply of Gas
水的生产和供应业	Production and Supply of Water

Continued

(10000 yuan)

营业成本 Business Cost	销售费用 Selling Expenses	管理费用 Management Expenses	财务费用 Financial Expenses	利息费用 Expenditure for Interests	利润总额 Total Profits	亏损企业亏损总额 Total Losses Made by Enterprises-in-red
25248201	2172123	1064963	256179	253969	1862960	263948
57344685	1024325	3577004	1181374	1305471	2309242	1599131
14069441	174314	1433757	385568	570833	1816042	161733
3402231	39706	460024	81094	78820	341001	71096
7152564	104543	867558	266641	462751	1163979	1720
97224	11101	11021	1072	1060	1043	1659.0
389044	2202	37472	29418	23901	257924	10942
118115	12578	11087	1990	818	10299	4304
2910263	4184	46596	5354	3484	41797	72012
56317772	2922741	2732160	599768	574571	2300274	1169621
14199113	439077	276631	150724	119562	438044	111325
4118659	756276	151551	7984	41288	935858	45580
1834915	166495	96268	27096	26762	55649	51523
426868	15058	87914	-3023	448	35139	
233651	4627	10796	2089	1892	9389	5843
44140	229	3535	-3	-1	1080	324
464261	2645	2994	53	27	27047	674
435255	15629	12583	2716	2429	4999	7932
193404	10762	18478	2881	2791	-5071	8489
348470	19229	22268	8534	7665	10994	8399
112770	2616	11088	1264	928	-272	2452
27527	1237	2398	62	103	553	525
9692850	177475	371808	79096	57108	-21884	140440
3345517	73650	152020	54541	45782	31004	74348
1827137	723561	330830	24043	23925	273759	17270
7584	172	766	1		184	72
1137089	19764	26825	22310	16480	47312	2738
1975479	89639	145780	33438	30102	23942	63734
3098730	94590	55843	39759	37822	147431	309
531451	9306	22950	19442	16417	-22221	23300
715924	12830	35266	5094	4820	23029	6218
1847156	69369	161146	15111	25207	62777	70413
3427622	76936	187981	67308	70334	148846	27745
3208766	18422	277602	3407	4865	-158709	475264
884485	21390	103537	4808	7426	61910	3596
1176554	63685	93319	12874	19026	109876	3900
137672	10401	16051	8555	2052	34320	889
261030	15789	33609	4324	5417	12223	10742
23555	771	2580	673	449	1994	185
498395	10321	5450	2682	1885	9132	5288
81744	790	12296	1928	1564	1944	102
12205673	99393	476051	452217	414037	55886	531725
11517956	20177	386181	394699	359845	47696	475038
466965	59642	38072	2243	2407	40167	9824
220752	19573	51799	55275	51785	-31977	46864

12-3 大中型工业企业主要经济指标(2019年)

单位：个、万元

类别	Category	单位数 Number of Enterprises	#亏损企业 Loss-making Enterprises
总计	**Total**	**427**	**126**
#亏损企业	#Loss-making Enterprises	126	126
#国有及国有控股企业	#State-owned and State-holding Enterprises	184	68
#大型	#Large-sized Enterprises	79	16
按登记注册类型分	**Grouped by Status of Registration**		
内资企业	Domestic Funded	377	117
国有企业	State-owned Enterprises	37	21
#中央企业	#Central Industry	9	5
集体企业	Collective-owned Enterprises	13	1
股份合作企业	Cooperative Enterprises		
联营企业	Joint Ownership Enterprises		
有限责任公司	Limited Liability Corporations	217	68
国有独资公司	Sole State-funded Corporations	40	15
其他有限责任公司	Other Limited Liability Corporations	177	53
股份有限公司	Share Holding Enterprises	41	7
私营企业	Private Enterprises	69	20
私营独资企业	Private-funded Enterprises	2	1
私营合伙企业	Private Partnership		
私营有限责任公司	Private Limited Liability Corporations	59	18
私营股份有限公司	Private Share-holding Enterprises	8	1
其他企业	Other Enterprises		
港、澳、台商投资企业	Enterprises with Funds from Hong Kong, Macao and Taiwan	18	2
外商投资企业	Foreign Funded Enterprises	32	7
按经济组织类型分	**Grouped by Type of Economic Organizations**		
独资企业	Proprietorship	74	26
国有企业	State-owned Enterprises	37	21
集体企业	Collective-owned Enterprises	13	1
私营独资企业	Private-funded Enterprises	2	1
港澳台商独资经营企业	Proprietorship from Hong Kong, Macao and Taiwan	6	1
外资企业	Foreign Funded Enterprises	16	2
合作、合伙企业	Cooperative Enterprises and Partnership	3	
股份合作企业	Cooperative Enterprises		
国有联营企业	State Joint Ownership Enterprises		
集体联营企业	Collective Joint Ownership Enterprises		
国有与集体联营企业	State and Collective Joint Ownership Enterprises		
其他联营企业	Other Joint Ownership Enterprises		
私营合伙企业	Private Partnership		
港或澳、台资合作经营企业	Cooperative Enterprises with Funds from Hong Kong, Macao and Taiwan	2	
中外合作经营企业	Sino-foreign Cooperative Enterprises	1	
其他企业(内资)	Other Enterprises (Domestic Funded)		
股份有限公司	Share Holding Enterprises	50	9
股份有限公司(内资)	Share Holding Enterprises (Domestic Funded)	41	7
私营股份有限公司	Private Share Holding Enterprises	8	1
港澳台商投资股份有限公司	Share Holding Enterprises with Funds from Hong Kong, Macao and Taiwan		
外商投资股份有限公司	Foreign Funded Share Holding Enterprises	1	1
有限责任公司	Limited Liability Corporations	300	91
国有独资公司	Sole State-funded Corporations	40	15
私营有限责任公司	Private Limited Liability Corporations	59	18
港澳台合资经营企业	joint venture Enterprises of Hong Kong, Macao and Taiwan	10	1
中外合资经营企业	Sino-foreign Cooperative joint venture Enterprises	14	4
其他有限责任公司	Other Limited Liability Corporations	177	53

Major Indicators of Large and Medium-Sized Industrial Enterprises(2019)

(unit, 10000 yuan)

工业总产值 Total Industrial Output Value	资产总计 Total Assets	流动资产合计 Total Current Assets	应收帐款 Accounts Receivable	产成品 Finished Goods	固定资产原价 Original Value of Fixed Assets	固定资产净额 Net Fixed Assets	负债合计 Total Liabilities	营业收入 Business Revenue
64023520	**122797865**	**50147088**	**8971095**	**2584564**	**114802963**	**44822056**	**69929019**	**71428762**
12516624	25570337	8375866	1202672	576258	22368177	10956096	22182568	12617052
42185037	90393603	33302434	5627883	1368710	100603586	36763637	51096887	46600878
44546177	88248339	34094437	5900608	1482291	92915707	33044091	47918079	51056641
56309325	109141676	42818856	7280640	2197381	106543579	41370412	62135187	59797904
3129131	4607319	2175224	609152	174538	4482701	1705262	5556879	3143294
2460444	2849604	1501152	497679	70328	3055447	917399	3855572	2477523
517398	639372	564337	273434	15752	262101	56703	386947	514793
35231541	86192502	32409106	5124681	1297891	89422925	34474267	46841474	38618556
4953963	13100042	5885107	1927768	199651	10454026	4823846	9606022	6769849
30277579	73092460	26523999	3196913	1098240	78968899	29650421	37235452	31848708
12505759	10651884	4339033	680460	441233	9164174	3380537	4764665	12427991
4925495	7050599	3331156	592914	267967	3211679	1753643	4585222	5093270
16653	17250	13588	4173	1664	8274	3830	4737	21302
4036140	5649762	2681520	465507	195217	2948524	1643635	4040180	4328355
872702	1383587	636048	123234	71086	254881	106178	540305	743613
2668084	4791218	2801340	266685	67973	2333224	699210	2546046	3693282
5046112	8864971	4526893	1423770	319210	5926161	2752435	5247785	7937576
6549797	9764024	5854921	1220032	370887	6232028	2482483	8437829	7849864
3129131	4607319	2175224	609152	174538	4482701	1705262	5556879	3143294
517398	639372	564337	273434	15752	262101	56703	386947	514793
16653	17250	13588	4173	1664	8274	3830	4737	21302
1335747	2834211	2215612	206498	35692	275335	125333	1557765	2347477
1550869	1665871	886161	126776	143242	1203617	591355	931501	1822998
786090	1019743	173856	6422	4005	1463833	257083	209021	784702
750261	956609	142909	4037	4005	1405391	229583	170945	748604
35829	63134	30947	2386		58442	27500	38076	36098
13385596	12038282	4975621	803998	512319	9427276	3488148	5310599	13196025
12505759	10651884	4339033	680460	441233	9164174	3380537	4764665	12427991
872702	1383587	636048	123234	71086	254881	106178	540305	743613
7135	2811	540	305		8221	1433	5629	24422
43302037	99975816	39142690	6940643	1697353	97679827	38594342	55971569	49598171
4953963	13100042	5885107	1927768	199651	10454026	4823846	9606022	6769849
4036140	5649762	2681520	465507	195217	2948524	1643635	4040180	4328355
582076	1000397	442819	56151	28276	652497	344293	817336	597201
3452280	7133155	3609246	1294304	175968	4655881	2132147	4272580	6054058
30277579	73092460	26523999	3196913	1098240	78968899	29650421	37235452	31848708

12-3 续表1

单位：个、万元

类 别	Category	单位数 Number of Enterprises	#亏损企业 Loss-making Enterprises
按轻重工业分	**Grouped by Light and Heavy Industry**		
轻工业	Light Industry	134	30
重工业	Heavy Industry	293	96
按行业分	**Grouped by Industry**		
采矿业	Mining and Quarrying	51	12
煤炭开采和洗选业	Mining and Washing of Coal	31	6
石油和天然气开采业	Extraction of Petroleum and Natural Gas	3	1
黑色金属矿采选业	Mining and Processing of Ferrous Metals Ores	3	1
有色金属矿采选业	Mining and Processing of Non-ferrous Metal Ores	5	1
非金属矿采选业	Mining and Processing of Nonmetal Ores	2	1
开采专业及辅助性活动	Professional and Support Activities For Mining	7	2
其他采矿业	Mining of Other Ores		
制造业	Manufacturing	262	63
农副食品加工业	Processing of Food from Agricultural Products	33	5
食品制造业	Manufacture of Foods	28	5
酒、饮料和精制茶制造业	Manufacture of Wine, soft drinks and refined tea	16	3
烟草制品业	Manufacture of Tobacco	2	
纺织业	Manufacture of Textile	12	5
纺织服装、服饰业	Manufacture of Textile and Apparel	1	1
皮革、毛皮、羽毛及其制品和制鞋业	Manufacture of Leather, Furs, Feather and Related Products and Footwear		
木材加工和木、竹、藤、棕、草制品业	Processing of Timber,Manufacture of Wood,Bamboo,Rattan,Palm and Straw Products	1	
家具制造业	Manufacture of Furniture	7	4
造纸和纸制品业	Manufacture of Paper and Paper Products	3	1
印刷和记录媒介复制业	Manufacture of Printing and Record Medium Reproduction	2	
文教、工美、体育和娱乐用品制造业	Manufacture of Articles for Culture,Education and Sports Activities	1	1
石油、煤炭及其他燃料加工业	Processing of Petoleum,Coal and Other Fuels	24	11
化学原料和化学制品制造业	Manufacture of Raw Chemical Materials and Chemical Products	22	6
医药制造业	Manufacture of Medicines	23	4
化学纤维制造业	Manufacture of Chemical Fibers		
橡胶和塑料制品业	Manufacture of Rubber and Plastics	2	
非金属矿物制品业	Manufacture of Non-metallic Mineral Products	16	3
黑色金属冶炼及压延加工业	Smelting and Pressing of Ferrous Metals	4	
有色金属冶炼及压延加工业	Smelting and Pressing of Non-ferrous Metals	2	2
金属制品业	Manufacture of Metal Products	7	1
通用设备制造业	Manufacture of General Purpose Machinery	13	4
专用设备制造业	Manufacture of Special Purpose Machinery	14	2
汽车制造业	Manufacture of Automotive	5	1
铁路、船舶、航空航天和其他运输设备制造业	Manufacture of Railroad, Marine, Aerospace and Other Transportation Equipment	9	3
电气机械及器材制造业	Manufacture of Electrical Machinery and Equipment	8	
计算机、通信和其他电子设备制造业	Manufacture of Computers,Communication and Other Electronic Equipment	3	
仪器仪表制造业	Manufacture of Measuring Instruments	3	1
其他制造业	Other Manufacturing		
废弃资源综合利用业	Comprehensive Utilization of Waste Resources Industry		
金属制品、机械和设备修理业	Metal Products, Machinery and Equipment Repair Industry	1	
电力、热力、燃气及水的生产和供应业	Production and Supply of Electric Power,heat,Gas and Water	114	51
电力、热力生产和供应业	Production and Supply of Electric Power and Heat Power	98	43
燃气生产和供应业	Production and Supply of Gas	4	
水的生产和供应业	Production and Supply of Water	12	8

(unit, 10000 yuan)

工业总产值 Total Industrial Output Value	资产总计 Total Assets	流动资产合计 Total Current Assets	应收帐款 Accounts Receivable	产成品 Finished Goods	固定资产原价 Original Value of Fixed Assets	固定资产净额 Net Fixed Assets	负债合计 Total Liabilities	营业收入 Business Revenue
13536963	18847556	11267098	2143082	893886	7731033	4616956	9952242	15460958
50486557	103950309	38879990	6828014	1690678	107071930	40205100	59976777	55967804
16605569	48849834	16219116	1545360	542295	63946394	19944181	23601763	17774028
2705250	6651351	2312545	564539	96173	6629759	2703764	5430232	3006571
10392850	37615850	11950336	280449	352229	53034306	16118466	14108694	11248831
54250	393592	85033	7742	6968	185480	132154	280678	70386
463762	928657	205543	31274	11618	379881	272848	435254	457020
60534	62947	48328	27124	6539	15308	7943	13264	56643
2928922	3197437	1617332	634232	68769	3701659	709005	3333642	2934579
38422084	52279010	29574718	6715010	2021724	27035837	13400404	31221098	44253649
4068663	4129760	2233031	178846	415979	1886658	1264512	2933898	4399902
3842900	4591695	2883668	803838	100624	1913407	1187504	2238356	4463599
1493966	1680495	810714	67862	74193	834964	526033	863980	1537535
1106242	1016929	640633	74618	17443	581662	273279	262550	1111055
138207	221938	148928	13676	42809	104642	56304	138088	146797
6790	11260	7585	668	773	4896	3353	989	6790
62992	97664	69929	23750	3567	28186	13946	43220	62576
98987	229613	128765	16584	34537	127553	66215	149363	109623
242767	364333	171027	51030	24996	363207	323835	126028	236448
21504	36154	19553	6532	666	29918	6514	10502	22007
2814	15234	9584	698	2905	7457	4235	14989	2568
11788182	7312882	2922874	299672	315408	8098589	2629789	4764218	11862290
2010168	3155885	1438506	218373	96624	1980185	945663	2215459	2096602
1647771	4314794	2741494	606299	77564	1489793	718137	1860122	2271911
671993	1338261	884098	155446	9186	338421	117524	882927	992107
524658	1532718	592482	184026	41034	1043691	594544	864745	517886
3020169	3338766	1342810	249060	49044	1543586	1180345	2094530	3477328
463324	953238	346857	15417	15423	716772	520276	698675	443919
215958	333645	194323	69832	25378	151899	94898	173386	208552
1506369	4400299	3554891	706506	239996	1117487	406299	3315706	1584288
1889780	5645167	3767265	1864861	154940	2031649	1230407	3444145	3207630
1542717	2606699	1503927	418317	62440	1073794	517567	1505846	3427317
783980	1054656	572439	174983	24771	486609	228074	533315	854783
982277	2889377	2121926	403332	152546	764648	329659	1603725	958914
137429	578849	192063	44768	18581	153783	90400	283086	83351
108763	316511	238149	50652	20297	90413	30889	133726	111870
42717	112190	37197	15365		71971	40205	65526	56003
8995867	21669020	4353254	710725	20545	23820733	11477471	15106157	9401085
8561314	19083480	3460047	668575	17537	22500445	10688982	13385105	8935341
268167	444277	114519	15268	3007	334139	111087	191308	286013
166386	2141263	778688	26882		986150	677402	1529743	179732

12-3 续表2

单位: 万元

类 别	Category
总 计	**Total**
#亏损企业	#Loss-making Enterprises
#国有控股企业	#State-holding Enterprises
#大 型	#Large-sized Enterprises
按登记注册类型分	**Grouped by Status of Registration**
内资企业	Domestic Funded
国有企业	State-owned Enterprises
#中央企业	#Central Industry
集体企业	Collective-owned Enterprises
股份合作企业	Cooperative Enterprises
联营企业	Joint Ownership Enterprises
有限责任公司	Limited Liability Corporations
国有独资公司	Sole State-funded Corporations
其他有限责任公司	Other Limited Liability Corporations
股份有限公司	Share Holding Enterprises
私营企业	Private Enterprises
私营独资企业	Private-funded Enterprises
私营合伙企业	Private Partnership
私营有限责任公司	Private Limited Liability Corporations
私营股份有限公司	Private Share-holding Enterprises
其他企业	Other Enterprises
港、澳、台商投资企业	Enterprises with Funds from Hong Kong, Macao and Taiwan
外商投资企业	Foreign Funded Enterprises
按经济组织类型分	**Grouped by Type of Economic Organizations**
独资企业	Proprietorship
国有企业	State-owned Enterprises
集体企业	Collective-owned Enterprises
私营独资企业	Private-funded Enterprises
港澳台商独资经营企业	Proprietorship from Hong Kong, Macao and Taiwan
外资企业	Foreign Funded Enterprises
合作、合伙企业	Cooperative Enterprises and Partnership
股份合作企业	Cooperative Enterprises
国有联营企业	State Joint Ownership Enterprises
集体联营企业	Collective Joint Ownership Enterprises
国有与集体联营企业	State and Collective Joint Ownership Enterprises
其他联营企业	Other Joint Ownership Enterprises
私营合伙企业	Private Partnership
港或澳、台资合作经营企业	Cooperative Enterprises with Funds from Hong Kong, Macao and Taiwan
中外合作经营企业	Sino-foreign Cooperative Enterprises
其他企业(内资)	Other Enterprises (Domestic Funded)
股份有限公司	Share Holding Enterprises
股份有限公司(内资)	Share Holding Enterprises (Domestic Funded)
私营股份有限公司	Private Share Holding Enterprises
港澳台商投资股份有限公司	Share Holding Enterprises with Funds from Hong Kong, Macao and Taiwan
外商投资股份有限公司	Foreign Funded Share Holding Enterprises
有限责任公司	Limited Liability Corporations
国有独资公司	Sole State-funded Corporations
私营有限责任公司	Private Limited Liability Corporations
港澳台合资经营企业	joint venture Enterprises of Hong Kong, Macao and Taiwan
中外合资经营企业	Sino-foreign Cooperative joint venture Enterprises
其他有限责任公司	Other Limited Liability Corporations

Continued

(10000 yuan)

营业成本 Business Cost	销售费用 Selling Expenses	管理费用 Management Expenses	财务费用 Financial Expenses	利息费用 Expenditure for Interests	利润总额 Total Profits	亏损企业亏损总额 Total Losses Made by Enterprises-in-red
57052307	**2365938**	**3597945**	**953340**	**1144318**	**3497541**	**944072**
12465735	308750	466132	257030	226470	-944072	944072
37072036	705868	2625189	712317	912641	1341449	668471
40608577	899195	2773380	579031	801716	2018303	447519
47875205	1456534	2975702	831061	1000673	2290865	836750
3146424	8796	41229	35002	28128	-71788	118357
2489615	3169	13166	14319	13570	-52468	91933
448380	3468	29973	2422	1270	27293	100
30611074	826962	2277662	664476	853974	1785362	570427
5878316	59984	446008	200502	188478	84871	126974
24732758	766977	1831654	463974	665496	1700491	443453
9260191	374152	470778	60466	65126	384651	63697
4409136	243157	156060	68695	52175	165347	84170
12442	2132	1794	-2	1.8	3860	65
3763261	211275	131704	55383	47719	123526	84050
633433	29750	22562	13314	4454	37961	55
2753084	483296	81334	37659	28895	638293	28878
6424018	426108	540908	84620	114750	568383	78444
6818315	549853	181830	54826	75963	525904	134695
3146424	8796	41229	35002	28128	-71788	118357
448380	3468	29973	2422	1270	27293	100
12442	2132	1794	-2	1.8	3860	65
1728850	411650	30298	7406	13469	468365	549
1482219	123807	78535	9997	33094	98174	15624
635324	3053	18837	4634	4642	103717	
612658	2555	16282	4599	4596	93752	
22667	498	2555	36	46	9965	
9913917	401014	497143	73881	69694	418325	68039
9260191	374152	470778	60466	65126	384651	63697
633433	29750	22562	13314	4454	37961	55
20294	-2888	3802	101	114	-4288	4288
39684750	1412018	2900136	819999	994020	2449595	741338
5878316	59984	446008	200502	188478	84871	126974
3763261	211275	131704	55383	47719	123526	84050
411576	69091	34755	25653	10831	76176	28329
4898838	304691	456015	74486	81496	464532	58533
24732758	766977	1831654	463974	665496	1700491	443453

12-3 续表3

单位：万元

类　别	Category	营业成本 Business Cost
按轻重工业分	**Grouped by Light and Heavy Industry**	
轻工业	Light Industry	11325068
重工业	Heavy Industry	45727239
按行业分	**Grouped by Industry**	
采矿业	Mining and Quarrying	12542358
煤炭开采和洗选业	Mining and Washing of Coal	2216450
石油和天然气开采业	Extraction of Petroleum and Natural Gas	7152564
黑色金属矿采选业	Mining and Processing of Ferrous Metals Ores	60664
有色金属矿采选业	Mining and Processing of Non-ferrous Metal Ores	244598
非金属矿采选业	Mining and Processing of Nonmetal Ores	42207
开采专业及辅助性活动	Professional and Support Activities For Mining	2825874
其他采矿业	Mining of Other Ores	
制造业	Manufacturing	35262859
农副食品加工业	Processing of Food from Agricultural Products	3885339
食品制造业	Manufacture of Foods	3150972
酒、饮料和精制茶制造业	Manufacture of Wine, soft drinks and refined tea	1212347
烟草制品业	Manufacture of Tobacco	426868
纺织业	Manufacture of Textile	130830
纺织服装、服饰业	Manufacture of Textile and Apparel	6176
皮革、毛皮、羽毛及其制品和制鞋业	Manufacture of Leather, Furs, Feather and Related Products and Footwear	
木材加工和木、竹、藤、棕、草制品业	Processing of Timber,Manufacture of Wood,Bamboo,Rattan, Palm and Straw Products	43031
家具制造业	Manufacture of Furniture	93593
造纸和纸制品业	Manufacture of Paper and Paper Products	187876
印刷和记录媒介复制业	Manufacture of Printing and Record Medium Reproduction	18150
文教、工美、体育和娱乐用品制造业	Manufacture of Articles for Culture,Education and Sports Activities	2376
石油、煤炭及其他燃料加工业	Processing of Petoleum,Coal and Other Fuels	9396919
化学原料和化学制品制造业	Manufacture of Raw Chemical Materials and Chemical Products	1912289
医药制造业	Manufacture of Medicines	1219870
化学纤维制造业	Manufacture of Chemical Fibers	
橡胶和塑料制品业	Manufacture of Rubber and Plastics	881614
非金属矿物制品业	Manufacture of Non-metallic Mineral Products	409346
黑色金属冶炼及压延加工业	Smelting and Pressing of Ferrous Metals	3045173
有色金属冶炼及压延加工业	Smelting and Pressing of Non-ferrous Metals	394346
金属制品业	Manufacture of Metal Products	182209
通用设备制造业	Manufacture of General Purpose Machinery	1294575
专用设备制造业	Manufacture of Special Purpose Machinery	2768063
汽车制造业	Manufacture of Automotive	2983561
铁路、船舶、航空航天和其他运输设备制造业	Manufacture of Railroad, Marine, Aerospace and Other Transportation Equipment	700413
电气机械及器材制造业	Manufacture of Electrical Machinery and Equipment	731787
计算机、通信和其他电子设备制造业	Manufacture of Computers,Communication and Other Electronic Equipment	69041
仪器仪表制造业	Manufacture of Measuring Instruments	73375
其他制造业	Other Manufacturing	
废弃资源综合利用业	Comprehensive Utilization of Waste Resources Industry	
金属制品、机械和设备修理业	Metal Products, Machinery and Equipment Repair Industry	42720
电力、热力、燃气及水的生产和供应业	Production and Supply of Electric Power,heat,Gas and Water	9247091
电力、热力生产和供应业	Production and Supply of Electric Power and Heat Power	8877075
燃气生产和供应业	Production and Supply of Gas	210535
水的生产和供应业	Production and Supply of Water	159480

(10000 yuan)

销售费用 Selling Expenses	管理费用 Management Expenses	财务费用 Financial Expenses	利息费用 Expenditure for Interests	利润总额 Total Profits	亏损企业亏损总额 Total Losses Made by Enterprises--in-red
1624442	671549	125218	143946	1359684	120129
741497	2926396	828123	1000372	2137857	823943
133087	1348408	343847	539170	1628064	107696
18568	408457	62039	64362	260522	33744
104543	867558	266641	462751	1163979	1720
1269	4145	1061	1060	217	520
1204	23687	9875	8389	168711	25
3804	3227	125	95	5282	11
3700	41334	4105	2512	29353	71678
2162037	1910318	383871	385026	2087389	405637
189020	106590	70150	50741	151709	47986
715777	109504	-241	33719	839567	29829
136359	48621	9684	12819	50954	21924
15058	87914	-3023	448	35139	
2601	6685	1322	1523	5898	3193
35.5	685.9	1		-108	108
6447	2386	707	673	6373	
4634	14183	1965	1977	-5273	7506
15065	12269	2773	2244	10563	3755
297	2775	7		718	
267	239	0		-336	336
172933	365440	71020	49723	-17688	133130
39184	94371	34439	24354	3559	41506
527413	259169	14579	17683	195392	3593
13944	10723	18995	13585	43539	
22890	48409	12693	12354	27003	7895
92870	53511	38983	37163	144713	
7507	18020	17844	14906	-12225	12225
3973	15167	1154	1180	6275	1899
56268	105703	9676	18160	32862	65934
52749	119409	60537	64728	123701	10681
15592	261580	-379	3058	302459	6554
13669	74369	4463	7173	28469	3574
46806	64554	5993	12463	81585	
2305	7009	7485	1575	24640	
7914	12325	2173	2234	7680	4009
460	8708	874	546	220	
70814	339219	225623	220123	-217912	430739
6403	279575	188106	180014	-206567	388033
47202	16064	-2020	438	27457	
17209	43580	39537	39671	-38803	42705

12-4 国有控股工业企业主要经济指标(2019年)

单位：个、万元

类别	Category	单位数 Number of Enterprises	#亏损企业 Loss-making Enterprises
总计	**Total**	**492**	**163**
#亏损企业	#Loss-making Enterprises	163	163
#大中型企业	#Large and Medium-sized Enterprises	184	68
按轻重工业分	**Grouped by Light and Heavy Industry**		
轻工业	Light Industry	75	27
重工业	Heavy Industry	417	136
按行业分	**Grouped by Sector**		
采矿业	Mining and Quarrying	22	4
煤炭开采和洗选业	Mining and Washing of Coal	12	1
石油和天然气开采业	Extraction of Petroleum and Natural Gas	3	1
黑色金属矿采选业	Mining and Processing of Ferrous Metals Ores		
有色金属矿采选业	Mining and Processing of Non-ferrous Metal Ores	1	
非金属矿采选业	Mining and Processing of Nonmetal Ores	4	1
开采专业及辅助性活动	Professional and Support Activities For Mining	2	1
其他采矿业	Mining of Other Ores		
制造业	Manufacturing	219	73
农副食品加工业	Processing of Food from Agricultural Products	35	15
食品制造业	Manufacture of Foods	12	2
酒、饮料和精制茶制造业	Manufacture of Wine, soft drinks and refined tea	5	2
烟草制品业	Manufacture of Tobacco	1	
纺织业	Manufacture of Textile	1	1
纺织服装、服饰业	Manufacture of Textile and Apparel	1	
皮革、毛皮、羽毛及其制品和制鞋业	Manufacture of Leather, Furs, Feather and Related Products and Footwear		
木材加工和木、竹、藤、棕、草制品业	Processing of Timber, Manufacture of Wood, Bamboo, Rattan, Palm and Straw Products	3	2
家具制造业	Manufacture of Furniture		
造纸和纸制品业	Manufacture of Paper and Paper Products	2	1
印刷和记录媒介复制业	Manufacture of Printing and Record Medium Reproduction	6	2
文教、工美、体育和娱乐用品制造业	Manufacture of Articles for Culture, Education and Sports Activities	1	
石油、煤炭及其他燃料加工业	Processing of Petroleum, Coal and Other Fuels	7	3
化学原料和化学制品制造业	Manufacture of Raw Chemical Materials and Chemical Products	22	6
医药制造业	Manufacture of Medicines	7	1
化学纤维制造业	Manufacture of Chemical Fibers		
橡胶和塑料制品业	Manufacture of Rubber and Plastics	1	
非金属矿物制品业	Manufacture of Non-metallic Mineral Products	34	16
黑色金属冶炼及压延加工业	Smelting and Pressing of Ferrous Metals	1	
有色金属冶炼及压延加工业	Smelting and Pressing of Non-ferrous Metals	2	1
金属制品业	Manufacture of Metal Products	7	3
通用设备制造业	Manufacture of General Purpose Machinery	21	5
专用设备制造业	Manufacture of Special Purpose Machinery	12	1
汽车制造业	Manufacture of Automotive	8	6
铁路、船舶、航空航天和其他运输设备制造业	Manufacture of Railroad, Marine, Aerospace and Other Transportation Equipment	15	2
电气机械及器材制造业	Manufacture of Electrical Machinery and Equipment	9	3
计算机、通信和其他电子设备制造业	Manufacture of Computers, Communication and Other Electronic Equipment		
仪器仪表制造业	Manufacture of Measuring Instruments	3	1
其他制造业	Other Manufacturing	1	
废弃资源综合利用业	Comprehensive Utilization of Waste Resources Industry	1	
金属制品、机械和设备修理业	Metal Products, Machinery and Equipment Repair Industry	1	
电力、热力、燃气及水的生产和供应业	Production and Supply of Electric Power, heat, Gas and Water	251	86
电力、热力生产和供应业	Production and Supply of Electric Power and Heat Power	226	75
燃气生产和供应业	Production and Supply of Gas	5	
水的生产和供应业	Production and Supply of Water	20	11

Major Indicators of State-Holding Industrial Enterprises (2019)

(unit, 10000 yuan)

工业总产值 Total Industrial Output Value	资产总计 Total Assets	流动资产合计 Total Current Assets	应收帐款 Accounts Receivable	产成品 Finished Goods	固定资产原价 Original Value of Fixed Assets	固定资产净额 Net Fixed Assets	负债合计 Total Liabilities	营业收入 Business Revenue
46056836	**101370775**	**37041038**	**6800773**	**1580582**	**108857826**	**42002487**	**59324786**	**51107439**
10580012	22151982	6467025	1143558	433495	21497483	10220516	19801335	11045812
42185037	90393603	33302434	5627883	1368710	100603586	36763637	51096887	46600878
3854711	6433374	3423039	714620	309751	3521549	2040780	3453485	5059627
42202125	94937402	33617999	6086153	1270832	105336278	39961707	55871301	46047812
15192941	46102361	15313534	1332732	496473	61801971	19325082	22533062	16421186
2422193	6038581	2023384	535847	74017	6287704	2499425	5088563	2764777
10392850	37615850	11950336	280449	352229	53034306	16118466	14108694	11248831
246284	332510	13430			308409	226399	217902	266122
32599	39569	28894	9661	1457	5614	2848	12008	34718
2099015	2075852	1297491	506775	68769	2165938	477944	3105895	2106739
20727734	28762827	16435370	4264740	1057538	18459928	8033715	18240598	24190146
1518101	2398054	1172506	82490	203242	1200248	895029	1935050	1873633
501222	638596	316620	111315	14138	385217	142848	184061	543733
50983	100629	28081	6116	4955	92393	56393	72288	44034
1022248	956097	590406	71524	1357	553229	264033	234879	1027156
2977	46131	18182		1311	303	234	27281	6460
2520	4135	3615	1131		1186	496	1875	2208
13828	53389	21857	4847	8005	21967	11088	29532	11484
183847	306642	149761	37765	27116	309871	290563	85846	181139
32425	65976	42909	9065	1889	52818	11926	19484	35945
4319	22620	5915	1339	1562	5343	2679	15116	3203
9501213	4306269	1361575	112585	151329	6990026	2018150	2542796	9900409
1329514	1477861	734946	82873	47381	1379152	605738	1008983	1411338
510336	1788156	1036156	378337	40339	853654	349520	791620	1317810
9220	17500	10622	5515	1136	12863	6038	10917	8291
525861	1634490	645916	192389	48743	1162762	682488	1165482	571426
28668	22518	19683	4125	3899	3349	1801	8296	27931
342307	558889	160590	16740	12884	515640	318517	402384	346245
148013	326784	165248	52725	14718	177670	120339	151833	160594
1286468	4354314	3472146	709603	154103	1040573	422696	3323180	1484359
1584133	5119693	3398560	1748165	143689	1841509	1141768	3098968	2905866
369850	1025941	586975	76371	48851	631572	156962	1234347	471216
813690	1185032	688734	207644	11401	473848	233010	573809	874924
794068	2045366	1616725	258711	90363	597000	234809	1128917	808184
70423	131074	94546	35256	22517	74538	20869	93306	76388
16669	22132	20245	9996	2147	867	221	10331	18036
22118	42350	35658	32749	465	10358	5294	24490	22131
42717	112190	37197	15365		71971	40205	65526	56003
10136162	26505588	5292133	1203302	26572	28595927	14643690	18551126	10496107
9721455	23834291	4403357	1156944	26004	27297454	13865252	16758384	10037950
236612	413494	107222	16691	99	292204	92724	168931	254941
178094	2257803	781554	29666	469	1006269	685714	1623811	203216

12-4 续表

单位：万元

类 别	Category
总 计	**Total**
#亏损企业	#Loss-making Enterprises
#大中型企业	#Large and Medium-sized Enterprises
按轻重工业分	**Grouped by Light and Heavy Industry**
轻工业	Light Industry
重工业	Heavy Industry
按行业分	**Grouped by Sector**
采矿业	Mining and Quarrying
煤炭开采和洗选业	Mining and Washing of Coal
石油和天然气开采业	Extraction of Petroleum and Natural Gas
黑色金属矿采选业	Mining and Processing of Ferrous Metals Ores
有色金属矿采选业	Mining and Processing of Non-ferrous Metal Ores
非金属矿采选业	Mining and Processing of Nonmetal Ores
开采专业及辅助性活动	Professional and Support Activities For Mining
其他采矿业	Mining of Other Ores
制造业	Manufacturing
农副食品加工业	Processing of Food from Agricultural Products
食品制造业	Manufacture of Foods
酒、饮料和精制茶制造业	Manufacture of Wine, soft drinks and refined tea
烟草制品业	Manufacture of Tobacco
纺织业	Manufacture of Textile
纺织服装、服饰业	Manufacture of Textile and Apparel
皮革、毛皮、羽毛及其制品和制鞋业	Manufacture of Leather, Furs, Feather and Related Products and Footwear
木材加工和木、竹、藤、棕、草制品业	Processing of Timber, Manufacture of Wood, Bamboo, Rattan, Palm and Straw Products
家具制造业	Manufacture of Furniture
造纸和纸制品业	Manufacture of Paper and Paper Products
印刷和记录媒介复制业	Manufacture of Printing and Record Medium Reproduction
文教、工美、体育和娱乐用品制造业	Manufacture of Articles for Culture, Education and Sports Activities
石油、煤炭及其他燃料加工业	Processing of Petroleum, Coal and Other Fuels
化学原料和化学制品制造业	Manufacture of Raw Chemical Materials and Chemical Products
医药制造业	Manufacture of Medicines
化学纤维制造业	Manufacture of Chemical Fibers
橡胶和塑料制品业	Manufacture of Rubber and Plastics
非金属矿物制品业	Manufacture of Non-metallic Mineral Products
黑色金属冶炼及压延加工业	Smelting and Pressing of Ferrous Metals
有色金属冶炼及压延加工业	Smelting and Pressing of Non-ferrous Metals
金属制品业	Manufacture of Metal Products
通用设备制造业	Manufacture of General Purpose Machinery
专用设备制造业	Manufacture of Special Purpose Machinery
汽车制造业	Manufacture of Automotive
铁路、船舶、航空航天和其他运输设备制造业	Manufacture of Railroad, Marine, Aerospace and Other Transportation Equipment
电气机械及器材制造业	Manufacture of Electrical Machinery and Equipment
计算机、通信和其他电子设备制造业	Manufacture of Computers, Communication and Other Electronic Equipment
仪器仪表制造业	Manufacture of Measuring Instruments
其他制造业	Other Manufacturing
废弃资源综合利用业	Comprehensive Utilization of Waste Resources Industry
金属制品、机械和设备修理业	Metal Products, Machinery and Equipment Repair Industry
电力、热力、燃气及水的生产和供应业	Production and Supply of Electric Power, heat, Gas and Water
电力、热力生产和供应业	Production and Supply of Electric Power and Heat Power
燃气生产和供应业	Production and Supply of Gas
水的生产和供应业	Production and Supply of Water

Continued

(10000 yuan)

营业成本 Business Cost	销售费用 Selling Expenses	管理费用 Management Expenses	财务费用 Financial Expenses	利息费用 Expenditure for Interests	利润总额 Total Profits	亏损企业亏损总额 Total Losses Made by Enterprises-in-red
40791171	**791082**	**2801694**	**902466**	**1080867**	**1219731**	**1237798**
11094062	123018	395714	245606	204286	-1237798	1237798
37072036	705868	2625189	712317	912641	1341449	668471
3675059	329881	350402	52482	38511	85208	70939
37116113	461200	2451292	849984	1042356	1134523	1166860
11489269	121856	1263275	337719	531481	1434202	106362
2056786	11246	375073	55958	58234	233640	32916
7152564	104543	867558	266641	462751	1163979	1720
108280	229	6856	13531	9494	99779	
22785	2606	2036	86	95.3	5170	148
2148855	3233	11753	1504	908	-68367	71578
19129797	601001	1208599	224101	231928	-114476	659282
1695580	107539	45200	46271	29882	-16109	57441
435883	59442	16113	569	908	31117	1146
30422	1528	5763	3051	605	715	5946
362589	11000	83323	-3474		26263	
8329	6	188	37		-1746.0	1746
798	0	1539	-1		33	
10449	218	1671	44	42	-2562	2617
136203	13264	9572	1298	2098	12718	66
28971	385	6124	-73		560	575
2231	147	884	-1		119	
7568971	56592	327628	31629	39258	51234	41771
1281432	26352	61527	32029	24318	974	17032
951361	135705	178037	4108	4396	34957	149
6171	292	946	240	240	451	
480219	18243	54868	16134	16179	-1930	25056
22186	1236	815	8	14	2144	
299945	7049	16222	15775	12866	-6430	6537
143739	3593	7584	1689	1823	1210	3168
1229454	38752	104758	11511	21589	43399	15355
2540919	44236	102886	58272	62245	85574	444
426824	8339	27415	701	2955	-470994	472617
711442	17444	80213	3300	6222	35549	2654
622152	43273	55635	-2735	3537	56082	952
59571	5562	9589	1774	1299	-3036	4009
15592	206	587	222	253	1465	
15646	140	804	852	654	3549	
42720	460	8708	874	546	220	
10172105	68224	329819	340646	317458	-99995	472155
9802844	7955	269670	298944	273474	-82853	426673
189834	43237	13292	-2385	142	24333	
179428	17033	46858	44087	43842	-41475	45482

12-5 集体工业企业主要经济指标(2019年)

单位：个、万元

类　别	Category	单位数 Number of Enterprises	#亏损企业 Loss-making Enterprises
总　计	**Total**	**28**	**3**
#亏损企业	#Loss-making Enterprises	3	3
#大中型企业	#Large and Medium-sized Enterprises	13	1
按轻重工业分	**Grouped by Light and Heavy Industry**		
轻工业	Light Industry	5	1
重工业	Heavy Industry	23	2
按行业分	**Grouped by Sector**		
采矿业	Mining and Quarrying	13	1
煤炭开采和洗选业	Mining and Washing of Coal	8	
石油和天然气开采业	Extraction of Petroleum and Natural Gas		
黑色金属矿采选业	Mining and Processing of Ferrous Metals Ores		
有色金属矿采选业	Mining and Processing of Non-ferrous Metal Ores		
非金属矿采选业	Mining and Processing of Nonmetal Ores		
开采专业及辅助性活动	Professional and Support Activities For Mining	5	1
其他采矿业	Mining of Other Ores		
制造业	Manufacturing	15	2
农副食品加工业	Processing of Food from Agricultural Products	1	
食品制造业	Manufacture of Foods		
酒、饮料和精制茶制造业	Manufacture of Wine, soft drinks and refined tea		
烟草制品业	Manufacture of Tobacco		
纺织业	Manufacture of Textile		
纺织服装、服饰业	Manufacture of Textile and Apparel	1	
皮革、毛皮、羽毛及其制品和制鞋业	Manufacture of Leather, Furs, Feather and Related Products and Footwear		
木材加工和木、竹、藤、棕、草制品业	Processing of Timber, Manufacture of Wood, Bamboo, Rattan, Palm and Straw Products		
家具制造业	Manufacture of Furniture		
造纸和纸制品业	Manufacture of Paper and Paper Products	2	
印刷和记录媒介复制业	Manufacture of Printing and Record Medium Reproduction		
文教、工美、体育和娱乐用品制造业	Manufacture of Articles for Culture, Education and Sports Activities		
石油、煤炭及其他燃料加工业	Processing of Petroleum, Coal and Other Fuels		
化学原料和化学制品制造业	Manufacture of Raw Chemical Materials and Chemical Products	5	
医药制造业	Manufacture of Medicines	1	1
化学纤维制造业	Manufacture of Chemical Fibers		
橡胶和塑料制品业	Manufacture of Rubber and Plastics	1	
非金属矿物制品业	Manufacture of Non-metallic Mineral Products		
黑色金属冶炼及压延加工业	Smelting and Pressing of Ferrous Metals		
有色金属冶炼及压延加工业	Smelting and Pressing of Non-ferrous Metals		
金属制品业	Manufacture of Metal Products	1	
通用设备制造业	Manufacture of General Purpose Machinery		
专用设备制造业	Manufacture of Special Purpose Machinery	2	1
汽车制造业	Manufacture of Automotive		
铁路、船舶、航空航天和其他运输设备制造业	Manufacture of Railroad, Marine, Aerospace and Other Transportation Equipment		
电气机械及器材制造业	Manufacture of Electrical Machinery and Equipment		
计算机、通信和其他电子设备制造业	Manufacture of Computers, Communication and Other Electronic Equipment		
仪器仪表制造业	Manufacture of Measuring Instruments		
其他制造业	Other Manufacturing		
废弃资源综合利用业	Comprehensive Utilization of Waste Resources Industry		
金属制品、机械和设备修理业	Metal Products, Machinery and Equipment Repair Industry	1	
电力、热力、燃气及水的生产和供应业	Production and Supply of Electric Power, heat, Gas and Water		
电力、热力生产和供应业	Production and Supply of Electric Power and Heat Power		
燃气生产和供应业	Production and Supply of Gas		
水的生产和供应业	Production and Supply of Water		

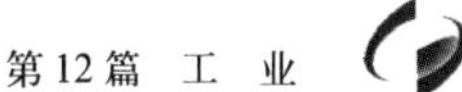

Major Indicators of Collective-Owned Industrial Enterprises(2019)

(unit, 10000 yuan)

工业总产值 Total Industrial Output Value	资产总计 Total Assets	流动资产合计 Total Current Assets	应收帐款 Accounts Receivable	产成品 Finished Goods	固定资产原价 Original Value of Fixed Assets	固定资产净额 Net Fixed Assets	负债合计 Total Liabilities	营业收入 Business Revenue
628628	**794708**	**696258**	**348528**	**18487**	**308386**	**79600**	**526062**	**636989**
27396	39555	27075	14150	143	23430	3834	71163	27666
517398	639372	564337	273434	15752	262101	56703	386947	514793
58970	117958	107825	55295	2253	28371	9903	42875	69699
569658	676750	588433	293234	16234	280015	69698	483187	567290
206505	391968	335816	137215	4653	191227	38972	248407	203766
34223	45616	27279	11496	4653	21241	17457	32726	33772
172282	346352	308538	125719		169986	21516	215680	169994
422123	402740	360442	211313	13834	117158	40628	277656	433223
30177	65607	60465	22618	617	16444	5142	8241	30309
22130	45244	41566	30478	1493	8137	3519	30055	27280
4984	5874	4909	2194		3121	895	2645	10070
316978	230752	201827	126289	11512	76758	27444	175582	316345
1680	1233	886	5	143	668	347	1934	2040
3058	4554	4395	2439		1162	159	3577	3059
3389	2834	2005	502	52	2371	870	562	4701
16515	20783	19750	17313	17	2897	1033	32927	16208
23212	25859	24640	9476		5599	1219	22133	23212

12-6 按行业分私营工业企业主要指标(2019年)

单位：个、万元

行业	Sector	企业单位数 Number of Enterprises
总计	**Total**	**1746**
采矿业	Mining and Quarrying	97
煤炭开采和洗选业	Mining and Washing of Coal	70
石油和天然气开采业	Extraction of Petroleum and Natural Gas	
黑色金属矿采选业	Mining and Processing of Ferrous Metals Ores	2
有色金属矿采选业	Mining and Processing of Non-ferrous Metal Ores	3
非金属矿采选业	Mining and Processing of Nonmetal Ores	17
开采专业及辅助性活动	Professional and Support Activities For Mining	5
其他采矿业	Mining of Other Ores	
制造业	Manufacturing	1547
农副食品加工业	Processing of Food from Agricultural Products	609
食品制造业	Manufacture of Foods	65
酒、饮料和精制茶制造业	Manufacture of Wine, soft drinks and refined tea	35
烟草制品业	Manufacture of Tobacco	
纺织业	Manufacture of Textile	19
纺织服装、服饰业	Manufacture of Textile and Apparel	1
皮革、毛皮、羽毛及其制品和制鞋业	Manufacture of Leather, Furs, Feather and Related Products and Footwear	30
木材加工和木、竹、藤、棕、草制品业	Processing of Timber, Manufacture of Wood, Bamboo, Rattan, Palm and Straw Products	79
家具制造业	Manufacture of Furniture	18
造纸和纸制品业	Manufacture of Paper and Paper Products	28
印刷和记录媒介复制业	Manufacture of Printing and Record Medium Reproduction	13
文教、工美、体育和娱乐用品制造业	Manufacture of Articles for Culture, Education and Sports Activities	4
石油、煤炭及其他燃料加工业	Processing of Petroleum, Coal and Other Fuels	29
化学原料和化学制品制造业	Manufacture of Raw Chemical Materials and Chemical Products	80
医药制造业	Manufacture of Medicines	48
化学纤维制造业	Manufacture of Chemical Fibers	3
橡胶和塑料制品业	Manufacture of Rubber and Plastics	41
非金属矿物制品业	Manufacture of Non-metallic Mineral Products	146
黑色金属冶炼及压延加工业	Smelting and Pressing of Ferrous Metals	7
有色金属冶炼及压延加工业	Smelting and Pressing of Non-ferrous Metals	6
金属制品业	Manufacture of Metal Products	53
通用设备制造业	Manufacture of General Purpose Machinery	61
专用设备制造业	Manufacture of Special Purpose Machinery	96
汽车制造业	Manufacture of Automotive	7
铁路、船舶、航空航天和其他运输设备制造业	Manufacture of Railroad, Marine, Aerospace and Other Transportation Equipment	8
电气机械及器材制造业	Manufacture of Electrical Machinery and Equipment	33
计算机、通信和其他电子设备制造业	Manufacture of Computers, Communication and Other Electronic Equipment	4
仪器仪表制造业	Manufacture of Measuring Instruments	13
其他制造业	Other Manufacturing	1
废弃资源综合利用业	Comprehensive Utilization of Waste Resources Industry	8
金属制品、机械和设备修理业	Metal Products, Machinery and Equipment Repair Industry	2
电力、热力、燃气及水的生产和供应业	Production and Supply of Electric Power, heat, Gas and Water	102
电力、热力生产和供应业	Production and Supply of Electric Power and Heat Power	83
燃气生产和供应业	Production and Supply of Gas	15
水的生产和供应业	Production and Supply of Water	4

Main Indicators of Private Enterprises by Industrial Sector (2019)

(unit, 10000 yuan)

工业总产值 Total Industrial Output Value	资产总计 Total Assets	流动资产合计 Total Current Assets	应收帐款 Accounts Receivable	产成品 Finished Goods	固定资产原价 Original Value of Fixed Assets	固定资产净额 Net Fixed Assets	负债合计 Total Liabilities	营业收入 Business Revenue	营业成本 Business Cost	利润总额 Total Profits	亏损企业亏损总额 Total Losses Made by Enterprises-in-red
17686407	**20543233**	**11290649**	**2718106**	**1087188**	**8806796**	**5130515**	**12442856**	**18025958**	**16056278**	**543024**	**204139**
992618	1368932	750799	180908	90409	702458	371144	938648	949225	773509	58335	14217
773614	931014	553747	116471	63248	402696	197406	690050	738096	605785	47428	13210
45382	175125	33104	1246	7674	150697	96788	120270	55840	44813	2031	
29753	60328	32784	-975	5533	54844	26690	35480	28513	20844	1450	176
109208	152396	89164	47404	13949	78647	42540	68255	91684	70971	6339	496
34660	50069	42001	16762	5	15574	7720	24594	35092	31097	1088	335
15820330	16656778	9556749	2346127	987526	6388490	3721332	9723292	16185575	14516488	426721	171269
6356996	4309424	2771355	405855	353825	1432473	985918	2119512	6626188	6221177	163732	17846
990581	807240	394142	70947	56842	479779	289514	419568	1021096	854450	51500	13862
661435	485945	196038	11711	48331	208855	128156	232234	605359	537849	23323	1300
134108	169230	125751	40590	23146	64551	35312	112748	141535	128730	8596	904
2033	3707	3572	1184	1012	240	129	3374	2886	2776	85	
360735	76221	62550	35536	15739	7005	6731	29944	335429	301765	21060	
280651	202831	138465	30230	35044	44370	28706	143610	228036	219254	-412	3486
137588	207595	146529	50652	22336	85327	37375	135090	132434	115893	795	1562
180139	297528	139008	57874	12638	175727	97841	221588	175546	159724	-3661	7295
60279	60249	32975	13213	1793	34894	18595	33836	65041	60399	-174	856
8289	7732	4102	619	584	4746	2552	2519	8573	7811	28	189
1518242	2630697	1169112	156705	105670	863116	428301	1902139	1536478	1423003	-23303	44462
843321	1054773	600017	99960	47529	448566	268406	914597	869761	819559	-8413	38584
586797	863364	488869	137550	45040	417923	229556	381386	525841	293884	55999	8418
8643	11229	7448	1817	647	2855	1226	7038	8651	7584	184	72
181943	234505	132200	42549	15317	110158	63778	141600	175485	159489	2203	1011
817748	1231028	750263	355254	65290	567002	336364	878615	794243	714243	6957	17189
740121	1145910	339602	63012	28308	663933	371205	629619	989117	854828	15348	309
36441	23691	12109	4297	89	7341	4689	16536	36029	32535	-600	1085
295375	235347	179657	78883	6073	57833	30308	146696	292620	273242	5606	501
296300	627592	407245	133050	29930	257501	110488	340009	301483	239459	22122	3415
599732	1040310	760720	312120	25813	252251	147126	490777	567407	449821	44831	3623
73129	181230	142061	35754	5970	33591	18378	130511	70448	52198	9285	653
53105	106352	80675	29932	18126	43280	13449	61957	59849	40211	4294	508
225022	212192	154952	76536	10493	64556	39036	101442	218638	190384	5735	960
29965	87648	56396	31435	4828	15488	4330	18293	27738	18195	5842	
71388	237417	194826	55577	4498	13150	7656	56638	110779	80749	12937	
2320	4845	3998	262	1317	355	299	4834	2320	1851	-66	66
262931	94286	57090	11423	1298	29168	14276	43641	251586	250890	2902	3012
4977	6658	5025	1602		2458	1633	2945	4982	4536	-11	102
873562	3391084	4374083	3691695	1183426	1916173	2763141	4534803	3710112	3438354	1715407	842902
705899	2145635	880346	142215	6855	1484512	866853	1555752	723629	629927	43113	18401
152114	250842	84821	38078	2121	154013	102253	138527	151448	126163	12840	252
15447	121046	17934	10779	277	77323	68933	86637	16081	10192	2015	

12-7 按行业分“三资”工业企业主要指标(2019年)

单位：个、万元

行 业	Sector	企业单位数 Number of Enterprises
总 计	**Total**	**154**
采矿业	Mining and Quarrying	4
煤炭开采和洗选业	Mining and Washing of Coal	1
石油和天然气开采业	Extraction of Petroleum and Natural Gas	
黑色金属矿采选业	Mining and Processing of Ferrous Metals Ores	
有色金属矿采选业	Mining and Processing of Non-ferrous Metal Ores	1
非金属矿采选业	Mining and Processing of Nonmetal Ores	
开采专业及辅助性活动	Professional and Support Activities For Mining	2
其他采矿业	Mining of Other Ores	
制造业	Manufacturing	119
农副食品加工业	Processing of Food from Agricultural Products	28
食品制造业	Manufacture of Foods	12
酒、饮料和精制茶制造业	Manufacture of Wine, soft drinks and refined tea	20
烟草制品业	Manufacture of Tobacco	
纺织业	Manufacture of Textile	2
纺织服装、服饰业	Manufacture of Textile and Apparel	
皮革、毛皮、羽毛及其制品和制鞋业	Manufacture of Leather, Furs, Feather and Related Products and Footwear	1
木材加工和木、竹、藤、棕、草制品业	Processing of Timber, Manufacture of Wood, Bamboo, Rattan, Palm and Straw Products	4
家具制造业	Manufacture of Furniture	1
造纸和纸制品业	Manufacture of Paper and Paper Products	1
印刷和记录媒介复制业	Manufacture of Printing and Record Medium Reproduction	
文教、工美、体育和娱乐用品制造业	Manufacture of Articles for Culture, Education and Sports Activities	2
石油、煤炭及其他燃料加工业	Processing of Petroleum, Coal and Other Fuels	1
化学原料和化学制品制造业	Manufacture of Raw Chemical Materials and Chemical Products	6
医药制造业	Manufacture of Medicines	7
化学纤维制造业	Manufacture of Chemical Fibers	
橡胶和塑料制品业	Manufacture of Rubber and Plastics	2
非金属矿物制品业	Manufacture of Non-metallic Mineral Products	8
黑色金属冶炼及压延加工业	Smelting and Pressing of Ferrous Metals	
有色金属冶炼及压延加工业	Smelting and Pressing of Non-ferrous Metals	1
金属制品业	Manufacture of Metal Products	5
通用设备制造业	Manufacture of General Purpose Machinery	1
专用设备制造业	Manufacture of Special Purpose Machinery	5
汽车制造业	Manufacture of Automotive	6
铁路、船舶、航空航天和其他运输设备制造业	Manufacture of Railroad, Marine, Aerospace and Other Transportation Equipment	2
电气机械及器材制造业	Manufacture of Electrical Machinery and Equipment	2
计算机、通信和其他电子设备制造业	Manufacture of Computers, Communication and Other Electronic Equipment	
仪器仪表制造业	Manufacture of Measuring Instruments	1
其他制造业	Other Manufacturing	
废弃资源综合利用业	Comprehensive Utilization of Waste Resources Industry	
金属制品、机械和设备修理业	Metal Products, Machinery and Equipment Repair Industry	1
电力、热力、燃气及水的生产和供应业	Production and Supply of Electric Power, heat, Gas and Water	31
电力、热力生产和供应业	Production and Supply of Electric Power and Heat Power	23
燃气生产和供应业	Production and Supply of Gas	4
水的生产和供应业	Production and Supply of Water	4

Main Indicators of Industrial Enterprises with Hongkong,Macao,Taiwan and Foreign Funds by Industrial Sector(2019)

(unit, 10000 yuan)

工业总产值 Total Industrial Output Value	资产总计 Total Assets	流动资产合计 Total Current Assets	应收帐款 Accounts Receivable	产成品 Finished Goods	固定资产原价 Original Value of Fixed Assets	固定资产净额 Net Fixed Assets	负债合计 Total Liabilities	营业收入 Business Revenue	营业成本 Business Cost	利润总额 Total Profits	亏损企业亏损总额 Total Losses Made by Enterprises-in-red
9225757	**16171444**	**8338765**	**1977734**	**528601**	**10243018**	**4583390**	**9374603**	**13327837**	**10611271**	**1277568**	**150919**
759986	962969	57125	6991	5821	1437430	263471	91997	759977	559795	164117	49
2366	10764	7940	1854		6090	2632	8932	2341	1938	-49	49
82977	158643	25474		5821	54066	45857	44347	82993	13387	71342	
674642	793563	23711	5137		1377274	214982	38718	674642	544471	92824	
7397498	11961117	7490266	1833394	513811	4823353	2415707	6721304	11458157	9141205	1062841	98398
1439106	1251850	761822	81780	170465	572838	317838	853954	1662649	1464063	66073	6034
1839017	2536909	1991986	544451	40115	566080	279015	1120672	2431259	1520578	603093	8509
579512	846765	300364	54556	34826	770219	448977	465063	678988	488726	-573	31031
32501	40152	34310	10275	10827	17114	4370	28852	32973	28781	1495	
2342	1917	1007	548		2535	898	325	2001	1962	74	
14246	24991	17264	1430	4268	11743	5687	19228	13312	11897	-107	517
2979	1857	1073	22	115	1630	658	1875	1667	1362	-423	423
17213	16071	7410	2641	280	14712	6923	12759	18131	15360	2136	
4952	5511	4302	837	81	3736	939	1092	4922	3932	457	
95820	231724	178615	12478	9262	51018	28358	401153	90034	93308	-28329	28329
267322	279405	148699	26995	22889	289329	115138	78438	345464	305647	10773	4615
440836	1727737	992552	359714	42770	842541	348511	807345	1261421	939646	31844	1600
671993	1338261	884098	155446	9186	338421	117524	882927	992107	881614	43539	
90242	178939	86914	24853	11838	109986	63094	82545	81428	64898	1362	3300
74444	20679	1762		795	28814	18675	14157	75725	73621	80	
55147	60369	36429	16859	1123	32340	19105	30423	58246	50511	2917	520
10998	25775	23188	6027	1517	7772	2280	8977	33090	29837	1131	
178891	266408	163644	25568	19035	132649	76966	121097	212424	159793	29878	
1321931	2100932	1241675	369495	37116	827711	457887	1212270	3211663	2806500	296377	6788
73029	121533	80042	20561	5741	76782	39378	73474	73755	58538	2475	
159580	783006	515829	112047	89017	122116	62408	394588	150183	119680	4978	
19709	25418	11259	3349	1854	2038	431	58662	20056	16702	-6732	6732
5689	74909	6024	3463	694	1230	650	51431	6660	4251	323	
1068273	3247358	791374	137349	8969	3982235	1904212	2561302	1109704	910270	50610	52472
806985	2277762	397411	110218	4406	3675968	1771538	1862693	823275	712529	28963	44367
218529	292005	96310	6262	4563	275333	115514	144328	237030	166136	26916	
42759	677592	297653	20869		30935	17161	554281	49399	31605	-5269	8105

12-8 工业企业主要经济效益指标(2019年)

单位：%

类 别	Category
总 计	**Total**
按轻重工业分	**Grouped by Light and Heavy Industry**
轻工业	Light Industry
重工业	Heavy Industry
按行业分	**Grouped by Sector**
采矿业	Mining and Quarrying
煤炭开采和洗选业	Mining and Washing of Coal
石油和天然气开采业	Extraction of Petroleum and Natural Gas
黑色金属矿采选业	Mining and Processing of Ferrous Metals Ores
有色金属矿采选业	Mining and Processing of Non-ferrous Metal Ores
非金属矿采选业	Mining and Processing of Nonmetal Ores
开采专业及辅助性活动	Professional and Support Activities For Mining
其他采矿业	Mining of Other Ores
制造业	Manufacturing
农副食品加工业	Processing of Food from Agricultural Products
食品制造业	Manufacture of Foods
酒、饮料和精制茶制造业	Manufacture of Wine, soft drinks and refined tea
烟草制品业	Manufacture of Tobacco
纺织业	Manufacture of Textile
纺织服装、服饰业	Manufacture of Textile and Apparel
皮革、毛皮、羽毛及其制品和制鞋业	Manufacture of Leather, Furs, Feather and Related Products and Footwear
木材加工和木、竹、藤、棕、草制品业	Processing of Timber, Manufacture of Wood, Bamboo, Rattan,Palm and Straw Products
家具制造业	Manufacture of Furniture
造纸和纸制品业	Manufacture of Paper and Paper Products
印刷和记录媒介复制业	Manufacture of Printing and Record Medium Reproduction
文教、工美、体育和娱乐用品制造业	Manufacture of Articles for Culture, Education and Sports Activities
石油、煤炭及其他燃料加工业	Processing of Petroleum, Coal and Other Fuels
化学原料和化学制品制造业	Manufacture of Raw Chemical Materials and Chemical Products
医药制造业	Manufacture of Medicines
化学纤维制造业	Manufacture of Chemical Fibers
橡胶和塑料制品业	Manufacture of Rubber and Plastics
非金属矿物制品业	Manufacture of Non-metallic Mineral Products
黑色金属冶炼及压延加工业	Smelting and Pressing of Ferrous Metals
有色金属冶炼及压延加工业	Smelting and Pressing of Non-ferrous Metals
金属制品业	Manufacture of Metal Products
通用设备制造业	Manufacture of General Purpose Machinery
专用设备制造业	Manufacture of Special Purpose Machinery
汽车制造业	Manufacture of Automotive
铁路、船舶、航空航天和其他运输设备制造业	Manufacture of Railroad, Marine, Aerospace and Other Transportation Equipment
电气机械及器材制造业	Manufacture of Electrical Machinery and Equipment
计算机、通信和其他电子设备制造业	Manufacture of Computers, Communication and Other Electronic Equipment
仪器仪表制造业	Manufacture of Measuring Instruments
其他制造业	Other Manufacturing
废弃资源综合利用业	Comprehensive Utilization of Waste Resources Industry
金属制品、机械和设备修理业	Metal Products, Machinery and Equipment Repair Industry
电力、热力、燃气及水的生产和供应业	Production and Supply of Electric Power, heat, Gas and Water
电力、热力生产和供应业	Production and Supply of Electric Power and Heat Power
燃气生产和供应业	Production and Supply of Gas
水的生产和供应业	Production and Supply of Water

Major Indicators on Economic Benefit of Industrial Enterprises (2019)

(%)

营业收入 利润率 Profit Margin of Business Revenue	资 产 负债率 Assets- Liability Ratio	总资产 贡献率 Ratio of Total Assets to Industrial Output Value	成本费用 利 润 率 Ratio of Profits to Industrial Cost
4.2	**58.9**	**7.3**	**4.5**
6.0	53.9	10.1	6.4
3.3	60.1	6.6	3.6
9.2	49.3	8.2	11.0
7.8	81.3	10.2	8.6
10.4	37.5	7.7	13.3
0.8	69.0	2.3	0.9
33.7	51.2	24.8	55.1
6.5	52.7	7.9	7.2
1.4	100.8	3.4	1.4
3.4	59.9	8.8	3.6
2.8	60.5	4.7	2.9
16.6	48.9	20.2	18.5
2.5	54.9	8.2	2.6
3.2	25.8	59.2	6.6
3.7	63.0	3.5	3.7
2.2	57.3	4.0	2.3
5.3	52.1	23.7	5.8
1.1	67.2	1.9	1.1
-2.3	68.3	1.5	-2.2
2.7	52.1	4.8	2.7
-0.2	51.8	1.9	-0.2
1.7	63.3	2.8	1.8
-0.2	67.3	29.6	-0.2
0.8	68.6	3.0	0.9
8.4	44.1	8.6	9.1
2.1	62.7	3.1	2.2
3.7	64.8	4.3	3.8
1.1	65.5	2.8	1.1
4.2	62.5	6.9	4.4
-3.8	70.5	0.4	-3.8
2.9	56.3	4.6	3.0
2.8	69.1	2.4	2.9
3.7	59.5	4.1	3.9
-4.3	75.5	-1.9	-4.5
5.5	47.3	7.1	5.9
7.4	53.1	4.3	7.9
18.0	46.8	5.0	18.4
3.5	55.7	4.3	3.6
6.6	47.4	5.5	7.0
1.8	57.0	31.4	1.8
1.9	63.9	2.6	2.0
0.4	70.8	2.20	0.4
0.4	71.1	2.2	0.4
6.8	61.4	4.6	7.1
-11.8	70.8	1.2	-9.2

12-9 大中型工业企业主要经济效益指标(2019年)

单位：%

类 别	Category
总 计	**Total**
按轻重工业分	**Grouped by Light and Heavy Industry**
轻工业	Light Industry
重工业	Heavy Industry
按行业分	**Grouped by Sector**
采矿业	Mining and Quarrying
煤炭开采和洗选业	Mining and Washing of Coal
石油和天然气开采业	Extraction of Petroleum and Natural Gas
黑色金属矿采选业	Mining and Processing of Ferrous Metals Ores
有色金属矿采选业	Mining and Processing of Non-ferrous Metal Ores
非金属矿采选业	Mining and Processing of Nonmetal Ores
开采专业及辅助性活动	Professional and Support Activities For Mining
其他采矿业	Mining of Other Ores
制造业	Manufacturing
农副食品加工业	Processing of Food from Agricultural Products
食品制造业	Manufacture of Foods
酒、饮料和精制茶制造业	Manufacture of Wine, soft drinks and refined tea
烟草制品业	Manufacture of Tobacco
纺织业	Manufacture of Textile
纺织服装、服饰业	Manufacture of Textile and Apparel
皮革、毛皮、羽毛及其制品和制鞋业	Manufacture of Leather, Furs, Feather and Related Products and Footwear
木材加工和木、竹、藤、棕、草制品业	Processing of Timber,Manufacture of Wood, Bamboo, Rattan, Palm and Straw Products
家具制造业	Manufacture of Furniture
造纸和纸制品业	Manufacture of Paper and Paper Products
印刷和记录媒介复制业	Manufacture of Printing and Record Medium Reproduction
文教、工美、体育和娱乐用品制造业	Manufacture of Articles for Culture, Education and Sports Activities
石油、煤炭及其他燃料加工业	Processing of Petroleum, Coal and Other Fuels
化学原料和化学制品制造业	Manufacture of Raw Chemical Materials and Chemical Products
医药制造业	Manufacture of Medicines
化学纤维制造业	Manufacture of Chemical Fibers
橡胶和塑料制品业	Manufacture of Rubber and Plastics
非金属矿物制品业	Manufacture of Non-metallic Mineral Products
黑色金属冶炼及压延加工业	Smelting and Pressing of Ferrous Metals
有色金属冶炼及压延加工业	Smelting and Pressing of Non-ferrous Metals
金属制品业	Manufacture of Metal Products
通用设备制造业	Manufacture of General Purpose Machinery
专用设备制造业	Manufacture of Special Purpose Machinery
汽车制造业	Manufacture of Automotive
铁路、船舶、航空航天和其他运输设备制造业	Manufacture of Railroad, Marine, Aerospace and Other Transportation Equipment
电气机械及器材制造业	Manufacture of Electrical Machinery and Equipment
计算机、通信和其他电子设备制造业	Manufacture of Computers, Communication and Other Electronic Equipment
仪器仪表制造业	Manufacture of Measuring Instruments
其他制造业	Other Manufacturing
废弃资源综合利用业	Comprehensive Utilization of Waste Resources Industry
金属制品、机械和设备修理业	Metal Products, Machinery and Equipment Repair Industry
电力、热力、燃气及水的生产和供应业	Production and Supply of Electric Power, heat, Gas and Water
电力、热力生产和供应业	Production and Supply of Electric Power and Heat Power
燃气生产和供应业	Production and Supply of Gas
水的生产和供应业	Production and Supply of Water

Major Indicators on Economic Benefit of Large and Medium-Sized Industrial Enterprises(2019)

(%)

营业收入 利润率 Profit Margin of Business Revenue	资 产 负债率 Assets- Liability Ratio	总资产 贡献率 Ratio of Total Assets to Industrial Output Value	成本费用 利 润 率 Ratio of Profits to Industrial Cost
4.9	**57.0**	**8.3**	**5.4**
8.8	52.8	13.3	9.8
3.8	57.7	7.4	4.2
9.2	48.3	7.9	11.0
8.7	81.6	9.5	9.6
10.4	37.5	7.7	13.3
0.3	71.3	1.0	0.3
36.9	46.9	23.1	60.1
9.3	21.1	17.5	10.7
1.0	104.3	3.1	1.0
4.7	59.7	11.7	5.2
3.5	71.0	5.3	3.6
18.8	48.8	22.1	21.0
3.3	51.4	10.2	3.6
3.2	25.8	59.2	6.6
4.0	62.2	4.5	4.2
-1.6	8.8	-1.0	-1.6
10.2	44.3	7.4	11.7
-4.8	65.1	1.2	-4.6
4.5	34.6	5.6	4.7
3.3	29.1	3.8	3.4
-13.1	98.4	-0.6	-11.7
-0.2	65.2	31.5	-0.2
0.2	70.2	2.5	0.2
8.6	43.1	8.3	9.4
4.4	66.0	4.8	4.6
5.2	56.4	4.5	5.4
4.2	62.7	6.9	4.3
-2.8	73.3	1.2	-2.8
3.0	52.0	4.0	3.1
2.1	75.4	2.0	2.2
3.9	61.0	4.1	4.1
8.8	57.8	15.3	9.2
3.3	50.6	6.4	3.5
8.5	55.5	4.0	9.2
29.6	48.9	4.8	27.1
6.9	42.3	4.0	7.3
0.4	58.4	3.9	0.4
-2.3	69.7	1.1	-2.2
-2.3	70.1	1.06	-2.2
9.6	43.1	7.7	10.1
-21.6	71.4	0.4	-14.9

12-10 国有控股工业企业主要经济效益指标(2019年)

单位：%

类 别	Category
总 计	**Total**
按轻重工业分	**Grouped by Light and Heavy Industry**
轻工业	Light Industry
重工业	Heavy Industry
按行业分	**Grouped by Sector**
采矿业	Mining and Quarrying
煤炭开采和洗选业	Mining and Washing of Coal
石油和天然气开采业	Extraction of Petroleum and Natural Gas
黑色金属矿采选业	Mining and Processing of Ferrous Metals Ores
有色金属矿采选业	Mining and Processing of Non-ferrous Metal Ores
非金属矿采选业	Mining and Processing of Nonmetal Ores
开采专业及辅助性活动	Professional and Support Activities For Mining
其他采矿业	Mining of Other Ores
制造业	Manufacturing
农副食品加工业	Processing of Food from Agricultural Products
食品制造业	Manufacture of Foods
酒、饮料和精制茶制造业	Manufacture of Wine, soft drinks and refined tea
烟草制品业	Manufacture of Tobacco
纺织业	Manufacture of Textile
纺织服装、服饰业	Manufacture of Textile and Apparel
皮革、毛皮、羽毛及其制品和制鞋业	Manufacture of Leather, Furs, Feather and Related Products and Footwear
木材加工和木、竹、藤、棕、草制品业	Processing of Timber,Manufacture of Wood, Bamboo, Rattan, Palm and Straw Products
家具制造业	Manufacture of Furniture
造纸和纸制品业	Manufacture of Paper and Paper Products
印刷和记录媒介复制业	Manufacture of Printing and Record Medium Reproduction
文教、工美、体育和娱乐用品制造业	Manufacture of Articles for Culture, Education and Sports Activities
石油、煤炭及其他燃料加工业	Processing of Petroleum, Coal and Other Fuels
化学原料和化学制品制造业	Manufacture of Raw Chemical Materials and Chemical Products
医药制造业	Manufacture of Medicines
化学纤维制造业	Manufacture of Chemical Fibers
橡胶和塑料制品业	Manufacture of Rubber and Plastics
非金属矿物制品业	Manufacture of Non-metallic Mineral Products
黑色金属冶炼及压延加工业	Smelting and Pressing of Ferrous Metals
有色金属冶炼及压延加工业	Smelting and Pressing of Non-ferrous Metals
金属制品业	Manufacture of Metal Products
通用设备制造业	Manufacture of General Purpose Machinery
专用设备制造业	Manufacture of Special Purpose Machinery
汽车制造业	Manufacture of Automotive
铁路、船舶、航空航天和其他运输设备制造业	Manufacture of Railroad, Marine, Aerospace and Other Transportation Equipment
电气机械及器材制造业	Manufacture of Electrical Machinery and Equipment
计算机、通信和其他电子设备制造业	Manufacture of Computers, Communication and Other Electronic Equipment
仪器仪表制造业	Manufacture of Measuring Instruments
其他制造业	Other Manufacturing
废弃资源综合利用业	Comprehensive Utilization of Waste Resources Industry
金属制品、机械和设备修理业	Metal Products, Machinery and Equipment Repair Industry
电力、热力、燃气及水的生产和供应业	Production and Supply of Electric Power, heat, Gas and Water
电力、热力生产和供应业	Production and Supply of Electric Power and Heat Power
燃气生产和供应业	Production and Supply of Gas
水的生产和供应业	Production and Supply of Water

Major Indicators on Economic Benefit of State-Holding Industrial Enterprises (2019)

(%)

营业收入利润率 Profit Margin of Business Revenue	资产负债率 Assets-Liability Ratio	总资产贡献率 Ratio of Total Assets to Industrial Output Value	成本费用利润率 Ratio of Profits to Industrial Cost
2.4	**58.5**	**7.2**	**2.7**
1.7	53.7	11.7	1.9
2.5	58.9	6.9	2.7
8.7	48.9	7.8	10.5
8.5	84.3	9.4	9.3
10.4	37.5	7.7	13.3
37.5	65.5	49.9	72.4
14.9	30.4	24.7	18.8
-3.3	149.6	-1.7	-3.1
-0.5	63.4	11.0	-0.5
-0.9	80.7	-0.5	-0.9
5.7	28.8	7.4	6.1
1.6	71.8	7.8	1.8
2.6	24.6	61.6	5.8
-27.0	59.1	-3.7	-20.4
1.5	45.4	7.1	1.4
-22.3	55.3	-3.4	-20.7
7.0	28.0	7.2	7.6
1.6	29.5	3.2	1.6
3.7	66.8	2.7	3.6
0.5	59.1	53.5	0.6
0.1	68.3	3.9	0.1
2.7	44.3	5.6	2.7
5.4	62.4	6.7	5.9
-0.3	71.3	2.5	-0.3
7.7	36.8	13.5	8.5
-1.9	72.0	2.6	-1.9
0.8	46.5	1.7	0.8
2.9	76.3	2.0	3.0
2.9	60.5	3.7	3.1
-100.0	120.3	-44.6	-98.1
4.1	48.4	5.9	4.3
6.94	55.2	3.9	7.5
-4.0	71.2	1.2	-3.8
8.1	46.7	8.4	8.8
16.0	57.8	13.9	20.4
0.39	58.4	3.9	0.4
-1.0	70.0	1.9	-0.9
-0.8	70.3	1.9	-0.8
9.5	40.9	7.2	10.0
-20.4	71.9	0.5	-14.4

12-11　集体工业企业主要经济效益指标(2019年)

单位：%

类　别	Category
总　计	**Total**
按轻重工业分	**Grouped by Light and Heavy Industry**
轻工业	Light Industry
重工业	Heavy Industry
按行业分	**Grouped by Sector**
采矿业	Mining and Quarrying
煤炭开采和洗选业	Mining and Washing of Coal
石油和天然气开采业	Extraction of Petroleum and Natural Gas
黑色金属矿采选业	Mining and Processing of Ferrous Metals Ores
有色金属矿采选业	Mining and Processing of Non-ferrous Metal Ores
非金属矿采选业	Mining and Processing of Nonmetal Ores
开采专业及辅助性活动	Professional and Support Activities For Mining
其他采矿业	Mining of Other Ores
制造业	Manufacturing
农副食品加工业	Processing of Food from Agricultural Products
食品制造业	Manufacture of Foods
酒、饮料和精制茶制造业	Manufacture of Wine, soft drinks and refined tea
烟草制品业	Manufacture of Tobacco
纺织业	Manufacture of Textile
纺织服装、服饰业	Manufacture of Textile and Apparel
皮革、毛皮、羽毛及其制品和制鞋业	Manufacture of Leather, Furs, Feather and Related Products and Footwear
木材加工和木、竹、藤、棕、草制品业	Processing of Timber, Manufacture of Wood, Bamboo, Rattan, Palm and Straw Products
家具制造业	Manufacture of Furniture
造纸和纸制品业	Manufacture of Paper and Paper Products
印刷和记录媒介复制业	Manufacture of Printing and Record Medium Reproduction
文教、工美、体育和娱乐用品制造业	Manufacture of Articles for Culture, Education and Sports Activities
石油、煤炭及其他燃料加工业	Processing of Petroleum, Coal and Other Fuels
化学原料和化学制品制造业	Manufacture of Raw Chemical Materials and Chemical Products
医药制造业	Manufacture of Medicines
化学纤维制造业	Manufacture of Chemical Fibers
橡胶和塑料制品业	Manufacture of Rubber and Plastics
非金属矿物制品业	Manufacture of Non-metallic Mineral Products
黑色金属冶炼及压延加工业	Smelting and Pressing of Ferrous Metals
有色金属冶炼及压延加工业	Smelting and Pressing of Non-ferrous Metals
金属制品业	Manufacture of Metal Products
通用设备制造业	Manufacture of General Purpose Machinery
专用设备制造业	Manufacture of Special Purpose Machinery
汽车制造业	Manufacture of Automotive
铁路、船舶、航空航天和其他运输设备制造业	Manufacture of Railroad, Marine, Aerospace and Other Transportation Equipment
电气机械及器材制造业	Manufacture of Electrical Machinery and Equipment
计算机、通信和其他电子设备制造业	Manufacture of Computers, Communication and Other Electronic Equipment
仪器仪表制造业	Manufacture of Measuring Instruments
其他制造业	Other Manufacturing
废弃资源综合利用业	Comprehensive Utilization of Waste Resources Industry
金属制品、机械和设备修理业	Metal Products, Machinery and Equipment Repair Industry
电力、热力、燃气及水的生产和供应业	Production and Supply of Electric Power, heat, Gas and Water
电力、热力生产和供应业	Production and Supply of Electric Power and Heat Power
燃气生产和供应业	Production and Supply of Gas
水的生产和供应业	Production and Supply of Water

Major Indicators on Economic Benefit of Collective-Owned Industrial Enterprises(2019)

(%)

营业收入 利润率 Profit Margin of Business Revenue	资 产 负债率 Assets-Liability Ratio	总资产 贡献率 Ratio of Total Assets to Industrial Output Value	成本费用 利 润 率 Ratio of Profits to Industrial Cost
4.5	**66.2**	**6.5**	**4.7**
5.3	36.4	5.0	5.7
4.4	71.4	6.8	4.6
6.2	63.4	6.0	6.7
15.9	71.7	23.2	20.2
4.3	62.3	3.8	4.5
3.6	68.9	7.0	3.8
7.3	12.6	3.9	7.9
4.1	66.4	5.4	4.3
4.4	45.0	14.8	4.6
5.1	76.1	10.82	5.42
-3.0	156.9	7.1	-3.1
3.3	78.6	4.7	3.4
8.2	19.8	27.4	9.4
-34.6	158.4	-25.0	-25.0
4.1	85.6	5.8	4.3

12-12 按行业分私营工业企业主要经济效益指标（2019年）

单位：%

行 业	Sector
总 计	**Total**
采矿业	Mining and Quarrying
煤炭开采和洗选业	Mining and Washing of Coal
石油和天然气开采业	Extraction of Petroleum and Natural Gas
黑色金属矿采选业	Mining and Processing of Ferrous Metals Ores
有色金属矿采选业	Mining and Processing of Non-ferrous Metal Ores
非金属矿采选业	Mining and Processing of Nonmetal Ores
开采专业及辅助性活动	Professional and Support Activities For Mining
其他采矿业	Mining of Other Ores
制造业	Manufacturing
农副食品加工业	Processing of Food from Agricultural Products
食品制造业	Manufacture of Foods
酒、饮料和精制茶制造业	Manufacture of Wine, soft drinks and refined tea
烟草制品业	Manufacture of Tobacco
纺织业	Manufacture of Textile
纺织服装、服饰业	Manufacture of Textile and Apparel
皮革、毛皮、羽毛及其制品和制鞋业	Manufacture of Leather, Furs, Feather and Related Products and Footwear
木材加工和木、竹、藤、棕、草制品业	Processing of Timber, Manufacture of Wood, Bamboo, Rattan, Palm and Straw Products
家具制造业	Manufacture of Furniture
造纸和纸制品业	Manufacture of Paper and Paper Products
印刷和记录媒介复制业	Manufacture of Printing and Record Medium Reproduction
文教、工美、体育和娱乐用品制造业	Manufacture of Articles for Culture, Education and Sports Activities
石油、煤炭及其他燃料加工业	Processing of Petroleum, Coal and Other Fuels
化学原料和化学制品制造业	Manufacture of Raw Chemical Materials and Chemical Products
医药制造业	Manufacture of Medicines
化学纤维制造业	Manufacture of Chemical Fibers
橡胶和塑料制品业	Manufacture of Rubber and Plastics
非金属矿物制品业	Manufacture of Non-metallic Mineral Products
黑色金属冶炼及压延加工业	Smelting and Pressing of Ferrous Metals
有色金属冶炼及压延加工业	Smelting and Pressing of Non-ferrous Metals
金属制品业	Manufacture of Metal Products
通用设备制造业	Manufacture of General Purpose Machinery
专用设备制造业	Manufacture of Special Purpose Machinery
汽车制造业	Manufacture of Automotive
铁路、船舶、航空航天和其他运输设备制造业	Manufacture of Railroad, Marine, Aerospace and Other Transportation Equipment
电气机械及器材制造业	Manufacture of Electrical Machinery and Equipment
计算机、通信和其他电子设备制造业	Manufacture of Computers, Communication and Other Electronic Equipment
仪器仪表制造业	Manufacture of Measuring Instruments
其他制造业	Other Manufacturing
废弃资源综合利用业	Comprehensive Utilization of Waste Resources Industry
金属制品、机械和设备修理业	Metal Products, Machinery and Equipment Repair Industry
电力、热力、燃气及水的生产和供应业	Production and Supply of Electric Power, heat, Gas and Water
电力、热力生产和供应业	Production and Supply of Electric Power and Heat Power
燃气生产和供应业	Production and Supply of Gas
水的生产和供应业	Production and Supply of Water

Main Indicators on Economic Benefit of Private Industrial Enterprises by Industrial Sector (2019)

(%)

营业收入 利润率 Profit Margin of Business Revenue	资 产 负债率 Assets- Liability Ratio	总资产 贡献率 Ratio of Total Assets to Industrial Output Value	成本费用 利 润 率 Ratio of Profits to Industrial Cost
3.0	**60.6**	**5.0**	**3.1**
6.2	68.6	10.3	6.7
6.4	74.1	12.4	7.1
3.6	68.7	4.0	4.0
5.1	58.8	6.6	5.5
6.9	44.8	8.6	7.6
3.1	49.1	3.2	3.2
2.6	58.4	4.9	2.7
2.5	49.2	5.0	2.5
5.0	52.0	9.7	5.3
3.9	47.8	8.2	4.0
6.1	66.6	6.1	6.3
2.9	91.0	3.0	3.0
6.3	39.3	34.0	6.9
-0.2	70.8	1.2	-0.2
0.6	65.1	3.1	0.6
-2.1	74.5	1.5	-2.0
-0.3	56.2	1.8	-0.3
0.3	32.6	3.2	0.3
-1.5	72.3	0.6	-1.5
-1.0	86.7	0.9	-1.0
10.7	44.2	10.6	11.9
2.1	62.7	3.1	2.2
1.3	60.4	2.7	1.3
0.9	71.4	3.0	0.9
1.6	54.9	4.4	1.6
-1.7	69.8	-0.2	-1.6
1.9	62.3	4.6	2.0
7.3	54.2	5.5	7.9
7.9	47.2	7.0	8.6
13.2	72.0	7.4	15.2
7.2	58.3	8.3	7.8
2.6	47.8	5.7	2.7
21.1	20.9	7.9	26.5
11.7	23.9	7.7	12.8
-2.8	99.8	-1.8	-2.8
1.2	46.3	38.8	1.1
-0.2	44.2	4.3	-0.2
6.5	70.7	3.3	6.8
6.0	72.5	3.0	6.1
8.5	55.2	5.8	9.1
12.5	71.6	3.9	14.4

12-13 按行业分“三资”工业企业主要经济效益指标（2019年）

单位：%

行 业	Sector
总 计	**Total**
采矿业	Mining and Quarrying
煤炭开采和洗选业	Mining and Washing of Coal
石油和天然气开采业	Extraction of Petroleum and Natural Gas
黑色金属矿采选业	Mining and Processing of Ferrous Metals Ores
有色金属矿采选业	Mining and Processing of Non-ferrous Metal Ores
非金属矿采选业	Mining and Processing of Nonmetal Ores
开采专业及辅助性活动	Professional and Support Activities For Mining
其他采矿业	Mining of Other Ores
制造业	Manufacturing
农副食品加工业	Processing of Food from Agricultural Products
食品制造业	Manufacture of Foods
酒、饮料和精制茶制造业	Manufacture of Wine, soft drinks and refined tea
烟草制品业	Manufacture of Tobacco
纺织业	Manufacture of Textile
纺织服装、服饰业	Manufacture of Textile and Apparel
皮革、毛皮、羽毛及其制品和制鞋业	Manufacture of Leather, Furs, Feather and Related Products and Footwear
木材加工和木、竹、藤、棕、草制品业	Processing of Timber, Manufacture of Wood, Bamboo, Rattan, Palm and Straw Products
家具制造业	Manufacture of Furniture
造纸和纸制品业	Manufacture of Paper and Paper Products
印刷和记录媒介复制业	Manufacture of Printing and Record Medium Reproduction
文教、工美、体育和娱乐用品制造业	Manufacture of Articles for Culture, Education and Sports Activities
石油、煤炭及其他燃料加工业	Processing of Petroleum, Coal and Other Fuels
化学原料和化学制品制造业	Manufacture of Raw Chemical Materials and Chemical Products
医药制造业	Manufacture of Medicines
化学纤维制造业	Manufacture of Chemical Fibers
橡胶和塑料制品业	Manufacture of Rubber and Plastics
非金属矿物制品业	Manufacture of Non-metallic Mineral Products
黑色金属冶炼及压延加工业	Smelting and Pressing of Ferrous Metals
有色金属冶炼及压延加工业	Smelting and Pressing of Non-ferrous Metals
金属制品业	Manufacture of Metal Products
通用设备制造业	Manufacture of General Purpose Machinery
专用设备制造业	Manufacture of Special Purpose Machinery
汽车制造业	Manufacture of Automotive
铁路、船舶、航空航天和其他运输设备制造业	Manufacture of Railroad, Marine, Aerospace and Other Transportation Equipment
电气机械及器材制造业	Manufacture of Electrical Machinery and Equipment
计算机、通信和其他电子设备制造业	Manufacture of Computers, Communication and Other Electronic Equipment
仪器仪表制造业	Manufacture of Measuring Instruments
其他制造业	Other Manufacturing
废弃资源综合利用业	Comprehensive Utilization of Waste Resources Industry
金属制品、机械和设备修理业	Metal Products, Machinery and Equipment Repair Industry
电力、热力、燃气及水的生产和供应业	Production and Supply of Electric Power, heat, Gas and Water
电力、热力生产和供应业	Production and Supply of Electric Power and Heat Power
燃气生产和供应业	Production and Supply of Gas
水的生产和供应业	Production and Supply of Water

Main Indicators on Economic Benefit of Industrial Enterprises with Hongkong, Macao,Taiwan and Foreign Funds by Industrial Sector(2019)

(%)

营业收入 利润率 Profit Margin of Business Revenue	资 产 负债率 Assets- Liability Ratio	总资产 贡献率 Ratio of Total Assets to Industrial Output Value	成本费用 利 润 率 Ratio of Profits to Industrial Cost
9.6	**58.0**	**11.5**	**10.2**
21.6	9.6	20.9	28.1
-2.1	83.0	2.4	-2.1
86.0	28.0	48.7	361.8
13.8	4.9	15.6	16.5
9.3	56.2	12.3	9.8
4.0	68.2	7.7	4.1
24.8	44.2	28.2	27.8
-0.1	54.9	8.4	-0.1
4.5	71.9	4.5	4.8
3.7	16.9	3.9	3.5
-0.8	76.9	-0.9	-0.8
-25.4	100.9	-14.1	-20.3
11.8	79.4	16.8	12.6
9.3	19.8	8.0	10.3
-31.5	173.1	-11.5	-23.7
3.1	28.1	6.6	3.2
2.5	46.7	5.4	2.6
4.4	66.0	4.8	4.6
1.7	46.1	2.8	1.7
0.1	68.5	8.8	0.1
5.0	50.4	5.5	5.3
3.4	34.8	4.6	3.5
14.1	45.5	10.6	16.2
9.2	57.7	18.2	9.7
3.4	60.5	5.0	3.5
3.3	50.4	2.0	3.4
-33.6	230.8	-22.8	-26.3
4.9	68.7	-2.3	4.7
4.6	78.9	5.5	4.7
3.5	81.8	6.0	3.6
11.4	49.4	11.0	12.0
-10.7	81.8	1.5	-9.4

12-14 分地区工业企业单位数(2019年)
Number of Industrial Enterprises by Region(2019)

单位：个 (unit)

地区	Region	总计 Total	#国有控股 State-holding	#集体 Collective -owned	大型 Large	中型 Medium	小型 Small	微型 Micro type	轻工业 Light Industry	重工业 Heavy Industry
哈尔滨	Harbin	1127	164	4	30	106	776	215	554	573
齐齐哈尔	Qiqihar	318	48	1	7	41	204	66	167	151
鸡西	Jixi	184	32	1	3	23	102	56	83	101
鹤岗	Hegang	130	17	8	3	23	82	22	38	92
双鸭山	Shuangyashan	163	24		3	13	99	48	67	96
大庆	Daqing	453	52	14	13	36	293	111	178	275
伊春	Yichun	63	15		1	5	48	9	34	29
佳木斯	Jiamusi	273	43		1	21	161	90	167	106
七台河	Qitaihe	90	11		6	15	48	21	14	76
牡丹江	Mudanjiang	275	26		4	18	178	75	107	168
黑河	Heihe	112	23		1	12	76	23	43	69
绥化	Suihua	325	32		6	33	206	80	208	117
大兴安岭	Daxinganling	17	4			2	13	2	4	13

12-15 分地区工业企业主要经济指标(2019年)
Major Indicators of Industrial Enterprises by Region(2019)

单位：万元 (10000 yuan)

地区	Region	工业总产值 Total Industrial Output Value	资产总计 Total Assets	流动资产合计 Total Current Assets	应收帐款 Accounts Receivable	产成品 Finished Goods	固定资产原价 Original Value of Fixed Assets	固定资产净额 Net Fixed Assets	负债合计 Total Liabilities
哈尔滨	Harbin	22095246	40780973	22514971	4670024	1497887	19546329	10154974	25412646
齐齐哈尔	Qiqihar	8356352	16219322	8759582	2995897	421978	8206776	5292628	9681919
鸡西	Jixi	3056202	6151534	2703074	702489	218726	4116228	2290073	4285463
鹤岗	Hegang	2453658	3876294	1559879	357230	160710	3652002	1572374	3127661
双鸭山	Shuangyashan	4083843	6322137	2689859	378272	154170	4731285	2344685	4445878
大庆	Daqing	29656204	55035707	20075386	2986742	831619	69617924	22114101	25781666
伊春	Yichun	2041836	2607595	1116126	271649	49144	1567513	1015566	1708581
佳木斯	Jiamusi	3310928	5882968	2473123	504157	218242	3554388	2077271	3802642
七台河	Qitaihe	2838936	5396689	2109784	391003	227627	3841978	1633209	3950399
牡丹江	Mudanjiang	2450961	4309459	1894891	626859	175585	3562165	1851319	2732025
黑河	Heihe	1487812	3067979	1148528	122426	81255	1601414	886352	1997976
绥化	Suihua	5773261	7104577	3353042	602571	447551	4121084	2810208	4846915
大兴安岭	Daxinganling	271527	760928	488584	89883	29440	297439	121785	586094

12-15 续表 Continued

单位：万元 (10000 yuan)

地 区	Region	营业收入 Business Revenue	营业成本 Business Cost	销售费用 Selling Expenses	管理费用 Management Expenses	财务费用 Financial Expenses	利息费用 Expenditure for Interests	利润总额 Total Profits	亏损企业亏损总额 Total Losses Made by Enterprises--in-red
哈尔滨	Harbin	24108499	18864270	1417208	1288023	350482	345648	452317	790617
齐齐哈尔	Qiqihar	10659043	8767381	616338	356162	167528	172288	948464	158655
鸡 西	Jixi	3274597	2804043	85914	205075	72256	65602	112375	70541
鹤 岗	Hegang	2434309	2108035	55838	143274	52767	39177	70825	66708
双鸭山	Shuangyashan	4375292	3908239	96975	145470	98209	68480	36069	121068
大 庆	Daqing	33098106	26013915	294974	1679499	397686	613197	1789086	208784
伊 春	Yichun	2216764	1800612	30955	43496	42743	40273	208341	22961
佳木斯	Jiamusi	3387633	2913319	140535	117911	58670	52195	175869	39351
七台河	Qitaihe	2981381	2697080	70601	182056	62243	47545	-54354	120373
牡丹江	Mudanjiang	2364627	2016126	83098	114484	48773	46727	98780	68545
黑 河	Heihe	1510068	1144422	43348	74988	44424	36782	197449	31440
绥 化	Suihua	5887696	5194045	245784	153262	88139	77413	209775	55601
大兴安岭	Daxinganling	273488	210558	14881	10249	2464	2712	26299	9341

12-16 分地区大中型工业企业主要经济指标(2019年)

Major Indicators of Large and Medium-Sized Industrial Enterprises by Region(2019)

单位：万元 (10000 yuan)

地 区	Region	工业总产值 Total Industrial Output Value	资产总计 Total Assets	流动资产合计 Total Current Assets	应收帐款 Accounts Receivable	产成品 Finished Goods	固定资产原价 Original Value of Fixed Assets	固定资产净额 Net Fixed Assets	负债合计 Total Liabilities
哈尔滨	Harbin	13876499	26897174	14650194	2460711	820381	13692614	6749741	16668629
齐齐哈尔	Qiqihar	6434732	12732096	7087471	2552670	274403	6259648	4088594	7420040
鸡 西	Jixi	1530553	4029430	1606506	452024	56146	3056605	1615867	2879598
鹤 岗	Hegang	1567606	2683532	868635	186696	60219	3036532	1181685	2410310
双鸭山	Shuangyashan	2193556	4586091	1890932	206611	80512	3784295	1743837	3295950
大 庆	Daqing	24702372	49177941	17301632	2014064	638061	66551012	20091092	21864175
伊 春	Yichun	1403645	1236436	759356	178006	29970	393193	242857	825366
佳木斯	Jiamusi	1203139	2866731	1135544	144884	109631	1491454	899186	2011277
七台河	Qitaihe	2138255	4262395	1598876	237362	175907	3109074	1208515	3174355
牡丹江	Mudanjiang	1030783	2102396	767274	190697	78406	2382306	1134259	1282226
黑 河	Heihe	778983	1623061	420625	48150	23800	882986	508756	929789
绥 化	Suihua	3076567	3743796	1554471	187622	234952	2433132	1625479	2652497
大兴安岭	Daxinganling	102203	404579	264239	42400	2179	160886	34745	360916

12-16 续表 Continued

单位：万元 (10000 yuan)

地 区	Region	营业收入 Business Revenue	营业成本 Business Cost	销售费用 Selling Expenses	管理费用 Management Expenses	财务费用 Financial Expenses	利息费用 Expenditure for Interests	利润总额 Total Profits	亏损企业亏损总额 Total Losses Made by Enterprises--in-red
哈尔滨	Harbin	15357552	11372390	1079080	869651	232645	233919	585401	193246
齐齐哈尔	Qiqihar	8453624	6852517	555282	259666	124930	137791	849743	94109
鸡 西	Jixi	1679046	1350679	35668	162687	39252	39334	97559	39688
鹤 岗	Hegang	1516786	1313539	34880	118874	40855	29342	7556	61577
双鸭山	Shuangyashan	2542645	2182101	70050	98545	79208	54615	24460	93861
大 庆	Daqing	27969646	21410534	222628	1553645	311351	536811	1570578	158775
伊 春	Yichun	1553228	1349780	18157	23984	10418	13886	101928	993
佳木斯	Jiamusi	1211327	986476	82196	57148	22073	22214	67129	22109
七台河	Qitaihe	2178350	1964928	56179	149572	44018	33485	-52513	84041
牡丹江	Mudanjiang	1045440	855247	45741	57251	29914	30638	47925	45014
黑 河	Heihe	789753	533693	26490	33884	22049	20526	168601	8904
绥 化	Suihua	3024961	2653577	139142	80356	44969	39679	105436	37115
大兴安岭	Daxinganling	106707	76003	447	4665	490	676	22832	5548

12-17 分地区国有控股工业企业主要经济指标(2019年)
Major Indicators of State-Owned and State-Holding Industrial Enterprises by Region(2019)

单位：万元 (10000 yuan)

地 区	Region	工业总产值 Total Industrial Output Value	资产总计 Total Assets	流动资产合计 Total Current Assets	应收帐款 Accounts Receivable	产成品 Finished Goods	固定资产原价 Original Value of Fixed Assets	固定资产净额 Net Fixed Assets	负债合计 Total Liabilities
哈尔滨	Harbin	8947806	21060216	10904916	2009557	483776	11621090	5587525	14225128
齐齐哈尔	Qiqihar	3223319	8281731	4154488	1879467	141345	4988211	3073328	5135491
鸡 西	Jixi	1265995	3463541	1087139	447646	56692	3219083	1710300	2692130
鹤 岗	Hegang	1009447	2329231	597523	106890	26197	3021521	1168175	2163263
双鸭山	Shuangyashan	905129	2499238	1090544	107529	15737	2802493	1142362	1858775
大 庆	Daqing	22091662	47071985	15970236	1466517	601066	65058042	19902217	21613183
伊 春	Yichun	485168	1209268	248626	106380	4949	1143590	742734	815737
佳木斯	Jiamusi	1092380	2533371	860755	225717	80926	2290843	1343802	1739613
七台河	Qitaihe	863043	1775828	400566	99293	22995	2407760	916585	1459944
牡丹江	Mudanjiang	632081	1478408	410720	111532	32277	2155775	1121878	959797
黑 河	Heihe	466517	735170	221677	27993	39597	817537	374932	531260
绥 化	Suihua	968014	2031866	556168	96044	65511	1584285	1175809	1595555
大兴安岭	Daxinganling	121648	448717	296346	47009	9515	178370	45397	381018

12-17　续表　Continued

单位：万元 (10000 yuan)

地　区	Region	营业收入 Business Revenue	营业成本 Business Cost	销售费用 Selling Expenses	管理费用 Management Expenses	财务费用 Financial Expenses	利息费用 Expenditure for Interests	利润总额 Total Profits	亏损企业亏损总额 Total Losses Made by Enterprises-in-red
哈尔滨	Harbin	10441056	7913107	359864	682692	203706	213646	-287332	651767
齐齐哈尔	Qiqihar	4694502	4114454	72540	180677	122709	121584	129182	28440
鸡　西	Jixi	1570157	1263122	22472	153574	34764	33450	109417	18647
鹤　岗	Hegang	1008492	883574	5622	104290	39590	29388	-27718	51810
双鸭山	Shuangyashan	965585	799531	3343	68513	34569	32060	20571	76304
大　庆	Daqing	23630771	17644608	193449	1256850	339236	536597	1166404	152635
伊　春	Yichun	498151	311051	1981	13896	34379	28827	97688	17979
佳木斯	Jiamusi	1128831	927404	61735	40199	33927	31714	83158	20801
七台河	Qitaihe	965305	866932	3442	98931	28983	27054	-37267	49488
牡丹江	Mudanjiang	623754	529782	17184	25697	32531	32110	10821	39404
黑　河	Heihe	472177	417538	26969	17384	16835	14140	-2013	17124
绥　化	Suihua	982810	880134	21826	25323	29599	28177	29158	7970
大兴安岭	Daxinganling	126151	89093	655	5650	470	718	26756	6338

12-18 分地区集体工业企业主要经济指标(2019年)
Major Indicators of Collective-Owned Industrial Enterprises by Region(2019)

单位：万元 (10000 yuan)

地区	Region	工业总产值 Total Industrial Output Value	资产总计 Total Assets	流动资产合计 Total Current Assets	应收帐款 Accounts Receivable	产成品 Finished Goods	固定资产原价 Original Value of Fixed Assets	固定资产净额 Net Fixed Assets	负债合计 Total Liabilities
哈尔滨	Harbin	10053	9941	7799	2701	195	6161	2113	5141
齐齐哈尔	Qiqihar	30177	65607	60465	22618	617	16444	5142	8241
鸡西	Jixi	3252	5069	4693	4510	17	753	376	4060
鹤岗	Hegang	34223	45616	27279	11496	4653	21241	17457	32726
双鸭山	Shuangyashan								
大庆	Daqing	550923	668475	596022	307204	13005	263786	54513	475894
伊春	Yichun								
佳木斯	Jiamusi								
七台河	Qitaihe								
牡丹江	Mudanjiang								
黑河	Heihe								
绥化	Suihua								
大兴安岭	Daxinganling								

12-18 续表 Continued

单位：万元 (10000 yuan)

地区	Region	营业收入 Business Revenue	营业成本 Business Cost	销售费用 Selling Expenses	管理费用 Management Expenses	财务费用 Financial Expenses	利息费用 Expenditure for Interests	利润总额 Total Profits	亏损企业亏损总额 Total Losses Made by Enterprises-in-red
哈尔滨	Harbin	16810	12903	530	2369	-2	6	771	62
齐齐哈尔	Qiqihar	30309	27343	246	261	240	241	2213	
鸡西	Jixi	3036	2975		108	0		187	
鹤岗	Hegang	33772	24135	8	2232	353	351	5385	
双鸭山	Shuangyashan								
大庆	Daqing	553062	492310	3663	32913	1973	842	19854	5891
伊春	Yichun								
佳木斯	Jiamusi								
七台河	Qitaihe								
牡丹江	Mudanjiang								
黑河	Heihe								
绥化	Suihua								
大兴安岭	Daxinganling								

12-19 主要工业产品产量

Output of Major Industrial Products

品 名	Item	2015	2016	2017	2018	2019
原煤(万吨)	Crude Coal(10000 tons)		5623	5440.4	5791.6	5195.0
原油(万吨)	Crude Oil(10000 tons)	3838.6	3656.0	3420.3	3224.2	3110.0
天然气(亿立方米)	Natural Gas(100 million cu.m)	35.6	38.0	40.5	43.5	45.7
大米(万吨)	Rice(10000 tons)	1462.7	1462.7	1170.5	983.3	1091.2
铁矿石原矿量(万吨)	Original Ironstone Reserves(10000 tons)	444.9	437.5	537.6	337.1	288.5
精制食用植物油(万吨)	Purifier Edible Vegetable Oil(10000 tons)	253.5	256.9	214.5	64.3	54.3
成品糖(万吨)	Finished Product Sugar(10000 tons)	3.8	0.4	5.7	7.2	12.6
乳制品(万吨)	Dairy Products(10000 tons)	191.4	196.1	158.6	155.3	164.2
#液体乳(万吨)	#Liquid Milk(10000 tons)	140.7	140.3	114.1	118.0	129.0
白酒(万千升)	Liquor(10000 kiloliter)	57.4	60.9	57.8	13.7	13.9
啤酒(万千升)	Beer(10000 kiloliter)	208.1	200.7	185.2	185.0	201.6
卷烟(亿支)	Cigarettes(100 million pieces)	426.0	404.5	364.3	379.5	382.5
亚麻布(万米)	Linen(10000 m)	6666.5	6686.0	2334.0	2036.0	2183.0
人造板(万立方米)	Man-made Board(10000 cu.m)	397.4	401.5	334.3	88.0	41.1
机制纸及纸板(万吨)	Machine-made Paper and Paperboards(10000 tons)	51.7	34.4	44.1	45.3	34.4
原油加工量(万吨)	Crude Oil Processed(10000 tons)	1555.5	1631.0	1622.7	1507.7	1489.6
汽油(万吨)	Gasoline(10000 tons)	480.4	501.9	519.2	512.4	521.7
柴油(万吨)	Diesel oil(10000 tons)	534.4	482.3	425.9	412.5	340.4
焦炭(万吨)	Coke(10000 tons)	687.5	674.5	761.3	875.8	1075.9
硫酸(折100%，万吨)	Sulfuric Acid(convert into 100%, 10000 tons)	1.9	7.7	7.4	5.0	4.3
盐酸(万吨)	Muriatic Acid(10000 tons)	10.9	16.7	12.5	14.3	21.8
烧碱(万吨)	Caustic Soda(10000 tons)	15.8	18.0	20.5	21.3	22.5
合成氨(万吨)	Synthetic Ammonia(10000 tons)	62.7	48.5	49.0	39.5	50.6
农用化肥(折100%，万吨)	Chemical Fertilizer for Agricultural Use (convert into 100%,10000 tons)	49.2	63.4	51.8	38.4	46.6
化学农药原药(折有效成分100%，吨)	Chemical Pesticides(convert into100%,ton)	1338	964	901	3623	4100
乙烯(万吨)	Ethylene(10000 tons)	84.0	110.8	115.8	105.8	128.8
化学药品原药(吨)	Chemical Medicines(ton)	11212.9	11184.7	9784.5	2961.0	2811.2
中成药(万吨)	Proprietary Chinese Medicine(10000 tons)	2.7	2.5	2.2	3.7	3.5
化学纤维(万吨)	Chemical Fiber(10000 tons)	8.0	7.7	7.5	5.2	3.7
橡胶轮胎外胎(万条)	Tires(10000 units)	493.5	541.6	506.3	460.2	427.1
塑料制品(万吨)	Plastic Products(10000 tons)	38.0	37.7	32.9	20.4	15.1
水泥(万吨)	Cement(10000 tons)	3264.5	3544.7	2634.5	2039.5	2148.0
平板玻璃(万重量箱)	Plate Glass(10000 weight cases)	386.1	400.7	402.9	394.5	402.7
石墨及碳素制品(吨)	Graphite and Related Products(ton)	158813	180448	286218	337199	401845
生铁(万吨)	Pig Iron(10000 tons)	408.9	354.0	438.8	695.7	800.7
粗钢(万吨)	Crude Steel(10000 tons)	418.5	372.3	503.0	774.3	896.1
钢材(万吨)	Rolled Steel(10000 tons)	403.8	332.7	410.6	561.4	782.0
铝材(万吨)	Aluminous Material(10000 tons)	8.8	12.3	14.8	14.5	15.4
电站锅炉(蒸发量吨)	Power Plant Boiler(vaporing ton)	144847	153249	86323	82484	62522
电站用汽轮机(万千瓦)	Steam turbine for power station(10000 kw)	1383.6	1551.4	983.2	1002.7	1001.9
金属切削机床(台)	Metal-cutting Machine Tools(unit)	505.0	358.0	446.0	374.0	421.0
发电机组(发电设备,万千瓦)	Power Generating Equipment(10000 kw)	2040.6	2394.4	1417.4	1435.3	1108.4
矿山专用设备(吨)	Special Equipment for Mine(ton)	37673	17517	9986	12586	22112
冶炼设备(吨)	Smelting Equipment(ton)	88				
金属轧制设备(吨)	Metal-rolling Equipment(ton)	44330	40116	107156	115610	118954
大中型拖拉机(台)	Large and Medium Tractors(unit)	9716	7929	1412	6483	7410
小型拖拉机(台)	Small-sized Tractors(unit)	362	53	1278		8
铁路货车(辆)	Railway Passenger Engines(unit)	6176	3803	9945	10322	13355
汽车(辆)	Motor Vehicles(unit)	80483	75761	122219	162914	188944
改装汽车(辆)	Special Automobile(unit)	1344	1720	372	240	371
发电量(亿千瓦时)	Electricity(100 million kwh)	870.0	897.9	912.5	1015.49	1057.2
微型电子计算机(台)	Mini-computers(unit)	17016	11068	5533		

12-20 分地区主要工业产品产量(2019年)
Output of Major Industrial Products by Region(2019)

地 区	Region	原 煤 (万吨) Crude Coal (10000 tons)	原 油 (万吨) Crude Oil (10000 tons)	大 米 (万吨) Rice (10000 tons)	精制食用植物油 (万吨) Purifier Edible Vegetable Oil (10000 tons)	成品糖 (吨) Finished Product Sugar (ton)	乳制品 (吨) Dairy Products (ton)
全 省	**Total**	**5195.0**	**3110.0**	**1091.2**	**54.3**	**126482**	**1641732**
哈尔滨	Harbin	104.2		255.7	34.2		324434
齐齐哈尔	Qiqihar			53.2	3.2	126482	594827
鸡 西	Jixi	1195.1		155.9	0.01		
鹤 岗	Hegang	937.7		47.4			598
双鸭山	Shuangyashan	1158.7		97.8	5.4		
大 庆	Daqing		3110.0	25.8			323157
伊 春	Yichun			1.2	0.01		408
佳木斯	Jiamusi			237.1	0.4		12757
七台河	Qitaihe	788.3		0.1	0.1		
牡丹江	Mudanjiang	235.5		1.8	1.0		5228
黑 河	Heihe	362.8			1.0		22735
绥 化	Suihua			215.4	9.0		357587
大兴安岭	Daxinganling	412.7					

12-20 续表1 Continued

地 区	Region	卷 烟 (万支) Cigarettes (10000 pieces)	白 酒 (千升) Liquor (1000 liter)	啤 酒 (千升) Beer (1000 liter)	亚麻布 (万米) Linen (10000 m)	机制纸及纸板 (吨) Machine-made Paper and Paperboards (ton)	汽 油 (万吨) Gasoline (10000 tons)
全 省	**Total**	**3825000**	**138563**	**2016316**	**2183**	**343758**	**521.7**
哈尔滨	Harbin	3825000	103717	1209626		106420	129.1
齐齐哈尔	Qiqihar		15268	41001	215		
鸡 西	Jixi		330	34552			
鹤 岗	Hegang		1269	6620		4177	
双鸭山	Shuangyashan						
大 庆	Daqing		10740	483773		7061	392.6
伊 春	Yichun					1877	
佳木斯	Jiamusi			90662		29221	
七台河	Qitaihe						
牡丹江	Mudanjiang		4918	128125		179320	
黑 河	Heihe			21957			
绥 化	Suihua		2321		1968	15682	
大兴安岭	Daxinganling						

12-20 续表2 Continued

地 区	Region	柴 油 (万吨) Diesel Oil (10000 tons)	农用化肥 (吨) Chemical Fertilizer for Agricultural Use (10000 tons)	化学农药原药 (吨) Chemical Pesticides (ton)	化学药品原药 (吨) Chemical Medicines (ton)	水 泥 (万吨) Cement (10000 tons)	平板玻璃 (万重量箱) Plate Glass (10000 weight cases)
全 省	**Total**	**340.4**	**465554**	**4101**	**2811**	**2148.0**	**402.7**
哈尔滨	Harbin	104.7		1959	616	749.7	
齐齐哈尔	Qiqihar			148		286.9	
鸡 西	Jixi				27	107.4	
鹤 岗	Hegang		298813	786		79.5	
双鸭山	Shuangyashan		25000			82.8	
大 庆	Daqing	235.7	84295			143.1	
伊 春	Yichun				168	40.7	
佳木斯	Jiamusi		38873	1208	9	193.4	402.7
七台河	Qitaihe					21.2	
牡丹江	Mudanjiang				149	142.5	
黑 河	Heihe					93.6	
绥 化	Suihua		18573		1842	156.8	
大兴安岭	Daxinganling					50.2	

12-20 续表3 Continued

地 区	Region	汽 车 (辆) Motor Vehicles (unit)	粗钢 (万吨) Crude Steel (10000 tons)	金属切削机床 (台) Metal-cutting Machine Tools (unit)	金属轧制设备 (吨) Metal-rolling Equipment (ton)	小型拖拉机 (台) Small-sized Tractors (unit)	发电量 (亿千瓦小时) Electricity (100 million kwh)
全 省	**Total**	**188944**	**896**	**421**	**118954**	**8**	**1057.2**
哈尔滨	Harbin		116		5788		205.7
齐齐哈尔	Qiqihar		185	421	113166		135.8
鸡 西	Jixi						60.9
鹤 岗	Hegang						65.1
双鸭山	Shuangyashan		193				73.0
大 庆	Daqing	188944					157.8
伊 春	Yichun		401				44.2
佳木斯	Jiamusi						72.0
七台河	Qitaihe						91.7
牡丹江	Mudanjiang						69.1
黑 河	Heihe						16.9
绥 化	Suihua					8	62.5
大兴安岭	Daxinganling						2.3

12-21　四大主导产业主要经济指标(2019年)

单位：亿元

指　标	Item	工业总产值 Total Industrial Output Value
总　计	**Total**	**78081807**
装备工业	Equipment Industry	10427802
金属制品业	Manufacture of Metal Products	779311
金属制品、机械和设备修理业	Metal Products, Machinery and Equipment Repair Industry	87883
通用设备制造业	Manufacture of General Purpose Machinery	2135254
专用设备制造业	Manufacture of Special Purpose Machinery	2690139
汽车制造业	Manufacture of Automotive	1676867
铁路、船舶、航空航天和其他运输设备制造业	Manufacture of Railroad, Marine, Aerospace and Other Transportation Equipment	1019513
电气机械及器材制造业	Manufacture of Electrical Machinery and Equipment	1494393
计算机、通信和其他电子设备制造业	Manufacture of Computers, Communication and Other Electronic Equipment	250968
仪器仪表制造业	Manufacture of Measuring Instrument	293474
石化工业	Petrochemical Industry	16262389
石油、煤炭及其他燃料加工业	Processing of Petroleum, Coal and Other Fuels	11884069
化学原料和化学制品制造业	Manufacture of Chemical Raw Material and Chemical Products	3393539
化学纤维制造业	Manufacture of Chemical Fiber	8643
橡胶和塑料制品业	Manufacture of Rubber and Plastics	976138
能源工业	Energy Industry	29848881
煤炭开采和洗选业	Mining and Washing of Coal	4206696
石油和天然气开采业	Extraction of Petroleum and Natural Gas	10392850
电力、热力生产和供应业	Production and Supply of Electric Power and Heat Power	11642271
燃气生产和供应业	Production and Distribution of Gas	570611
开采专业及辅助性活动	Professional and Support Activities for Mining	3036452
食品工业	Food Industry	21542736
农副食品加工业	Processing of Food from Agricultural Products	14480252
食品制造业	Manufacture of Foods	4826829
酒、饮料和精制茶制造业	Manufacture of Beverage	2235655

Main Economic Indicators of Four Leading Industry(2019)

(100 million yuan)

资产总计 Total Assets	流动资产合计 Total Current Assets	应收帐款 Accounts Receivable	产成品 Finished Goods	固定资产原价 Original Value of Fixed Assets	固定资产净额 Net Fixed Assets	负债合计 Total Liabilities
140051761	**59426087**	**11911411**	**3766493**	**124689387**	**50831155**	**82773363**
24239477	16406771	5375381	968039	7591824	3887003	14905649
955011	614067	242242	42720	385215	234211	537498
231879	84605	34005	694	82483	43951	148248
6125244	4742770	1033912	287690	1592503	670560	4232937
7120964	4777165	2277163	222686	2436288	1466879	4233872
3009295	1739348	484142	74517	1237548	589316	2271730
1557946	941443	335214	31028	598381	294888	736919
3784902	2655150	644176	236547	952605	437320	2009382
842707	388205	159710	34201	191831	106571	394212
611530	464017	164818	37956	114970	43308	340851
14345678	6740740	1001631	595200	11224519	4095289	9666224
7791083	3096076	316966	323801	8131452	2638145	5239661
4786337	2492315	439909	227810	2573142	1239527	3281586
11229	7448	1817	647	2855	1226	7038
1757029	1144902	242939	42942	517071	216391	1137939
80633767	24084395	3523390	707070	97140880	37271973	46412074
8076001	3286951	830915	230826	7181916	2998575	6564519
37615850	11950336	280449	352229	53034306	16118466	14108694
30441884	6681844	1650730	43632	32440175	17046909	21642543
1114347	415833	79748	11411	702687	366337	684520
3385685	1749431	681548	68972	3781797	741686	3411799
20832839	12194181	2011009	1496184	8732163	5576890	11789417
12416121	7533911	960314	1195397	4642248	3119954	7509229
5656329	3400434	938172	173889	2597449	1534450	2765824
2760389	1259837	112523	126899	1492466	922486	1514364

12-21 续表

单位：亿元

指　标	Item	营业收入 Business Revenue
总　计	**Total**	**85846492**
装备工业	Equipment Industry	13975639
金属制品业	Manufacture of Metal Products	799902
金属制品、机械和设备修理业	Metal Products, Machinery and Equipment Repair Industry	102158
通用设备制造业	Manufacture of General Purpose Machinery	2262632
专用设备制造业	Manufacture of Special Purpose Machinery	4001776
汽车制造业	Manufacture of Automotive	3669981
铁路、船舶、航空航天和其他运输设备制造业	Manufacture of Railroad, Marine, Aerospace and Other Transportation Equipment	1119575
电气机械及器材制造业	Manufacture of Electrical Machinery and Equipment	1483551
计算机、通信和其他电子设备制造业	Manufacture of Computers, Communication and Other Electronic Equipment	190670
仪器仪表制造业	Manufacture of Measuring Instrument	345394
石化工业	Petrochemical Industry	17135200
石油、煤炭及其他燃料加工业	Processing of Petroleum, Coal and Other Fuels	12174201
化学原料和化学制品制造业	Manufacture of Chemical Raw Material and Chemical Products	3673181
化学纤维制造业	Manufacture of Chemical Fiber	8651
橡胶和塑料制品业	Manufacture of Rubber and Plastics	1279168
能源工业	Energy Industry	31336998
煤炭开采和洗选业	Mining and Washing of Coal	4402226
石油和天然气开采业	Extraction of Petroleum and Natural Gas	11248831
电力、热力生产和供应业	Production and Supply of Electric Power and Heat Power	12050753
燃气生产和供应业	Production and Distribution of Gas	592868
开采专业及辅助性活动	Professional and Support Activities for Mining	3042321
食品工业	Food Industry	23398655
农副食品加工业	Processing of Food from Agricultural Products	15495191
食品制造业	Manufacture of Foods	5627543
酒、饮料和精制茶制造业	Manufacture of Beverage	2275921

Continued

(100 million yuan)

营业成本 Business Cost	销售费用 Selling Expenses	管理费用 Management Expenses	财务费用 Financial Expenses	利息费用 Expenditure for Interests	利润总额 Total Profits	亏损企业亏损总额 Total Losses Made by Enterprises-in-red
71526660	**2150774**	**3795103**	**1215189**	**1354997**	**3417019**	**1654585**
11740954	289613	920806	123408	140710	296214	598869
715924	12830	35266	5094	4820	23029	6218
81744	790	12296	1928	1564	1944	102
1847156	69369	161146	15111	25207	62777	70413
3427622	76936	187981	67308	70334	148846	27745
3208766	18422	277602	3407	4865	-158709	475264
884485	21390	103537	4808	7426	61910	3596
1176554	63685	93319	12874	19026	109876	3900
137672	10401	16051	8555	2052	34320	889
261030	15789	33609	4324	5417	12223	10742
14183040	271061	551418	155947	119369	56615	217599
9692850	177475	371808	79096	57108	-21884	140440
3345517	73650	152020	54541	45782	31004	74348
7584	172	766	1		184	72
1137089	19764	26825	22310	16480	47312	2738
25449979	228253	1798430	750031	907307	1634640	629690
3402231	39706	460024	81094	78820	341001	71096
7152564	104543	867558	266641	462751	1163979	1720
11517956	20177	386181	394699	359845	47696	475038
466965	59642	38072	2243	2407	40167	9824
2910263	4184	46596	5354	3484	41797	72012
20152687	1361847	524450	185803	187612	1429550	208428
14199113	439077	276631	150724	119562	438044	111325
4118659	756276	151551	7984	41288	935858	45580
1834915	166495	96268	27096	26762	55649	51523

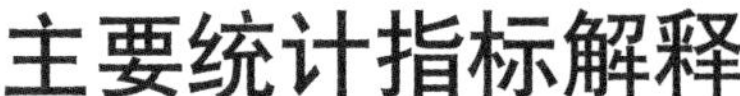

工业 指从事自然资源的开采，对采掘品和农产品进行加工和再加工的物质生产部门。具体包括：(1)对自然资源的开采，如采矿、晒盐等(但不包括禽兽捕猎和水产捕捞)；(2)对农副产品的加工、再加工，如粮油加工、食品加工、缫丝、纺织、制革等；(3)对采掘品的加工、再加工，如炼铁、炼钢、化工生产、石油加工、机器制造、木材加工等，以及电力、燃气及水的生产和供应等；(4)对工业品的修理、翻新，如机器设备的修理等。

工业统计调查单位为工业法人单位。

工业法人单位指从事工业生产经营活动的法人单位。工业法人单位应同时具备以下条件：①依法成立，有自己的名称、组织机构和场所，能够独立承担民事责任；②独立拥有（或授权）使用资产，承担负债，有权与其他单位签订合同；③具有包括资产负债表在内的帐户，或者能够根据需要编制帐户。

国有控股企业 即原来的国有及国有控股企业，根据企业实收资本中国有经济成分的出资人的实际投资情况，或国有经济成分的出资人对企业资产的实际控制、支配程度进行分类。以下情况为国有控股：(1)在企业的全部实收资本中，国有经济成分的出资人拥有的实收资本（股本）所占企业全部实收资本（股本）的比例大于50%的国有绝对控股。(2)在企业的全部实收资本中，国有经济成分的出资人拥有的实收资本（股本）所占比例虽未大于50%，但相对大于其他任何一方经济成分的出资人所占比例的国有相对控股；或者虽不大于其他经济成分，但根据协议规定拥有企业实际控制权的国有协议控股。(3)投资双方各占50%，且未明确由谁绝对控股的企业，若其中一方为国有经济成分的，一律按国有控股处理。

本篇涉及的企业登记注册类型的解释详见综合篇。

资产总计 指企业过去的交易或者事项形成的、由企业拥有或者控制的、预期会给企业带来经济利益的资源。资产一般按流动性分为流动资产和非流动资产。其中流动资产可分为货币资金、交易性金融资产、应收票据、应收账款、预付款项、其他应收款、存货等；非流动资产可分为长期股权投资、固定资产、无形资产及其他非流动资产等。来源于会计“资产负债表”中“资产总计”项目的期末余额数。

流动资产合计 资产满足以下条件之一应归为流动资产：(1)预计在一个正常营业周期中变现、出售或耗用，主要包括存货、应收账款等；(2)主要为交易目的而持有；(3)预计在资产负债表日起一年内（含一年）变现；(4)自资产负债日起一年内，交换其他资产或清偿负债的能力不受限制的现金或现金等价物。包括货币资金、应收票据、应收账款、存货等项目。来源于会计“资产负债表”中“流动资产合计”项目的期末余额数。

负债合计 指企业过去的交易或者事项形成的，预期会导致经济利益流出企业的现时义务。负债一般按偿还期长短分为流动负债和非流动负债。来源于会计“资产负债表”中“负债合计”项目的期末余额数。

应收账款 指企业因销售商品、提供劳务等经营活动所形成的债权，包括应向客户收取的货款、增值税款和为客户代垫的运杂费等。来源于会计“资产负债表”中“应收账款”项目的期末余额数。

产成品 指企业已经完成全部生产过程并验收入库，可以按照合同规定的条件送交订货单位，或者可以作为商品对外销售的产品。如果会计“资产负债表”列示“产成品”或“库存商品”项目，则为其期末余额；或者，根据会计“产成品”或“库存商品”科目的借方余额，减去为“产成品”或“库存商品”计提的存货跌价准备等计算得出。

主营业务收入 指企业确认的销售商品、提供劳务等主营业务的收入。来源于会计“主营业务收入”科目的期末贷方余额（结转前）。

主营业务成本 指企业经营主要业务所发生的成本总额。来源于会计“主营业务成本”科目的期末借方余额（结转前）。

销售费用 指企业在销售商品和材料、提供劳务的过程中发生的各种费用，包括保险费、包装费、展览费和广告费、商品维修费、预计产品质量保证损失、运输费、装卸费等以及为销售本企业商品而专设的销售机构（含销售网点、售后服务网点等）的职工薪酬、业务费、折旧费等经营费用。

管理费用 指企业为组织和管理企业生产经营所发生的费用，包括企业在筹建期间内发生的开办费、董事会和行政管理部门在企业经营管理中发生的，或者应当由企业统一负担的公司经费等。来源于会计“利润表”中“管理费用”项目的本期金额数。

财务费用 指企业为筹集生产经营所需资金等而发生的筹资费用，包括企业生产经营期间发生的利息支出（减利息收入）、汇兑损失（减汇兑收益）以及相关的手续费等。来源于会计“利润表”中“财务费用”项目的本期金额数。

利润总额 指企业在一定会计期间的经营成果，是生产经营过程中各种收入扣除各种耗费后的盈余，反映企业在报告期内实现的盈亏总额。来源于会计“利润表”中“利润总额”项目的本期金额数。

总资产贡献率 反映企业全部资产的获利能力，是企业经营业绩和管理水平的集中体现，是评价和考核企业盈利能力的核心指标。计算公式为：

$$\text{总资产贡献率}=\frac{\text{利润总额}+\text{税金总额}+\text{利息支出}}{\text{平均资产总额}}\times 100\%$$

公式中：税金总额为主营业务税金及附加与应交增值税

之和；平均资产总额为期初期末资产之和的算术平均值。

资产负债率 该指标既反映企业经营风险的大小，也反映企业利用债权人提供的资金从事经营活动的能力。计算公式为：

$$资产负债率(\%)=\frac{负债总额}{资产总额}\times 100\%$$

资产与负债均为报告期期末数。

流动资产周转次数 指一定时期内流动资产完成的周转次数，反映投入工业企业流动资金的周转速度。计算公式为：

$$流动资产周转次数=\frac{主营业务收入}{全部流动资产平均余额}$$

公式中：全部流动资产平均余额为期初和期末的流动资产之和的算术平均值。

成本费用利润率 反映企业投入的生产成本及费用的经济效益，同时也反映企业降低成本所取得的经济效益。计算公式为：

$$成本费用利润率(\%)=\frac{利润总额}{成本费用总额}\times 100\%$$

公式中：成本费用总额为主营业务成本、销售费用、管理费用、财务费用之和。

Explanatory Notes on Main Statistical Indicators

Industry refers to the material production sector which is engaged in the extraction of natural resources and processing and reprocessing of minerals and agricultural products, including (1) extraction of natural resources, such as mining, salt production (but not including hunting and fishing); (2) processing and reprocessing of farm and sideline produces, such as grain and oil processing, food processing, silk reeling, spinning and weaving and leather making; (3) processing and reprocessing of mineral products, such as steel making, iron smelting, chemicals manufacturing, petroleum processing, machine building, timber processing, and production and supply of electricity, gas and water; (4) repairing and renovating of industrial products such as the machinery.

In industrial surveys, the units of enquiry are industrial corporate units.

Industrial corporate units refer to corporate units engaging in industrial production and operation activities, which meet the following requirements: (1) They are established legally, having their own names, organizations, location, and are able to take civil liability independently; (2) They possess (or are authorized to use) assets independently, assume liabilities and are entitled to sign contracts with other units; (3) They have accounts including the balance sheets or can compile the accounts according to the need.

State-holding Enterprises cover the original state-owned enterprises and state-holding enterprises. They are classified according to the actual investment made by the contribor of state-owned part in the paid-in capital of the enterprises, or the degree of control or dominance of the contributor on the assets of the enterprises. The following cases are regarded as state-holding: (1) Absolute state-holding in which the contribors of state-owned parts possess more than 50% of all the paid-in capital (stocks) of the enterprises; (2) Relative state-holding in which the contribors of state-owned parts possess no more than 50% of the paid-in capital (stocks) of the enterprises, but more than that of any other contributors; or Agreed state-holding in which the contribors of state-owned parts possess no more than other contributors but have actual control over the enterprises according to agreements; (3) In the case both contributors possess 50% and it is not clear which one is in absolute holding position, the enterprise is regarded as state-holding enterprise if one of the contributor has state-owned elements.

For explanation of types of registration covered in this chapter, please refer to General Survey.

Total Assets refer to all resources that are owned or controlled by enterprises through previous trades or transactions with expectation of making economic profits. Classified by the degree of liquidity, total assets include current assets and non-current assets. Current assets can be classified into monetary capital, trading financial assets, notes receivable, accounts receivable, advanced payments, other receivables and inventories. Non-current assets can be divided into long-term equity investment, fixed assets, intangible assets and other non-current assets. Data on this indicator can be obtained from the year-end figures of total assets in the Balance Sheet of accounting records.

Total Current Assets refer to the assets that meet one of the following requirements: (1) expected to be cashed, sold or used in a normal operation cycle, mainly including inventory and accounts receivable; (2) be owned for trading purpose mainly; (3) expected to be cashed in one year (including one year) from the day of the Balance Sheet; (4) unlimited cash or cash equivalents that can be exchanged with other assets or being capable of settling debts during one year since the day of the Balance Sheet. Included are monetary capital, notes receivable, accounts receivable and inventories. Data on this indicator can be obtained from the year-end figures of total current assets in the Balance Sheet of accounting records.

Total Liabilities refer to payable liabilities of enterprises that accumulated from previous trades or transactions with expectation of economic profits leaking out. In terms of payment, it can be divided into liquid liabilities and long-term liabilities. Data on this indicator can be obtained from the year-end figures of total liabilities in the Balance Sheet of accounting records.

Accounts Receivable refers to creditor's rights formed by business activities such as selling goods, providing labor, which include payment for goods that should be charged to the customer, value-added tax and advance freight for the clients. It comes from the ending balance of accounts receivable in balance sheet.

Finished Goods refers to the products that the enterprises have completed all of the production process and accepted and put in storage, and can be sent to the ordering units in accordance with the contract stipulations, or can be on sale. If "finished goods" or "goods in stock" are listed in the Balance Sheet, it is the ending balance; or, it is calculated according to the debit balance of the accounting "finished goods" or "goods in stock" account, minus the inventory falling price reserves for "finished products" or "goods in stock".

Revenue from Principal Business refers to the income confirmed of an enterprise from the principal business of selling products and providing labor services. Data on this indicator can be obtained from the year-end credit balance of “revenue from principal business” in the accounting record of enterprise (before carryover).

Cost of Principal Business refers to the total cost

occurred from the principal business of the enterprise. Data can be obtained from the year-end debit balance of "cost of principal business" in the accounting record of enterprise (before carryover).

Selling Expense refers to the cost during the sale of goods and materials, providing labour services, including insurance, packing, exhibition fees and advertising fees, merchandise maintenance costs, expected product quality guarantee loss, transportation fees, handling fees, and operating expenses for the sales of the company's products such as employee compensation, business expenses, depreciation costs for dedicated sales offices (including sales outlets, after-sales service outlets, etc.).

Administrative Expense refers to the expenses for the organization and management of enterprise operating, including the start-up costs during the construction of enterprises, funds occurred during enterprises operating by board of directors and executive management in the enterprise management, or burden by enterprises. It comes from year's cumulative amount of management cost in income statement.

Financial Expenses refers to cost of raising fund for enterprises to raise funds for production and operation, including interest payments (a reduction in interest income), exchange loss (less exchange gains) and related fees during the period of production. It comes from current amount of financial expenses in income statement.

Total Profits refers to the operation results in a certain accounting period, and it is the balance of various incomes minus various spendings in the course of operation, reflecting the total profits and losses of enterprises in reference period. Data are obtained from the amount of total profits in the profit statement of the accounting record of enterprise.

Ratio of Profits, Taxes and Interests to Average Assets reflects the profit-making capability of all assets, manifests the performance and management of the enterprise, and is a key indicator for evaluating the profit-making potential of the enterprise. It is calculated as follows:

$$\text{Ratio of Profits, Taxes and Interests to Average Assets} = \frac{\text{total profits} + \text{total taxes} + \text{interest payment}}{\text{average assets}} \times 100\%$$

In the above formula, total taxes is the sum of tax and extra charges on the principal business and value-added tax payable; and average assets is the arithmetic mean of the sum of beginning assets and ending assets.

Ratio of Debts to Assets reflects both the operation risk and the capability of the enterprise in making use of the capital from the creditors. It is calculated as follows:

$$\text{Ratio of Debts to Assets(\%)} = \frac{\text{total debts}}{\text{total assets}} \times 100\%$$

Both assets and debts are figures at the end of the reference period.

Turnover of Current Assets refers to the number of times of turnover of current assets in a given period of time, which reflects the speed of the turnover of current assets of industrial enterprises, and is calculated as follows:

$$\text{Turnover of Current Assets} = \frac{\text{revenue from principal business}}{\text{average balance of total current assets}}$$

In the above formula, average balance of total current assets refers to the arithmetic mean of the sum of current assets at the beginning and at the end of the reference period.

Ratio of Profits to Total Industrial Costs reflects the economic efficiency of input cost and cost reduction. It is calculated as follows:

$$\text{Ratio of Profits to Total Industrial Cost (\%)} = \frac{\text{total profits}}{\text{total costs}} \times 100\%$$

Total costs in the above formula are the sum of cost of principal business, marketing cost, management cost and financial cost.

第十三篇　建筑业

CHAPTER 13　CONSTRUCTION

资料整理：戚　萍　王璐璋

13-1 建筑业企业基本情况
Basic Conditions of Construction Enterprises

指 标	Item	2015	2016	2017	2018	2019
施工企业单位数(个)	Number of Construction Enterprises (unit)	1599	1566	1614	1671	1850
年平均人数(万人)	Average Number of Employed Persons (10000 persons)	73.3	67.0	59.9	45.2	38.9
固定资产原价(亿元)	Original Value of Fixed Assets (100 million yuan)	287.9	289.9	286.4	284.0	267.7
固定资产净值(亿元)	Net Value of Fixed Assets (100 million yuan)	165.0	161.1	153.2	147.7	132.8
自有机械设备台数(万台)	Number of Machinery and Equipment Owned (10000 units)	12.4	12.3	12.0	10.6	10.1
自有机械设备净值(亿元)	Net Value of Machinery and Equipment Owned (100 million yuan)	76.4	75.6	75.5	79.7	52.0
自有机械设备总功率(万千瓦)	Total Power of Machinery and Equipment Owned (10000 kw)	306.6	324.1	293.2	253.7	232.8
总产值(亿元)	Gross Output Value of Construction(100 million yuan)	1675.1	1716.6	1560.1	1194.3	1181.3
#建筑工程	# Construction Projects	1312.0	1368.9	1287.9	921.0	910.4
安装工程	Installation Projects	312.8	287.0	226.3	212.1	214.1
竣工产值(亿元)	Output Value of Buildings Completed (100 million yuan)	1008.3	1076.4	802.1	669.4	662.0
产值竣工率(%)	Ratio of Output Value of Buildings Completed to Gross Output Value (%)	60.2	62.7	51.4	56.0	56.0
签订的合同金额(亿元)	Contracted Fund (100 million yuan)	2512.8	2592.3	2615.8	2357.1	2539.8
#本年新签合同金额	# New singed Contracted Fund at Current year	1628.3	1682.8	1695.4	1404.8	1376.8
房屋建筑施工面积(万平方米)	Floor Space of Buildings under Construction (10000 sq.m)	5617.1	5014.1	4768.7	3765.4	3430.1
房屋建筑竣工面积(万平方米)	Floor Space of Buildings Completed (10000 sq.m)	2966.8	2746.9	2127.0	1789.3	1301.4
房屋建筑面积竣工率(%)	Rate of Floor Space of Buildings Completed (%)	52.8	50.8	44.6	38.2	37.9
利润总额(亿元)	Total Profits(100 million yuan)	46.6	52.5	37.5	23.4	43.6
利税总额(亿元)	Total Tax (100 million yuan)	101.1	105.3	100.7	88.6	95.3
按总产值计算全员劳动生产率(元/人)	Overall Labor Productivity In Terms of Gross Output Value (yuan/person)	228445	256076	260553	263940	303720
技术装备率(元/人)	Value of Machines per Laborer (yuan/person)	10425	11281	12614	17618	13360
动力装备率(千瓦/人)	Power of Machines per Laborer (kw/person)	4.2	4.8	4.9	5.6	6.2
产值利润率(%)	Ratio of Profit to Gross Output Value (%)	2.8	3.1	2.4	1.9	3.7
产值利税率(%)	Ratio of Pre-tax Profit to Gross Output Value (%)	6.0	6.1	6.5	5.4	8.1

13-2 建筑业企业生产情况(2019年)

类别	Category	企业单位数(个) Number of Enterprises (unit)	签定的合同额(万元) Value of Newly Signed Contracts (10000 yuan)
总计	**Total**	**1850**	**25397706**
#国有及国有控股	#State-owned and State-holding Enterprises	199	14105949
按登记注册类型分组	**Grouped by Status of Registration**		
内资企业	Domestic Funded Enterprises	1847	25379678
国有企业	State-owned Enterprises	78	811363
集体企业	Collective-owned Enterprises	60	357917
股份合作企业	Cooperative Enterprises		
联营企业	Joint Ownership Enterprises		
有限责任公司	Limited Liability Corporations	781	18197160
股份有限公司	Share Holding Enterprises	64	2423667
私营企业	Private Enterprises	863	3587864
港、澳、台商投资企业	Enterprises with Funds from Hong Kong, Macao and Taiwan	1	3300
外商投资企业	Foreign Funded Enterprises	2	14729
按经济组织类型分组	**Grouped by Type of Economic Organizations**		
独资企业	Proprietorship	139	1206600
合作、合伙企业	Cooperative Enterprises and Partnership	1	1707
股份有限公司	Share Holding Enterprises	103	2592621
有限责任公司	Limited Liability Corporations	1607	21596779
按国民经济行业分组	**Grouped by Sector**		
房屋建筑业	Housing Building Construction	877	9280574
住宅房屋建筑	Residential Building	788	8574380
体育场馆建筑	Stadium Building	3	143054
其他房屋建筑业	Other Housing Construction Industry	86	563141
土木工程建筑业	Civil Engineering Construction	468	13000354
铁路、道路、隧道和桥梁	Railway, Road, Tunnel and Bridge	281	6905087
铁路工程建筑	Railway Engineering	3	1020615
公路工程建筑	Highway Engineering	73	3405298
市政道路工程建筑	Municipal Road Engineering	170	1861382
城市轨道交通工程建筑	Urban Rail Transit Engineering Construction	1	7723
其他道路、隧道和桥梁工程建筑	Other Road, Tunnel and Bridge Engineering Construction	34	610069
水利和内河港口工程建筑	Water Conservancy and Inland Port Engineering Construction	66	1396757
水源及供水设施工程建筑	Water Supply and Water Supply Facilities	44	1181913
河湖治理及防洪设施工程建筑	Governance of Lakes and Flood Control Facilities	18	189098
港口及航运设施工程建筑	Port and Shipping Facilities	4	25747
工矿工程	Mining Engineering	9	2654309
架线和管道工程建筑	Line Putting-up and Pipeline Engineering	60	359320

Production of Construction Enterprises(2019)

#本年新签定 This Year	总产值 (万元) Gross Output Value (10000 yuan)	建筑工程 Construction Projects	安装工程 Installation Projects	其　他 Others	在总产值中(万元) in Gross Output Value (10000 yuan) 在外省完成的产值 Completed outside the Province	装修装饰产　值 Building Decoration
13768445	**11813475**	**9103834**	**2140798**	**568843**	**2099751**	**345799**
7345116	5432989	3840720	1380800	211469	1401497	42442
13758253	11799558	9092130	2138585	568843	2099751	340286
545963	577561	372444	191612	13505	85911	2104
260827	241667	187173	43490	11004	660	5259
8839636	7358405	5572214	1500838	285353	1351769	216466
1740646	1395582	1123066	196675	75842	532527	1711
2371179	2224637	1837234	204264	183139	128884	114746
3300	3300	3300				3300
6892	10617	8404	2213			2213
844110	856548	596937	235102	24509	86571	7363
	1707		1707			
1852898	1507991	1218789	212398	76803	539157	4076
11071437	9447230	7288108	1691591	467531	1474023	334360
5501468	4963941	4652910	162959	148072	742277	105058
5037238	4506313	4289448	107282	109584	731971	70088
69426	75534	55401	15101	5032		808
394804	382094	308062	40576	33456	10306	34162
6383302	5151194	3698344	1137543	315307	1049009	3703
3261824	2950219	2702734	48735	198749	697880	2748
364928	360427	360427			143997	
1980925	1547705	1474372	23509	49824	474975	112
687446	723169	625639	16310	81220	53692	2093
5978	3054	3054				
222547	315864	239243	8916	67706	25215	542
996415	610789	515357	25094	70337	83042	40
862391	493536	415140	24178	54218	80391	40
119015	100537	83881	916	15740	2272	
15009	16716	16337		379	379	
1222008	987994	190444	774341	23209	140445	
285916	247819	87124	144331	16365	51006	

13-2 续表1

类　　别	Category	企　业单位数(个) Number of Enterprises (unit)	签定的合同额(万元) Value of Newly Signed Contracts (10000 yuan)
架线及设备工程建筑	Wiring and Equipment Engineering	37	289816
管道工程建筑	Pipeline Engineering	23	69503
节能环保工程施工	Energy Conservation and Environmental Protection Engineering Construction	4	7629
节能工程施工	Energy Saving Engineering Construction	1	89
环保工程施工	Environmental Protection Engineering Construction	3	7540
电力工程施工	Power Engineering Construction	13	1574113
火力发电工程施工	Thermal Power Engineering Construction	3	1241680
水力发电工程施工	Construction of Hydropower Project	3	213667
风能发电工程施工	Construction of Wind Power Generation Project	1	3719
其他电力工程施工	Other Power Engineering Construction		
其他土木工程建筑	Other Civil Engineering	35	103139
建筑安装业	Construction Installation	265	2462330
电气安装	Electrical Installation	90	686961
管道和设备安装	Piping and Equipment Installation	48	143644
其他建筑安装业	Other	127	1631725
建筑装饰、装修和其他建筑业	Building Decoration, Decoration and Other Construction Industries	240	654449
建筑装饰和装修业	Building Decoration and Decoration Industry	187	547619
建筑物拆除和场地准备活动	Building Demolition and Site Preparation Activities	16	64656
提供施工设备服务	Provide Construction Equipment Service	4	1187
其他未列明建筑业	Other Construction not Listed	33	40987
按隶属关系分组	**Grouped by Administration**		
#中　央	#Central	16	4745637
地　方	Local	415	10383118
其　他	Other	1419	10268951
按企业资质等级分组(新标)	**Grouped by Quality and Grade**		
施工总承包	Overall Contracted Construction	1332	23435295
特　级	Special Grade	4	5357821
一　级	First Grade	119	11167430
二　级	Second Grade	574	5085499
三　级	Third Grade	635	1824546
专业承包	Specialized Contraction	518	1962411
一　级	First Grade	86	912399
二　级	Second Grade	301	838294
三　级	Third Grade	131	211718

Continued

#本年新签定 This Year	总产值(万元) Gross Output Value (10000 yuan)	建筑工程 Construction Projects	安装工程 Installation Projects	其他 Others	在总产值中(万元) in Gross Output Value (10000 yuan) 在外省完成的产值 Completed outside the Province	装修装饰产值 Building Decoration
224036	186565	50544	126504	9516	51006	
61880	61255	36580	17827	6848		
2460	2508	144	2024	341	432	
89	89	89			89	
2371	2419	55	2024	341	343	
549118	278948	132567	141923	4458	65239	
356893	144774	25938	116982	1854	36401	
129653	99374	96770		2604	28414	
3045	424		424		424	
65561	72917	69974	1095	1848	10965	915
1409820	1208118	347645	802972	57501	200033	7261
185072	209357	31076	177375	906	14047	2363
116991	121978	15266	99250	7462	6798	256
1107757	876784	301303	526347	49134	179188	4643
473854	490223	404935	37324	47964	108432	229777
390929	399517	338407	22478	38632	96646	229678
56710	60634	58115		2520	3120	99
1187	1020	330	690			
25029	29052	8084	14156	6812	8666	
1734967	1322855	529114	792310	1431	368708	1109
6533610	4814092	4079208	515840	219044	1202512	56500
5499868	5676529	4495513	832648	348368	528531	288190
12342283	10470591	8228167	1807999	434426	1688076	109554
2571618	1662637	1212665	449972		584479	
5079576	4407633	3217304	1014132	176197	986303	9740
3344337	3012104	2613867	233129	165108	90636	77225
1346753	1388216	1184330	110766	93121	26658	22588
1426162	1342885	875668	332799	134418	411675	236245
675181	628210	537450	77465	13295	357201	164451
600625	539776	271283	177829	90664	27650	68387
150355	174898	66935	77505	30459	26825	3407

13-2 续表2

类　别	Category	竣工产值（万元）Output Value of Buildings Completed (10000 yuan)
总　计	**Total**	**6620001**
#国有及国有控股	#State-owned and State-holding Enterprises	2549659
按登记注册类型分组	**Grouped by Status of Registration**	
内资企业	Domestic Funded Enterprises	6617001
国有企业	State-owned Enterprises	340779
集体企业	Collective-owned Enterprises	163430
股份合作企业	Cooperative Enterprises	
联营企业	Joint Ownership Enterprises	
有限责任公司	Limited Liability Corporations	3891614
股份有限公司	Share Holding Enterprises	911368
私营企业	Private Enterprises	1308203
港、澳、台商投资企业	Enterprises with Funds from Hong Kong, Macao and Taiwan	3000
外商投资企业	Foreign Funded Enterprises	
按经济组织类型分组	**Grouped by Type of Economic Organizations**	
独资企业	Proprietorship	508529
合作、合伙企业	Cooperative Enterprises and Partnership	1607
股份有限公司	Share Holding Enterprises	978942
有限责任公司	Limited Liability Corporations	5130923
按国民经济行业分组	**Grouped by Sector**	
房屋建筑业	Housing Building Construction	3145718
住宅房屋建筑	Residential Building	2846404
体育场馆建筑	Stadium Building	22836
其他房屋建筑业	Other Housing Construction Industry	276478
土木工程建筑业	Civil Engineering Construction	2525576
铁路、道路、隧道和桥梁	Railway, Road, Tunnel and Bridge	1292134
铁路工程建筑	Railway Engineering	72102
公路工程建筑	Highway Engineering	746844
市政道路工程建筑	Municipal Road Engineering	308153
城市轨道交通工程建筑	Urban Rail Transit Engineering Construction	4266
其他道路、隧道和桥梁工程建筑	Other Road, Tunnel and Bridge Engineering Construction	160769
水利和内河港口工程建筑	Water Conservancy and Inland Port Engineering Construction	210833
水源及供水设施工程建筑	Water Supply and Water Supply Facilities	185092
河湖治理及防洪设施工程建筑	Governance of Lakes and Flood Control Facilities	23713
港口及航运设施工程建筑	Port and Shipping Facilities	2029
工矿工程	Mining Engineering	723739
架线和管道工程建筑	Line Putting-up and Pipeline Engineering	183069

Continued

产值竣工率 (%) Ratio of Output Value of Buildings Completed to Gross Output Value (%)	房屋建筑施工面积(万平方米) Floor Space of Buildings under Construction (10000 sq.m)	#本年新开工 Starting Working at Current Year	房屋建筑竣工面积(万平方米) Floor Space of Buildings Completed (10000 sq.m)	#住宅 Residence	房屋建筑面积竣工率 (%) Rate of Floor Space of Buildings (%)
56.0	**3430.1**	**1661.0**	**1301.4**	**998.5**	**37.9**
46.9	1597.4	633.3	340.6	244.2	21.3
56.1	3430.1	1661.0	1301.4	998.5	37.9
59.0	88.1	36.2	59.2	37.1	67.2
67.6	75.8	50.2	35.8	24.7	47.2
52.9	2560.8	1164.6	923.8	731.3	36.1
65.3	59.0	26.8	32.0	23.1	54.2
58.8	646.5	383.2	250.6	182.3	38.8
90.9					
59.4	164.7	87.1	95.5	62.2	58.0
94.1					
64.9	120.3	65.6	53.8	40.7	44.7
54.3	3145.2	1508.3	1152.1	895.7	36.6
63.4	3115.0	1488.2	1206.6	944.7	38.7
63.2	2994.3	1437.7	1145.2	914.9	38.2
30.2	49.3	21.5	12.5	12.5	25.2
72.4	71.4	28.9	48.9	17.3	68.5
49.0	146.5	102.3	37.9	23.3	25.9
43.8	131.8	93.3	29.6	20.0	22.5
20.0	65.7	43.1			
48.3	11.0	5.9	10.5	5.8	95.0
42.6	19.7	15.7	10.2	6.3	51.7
139.7					
50.9	35.4	28.6	9.0	7.8	25.4
34.5	0.3	0.3	0.3		100.0
37.5	0.3	0.3	0.3		100.0
23.6					
12.1					
73.3	3.3	3.3	2.6		80.2
73.9					97.8

13-2 续表3

类 别	Category	竣工产值（万元）Output Value of Buildings Completed (10000 yuan)
架线及设备工程建筑	Wiring and Equipment Engineering	130004
管道工程建筑	Pipeline Engineering	53065
节能环保工程施工	Energy Conservation and Environmental Protection Engineering Construction	2103
节能工程施工	Energy Saving Engineering Construction	88
环保工程施工	Environmental Protection Engineering Construction	2015
电力工程施工	Power Engineering Construction	60315
火力发电工程施工	Thermal Power Engineering Construction	33748
水力发电工程施工	Construction of Hydropower Project	9254
风能发电工程施工	Construction of Wind Power Generation Project	
其他电力工程施工	Other Power Engineering Construction	
其他土木工程建筑	Other Civil Engineering	53382
建筑安装业	Construction Installation	608740
电气安装	Electrical Installation	127670
管道和设备安装	Piping and Equipment Installation	96406
其他建筑安装业	Other	384664
建筑装饰、装修和其他建筑业	Building Decoration, Decoration and Other Construction Industries	339967
建筑装饰和装修业	Building Decoration and Decoration Industry	295024
建筑物拆除和场地准备活动	Building Demolition and Site Preparation Activities	20105
提供施工设备服务	Provide Construction Equipment Service	581
其他未列明建筑业	Other Construction not listed	24257
按隶属关系分组	**Grouped by Administration**	
#中 央	#Central	797124
地 方	Local	2507127
其 他	Other	3315750
按企业资质等级分组（新标）	**Grouped by Quality and Grade**	
施工总承包	Overall Contracted Construction	5801351
特 级	Special Grade	983301
一 级	First Grade	2101519
二 级	Second Grade	1814028
三 级	Third Grade	902504
专业承包	Specialized Contraction	818649
一 级	First Grade	383604
二 级	Second Grade	300554
三 级	Third Grade	134491

Continued

产值竣工率 (%) Ratio of Output Value of Buildings Completed to Gross Output Value (%)	房屋建筑施工面积 (万平方米) Floor Space of Buildings under Construction (10000 sq.m)	#本年新开工 Starting Working at Current Year	房屋建筑竣工面积 (万平方米) Floor Space of Buildings Completed (10000 sq.m)	#住宅 Residence	房屋建筑面积竣工率 (%) Rate of Floor Space of Buildings (%)
69.7					97.8
86.6					
83.8					
98.9					
83.3					
21.6	2.1	0.4			
23.3	2.1	0.4			
9.3					
73.2	9.0	5.0	5.4	3.3	59.6
50.4	163.3	66.6	54.1	30.5	33.1
61.0					
79.0	1.4	0.0	1.4		95.6
43.9	161.9	66.6	52.7	30.5	32.6
69.3	5.3	4.0	2.8		52.2
73.8	5.2	3.9	2.7		52.8
33.2	0.1	0.1			22.4
57.0					
83.5					98.7
60.3	71.1	46.8	2.6		3.7
52.1	1729.6	742.3	531.4	414.9	30.7
58.4	1629.4	871.9	767.4	583.6	47.1
55.4	3399.7	1643.1	1284.6	994.2	37.8
59.1	616.2	205.3	50.0	37.5	8.1
47.7	1512.4	637.8	596.9	480.0	39.5
60.2	904.6	563.0	421.8	312.7	46.6
65.0	366.4	237.1	215.8	164.1	58.9
61.0	30.5	17.9	16.8	4.3	55.3
61.1	1.9	0.7	1.4	0.6	75.3
55.7	23.0	14.9	9.9	3.7	42.9
76.9	5.6	2.3	5.6		99.3

13-3 建筑业企业财务状况(2019年)

单位：万元

类　别	Category	资产合计 Total Assets	#流动资产 Circulating Funds	#在建工程 Progress under Construction
总　计	**Total**	**22012614**	**18717640**	**120820**
#国有及国有控股	#State-owned and State-holding Enterprises	10628580	9321524	39447
按登记注册类型分组	**Grouped by Status of Registration**			
内资企业	Domestic Funded Enterprises	21990955	18698763	119520
国有企业	State-owned Enterprises	834069	687065	18637
集体企业	Collective-owned Enterprises	400085	345314	1839
股份合作企业	Cooperative Enterprises			
联营企业	Joint Ownership Enterprises			
有限责任公司	Limited Liability Corporations	13966854	12152800	35920
股份有限公司	Share Holding Enterprises	2787131	2194124	12711
私营企业	Private Enterprises	3999918	3316728	50413
港、澳、台商投资企业	Enterprises with Funds from Hong Kong, Macao and Taiwan	9346	6758	1300
外商投资企业	Foreign Funded Enterprises	12312	12120	
按经济组织类型分组	**Grouped by Type of Economic Organizations**			
独资企业	Proprietorship	1239129	1034521	23309
合作、合伙企业	Cooperative Enterprises and Partnership	2898	2733	
股份有限公司	Share Holding Enterprises	2993094	2369696	12741
有限责任公司	Limited Liability Corporations	17777492	15310690	84770
按国民经济行业分组	**Grouped by Sector**			
房屋建筑业	Housing Building Construction	8276191	6982994	44898
住宅房屋建筑	Residential Building	7505846	6352463	38402
体育场馆建筑	Stadium Building	100813	65727	3680
其他房屋建筑业	Other Housing Construction Industry	669532	564804	2816
土木工程建筑业	Civil Engineering Construction	10328606	8756982	66520
铁路、道路、隧道和桥梁	Railway, Road, Tunnel and Bridge	5856703	4866642	40327
铁路工程建筑	Railway Engineering	520495	482036	
公路工程建筑	Highway Engineering	2767639	2158586	25436
市政道路工程建筑	Municipal Road Engineering	1906447	1652608	13359
城市轨道交通工程建筑	Urban Rail Transit Engineering Construction	12250	7027	141
其他道路、隧道和桥梁工程建筑	Other Road, Tunnel and Bridge Engineering Construction	649872	566384	1391
水利和内河港口工程建筑	Water Conservancy and Inland Port Engineering Construction	1086653	857474	6983
水源及供水设施工程建筑	Water Supply and Water Supply Facilities	921047	720490	5965
河湖治理及防洪设施工程建筑	Governance of Lakes and Flood Control Facilities	127806	105243	1019
港口及航运设施工程建筑	Port and Shipping Facilities	37800	31742	
工矿工程	Mining Engineering	2283456	2092220	7842
架线和管道工程建筑	Line Putting-up and Pipeline Engineering	424019	327276	7456

Financial Status of Construction Enterprises(2019)

(10000 yuan)

#固定资产 Fixed Assets	#固定资产累计折旧 Accumulated Depreciation of Fixed Assets	负债合计 Total Liabilities	#流动负债 Circulating Liabilities	#非流动负债 Non-current Liabilities	所有者权益 Total Owners Rights and Interests	#实收资本 Actual Received Capital	#个人资本 Personal Capital
2676508	**1348908**	**15081393**	**13486376**	**867348**	**6931220**	**5333273**	**1312656**
1008721	563748	8814146	8184154	617828	1814433	1815053	48098
2674289	1347764	15064633	13469615	867348	6926323	5329735	1312656
181924	93448	638157	605361	20746	195911	281737	
74840	34109	262537	258311	81	137549	77808	500
1698620	894963	10207270	9052385	611151	3759584	3123380	607429
169615	74754	2023783	1797115	218218	763348	280192	84639
549126	250436	1932612	1756169	17153	2067306	1564118	617589
1348	443	6888	6888		2459	1660	
870	701	9873	9873		2439	1878	
256764	127557	902774	865751	20827	336355	361663	500
165	55	274	274		2625	2500	2500
200538	90661	2135406	1908495	218311	857689	344835	110843
2219041	1130635	12042940	10711856	628211	5734552	4624275	1198813
908425	370068	5152675	4649058	305604	3123516	2398678	648859
805632	321360	4708763	4337002	289964	2797083	2135143	576612
16488	3056	40848	36238	4611	59965	51078	
86305	45652	403063	275819	11030	266469	212458	72247
1485749	842579	8007961	7210135	350341	2320645	2024848	418633
640627	338063	4329204	3664468	226219	1527499	1031698	304827
60412	30190	451577	449764	1813	68919	46482	
211958	91114	2143755	1993685	139911	623884	381749	124871
268991	162008	1276912	791490	58175	629535	452399	109636
5223	1789	8333	7724		3917	3519	3519
94043	52962	448627	421806	26319	201245	147548	66801
140074	44670	633203	546915	84396	453450	369610	60322
102801	33945	541213	456716	84396	379834	302907	34369
27523	6727	67287	65495		60519	53102	23952
9749	3998	24704	24704		13096	13600	2000
518184	353263	2357592	2337134	20443	-74136	355133	1470
96703	45783	249111	244395	4414	174908	108511	26267

13-3 续表1

单位：万元

类 别	Category	资产合计 Total Assets	#流动资产 Circulating Funds	#在建工程 Progress under Construction
架线及设备工程建筑	Wiring and Equipment Engineering	296091	227077	6309
管道工程建筑	Pipeline Engineering	127928	100198	1147
节能环保工程施工	Energy Conservation and Environmental Protection Engineering Construction	7918	5969	
节能工程施工	Energy Saving Engineering Construction	986	986	
环保工程施工	Environmental Protection Engineering Construction	6932	4983	
电力工程施工	Power Engineering Construction	565962	517105	446
火力发电工程施工	Thermal Power Engineering Construction	327978	312173	
水力发电工程施工	Construction of Hydropower Project	88837	85990	
风能发电工程施工	Construction of Wind Power Generation Project	6749	4072	
其他电力工程施工	Other Power Engineering Construction	142398	114870	446
其他土木工程建筑	Other Civil Engineering	103895	90297	3467
建筑安装业	Construction Installation	2109418	1924412	3699
电气安装	Electrical Installation	466898	388198	1066
管道和设备安装	Piping and Equipment Installation	257569	234678	457
其他建筑安装业	Other	1384951	1301536	2177
建筑装饰、装修和其他建筑业	Building Decoration, Decoration and Other Construction Industries	1298399	1053253	5702
建筑装饰和装修业	Building Decoration and Decoration Industry	716826	576808	4490
建筑物拆除和场地准备活动	Building Demolition and Site Preparation Activities	62729	58167	774
提供施工设备服务	Provide Construction Equipment Service	3315	2952	
其他未列明建筑业	Other Construction not listed	515529	415325	438
按隶属关系分组	**Grouped by Administration**			
#中 央	#Central	2913802	2681959	7938
地 方	Local	8367683	7053210	32574
其 他	Other	10731130	8982471	80308
按企业资质等级分组(新标)	**Grouped by Quality and Grade**			
施工总承包	Overall Contracted Construction	19289906	16429255	103556
特 级	Special Grade	4599807	3894182	13887
一 级	First Grade	7985957	7156510	22545
二 级	Second Grade	4712990	3752713	45335
三 级	Third Grade	1991152	1625850	21790
专业承包	Specialized Contraction	2722708	2288386	17263
一 级	First Grade	1058524	879187	5747
二 级	Second Grade	914687	780413	10483
三 级	Third Grade	749498	628786	1034

Continued

(10000 yuan)

#固定资产 Fixed Assets	#固定资产累计折旧 Accumulated Depreciation of Fixed Assets	负债合计 Total Liabilities	#流动负债 Circulating Liabilities	#非流动负债 Non-current Liabilities	所有者权益 Total Owners Rights and Interests	#实收资本 Actual Received Capital	#个人资本 Personal Capital
66889	32421	160543	155983	4271	135548	70833	18467
29814	13362	88568	88412	143	39360	37677	7800
2732	1592	3037	3028	9	4881	6216	1823
		143	143		843	698	698
2732	1592	2895	2885	9	4038	5518	1125
73710	50963	377200	356732	13709	188762	125728	16615
41662	32884	263697	249988	13709	64281	54700	7000
5837	3079	53836	51766		35001	32429	2250
		4689			2060	2000	
26212	15000	54977	54977		87421	36599	7365
13720	8245	58614	57463	1152	45281	27952	7310
177168	93045	1337381	1191579	68949	772037	550689	129426
60143	35674	317012	241823	5245	149886	116311	36868
32470	15865	157585	155798	1585	99984	63748	12192
84555	41507	862784	793959	62119	522167	370630	80365
105165	43216	583377	435604	142455	715022	359058	115738
34946	14782	383408	331778	47397	333417	226835	97994
6134	4003	29598	29593		33131	23100	3459
600	238	1187	1187		2128	1625	50
63485	24193	169184	73045	95058	346346	107497	14236
578873	383516	2832796	2799745	33051	81005	463909	
628969	257292	6033971	5407432	585913	2333712	1756595	281573
1468666	708100	6214626	5279199	248384	4516504	3112769	1031083
2393078	1211563	13648989	12219161	723620	5640916	4653823	1101642
488603	327958	4162289	3351646	394610	437518	564835	34635
787447	432322	5955039	5514237	269534	2030918	1664601	278924
856056	350586	2412144	2289145	48296	2300847	1708359	552315
260973	100697	1119518	1064133	11180	871634	716028	235767
283430	137345	1432404	1267215	143729	1290304	679450	211014
52953	27601	694892	652431	42110	363632	210547	92682
134218	69281	404733	388147	6186	509954	307628	93255
96259	40463	332779	226637	95432	416718	161275	25078

13-3 续表2

单位：万元

类　别	Category	总收入 Total Income	主营业务收入 Revenue from Principal Business
总　计	**Total**	**13934098**	**13493669**
#国有及国有控股	#State-owned and State-holding Enterprises	6146210	6061747
按登记注册类型分组	**Grouped by Status of Registration**		
内资企业	Domestic Funded Enterprises	13921673	13481246
国有企业	State-owned Enterprises	621081	588290
集体企业	Collective-owned Enterprises	301975	297768
股份合作企业	Cooperative Enterprises		
联营企业	Joint Ownership Enterprises		
有限责任公司	Limited Liability Corporations	8496554	8375902
股份有限公司	Share Holding Enterprises	1815784	1605958
私营企业	Private Enterprises	2684566	2611621
港、澳、台商投资企业	Enterprises with Funds from Hong Kong,Macao and Taiwan	2375	2375
外商投资企业	Foreign Funded Enterprises	10050	10048
按经济组织类型分组	**Grouped by Type of Economic Organizations**		
独资企业	Proprietorship	960376	923378
合作、合伙企业	Cooperative Enterprises and Partnership	1713	1707
股份有限公司	Share Holding Enterprises	1967188	1755914
有限责任公司	Limited Liability Corporations	11004822	10812670
按国民经济行业分组	**Grouped by Sector**		
房屋建筑业	Housing Building Construction	5692234	5622946
住宅房屋建筑	Residential Building	5190318	5122037
体育场馆建筑	Stadium Building	76824	76671
其他房屋建筑业	Other Housing Construction Industry	425093	424237
土木工程建筑业	Civil Engineering Construction	6036797	5927896
铁路、道路、隧道和桥梁	Railway,Road, Tunnel and Bridge	3206803	3152224
铁路工程建筑	Railway Engineering	321641	316331
公路工程建筑	Highway Engineering	1651830	1635969
市政道路工程建筑	Municipal Road Engineering	905752	875803
城市轨道交通工程建筑	Urban Rail Transit Engineering Construction	3762	3750
其他道路、隧道和桥梁工程建筑	Other Road, Tunnel and Bridge Engineering Construction	323819	320371
水利和内河港口工程建筑	Water Conservancy and Inland Port Engineering Construction	671089	667171
水源及供水设施工程建筑	Water Supply and Water Supply Facilities	544268	541257
河湖治理及防洪设施工程建筑	Governance of Lakes and Flood Control Facilities	104415	104163
港口及航运设施工程建筑	Port and Shipping Facilities	22407	21751
工矿工程	Mining Engineering	1402157	1370766
架线和管道工程建筑	Line Putting-up and Pipeline Engineering	326541	311378

Continued

(10000 yuan)

#主营业务成　本 Cost of Principal Business	#主营业务税金及附加 Taxes and Extra Charges of Principal Business	营业外收　入 Other Revenue from Business	管理费用 Management Expenses	财务费用 Financial Expenses	营业利润 operating profit	利润总额 Total Profits	利税总额 Total Pre-tax Profits
12446763	**87028**	**259974**	**567321**	**78400**	**211454**	**435594**	**953157**
5720873	21399	40332	216602	41663	-8151	9582	199702
12436605	86951	259973	565640	78096	211415	435555	952111
553250	5008	7700	37565	-190	-3799	1078	28855
259787	5468	2243	30796	-128	3410	5322	26291
7832089	44979	44713	318599	48684	54465	73027	370894
1413877	7234	200936	54891	23695	80299	280563	332525
2374555	24249	4376	123581	6011	77376	75896	193826
2365	2		28		-20	-20	-17
7792	75		1653	304	59	59	1064
840488	14738	9943	69450	-307	2652	9440	65227
3048	13	6	208	24	-337	-331	-280
1548461	8675	201003	59118	23738	86129	286303	347424
10054766	63603	49023	438545	54945	123009	140182	540787
5200120	51463	6143	192874	27214	129371	128319	380203
4733607	49040	5361	168057	25401	124271	122977	363954
71956	292	146	4142	-305	542	536	2679
394556	2131	636	20675	2118	4558	4807	13571
5520218	26910	44692	262627	38760	16847	36388	219025
2901653	17553	11858	112785	32571	62109	68714	172815
282103	1166	1280	10376	2405	8153	8868	18824
1523888	7565	8267	43242	17991	34257	40275	88345
800891	6084	1717	42870	8529	13443	13029	47662
3729	22	11	40		-40	-29	164
291042	2717	583	16258	3647	6297	6572	17819
616777	3327	1395	28987	2753	16465	17046	50831
499449	2404	571	22964	2748	14682	14465	41602
97505	838	173	4134	4	2006	2166	8389
19823	86	650	1889	2	-223	415	839
1347634	1231	26446	48662	637	-71906	-62974	-49851
277821	1846	2830	30496	155	5678	7925	22510

13-3 续表3

单位：万元

类别	Category	总收入 Total Income	主营业务收入 Revenue from Principal Business
架线及设备工程建筑	Wiring and Equipment Engineering	257567	246134
管道工程建筑	Pipeline Engineering	68974	65245
节能环保工程施工	Energy Conservation and Environmental Protection Engineering Construction	5139	5036
节能工程施工	Energy Saving Engineering Construction	86	86
环保工程施工	Environmental Protection Engineering Construction	5053	4950
电力工程施工	Power Engineering Construction	353031	350504
火力发电工程施工	Thermal Power Engineering Construction	167617	165415
水力发电工程施工	Construction of Hydropower Project	94434	94426
风能发电工程施工	Construction of Wind Power Generation Project	1563	1563
其他电力工程施工	Other Power Engineering Construction	89417	89100
其他土木工程建筑	Other Civil Engineering	72037	70817
建筑安装业	Construction Installation	1385821	1349328
电气安装	Electrical Installation	239776	236373
管道和设备安装	Piping and Equipment Installation	243155	222851
其他建筑安装业	Other	902890	890105
建筑装饰、装修和其他建筑业	Building Decoration, Decoration and Other Construction Industries	819247	593499
建筑装饰和装修业	Building Decoration and Decoration Industry	469145	447091
建筑物拆除和场地准备活动	Building Demolition and Site Preparation Activities	60945	60913
提供施工设备服务	Provide Construction Equipment Service	3154	2852
其他未列明建筑业	Other Construction not listed	286003	82643
按隶属关系分组	**Grouped by Administration**		
#中 央	#Central	1738163	1699217
地 方	Local	5235567	5165753
其 他	Other	6960368	6628699
按企业资质等级分组(新标)	**Grouped by Quality and Grade**		
施工总承包	Overall Contracted Construction	12121893	11935445
特 级	Special Grade	2375844	2345480
一 级	First Grade	4730582	4630576
二 级	Second Grade	3518220	3474927
三 级	Third Grade	1497247	1484462
专业承包	Specialized Contraction	1812205	1558224
一 级	First Grade	792385	772954
二 级	Second Grade	586846	557238
三 级	Third Grade	432974	228032

Continued

(10000 yuan)

#主营业务成本 Cost of Principal Business	#主营业务税金及附加 Taxes and Extra Charges of Principal Business	营业外收入 Other Revenue from Business	管理费用 Management Expenses	财务费用 Financial Expenses	营业利润 operating profit	利润总额 Total Profits	利税总额 Total Pre-tax Profits
215616	1262	2378	22066	123	10388	12260	23345
62204	585	452	8429	32	-4711	-4335	-835
4099	40	20	1221	46	-565	-576	-401
68	1				15	15	32
4031	39	20	1221	46	-581	-592	-432
304703	2084	2088	38181	2480	4393	6629	19624
150235	541	1996	11379	2870	1384	2784	7483
88314	498		3535	-171	2166	2161	6143
1549	3		48	1	-40	-40	-37
64606	1043	92	23219	-221	884	1723	6035
67532	829	56	2295	118	674	-376	3498
1205452	5271	7112	71956	8387	46362	51032	111995
215544	1187	1626	20663	4937	-5424	-4205	2220
204224	607	2090	8487	726	10082	12069	28807
785683	3477	3397	42806	2724	41704	43168	80968
520974	3385	202026	39864	4039	18873	219856	241933
409669	2270	1088	20997	4272	11472	12411	28903
56571	370	30	2280	14	1634	1587	4280
2509	28		250	19	183	176	291
52226	717	200908	16337	-266	5585	205682	208459
1632359	2425	27143	69350	4767	-61667	-49435	-27660
4771532	31588	15345	186420	44440	95601	104359	315009
6042872	53016	217485	311550	29193	177520	380670	665808
11112765	79251	55154	445378	64331	150488	173958	625617
2262141	6280	24222	50894	21961	-49373	-39015	-296
4311923	17591	16655	172744	33298	83963	91565	274116
3183648	32992	10837	152773	6166	87390	90681	246078
1355052	22388	3440	68968	2906	28508	30727	105718
1333998	7778	204820	121942	14069	60966	261636	327540
673506	3104	1175	34081	13265	36181	35370	71175
480372	3091	1558	58777	811	16126	17156	39366
180120	1583	202087	29084	-7	8659	209111	216999

13-4 分地区建筑业企业基本情况

年 份 Year 地 区 Region		企 业 单位数 (个) Number of Enterprises (unit)	年 末 从业人员 (人) Number of Persons Employed (person)	自有机械设备数量 (台) Number of Machinery and Equipment Owned (unit)	自有机械设备功率 (万千瓦) Total Power of Machinery and Equipment Owned (10000 kw)
2005		1948	430971	165903	341.9
2006		1781	432016	157684	334.1
2007		1733	471335	157949	366.3
2008		1971	479114	161174	372.3
2009		1919	674884	159810	358.9
2010		1945	561857	143340	327.8
2011		2020	490761	156112	364.4
2012		2038	490884	134579	312.5
2013		2008	440100	134516	283.5
2014		1825	363016	153448	330.0
2015		1599	466601	123778	306.6
2016		1566	373570	123106	324.1
2017		1614	357783	120339	293.2
2018		1761	299354	106176	253.7
2019		1850	270596	100692	232.8
哈尔滨	Harbin	848	139819	27533	83.8
齐齐哈尔	Qiqihar	138	13910	4378	9.5
鸡 西	Jixi	82	8749	2933	8.2
鹤 岗	Hegang	47	5739	2809	3.4
双鸭山	Shuangyashan	97	7252	1917	6.1
大 庆	Daqing	173	38891	33829	68.0
伊 春	Yichun	57	3255	768	4.5
佳木斯	Jiamusi	80	18479	2525	6.9
七台河	Qitaihe	35	3903	678	2.7
牡丹江	Mudanjiang	116	10636	2231	6.8
黑 河	Heihe	60	6197	2217	4.1
绥 化	Suihua	85	11209	4634	16.1
大兴安岭	Daxinganling	32	2557	14240	12.7

Basic Conditions of Construction Enterprises by Region

自有机械设备净值 (万元) Net Value of Machinery and Equipment Owned (10000 yuan)	劳动生产率 (元/人,按总产值计算) Overall Labor Productivity (yuan/person)	产值竣工率 (%) Ratio of Output Value of Buildings Completed to Gross Output Value (%)	房屋建筑面积竣工率(%) Rate of Floor Space of Buildings Completed (%)	技术装备率 (元/人) Value of Machinery per Laborer (yuan/person)	动力装备率 (千瓦/人) Power of Machinery per Laborer (kw/person)
679666	91345	78.1	50.4	10837	5.5
711059	109543	70.7	49.1	11130	5.2
748550	139136	58.2	54.7	11891	5.8
798106	127267	60.8	44.1	9797	4.6
762805	146124	57.1	68.4	8303	3.9
749900	183395	50.2	50.5	7771	3.4
783975	220377	56.4	49.8	8514	4.0
804716	272229	51.6	50.7	9228	3.6
770020	242528	51.0	53.7	7555	2.8
853835	251080	48.2	55.2	9968	3.9
764419	228445	60.2	52.8	10425	4.2
756200	256076	62.7	50.8	11281	4.8
755259	260553	51.4	44.6	12614	4.9
797198	263940	56.0	38.2	17618	5.6
519653	303720	56.0	37.9	19204	8.6
182993	321492	47.4	30.0	13088	6.0
35188	226834	60.7	45.1	25297	6.8
13965	219046	35.7	45.5	15962	9.4
7565	326431	80.2	42.1	13182	6.0
14209	274594	64.1	31.7	19593	8.4
131022	319142	75.4	55.2	33690	17.5
9836	321287	82.8	90.3	30218	13.9
20844	262257	50.0	55.6	11280	3.7
12191	212162	79.3	95.0	31234	6.9
16260	345851	80.7	45.5	15287.4	6.4
10796	200495	88.7	68.8	17421	6.6
51544	241881	84.8	68.9	45985	14.4
13240	352167	68.0	95.9	51779	49.8

13-4 续表

年份 地区	Year Region	资产合计(万元) Total Assets (10000 yuan)	负债合计(万元) Total Liabilities (10000 yuan)	所有者权益(万元) owner's equity (10000 yuan)	实收资本 Paid-up capital	总收入(万元) Total Income (10000 yuan)	利润总额(万元) Total Profits (10000 yuan)
2005		7038066	4261973	2776123	2585760	5664967	52342
2006		8203440	5278702	2924738	2700632	6840358	76641
2007		9142571	6054731	3087840	2699169	8508795	98029
2008		10397027	6964890	3432138	3132750	10913499	457660
2009		10829222	7133558	3695664	3232330	13078488	558203
2010		11951907	8195121	3756786	3289940	16082766	564931
2011		14595943	10040174	4555769	3587785	19446063	589187
2012		16398329	11079601	5293964	4010791	21053609	617830
2013		18019776	12563726	5456050	4061503	18358995	670536
2014		17958140	12499104	5459037	4745830	17365202	508883
2015		17275931	11736030	5539901	4022879	14578309	466005
2016		19565969	13538096	6027872	4269043	15301588	525244
2017		20177153	13908371	6268782	4815968	14663018	375135
2018		20615459	14397763	6217700	4988869	13308813	233972
2019		22012614	15081393	6931220	5333273	13934098	435594
哈尔滨	Harbin	13536679	9249788	4286891	2937715	8665274	420635
齐齐哈尔	Qiqihar	787447	412942	374505	314142	481933	4523
鸡西	Jixi	370588	242421	128167	132121	243690	1314
鹤岗	Hegang	301193	172030	129164	78468	224266	3275
双鸭山	Shuangyashan	339004	172072	166933	135006	229247	5186
大庆	Daqing	3090458	2727934	362524	685510	1775858	-61106
伊春	Yichun	365675	251110	114565	70595	132320	3649
佳木斯	Jiamusi	804782	519429	285353	241112	606660	19393
七台河	Qitaihe	216921	119958	96963	71532	101216	3765
牡丹江	Mudanjiang	1125691	646211	479480	316759	637505	12046
黑河	Heihe	251833	125370	126463	98339	217976	7762
绥化	Suihua	646755	366535	280220	181716	474834	12137
大兴安岭	Daxinganling	175589	75595	99994	70259	143322	3015

Continued

利税总额 (万元) Total Pre-tax Profits (10000 yuan)	产值利润率 (%) Profit Rate Value (%)	产值利税率 (%) Gross Output Value (%)	资本利润率 (%) profit ratio of capital (%)	资本利税率 (%) Profits to Assets (%)	人均利润 (元/人) per capita profit (yuan/person)	人均利税 (元/人) Per capita taxes (yuan/person)	资产负债率 (%) Assets-Liability Ratio (%)
245187	0.9	4.3	2.0	10.5	835	3909	60.6
305123	1.1	4.4	2.0	8.9	1200	4776	64.3
343990	1.1	3.9	3.6	7.8	1557	5464	66.2
1520636	2.5	14.7	14.6	2.1	5618	18667	67.0
1332707	4.2	9.9	17.3	2.4	6076	14507	65.9
1781420	3.2	10.1	17.2	1.8	5854	18461	68.6
1321917	2.9	6.5	16.4	2.7	6399	14357	68.8
1338823	2.6	5.6	15.4	3.0	7085	15353	67.6
1321228	2.7	5.3	16.5	3.1	6579	12963	69.7
1139144	2.4	5.3	10.7	24.0	5941	13298	69.6
1011231	2.8	6.0	11.6	25.1	6355	13791	67.9
1053488	3.1	6.1	12.3	24.7	7835	15716	69.2
1006681	2.4	6.5	7.8	20.9	6265	16813	68.9
886137	1.9	5.4	4.7	13.1	5707	15908	69.8
953157	3.7	8.1	8.2	17.9	11199	24505	68.5
722147	5.7	9.7	14.3	24.6	18180	31211	68.3
24881	1.1	5.8	1.4	7.9	2399	13198	52.4
15306	0.6	7.4	1.0	11.6	1388	16166	65.4
11996	1.6	5.9	4.2	15.3	5260	19267	57.1
19699	2.4	9.2	3.8	14.6	6622	25155	50.8
-33563	-4.8	-2.6	-8.9	-4.9	-15174	-8334	88.3
12381	3.4	11.6	5.2	17.5	10979	37249	68.7
52599	3.6	9.6	8.0	21.8	9317	25269	64.5
9355	3.7	9.3	5.3	13.1	7936	19720	55.3
41987	2.3	8.0	3.8	13.3	7888	27496	57.4
23205	4.4	13.2	7.9	23.6	8865	26505	49.8
37225	2.8	8.6	6.7	20.5	6821	20919	56.7
15940	2.0	10.7	4.3	22.7	7127	37682	43.1

主要统计指标解释

建筑业统计单位 指从事房屋、构筑物建造和设备安装活动的法人企业。建筑业法人企业应具有建筑业资质并能够独立核算，同时还应具备以下条件：①依法成立，有自己的名称、组织机构和场所，能够承担民事责任；②独立拥有和使用资产，承担负债，有权与其他单位签订合同；③独立核算盈亏，能够编制资产负债表。

建筑业总产值 是以货币形式表现的建筑业企业在一定时期内生产的建筑业产品和提供服务的总和。建筑业总产值包括：

⑴建筑工程产值：指列入建筑工程预算内的各种工程价值。

⑵安装工程产值：指设备安装工程价值，不包括被安装设备本身的价值。

⑶其他产值：建筑业总产值中除建筑工程、安装工程以外的产值。包括房屋构筑物修理产值、非标准设备制造产值、总包企业向分包企业收取的管理费以及不能明确划分的施工活动所完成的产值。

a.房屋构筑物修理产值：指房屋和构筑物修理所完成的产值，但不包括被修理房屋、构筑物本身价值和生产设备的修理价值。

b.非标准设备制造产值：指加工制造没有定型的非标准生产设备的加工费和原材料价值(如化工厂、炼油厂用的各种罐、槽，矿井生产统一使用的各种漏斗、三角槽、阀门等)以及附属加工厂为本企业承建工程制作的非标准设备的价值。

建筑业增加值 指建筑业企业在报告期内以货币形式表现的建筑业生产经营活动的最终成果。

从 2004 年第一次全国经济普查开始，建筑业现价增加值按生产法和分配法(收入法)两种方法计算，以收入法的计算结果为准，即从收入的角度出发，根据生产要素在生产过程中应得的收入份额计算。具体计算方法：经济普查年度建筑业增加值按照《经济普查年度 GDP 核算方案》计算，非经济普查年度建筑业增加值按照《非经济普查年度 GDP 核算方案》计算。

房屋施工面积 指报告期内施工的全部房屋建筑面积，包括本期新开工的房屋建筑面积、上期跨入本期继续施工的房屋建筑面积、上期停缓建在本期恢复施工的房屋建筑面积、本期竣工的房屋建筑面积及本期施工后又停缓建的房屋建筑面积。

房屋竣工面积 指报告期内房屋建筑按照设计要求已全部完工，达到住人和使用条件，经验收鉴定合格或达到竣工验收标准，可正式移交使用的各栋房屋建筑面积的总和。

Explanatory Notes on Main Statistical Indicators

Statistical Unit in the Construction Industry refers to a corporate enterprise engaged in the construction of buildings and structures and in the installation of equipment. A corporate construction enterprise should have qualification certificates with independent accounting system, and should meet the following 3 requirements: a) being set up in line with relevant legal basis, having its full name, organization and location, and capable of taking civil liabilities; b) independently possessing and using its assets and assuming its liabilities, and entitled to sign contracts with other institutions; and c) making independent accounts of its profits and losses, and capable of compiling its own balance sheet.

Gross Output Value of Construction refers to total of construction products and services, expressed in money terms, produced or rendered by construction and installation enterprises during a given period of time. It includes:

(1) Output value of construction projects: the value of projects covered by the project budgets;

(2) Output value of installation projects: the value of the installation of equipment, (excluding the value of the equipment to be installed);

(3) Other output values: the output value of construction industry apart from that of construction projects and installation projects. It includes: output value of repair of buildings and structures; output value of non-standard equipment manufacturing; overhead expenses received by contracted enterprises from the sub-contracted enterprises and the completed output value of construction activities for which there is no clear definition.

a. Output value of repair of buildings and structures: the value created through the repairs of buildings or structures. It does not include the value of buildings or structures being repaired and the value of the repair of production equipment;

b. Output value of manufactured non-standard equipment: the value of non-standard production equipment, including raw materials and manufacturing cost, made for the construction project (i.e., chemical plant; kettles or tanks used by refineries; various fillers, triangle tanks, valves used by mines). It also includes the output value of equipment manufactured by subsidiary workshops.

Value-added of Construction refers to the final result of the activities of production and operation of enterprises of the construction industry in monetary terms during the reference period.

Starting from the 2004 economic census, value-added of construction is calculated by both production approach and income approach, with the figures from the income approach as the final figures. Under the income approach, calculation starts from the perspective of income and is based on the share of income derived from the production process by the relevant factors of production. Specifically, value-added of construction for the Census years is calculated in accordance with the Programme of Compilation of GDP and National Accounts for the Year of Economic Census, and value-added of construction for other years is calculated in accordance with the Programme of Compilation of GDP and National Accounts for the Non Economic Census Years.

Floor Space of Buildings refers to floor space of buildings under construction in the reference period, including the space of buildings for which construction has newly started; buildings for which construction has started earlier and is continuing during the reference period; and buildings for which construction has been suspended earlier but has restarted during the reference period; buildings completed during the reference period; and buildings under construction but construction has subsequently been during the reference period.

Floor Space of Buildings Completed refers to the total floor space of each building that has been completed in the reference period in accordance with the requirements of the design, up to the standard for being resided in and put into use, or has been checked and accepted by departments concerned as qualified ones or up to the standard of buildings completed and can be handed over for putting into use.

第十四篇　住房和房地产

CHAPTER 14　HOUSING AND REAL ESTATE

资料整理：冯　瑞　付　爽

14-1　房地产开发企业主要指标

Main Indicators of Enterprises for Real Estate Development

指　标	Item	2015	2016	2017	2018	2019
企业个数(个)	**Number of Enterprises (unit)**	**2041**	**1956**	**1968**	**1853**	**1836**
内　资	Domestic Funded	2012	1931	1941	1828	1815
#国　有	#State-owned Enterprises	39	31	27	27	21
集　体	Collective-owned Enterprises	1	1	1	1	
港、澳、台投资	Enterprises with Funds from Hong Kong, Macao and Taiwan	19	15	18	14	12
外商投资	Foreign Funded	10	10	9	11	9
从业人员期末人数(万人)	**Final Number of Employed Persons (10000 persons)**	**4.08**	**3.80**	**3.77**	**3.25**	**3.01**
内资企业	Domestic Funded	4.00	3.75	3.68	3.16	2.96
#国　有	#State-owned Enterprises	0.09	0.07	0.07	0.06	0.03
集　体	Collective-owned Enterprises		0.02	0.02	0.02	
港、澳、台投资企业	Enterprises with Funds from Hong Kong, Macao and Taiwan	0.05	0.04	0.08	0.08	0.03
外商投资企业	Foreign Funded	0.02	0.01	0.01	0.02	0.02
本年土地购置面积(万平方米)	**Land Space Purchased This Year(10000 sq.m)**	**270.4**	**161.2**	**246.2**	**246.1**	**311.9**
本年完成投资(亿元)	**Investment Completed This Year(100 million yuan)**	**992.1**	**864.8**	**815.6**	**944.4**	**958.0**
#住　宅	#Residential Buildings	681.2	598.0	554.7	647.8	687.8
资金来源小计(亿元)	**Sources of Funds(100 million yuan)**	**1221.0**	**1061.6**	**1199.1**	**1286.9**	**1242.3**
#国内贷款	# Domestic Loans	126.5	90.5	103.8	124.6	91.4
自筹资金	Self-raising Fund	730.7	552.2	585.4	551.9	591.2
其他资金	Others	362.5	418.0	510.0	58.6	43.1
房屋建筑面积(万平方米)	**Floor Space of Buildings(10000 sq.m)**					
施工面积	Floor Space under Construction	12410.4	10865.7	10328.5	10588.2	11441.2
#住　宅	#Residential Buildings	8785.0	7746.0	7432.1	7684.0	8216.4
#本年新开工	#Floor Space Started This Year	2181.8	2006.3	2219.7	2494.7	2446.1
竣工面积	Floor Space Completed	2924.2	2375.6	1651.2	1203.5	1204.1
商品房销售面积(万平方米)	**Floor Space of Commercialized Buildings Sold (10000 sq.m)**	**1996.6**	**2117.3**	**2255.8**	**1913.3**	**1684.5**
#住　宅	#Residential Buildings	1710.6	1797.0	1868.1	1665.6	1461.1
实收资本合计(亿元)	**Total Capital Held(100 million yuan)**	**1262.3**	**1047.3**	**1025.0**	**1056.8**	**1046.0**
资产负债率(%)	**Ratio of Liabilities to Assets(%)**	**69.4**	**67.6**	**70.7**	**70.2**	**69.9**
主营业务收入(亿元)	**Revenue from Principle Business(100 million yuan)**	**816.4**	**1217.4**	**958.8**	**1075.2**	**994.0**

14-2 房地产开发企业个数
Number of Enterprises for Real Estate Development

单位：个 (unit)

年份 地区	Year Region	合计 Total	国有 State-owned Enterprises	集体 Collective-owned Enterprises	股份有限公司 Share-holding Corporations Ltd.	港澳台商投资 Enterprises with Funds from Hong Kong, Macao and Taiwan	外商投资 Foreign Funded Enterprises	其他 Others
1995		295	183	24	44	30	9	5
2000		439	170	32	71	25	9	132
2001		483	152	32	79	23	8	189
2002		606	142	24	111	23	18	288
2003		776	144	21	131	25	17	438
2004		1009	118	15	137	23	12	704
2005		1050	124	7	170	21	17	711
2006		1214	127	6	144	24	18	895
2007		1320	117	7	137	25	18	1016
2008		1589	102	11	145	23	19	1289
2009		1576	101	7	133	25	17	1293
2010		1890	97	9	164	23	19	1578
2011		2157	88	6	165	25	19	1854
2012		2134	78	4	144	23	17	1868
2013		2118	49	1	137	24	13	1894
2014		2154	47	1	124	24	11	1947
2015		2041	39	1	116	19	10	1856
2016		1956	31	1	115	15	10	1784
2017		1968	27	1	100	18	9	1813
2018		1853	27	1	90	14	11	1710
2019		1836	21		88	12	9	1706
哈尔滨	Harbin	749	14		22	10	5	698
齐齐哈尔	Qiqihar	164	2		6	1		155
鸡西	Jixi	106	3		8			95
鹤岗	Hegang	42	1		1			40
双鸭山	Shuangyashan	40			1			39
大庆	Daqing	134			4		2	128
伊春	Yichun	40			2			38
佳木斯	Jiamusi	83			3		1	79
七台河	Qitaihe	34			1			33
牡丹江	Mudanjiang	173			18	1	1	153
黑河	Heihe	79			4			75
绥化	Suihua	180	1		17			162
大兴安岭	Daxinganling	12			1			11

14-3　房地产开发企业从业人员数

Number of Employed Persons in Enterprises for Real Estate Development

单位：人　　(person)

年份 Year 地区 Region	合计 Total	国有 State-owned Enterprises	集体 Collective-owned Enterprises	股份有限公司 Share-holding Corporations Ltd.	港澳台商投资 Enterprises with Funds from Hong Kong, Macao and Taiwan	外商投资 Foreign Funded Enterprises	其他 Others
1995	15473	11541	724	1005	785	320	1098
2000	23058	10756	858	5055	504	229	5656
2001	23792	9752	997	3624	521	198	8700
2002	25486	4710	623	5085	568	457	14043
2003	27465	4029	679	4302	307	385	17763
2004	33076	4199	403	5489	379	472	22134
2005	30169	4253	90	4278	318	611	20619
2006	29933	3554	151	3323	389	597	21919
2007	33353	3258	153	3097	414	562	25869
2008	35664	3195	211	3098	313	533	28314
2009	33929	2932	354	3402	366	388	26487
2010	40308	3420	398	3223	359	463	32445
2011	47678	4588	137	4633	490	434	37396
2012	46396	2639	325	2840	466	308	39818
2013	45004	1278	5	3043	566	257	39855
2014	44332	1077	5	2613	666	192	39779
2015	40786	869	5	2659	471	152	36630
2016	38015	726	153	2615	424	133	33964
2017	37748	680	240	1934	795	118	33981
2018	32507	596	240	1548	752	191	29180
2019	30134	338		1553	344	161	27738
哈尔滨 Harbin	14309	256		416	290	44	13303
齐齐哈尔 Qiqihar	2438	12		390	39		1997
鸡西 Jixi	802	26		41			735
鹤岗 Hegang	397	39		4			354
双鸭山 Shuangyashan	637			10			627
大庆 Daqing	3247			83		89	3075
伊春 Yichun	562			22			540
佳木斯 Jiamusi	1401			36		2	1363
七台河 Qitaihe	502			122			380
牡丹江 Mudanjiang	2336			193	15	26	2102
黑河 Heihe	873			19			854
绥化 Suihua	2555	5		216			2334
大兴安岭 Daxinganling	75			1			74

14-4 房地产开发企业的土地开发、购置及投资规模
Land Development, Purchase and Investment Scale of Enterprises for Real Estate Development

单位：平方米、万元 (sq.m, 10000 yuan)

年份 地区	Year Region	本年购置土地面积 Land Space Purchased This Year	实际需要的总投资 Total Investment Actually Needed	开始建设累计完成投资 Accumulative Investment Actually Completed Since Starting of Construction	全部建成尚需投资 Further Investment Required for the Completion of Construction
1995		2064	1366222	754008	612214
2000		2564674	2202002	1575893	626109
2001		2177103	2861880	2024592	837288
2002		3892116	3543170	2102119	1441051
2003		4943627	3903147	2447840	1455307
2004		5691027	5892072	3350300	2541772
2005		6925485	6823703	4089993	2733710
2006		6197941	8014573	5415257	2599316
2007		7043255	9580358	6590127	2990231
2008		8709744	11266041	7434679	3831362
2009		8333122	15162888	10451311	4711577
2010		11743040	23411233	14348207	9063026
2011		18606548	40598254	21536691	19061563
2012		9299142	51698029	31809107	19888922
2013		6556746	57810218	39909895	17900323
2014		4165769	64563657	45766253	18797404
2015		2703960	60605240	42875259	17729981
2016		1612034	59834332	41176141	18658191
2017		2462255	62747604	43135345	19612259
2018		2460593	64158417	44622504	19535913
2019		3119241	68388675	46923354	21465321
哈尔滨	Harbin	1810282	45055529	31247135	13808394
齐齐哈尔	Qiqihar	302902	4437646	3247277	1190369
鸡西	Jixi	163989	1759868	1273664	486204
鹤岗	Hegang		376493	193895	182598
双鸭山	Shuangyashan	14125	481415	359926	121489
大庆	Daqing	322526	4228859	2741678	1487181
伊春	Yichun		846056	443794	402262
佳木斯	Jiamusi	246400	1671617	1155753	515864
七台河	Qitaihe	95585	716737	469446	247291
牡丹江	Mudanjiang	34725	6365803	3917385	2448418
黑河	Heihe	42091	700215	515301	184914
绥化	Suihua	76730	1635427	1284235	351192
大兴安岭	Daxinganling	9886	113010	73865	39145

14-5 房地产开发完成投资额
Actually Completed Investment of Enterprises for Real Estate

单位：万元 (10000 yuan)

年份 地区	Year Region	本年完成投资额 Investment Completed This Year	按构成分 By Use of Funds 建筑安装工程 Construction and Installation	设备、工器具购置 Purchase of Equipment and Instrument	其他费用 Others	土地购置 Land Purchase
1995		473651	417508	8318	47825	30988
2000		1040979	782764	14412	243803	83939
2001		1470839	1173669	25869	271301	109197
2002		1457937	1021700	23967	412270	238993
2003		1632806	1140727		461438	265734
2004		2140702	1589430	66980	484292	302887
2005		2676332	2106481	47981	521870	324360
2006		3213152	2607672	32091	573389	220157
2007		3823651	2838824	56278	928549	466463
2008		4398563	3041451	57241	1299871	896126
2009		5639170	4272536	63859	1302775	743112
2010		8431198	6752877	88864	1589457	906816
2011		12275672	10060375	106728	2108569	1530448
2012		15358438	12635375	124052	2599011	1509508
2013		16048330	13418518	214380	2415432	1253332
2014		13240875	11013966	249453	1977456	1671406
2015		9921453	8569430	114075	1237948	994961
2016		8648391	7548991	98393	1001007	832675
2017		8155957	6925813	101660	1128484	875052
2018		9444049	7272759	99717	2071573	1595565
2019		9580066	6262318	101851	3215897	2779848
哈尔滨	Harbin	6204490	3429789	58129	2716572	2380909
齐齐哈尔	Qiqihar	629581	454163	5607	169811	153668
鸡西	Jixi	126679	108918	2567	15194	11956
鹤岗	Hegang	34960	30152	60	4748	940
双鸭山	Shuangyashan	66097	59557	1705	4835	2670
大庆	Daqing	758581	567037	7174	184370	175007
伊春	Yichun	95137	89592		5545	1137
佳木斯	Jiamusi	450812	406607	1109	43096	28399
七台河	Qitaihe	30683	27373	66	3244	2315
牡丹江	Mudanjiang	625295	566689	16829	41777	10971
黑河	Heihe	195929	178791	5499	11639	2592
绥化	Suihua	360360	343650	3106	13604	7822
大兴安岭	Daxinganling	1462			1462	1462

14-6 房地产开发建设按工程用途分的投资和新增固定资产
Actually Completed Investment of Enterprises for Real Estate by Use and Newly Increased Fixed Assets

单位：万元 (10000 yuan)

年份 地区	Year Region	按工程用途分的投资额 by Use of Projects				新增固定资产 Newly Increased Fixed Assets
		住宅 Residential Buildings	办公楼 Office Buildings	商品营业用房 House for Business Use	其他 Others	
	1999	532679	49827	145167	91880	679863
	2000	712644	35691	162186	130458	961671
	2001	1016457	42330	254384	157668	1274384
	2002	771661	76021	276203	334052	904095
	2003	886210	63710	351126	331760	1067546
	2004	1397332	80734	451728	262031	1351368
	2005	1748422	82290	461665	383955	1572296
	2006	2476493	59546	472631	204482	1907823
	2007	2796442	64450	505361	457398	2426086
	2008	3065870	35325	566332	731036	2052819
	2009	4425157	91569	699868	422576	3657239
	2010	6575367	109197	1053409	693225	5517655
	2011	9478981	166726	1446218	1183747	6769528
	2012	11225245	269161	2183563	1680469	8246658
	2013	11247187	311156	2763097	1726890	8353877
	2014	9460270	252529	2368761	1159315	9527092
	2015	6811541	253191	2102305	754416	11476701
	2016	5979597	243593	1714812	710389	7075620
	2017	5546977	273815	1562982	772183	4994852
	2018	6477699	311563	1607454	1047333	3476045
	2019	6878253	131429	1474395	1095989	3433410
哈尔滨	Harbin	4426143	115677	919533	743137	2194273
齐齐哈尔	Qiqihar	422708	7121	141201	58551	170369
鸡西	Jixi	91593	226	22658	12202	106714
鹤岗	Hegang	26014	50	6195	2701	23415
双鸭山	Shuangyashan	56159	218	8642	1078	49261
大庆	Daqing	488419		147686	122476	91900
伊春	Yichun	83252	798	9042	2045	39430
佳木斯	Jiamusi	352894	3006	82344	12568	127500
七台河	Qitaihe	25396	150	4249	888	25857
牡丹江	Mudanjiang	493368	305	59534	72088	165806
黑河	Heihe	138916	1680	23602	31731	94883
绥化	Suihua	273336	2198	48420	36406	344002
大兴安岭	Daxinganling	55		1289	118	

14-7 房地产开发企业的资金来源
Capital Source of Enterprises for Real Estate Development

单位：万元 (10000 yuan)

年 份 地 区	Year Region	本年资金来源合计 Total Funds the Year	上年末结余资金 A Balance at End of Previous Year	本年资金来源小计 Sources of Funds	国家预算内资金 State Budget	国内贷款 Domestic Loans	利用外资 Foreign Investment	自筹资金 Self-raising Fund	其他资金 Others
1999		752630	39319	713311	4021	147930	3010	276685	281665
2000		957753	38734	919019	1000	182528	10543	362915	362033
2001		1385794	60016	1325778		159546	420	566232	599580
2002		1415734	97988	1317746	4570	236117	6233	618710	452116
2003		1721670	113689	1607981	350	260166	4050	870635	472780
2004		2246559	151780	2094779	2300	183776	54912	1092193	761598
2005		2844133	163416	2680717		178057	35300	1362272	1105088
2006		3585481	148891	3436590		331881	39073	1859085	1206551
2007		4288367	220609	4067758		261860	18718	2436261	1350919
2008		5009858	385031	4624827		294758	13771	3145679	1170619
2009		7271208	480773	6790435		737899	25877	3605959	2420700
2010		11430442	926816	10503626		488956	15000	6513529	3486141
2011		17685735	1675059	16010676		619884	33500	10870814	4486478
2012		19633386	2522968	17110418		876365	165	11040675	5193213
2013		20920924	2584488	18336436		1301852		11026235	6008349
2014		16956270	2872261	14084009		978225	27000	9099429	3979355
2015		14903067	2693467	12209600		1264556	13228	7306680	3625136
2016		13307892	2691520	10616372		905389	9000	5521943	4180040
2017		14513375	2522141	11991234		1037696		5853731	5099807
2018		16311611	3442813	12868798		1246260		5518653	586263
2019		15220174	2796698	12423476		914073	14694	5912122	430783
哈尔滨	Harbin	11071909	1916695	9155214		696201		3594223	321178
齐齐哈尔	Qiqihar	850696	83049	767647		89970		473985	7594
鸡 西	Jixi	170089	27356	142733		6612		97884	11418
鹤 岗	Hegang	78189	15862	62327		4830		54155	
双鸭山	Shuangyashan	101302	37015	64287		1500		46031	3519
大 庆	Daqing	999677	391959	607718		53147	14694	401833	29944
伊 春	Yichun	91532	10	91522				91522	
佳木斯	Jiamusi	423080	1222	421858		21281		375352	5511
七台河	Qitaihe	77071	29034	48037				40623	2813
牡丹江	Mudanjiang	788516	264720	523796		15505		261681	35778
黑 河	Heihe	211153	22361	188792		793		157057	5493
绥 化	Suihua	355497	7415	348082		24234		316313	7535
大兴安岭	Daxinganling	1463		1463				1463	

14-8 房地产开发建设房屋施工面积
Floor Space of Buildings under Construction of Real Estate Development

单位：平方米 (sq.m)

年份 地区	Year Region	施工房屋建筑面积 Floor Space of Buildings Under Construction	#新开工 Started This Year	住宅 Residential Buildings	办公楼 Office Buildings	商业营业用房 House for Business Use	其他 Others
1999		11187155	7273868	8268285	630728	2065737	222405
2000		14513563	8473110	10995283	535182	2640151	342947
2001		17685892	9172691	13612689	611730	3164906	296567
2002		15895856	8685336	11647486	812504	2924268	511598
2003		19000320	11104078	13111334	792962	4154636	941388
2004		22550629	11931656	15830527	800083	5014827	905192
2005		26304651	14851141	19226052	934958	4894991	1248650
2006		31064526	17477365	24271325	711888	4622027	1459286
2007		33017345	18340732	26363154	437141	4780785	1436265
2008		36111387	22410734	29066535	401381	4528881	2114590
2009		45213490	29955500	36926884	586070	5078374	2622162
2010		75328812	50214326	61074452	752647	8622671	4879042
2011		121229416	72742236	96628625	1220343	13710366	9670082
2012		134849706	50743456	104719594	1776618	15699880	12653614
2013		135673668	40304430	102413971	1993260	18778597	12487840
2014		142180884	32813806	104241125	2505387	20862869	14571503
2015		124103540	21817937	87849756	2491408	21131449	12630927
2016		108657453	20063137	77460456	2367085	17129958	11699954
2017		103284678	22197164	74321067	2383871	15690998	10888742
2018		105882476	24947375	76839540	2309375	16081582	10651979
2019		114411959	24461091	82163622	2143277	17290111	12814949
哈尔滨	Harbin	55092659	13995394	36788081	1725951	9394254	7184373
齐齐哈尔	Qiqihar	10934774	1761447	8749279	60872	1177160	947463
鸡西	Jixi	6690562	595087	5472580	28992	631878	557112
鹤岗	Hegang	808104	61690	625334	22883	102219	57668
双鸭山	Shuangyashan	1526671	208434	1159386	15323	240526	111436
大庆	Daqing	8282525	1808865	6104013	47121	1474246	657145
伊春	Yichun	1482552	343755	1188816	5389	197608	90739
佳木斯	Jiamusi	4423343	1562764	3406279	121690	618280	277094
七台河	Qitaihe	1199724	285347	747708		385692	66324
牡丹江	Mudanjiang	15216801	1489540	11085668	80309	1882349	2168475
黑河	Heihe	2863969	1116292	2380679	26826	230605	225859
绥化	Suihua	5750340	1225806	4383263	7921	897806	461350
大兴安岭	Daxinganling	139935	6670	72536		57488	9911

14-9　房地产开发建设房屋竣工面积和造价
Floor Space of Buildings Completed and Their Cost in Real Estate Development

年份 Year 地区 Region		竣工房屋建筑面积(平方米) Floor Space of Buildings Completed (sq.m)	住宅 Residential Buildings	办公楼 Office Buildings	商业营业用房 House for Business Use	其他 Others	竣工房屋造价(元/平方米) Cost of Buildings Completed (yuan/sq.m)	住宅 Residential Buildings
1999		5474196	4288778	195416	889600	100402	897	820
2000		8278630	6293041	365015	1428150	192424	905	819
2001		10138189	8283706	218061	1472774	163648	944	914
2002		8035908	6398979	229070	1209003	198856	929	873
2003		8834762	6590471	257897	1573139	413255	984	906
2004		11132574	8323312	231200	2222841	355221	1051	956
2005		13050250	10394472	272514	1847289	535975	1089	1044
2006		13981158	11535031	305411	1619101	521615	1230	1184
2007		15956174	12448764	272726	2540478	694206	1404	1034
2008		14047031	11600798	126015	1773934	546284	1195	1122
2009		18882802	15754595	181325	1942761	1004121	1548	1495
2010		26458267	21989911	242769	3032968	1192619	1718	1677
2011		32313443	25979788	219545	4344276	1769834	1661	1650
2012		32457265	26462053	285203	3402487	2307522	1977	1942
2013		29327010	23444092	320683	3398376	2163859	2190	2160
2014		30009026	22957015	534876	3607919	2909216	2433	2287
2015		29242070	21268196	262082	5327396	2384396	2309	2256
2016		23756095	17570854	408494	3454339	2322408	2525	2426
2017		16511720	12059412	389934	2569967	1492407	2400	2252
2018		12034634	9205271	508615	1468124	852624	2391	2357
2019		12040810	9409277	171499	1288128	1171906	2446	2276
哈尔滨	Harbin	6823725	5195589	162913	685926	779297	2798	2514
齐齐哈尔	Qiqihar	435083	328588	1700	79011	25784	2423	2365
鸡西	Jixi	639651	503483		45232	90936	1650	1628
鹤岗	Hegang	42804	21344		21460		1136	1163
双鸭山	Shuangyashan	204124	165220		38804	100	1574	1557
大庆	Daqing	455816	390876		34845	30095	1863	1915
伊春	Yichun	112000	109000		3000		1964	1927
佳木斯	Jiamusi	515918	466563		31599	17756	2078	2107
七台河	Qitaihe	115777	107599		8178		2233	2223
牡丹江	Mudanjiang	613764	482439		79494	51831	2560	2580
黑河	Heihe	419065	331226	1346	48072	38421	1701	1674
绥化	Suihua	1663083	1307350	5540	212507	137686	1921	1908
大兴安岭	Daxinganling							

14-10 按用途分商品房屋销售面积
Floor Space of Commercialized Buildings Sold by Use

单位：平方米 (sq.m)

年份 地区	Year Region	商品房屋销售面积 Floor Space of Commercialized Buildings Sold	住宅 Residential Buildings	别墅、高档公寓 Villas, High-grade Apartments	办公楼 Office Buildings	商业营业用房 Houses for Business Use	其他 Others
1999		3513834	2946888	11621	94633	430949	41364
2000		4998452	4244271	156915	106813	585997	61371
2001		5946410	4906264	84552	182549	763290	94307
2002		6924691	5743325	99919	131366	968783	81217
2003		8146447	6731129	22275	146593	1154425	114300
2004		9846508	7900508	46261	127929	1562776	255295
2005		12428124	10482603	72356	290082	1382206	273233
2006		14827148	12985068	180519	204711	1411379	225990
2007		17092455	15185671	837951	114405	1436368	356011
2008		14865665	12866198	258154	89502	1593543	316422
2009		20169765	17512157	575101	194221	1922128	541259
2010		27209459	23856799	518243	83786	2347388	921486
2011		33977745	29191147	198249	79085	3603816	1103697
2012		38068231	32262165	229540	242575	4108684	1454807
2013		33399501	29442296	158394	248432	2562090	1146683
2014		24757412	21314633	212268	153360	2395608	893811
2015		19966142	17106037	150395	181983	1982818	695304
2016		21172915	17970213	319860	263493	2219650	719559
2017		22558104	18681422	277607	455829	2527381	893472
2018		19132548	16655768	217147	148835	1823878	504067
2019		16844978	14611244	242771	106093	1617400	510241
哈尔滨	Harbin	9647783	8247752	168480	104294	998964	296773
齐齐哈尔	Qiqihar	1148093	1035649	288		87209	25235
鸡西	Jixi	370900	327831			30580	12489
鹤岗	Hegang	35799	31185		140	1902	2572
双鸭山	Shuangyashan	265974	231151		800	33560	463
大庆	Daqing	872922	782739	59572		78109	12074
伊春	Yichun	147563	123405			17089	7069
佳木斯	Jiamusi	688812	644363			38266	6183
七台河	Qitaihe	127732	114492			12680	560
牡丹江	Mudanjiang	1684633	1483261	14431		153109	48263
黑河	Heihe	644565	540829		859	49573	53304
绥化	Suihua	1189260	1028906			115278	45076
大兴安岭	Daxinganling	20942	19681			1081	180

14-11　按用途分商品房屋销售额
Total Sale of Commercialized Buildings by Use

单位：万元　　(10000 yuan)

年份 地区	Year Region	商品房屋销售额 Total Sale of Commercialized Buildings	住宅 Residential Buildings	别墅、高档公寓 Villas, High-grade Apartments	办公楼 Office Buildings	商业营业用房 Houses for Business Use	其他 Others
2004		1873625	1315782	12204	36577	450912	70354
2005		2608815	1963185	30667	119489	452856	73285
2006		3255377	2642682	58552	70609	473964	68122
2007		4224086	3575076	143480	29895	511022	108093
2008		4209652	3399086	139762	25092	689934	95540
2009		6536890	5370482	323094	80446	875396	210566
2010		10119482	8330469	318940	35809	1367963	385241
2011		13573379	10819917	162007	38358	2238139	476965
2012		15482979	12019303	214318	138229	2645351	680096
2013		15823382	13059034	104195	176126	1968866	619356
2014		12085441	9626924	252725	119604	1919667	419246
2015		10271369	8242147	121055	134932	1529970	364320
2016		11210446	9036646	302833	213931	1550636	409233
2017		14597226	11344722	334698	521644	2203937	526923
2018		13203133	11122816	280294	174461	1588735	317121
2019		12681789	10699658	330907	134429	1524867	322835
哈尔滨	Harbin	9570995	8066099	288401	133893	1150650	220353
齐齐哈尔	Qiqihar	584012	507302	144		63075	13635
鸡西	Jixi	126498	106656			15106	4736
鹤岗	Hegang	11795	9500		49	833	1413
双鸭山	Shuangyashan	69435	56762		160	12323	190
大庆	Daqing	431126	366415	33918		59316	5395
伊春	Yichun	43703	34470			7113	2120
佳木斯	Jiamusi	304087	281971			18935	3181
七台河	Qitaihe	43618	39123			4411	84
牡丹江	Mudanjiang	827604	701466	8444		106914	19224
黑河	Heihe	246871	190214		327	27048	29282
绥化	Suihua	415929	334213			58626	23090
大兴安岭	Daxinganling	6116	5467			517	132

14-12 按不同分组分房地产开发企业投资完成情况(2019年)

单位：万元

项目	Item	计划总投资 Total Investment Planed	累计完成投资 Accumulated Investment Completed	本年完成投资 Investment Completed This Year
总计	**Total**	**68388675**	**46923354**	**9580066**
按登记注册类型分组	**By Status of Registration**			
内资企业	Domestic Funded	66755945	45809345	9197471
#国有企业	#State-owned Enterprises	331133	358894	38893
集体企业	Collective-owned Enterprises			
股份合作企业	Cooperative Enterprises	14000	16323	16323
国有联营企业	State Joint Ownership Enterprises			
国有独资公司	State Sole funded Corporations	2350667	1502442	323698
其他有限责任公司	Other Limited Liability Corporations	43585978	29593961	5429880
股份有限公司	Share-holding Corporations Limited	2415876	1778191	577145
私营独资企业	Private-funded Enterprises	733735	277186	156285
私营合伙企业	Private Partnership Enterprises			
私营有限责任公司	Private Limited Liability Corporations	16253437	11497155	2504425
私营股份有限公司	Private Share-holding Corporations Limited	1062719	780601	147178
其他企业	Other Enterprises	8400	4592	3644
港澳台商投资企业	Enterprises with Funds from Hong Kong, Macao and Taiwan	1342715	926925	314246
与港澳台商合资经营企业	Joint-ventures Enterprises	127638	77757	24718
与港澳台商合资合作经营企业	Cooperative Enterprises	60000	130217	11044
港澳台商独资经营企业	Enterprises with Sole Investment	1155077	718951	278484
港澳台商投资股份有限公司	Share-holding Corporations Ltd.			
外商投资企业	Foreign Funded Enterprises	290015	187084	68349
中外合资经营企业	Joint-venture Enterprises	234515	137153	50269
中外合作经营企业	Cooperation Enterprises			
外资企业	Enterprises with Sole Funds	55500	49931	18080
外商投资股份有限公司	Share-holding Corporations Ltd.			
按控股情况分组	**By Share-holding**			
国有控股	State-owned Enterprises	14080447	9250075	1920045
集体控股	Collective-owned Enterprises	1036003	804466	99039
私人控股	Private Share-holding	35782477	24990615	5481647
港澳台商控股	Enterprise with Funds from Hong Kong, Macao and Taiwan	1342715	926925	314246
外商控股	Foreign Funded Enterprises	335500	425296	18080
其他	Others	15811533	10525977	1747009
按资质等级分组	**By Qualification Grade**			
一级	First Grade	1568148	1078122	93964
二级	Second Grade	11914274	8234170	965314
三级	Third Grade	27615661	21779201	3314766
四级	Fourth Grade	953110	673278	162311
暂定	Interim	18531438	11093034	3403852
其他	Others	7360344	3869702	1444012
按隶属关系分组	**By Jurisdiction of Management**			
中央	Central	2188118	1529123	479241
地方	Region	12999578	8446799	2181166
其他	Others	53200979	36947432	6919659

Investment Actually Completed by Enterprises for Real Estate Development by Different Grouping(2019)

(10000 yuan)

住 宅 Residential Buildings		办公楼 Office Buildings	商业营业用房 Houses for Business Use	其 他 Others	本年新增固定资产 Newly Increased Fixed Assets This Year	本年资金来源小计 Sources of Funds
	别墅、高档公寓 Villas, High-grade Apartments					
6878253	**113438**	**131429**	**1474395**	**1095989**	**3433410**	**12423476**
6590288	89973	131429	1416570	1059184	3406888	11764425
28344	180		4405	6144	5621	75202
12145	2000		2250	1928		16323
268618	11815	7335	28523	19222	121225	422617
3902168	56563	91202	802233	634277	1565888	7481748
444985	2968	392	70577	61191	229211	627524
41218			45076	69991		183694
1756227	15447	30999	454278	262921	1438707	2861108
134459	1000	1501	8728	2490	42436	92709
2124			500	1020	3800	3500
240374	3389		44849	29023	26522	483848
22482			2236		13980	99975
11044					12500	10500
206848	3389		42613	29023	42	373373
47591	20076		12976	7782		175203
32357	20076		12779	5133		164006
15234			197	2649		11197
1407105	16850	50277	238963	223700	492322	2644764
70099	140	1531	5388	22021	30220	100636
3893995	85999	57997	902925	626730	2374362	6626389
240374	3389		44849	29023	26522	483848
15234			197	2649		12697
1251446	7060	21624	282073	191866	509984	2555142
80284			9500	4180	29270	109826
778992	20706	4843	76070	105409	812950	1310937
2222592	51961	75456	652870	363848	1397729	4798332
123440		898	27059	10914	179415	168249
2400025	37849	44065	522975	436787	906681	3935072
1114382	2922	6042	175824	147764	98695	1817482
397344	4855	81	60628	21188	47877	626382
1656129	10700	13672	284264	227101	604830	2554617
4824780	97883	117676	1129503	847700	2780703	9242477

14-13 按不同分组分房地产开发企业商品房销售情况(2019年)

项目	Item	商品房销售面积(平方米) Floor Space of Commercialized Buildings Sold (sq.m)	住宅 Residential Buildings
总计	**Total**	**16844978**	**14611244**
按登记注册类型分组	**By Status of Registration**		
内资企业	Domestic Funded	16071033	14010897
#国有企业	#State-owned Enterprises	49327	45376
集体企业	Collective-owned Enterprises		
股份合作企业	Cooperative Enterprises	30038	30038
国有联营企业	State Joint Ownership Enterprises		
国有独资公司	State Sole funded Corporations	448725	397213
其他有限责任公司	Other Limited Liability Corporations	8875873	7837732
股份有限公司	Share-holding Corporations Limited	1071289	974162
私营独资企业	Private-funded Enterprises	209517	145691
私营合伙企业	Private Partnership Enterprises		
私营有限责任公司	Private Limited Liability Corporations	4962094	4241317
私营股份有限公司	Private Share-holding Corporations Limited	418655	333853
其他企业	Other Enterprises	5515	5515
港澳台商投资企业	Enterprises with Funds from Hong Kong, Macao and Taiwan	610419	460012
与港澳台商合资经营企业	Joint-ventures Enterprises	128365	103132
与港澳台商合资合作经营企业	Cooperative Enterprises	22367	17345
港澳台商独资经营企业	Enterprises with Sole Investment	459687	339535
港澳台商投资股份有限公司	Share-holding Corporations Ltd.		
外商投资企业	Foreign Funded Enterprises	163526	140335
中外合资经营企业	Joint-venture Enterprises	153893	131040
中外合作经营企业	Cooperation Enterprises		
外资企业	Enterprises with Sole Funds	9633	9295
外商投资股份有限公司	Share-holding Corporations Ltd.		
按控股情况分组	**By Share-holding**		
国有控股	State-owned Enterprises	2427296	2014366
集体控股	Collective-owned Enterprises	347963	319818
私人控股	Private Share-holding	10576867	9196952
港澳台商控股	Enterprise with Funds from Hong Kong, Macao and Taiwan	610419	460012
外商控股	Foreign Funded Enterprises	10860	10522
其他	Others	2871573	2609574
按资质等级分组	**By Qualification Grade**		
一级	First Grade	144496	120052
二级	Second Grade	2836306	2471791
三级	Third Grade	6995707	6018438
四级	Fourth Grade	734523	590043
暂定	Interim	4328816	3837176
其他	Others	1545143	1320522
按隶属关系分组	**By Jurisdiction of Management**		
中央	Central	502460	431049
地方	Region	2119114	1857595
其他	Others	14223404	12322600

Sale of Commercialized Buildings by Enterprises for Real Estate Development by Different Grouping(2019)

办公楼 Office Buildings	商业营业用房 Houses for Business Use	其他 Others	商品房销售额(万元) Total Sale of Commercialized Buildings Sold (10000 yuan)	住宅 Residential Buildings	办公楼 Office Buildings	商业营业用房 Houses for Business Use	其他 Others
106093	**1617400**	**510241**	**12681789**	**10699658**	**134429**	**1524867**	**322835**
91245	1470866	498025	12114816	10269594	115252	1416788	313182
	3951		53910	51930		1980	
			47574	47574			
	20187	31325	400670	359758		22802	18110
54157	713782	270202	7768332	6684680	72741	825463	185448
	70256	26871	650924	583553		52714	14657
	63826		175449	115449		60000	
37088	520772	162917	2811799	2258945	42511	417674	92669
	78092	6710	203952	165499		36155	2298
			2206	2206			
14848	123343	12216	392699	276720	19177	87149	9653
14848	3071	7314	108086	78979	19177	3369	6561
	5022		17147	11928		5219	
	115250	4902	267466	185813		78561	3092
	23191		174274	153344		20930	
	22853		168647	147863		20784	
	338		5627	5481		146	
489	306937	105504	2374246	1902313	1223	406188	64522
	28145		170322	151043		19279	
45986	985105	348824	6712391	5665717	50115	783386	213173
14848	123343	12216	392699	276720	19177	87149	9653
	338		6094	5948		146	
44770	173532	43697	3026037	2697917	63914	228719	35487
45	23810	589	138872	92144	18	46107	603
21129	284592	58794	2009872	1659753	20755	292833	36531
62959	655948	258362	5393191	4527588	90565	597543	177495
140	101567	42773	258967	184178	49	56221	18519
19614	375510	96516	3330353	2884948	20649	361788	62968
2206	174618	47797	1247617	1056189	2393	167185	21850
	53294	18117	690048	609511		71545	8992
4734	179358	77427	1664927	1457406	4193	164447	38881
101359	1384748	414697	10326814	8632741	130236	1288875	274962

14-14 按不同分组分房地产开发企业主要财务指标(2019年)

单位：万元

项目	Item	资产总计 Total Assets	流动资产合计 Total Working Capitals	固定资产原价 Original Value of Fixed Assets	累计折旧 Accumulated depreciation
总计	**Total**	**101360615**	**77549747**	**3754775**	**645696**
按登记注册类型分组	**By Status of Registration**				
内资企业	Domestic Funded	99295494	75742439	3685757	606234
#国有企业	#State-owned Enterprises	1246566	899910	284796	42029
集体企业	Collective-owned Enterprises				
股份合作企业	Cooperative Enterprises	16531	16403	135	8
国有联营企业	State Joint Ownership Enterprises				
国有独资公司	State Sole funded Corporations	12820193	9570067	523673	48278
其他有限责任公司	Other Limited Liability Corporations	60719604	44173315	2166343	296946
股份有限公司	Share-holding Corporations Limited	3361790	2844884	55085	22890
私营独资企业	Private-funded Enterprises	25731	21804	683	382
私营合伙企业	Private Partnership Enterprises				
私营有限责任公司	Private Limited Liability Corporations	20293233	17530687	633005	188330
私营股份有限公司	Private Share-holding Corporations Limited	811846	685370	22035	7372
其他企业	Other Enterprises				
港澳台商投资企业	Enterprises with Funds from Hong Kong, Macao and Taiwan	1486947	1252513	63414	37389
与港澳台商合资经营企业	Joint-ventures Enterprises	291905	262123	42607	25824
与港澳台商合资合作经营企业	Cooperative Enterprises	20825	20807	87	78
港澳台商独资经营企业	Enterprises with Sole Investment	1174216	969583	20720	11487
港澳台商投资股份有限公司	Share-holding Corporations Ltd.				
外商投资企业	Foreign Funded Enterprises	578175	554794	5604	2073
中外合资经营企业	Joint-venture Enterprises	424871	417953	864	757
中外合作经营企业	Cooperation Enterprises	12718		31	27
外资企业	Enterprises with Sole Funds	140586	136842	4709	1290
外商投资股份有限公司	Share-holding Corporations Ltd.				
按控股情况分组	**By Share-holding**				
国有控股	State-owned Enterprises	43700999	27707258	1717550	174038
集体控股	Collective-owned Enterprises	2091601	1573353	81428	14991
私人控股	Private Share-holding	37480483	32677468	1092743	288664
港澳台商控股	Enterprise with Funds from Hong Kong, Macao and Taiwan	1486947	1252513	63414	37389
外商控股	Foreign Funded Enterprises	1081704	1064865	6154	2493
其他	Others	15518881	13274289	793485	128121
按资质等级分组	**By Qualification Grade**				
一级	First Grade	2507596	1794716	27986	17637
二级	Second Grade	26142382	22670213	712199	213391
三级	Third Grade	43032487	29386505	2002420	298771
四级	Fourth Grade	732497	639317	30581	7825
暂定	Interim	16330915	12851595	490951	78699
其他	Others	12614739	10207402	490637	29373
按隶属关系分组	**By Jurisdiction of Management**				
中央	Central	2492260	2324257	24310	12987
地方	Region	35726325	21631845	971991	116477
其他	Others	63142030	53593645	2758474	516232

Main Financial Indicators by Enterprises of Real Estate Development by Different Grouping(2019)

(10000 yuan)

负债合计 Total Liabilities	实收资本 Paid in Capital	主营业务收入 Revenue from Principal Business	土地转让收入 Land Transferred Revenue	商品房屋销售收入 Revenue of Commercial Houses Sales	房屋出租收入 Revenue from Houses Leasing	其他收入 Other Revenue	主营业务成本 Cost of Principal Business	主营业务税金及附加 Taxes and Other Charges on Principal Business	主营业务利润 Profits of Principal Business	利润总额 Total Profits
70886640	**10459936**	**9939891**	**95853**	**9603673**	**58420**	**177329**	**7518549**	**605976**	**896722**	**901792**
69132920	10204766	9784656	95853	9451168	55853	177168	7395275	596822	900391	905026
912700	84224	34332	171	29190	255	4715	70232	685	-8267	-8643
14005	3000							97	-390	-415
8735993	1178292	471166		429607	3915	37632	289903	12803	102152	101452
39576250	6050581	5628280	51455	5426845	37886	110488	4075572	336949	630533	659183
3019938	446709	314925	7217	297524	553	9629	274540	19913	-32338	-36286
25352	3033	266		122	145		4943	182	-5487	-5410
16217264	2354093	3152050	36990	3084530	13020	14539	2515680	207779	225403	206378
631419	84834	183636	20	183349	80	165	164406	18415	-11216	-11234
1278086	152947	107567		105064	2342	162	73403	6304	6656	6456
255139	25789	45738		45738			29576	4170	8053	7893
12335	5000	9908		9908			10284	262	-2138	-2126
1010611	122159	51921		49418	2342	162	33543	1872	741	689
475634	102223	47667		47441	226		49871	2851	-10325	-9690
380321	54000	45147		45147			47985	3658	-10192	-10188
300	5000	758		758			470	105	162	845
95013	43223	1763		1537	226		1417	-912	-295	-347
23124890	3456984	1923859	171	1779835	6530	137127	1505623	101436	254443	283345
2010654	230445	273241	48421	215419	8684	548	197096	3156	-21777	-24986
30353230	4482055	5853318	45371	5744277	30026	29471	4596413	382804	450327	442073
1278086	152947	107567		105064	2342	162	73403	6304	6656	6456
1072454	104515	6041		4845	226	971	9800	-744	-12640	-11948
13047327	2032989	1775863	1889	1754234	10613	9052	1136214	113021	219713	206852
2510727	304968	140381	20535	115571	797	3479	77594	8805	-44114	-41779
19700377	2716606	2065816	10634	1983873	12857	58176	1641891	105839	151658	128383
28046853	4108304	4408194	7159	4282190	28181	86523	3410691	287819	271046	259443
546886	124388	158369		157777	537	34	161168	11161	-5278	-5914
12099037	1812090	2545348	55543	2451819	11595	26390	1799160	154410	436043	448201
7982761	1393579	621782	1983	612443	4454	2728	428046	37942	87367	113457
2311860	219513	494490		486794	255	7441	304458	10904	110839	108923
17634043	2981640	1226740	221	1154042	743	70977	1056478	68874	-38843	-9506
50940738	7258782	8218661	95632	7962837	57422	98911	6157612	526198	824726	802375

14-15 按不同分组分房地产开发企业土地购置及建设房屋面积(2019年)

单位：平方米

项 目	Item	企业数（个）Number of Enterprises (unit)	本年购置土地面积 Land Space Pending Development
总 计	**Total**	**1836**	**3119241**
按登记注册类型分组	**By Status of Registration**		
内资企业	Domestic Funded	1814	3119241
#国有企业	State-owned Enterprises	21	
集体企业	Collective-owned Enterprises		
股份合作企业	Cooperative Enterprises	1	
国有联营企业	State Joint Ownership Enterprises		
国有独资公司	State Sole funded Corporations	49	21389
其他有限责任公司	Other Limited Liability Corporations	882	1942148
股份有限公司	Share-holding Corporations Limited	89	181256
私营独资企业	Private-funded Enterprises		
私营合伙企业	Private Partnership Enterprises		
私营有限责任公司	Private Limited Liability Corporations	727	921289
私营股份有限公司	Private Share-holding Corporations Limited	45	53159
其他企业	Other Enterprises		
港澳台商投资企业	Enterprises with Funds from Hong Kong, Macao and Taiwan	12	
与港澳台商合资经营企业	Joint-ventures Enterprises	4	
与港澳台商合资合作经营企业	Cooperative Enterprises	1	
港澳台商独资经营企业	Enterprises with Sole Investment	7	
港澳台商投资股份有限公司	Share-holding Corporations Ltd.		
外商投资企业	Foreign Funded Enterprises	10	
中外合资经营企业	Joint-venture Enterprises	5	
中外合作经营企业	Cooperation Enterprises	1	
外资企业	Enterprises with Sole Funds	4	
外商投资股份有限公司	Share-holding Corporations Ltd.		
按控股情况分组	**By Share-holding**		
国有控股	State-owned Enterprises	168	380429
集体控股	Collective-owned Enterprises	37	
私人控股	Private Share-holding	1423	2087561
港澳台商控股	Enterprise with Funds from Hong Kong, Macao and Taiwan	12	
外商控股	Foreign Funded Enterprises	11	
其 他	Others	185	651251
按资质等级分组	**By Qualification Grade**		
一 级	First Grade	13	42142
二 级	Second Grade	253	209137
三 级	Third Grade	922	582098
四 级	Fourth Grade	145	69611
暂 定	Interim	373	1323387
其 他	Others	130	882866
按隶属关系分组	**By Jurisdiction of Management**		
中 央	Central	19	222144
地 方	Region	293	818771
其 他	Others	1524	2078326

Land Purchase and Floor Space o Buildings Developed by Enterprises for Real Estate Development by Different Grouping(2019)

(sq.m)

施工房屋面积 Floor Space of Buildings under Construction	本年新开工面积 Floor Space Started This Year	竣工房屋面积 Floor Space of Buildings Completed	竣工房屋价值(万元) Value of Buildings Completed (10000 yuan)	从业人员期末人数(人) Final Number of Employed Persons (person)
114411959	**24461091**	**12040810**	**2944950**	**30134**
110796896	23549365	11927262	2918470	29627
1027132		38498	5185	338
71430	71430			10
3487217	971481	425300	121225	1980
62830954	12826944	4425498	1343793	15146
5749191	1274178	1347441	226501	1559
1002992	914508			
34217858	7218424	5463399	1190162	9978
2381734	244012	219926	28304	616
28388	28388	7200	3300	
2974451	911726	113548	26480	344
268576	120434	63548	13980	87
50000	50000	50000	12500	37
2655875	741292			220
640612				163
372900				73
				5
267712				85
19657182	4136283	1455673	475619	5449
2114753	296852	180151	30220	649
73420473	15552258	9134907	2060085	19477
2974451	911726	113548	26480	344
267712				149
15977388	3563972	1156531	352546	4066
1834937	28103	123048	29270	1058
18839211	3040724	2888979	665374	5728
46254671	6704751	4659865	1272600	14034
3398093	692443	783830	169657	1228
29752012	9652427	3127076	732078	5663
13921040	3930648	424901	68091	2423
2492663	580346	168109	47860	1185
21769922	6088714	1865527	543773	5728
90149374	17792031	10007174	2353317	23221

14-16 分地区房地产开发企业主要经济指标
Main Indicators of Real Estate Development by Region

单位：万元 (10000 yuan)

年份 地区	Year Region	资产总计 Total Assets	负债合计 Total Liabilities	所有者权益合计 Owners' Equity	主营业务收入 Revenue from Principal Business	主营业务成本 Cost of Principal Business	利润总额 Total Profits
2005		7638744	5708433	1930311	1935485	1653916	31628
2006		9346277	6663943	2682334	2519647	2013278	320243
2007		11532354	8641649	2890705	3224432	2563256	259949
2008		14624206	9494495	5129711	3439803	2739794	258924
2009		18613889	12677221	5936668	5149500	4093066	453941
2010		25874201	18398317	7475884	6755674	5322608	649961
2011		43470000	31489751	11980249	8419015	6287589	890654
2012		71072452	43317095	27755357	9863946	7787222	610619
2013		84893771	52968613	31925157	9953489	7603988	623345
2014		101241094	61424461	39816633	8919262	6929111	257089
2015		85246840	59150715	26096125	8163520	6173682	420611
2016		90336865	61038885	29297981	12174158	9406995	857077
2017		97664033	69019301	28644731	9588283	7280251	346938
2018		99377014	69790559	29586455	10751505	7880188	1815188
2019		101360615	70886640	30473975	9939891	7518549	901792
哈尔滨	Harbin	66755784	47316170	19439614	6898860	4956530	917015
齐齐哈尔	Qiqihar	9695153	6079268	3615886	983004	796615	88382
鸡西	Jixi	1521309	1247588	273720	130692	117235	-9512
鹤岗	Hegang	847284	667047	180237	37186	32917	-3287
双鸭山	Shuangyashan	369046	296246	72801	51642	49340	-7145
大庆	Daqing	11292389	7262478	4029911	399923	335064	-59164
伊春	Yichun	454078	334823	119255	43843	38534	-1411
佳木斯	Jiamusi	1610049	1230771	379278	196810	165797	-1056
七台河	Qitaihe	528112	424144	103968	60198	53205	-10164
牡丹江	Mudanjiang	4727625	3906212	821413	624336	497134	-569
黑河	Heihe	1926162	958706	967455	201448	193113	-7349
绥化	Suihua	1593859	1143454	450405	308925	280417	-2836
大兴安岭	Daxinganling	39765	19734	20032	3024	2649	-1113

主要统计指标解释

本年土地购置面积　指房地产开发企业本年通过各种方式获得土地使用权的土地面积。

土地购置费　指房地产开发企业通过各种方式取得土地使用权而支付的费用。土地购置费按本年实际发生额计入投资。土地购置费为分期付款的，分期计入房地产开发投资。

计划总投资　指房地产开发企业在建的建设工程按照总体设计（或按设计概算或预算）规定的内容全部建成计划需要的总投资。

自开始建设累计完成投资　指房地产开发企业在建的房屋建设工程或正在开发的土地开发工程从开始建设到本年末止累计完成的全部投资。

房地产开发投资　指房地产开发企业本年完成的全部用于房屋建设工程、土地开发工程的投资额以及公益性建筑和土地购置费等的投资。

本年实际到位资金　指房地产开发企业本年实际到位，可用于房地产开发的各种货币资金及来源渠道。具体细分为国内贷款、利用外资、自筹资金和其他资金。

房屋施工面积　指房地产开发企业本年施工的全部房屋建筑面积。包括本年新开工的房屋建筑面积、上年跨入本年继续施工的房屋建筑面积、上年停缓建在本年恢复施工的房屋建筑面积、本年竣工的房屋建筑面积以及本年施工后又停缓建的房屋建筑面积。多层建筑应填各层建筑面积之和。

房屋新开工面积　指房地产开发企业本年新开工建设的房屋建筑面积，以单位工程为核算对象。不包括在上年开工跨入本年继续施工的房屋建筑面积和上年停缓建而在本年恢复施工的房屋建筑面积。房屋的开工应以房屋正式开始破土刨槽（地基处理或打永久桩）的日期为准。房屋新开工面积指整栋房屋的全部建筑面积，不能分割计算。

房屋竣工面积　指房地产开发企业本年按照设计要求已全部完工，达到住人和使用条件，经验收鉴定合格或达到竣工验收标准，可正式移交使用的各栋房屋建筑面积的总和。

商品房销售面积　指房地产开发企业本年出售商品房屋的合同总面积(即双方签署的正式买卖合同中所确定的建筑面积)。

商品房销售额　指房地产开发企业本年出售商品房屋的合同总价款(即双方签署的正式买卖合同中所确定的合同总价)。该指标与商品房销售面积同口径。

Explanatory Notes on Main Statistical Indicators

Land Space Purchased in the Year refers to the area of land with its use rights already obtained in the year by real estate development companies.

Value of Land Purchased refers to the payment made by real estate development companies for land use rights. The actual payment incurred in the year is included in the investment. The payment by installment when occurring is included in the investment.

Total Investment Planned refers to the total amount required for the completion of the activities according to the planned design or budget for the project under construction by real estate development companies.

Accumulative Investment Actually Completed Since Starting of Construction refers to all the investment accompalished by real estate development companies in the construction of building or the development of land from the beginning to the end of the year.

Investment in Real Estate Development refers to the investment made by real estate development companies in the construction of housing, development of land, nonprofit buildings and value of land purchased.

Total Actual Funds in Place This Year refers to the total amount available for real estate development regardless of kinds of currencies or sources of the funds which are further classified as domestic loans, foreign investment, self-raising funds and others.

Floor Space of Buildings under Construction refers to the total space area of the buildings under construction in the year by real estate development companies. It includes buildings started in the year, continued from the previous year, suspended in earlier years but restarted in the year, completed in the year, and started in the year but suspended in the year as well. The floor space of a multi-storied building should be the sum of floor space of all the stories.

Floor Space of Buildings Started This Year refers to the total floor space area of the buildings started in the year by real estate development companies. It excludes the buildings started in previous years and continued in the year, and the buildings suspended in previous years but restarted in the year. The start of a construction is defined by the date of ground breaking or pile driving. The floor space of the building includes that of the entire building.

Floor Space of Buildings Completed refers to the total floor space area of the buildings completed in the year by real estate development companies, which meet the requirements as designed, reach the criteria set for people to live in or use, have passed the acceptance checks, and are ready for delivery or use.

Area of Commercialized Housing Sold refers to total contracted area of commercialized housing (i.e. area of floor space as designated in the formal contracts signed by both sides) sold by real estate development companies during the reference time. It constitutes floor space of completed housing and floor space of future housing.

Value of Commercialized Housing Sold refers to the total contracted value (i.e. value of sales/purchase for selling/purchase of commercialized housing as designated in the contract signed by both sides) received from the sales of the buildings by real estate development companies during the reference time. This indicator has the same coverage as the area of commercialized housing sold, which constitutes floor space of completed housing and floor space of housing yet to be completed.

第十五篇　国内贸易和旅游业

CHAPTER 15　DOMESTIC TRADE AND TOURISM

资料整理：孙　冰

15-1　国内贸易和旅游基本情况

Basic Conditions of Domestic Trade and Tourism

单位：亿元　(100 million yuan)

指　　标	Item	2015	2016	2017	2018	2019
限上批发零售业企业情况	**Indicators of Enterprise above Designated Size in Wholesale and Retail Trade**					
企业数(个)	Number of Enterprises(unit)	1933	2002	1747	1681	1944
从业人数(万人)	Employee (10000 persons)	14.1	14.1	13.1	12.5	13.0
商品销售总额	Total Sales	4728.2	4893.8	4671.3	5025.1	5532.3
限上住宿餐饮业企业情况	**Indicators of Enterprise above Designated Size in Hotels and Catering Services**					
企业数(个)	Number of Enterprises(unit)	379	369	313	271	284
从业人数(万人)	Employee (10000 persons)	2.9	2.6	2.3	2.1	2.0
营业额	Business Revenue	51.4	48.6	43.0	34.7	33.8
限上连锁店情况	**Indicators of Branch Chain Store above Designated Size**					
连锁门店数(个)	Number of Branch Chain Store(unit)	1933	1978	1949	1590	1732
营业面积(万平方米)	Business Areas (10000 sq.m)	93.6	97.5	64.3	51.4	45.2
从业人员(人)	Number of Person Employed (person)	24042	20055	20850	16694	15952
销售总额	Total Sales	243.5	227.4	249.9	222.9	228.6
旅　游	**Tourism**					
国际旅游人数(万人)	Number of International Tourists(10000 person)	83.5	95.7	103.9	109.2	110.7
外国人	Foreigners	78.7	90.9	98.5	104.1	99.3
港、澳、台合计	Tourists from Hong Kong, Macao and Taiwan	4.8	4.8	5.4	5.0	11.4
香港同胞	Chinese Compatriots from Hong Kong	0.7	1.0	1.4	1.4	5.9
澳门同胞	Chinese Compatriots from Macao	0.0	0.1	0.1	0.1	0.8
台湾同胞	Chinese Compatriots from Taiwan Province	4.0	3.8	3.9	3.5	4.6
旅游外汇收入总额(亿美元)	Total of Foreign Exchange Earnings(USD 100 million)	4.0	4.6	4.8	5.4	6.3
国内旅游人数(亿人次)	Number of Domestic Tourists (100 million person-times)	1.3	1.4	1.6	1.8	2.2
国内旅游收入(亿元)	Receipts of Domestic Tourism (100 million yuan)	1337	1573	1877	2208	2604

15-2 限额以上批发零售业企业商品销售情况(2019年)

单位：万元

类 别	Category	企业数 (个) Number of Enterprises (unit)
总 计	**Total**	**1944**
批发业	**Wholesale Trade**	**766**
按登记注册类型分组	**Grouped by Status of Registration**	
内资企业	Domestic Funded Enterprises	763
国有企业	State-owned Enterprises	31
集体企业	Collective-owned Enterprises	2
股份合作企业	Cooperative Enterprises	
联营企业	Joint Ownership Enterprises	
有限责任公司	Limited Liability Corporations	285
国有独资企业	Sole State-funded Corporations	22
其他有限责任公司	Others Limited Liability Corporations	263
股份有限公司	Share-holding Corporations Ltd.	41
私营企业	Private Enterprises	403
私营独资企业	Private-funded Enterprises	3
私营合伙企业	Private Partnership Enterprises	
私营有限责任公司	Private Limited Liability Corporations	393
私营股份有限公司	Private Share-holding Corporations Ltd.	7
其他企业	Other Enterprises	1
港、澳、台商投资企业	Enterprises with Funds from Hong Kong, Macao and Taiwan	
外商投资企业	Foreign Funded Enterprises	3
按国民经济行业分组	**Grouped by Sector**	
农、林、牧产品批发业	Wholesale of Agriculture,Forestry and Livestock Products	160
食品、饮料及烟草制品批发业	Wholesale of Foods, Beverages and Tobaccos	91
#米、面制品及食用油批发	#Wholesale of Rice,Flour and Edible Oil	25
烟草制品批发	Wholesale of Tobaccos	19
纺织、服装及家庭用品批发业	Wholesale of Textile,Wearing Apparel and Household Articles	29
#服装批发	#Wholesale of Garments	10
文化、体育用品及器材批发业	Wholesale of Culture, Sports Appliances and Equipments	18
医药及医疗器材批发业	Wholesale of Medicines and Medical Appliances	129
矿产品、建材及化工产品批发业	Wholesale of Mineral Products, Building Materials and Chemical Products	201
#煤炭及制品批发	#Wholesale of Coal and Related Products	23
石油及制品批发	Wholesale of Petroleum and Related Products	30
金属及金属矿批发	Wholesale of Metal Materials	32
建材批发	Wholesale of Building Materials	51
化肥批发	Wholesale of Chemical Fertilizer	26
机械设备五金产品及电子产品批发业	Wholesale of Machinery, Hardware and Electronics	114
汽车批发	Wholesale of Automobiles	30
摩托车及零配件	Wholesale of Motorcycles and Their Accessories	
五金产品批发	Wholesale of Hardware Products	3
计算机、软件及辅助设备批发	Wholesale of Computer, Software and Assistant Appliances	10
贸易经纪与代理	Trade Broker and Agency	14
其他批发业	Other Wholesale not Classified Elsewhere	10

Sales Statistics of Enterprise above Designated Size in Wholesale and Retail Trade (2019)

(10000 yuan)

商品购进额 Total Purchases	从业人数(人) Employment (person)	商品销售总额 Total Sales		
		合计 Total	批发 Wholesale Trade	零售 Retail Trade
49010057	**129505**	**55322587**	**40145550**	**15177038**
38197242	**43652**	**41787378**	**39130840**	**2656538**
35400044	43533	38694470	36168370	2526101
5799538	5620	6953043	6792549	160494
28101	308	28842	28842	
20751395	16909	21557946	21006446	551500
892414	1443	748802	643468	105334
19858981	15466	20809144	20362978	446167
3537876	11500	4222115	2631559	1590556
5269463	9186	5917663	5694112	223550
16532	8	19364	19297	67
5224216	9000	5867530	5645087	222442
28714	178	30769	29728	1041
13671	10	14862	14862	
2797199	119	3092907	2962470	130437
5683529	6517	5506897	5436659	70237
3430093	8483	4628501	4402334	226167
815607	1845	942852	864034	78818
1985409	4592	2910892	2822585	88307
451288	2048	577560	503360	74200
140142	1499	147573	109496	38077
221015	993	229166	223824	5342
2630322	7841	3242423	3218299	24124
21703782	13902	23038881	21093642	1945239
1904540	534	2128611	2128611	
5395381	10463	6123028	4243961	1879068
426830	193	452009	435075	16934
1435326	802	1541358	1496522	44836
2238279	1383	2429369	2428911	459
3818285	3423	4249278	3947925	301353
3027148	573	3318641	3099703	218938
17033	25	16793	15659	1134
33248	336	40536	36696	3840
88384	197	119685	119382	303
170545	248	194987	185415	9572

15-2 续表

单位：万元

类 别	Category	企业数（个） Number of Enterprises (unit)
零售业	**Retail Trade**	**1178**
按登记注册类型分组	**Grouped by Status of Registration**	
内资企业	Domestic Funded Enterprises	1148
国有企业	State-owned Enterprises	28
集体企业	Collective-owned Enterprises	19
股份合作企业	Cooperative Enterprises	7
联营企业	Joint Ownership Enterprises	4
有限责任公司	Limited Liability Corporations	441
国有独资企业	Sole State-funded Corporations	12
其他有限责任公司	Others Limited Liability Corporations	429
股份有限公司	Share-holding Corporations Ltd.	53
私营企业	Private Enterprises	594
私营独资企业	Private-funded Enterprises	42
私营合伙企业	Private Partnership Enterprises	9
私营有限责任公司	Private Limited Liability Corporations	525
私营股份有限公司	Private Share-holding Corporations Ltd.	18
其他企业	Other Enterprises	2
港、澳、台商投资企业	Enterprises with Funds from Hong Kong, Macao and Taiwan	24
外商投资企业	Foreign Funded Enterprises	6
按国民经济行业分组	**Grouped by Sector**	
综合零售业	Integrated Retail	171
#百货零售	#Retail of General Merchandise	107
超级市场零售	Retail of Supermarkets	54
食品、饮料及烟草制品专门零售业	Special Retail of Food, Beverages and Tobaccos	67
纺织、服装及日用品专门零售业	Special Retail of Textiles, Garments and Daily Consumer Articles	55
#服装零售	#Retail of Garments	45
文化、体育用品及器材专门零售业	Special Retail of Culture, Sports Appliances and Equipments	75
#体育用品及器材零售	#Retail of Sports Appliances and Equipment	5
图书、报刊零售	Retail of Books, Newspapers and Magazines	59
医药及医疗器材专门零售业	Special Retail of Medicines and Medical Appliances	110
#药品零售	#Retail of Medicines	102
汽车、摩托车、燃料及零配件专门零售业	Special Retail of Motor Vehicles, Motorcycles, Fueland Parts	535
#汽车零售	#Retail of Motor Vehicles	348
机动车燃料零售	Retail of Fuel of Motor Vehicles	173
家用电器及电子产品专门零售业	Special Retail of Household Electric Appliances and Electronic Products	87
家用视听设备零售	Retail of Household Electric Appliances	4
计算机、软件及辅助设备零售	Retail of Computer, Software and Assistant Appliances	15
通讯设备零售	Retail of Communication Equipments	17
五金、家具及室内装修材料专门零售业	Special Retail of Hardware, Furniture and Interior Decoration Materials	29
货摊、无店铺及其他零售业	Stalls, Non-shop and Other Retails	49
#邮购及电视、电话零售	#Mail Order,Television and Telephone Selling	

Continued

(10000 yuan)

商品购进额 Total Purchases	从业人数(人) Employment (person)	商品销售总额 Total Sales		
		合计 Total	批发 Wholesale Trade	零售 Retail Trade
10812815	**85853**	**13535210**	**1014710**	**12520500**
10036118	80064	12702371	1010389	11691982
102875	1813	114996	539	114457
78043	1289	82054	23814	58241
7817	387	29000		29000
36726	179	43671		43671
5265309	37247	6516174	668300	5847874
110145	786	160054		160054
5155165	36461	6356120	668300	5687820
1545123	8759	2327668	208075	2119594
2999725	30349	3587378	109662	3477716
44769	1208	61493	3294	58199
18449	135	20194	24	20170
2884914	28263	3449158	103798	3345360
51594	743	56533	2546	53987
500	41	1430		1430
573784	4748	623682	4320	619361
202913	1041	209157		209157
1979280	31612	3734271	36916	3697355
1241009	21204	2896937	26900	2870037
698102	10130	791603	9861	781742
476913	5193	534142	72122	462019
403917	6709	628447	5933	622514
363447	5825	576429	3880	572549
201312	3033	249272	78808	170464
11227	275	24257	2371	21886
97633	2234	128037	2856	125181
1560687	15008	1667817	215464	1452354
1548934	14791	1650315	213932	1436383
5050150	18008	5431187	361402	5069785
3697644	12784	4085911	66135	4019775
1136766	4746	1122308	294501	827807
797455	4090	889293	201444	687849
9270	289	11054		11054
26199	350	32381	1315	31066
217060	836	243131	47342	195790
72943	1381	107819	14535	93284
270159	819	292963	28086	264877

15-3 限额以上批发零售贸易业商品分类销售额(2019年)

Total Sales of Enterprise above Designated Size in Wholesale and Retail Trade by Category of Commodities(2019)

单位：万元 (10000 yuan)

项 目	Item	销售合计 Total	批 发 Wholesale Trade	零 售 Retail Trade
合 计	**Total**	**52077788**	**36916071**	**15161717**
粮油、食品类	Grain and Oil,Food	4940317	3320698	1619619
#粮油类	#Grain and Oil	3205797	2895046	310750
肉禽蛋类	Meat, Poultry and Eggs	229980	10033	219947
水产品类	Aquatic Products	104383	6352	98031
蔬菜类	Vegetables	292152	126939	165214
干鲜果品类	Dry and Fresh Fruits	309354	125410	183944
饮料类	Beverages	420562	219128	201433
烟酒类	Tobacco and Liquor	3121740	2946405	175335
服装、鞋帽、针纺织品类	Clothing, Shoes, Hats and Textiles	2710041	147736	2562305
服装类	Clothing	2069035	95251	1973785
鞋帽类	Shoes and Hats	442728	32045	410683
针纺织品类	Knitwear and Textiles	198278	20440	177837
化妆品类	Cosmetics	284373	5160	279213
金银珠宝类	Gold, Silver and Jewelry	443670	21091	422579
日用品类	Articles for Daily Use	635902	41707	594195
#可穿戴智能设备	Wearable Smart Devices	17297		17297
五金、电料类	Hardware and Electrical Materials	72418	7122	65296
体育、娱乐用品类	Sports and Recreation Articles	49276		49276
书报、杂志类	Newspapers and Magazines	239385	100272	139114
电子出版物及音像制品类	E-journal and Video Products	3929		3929
家用电器及音像器材类	Household Appliances and Video Appliances	1069013	132699	936315
中西药品类	Traditional Chinese and Western Medicines	3693154	1777581	1915573
文化办公用品类	Cultural and Official Goods	247952	61968	185984
家俱类	Furniture	160917	22918	137999
通讯器材类	Communication Appliances	590246	148916	441330
煤炭及制品类	Coal and Related Product	2078290	2054568	23723
木材及制品类	Wood and Wooden Product	876915	876701	214
石油及制品类	Petroleum Related Product	17081276	16450446	630830
化工材料及制品类	Chemical Materials and Products	2654248	2514922	139326
#化肥类	#Fertilizer	2305734	2297113	8621
金属材料类	Metal Materials	866545	857289	9256
建筑及装潢材料类	Building and Decoration Materials	260380	85039	175342
机电产品及设备类	Mechanical and Electrical Products	262365	246277	16088
汽车类	Automobiles	7074960	3174656	3900304
种子饲料类	Seed and Feedstuff	806621	806621	
棉麻类	Cotton and Hemp	531	349.9	181
其他类	Others	1432761	895802	536958

15-4　各地区限额以上批零贸易业商品销售情况(2019年)

Sales Statistics of Enterprise above Designated Size in Wholesale and Retail Trade by Region(2019)

地　区	Region	企业数(个) Number of Enterprises (unit)	产业活动单位数(个) Number of Establishments (unit)	从业人数(人) Employment (person)
全　省	**Total**	**1944**	**5411**	**129505**
哈尔滨	Harbin	757	1858	54275
齐齐哈尔	Qiqihar	217	462	9912
鸡　西	Jixi	107	382	6331
鹤　岗	Hegang	50	298	5181
双鸭山	Shuangyashan	54	140	4522
大　庆	Daqing	241	575	13033
伊　春	Yichun	28	372	1404
佳木斯	Jiamusi	84	332	10357
七台河	Qitaihe	28	46	1411
牡丹江	Mudanjiang	192	217	8096
黑　河	Heihe	81	210	4058
绥　化	Suihua	92	476	10255
大兴安岭	Daxinganling	13	43	670

15-4　续表　Continued

地　区	Region	商品销售总额(万元) Total Sales (10000 yuan)		
		合　计 Total	批　发 Wholesale Trade	零　售 Retail Trade
全　省	**Total**	**55322587**	**40145550**	**15177038**
哈尔滨	Harbin	22740140	14715859	8024281
齐齐哈尔	Qiqihar	3816732	2761848	1054884
鸡　西	Jixi	1283449	904753	378695
鹤　岗	Hegang	411062	213597	197465
双鸭山	Shuangyashan	527162	268785	258377
大　庆	Daqing	18017002	16307192	1709810
伊　春	Yichun	227979	118527	109452
佳木斯	Jiamusi	1540224	436453	1103771
七台河	Qitaihe	399312	165539	233773
牡丹江	Mudanjiang	3984044	3144017	840027
黑　河	Heihe	830837	429267	401570
绥　化	Suihua	1410790	612799	797990
大兴安岭	Daxinganling	133856	66912	66944

15-5 限额以上住宿和餐饮业企业经营状况(2019年)
Sales Statistics of Accomadation and Restaurants Above Designated Size(2019)

项　目	Item	企业数(个) Number of Enterprises (unit)	从业人数(人) Employ-ment (person)	营业额(万元) Business Revenue (10000 yuan)	#客房收入 Guest Room Revenue	#餐费收入 Food Revenue
总　计	**Total**	**284**	**20297**	**337923**	**144448**	**152431**
住宿业	**Accommodation**	**197**	**15241**	**234721**	**132017**	**67955**
按登记注册类型分组	**Grouped by Status of Registration**					
内资企业	Domestic Funded Enterprises	188	13571	197905	114378	52465
国有企业	State-owned Enterprises	30	3648	53129	21880	17255
集体企业	Collective-owned Enterprises	3	73	1871	1248	314
股份合作企业	Cooperative Enterprises					
联营企业	Joint Ownership Enterprises					
有限责任公司	Limited Liability Corporations	74	5671	68348	41245	17170
国有独资企业	Sole State-funded Corporations	6	898	6537	3645	1517
其他有限责任公司	Others Limited Liability Corporations	68	4773	61810	37601	15653
股份有限公司	Share-holding Corporations Ltd.	5	490	5286	3163	1453
私营企业	Private Enterprises	76	3689	69272	46842	16274
私营独资企业	Private-funded Enterprises	4	180	1851	1268	211
私营合伙企业	Private Partnership Enterprises					
私营有限责任公司	Private Limited Liability Corporations	68	3370	65741	44422	15555
私营股份有限公司	Private Share-holding Corporations Ltd.	4	139	1680	1152	507
其他企业	Other Enterprises					
港、澳、台商投资企业	Enterprises with Funds from Hong Kong, Macao and Taiwan	6	1100	18384	8674	7919
合资经营企业	Joint-venture Enterprises	1		1822	1118	604
合作经营企业	Cooperative Enterprises					
独资企业	Enterprises with Sole Investment	3	1001	16065	7239	7179
投资股份有限公司	Share-holding Corporations Ltd. with Investment	1	99	496	317	137
其他港澳台投资企业	Other Enterprisess	1				
外商投资企业	Foreign Funded Enterprises	3	570	18432	8966	7570
中外合资经营企业	Joint-venture Enterprises					
中外合作经营企业	Cooperative Enterprises					
外资企业	Enterprises with Sole Foreign Investment	1	354	13989	6762	5566
外商投资股份有限公司	Share-holding Corporations Ltd. with Foreign Investment	2	216	4443	2203	2005
其他外商投资企业	Other Foreign Investment Enterprise					
按住宿行业小类分组	**Grouped by Small Kind of Points**					
旅游饭店	Tourist Hotel	116	11392	169932	86973	54372
一般旅馆	General Hotel	71	3231	56993	40025	12286
其他住宿业	Other Accommodation	10	618	7795	5019	1296
按星级分组	**Grouped by Star**					
五　星	Five-star Hotel	10	1544	35103	17787	14337
四　星	Four-star Hotel	42	4791	73296	35920	23851
三　星	Three-star Hotel	41	1805	26536	16389	5838
二　星	Two-star Hotel	2	50	1143	1140	
一　星	One-star Hotel	1	21	294	208	
其　他	Others	101	7030	98348	60574	23929

15-5 续表 Continued

项 目	Item	企业数（个）Number of Enterprises (unit)	从业人数（人）Employment (person)	营业额（万元）Business Revenue (10000 yuan)	#客房收入 Guest Room Revenue	#餐费收入 Food Revenue
餐饮业	**Restaurants**	**87**	**5056**	**103202**	**12431**	**84476**
按登记注册类型分组	**Grouped by Status of Registration**					
内资企业	Domestic Funded Enterprises	82	4401	81243	12431	64288
国有企业	State-owned Enterprises	6	227	3573	1071	2088
集体企业	Collective-owned Enterprises					
股份合作企业	Cooperative Enterprises					
联营企业	Joint Ownership Enterprises					
有限责任公司	Limited Liability Corporations	21	646	16041	4085	10928
国有独资企业	Sole State-funded Corporations	1	58	590	377	214
其他有限责任公司	Others Limited Liability Corporations	20	588	15451	3709	10714
股份有限公司	Share-holding Corporations Ltd.	4	105	2486		2282
私营企业	Private Enterprises	50	3423	59143	7275	48990
私营独资企业	Private-funded Enterprises	5	137	2230	298	1846
私营合伙企业	Private Partnership Enterprises					
私营有限责任公司	Private Limited Liability Corporations	44	3266	56790	6977	47024
私营股份有限公司	Private Share-holding Corporations Ltd.	1	20	123		120
其他企业	Other Enterprises	1				
港、澳、台商投资企业	Enterprises with Funds from Hong Kong, Macao and Taiwan	2	473	17441		16168
合资经营企业	Joint-venture Enterprises	1	415	7600		7241
合作经营企业	Cooperative Enterprises					
独资企业	Enterprises with Sole Investment	1	58	9841		8926
投资股份有限公司	Share-holding Corporations Ltd. with Investment					
其他港澳台投资企业	Other Enterprisess					
外商投资企业	Foreign Funded Enterprises	3	182	4518		4021
中外合资经营企业	Joint-venture Enterprises	1	5	382		229
中外合作经营企业	Cooperative Enterprises					
外资企业	Enterprises with Sole Foreign Investment	2	177	4136		3792
外商投资股份有限公司	Share-holding Corporations Ltd. with Foreign Investment					
其他外商投资企业	Other Foreign Investment Enterprise					
按国民经济行业分组	**Grouped by Sector**					
正餐服务业	Dinner Service	76	3191	56980	12431	39379
快餐服务业	Snack Service	6	1647	42696		41571
饮料及冷饮服务业	Beverage and Cold Drink Service	1		209		209
餐饮配送及外卖送餐服务	Catering Distribution and Delivery Service	3	172	2805		2805
其他餐饮业	Other Restaurants	1	46	512		512

15-6 各地区限额以上住宿和餐饮业经营状况(2019年)
Sales Statistics of Accommodation and Restaurants Above Designated Size by Region(2019)

地区	Region	住宿业 Accommodation				
		企业数(个) Number of Enterprises (unit)	从业人数(人) Employment (person)	营业额(万元) Business Revenue (10000 yuan)	#客房收入 Guest Room Revenue	#餐费收入 Food Revenue
全　省	**Total**	**197**	**15241**	**234721**	**132017**	**67955**
哈尔滨	Harbin	93	8665	144923	78374	39489
齐齐哈尔	Qiqihar	14	769	12319	7314	4514
鸡　西	Jixi	6	184	1571	735	4
鹤　岗	Hegang	9	548	6616	4345	2134
双鸭山	Shuangyashan	4	138	1386	970	401
大　庆	Daqing	12	1056	13176	7446	3696
伊　春	Yichun	13	859	12551	6803	4634
佳木斯	Jiamusi	4	130	4447	3124	1300
七台河	Qitaihe	4	207	2102	1609	425
牡丹江	Mudanjiang	18	1113	18382	11511	5206
黑　河	Heihe	10	717	9529	5164	3383
绥　化	Suihua	3	176	1156	731	382
大兴安岭	Daxinganling	7	679	6562	3892	2389

15-6 续表 Continued

地区	Region	餐饮业 Restaurants				
		企业数(个) Number of Enterprises (unit)	从业人数(人) Employment (person)	营业额(万元) Business Revenue (10000 yuan)	#客房收入 Guest Room Revenue	#餐费收入 Food Revenue
全　省	**Total**	**87**	**5056**	**103202**	**12431**	**84476**
哈尔滨	Harbin	36	3302	77619	6089	67121
齐齐哈尔	Qiqihar	4	93	1422	323.9	1028
鸡　西	Jixi	4	127	3250	1283	1382
鹤　岗	Hegang	2	122	2636	193	2158
双鸭山	Shuangyashan	2	65	336	268	68
大　庆	Daqing	8	158	4135	1804	1827
伊　春	Yichun	2	94	780	377	404
佳木斯	Jiamusi	10	340	4826	456	4161
七台河	Qitaihe					
牡丹江	Mudanjiang	11	438	4087	764	3311
黑　河	Heihe	3	112	1429	321	1108
绥　化	Suihua	5	205	2682	552	1910
大兴安岭	Daxinganling					

15-7 限额以上批发零售贸易业商品销售数量(2019年)

Total Sales Number of Enterprise above Designated Size in Wholesale and Retail Trade by Commodities(2019)

品 名	Item	购进量 Total Purchases Volume	销售量 Total Sales Volume
大米(稻米)(万吨)	Rice (rice) (10000 tons)	434	429
面粉(小麦面)(万吨)	Flour (wheat flour) (10000 tons)	7	17
杂粮(万吨)	Grains (10000 tons)	497	530
食用植物油(吨)	Edible Vegetable Oil(ton)	28801	29102
猪肉(吨)	Pork(ton)	6738	7479
牛肉(吨)	Beef(ton)	1648	1711
羊肉(吨)	Lamb(ton)	2211	2214
禽肉(吨)	Meat of Poultry(ton)	7855	7883
鲜蛋(吨)	Fresh Eggs(ton)	5719	5515
彩色电视机(台)	Color TV(unit)	561404	572337
家用电冰箱(台)	Household Refrigerator(unit)	349189	343416
房间空调器(台)	Household Air Conditioner(unit)	224182	214544
电脑(微型计算机)(台)	Computer (microcomputer)(unit)	45215	44676
钢材(吨)	Steel Products(ton)	2076655	2094932
铝(吨)	Aluminum(ton)	6929	6916
水泥(吨)	Cement(ton)	7501	4638
化学肥料(吨)	Chemical Fertilizers(ton)	5013977	4921154
化学农药(吨)	Chemical Pesticide(ton)	5169	3995
汽车(辆)	Motor Vehicles(unit)	491399	504448
#轿车	#Car	259773	262601

15-8 限额以上批发零售贸易企业财务状况(2019年)

单位：万元

项目	Item	企业数(个) Numbers of Enterprises (unit)	流动资产小计 Circulating Funds
总　计	**Total**	**1944**	**24505374**
批发企业	**Wholesale Trade**	**766**	**19639762**
按登记注册类型分组	**Grouped by Status of Registration**		
内资企业	Domestic Funded Enterprises	763	19370196
国有企业	State-owned Enterprises	31	1544946
集体企业	Collective-owned Enterprises	2	9194
股份合作企业	Cooperative Enterprises		
联营企业	Joint Ownership Enterprises		
有限责任公司	Limited Liability Corporations	285	12874528
国有独资企业	Sole State-funded Corporations	22	2530574
其他有限责任公司	Others Limited Liability Corporations	263	10343953
股份有限公司	Share-holding Corporations Ltd.	41	1110732
私营企业	Private Enterprises	403	3827437
其他企业	Other Enterprises	1	3359
港、澳、台商投资企业	Enterprises with Funds from Hong Kong, Macao and Taiwan		
外商投资企业	Foreign Funded Enterprises	3	269566
按国民经济行业分组	**Grouped by Sector**		
农、林、牧产品批发业	Wholesale of Agriculture,Forestry and Livestock Products	160	6231879
食品、饮料及烟草制品批发业	Wholesale of Foods, Beverages and Tobaccos	91	3264639
#米、面制品及食用油批发	#Wholesale of Rice,Flour and Edible Oil	25	1761761
烟草制品批发	Wholesale of Tobaccos	19	1245561
纺织、服装及家庭用品批发业	Wholesale of Textile,Wearing Apparel and Household Articles	29	131897
#服装批发	#Wholesale of Garments	10	51368
文化、体育用品及器材批发业	Wholesale of Culture, Sports Appliances and Equipments	18	247184
医药及医疗器材批发业	Wholesale of Medicines and Medical Appliances	129	1753955
矿产品、建材及化工产品批发业	Wholesale of Mineral Products, Building Materials and Chemical Products	201	7004510
#煤炭及制品批发	#Wholesale of Coal and Related Products	23	434864
石油及制品批发	Wholesale of Petroleum and Related Products	30	558725
金属及金属矿批发	Wholesale of Metal Materials	32	838540
建材批发	Wholesale of Building Materials	51	1597174
化肥批发	Wholesale of Chemical Fertilizer	26	2315415
机械设备五金交电及电子产品批发	Wholesale of Machinery, Hardware and Electronics	114	925228
#汽车摩托车及零配件批发	#Wholesale of Automobiles, Motorcycles and Their Accessories	30	396250
五金产品批发	Wholesale of Hardware Products	3	10956
计算机软件及辅助设备批发	Wholesale of Computer, Software and Assistant Appliances	10	37216
贸易经纪与代理	Trade Broker and Agency	14	36362
其他批发业	Other Wholesale not Classified Elsewhere	10	44109

注：本表中数据按照批发零售住宿餐饮业财务报表填报，企业个数是指有财务活动的企业个数。

a) Data in this table according to wholesale and retail hotels and catering provided financial statements, enterprise number refers to the number of enterprise financial activities.

Financial Indicators of Enterprise above Designated Size in Wholesale and Retail Trade(2019)

(10000 yuan)

资产合计 Total Assets	负债合计 Total Liabilities	实收资本 Paid-in Capital	固定资产原价 Original Value of Fixed Assets	累计折旧 Total Depreciation	营业收入 Revenue in Business	营业成本 Cost in Business	税金及附加 Tax and Extra Changes in Business
30691372	**24946036**	**4460323**	**4313741**	**1592319**	**51647859**	**47839928**	**443977**
23368389	**19136992**	**2697612**	**2270615**	**792258**	**39886701**	**37649329**	**389354**
23098640	18868709	2697511	2270393	792200	37067196	34831554	388217
1777744	763039	105752	344876	184940	6425729	5622472	347243
11647	5199	4832	4511	2059	28301	24482	0.3
15236431	12979720	1942166	1101162	303432	20998289	20117141	26669
2709214	2590253	97611	205958	70188	706719	740254	1839
12527217	10389467	1844555	895203	233244	20291569	19376887	24830
1981025	1589955	309982	614151	240210	4006699	3857495	7502
4086478	3525556	334679	203737	61560	5593318	5196293	6803
5315	5241	100	1956		14862	13671	
269748	268283	101	222	57	2819505	2817775	1136
7615338	6042476	980084	613272	173106	5388750	5211755	6695
3816414	2722018	280782	474812	184951	4143534	3196941	347488
1925604	1831313	104567	77323	20233	876596	781685	1265
1406656	558363	26384	252725	137273	2576038	1816172	344867
143888	97833	21007	13877	4077	535526	460474	1392
58482	49146	7400	8920	2729	135481	115561	340
395555	269181	136313	49570	7444	217208	184477	525
1921806	1501999	248896	76476	26282	3007109	2535286	14844
8341977	7590574	426040	975430	369086	22407574	21971540	14773
471651	347620	111494	34390	13220	1852431	1803394	2731
1211645	1148526	76724	649492	284677	5878798	5740831	6701
849112	815270	41461	16783	9573	423759	405200	609
1842853	1650972	79352	87869	9962	1520020	1447502	2476
2683421	2434968	88127	180655	47450	2414749	2289363	1865
1026836	815769	93622	59176	22778	3897538	3807280	2881
403836	374653	17317	8918	4650	3024246	3008705	1292
11086	10528	320	413	306	15652	14854	7
42946	18166	11366	4526	1147	50499	39992	118
54557	52530	505617	3759	2120	117754	113685	59
52017	44614	5251	4243	2416	171708	167892	696

15-8 续表1

单位：万元

项　目	Item	企业数(个) Numbers of Enterprises (unit)
零售企业	**Retail Trade**	**1178**
按登记注册类型分组	**Grouped by Status of Registration**	
内资企业	Domestic Funded Enterprises	1148
国有企业	State-owned Enterprises	28
集体企业	Collective-owned Enterprises	19
股份合作企业	Cooperative Enterprises	7
联营企业	Joint Ownership Enterprises	4
有限责任公司	Limited Liability Corporations	441
国有独资企业	Sole State-funded Corporations	12
其他有限责任公司	Others Limited Liability Corporations	429
股份有限公司	Share-holding Corporations Ltd.	53
私营企业	Private Enterprises	594
其他企业	Other Enterprises	2
港、澳、台商投资企业	Enterprises with Funds from Hong Kong, Macao and Taiwan	24
外商投资企业	Foreign Funded Enterprises	6
按国民经济行业分组	**Grouped by Sector**	
综合零售业	Integrated Retail	171
#百货零售	#Retail of General Merchandise	107
超级市场零售	Retail of Supermarkets	54
食品、饮料及烟草制品专门零售业	Special Retail of Food, Beverages and Tobaccos	67
纺织、服装及日用品专门零售业	Special Retail of Textiles, Garments and Daily Consumer Articles	55
#服装零售	#Retail of Garments	45
文化、体育用品及器材专门零售业	Special Retail of Culture, Sports Appliances and Equipments	75
#体育用品及器材零售	#Retail of Sports Appliances and Equipment	5
图书、报刊零售	Retail of Books, Newspapers and Magazines	59
医药及医疗器材专门零售业	Special Retail of Medicines and Medical Appliances	110
#药品零售	#Retail of Medicines	102
汽车、摩托车、燃料及零配件专门零售业	Special Retail of Motor Vehicles, Motorcycles, Fueland Parts	535
#汽车零售	#Retail of Motor Vehicles	348
机动车燃料零售	Retail of Fuel of Motor Vehicles	173
家用电器及电子产品专门零售业	Special Retail of Household Electric Appliances and Electronic Products	87
#家用视听设备零售	#Retail of Home Audio-visual Equipment	4
计算机、软件及辅助设备零售	Retail of Computer, Software and Assistant Appliances	15
通讯设备零售	Retail of Communication Equipments	17
五金、家具及室内装修材料专门零售业	Special Retail of Hardware, Furniture and Interior Decoration Materials	29
货摊、无店铺及其他零售业	Stalls, Non-shop and Other Retails	49
#邮购及电视、电话零售	#Mail Order,Television and Telephone Selling	

Continued

(10000 yuan)

流动资产小计 Circulating Funds	资产合计 Total Assets	负债合计 Total Liabilities	实收资本 Paid-in Capital	固定资产原价 Original Value of Fixed Assets	累计折旧 Total Depreciation	营业收入 Revenue in Business	营业成本 Cost in Business	税金及附加 Tax and Extra Changes in Business
4865612	**7322984**	**5809044**	**1762711**	**2043125**	**800061**	**11761158**	**10190599**	**54623**
4556157	6741578	5338950	1651255	1751783	666393	10936212	9496861	51433
19553	43002	25804	11196	30517	7811	95418	79389	1437
14712	25015	22868	3936	6082	4004	85796	75781	1185
10771	14285	9491	1574	4013	2573	28910	23181	113
12947	18028	11714	358	7073	976	42489	35345	168
2284543	3553592	2810135	607608	905630	320225	5689755	4958412	22812
10362	61009	9363	28589	31637	8140	113125	83049	218
2274180	3492583	2800773	579019	873994	312085	5576630	4875364	22594
878128	1207493	1025505	172512	295175	158760	1627173	1379804	8548
1334870	1877407	1432723	853206	500763	171570	3365124	2943592	17169
634	2756	711	866	2530	473	1548	1358	2
249634	459414	394322	85703	242086	111414	606807	505517	2786
59821	121992	75771	25754	49257	22254	218139	188221	404
914798	1954016	1628800	354910	900098	413092	2689625	2118576	20078
732362	1618103	1354605	296338	737597	341786	1838464	1411056	18006
173893	326641	268429	55934	161654	70686	806967	670382	1617
266827	350521	353237	38740	88574	23133	506824	431819	1432
347777	554209	448087	62500	118227	25301	544847	415247	4986
331466	529390	437803	54211	113378	22328	499352	383257	4640
281199	408990	243392	83597	116789	21539	237896	180042	2185
88783	105695	64996	10314	5890	1765	21458	14852	140
81329	186889	99485	66113	106181	17947	130086	98728	1053
816690	894287	675225	69678	103956	40370	1474468	1257450	4674
805609	882864	672092	67523	103138	39799	1457103	1243538	4618
1775598	2467863	1938667	1031478	538888	221798	5122392	4756004	13107
1466769	1919214	1656874	886089	365386	152337	3900942	3651533	8799
228728	459814	223809	135520	161370	64722	1013845	912344	2719
352699	449270	334725	55589	82253	35935	822026	720703	6505
5456	11170	8149	1230	6659	618	10103	8754	36
22917	25982	10519	9202	2095	1327	31785	25523	135
35316	42187	27651	13328	3374	2056	226277	212316	252
54138	157080	124778	48710	68991	9108	97441	74857	1217
55885	86746	62133	17511	25350	9786	265639	235902	440

15-8 续表2

单位：万元

项 目	Item	其他业务利润 Other Business Profit	销售费用 Sales Expenses
总 计	**Total**	**214233**	**1678194**
批发企业	**Wholesale Trade**	**66678**	**939732**
按登记注册类型分组	**Grouped by Status of Registration**		
内资企业	Domestic Funded Enterprises	66678	939714
国有企业	State-owned Enterprises	815	120730
集体企业	Collective-owned Enterprises		846
股份合作企业	Cooperative Enterprises		
联营企业	Joint Ownership Enterprises		
有限责任公司	Limited Liability Corporations	55442	451332
国有独资企业	Sole State-funded Corporations	1729	24750
其他有限责任公司	Others Limited Liability Corporations	53713	426582
股份有限公司	Share-holding Corporations Ltd.	1434	186779
私营企业	Private Enterprises	8988	178813
其他企业	Other Enterprises		1216
港、澳、台商投资企业	Enterprises with Funds from Hong Kong, Macao and Taiwan		
外商投资企业	Foreign Funded Enterprises		18
按国民经济行业分组	**Grouped by Sector**		
农、林、牧产品批发业	Wholesale of Agriculture,Forestry and Livestock Products	29047	112696
食品、饮料及烟草制品批发业	Wholesale of Foods, Beverages and Tobaccos	8682	174356
#米、面制品及食用油批发	#Wholesale of Rice,Flour and Edible Oil	6911	28347
烟草制品批发	Wholesale of Tobaccos	617	89319
纺织、服装及家庭用品批发业	Wholesale of Textile,Wearing Apparel and Household Articles	4320	35121
#服装批发	#Wholesale of Garments	2300	11997
文化、体育用品及器材批发业	Wholesale of Culture, Sports Appliances and Equipments	789	9099
医药及医疗器材批发业	Wholesale of Medicines and Medical Appliances	4654	227647
矿产品、建材及化工产品批发业	Wholesale of Mineral Products, Building Materials and Chemical Products	15948	338783
#煤炭及制品批发	#Wholesale of Coal and Related Products	4282	19957
石油及制品批发	Wholesale of Petroleum and Related Products	1139	204205
金属及金属矿批发	Wholesale of Metal Materials	10	7196
建材批发	Wholesale of Building Materials	83	26960
化肥批发	Wholesale of Chemical Fertilizer	10285	61965
机械设备五金交电及电子产品批发	Wholesale of Machinery, Hardware and Electronics	3051	33864
#汽车摩托车及零配件批发	#Wholesale of Automobiles, Motorcycles and Their Accessories	1213	5490
五金产品批发	Wholesale of Hardware Products		477
计算机软件及辅助设备批发	Wholesale of Computer, Software and Assistant Appliances	-82	1955
贸易经纪与代理	Trade Broker and Agency		2131
其他批发业	Other Wholesale not Classified Elsewhere	188	6035

Continued

(10000 yuan)

管理费用 Management Expenses	财务费用 Financial Expenses	营业利润 Business Profits	利润总额 Total Profits	应交所得税 Payable Income Tax	应付工资 Total Wage Payable	本年应交增值税 Value-added Tax Payable
881901	**349736**	**625150**	**569092**	**211220**	**1028360**	**2661347**
446268	**213619**	**400768**	**425206**	**143986**	**524201**	**2555135**
446061	213525	400475	424912	143914	524091	2553348
161264	-12139	191874	189802	53718	196335	104235
1101	629	1248	7	0.5	889	-2
185559	179661	192960	219246	51316	159972	51307
10875	17299	692	5924	1476	15347	-734
174684	162362	192268	213322	49840	144624	52041
8692	15319	-66710	-71978	12563	107744	204381
89444	30055	81103	87862	26316	59128	2193426
1	-0.4		-26		24	
207	93.9	293	294	72.0	110	1787
54175	62992	69826	84013	7723	43111	-9837
182440	22892	219163	225073	58587	214747	111160
18642	33231	13575	19120	1892	10701	1099
151230	-12697	176754	174546	53739	182721	101442
17075	2140	27970	27988	9116	8617	24775
8838	319	-1562	-1584	231	5145	230
7300	9552	-8217	-7744	86	6440	469
78622	35628	132932	136131	31393	66041	44859
66551	71522	-46424	-49318	33007	161948	2365968
14580	6397	7322	10216	1084	8996	2153403
-1050	4694	-82281	-94673	11049	106623	200449
5610	4655	-515	13	674	11998	2637
5326	8577	43659	44630	11463	2284	8627
35116	53809	-28398	-24955	4351	27887	-365
35941	6523	12626	12669	3261	21255	9704
4776	1578	2817	2771	542	2337	2693
299	-19	33	33	9.2	106	55
2896	224	4069	4099	448	2253	618
2244	694.0	-931	-554	61	753	2599
1920	1676	-6177	-3050	752	1289	5437

15-8 续表3

单位：万元

项 目	Item	其他业务利润 Other Business Profit
零售企业	**Retail Trade**	**147555**
按登记注册类型分组	**Grouped by Status of Registration**	
内资企业	Domestic Funded Enterprises	135846
国有企业	State-owned Enterprises	1290
集体企业	Collective-owned Enterprises	
股份合作企业	Cooperative Enterprises	22
联营企业	Joint Ownership Enterprises	
有限责任公司	Limited Liability Corporations	82254
国有独资企业	Sole State-funded Corporations	103
其他有限责任公司	Others Limited Liability Corporations	82152
股份有限公司	Share-holding Corporations Ltd.	29136
私营企业	Private Enterprises	22982
其他企业	Other Enterprises	162
港、澳、台商投资企业	Enterprises with Funds from Hong Kong, Macao and Taiwan	1869
外商投资企业	Foreign Funded Enterprises	9840
按国民经济行业分组	**Grouped by Sector**	
综合零售业	Integrated Retail	84422
#百货零售	#Retail of General Merchandise	49211
超级市场零售	Retail of Supermarkets	35211
食品、饮料及烟草制品专门零售业	Special Retail of Food, Beverages and Tobaccos	19552
纺织、服装及日用品专门零售业	Special Retail of Textiles, Garments and Daily Consumer Articles	12980
#服装零售	#Retail of Garments	12621
文化、体育用品及器材专门零售业	Special Retail of Culture, Sports Appliances and Equipments	3130
#体育用品及器材零售	#Retail of Sports Appliances and Equipment	323
图书、报刊零售	Retail of Books, Newspapers and Magazines	2395
医药及医疗器材专门零售业	Special Retail of Medicines and Medical Appliances	-1745
#药品零售	#Retail of Medicines	-1756
汽车、摩托车、燃料及零配件专门零售业	Special Retail of Motor Vehicles, Motorcycles, Fueland Parts	24033
#汽车零售	#Retail of Motor Vehicles	21906
机动车燃料零售	Retail of Fuel of Motor Vehicles	-1210
家用电器及电子产品专门零售业	Special Retail of Household Electric Appliances and Electronic Products	4927
#家用电器零售	#Retail of Household Electric Appliances	115
计算机、软件及辅助设备零售	Retail of Computer, Software and Assistant Appliances	125
通讯设备零售	Retail of Communication Equipments	867
五金、家具及室内装修材料专们零售业	Special Retail of Hardware, Furniture and Interior Decoration Materials	71
货摊、无店铺及其他零售业	Stalls, Non-shop and Other Retails	186
#邮购及电视、电话零售	#Mail Order,Television and Telephone Selling	

Continued

(10000 yuan)

销售费用 Sales Expenses	管理费用 Management Expenses	财务费用 Financial Expenses	营业利润 Business Profits	利润总额 Total Profits	应交所得税 Payable Income Tax	应付工资 Total Wage Payable	本年应交增值税 Value-added Tax Payable
738462	**435633**	**136118**	**224381**	**143886**	**67235**	**504159**	**106213**
632920	405907	114029	235910	153793	64996	475300	101009
4911	6354	809	1993	2030	168	5361	415
2521	1764	51	1625	1265	25	4725	239
2687	2030	-10	739	934	22	3396	73
616	648	434	5439	5442	23	531	81
366017	189543	58767	110094	114090	27010	270460	45090
6081	1832	328	20355	20414	12	3161	48
359936	187711	58439	89738	93676	26999	267299	45042
83977	66836	17256	78620	-10882	23196	54515	20921
172156	138691	36720	37291	40812	14552	136239	34189
37	40	3	109	102		74	2
75776	28223	22640	-10177	-9828	2280	18087	5042
29766	1503	-551	-1352	-79	-41	10771	162
236173	145378	55512	126956	40334	29855	119405	25500
111336	126857	54867	127622	39754	29320	75640	22126
122580	15738	573	-2144	-911	202	42553	2956
70661	13289	9661	-1196	-1033	1933	22070	5410
52228	27961	8648	33411	33784	5330	25590	7711
44452	25184	8573	30875	31259	4832	21961	6330
22231	14716	3874	14044	14513	3242	19226	-1386
6153	2078	1792	-3499	-3521	-23.2	1091	310
13089	10853	1204	3411	3902	1	16260	256
93414	60071	4373	48342	48256	13417	113304	27057
92126	59303	4352	46797	46957	13052	112469	26661
186696	124123	47882	-5706	-3034	10781	143199	30936
127066	95748	41618	-24194	-22312	6014	92332	21158
53608	25412	3043	16833	17791	4362	47826	7766
47854	29875	2167	12733	13034	2363	17454	8615
662	461	106	75	62	16	469	9
1905	2703	-59	913	1175	309	1650	441
6483	4976	870	1006	1077	295	4702	1441
7809	12765	3279	-3784	-3618	41	6752	1865
21396	7455	722	-419	1650	273	37158	503

15-9 限额以上住宿业财务指标(2019年)

单位：万元

项　目	Item	企业数(个) Numbers of Enterprises (unit)	流动资产 小计 Circulating Funds
总　计	**Total**	**197**	**301840**
按登记注册类型分组	**Grouped by Status of Registration**		
内资企业	Domestic Funded Enterprises	188	262517
国有企业	State-owned Enterprises	30	58633
集体企业	Collective-owned Enterprises	3	2978
股份合作企业	Cooperative Enterprises		
联营企业	Joint Ownership Enterprises		
有限责任公司	Limited Liability Corporations	74	118068
国有独资企业	Sole State-funded Corporations	6	3340
其他有限责任公司	Others Limited Liability Corporations	68	114729
股份有限公司	Share-holding Corporations Ltd.	5	3443
私营企业	Private Enterprises	76	79395
私营独资企业	Private-funded Enterprises	4	1188
私营合伙企业	Private Partnership Enterprises		
私营有限责任公司	Private Limited Liability Corporations	68	76140
私营股份有限公司	Private Share-holding Corporations Ltd.	4	2067
其他企业	Other Enterprises		
港、澳、台商投资企业	Enterprises with Funds from Hong Kong, Macao and Taiwan	6	17136
合资经营企业	Joint-venture Enterprises	1	369
合作经营企业	Cooperative Enterprises		
独资企业	Enterprises with Sole Investment	3	11090
投资股份有限公司	Share-holding Corporations Ltd. with Investment	1	5676
其他港澳台投资企业	Other Enterprisess	1	
外商投资企业	Foreign Funded Enterprises	3	22187
中外合资经营企业	Joint-venture Enterprises		
中外合作经营企业	Cooperative Enterprises		
外资企业	Enterprises with Sole Foreign Investment	1	20916
外商投资股份有限公司	Share-holding Corporations Ltd. with Foreign Investment	2	1271
其他外商投资企业	Other Foreign Investment Enterprise		
按国民经济行业分组	**Grouped by Sector**		
旅游饭店	Restaurant for Tourism	116	239594
一般旅馆	Ordinary Hotels	71	54666
其他住宿业	Others	10	7581

注：本表中数据按照批发零售住宿餐饮业财务报表填报，企业个数是指有财务活动的企业个数。

a) Data in this table according to wholesale and retail hotels and catering provided financial statements, enterprise number refers to the number of enterprise financial activities.

Financial Indicators of Enterprise above Designated Size in Hotels Services(2019)

(10000 yuan)

资产合计 Total Assets	负债合计 Total Liabilities	实收资本 Paid-in Capital	固定资产原价 Original Value of Fixed Assets	累计折旧 Total Depreciation	营业收入 Revenue in Business	营业成本 Cost in Business	税金及附加 Tax and Extra Changes in Business
1127066	**869869**	**453588**	**898093**	**377597**	**237240**	**79304**	**13565**
913266	726704	297148	630930	249235	199973	69641	5638
335790	265421	70414	253571	94953	53752	22893	1999
3908	768	71	1218	3359	1799	592	40
298524	245458	173421	255428	116981	69514	22532	1745
31469	27790	7136	35955	13988	7451	1995	53
267055	217668	166285	219473	102993	62063	20538	1692
68362	49426	1315	14247	2874	6489	2560	393
206682	165632	51926	106465	31067	68419	21064	1462
1569	1057	69	516	203	1873	1072	3
190854	161471	49148	100840	29980	64866	19334	1431
14259	3104	2710	5109	884	1680	658	27
162855	129291	155933	169567	95375	19920	5384	1123
3208	52525			55850	1656	340	118
146712	73431	146333	158545	33751	16066	4449	838
12936	3336	9600	11022	5774	2199	596	166
50945	13875	508	97596	32987	17347	4279	6803
49166	10377		53177	30778	13155	1872	415.2
1779	3497	508	44419	2209	4192	2407	6388
929605	702857	411097	749154	336125	172665	57213	12180
181051	159230	34534	139481	38667	56541	19593	1207
16409	7782	7957	9457	2805	8035	2498	177

15-9 续表

单位：万元

项目	Item	其他业务利润 Other Business Profit	销售费用 Business Expenses
总计	**Total**	**1774**	**95064**
按登记注册类型分组	**Grouped by Status of Registration**		
内资企业	Domestic Funded Enterprises	1643	83856
国有企业	State-owned Enterprises	-751	20962
集体企业	Collective-owned Enterprises		765
股份合作企业	Cooperative Enterprises		
联营企业	Joint Ownership Enterprises		
有限责任公司	Limited Liability Corporations	377	27370
国有独资企业	Sole State-funded Corporations		2714
其他有限责任公司	Others Limited Liability Corporations	377	24657
股份有限公司	Share-holding Corporations Ltd.		2501
私营企业	Private Enterprises	2017	32258
私营独资企业	Private-funded Enterprises	241	743
私营合伙企业	Private Partnership Enterprises		
私营有限责任公司	Private Limited Liability Corporations	1312	30964
私营股份有限公司	Private Share-holding Corporations Ltd.	464	551
其他企业	Other Enterprises		
港、澳、台商投资企业	Enterprises with Funds from Hong Kong, Macao and Taiwan	123	6653
合资经营企业	Joint-venture Enterprises		1021
合作经营企业	Cooperative Enterprises		
独资企业	Enterprises with Sole Investment		5030
投资股份有限公司	Share-holding Corporations Ltd. with Investment	123	602
其他港澳台投资企业	Other Enterprisess		
外商投资企业	Foreign Funded Enterprises	8	4555
中外合资经营企业	Joint-venture Enterprises		
中外合作经营企业	Cooperative Enterprises		
外资企业	Enterprises with Sole Foreign Investment		4242
外商投资股份有限公司	Share-holding Corporations Ltd. with Foreign Investment	8	313
其他外商投资企业	Other Foreign Investment Enterprise		
按国民经济行业分组	**Grouped by Sector**		
旅游饭店	Restaurant for Tourism	298	74241
一般旅馆	Ordinary Hotels	1476	18881
其他住宿业	Others		1942

Continued

(10000 yuan)

管理费用 Management Expenses	财务费用 Financial Expenses	营业利润 Business Profits	利润总额 Total Profits	应交所得税 Payable Income Tax	应付工资 Total Wage Payable	本年应交增值税 Value-added Tax Payable
101980	**6845**	**-54891**	**-51388**	**960**	**55879**	**5576**
80557	4683	-46241	-42718	444	49223	4834
24557	783	-21615	-19266	214	16568	3109
449	-24	110	110	24	302	34
31599	1935	-13521	-12610	127	18338	1801
5763	8	-4192	-4132	13	2966	206
25836	1926	-9329	-8478	114	15372	1595
2791	33	-1823	-1861		2302	-1194
21161	1957	-9392	-9092	78	11713	1084
49	163	-156	-156		259	56
20651	1777	-9202	-8917	66	11038	1010
461	17	-35	-19	12	416	19
13884	2626	-9664	-9729		2488	127
923		-747	-737			50
12466	2626	-9184	-9184		2308	77
495	0.3	267	193		180	
7539	-464	1014	1059	516	4168	616
5838	-470	1259	1304	510	2416	113
1701	6	-245	-245	6	1753	502
77220	5251	-48050	-46240	726	43490	4197
22380	1587	-6715	-5926	195	10095	1112
2380	7	-126	778	39	2294	267

15-10 限额以上餐饮业财务指标(2019年)

单位：万元

项　目	Item	企业数(个) Numbers of Enterprises (unit)	流动资产小计 Circulating Funds
总　计	**Total**	**87**	**73929**
按登记注册类型分组	**Grouped by Status of Registration**		
内资企业	Domestic Funded Enterprises	82	57360
国有企业	State-owned Enterprises	6	1021
集体企业	Collective-owned Enterprises		
股份合作企业	Cooperative Enterprises		
联营企业	Joint Ownership Enterprises		
有限责任公司	Limited Liability Corporations	21	36826
国有独资企业	Sole State-funded Corporations	1	447
其他有限责任公司	Others Limited Liability Corporations	20	36379
股份有限公司	Share-holding Corporations Ltd.	4	562
私营企业	Private Enterprises	50	18951
私营独资企业	Private-funded Enterprises	5	840
私营合伙企业	Private Partnership Enterprises		
私营有限责任公司	Private Limited Liability Corporations	44	17940
私营股份有限公司	Private Share-holding Corporations Ltd.	1	171
其他企业	Other Enterprises	1	
港、澳、台商投资企业	Enterprises with Funds from Hong Kong, Macao and Taiwan	2	13076
合资经营企业	Joint-venture Enterprises	1	11410
合作经营企业	Cooperative Enterprises		
独资企业	Enterprises with Sole Investment	1	1666
投资股份有限公司	Share-holding Corporations Ltd. with Investment		
其他港澳台投资企业	Other Enterprisess		
外商投资企业	Foreign Funded Enterprises	3	3494
中外合资经营企业	Joint-venture Enterprises	1	62
中外合作经营企业	Cooperative Enterprises		
外资企业	Enterprises with Sole Foreign Investment	2	3431
外商投资股份有限公司	Share-holding Corporations Ltd. with Foreign Investment		
其他外商投资企业	Other Foreign Investment Enterprise		
按国民经济行业分组	**Grouped by Sector**		
正餐服务业	Dinner Service	76	66750
快餐服务业	Snack Service	6	6284
饮料及冷饮服务业	Beverage and Cold Drink Service	1	72
餐饮配送及外卖送餐服务	Catering Distribution and Delivery Service	3	809
其他餐饮业	Others	1	14

Financial Indicators of Enterprise above Designated Size in Catering Services(2019)

(10000 yuan)

资产合计 Total Assets	负债合计 Total Liabilities	实收资本 Paid-in Capital	固定资产原价 Original Value of Fixed Assets	累计折旧 Total Depreciation	营业收入 Revenue in Business	营业成本 Cost in Business	税金及附加 Tax and Extra Changes in Business
164186	**110907**	**41619**	**100225**	**34866**	**103261**	**42047**	**945**
140029	100334	35001	95886	31791	81269	33260	903
7037	8196	2670	14996	6069	3664	1933	71
57100	49042	8613	19824	9623	15428	6065	502
503	245	200	67	36	590	125	26
56597	48797	8413	19756	9588	14838	5939	476
2099	1867	107	2919	1164	2511	1967	30
73793	41230	23611	58148	14935	59666	23295	300
3029	1010	1835	2292	270	2230	1170	39
70593	40220	21625	55796	14605	57317	22063	261
171	1	151	60	60	120	61	0.4
20469	9044	6038	3695	2625	17442	6200	31
16649	6156	5838	1972	1628	7600	2791	24
3820	2888	200	1723	998	9842	3409	7
3688	1529	580	644	450	4549	2588	12
128	13	100	91	26	382	340	
3561	1516	480	553	424	4167	2247	12
130662	89104	39947	84309	28608	56618	25424	784
28925	18868	942	12403	5849	42669	14354	152
246	451			172	212	90	1.2
4334	2247	680	3494	224	3250	1951	6.3
19	238	50	19	14	512	228	1.7

15-10 续表

单位：万元

项 目	Item	其他业务利润 Other Business Profit	销售费用 Business Expenses
总 计	**Total**	**243**	**43953**
按登记注册类型分组	**Grouped by Status of Registration**		
内资企业	Domestic Funded Enterprises	166	33346
国有企业	State-owned Enterprises	55	694
集体企业	Collective-owned Enterprises		
股份合作企业	Cooperative Enterprises		
联营企业	Joint Ownership Enterprises		
有限责任公司	Limited Liability Corporations		5395
国有独资企业	Sole State-funded Corporations		394
其他有限责任公司	Others Limited Liability Corporations		5001
股份有限公司	Share-holding Corporations Ltd.		154
私营企业	Private Enterprises	111	27103
私营独资企业	Private-funded Enterprises		810
私营合伙企业	Private Partnership Enterprises		
私营有限责任公司	Private Limited Liability Corporations	111	26277
私营股份有限公司	Private Share-holding Corporations Ltd.		16
其他企业	Other Enterprises		
港、澳、台商投资企业	Enterprises with Funds from Hong Kong, Macao and Taiwan	77	10013
合资经营企业	Joint-venture Enterprises	76	4149
合作经营企业	Cooperative Enterprises		
独资企业	Sole-proprietorship Enterprises	1	5864
投资股份有限公司	Share-holding Corporations Ltd.		
其他港澳台投资企业	Other Enterprises with Investment from Hong Kong, Macao and Taiwan		
外商投资企业	Foreign Funded Enterprises		595
中外合资经营企业	Joint-venture Enterprises		20
中外合作经营企业	Cooperative Enterprises		
外资企业	Enterprises with Sole Foreign Investment		574
外商投资股份有限公司	Share-holding Corporations Ltd. with Foreign Investment		
其他外商投资企业	Other Foreign Investment Enterprise		
按国民经济行业分组	**Grouped by Sector**		
正餐服务业	Dinner Service	241	18251
快餐服务业	Snack Service	1	25393
饮料及冷饮服务业	Beverage and Cold Drink Service		177
餐饮配送及外卖送餐服务	Food and Beverage Delivery Services		7
其他餐饮业	Others		126

Continued

(10000 yuan)

管理费用 Management Expenses	财务费用 Financial Expenses	营业利润 Business Profits	利润总额 Total Profits	应交所得税 Payable Income Tax	应付工资 Total Wage Payable	本年应交增值税 Value-added Tax Payable
16082	**2810**	**-4202**	**-3178**	**368**	**14465**	**1221**
14406	2575	-4912	-3901	178	12254	835
889	3	-339	-96	0.2	1003	53
4030	1778	-2534	-2878	28	1595	268
		41	41	4	19	5
4030	1778	-2576	-2919	24	1577	263
255	11	91	93	2	85	12
9232	784	-2130	-1020	148	9571	502
94	10	69	69	8	409	19.3
9126	772	-2228	-1121	138	9111	447
13	1	29	32	3	52	36
771	233	261	270	79.9	1624	243
532	232	-62	-50		910	140
240	0.4	323	320	80	714	103
905	3	448	453	110	587	144
19		3	3	0	23	-4
886	3	446	450	110	565	148
13863	2154	-5043	-4175	280	9810	1090
1700	649	224	374	88	4187	123
77	1	-135	-130			6
404	7	632	632		366	-8
37		119	120		101	10.1

15-11 限额以上批发和零售连锁经营情况(2019年)
Conditions of Chain Wholesale and Retail Enterprises Above Designated Size(2019)

指 标	Item	合 计 Total	直营店 Manufacturer Outlet Store	加盟店 Leagued Store
门店总数(个)	Number of Stores (unit)	1614	1503	111
年末从业人员数(人)	Employed Persons at Year-end(person)	13336	13083	253
年末零售营业面积(平方米)	Operating Area of Retail Enterprises at Year-end (sq.m)	420856	418183	2673
连锁门店商品购进额(万元)	Total Purchases Value(10000 yuan)	1969369	1968370	1000
#统一配送商品购进额	#Centralized Purchase and Dilivery	1921144	1920310	834
连锁门店商品销售额(万元)	Total Sales of Commdities(10000 yuan)	2233847	2232610	1237
#零售额	# Retail Sales	1518772	1517686	1086

15-12 限额以上住宿和餐饮业连锁经营情况(2019年)
Conditions of Chain Hotels and Catering Enterprises Above Designated Size(2019)

指 标	Item	合 计 Total	直营店 Manufacturer Outlet Store	加盟店 Leagued Store
门店总数(个)	Number of Stores (unit)	118	106	12
年末从业人员数(人)	Employed Persons at Year-end (person)	2616	2436	180
年末餐饮营业面积(平方米)	Operating Area of Catering Enterprises at Year-end (sq.m)	31183	30493	690
客房数(间)	Number of Rooms (room)	3133	2035	1098
床位数(个)	Number of Beds (bed)	4573	2938	1635
餐位数(位)	Number of Dining-seats (unit)	9371	9123	248
连锁门店商品购进(采购)额(万元)	Total Purchases Value(10000 yuan)	15087	14989	98
#统一配送商品购进(采购)额	#Centralized Purchase and Dilivery	13474	13376	98
连锁门店营业额(万元)	Business Revenue(10000 yuan)	52212	46406	5806
#餐费收入	#From Meals	38570	38528	42
商品销售额	Sales	1034	844	190

15-13　亿元以上商品交易市场基本情况(2019年)
Basic Statistics on Commodity Exchange Markets of Transaction Value over 100 Million Yuan(2019)

类　别	Category	摊位数 (个) Number of Booths (unit)	成交额 (亿元) Turnover (100 million yuan)
总　计	**Total**	**36400**	**801.07**
粮油、食品类	Grain,Edible Oil,Food	8915	495.00
#粮油类	#Grain,Edible Oil	241	6.53
肉禽蛋类	Meat,Poultry and Eggs	914	64.82
水产品类	Aquatic Products	560	46.70
蔬菜类	Vegetables	3362	207.20
干鲜果品类	Dried and Fresh Melons and Fruits	2331	134.10
饮料类	Beverages	43	0.21
烟酒类	Tobacco and Liquor	209	9.03
服装、鞋帽、针纺织品类	Garments,Footwears,Hats,Kintwear and Textiles	15255	78.24
服装类	Clothing	8563	50.94
鞋帽类	Shoes and Hats	2532	9.71
针纺织品类	Knitwear and Textiles	4160	17.58
化妆品类	Cosmetics	157	0.79
金银珠宝类	Gold,Silver and Fewelry	302	2.14
日用品类	Articles for Daily Use	271	0.96
#可穿戴智能设备	Wearable Smart Devices	11	0.02
五金、电料类	Hardware and Electrical Materials	83	0.49
体育、娱乐用品类	Sports & Recreation Articles	19	0.52
#照相器材类	#Photography Equipment	1	0.08
书报杂志类	Newspapers and Magazines	9	0.08
电子出版物及音像制品类	E-journals and Video Products	26	0.09
家用电器和音像器材类	Household Appliances and Video Appliances	106	5.05
中西药品类	Traditional Chinese and Western Medicines	1	0.02
#西药类	#Western Medicines	1	0.01
中草药及中成药类	Traditional Chinese Medicines		0.01
文化办公用品类	Cultural and Official Appliances	1454	25.36
#计算机及其配套产品	#Computers and Related Products	1421	25.11
家具类	Furniture	537	5.39
通讯器材类	Communication Appliances	29	2.03
#智能手机	# Smartphones	6	1.86
煤炭及制品类	Coal and Related Products		
木材及制品类	Wood and Wooden Products	20	0.20
石油及制品类	Petroleum and Related Products		
化工材料及制品类	Chemical Materials and Related Products		
#化肥类	# Fertilizers		
金属材料类	Metals Materials	550	52.30
建筑及装潢材料类	Building and Decoration Materials	4335	68.26
机电产品及设备类	Mechanical & Electrical Products	206	0.90
#农机类	#Agricultural Machineries		
汽车类	Automobiles	1058	3.35
种子饲料类	Seeds and Feedstuff		
棉麻类	Cotton and Hemp	8	0.03
其他类	Others	2807	50.62

15-14 旅游发展情况
Development of Tourism

指 标	Item	2015	2016	2017	2018	2019
国际旅游人数总计(人次)	International Tourists(person-time)	834716	957038	1038765	1091568	1106864
外国人	Foreigners	786811	908707	984643	1041315	992870
港、澳、台合计	Tourists form Hong Kong, Macao and Taiwan	47905	48331	54122	50253	113995
香港同胞	Chinese Compatriots from Hong Kong	7353	9961	13907	13839	59333
澳门同胞	Chinese Compatriots from Macao	316	555	1248	1338	8402
台湾同胞	Chinese Compatriots from Taiwan Province	40236	37815	38967	35076	46260
国际旅游外汇收入总额(万美元)	Foreign Exchange Earnings from International Tourism (USD 10000)	39533	45805	47958	53706	63181
国内旅游人数(万人次)	Number of Domestic Visitors (10000 person-times)	12926	14380	16304	18100	21555
国内旅游收入(亿元)	Earnings from Domestic Tourism (100 million yuan)	1337	1573	1877	2208	2640

注：2014年国内旅游人数及收入按照"住宿+景点"口径统计，与以前年份不可比。
a) Number of domestic tourism and earnings from domestic tourism in accordance with the "accommodation +spots" caliber statistics.

15-15 按国别分外国入境游客
Number of Oversea Visitor Arrivals by Country/Region

单位：人次 (person-time)

国 家	Countries	2011	2012	2013	2014	2015	2016	2017	2018	2019
总 计	**Total**	**1978434**	**1947335**	**1450170**	**1322891**	**786811**	**908707**	**984643**	**1041315**	**992870**
#日 本	#Japan	116956	47969	23879	21536	23314	22918	28427	26792	86347
菲律宾	Philippines	7904	1475	2877	983	257	451	731	1076	11863
新加坡	Singapore	3261	9516	12880	7839	2139	3090	6531	11452	40701
泰 国	Thailand	11387	2052	2625	2594	777	1517	2679	3124	32558
印度尼西亚	Indonesia	161	1272	1581	1590	1237	1280	2096	3288	12890
马来西亚	Malaysia	2511	5987	3739	4871	2380	3960	6149	11375	33889
韩 国	Republic of Korea	210803	194201	185742	178980	122871	111199	82424	92093	79323
蒙 古	Mongolia	15857	657	550	304	148	197	250	632	154
印 度	India	4558	2517	1787	1593	549	751	931	1101	5855
美 国	United States	38673	43369	33010	33083	5498	5514	6454	7308	57264
加拿大	Canada	10263	9638	16713	10209	1400	1638	1789	2230	4553
英 国	United Kingdom	5966	9178	8780	7896	1211	1414	1669	1894	24686
法 国	France	17477	13639	14076	12291	1103	1597	1811	1677	9306
德 国	Germany	8035	6719	5987	5116	1577	2054	2258	2264	13234
意大利	Italy	4832	8973	10347	9354	838	1139	1116	985	2760
瑞 士	Switzerland	758	1315	812	787	300	296	277	248	1207
瑞 典	Sweden	2080	549	246	502	211	238	274	311	9096
荷 兰	Netherlands	150	81	10	19	311	526	516	542	13130
俄罗斯	Russia	1463368	1527864	972879	919053	609696	741779	824367	854447	474556
西班牙	Spain	12072	6321	12884	11288	470	502	521	497	2505
澳大利亚	Australia	7568	8524	9039	8637	1682	2120	2738	2974	15313
新西兰	New Zealand	1295	1525	1008	1031	310	367	460	552	5067

主要统计指标解释

批发业　指向其他批发或零售单位（含个体经营者）及其他企事业单位、机关团体等批量销售生活用品、生产资料的活动，以及从事进出口贸易和贸易经纪与代理的活动，包括拥有货物所有权，并以本单位(公司)的名义进行交易活动，也包括不拥有货物的所有权，收取佣金的商品代理、商品代售活动；还包括各类商品批发市场中固定摊位的批发活动，以及以销售为目的的收购活动。

零售业　指百货商店、超级市场、专门零售商店、品牌专卖店、售货摊等主要面向最终消费者（如居民等）的销售活动，以互联网、邮政、电话、售货机等方式的销售活动，还包括在同一地点，后面加工生产，前面销售的店铺（如面包房）；谷物、种子、饲料、牲畜、矿产品、生产用原料、化工原料、农用化工产品、机械设备（乘用车、计算机及通信设备除外）等生产资料的销售不作为零售活动；多数零售商对其销售的货物拥有所有权，但有些则是充当委托人的代理人，进行委托销售或以收取佣金的方式进行销售。

批发和零售业商品购进、销售、库存额　指各种登记注册类型的批发和零售业企业(单位)以本企业(单位)为总体的，从国内、国外市场购进的商品总量，销售和出口的商品总量，库存的商品总量等情况。该指标可以反映商品流转过程中商品的购进、销售、库存之间的比例关系和存在的问题。

商品购进额　指从本企业以外的单位和个人购进(包括从国外直接进口）作为转卖或加工后转卖的商品金额（含增值税)。商品购进包括：(1）从工农业生产者、批发和零售业企业、住宿和餐饮业企业、出版社或报社的出版发行部门和其他服务业企业购进的商品；(2）从机关团体、事业单位购进的商品；(3）从海关、市场管理部门购进的缉私和没收的商品；(4）从居民收购的废旧商品等。不包括：(1）企业为本单位自身经营用，不是作为转卖而购进的商品，如材料物资、包装物、低值易耗品、办公用品等；(2）未通过买卖行为而收入的商品，如接受其他部门移交的商品、借入的商品、收入代其他单位保管的商品、其他单位赠送的样品、加工回收的成品等；(3）经本单位介绍，由买卖双方直接结算，本单位只收取手续费的业务；(4）销售退回和买方拒付货款的商品；(5）商品溢余；(6）期货交易商品。

商品销售额　指对本单位以外的单位和个人出售的商品金额（包括售给本单位消费用的商品，含增值税)。商品销售包括：(1）售给个人和社会集团消费用的商品；(2）售给农业、工业、建筑业、服务业等国民经济各行业用于生产、经营用的商品，包括售予批发和零售业作为转卖或加工后转卖的商品；(3）对国（境）外直接出口的商品。不包括：(1）未通过买卖行为付出的商品，如因机构变动移交给其他企业单位的商品、借出的商品、归还受其他单位委托代保管的商品、付出的加工原料和赠送给其他单位的样品等；(2）促销返券所销售的、不计入营业收入的商品；(3）经本单位介绍，由买卖双方直接结算，本单位只收取手续费的业务；(4）未发生所有权转移的商品预付卡销售，如加油卡；(5）汽车维修、电话卡销售等服务性经济活动；(6）购货退回的商品；(7）商品损耗和损失；(8）出售本单位自用的废旧物资；(9）期货交易商品；(10）自来水供应企业、电力企业、天然气供应企业提供的水、电、气。

期末商品库存额　对于批发和零售业法人单位和个体经营户，是指报告期末取得所有权的全部商品金额（含增值税)；对于批发和零售业产业活动单位，是指报告期末实际在库且归属法人具有所有权的全部商品金额（含增值税)。库存商品包括：(1）存放在本单位(如门市部、批发站、采购站、经营处)的仓库、货场、货柜和货架中的商品；(2）挑选、整理、包装中的商品；(3）已记入购进而尚未运到本单位的商品，即发货单或银行承兑凭证已到而货未到的商品；(4）寄放他处的商品，如因购货方拒绝付款而暂时存在购货方的商品；(5）委托其他单位代销(未作销售或调出)尚未售出的商品；(6）代其他单位购进尚未交付的商品。不包括：(1）所有权不属于本单位的商品，如商品已作销售但买方尚未取走的商品，代替他人保管、运输、加工的商品，代其他单位销售（未做购进或调入）而未售出的商品；(2）委托外单位加工的商品(包括本单位所属加工厂和其他生产单位加工生产尚未收回成品的商品)；(3）外贸企业代理其他单位从国外进口，尚未付给订货单位的商品；(4）代国家储备部门保管的商品。

连锁总店（总部）　指负责连锁企业资源（商号、商誉、经营模式、服务标准、管理模式等等）的开发、配置、控制或使用等功能的企业核心管理机构。连锁经营是指经营同类商品或服务，使用统一商号的若干店铺，在同一总店（总部）的管理下，采取统一采购或特许经营等方式，实现规模效益的组织形式，包括直营连锁、特许连锁和自愿连锁三种形式。其中，直营连锁是指连锁店铺由连锁公司全资或控股开设，在总部的直接控制下，开展统一经营的连锁经营形式；特许连锁是指拥有注册商标、企业标志、专利、专有技术等经营资源的企业（特许人），以合同形式将其拥有的经营资源许可其他经营者（被特许人）使用，被特许人按合同约定在统一的经营模式下开展经营，并向特许人支付特许经营费用的连锁经营形式；自愿连锁是指若干个店铺或企业自愿组合起来，在不改变各自资产所有权关系的情况下，以同一个品牌形象面对消费者，以共同进货为纽带开展的连锁经营形式。

亿元以上商品交易市场　指年成交额在亿元及以上的商品交易市场。商品交易市场是指经有关部门和组织批准设立，有固定场所、设施，有经营管理部门和监管人员，若干市场经营者入内，常年或实际开业三个月以上，集中、公开、独立地进行生活消费品、生产资料等现货商品交易以及提供相关服务的交易场所，包括各类消费品市场、生产资料市场等。

社会消费品零售总额 指企业（单位、个体户）通过交易直接售给个人、社会集团非生产、非经营用的实物商品金额，以及提供餐饮服务所取得的收入金额。个人包括城乡居民和入境人员，社会集团包括机关、社会团体、部队、学校、企事业单位、居委会或村委会等。

住宿业 指为旅行者提供短期留宿场所的活动，有些单位只提供住宿，也有些单位提供住宿、饮食、商务、娱乐一体的服务，不包括主要按月或按年长期出租房屋住所的活动。

餐饮业 指通过即时制作加工、商业销售和服务性劳动等，向消费者提供食品和消费场所及设施的服务。

营业额 指住宿和餐饮业单位在经营活动中，因提供服务或销售商品等取得的全部收入（含增值税），收入主要来源于提供客房、餐费服务、商品销售和其他服务，如商务服务。不包括多产业法人企业附营的其他行业产业活动单位的餐费收入、商品销售收入等各项收入。其中，客房收入指住宿和餐饮业单位在经营活动中因提供住宿服务取得的收入（含增值税）。不包括多产业法人企业附营的其他行业产业活动单位的客房收入。餐费收入指本单位为顾客提供就餐服务取得的收入（含增值税）。包括：经烹饪、调制加工后出售的各种食品，如主食、炒菜、凉拌菜等的收入。不包括多产业法人企业附营的其他行业产业活动单位的餐费收入。

入境游客 指报告期内来中国（大陆）观光、度假、探亲访友、就医疗养、购物、参加会议或从事经济、文化、体育、宗教活动的外国人、港澳台同胞等游客（即入境旅游人数）。统计时，入境游客按每入境一次统计 1 人次。入境旅游人数包括入境过夜游客和入境一日游游客。

出境人数（出境游客） 指中国（大陆）居民因公或因私出境前往其他国家、中国香港特别行政区、澳门特别行政区和台湾省观光、度假、探亲访友、就医疗养、购物、参加会议或从事经济、文化、体育、宗教活动的人数（即出境游客）。统计时，出境游客按每出境一次统计 1 人次。

国内游客 指报告期内在中国（大陆）观光游览、度假、探亲访友、就医疗养、购物、参加会议或从事经济、文化、体育、宗教活动的中国（大陆）居民人数，其出游的目的不是通过所从事的活动谋取报酬。统计时，国内游客按每出游一次统计 1 人次。

国际旅游收入 指入境游客在中国（大陆）境内旅行、游览过程中用于交通、参观游览、住宿、餐饮、购物、娱乐等全部花费。

国内旅游收入（旅游总花费） 指国内游客在国内旅行、游览过程中用于交通、参观游览、住宿、餐饮、购物、娱乐等全部花费。

星级饭店 指设备、设施、服务符合《旅游饭店星级的划分与评定》（GB/T14308-2010）标准，经过有关旅游管理权威部门评定（验收）后授予“星级”称号的饭店。

Explanatory Notes on Main Statistical Indicators

Wholesale Trade refers to the activities of selling wholesale commodities for daily use and capital goods to enterprises of wholesale and retail trades (including self-employed individuals) and other enterprises, institutions and government organs and organizations, and the activities of engaging in import and export and acting as a trade agent. The wholesaler may have the ownership of the commodities for wholesale and trade in the name of its own (a company), and the wholesaler can act as commission agent or commodity broker without the ownership of commodities. Also included are the wholesale activities at the fixed stalls in wholesale market and the acquisition for sales purpose.

Retail Trade refers to the activities of department store, supermarket, franchised store, brand store, retail stall and on-the-spot-making-selling store selling commodities to the final consumers (residents) by any means including internet, post, telephone, sales machine. It also includes shops with sales and production localted in the same places (such as bakeries). Retail trade excludes the activities of sales of capital goods such as grain, seed, feed, livestock, mineral products, raw material for production, industrial chemicals, chemical products for agricultural use, machine and equipment (excluding vehicles, computers and communication equipment). Most retailers have the ownership of commodities to sell, but some are acting as agents or brokers to make transactions for a commission.

Purchase, Sales and Stock of Commodities by Wholesale and Retail Trades refer to the total volume of commodities purchased, total volume of sales and exports, and the stock of commodities by wholesale and retail enterprises (establishments) of different status of registration from domestic and overseas markets. This indicator reflects the relationship among purchase, sales and stock of commodities in the circulation of goods and reveals the existing problems.

Total Purchases of Commodities refer to the total value of purchases of commodities by enterprises (establishments) from other establishments or individuals (including direct import from abroad) for the purpose of re-selling, either with or without further processing of the commodities purchased. The commodities include: (1) commodities purchased from agricultural and industrial producer, wholesaler, retailer, publishing house and other service business; (2) commodities purchased from institutions and government departments; (3) confiscated goods purchased from the customs authorities or market management agencies; (4) second-hand goods and wastes purchased from residents; The commodities exclude (1) commodities purchased by enterprises (establishments) for use in their own business operation, commodities obtained without buying or selling procedures such as materials, consumable goods of low value, office appliance, etc. (2) received goods without trading, such as goods handed over from others, borrowed goods, preserved goods for others, donated goods from others, processed and retrieved goods, etc. (3) goods of direct settlement between buyer and seller with handling fees introduced by others, (4) goods returned or refused to pay by the buyer, (5) excessive goods, (6) futures trading commodities.

Total Sales of Commodities refer to value of commodities sold by the establishments to other establishments and individuals (including goods sold for self consumption, including VAT). The commodities include: (1) commodities sold to individuals and social groups for their consumption; (2) commodities sold to establishments in all industries for their production and operation, including agriculture, industry, construction, and catering services, including commodities sold to wholesale and retail establishments for re-selling, with or without further processing; and (3) commodities for direct export to abroad. Excluded are (1) extended commodities without trading, such as goods handed over to other enterprises and institutions because of the change of organizations, lent goods, return of goods kept for others, extended processing materials and samples donated to others, (2) goods sold by coupon rebates that are not included in business income, (3) goods of direct settlement between buyer and seller with handling fees introduced by others, (4) prepaid cards for goods without transfer of ownership, such as gas cards, (5) Service-oriented economic activities such as automobile maintenance and telephone card sales, (6) goods returned after purchase, (7) damaged and spoiled goods, (8) waste and used goods of self-use, (9) futures trading commodities, (10) water, electricity and gas supplied by water supply enterprises, electric power enterprises and natural gas supply enterprises.

Total Stock of Commodities For the legal entities and self-employed individuals engaged in wholesale and retail trade, it refers to total value (including VAT) of commodities possessed at the end of the reference period; and for wholesale and retail establishments, it refers to the value (including VAT) of all commodities actually in stock and owned by their legal persons at the end of reference period. The commodities in stock includes: (1) commodities located in storage, garages, counters, and shelves of operating places of wholesale and retail trades (such as sale stores, wholesale centres, procurement stations and operating offices); (2) commodities in the process of being selected, sorted, and packed; (3) commodities not arrived but recorded as purchase in the account, i.e. commodities not arrived but payment receipts for the commodities from the sellers or the banks arrived; (4) commodities deposited in other places rather than places mentioned above, for instance: commodities in the hold of purchasers temporarily due to the refusal of payment; (5) commodities entrusted to other units to sell but not sold yet; (6) commodities purchased for other units but not delivered yet. Commodities not included as stock are those not owned by the enterprises (units), commodities on commission for processing, imported commodities of agency of foreign trade enterprise but not yet delivered to ordering units and finally those put in stock on behalf of the state reserves units.

Chain Head Stores (headquarter) refer to the core leading stores responsible for development, allocation, administration and utilization of resources (name of stores, brand of stores, operation model, service standard, management way, etc.) of chain stores. Chain stores refers to the stores engaged in providing homogeneous commodities or services, with the central leadership of head store (headquarters) and guided by common policies, conduct centralized purchase and distributed selling of commodities, in order to gain better efficiency through standardized operation. The chain stores include regular chain stores, franchise chain stores and voluntary chain stores.

Regular Chain store refers to chain stores that are invested or controlled by the headquarters. They operate under direct and unified management from the headquarters.

Franchise chain store refers to the chain stores (franchisees) which are franchised with operation resources such as trade marks, names, patent and operation know-how by the franchisors in form of contract and pay the operation fees to the franchisors.

Voluntary chain store refers to the stores operate jointly on the voluntary bases while maintaining their status of independent legal entities with full ownership of their assets. They sell goods of same brand from same channel of resource to the consumers.

Large Commodity Markets with Transaction Value over 100 Million Yuan refers to the commodity markets with an annual transaction at and above 100 million. The commodity market refers to the markets approved and managed by related departments, where there are fixed sites, facilities, managers and administration offices, where there are a certain number of traders to operate for three month and above or all the year, where the commodities including the articles for daily consumption and capital goods and services are traded in a centralized, independent and open way. Such market includes markets of daily goods and market of capital goods, etc.

Total Retail Sales of Consumer Goods refer to the amount obtained by enterprises (units, self-employed individuals) through direct sales of non-production and non-business physical commodity to individuals, social institutions, and revenue from providing catering services. Individuals include rural and urban households, population from abroad, social institutions include government agencies, social organizations, military units, schools, institutions, neighbourhood (village) committees.

Hotel Services refer to the accommodation services provided to visitors. Some units may provide only accommodation while others provide a combination of accommodation, meals, business services and/or recreational facilities. It excludes activities related to the provision of long-term primary residences in facilities such as apartments typically leased on a monthly or annual basis.

Catering Services refer to the activities of providing foods, serving locations and facilities to customers through instant processing, commercial sales and service-type labor.

Business Revenue refers to total revenue (including VAT) of hotels and catering services received from providing services or selling commodities through business activities, income comes mainly from providing hotels, catering services, selling of commodities and other services, such as commodity services. It does not include revenue such as meal fees, selling of commodities of other industrial units affiliated with multi industrial legal entities. Income from hotels refers to income (including VAT) of hotels and catering services by providing lodging services through business activities. Income from catering services refers to income (including VAT) from providing catering services, including selling of cooked or prepared foods, such as staple food, cooked dishes, or cold dishes. It does not include meal fees of other industrial units affiliated with multi industrial legal entities.

Overseas Visitor Arrivals refer to the number of tourists of foreigners, Chinese compatriots from Hong Kong, Macao and Taiwan who come to China (mainland) within the reference period for sight-seeing, vacation, visiting relatives, medical treatment, shopping, attending conference, or to engage in economic, cultural, sports and religious activities (namely the number of overseas visitor arrivals). In compiling statistics, each arrival is counted as one person-time. The number of overseas visitor arrivals includes inbound overnight tourists and one-day tourists.

Number of Chinese Residents Going Abroad (Chinese Outbound Visitors) refers to the number of Chinese (mainland) residents going to other countries, Hong Kong Special Administrative region, Macao Special Administrative region and Taiwan for on official or private purposes, for sight-seeing, vacation, visiting relatives, medical treatment, shopping, attending conference, or to engage in economic, cultural, sports and religious activities (namely the Chinese outbound visitors). In compiling statistics, each time of leaving is counted as one person-time.

Number of Domestic Tourists refers to the number of Chinese (mainland) residents who travel within China (mainland) for sight-seeing, vacation, visiting relatives, medical treatment, shopping, attending conference, or to engage in economic, cultural, sports and religious activities. In compiling statistics, each time of travelling is counted as one person-time.

Foreign Exchange Earnings from International Tourism refer to the total expenditure of foreigners, overseas Chinese, Chinese compatriots from Hong Kong, Macao and Taiwan during their stay in the mainland of China on transportation, sighting, accommodation, food, shopping and entertainment.

Income from Domestic Tourism refer to expenditure of domestic tourists on transportation, sighting, accommodation, food, shopping and entertainment while they travel.

Star-rated Hotels refer to hotels rated with stars as evaluated (accepted) by the relevant tourism authorities according to GB/T14308-2010 standard with reference to their infrastructure, facilities and service levels.

第十六篇　运输和邮电

CHAPTER 16 TRANSPORT, POSTAL AND TELECOMMUNICATION SERVICES

资料整理：郭振威　李莹莹

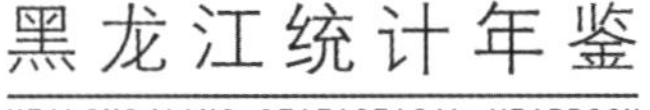

16-1　交通运输业基本情况
Basic Conditions of Transport

指　　标	Item	2015	2016	2017	2018	2019
运输线路长度(公里)	**Length of Transport Routes (km)**					
铁路营业里程	Railways in Operation	6120	6120	6122	6782	6668
#地方铁路	#Local Railways	748	748	751	751	637
铁路正线延展里程	Extension Length of the Trunk Lines	8510	8568	8587	9934	9732
公路线路里程	Length of Highways	163233	164502	165989	167116	168710
内河通航里程	Length of Navigable Inland Waterways	5495	5495	5495	5495	5495
定期航班航线里程	Length of Civil Aviation Routes	524565	630482	756650	800021	879421
管道输油(气)里程	Petroleum and Gas Pipelines	895	902	850	851	851
客运量(万人)	**Total Passenger Traffic (10000 persons)**	**44551**	**41280**	**36881**	**34013**	**32260**
铁　路	Railways	9865	10480	10412	10522	11223
公　路	Highways	32632	28550	23917	20739	18212
水　运	Waterways	372	355	341	307	317
民　航	Civil Aviation	1682	1895	2211	2445	2509
旅客周转量(亿人公里)	**Total Passenger-Kilometers (100 million passenger-km)**	**768.9**	**805.6**	**845.6**	**867.7**	**874.9**
铁　路	Railways	257.6	270.6	274.6	279.3	289.4
公　路	Highways	229.6	200.1	177.1	154.1	139.3
水　运	Waterways	0.4	0.4	0.4	0.4	0.4
民　航	Civil Aviation	281.4	334.5	393.5	433.9	445.8
货运量(万吨)	**Total Freight Traffic (10000 tons)**	**59758**	**58819**	**61407**	**62532**	**58043**
铁　路	Railways	9033	9542	11161	11357	12073
公　路	Highways	44200	42897	44127	42943	37624
水　运	Waterways	1245	1130	1110	890	780
民　航	Civil Aviation	12.2	13.0	12.6	13.0	14.1
管　道	Petroleum and Gas Pipelines	5268	5237	4996	7329	7552
货物周转量(亿吨公里)	**Total Freight Ton-kilometers (100 million ton-km)**	**1739.7**	**1729.6**	**1850.8**	**1920.3**	**1951.5**
铁　路	Railways	608.0	620.5	737.2	784.6	814.4
公　路	Highways	929.3	904.8	913.5	810.7	795.1
水　运	Waterways	8.1	7.3	7.1	6.1	5.6
民　航	Civil Aviation	2.3	2.7	2.6	2.7	2.9
管　道	Petroleum and Gas Pipelines	192.1	194.3	190.5	316.2	333.5
民用汽车拥有量(万辆)	**Number of Civil Motor Vehicles (10000 units)**	**354.7**	**396.2**	**436.8**	**478.6**	**516.9**
#载客汽车	#Number of Buses and Cars	288.7	330.1	371.6	409.9	444.8
载货汽车	Number of Trucks	60.3	61.4	61.1	64.7	68.4
#普通载货汽车	#Ordinary Trucks	33.3	34.2	34.0	35.9	37.7
#私人汽车	#Number of Private-owned Motor Vehicles	301.7	346.0	387.3	426.8	464.3
民用运输船舶拥有量(艘)	**Number of Civil Transport Vessels (unit)**	**1569**	**1543**	**1506**	**1438**	**1403**
机动船	Motor Vessels	1219	1208	1191	1148	1119
驳　船	Barges	350	335	315	290	284
私人运输船舶拥有量(艘)	**Number of Private-owned Transport Vessels (unit)**	**1015**	**1004**	**970**	**947**	**927**
机动船	Motor Vessels	855	846	820	801	784
驳　船	Barges	160	158	150	146	143

注：1.按国家统计局反馈年报，对2014-2018年管道数据进行了修订，与历史数据不可比(下同)。
2.2019交通部开展全国道路货物运输量专项调查,对2019年货运量及货物周转量重新修订(下同)

a) According to the annual report fed back by the National Bureau of statistics, the pipeline data in 2014-2018 has been revised, which is incomparable with the historical data (the same below).

b) In 2019, the Ministry of Communications conducted a special survey on the National Road Cargo Transport Volume, and revised the volume of cargo transport and cargo turnover (the same as below)

16-2 运输线路长度
Length of Transportation Routes

单位：公里 (km)

年 份 Year	铁 路 营业里程 Length of Railways in Operation	#地方铁路 Local Railways	铁路正线 延展里程 Extension Length of the Trunk Lines	公路线路 里 程 Length of Highways	内河通航 里 程 Length of Navigable Inland Waterways	定期航班 航线里程 Length of Civil Aviation Routes	管道输油 (气)里程 Petroleum and Gas Pipelines
1952	3669		4099	8919	3871		
1957	3740		4153	16892	4095		
1965	3750		4644	26256	5912		20.9
1975	4595		5506	40117	6810		148.2
1978	4594		5538	44797	6595	1261	182.2
1979	4796		5693	42191	5137	1261	182.2
1980	4796		5707	44590	5137	1261	240.2
1981	4819		5771	44749	4776	1261	240.2
1982	4818		5701	44965	4776	6693	240.2
1983	4861		5825	45295	4776	6693	240.2
1984	4917		6026	45396	4776	6705	240.2
1985	4681		6096	45487	4776	6705	302.2
1986	4956		6096	45659	4776	6705	302.2
1987	5020		6096	46090	4776	6705	302.2
1988	5121		6506	46617	4696	14274	302.2
1989	5124	187	6363	47045	4696	14274	302.2
1990	5316	428	6363	47203	4696	14274	422.5
1991	5316	428	6396	47188	4696	14274	474.2
1992	5307	428	6419	47882	4696	14274	737.4
1993	5262	428	6398	48023	4696	14274	746.6
1994	5262	428	6447	48356	5057	14274	746.6
1995	5262	428	6474	48819	5057	14274	749.4
1996	5295	428	6481	48986	5057	72000	749.4
1997	5336	428	6974	49631	5057	69000	802.4
1998	5336	428	7046	49766	5057	90000	802.4
1999	5464	490	7047	49928	5057	114000	985.4
2000	5465	491	7130	50284	5057	112000	985.4
2001	5464	490	7125	62979	5057	123416	985.4
2002	5464	490	7123	63046	5057	117406	985.4
2003	5373	490	7088	65123	5528	108716	985.4
2004	5432	650	7095	66821	5528	127486	985.4
2005	5499	718	7260	67077	5528	116624	985.4
2006	5503	723	7250	139335	5528	138845	985.4
2007	5563	723	7340	140909	5528	208119	985.4
2008	5563	723	7422	150846	5528	159587	985.4
2009	5644	724	7501	151470	5528	182243	6143.1
2010	5673	752	7535	151945	5495	203249	6938.0
2011	5832	751	7652	155592	5495	236674	7313.2
2012	6022	751	7881	159063	5495	267537	7674.6
2013	5906	748	7873	160206	5495	432115	8413.0
2014	5906	748	7055	162464	5495	504510	893.0
2015	6120	748	8510	163233	5495	524565	895.0
2016	6120	748	8568	164502	5495	630482	902.0
2017	6122	751	8587	165989	5495	756650	850.0
2018	6782	751	9934	167116	5495	800021	851.0
2019	6668	637	9732	168710	5495	879421	851.3

注：1.2009年起，输油(气)管道里程包括液化气、天然气、人工煤气和输油管道里程。

2.根据国家统计局《运输邮电软件业统计年报》，对2014年以后管道数据进行了修正。

a) Since 2009, Length of Petroleum and Gas Pipelines included length of liquefied gas, natural gas, artificial gas and oil pipeline mileage.

b) According to the annual statistical report of transportation, post and Telecommunications Software Industry issued by the National Bureau of statistics, the pipeline data since 2014 has been revised.

16-3　公路里程
Length of Highways

单位：公里　　　　(km)

年　份 Year	总　计 Total	等级公路 Expressway and Class I to Ⅳ Highway	高　速 Expressway	一　级 First Class	二　级 Second Class	三　级 Third Class	四　级 Fourth Class	等外公路 Highway Below Class Ⅳ
1979	42191	39966		14	490	8027	31435	2225
1980	44590	42567		18	597	8494	33458	2023
1981	44749	42762		18	623	8606	33515	1987
1982	44965	42989		18	623	8746	33602	1976
1983	45295	43361		18	652	9384	33307	1934
1984	45396	43558		18	697	9859	32984	1838
1985	45487	43649		18	716	9776	33139	1838
1986	45659	43821		32	758	9964	33067	1838
1987	46090	44343		162	780	10361	33040	1747
1988	46617	44715		160	573	12485	31497	1902
1989	47045	45186		189	806	13276	30915	1859
1990	47203	45495		191	891	14158	30255	1708
1991	47188	45568		192	939	14880	29557	1620
1992	47880	46264		213	1124	15662	29265	1616
1993	48023	46527		213	1302	16953	28059	1496
1994	48356	46919		214	1466	17979	27260	1437
1995	48819	47626	36	230	1977	18574	26809	1193
1996	48986	47787	36	271	2503	18547	26430	1199
1997	49631	48956	147	345	3135	22811	22518	675
1998	49766	49098	176	356	3616	22572	22378	668
1999	49928	49263	176	356	4113	22630	21988	665
2000	50284	49623	285	387	4643	22757	21551	661
2001	62979	57762	414	548	5638	33320	17842	5217
2002	63046	57882	413	707	5821	33132	17809	5164
2003	65123	59599	413	925	6623	33083	18555	5524
2004	66821	61303	722	1040	7034	33169	19339	5518
2005	67077	61691	958	1118	7140	32806	19669	5386
2006	139335	83546	958	1325	7279	33611	40373	55789
2007	140909	93850	1044	1453	7443	33027	50883	47059
2008	150846	104102	1044	1534	7743	32621	61160	46744
2009	151470	114511	1219	1576	8599	32186	70931	36960
2010	151945	118918	1358	1451	9063	32128	74918	33028
2011	155592	124132	3708	1289	8849	32298	77989	31460
2012	159063	129260	4084	1521	9623	32182	81850	29803
2013	160206	131778	4084	1593	9853	33108	83140	28429
2014	162464	135033	4084	1771	10598	34030	84550	27431
2015	163233	136325	4346	1930	11308	33833	84908	26908
2016	164502	138512	4350	2393	11552	34321	85896	25990
2017	165989	140698	4512	2657	11797	34252	87480	25291
2018	167116	142959	4512	2729	11931	34345	89443	24156
2019	168710	144966	4512	3038	12361	34028	91027	23744

注：2006年全省农村公路普查核实后，公路线路里程统计口径调整，增加了“农村公路里程”(下同)。

a) After the general survey of countryside road in April 2006,the item of length of highways add “length of countryside road”. (the same as following tables).

16-4 分地区运输线路长度(2019年)
Length of Transport Routes at Year-End by Region (2019)

单位：公里 (km)

地区	Region	公路里程 Total Length of Highways	等级公路 Expressway and Class I to IV Highways	#高速 Expressway	#一级 First Class	#二级 Second Class	等外公路 Highways Below Class IV
全省	**Total**	**168710.1**	**144966.3**	**4511.8**	**3038.4**	**12360.9**	**23743.8**
哈尔滨	Harbin	25762.5	23725.7	877.2	437.8	1339.3	2036.8
齐齐哈尔	Qiqihar	24614.9	22362.9	600.4	317.7	1449.7	2252.0
鸡西	Jixi	9400.4	7740.2	361.7	126.9	638.8	1660.2
鹤岗	Hegang	6089.0	4385.1	10.3	218.6	300.8	1703.9
双鸭山	Shuangyashan	9103.9	6176.7	163.7	117.2	857.4	2927.2
大庆	Daqing	8950.9	7401.4	249.6	300.1	687.6	1549.5
伊春	Yichun	7314.4	7035.6	132.8	182.0	938.6	278.7
佳木斯	Jiamusi	15919.2	11147.7	605.4	198.2	1157.3	4771.5
七台河	Qitaihe	2576.1	2117.7	98.7	64.5	228.1	458.4
牡丹江	Mudanjiang	12694.6	11805.5	447.9	312.0	1102.6	889.1
黑河	Heihe	16038.4	12848.4	526.4	118.5	1100.9	3190.0
绥化	Suihua	22939.2	20940.9	437.6	367.8	1160.8	1998.4
大兴安岭	Daxinganling	7306.7	7278.4		277.1	1398.9	28.2

16-5 运输线路质量
Quality of Transport Routes

指标	Item	2015	2016	2017	2018	2019
铁路营业里程(公里)	**Length of Railways in Operation (km)**	**5372**	**5372**	**5371**	**6031**	**6031**
#复线里程(公里)	#Double-Tracking Length (km)	2098	2165	2163	2826	2826
复线里程比重(%)	Proportion (%)	39.1	40.3	40.3	46.9	46.9
#自动闭塞里程(公里)	#Automatic Blocking Length (km)	2617	2617	2696	3360	3360
自动闭塞里程比重(%)	Proportion (%)	48.7	48.7	50.2	55.7	55.7
公路线路里程(公里)	**Length of Highways (km)**	**163233**	**164502**	**165989**	**167116**	**168710**
#有路面里程(公里)	#Paved Highways (km)	137551	139658	141809	144024	146000
有路面里程比重(%)	Proportion (%)	84.3	84.9	85.4	86.2	86.5
内河航道里程(公里)	**Length of Navigable Inland Waterways (km)**	**5562**	**5562**	**5562**	**5562**	**5562**
#水深一米以上(公里)	#Upwards of one meter (km)	3347	3347	3347	3347	3347
水深一米以上比重(%)	Proportion (%)	60.1	60.1	60.1	60.1	60.1

注：铁路里程为中国铁路哈尔滨局集团有限公司在黑龙江省境内数据。
a) Length of Railways in Operation is data of China Railway Harbin Group Co., Ltd. in churchyard of Heilongjiang Province.

16-6 客运量
Passenger Traffic

单位：万人 (10000 persons)

年 份 Year	合 计 Total	铁 路 Railways	公 路 Highways	水 运 Waterways	民 航 Civil Aviation
1978	13368	7707	5560	99	2
1979	14172	8329	5756	84	3
1980	14947	8963	5896	84	4
1981	15997	9806	6076	111	4
1982	17503	10566	6843	89	5
1983	18826	11281	7411	130	4
1984	20605	12111	8362	126	6
1985	20347	11625	8562	142	18
1986	21132	11413	9566	124	29
1987	26262	11697	14404	130	31
1988	26128	12689	13268	133	38
1989	25164	11999	13021	103	41
1990	22822	9855	12840	81	46
1991	23823	9938	13754	66	65
1992	23786	10573	13058	58	97
1993	22852	11658	11026	51	117
1994	23211	12231	10819	34	127
1995	23586	11881	11506	37	162
1996	38731	9515	29000	41	175
1997	45824	9604	36008	45	167
1998	47766	10136	37439	24	167
1999	48572	9821	38562	41	149
2000	49975	9897	39864	45	169
2001	51031	9658	41111	80	182
2002	51151	9312	41490	137	212
2003	48073	8319	39347	176	231
2004	51561	8860	42170	233	298
2005	55758	8359	46809	240	350
2006	60593	8924	51023	253	393
2007	64956	9631	54592	257	476
2008	42109	10012	31379	176	542
2009	44094	10133	32947	285	729
2010	47746	10602	36001	292	851
2011	51404	10745	39424	312	923
2012	53497	10524	41551	329	1093
2013	46812	10107	35102	357	1246
2014	48313	10096	36379	366	1472
2015	44551	9865	32632	372	1682
2016	41280	10480	28550	355	1895
2017	36881	10412	23917	341	2211
2018	34013	10522	20739	307	2445
2019	32260	11223	18212	317	2509

注：1.2008年，交通运输部组织开展了全国公路水路运输量专项调查。统计口径发生较大变化，公路、水运数据不宜进行历史对比(下同)。
2.根据交通部2013年专项调查，对2013年公路、水路客(货)运量进行了修订(下同)。
3.从1985至今,民航数据统计口径为旅客吞吐量,即进出港人数。

a) In 2008, the Department of Transportation organized special investigation on national highway and waterway traffic. Changes in statistical large-caliber, highways, waterways historical data should not be compared (the same below).

b) According to Ministry of Transportation special investigation in 2013,the 2013 highway and waterway passenger(cargo) traffic has been revised (the same below).

c) From 1985 to now, the statistical caliber of civil aviation data is passenger throughput, that is, the number of inbound and outbound passengers.

16-7 旅客周转量
Passenger-Kilometers

单位：亿人公里 (100 million passenger-km)

年份 Year	合计 Total	铁路 Railways	公路 Highways	水运 Waterways	民航 Civil Aviation
1978	90.7	72.2	17.5	0.70	0.3
1979	97.5	78.7	17.9	0.61	0.2
1980	102.7	83.5	18.4	0.60	0.2
1981	110.7	90.8	18.9	0.85	0.1
1982	119.7	97.2	21.8	0.59	0.2
1983	130.8	106.1	23.8	0.85	0.1
1984	146.4	118.2	27.2	0.79	0.2
1985	162.6	132.0	29.5	0.90	0.2
1986	176.5	140.1	35.4	0.72	0.2
1987	209.2	151.8	56.3	0.69	0.4
1988	227.9	174.0	52.9	0.65	0.4
1989	215.5	162.4	52.1	0.52	0.5
1990	183.6	131.6	50.3	0.40	1.3
1991	195.5	138.5	54.7	0.40	1.9
1992	212.1	155.7	50.9	0.30	5.2
1993	225.6	169.3	43.0	0.30	13.0
1994	225.3	171.8	42.9	0.20	10.4
1995	228.8	169.2	47.8	0.20	11.6
1996	280.3	141.9	126.8	0.20	11.4
1997	336.7	151.9	173.0	0.20	11.6
1998	356.7	157.8	186.4	0.03	12.5
1999	377.9	160.1	206.7	0.10	11.0
2000	390.7	162.8	214.5	0.10	13.3
2001	396.3	163.3	219.1	0.10	13.8
2002	402.4	165.3	221.8	0.10	15.2
2003	391.8	151.2	203.4	0.30	36.9
2004	447.0	173.3	225.8	0.30	47.6
2005	485.6	177.6	254.3	0.30	53.4
2006	538.9	194.9	280.6	0.30	63.1
2007	607.1	213.9	313.9	0.30	79.0
2008	530.7	227.3	213.6	0.29	89.5
2009	582.3	239.1	226.9	0.30	116.0
2010	635.0	259.5	243.2	0.30	132.0
2011	685.9	267.3	273.9	0.40	144.3
2012	741.6	262.4	296.8	0.37	182.0
2013	685.8	256.8	216.1	0.40	212.5
2014	743.8	261.5	231.2	0.40	250.7
2015	768.9	257.6	229.6	0.41	281.4
2016	805.6	270.6	200.1	0.39	334.5
2017	845.5	274.6	177.1	0.38	393.5
2018	867.7	279.3	154.1	0.36	433.9
2019	874.9	289.4	139.3	0.35	445.8

16-8　货运量
Freight Traffic

单位：万吨

年　份 Year	合　计 Total	铁　路 Railways	公　路 Highways	水　运 Waterways	民　航 Civil Aviation	管　道 Pipelines
1978	20659	8592	7888	314	0.1	3865
1979	20882	9101	7562	296	0.1	3923
1980	20600	9387	6897	287	0.1	4029
1981	20025	9321	6329	288	0.1	4087
1982	20096	9952	5720	314	0.1	4110
1983	19780	10436	4825	358	0.1	4161
1984	19185	10731	3752	383	0.2	4319
1985	23000	11341	6735	415	0.5	4508
1986	29927	11627	13386	442	0.6	4471
1987	33255	11722	16552	509	0.8	4471
1988	35900	11709	19180	539	1.0	4471
1989	37268	12389	20009	524	1.1	4345
1990	40062	12920	22239	516	1.3	4386
1991	38149	13108	20164	505	1.2	4371
1992	38393	13069	20416	556	1.6	4350
1993	37430	12947	19518	628	1.7	4335
1994	37222	13248	18857	699	2.2	4416
1995	37741	13607	19281	626	2.5	4224
1996	55570	13659	37000	650	3.0	4258
1997	59252	14290	40023	753	3.0	4183
1998	55219	12378	38291	402	2.8	4145
1999	56651	12961	38685	825	2.7	4177
2000	57332	13077	39685	788	3.2	3779
2001	47934	13371	30135	698	2.4	3728
2002	58116	13369	40317	708	2.9	3719
2003	57638	14267	39031	1052	3.2	3285
2004	60134	15143	40712	1156	3.6	3119
2005	64776	16123	44376	1301	4.2	2972
2006	69090	16069	48389	1389	4.6	3238
2007	73414	16891	51996	1250	5.4	3272
2008	57089	17795	35424	757	6.0	3107
2009	57232	16744	36486	978	6.8	3017
2010	62205	17717	40582	1015	7.6	2883
2011	66749	17678	44420	1118	8.2	3525
2012	68871	16591	47465	1175	9.2	3631
2013	64777	14561	45288	1245	9.9	3673
2014	65529	11777	47173	1262	11.3	5306
2015	59758	9033	44200	1245	12.2	5268
2016	58819	9542	42897	1130	13.0	5237
2017	61407	11161	44127	1110	12.6	4996
2018	62532	11357	42943	890	13.0	7329
2019	58043	12073	37624	780	14.1	7552

注：2014年管道货运统计口径调整，与往年不可比。

a) Pipelines freight statistical standards of 2014 were adjusted, not comparable with previous years.

16-9 货物周转量
Freight Ton-Kilometers

单位：亿吨公里 (100 million ton-km)

年份 Year	合计 Total	铁路 Railways	公路 Highways	水运 Waterways	民航 Civil Aviation	管道 Pipelines
1978	441.1	376.9	11.1	7.8		45.3
1979	462.0	398.4	10.1	7.5		46.0
1980	486.3	419.2	12.2	7.6		47.3
1981	504.4	420.7	27.5	8.3		47.9
1982	524.3	455.2	12.4	8.5		48.2
1983	564.2	494.4	10.3	10.7		48.8
1984	581.4	509.4	9.7	11.6		50.7
1985	633.9	559.9	18.2	13.9		41.9
1986	697.7	598.1	34.3	13.8		51.5
1987	739.8	629.1	44.1	15.1		51.5
1988	758.3	639.4	51.1	15.8		52.0
1989	810.8	689.6	54.9	16.0		50.3
1990	832.5	706.5	59.6	16.4		50.0
1991	836.5	713.0	57.7	16.2		49.6
1992	842.2	717.0	59.8	16.1		49.3
1993	846.0	724.9	55.9	16.1		49.1
1994	856.6	731.3	57.0	18.5		49.8
1995	867.9	748.3	55.9	16.1		47.6
1996	950.6	754.3	129.0	19.5	0.1	47.7
1997	1005.5	801.3	136.0	21.4	0.1	46.7
1998	890.1	698.6	140.4	5.1	0.2	45.8
1999	954.5	732.5	156.7	20.5	0.3	44.5
2000	961.3	736.7	161.9	19.5	0.4	42.8
2001	982.3	761.6	161.2	15.2	0.3	44.0
2002	995.2	766.7	167.5	16.2	0.9	43.9
2003	1035.5	808.9	163.1	19.4	1.0	43.1
2004	1139.6	874.5	203.8	18.9	1.1	41.3
2005	1201.6	919.7	227.6	20.0	0.8	33.5
2006	1248.1	937.3	252.1	21.2	1.0	36.5
2007	1320.5	978.9	289.9	13.6	1.1	37.0
2008	1727.1	1029.3	653.2	8.5	1.2	34.9
2009	1680.0	980.7	657.1	6.8	1.3	34.0
2010	1875.9	1056.7	762.4	7.0	1.4	48.4
2011	2009.9	1117.4	843.5	7.4	1.6	40.0
2012	2045.3	1065.7	929.0	7.6	1.8	41.3
2013	1973.6	949.2	972.9	7.9	2.0	41.6
2014	1998.7	794.7	1008.5	7.9	2.2	185.4
2015	1739.8	608.0	929.3	8.1	2.3	192.1
2016	1729.5	620.5	904.8	7.3	2.7	194.3
2017	1850.8	737.2	913.5	7.1	2.6	190.5
2018	1920.2	784.6	810.7	6.1	2.7	316.2
2019	1951.5	814.4	795.1	5.6	2.9	333.5

16-10　铁路按货物种类分的货运量和货物周转量
Railway Freight Traffic and Freight Ton-Kilometers by Category of Cargo

类　别	Category	货运量 (万吨) Freight Traffic (10000 tons)		货物周转量 (百万吨公里) Freight Ton-km (million ton-km)		平均运距 (公里) Average Transport Distance (km)	
		2018	2019	2018	2019	2018	2019
总　计	**Total**	**21347**	**21965**	**111213**	**113093**	**521**	**515**
煤	Coal	10448	10267	68062	67563	651	658
焦　炭	Coke	586	755	3727	4937	636	654
石　油	Petroleum	1093	1088	3433	3541	314	326
钢　铁	Steel and Iron	681	781	2423	3039	356	389
金属矿石	Metal Ores	781	1189	4473	6370	573	536
非金属矿石	Nonmetal Ores	289	305	586	610	203	200
矿建材料	Mineral Building Materials	694	1280	1827	3212	263	251
水　泥	Cement	186	112	306	268	165	239
木　材	Timber	1506	1278	3030	2285	201	179
化肥和农药	Chemical Fertilizers and Pesticides	512	420	3081	2507	602	597
粮　食	Grain	2362	1974	11018	8413	466	426
其　他	Others	2209	2516	9247	10348	419	411

注：本表为中国铁路哈尔滨局集团有限公司数据。
a) Figures in this table are the data of China Railway Harbin Group Co., Ltd..

16-11　信息传输基本情况
Basic Conditions of Information Transfer

指　标	Item	2015	2016	2017	2018	2019
电信业务总量(亿元)	Business Volume of Telecommunications Service(100 million yuan)	459.3	320.3	597.3	1129.5	1732.1
固定电话用户(万户)	Number of Fixed Telephone Subscribers at Year-end(10000 subscribers)	596.0	497.4	430.3	354.4	339.9
城市电话用户(万户)	Urban Fixed Telephones Subscribers(10000 subscribers)	503.8	430.7	376.9	312.5	
农村电话用户(万户)	Rural Fixed Telephones Subscribers	92.2	66.8	53.4	41.9	
移动电话用户(万户)	Number of Mobile Telephones Subscribers(10000 subscribers)	3329.8	3445.6	3657.1	3833.6	3929.0
#3G移动电话用户	#3G Mobile Phone Subscribers	705.6	483.9	399.8	385.5	77.2
#4G移动电话用户	#4G Mobile Phone Subscribers	845.7	1691.8	2299.8	2615.8	2977.5
移动电话通话时长(亿分钟)	Time of Mobile Telephones Conversation(100 million minutes)	1516.3	1438.3	1314	1189	1086.6
物联网终端用户(万户)	Number of The Internet of Things (10000 subscribers)	64	118.13	319.3	832.1	1011.7
(固定)互联网宽带接入用户	(Fixed) Broad Band Subscribers Port of Internet(10000 subscribers)	519.5	575.1	664.6	810.7	848.3
长途光缆线路长度(公里)	Length of Long-distance Optical Cable Lines(km)	46513	50222	53800	56574	50184

16-12 铁路运输技术经济主要指标
Principle Economic and Technical Indicators of Railway Transport

指 标	Item	2015	2016	2017	2018	2019
货运机车日产量(万吨公里)	Average Daily Ton-kilometers of Freight Locomotives (10000 ton-km)	152.6	155.9	159.3	165.2	167.3
内燃机车	Diesel Locomotives	147.0	151.9	153.4	121.3	104.5
电力机车	Electric Locomotives	249.9	193.7	187.3	249.0	246.4
货运机车平均牵引总重(吨)	Average Total Tonnage of Freight Locomotives (ton)	3101	3083	3072	3120	3148.0
内燃机车	Diesel Locomotives	3044	3044	3006	2899	2821.0
电力机车	Electric Locomotives	3855	3418	3371	3362	3359.0
货运机车日车公里(公里)	Daily Distance per Freight Locomotive (km)	554	566	575	592	596.0
客运机车日车公里(公里)	Daily Distance per Passenger Locomotive (km)	791	827	858	860	854.0
内燃机车每万吨公里耗油(公斤)	Oil Consumption of Diesel Locomotives (kg/10000 ton-km)	24.7	26.0	25.4	28.2	30.4
电力机车每万吨公里耗电(千瓦小时)	Electricity Consumption of Electric Locomotives (kwh/10000 ton-km)	120.3	129.5	114.4	103.0	106.0
货物列车出发正点率(%)	Punctuality Rate of Freight Trains at Departure(%)	99.5	99.5	99.4	99.4	99.4
货物列车运行正点率(%)	Punctuality Rate of Freight Trains in Running(%)	99.5	99.4	99.2	99.2	99.3
旅客列车出发正点率(%)	Punctuality Rate of Passenger Trains at Departure(%)	100.0	100.0	100.0	100.0	100.0
旅客列车运行正点率(%)	Punctuality Rate of Passenger Trains in Running(%)	99.9	99.9	99.9	99.9	99.9
货物列车技术速度(公里/小时)	Technical Speed of Freight Trains(km/hour)	51.0	51.7	52.9	56.1	57.5
货物列车运行速度(公里/小时)	Running Speed of Freight Trains(km/hour)	41.5	40.7	41.7	44.8	45.0
货运密度(万吨/公里)	Density of Freight Transport(10000 tons/km)	1225	1245	1472	1591	1617.6
旅客列车技术速度(公里/小时)	Technical Speed of Passenger Trains(km/hour)	69.5	73.4	76.9	78.1	79.0
旅客列车运行速度(公里/小时)	Running Speed of Passenger Trains(km/hour)	61.6	65.4	68.9	70.1	70.9
客运密度(万人/公里)	Density of Passenger Transport(10000 passengers/km)	327.9	410.5	409.9	379.6	391.8
每万吨货运量拥有货车数(辆)	Number of Freight Cars per 10000 Tons(coach)	1115.8	947.4	1027.9	1035.9	1060.0
每百万货物吨公里拥有货车数(辆)	Number of Freight Cars per million Ton-km(unit)	203.4	180.6	185.6	180.7	186.0
货车周转时间(天)	Turning Around Time of Freight Cars(day)	2.6	2.6	3.1	3.1	3.3
一次货物作业时间(小时)	Handling Time of Freight(hour)	18.8	18.6	19.8	20.0	23.0
每车中转停留时间(小时)	Transfer Waiting Time per Car(hour)	6.0	5.3	5.9	6.1	7.3
货车净载重(准轨)(吨)	Static Load of Freight Cars(Standard Gauge)(ton)	62.4	59.8	59.5	60.4	60.9

注：本表为中国铁路哈尔滨局集团有限公司数据。
a) Figures in this table are the data of China Railway Harbin Group Co., Ltd..

16-13 主要交通运输工具拥有量
Number of Major Means of Transportation

指 标	Item	2015	2016	2017	2018	2019
铁路机车(台)	**Railway Locomotives (unit)**	**1078**	**1089**	**1194**	**1135**	**1070**
#内燃机车	# Diesel Locomotives	1050	1018	985	888	803
电力机车	Electric Locomotives	28	71	209	247	267
铁路客车(辆)	**Railway Passenger Coaches (coach)**	**5178**	**5135**	**5040**	**5023**	**5112**
#软卧车	# Soft Berth Coaches	417	435	579	439	472
硬卧车	Hard Berth Coaches	1920	1979	1470	1925	1921
软座车	Soft Seat Coaches	560	576	435	647	729
硬座车	Hard Seat Coaches	1673	1491	1972	1439	1411
载货汽车(辆)	**Trucks (coach)**	**603118**	**613708**	**610734**	**647419**	**683939**
普通载货汽车	Ordinary Trucks	333240	341747	340329	358500	376726
专用载货汽车	Special Trucks	269878	271961	270405	288919	307213
#集装箱	# Containers	13	8	3	3	2
#私 人	# Private-owned	419209	436281	436944	462735	493191
特种汽车(辆)	**Special Motor Vehicles (unit)**	**24094**	**22901**	**21437**	**20951**	**21418**
载客汽车(辆)	**Passenger Vehicles (coach)**	**2886922**	**3301301**	**3715728**	**4098669**	**4447690**
#私 人	# Private-owned	2565008	2999521	3415401	3787443	4134149
民用轮驳船(艘)	**Civil Transport Vessels (unit)**	**350**	**335**	**315**	**290**	**284**
民用飞机(架)	**Civil Aircrafts (unit)**	**180**	**220**	**258**	**268**	**277**

16-14 民用车辆拥有量(2019年)
Number of Civil Motor Vehicles Owned(2019)

单位：辆 (coach)

指 标	Item	总计 Total	#个人 Individual	营运 Working	非营运 non-Working	校车 Schoolbus	#特种 Special
合 计	**Total**	**7234295**	**5009996**	**759703**	**4853928**	**5291**	**21962**
汽 车	**Automobile**	**5169399**	**4642875**	**633219**	**4530889**	**5291**	**21418**
载客汽车	Passenger Vehicles	4447690	4134149	158071	4284328	5291	18094
大 型	Large-sized	51000	5093	35692	11511	3797	513
中 型	Medium-sized	20983	7858	2620	16870	1493	1121
小 型	Small-sized	4346147	4092831	119672	4226474	1	16431
微 型	Mini-sized	29560	28367	87	29473		29
#轿 车	# Car	2877799	2722483	115579	2762220		8969
载货汽车	Trucks	683939	493191	460584	223355		2118
重 型	Heavy-sized	205386	97135	199002	6384		260
中 型	Medium-sized	41883	30904	37838	4045		258
轻 型	Light-sized	436284	364826	223600	212684		1600
微 型	Mini-sized	386	326	144	242		
#普通载货	#Accommodation Trucks	376726	315845	193876	182850		1860
其他汽车	Others	37770	15535	14564	23206		1206
摩托车	**Motorcycle**	**340644**	**337519**				**511**
普 通	Ordinary	333792	330690				511
轻 便	Light	6852	6829				
拖拉机	**Tractor**	**1615373**					
大中型	Large and Medium-sized	578211					
小 型	Small-sized	1037162					
挂 车	**Trailer**	**107155**	**28885**				**9**
其他类型车	**Others**	**1724**	**717**				

16-15 邮电业务量

年份 Year 地区 Region	邮电业务总量(亿元) Business Volume of Postal and Telecommunication Services (100 million yuan)	邮政业务总量 Business Volume of Postal Services	电信业务总量 Business Volume of Telecommunication Services	函件(万件) Number of Letters (10000 pcs)	包裹(万件) Package (10000 pcs)	快递业务(万件) Pieces of Express Mail Services (10000 pcs)	报刊期发数(万份) Issue of Newspapers and Magazines (10000 copies)
2009	697.8	40.2	657.6	8667.7	232.1	2052.9	377.0
2010	823.4	47.0	776.4	9305.1	237.6	2308.2	367.7
2011	307.7	30.1	277.6	7772.0	253.4	3066.0	446.3
2012	329.2	32.4	296.8	7057.5	234.4	3623.5	607.0
2013	377.0	39.2	337.8	8681.0	240.5	5393.9	323.8
2014	430.5	44.6	385.9	6842.1	117.5	7014.6	312.3
2015	511.5	52.2	459.3	4609.1	87.3	12636.8	297.3
2016	389.0	68.7	320.3	3659.2	64.6	21769.8	255.2
2017	676.7	79.4	597.3	3725.8	54.1	23185.6	240.0
2018	1223.2	93.7	1129.5	2980.4	52.3	30177.2	237.0
2019	1846.8	114.7	1732.1	1978.8	31.5	35088.9	244.7
哈尔滨 Harbin	786.2	59.4	726.7	1658.6	12.3	24440.6	66.2
齐齐哈尔 Qiqihar	174.3	7.7	166.6	47.2	4.7	1305.1	21.0
鸡西 Jixi	69.3	4.4	64.9	20.6	0.4	637.6	13.4
鹤岗 Hegang	47.4	2.4	45.0	4.2	0.0	340.0	7.7
双鸭山 Shuangyashan	53.9	2.8	51.0	13.6	0.2	395.1	9.7
大庆 Daqing	195.1	6.9	188.2	39.8	4.5	1331.7	34.2
伊春 Yichun	39.9	2.2	37.7	10.1	1.0	394.3	12.3
佳木斯 Jiamusi	114.2	5.6	108.5	10.9	0.6	1064.8	17.7
七台河 Qitaihe	33.2	1.1	32.1	2.4	0.1	239.2	4.3
牡丹江 Mudanjiang	117.3	10.1	107.1	57.2	3.8	2457.0	19.9
黑河 Heihe	64.2	3.6	60.6	55.0	0.5	914.2	14.5
绥化 Suihua	135.0	7.3	127.8	46.9	1.7	1376.2	18.9
大兴安岭 Daxinganling	16.9	1.1	15.8	12.4	1.6	193.3	4.9

Business Volume of Postal and Telecommunication Services

汇　票 (万笔) Postal Order (10000 times)	集 邮 业 务 (万枚) Stamps for Collection (10000 pieces)	邮路总长度 (单程) (万公里) Length of Postal Routes (10000 km)	#农村投递线路长度 Rural Delivery Routes	邮　政 各类经营网点数(处) Number of Offices (unit)	#设在农村 # in Rural	移动电话 用　户 (万户) Number of Mobile Telephone Subscribers at Year-end (10000 subscribers)	#3G移动电话用户 3G Mobile Phone Subscribers	#4G移动电话用户 4G Mobile Phone Subscribers	固定电话 用　户 (万户) Number of Fixed Telephone Subscribers at Year-end (10000 subscribers)	(固定)互联网宽带接入用户 (万户) ADSL (Fixed) Broad Band Subscribers Port of Internet (10000 subscribers)
502.9	3637.0			1513	979	1865.9	19.2		870.2	277.2
534.1	3477.5			1552	925	2243.0	90.4		813.5	326.6
487.5	4090.0			1963	976	2566.0	268.8		793.5	386.7
411.6	3838.3			1963	976	2663.9	471.7		776.1	435.8
307.1	4105.9			1978	962	3020.4	837.4		747.8	459.6
186.9	5389.8			1626	1041	3457.8	1094.4	165.1	640.5	492.5
130.5	6306.2	5.9		4348	1521	3329.8	705.6	845.7	596.0	519.5
84.8	5777.4	15.3		4714	1769	3445.6	483.9	1691.8	497.4	575.0
41.9	5162.0	17.8	11.9	5752	2307	3657.1	399.8	2299.8	430.3	664.6
20.0	4939.9	16.2	11.9	6155	2532	3833.6	385.5	2615.8	354.4	810.7
10.1	4041.4	16.8	11.5	6638	2540	3929.0	77.2	2977.5	339.9	848.3
4.1	1365.8	12.8	2.7	2351	684	1285.4	21.3	1076.9	138.9	256.6
0.7	277.6	0.7	2.1	674	289	422.7	8.2	323.5	27.3	96.2
0.4	199.8	0.2	0.7	366	157	188.0	3.7	131.5	13.6	43.7
0.5	153.9	0.1	0.4	206	55	127.2	3.7	83.9	6.2	26.0
0.4	380.2	0.2	0.3	219	99	156.1	3.2	108.1	11.8	35.1
1.1	498.7	0.3	0.8	468	176	364.5	8.9	279.3	19.4	73.0
0.3	104.7	0.1	0.1	208	59	112.0	2.5	89.7	9.4	29.7
0.5	206.3	0.7	0.7	458	207	284.3	6.0	195.2	22.1	68.2
0.1	81.6	0.1	0.2	165	74	92.5	2.1	71.4	4.7	20.0
1.0	273.3	0.4	0.8	506	129	262.7	6.0	201.9	23.2	70.2
0.3	80.5	0.4	0.8	289	196	174.4	3.4	138.0	17.8	39.1
0.6	352.0	0.3	1.8	587	374	401.6	7.5	235.6	40.3	76.3
0.2	66.8	0.3	0.0	141	41	57.6	0.8	42.6	5.1	14.1

16-16 民用运输船舶拥有量
Number of Transport Vessels Owned

指标	Item	总计 Total			#私人 Private		
		2017	2018	2019	2017	2018	2019
合计	**Total**	**1506**	**1438**	**1403**	**970**	**947**	**927**
机动船(艘)	**Motor Vessels (unit)**	**1191**	**1148**	**1119**	**820**	**801**	**784**
载客量(客位)	Passenger Capacity (seat)	22295	22953	23990	10259	9368	9138
净载重量(吨位)	Dead Weight Tonnage (ton)	162763	177766	98546	16143	15295	14767
总功率(千瓦)	Total Power (kw)	163107	166184	136502	54515	52832	51600
客船(艘)	Passenger Vessels (unit)	627	605	615	435	425	420
载客量(客位)	Passenger Capacity (seat)	19934	21392	22429	7898	7807	7577
净载重量(吨位)	Dead Weight Tonnage (ton)	3921	4872	5395	2975	2959	2881
功率(千瓦)	Power (kw)	55454	56211	57758	20012	19593	19166
客货船(艘)	Passenger- Cargo Vessels (unit)	65	60	60	65	60	60
载客量(客位)	Passenger Capacity (seat)	2361	1561	1561	2361	1561	1561
净载重量(吨位)	Dead Weight Tonnage (ton)	3047	2715	2715	3047	2715	2715
功率(千瓦)	Power (kw)	7243	6475	6475	7243	6475	6475
货船(艘)	Cargo Vessels (unit)	344	339	305	230	228	218
净载重量(吨位)	Dead Weight Tonnage (ton)	155795	170179	90436	10121	9621	9171
功率(千瓦)	Power (kw)	60896	66288	38939	10100	10000	9635
拖船(艘)	Towages (unit)	155	144	139	90	88	86
功率(千瓦)	Power (kw)	39514	37210	33330	17160	16764	16324
驳船(艘)	**Barges (unit)**	**315**	**290**	**284**	**150**	**146**	**143**
净载重量(吨位)	Dead Weight Tonnage (ton)	193400	183265	180565	34648	33448	32248

16-17 民用航空航线和飞机数量
Number of Civil Aviation Routes and Civil Aircrafts

指标	Item	2015	2016	2017	2018	2019
定期航班航线条数(条)	**Number of Civil Aviation Routes (unit)**	**220**	**257**	**304**	**340**	**369**
国际航线	International Routes	28	35	27	23	27
国内航线	Domestic Routes	189	218	272	315	341
#地区航线	Regional Routes	3	4	5	2	1
民用航空航线里程(公里)	**Length of Civil Aviation Routes (km)**	**524565**	**630482**	**756650**	**800021**	**879421**
国际航线	International Routes	58513	93278	74304	55690	72972
国内航线	Domestic Routes	457924	526653	668449	738658	804125
#地区航线	Regional Routes	8128	10551	13897	5673	2324
民用飞机数量(架)	**Number of Civil Aircrafts (unit)**	**180**	**220**	**258**	**268**	**277**
运输飞机	Aerotransport	42	48	60	71	76
通用飞机	General Aircraft	138	172	198	197	201
通用飞行时间(小时)	**Flying Time of General Aviation (hour)**	**26712**	**28144**	**29838**	**33202**	**35805**
农林业航空作业	Flight for Agriculture and Forestry	8150	8412	11120	11166	13030
航空护林作业	Forest Protection Service	1819	2333	2843	2469	2404
其他作业	Others	16743	17399	15875	19567	20371

主要统计指标解释

铁路营业里程　又称营业长度，指投入客货运输营业或临时营业的线路长度。

电气化里程　指具备了电力机车牵引条件，并已交付运营的线路里程。

公路里程　指报告期末公路的实际长度。统计范围：包括城间、城乡间、乡（村）间能行驶汽车的公共道路，公路通过城镇街道的里程，公路桥梁长度、隧道长度、渡口宽度。不包括城市街道里程，断头路里程，农（林）业生产用道路里程，工（矿）企业等内部道路里程。统计原则：按已竣工验收或交付使用的实际里程计算；两条或多条公路共同经由同一路段的重复里程，只计算一次。

内河航道里程　指在一定时期内，能通航运输船舶及排筏的天然河流、湖泊水库、运河及通航渠道的长度。包括全年季节性通航累计三个月以上的航道，不包括仅供零散流放竹、木排的河道。两省以河为界的航道里程，双方均按一半计算，以免重复。

定期航班航线里程　指定期航班营运里程的总长度，以万公里为计算单位。航线里程的统计分为按重复距离计算和按不重复距离计算两种形式。"按重复距离计算"是指不同航线的相同航段距离可以重复累加；"按不重复距离计算"则不同航线相同航段只统计一次。

管道输油（气）里程　指油、气、成品油等各类介质实际输送距离，是反映运输管线长度的指标，也是计算周转量的依据。对于有复线和备用线的地段，原则上按单线计算管输里程。双线同时输送又不能分开计量的情况下，管输里程为双线长度之和除以2。

货（客）运量　指在一定时期内，各种运输工具实际运送的货物重量(旅客数量)。货运按吨计算，客运按人计算。货物不论运输距离长短、货物类别，均按实际重量统计。旅客不论行程远近或票价多少，均按一人一次客运量统计；半价票、儿童票也按一人统计。

货（客）运密度　指在一定时期内某种运输方式在营运线路的某一区段平均每公里线路通过的货物(旅客)运输周转量。计算公式为：

$$货(客)运密度=\frac{货物(旅客)周转量}{营业线路长度}$$

该指标可以反映交通运输线路上的货物(旅客)运输量运输繁忙程度，是平衡运输线路运输能力和通过能力，规划线路建设及改造、配备技术设备，研究运输网布局的重要依据。

货物（旅客）周转量　指在一定时期内，由各种运输工具运送的货物(旅客)数量与其相应运输距离的乘积之总和。该指标可以反映运输业生产的总成果，也是编制和检查运输生产计划，计算运输效率、劳动生产率以及核算运输单位成本的主要基础资料。计算货物周转量通常按发出站与到达站之间的最短距离，也就是计费距离计算。计算公式为：

货物（旅客）周转量=Σ（货物（旅客）运输量×运输距离）

铁路货车平均静载重　指货物在装车时的静止装载重量。计算公式为：

货车平均静载重(吨)=货物发送吨数／装车数

铁路货运机车日产量　指在一定时期内，平均每台货运机车在一昼夜内所完成的总重吨公里数，包括载运货物的重量和车辆本身的自重。该指标从时间和牵引能力两方面反映了机车运用效率。计算公式为：

$$货运机车平均日产量=\frac{货运总重吨公里数}{货运机车台日数}$$

港口货物吞吐量　指经由水路进、出港区范围，并经过装卸的货物数量。按货物流向分为进港吞吐量和出港吞吐量，按货物的贸易性质分为内贸和外贸吞吐量。货物类别根据现行的交通行业《运输货物分类和代码》标准分类。

民用运输船舶拥有量　指报告期末在水路运输管理部门注册登记的从事水上客、货运输活动的我国企业或私人拥有的营业性运输船舶（含我国企业或私人拥有的悬挂外国旗的船舶）数量。不包括非运输船舶及农业、渔业生产船舶。

民用汽车拥有量　指报告期末，在公安交通管理部门按照《机动车注册登记工作规范》，已注册登记领有民用车辆牌照的全部汽车数量。汽车拥有量统计的主要分类：根据汽车结构分为载客汽车、载货汽车及其他汽车；根据汽车所有者不同分为个人(私人)汽车、单位汽车；根据汽车的使用性质分为营运汽车、非营运汽车；根据汽车大小规格不同，载客汽车分为大型、中型、小型和微型，载货汽车分为重型、中型、轻型和微型。

邮政、电信业务总量　指以货币形式表示的邮政、电信通信企业为社会提供各类邮政、电信通信服务的总数量。计算方法为各类业务的实物量分别乘以相应的不变单价，求出各类业务的货币量加总求得。没有不变单价的业务按其业务收入直接相加。

移动电话用户　指在电信运营企业营业网点办理开户登记手续，通过移动电话交换机进入移动电话网，占用移动电话号码的各类电话用户。包括各类签约用户、智能网预付费用户、无线上网卡用户。

互联网上网人数　指过去半年内使用过互联网的6周岁及以上中国居民人数。

固定电话用户　指在电信企业营业网点办理开户登记手续并已接入固定电话网上的全部电话用户。包括普通电话用户、无线市话用户、公用电话用户、窄带综合业务数字网（N—ISDN）用户、智能网专用接入终端用户等。

城市电话用户 指按行政区划属于中央直辖市、省辖市、地级市、县级市的市区、市郊区及县城区范围内的电话用户数。包括分布在农村地区但以县团级以上建制的独立工矿区、林区、驻军的电话用户。

农村电话用户 指按行政区划属于城市范围以外的乡（镇)、村电话用户。

住宅电话用户 指私人付费或安装在居民住宅并按照私人或住宅电话用户登记注册和收费的各类电话用户。

互联网宽带接入端口 指用于接入互联网用户的各类实际安装运行的接入端口的数量，包括 xDSL 用户接入端口、LAN 接入端口、其他类型接入端口等，不包括窄带拨号接入端口。

Explanatory Notes on Main Statistical Indicators

Length of Railways in Operation refers to the total length of the trunk line for passenger and freight transportation in full operation or temporary operation.

Length of Electrified Trunk Line refers to the length of the trunk line capable for the running of electrified locomotives and having been put into operation.

Length of Highways refers to the actual length of highways at the end of reference period. It covers public roads running vehicles among cities, city and rural areas, township (villages), highways passing through streets at small cities and towns, length of bridges and tunnels, width of ferry piers. It does not include the length of streets in cities, dead end highways, the length of streets built for agricultural (forest) production and inside factories (mines). It can only be calculated with the actual mileage having been completed, checked and accepted or put into operation. If two or more highways go the same section of the way, the length of the section is only calculated for once.

Length of Navigable Inland Waterways refers to the length of natural rivers, lakes, reservoirs and canals that are open to navigation for ships and rafts during a given period. It includes the channels with annual seasonal navigation for more than three months other than the waterways only for scattered bamboo and wooden rafts. If two provinces share one river as the border, the length of waterways will be half divided for each province to avoid duplication.

Length of Routes with Scheduled Flights refers to the total length of all routes for scheduled flights, which is calculated using million kilometres as the unit. There are usually two ways to calculate the route length: duplicated calculation and non-duplicated calculation. Duplicated calculation means that the same segment of different routes can be added duplicately, while the non-duplicated calculation allows the same segment of different routes be counted once only.

Length of Oil (Gas) Pipelines refers to the actual transport distance of oil, gas and oil products, an indicator reflecting the length of transportation routes and a reference to calculate the freight-kilometers. For those sections with double pipelines and alternate pipeline, the length will be calculated according to the length of single pipeline in principle. If the double pipelines perform the transportation at the same time and unable to be counted separately, the length of pipelines will be the length of double pipelines divided by 2.

Freight (Passenger) Traffic refers to the weight of freight (number of passenger) transported with various means within a specific period of time. Freight transport is calculated in tons and passenger traffic is calculated in terms of number of persons. Freight transport is calculated in terms of the actual weight of the goods and takes no account of the type of freight and distance of travel. Passenger traffic is calculated by the principle that one person can be counted only once in one trip and takes no account of the travelling distance and ticket price. The passengers who travel with a half price ticket or a child's ticket is also calculated as one person.

Freight (Passenger) Traffic Density refers to the freight (passenger) traffic volume carried by a particular means of transportation during a given period through one kilometre of a specific section of transportation route. The formula is as follows:

$$\begin{matrix}\text{Freight (Passenger)}\\ \text{traffic density}\end{matrix} = \frac{\begin{matrix}\text{freight ton - kilometres}\\ \text{(passenger - kilometres)}\end{matrix}}{\begin{matrix}\text{length of route}\\ \text{in operation}\end{matrix}}$$

Freight (passenger) traffic density reflects how busy freight (passenger) traffic is on transportation routes. It provides an important basis for balancing transport capability and throughput capability, planning construction and upgrading of transport routes, installing technical facilities and studying the distribution of transport networks.

Freight Ton-kilometres (Passenger-kilometres) refers to the sum of the product of the volume of transported cargo (passengers) multiplied by the transport distance. It is an important indicator to reflect the achievement of the transportation industry. This is an important indicator to show the total results of the transport industry; to prepare and examine the transport plan; and to serve as the main basic data for calculating the efficiency, labour productivity and unit cost of transport. Normally, the shortest distance between the departure station and the destination station (i.e., the payable distance) is the basis in calculating the freight ton-kilometres. The formula is as follows:

$$\begin{matrix}\text{Freight ton - kilometres}\\ \text{(passenger - kilometres)}\end{matrix} = \sum \begin{matrix}\text{freight}\\ \text{(passenger)traffic}\end{matrix} \times \begin{matrix}\text{distance of}\\ \text{transportation}\end{matrix}$$

Average Static Load of Freight Cars refers to the average cargo weight when loaded onto each freight car under the static condition. For its calculation, the following formula is applied:

$$\begin{matrix}\text{Average static}\\ \text{load of freight cars}\end{matrix}\text{(tons)} = \frac{\text{Tonnage of goods dispatched}}{\text{Number of freight cars loaded}}$$

Average Daily Haul of Freight Locomotives refers to the average total ton-kilometres accomplished by each freight transport locomotive over one day and night during a given period of time. It includes both the weight of the goods carried and the dead weight of the train itself. It is a comprehensive indicator reflecting the locomotive efficiency in terms of both time and the pulling force.

$$\text{Average daily haul of freight transport locomotive (ton - kilometre)} = \frac{\text{Total ton - kilometres of freight}}{\text{Daily number of freight transport locomotive}}$$

Volume of Freight Handled in Coastal Ports above Designated Size refers to the volume of cargo passing in and out of the harbour area of the major coastal ports and having been loaded and unloaded. The volume of freight handled may be classified by direction of cargo flow as in-port freight and out-port freight, or by nature of cargo as freight for domestic trade and freight for foreign trade. It can also be classified by type of freight based on the existing standard classification for transportation industry "Classification and Coding for Freight".

Possession of Civil Transport Vessels refers to the total number at the end of reference period of operating transport vessels owned by Chinese enterprises or privately that are registered in the water transportation management institutions and permitted to perform cargo transport activities (including vessels with foreign flags but owned by Chinese enterprises or citizens). Non-transport vessels and vessels used for agriculture and fishery are not included.

Possession of Civil Motor Vehicles refer to the total numbers of vehicles that are registered and received vehicles license tags according to the Work Standard for Motor Vehicles Registration formulated by the Transport Management Office under the department of public security at the end of the reference period. They are divided into categories. According to the structure of motor vehicles, they are divided into passenger vehicles, trucks and others; according to ownership into private vehicles and vehicles for the unit's use; according to kind of usage into working vehicles and non-working vehicles; and according to size of vehicles into large passenger vehicles, medium-sized passenger vehicles, small passenger vehicles and mini passenger vehicles, heavy trucks, light-heavy trucks, light trucks and mini-trucks.

Business Volume of Post and Telecommunications refers to the total amount of postal and telecommunication services, expressed in value terms, provided by the post and telecommunications departments for society. Business volume of post and telecommunications is the sum of each service in kind multiplying with its correspondent unit price (constant price). Business without constant price add their business revenue directly.

Mobile Telephone Subscribers refer to persons who have gone through registration procedures in the operation points of enterprises engaged in telecommunications and are hence connected with the mobile telephone communication network through the mobile telephone switchboards and occupy mobile phone numbers. Included are various types of subscriber, prepaid users for intelligent network and wireless network card users.

Internet Users refer to the number of Chinese citizens aged 6 and over who use the Internet in the past six months.

Local Telephone Subscribers refer to all subscribers who have gone through registration procedures in the operation points of enterprises engaged in telecommunications and are hence connected to the local telecommunications service provider through fixed line network. Included are general subscribers, wireless local telephone subscribers, public telephones subscribers, N-ISDN subscribers and intelligent network terminal subscribers.

Urban Telephone Subscribers refer to the number of telephone subscribers, located at the municipalities directly under the Central Government, cities under the jurisdiction of province, cities at prefecture level, downtown and suburb of city at county level town and county towns according to the administrative division, including subscribers in rural mineral area, forest area, military area that are at or above county level.

Rural Telephone Subscribers refer to telephone subscribers, located at the towns and villages outside the coverage of urban areas according to the administrative division.

Household Telephone Subscribers refer to all kinds of subscribers with telephone sets paid privately or installed in the dwelling units of residents, and registered as private subscribers or residence subscribers for payment.

Broadband Connection Terminals refer to the connection terminals to internet users actually installed and put into operation, including connection terminals for XDSL, connection terminals for LAN, and other types of connection terminals. N-ISDN connection terminals are not included.

第十七篇　教育与科技

CHAPTER 17 EDUCATION, SCIENCE AND TECHNOLOGY

资料整理：安 静　尹 波

17-1　教育事业基本情况
Basic Statistics on Education

指　　标	Item	2015	2016	2017	2018	2019
学校数(所)	**Number of Schools (unit)**					
普通高等学校	Regular Institutions of Higher Education	81	82	81	81	81
成人高等学校	Adult Institutions of Higher Education	21	21	21	20	16
中等专业学校	Specialized Secondary Schools	72	77	82	80	76
成人中等专业学校	Adult Specialized Secondary Schools	44	41	40	36	32
普通中学	Regular Secondary Schools	1940	1823	1800	1784	1788
#高　中	#Senior Secondary Schools	377	372	371	366	368
职业中学	Vocational Secondary Schools	127	119	115	113	111
技工学校	Technical Schools	131	127	127	129	129
小　学	Primary Schools	2802	1979	1537	1469	1431
专任教师数(万人)	**Number of Full-time Teachers (10000 persons)**					
普通高等学校	Regular Institutions of Higher Education	4.7	4.7	4.6	4.6	4.7
成人高等学校	Adult Institutions of Higher Education	0.1	0.1	0.1	0.1	0.1
中等专业学校	Specialized Secondary Schools	0.5	0.5	0.5	0.5	0.4
成人中等专业学校	Adult Specialized Secondary Schools	0.2	0.2	0.2	0.1	0.1
普通中学	Regular Secondary Schools	15.3	15.1	13.2	13.2	13.0
#高　中	#Senior Secondary Schools	5.0	5.0	4.2	4.3	4.3
职业中学	Vocational Secondary Schools	0.8	0.7	0.7	0.7	0.7
技工学校	Technical Schools	0.8	0.8	0.7	0.7	0.7
小　学	Primary Schools	10.9	10.1	11.4	11.1	10.7
招生数(万人)	**New Student Enrollment (10000 persons)**					
普通高等学校	Regular Institutions of Higher Education	20.6	20.6	20.3	20.6	24.8
成人高等学校	Adult Institutions of Higher Education	0.7	0.5	0.5	0.9	3.9
中等专业学校	Specialized Secondary Schools	3.6	3.6	3.3	2.6	2.7
成人中等专业学校	Secondary Schools for Adults	1.7	1.2	1.1	1.1	0.9
普通中学	Regular Secondary Schools	43.2	46.1	46.5	44.6	44.0
#高　中	#Senior Secondary Schools	18.1	18.6	18.9	17.3	19.0
职业中学	Vocational Secondary Schools	2.3	2.3	2.0	1.5	2.0
技工学校	Vestibule Schools	2.3	2.3	2.4	2.0	2.0
小　学	Primary Schools	24.9	24.6	22.1	22.2	21.5
在校学生数(万人)	**Student Enrollment (10000 persons)**					
普通高等学校	Regular Institutions of Higher Education	73.5	73.6	73.4	73.2	77.8
成人高等学校	Adult Institutions of Higher Education	2.0	1.4	1.1	1.3	9.2
中等专业学校	Specialized Secondary Schools	11.2	10.6	10.1	9.1	8.3
成人中等专业学校	Adult Specialized Secondary Schools	4.8	4.3	4.1	3.6	3.2
普通中学	Regular Secondary Schools	145.4	145.4	146.0	145.2	146.6
#高　中	#Senior Secondary Schools	55.4	55.0	55.6	54.8	55.2
职业中学	Vocational Secondary Schools	7.0	6.6	6.2	5.3	5.3
技工学校	Technical Schools	6.3	5.6	5.6	5.5	5.5
小　学	Primary Schools	147.8	143.9	137.7	131.9	127.9
毕业生数(万人)	**Graduates (10000 persons)**					
普通高等学校	Regular Institutions of Higher Education	19.4	20.0	19.7	20.1	19.5
成人高等学校	Adult Institutions of Higher Education	1.1	1.0	0.7	0.5	4.0
中等专业学校	Specialized Secondary Schools	3.6	3.5	3.6	3.3	3.2
成人中等专业学校	Adult Specialized Secondary Schools	2.4	1.7	1.7	1.8	1.1
普通中学	Regular Secondary Schools	46.1	46.7	45.8	42.5	45.6
#高　中	#Senior Secondary Schools	19.4	19.1	18.2	18.1	18.6
职业中学	Vocational Secondary Schools	2.4	2.2	2.1	1.8	1.9
技工学校	Technical Schools	4.9	2.8	2.1	1.8	1.8
小　学	Primary Schools	25.4	27.8	27.9	27.6	25.2
每一教师负担学生(人)	**Student-teacher Ratio (person)**					
普通高等学校	Regular Institutions of Higher Education	15.7	15.7	15.9	15.9	16.5
中等学校	Secondary Schools	9.9	10.0	11.3	11.2	9.9
小　学	Primary Schools	13.6	14.2	12.0	11.9	14.6

17-2 各级各类学校数

单位：所

年 份 Year	普 通 高等学校 Regular Institutions of Higher Education	中等学校 Secondary Schools	中等专业 学 校 Specialized Secondary Schools	中 等 技术学校 Technical Secondary Schools	中 等 师范学校 Teacher Secondary Schools	职业中学 Vocational Secondary Schools
1978	24	4140	75	55	20	
1980	28	3522	93	68	25	89
1985	40	3403	99	71	28	400
1990	42	3338	107	77	30	413
1995	38	3190	111	81	30	398
1996	38	3199	113	83	30	361
1997	37	3202	114	84	30	336
1998	38	3123	114	84	30	297
1999	39	3080	112	83	29	269
2000	36	3023	109	83	26	240
2001	41	3034	96	74	22	163
2002	48	3003	75	58	17	182
2003	55	2937	51	40	11	167
2004	59	2907	44	35	9	166
2005	62	2799	56	47	9	156
2006	65	2758	63	55	8	179
2007	68	2677	66	60	6	197
2008	70	2617	66	62	4	196
2009	78	2504	70	66	4	186
2010	79	2426	72	68	4	180
2011	78	2328	75	71	4	161
2012	79	2270	73	69	4	154
2013	80	2183	73	70	3	145
2014	80	2154	74	71	3	134
2015	81	2139	72	70	2	127
2016	82	2019	77	75	2	119
2017	81	1997	82	80	2	115
2018	81	1977	80	78	2	113
2019	81	1975	76	74	2	111

Number of Schools by Level and Type

(unit)

普通中学 Regular Secondary Schools	高中 Senior Secondary Schools	初中 Junior Secondary Schools	小学 Primary Schools	幼儿园 Kindergartens	盲聋哑学校 Blind, Deaf, Deaf-mute Schools
4065	2119	1946	26425	1654	62
3340	1480	1860	25879	2594	58
2904	828	2076	18157	3216	61
2818	600	2218	17092	1826	64
2681	475	2206	16163	3918	68
2725	470	2255	15902	3993	67
2752	474	2278	15377	4168	67
2712	461	2251	15193	4506	66
2699	467	2232	14754	4830	70
2674	463	2211	13995	4503	65
2775	462	2313	12636	2089	72
2746	447	2299	11990	2100	71
2719	481	2238	11400	2181	71
2697	479	2218	10791	3179	73
2587	475	2112	9995	4156	72
2516	475	2041	9288	4287	71
2414	463	1951	8738	4135	71
2355	445	1910	8142	4466	71
2248	430	1818	7202	4092	72
2174	416	1758	6490	3942	74
2092	411	1681	5620	4504	73
2043	398	1645	4834	4796	74
1965	379	1586	3261	5571	74
1946	378	1568	3115	5853	74
1940	377	1563	2802	5770	73
1823	372	1451	1979	5720	73
1800	371	1429	1537	5888	73
1784	366	1418	1469	5852	72
1788	368	1420	1431	5881	72

17-3 各级各类学校教职工数

单位：人

年 份 Year	普 通 高等学校 Regular Institutions of Higher Education	中等学校 Secondary Schools	中等专业学校 Specialized Secondary Schools	中等技术学校 Technical Secondary Schools	中等师范学校 Teacher Secondary Schools
1978	23867	188718	12062	9445	2617
1980	29070	192575	13057	10013	3044
1985	36949	194053	15991	13067	2924
1990	42418	214098	17483	13843	3640
1995	43324	208562	18075	14087	3988
1996	43204	208805	18387	14486	3901
1997	41212	209992	18282	14321	3961
1998	40564	211976	18013	14117	3896
1999	42608	213841	17440	13686	3754
2000	43120	210698	16443	12971	3472
2001	46163	210046	13433	10352	3081
2002	52140	207103	10221	7890	2331
2003	60609	203403	6592	4970	1622
2004	64831	201713	6055	4602	1453
2005	65640	193714	6648	5322	1326
2006	68252	193053	6969	5714	1255
2007	72316	192299	7519	6609	910
2008	74480	192253	7519	7002	517
2009	75062	192092	7880	7378	502
2010	75741	189957	7418	6810	608
2011	76205	204497	7462	6873	589
2012	77510	207351	7302	6935	367
2013	77234	201949	7263	6906	357
2014	77000	200828	7541	7361	180
2015	76086	197551	7551	7385	166
2016	74901	195656	7559	7403	156
2017	73918	195595	7956	7813	143
2018	73542	194615	7407	7269	138
2019	74233	192099	6439	6311	128

Number of Teachers and Staff by Level and Type

(person)

普通中学 Regular Secondary Schools	职业中学 Vocational Secondary Schools	小学 Primary Schools	幼儿园 Kindergartens	盲聋哑学校 Blind, Deaf, Deaf-mute Schools
176656		217179	13176	1064
176247	3271	219967	23478	1197
163216	14846	239660	32172	1562
176687	19928	250064	40631	2164
173311	17176	247894	42219	2779
174556	15862	246032	40868	2577
176878	14832	246444	39793	2524
180066	13897	242001	37391	2598
183112	13289	236864	34884	2550
182246	12009	221859	32840	2466
185718	10895	209888	19975	2598
186394	10488	207924	19586	2628
186384	10427	204820	20298	2546
185184	10474	201911	24145	2484
176524	10542	188256	25668	2290
174745	11339	184214	27872	2295
172633	12147	181778	27812	2281
172718	12016	179467	29623	2295
172299	11913	176830	28883	2285
171212	11327	172707	29803	2312
185966	11069	152915	39417	2308
188935	11114	145978	44708	2312
184377	10309	136461	51578	2253
183497	9790	130444	55788	2281
180505	9495	123574	59559	2222
178757	9340	116470	62919	2260
178931	8708	111146	66660	2261
178631	8577	106572	68658	2248
177408	8252	101932	72013	2330

17-4 各级各类学校教师数

单位：人

年 份 Year	普 通 高等学校 Regular Institutions of Higher Education	中等学校 Secondary Schools	中等专业学 校 Specialized Secondary Schools			职业中学 Vocational Secondary Schools
				中等技术学校 Technical Secondary Schools	中等师范学校 Teacher Secondary Schools	
1978	8380	142761	4193	3094	1099	
1980	10365	144291	4946	3477	1469	2589
1985	13448	135366	5953	4610	1343	9306
1990	15915	149499	7253	5435	1818	12198
1995	16542	148057	7757	5726	2031	11028
1996	16403	149560	7917	5904	2013	10316
1997	15736	152402	7999	5938	2061	9883
1998	15505	156257	7958	5918	2040	9331
1999	15804	159855	7787	5762	2025	9032
2000	16169	160153	7358	5464	1894	8396
2001	18042	161133	6193	4389	1804	7617
2002	23179	161352	4925	3505	1420	7373
2003	28525	160108	3302	2267	1035	7177
2004	32119	159719	3039	2089	950	7208
2005	35105	153952	3247	2348	899	7517
2006	36866	154299	3647	2741	906	8124
2007	39792	154769	4017	3338	679	8830
2008	41727	156018	4069	3723	346	8932
2009	43057	156205	4353	4011	342	9020
2010	44198	155048	4198	3773	425	8694
2011	44821	168152	4349	3972	377	8371
2012	45448	170671	4211	3964	247	8441
2013	46215	167746	4279	4036	243	8005
2014	46870	167073	4523	4406	117	7626
2015	46806	165186	4587	4479	108	7630
2016	46829	162945	4678	4577	101	7497
2017	46278	144294	5068	4974	94	7102
2018	46027	143413	4736	4641	95	7013
2019	47245	141887	4106	4017	89	6814

Number of Teachers by Level and Type

(person)

普通中学 Regular Secondary Schools	高 中 Senior Secondary Schools	初 中 Junior Secondary Schools	小 学 Primary Schools	幼儿园 Kindergartens	盲聋哑学校 Blind, Deaf, Deaf-mute Schools
138568	28151	110417	187061	9306	642
136756	27606	109150	193787	13317	694
120107	23099	97008	207256	21255	974
130048	22785	107263	215735	24429	1367
129272	21536	107736	214944	28890	1936
131327	21722	109605	213124	27659	1741
134520	22294	112226	214807	27717	1724
138968	22845	116123	210954	26273	1869
143036	23582	119454	206807	25962	1793
144399	24172	120227	193113	24221	1751
147323	25502	121821	182929	11733	1899
149054	26695	122359	180900	11145	1931
149629	29728	119901	178122	11779	1926
149472	32648	116824	175274	13956	1910
143188	34093	109095	163204	14534	1782
142528	35788	106740	160511	15955	1799
141922	37373	104549	158918	16313	1801
143017	39386	103631	157436	17233	1843
142832	40113	102719	155025	16768	1868
142156	40726	101430	151344	17559	1873
155432	49559	105873	134479	22696	1872
158019	50245	107774	128792	25427	1879
155462	49378	106084	120214	28747	1850
154924	50029	104895	114606	30865	1899
152969	49667	103302	109061	32328	1877
150770	49673	101097	101401	34177	1926
132124	42452	89672	114487	35541	1925
131664	42686	88978	110544	35128	1920
130967	42909	88058	107089	35914	1997

17-5 各级各类学校在校学生数

单位：人

年 份 Year	普通高等学校 Regular Institutions of Higher Education	中等学校 Secondary Schools	中等专业学校 Specialized Secondary Schools	#中等技术学校 Technical Secondary Schools	#中等师范学校 Teacher Secondary Schools	职业中学 Vocational Secondary Schools
1978	33248	2622047	36051	19339	16712	
1980	43627	2509164	41177	23483	17694	47822
1985	65940	2218705	59686	34629	25057	141245
1990	79908	2003199	66235	45337	20898	135486
1995	113523	2012719	100003	71239	28764	121520
1996	116379	2114982	111502	81527	29975	117839
1997	115767	2213940	118429	89123	29306	114606
1998	125140	2395561	123854	95414	28440	120185
1999	157063	2601909	128485	103235	25250	116937
2000	200386	2707986	115489	94596	20893	105060
2001	271435	2717522	116315	99280	17035	80619
2002	334627	2767789	121718	106897	14821	84884
2003	392246	2674379	111540	43778	6263	88916
2004	465703	2613122	107997	41862	5134	94725
2005	540867	2480041	97559	44002	5847	103092
2006	584112	2378916	94547	55101	5088	116684
2007	634902	2313072	105562	72217	2856	137601
2008	678139	2263200	115559	91325	1791	143016
2009	708935	2219578	115624	96818	1612	156894
2010	719117	2159652	119002	94312	1751	132873
2011	711198	2088030	119458	95753	3699	123127
2012	704538	2046550	120694	88286	4340	109139
2013	717856	1734842	119341	84363	4331	93773
2014	730614	1673320	117012	84031	4416	73231
2015	735151	1635788	111562	81633	3199	70264
2016	735857	1626379	106308	79579	2317	66344
2017	734166	1623499	101317	85010	1448	61703
2018	732082	1605049	91254	68544	1626	53316
2019	778160	1601809	82886	64271	2038	53301

Number of Students Enrollment by Level and Type

(person)

普通中学 Regular Secondary Schools	高中 Senior Secondary Schools	初中 Junior Secondary Schools	小学 Primary Schools	幼儿园 Kindergartens	盲聋哑学校 Blind, Deaf, Deaf-mute Schools
2585996	493965	2092031	4958068	139791	4277
2420165	455716	1964449	5002632	298740	4515
2017774	335914	1681860	4677937	496132	5416
1801478	267169	1534309	3977121	577053	5522
1791196	252376	1538820	3729337	651655	5607
1885641	260071	1625570	3713483	645365	4845
1980905	270276	1710629	3705059	589276	4595
2151522	292464	1859058	3448558	555898	4793
2356487	309567	2046920	3101578	510631	4548
2487437	328765	2158672	2830578	470317	4311
2520588	362410	2158178	2587506	369821	7518
2561187	413251	2147936	2437336	371120	7002
2473923	486096	1987827	2401918	345116	6404
2410400	546793	1863607	2315394	422998	6475
2279390	583567	1695823	2204055	377242	6679
2167685	607896	1559789	2103073	414227	6591
2069909	607254	1462655	2040767	426913	6358
2004625	611287	1393338	1982828	437284	8332
1947060	608221	1338839	1903733	424717	9706
1907777	616885	1290892	1879609	491647	8326
1845445	622251	1223194	1874996	561714	6731
1816717	612579	1204138	1867729	578793	6933
1521728	589379	932349	1540035	540777	6482
1483077	566805	916272	1486016	535854	6693
1453962	554173	899789	1477992	532286	6903
1453727	549844	903883	1439381	528090	7845
1460479	556496	903983	1376526	559283	9268
1452404	548421	932812	1318982	522076	9981
1465622	551656	913966	1278727	509864	11167

17-6 各级各类学校招生数

单位：人

年 份 Year	普通高等学校 Regular Institutions of Higher Education	中等学校 Secondary Schools	中等专业学校 Specialized Secondary Schools	#中等技术学校 Technical Secondary Schools	#中等师范学校 Teacher Secondary Schools
1978	13192	988741	19051	9907	9144
1980	11440	964834	19383	10304	9079
1985	24701	774608	24699	14729	9970
1990	24289	697999	19069	14176	4893
1995	35270	764356	35879	26806	9073
1996	36448	736548	39720	30156	9564
1997	36288	739193	41747	31605	10142
1998	39881	913767	44557	34779	9778
1999	62480	934441	46585	40237	6348
2000	76450	847161	35473	29187	6286
2001	98162	810737	31566	26573	4993
2002	115702	789643	40743	36057	4686
2003	125402	686475	36258	15540	2085
2004	149924	725222	33267	13253	1248
2005	172054	710305	31954	16629	1529
2006	180386	714447	35078	24506	1883
2007	195766	693270	40903	33282	999
2008	216022	690791	42038	35868	571
2009	210372	705121	42954	36594	418
2010	195365	650019	40329	32271	781
2011	199414	625026	42931	32830	1595
2012	203066	622583	42296	29130	2170
2013	202707	540110	40612	28258	1366
2014	203081	506653	39026	28905	1260
2015	205725	490720	35936	27604	605
2016	205903	520287	35575	26741	452
2017	202636	518848	33442	27177	417
2018	205726	511558	26152	20309	815
2019	247656	486859	26693	22039	843

Number of New Students Enrollment by Level and Type

(person)

普通中学 Regular Secondary Schools	高中 Senior Secondary Schools	初中 Junior Secondary Schools	职业中学 Vocational Secondary Schools	小学 Primary Schools	盲聋哑学校 Blind, Deaf, Deaf-mute Schools
969690	244752	724938		1189813	730
901537	216203	685334	43914	1078553	792
676789	116124	560665	73120	736004	1059
619527	95016	524511	59403	636998	820
678617	93860	584757	49860	639529	831
652427	90282	562145	44401	633284	672
655077	98005	557072	42369	599270	703
816060	113234	702826	53150	510911	796
852360	110095	742265	35496	464113	580
780271	118418	661853	31417	442988	618
751164	141132	610032	28007	414318	884
716662	159228	557434	32238	406494	1024
618877	187643	431234	31340	405337	830
661363	203315	458048	30592	383832	760
641065	205541	435524	37286	240241	778
630939	208852	422087	48430	333206	800
595430	198023	397407	56937	340170	783
598813	209254	389559	49940	336919	1126
597601	207927	389674	64566	312389	1511
570688	207452	363236	39002	341438	1233
542744	207742	335002	39351	333945	664
547433	202090	345343	32854	328950	700
472887	193979	278908	26611	274454	731
444859	181627	263232	22768	227120	1154
431869	180950	250919	22915	249113	977
461494	186283	275211	23218	246422	1531
465032	189010	276022	20374	221026	2071
445889	173135	272754	14795	221795	1450
440359	190255	250104	19807	214565	1736

17-7 各级各类学校毕业生数

单位：人

年 份 Year	普 通 高等学校 Regular Institutions of Higher	中等学校 Secondary Schools	中等专业学校 Specialized Secondary	#中 等 技术学校 Technical Secondary	#中 等 师范学校 Teacher Secondary
1980	7828	704698	19911	11708	8203
1985	11772	583165	17347	10620	6727
1990	22972	584486	15986	10607	5379
1995	30622	576053	23369	16177	7192
1996	33439	569253	28852	19881	8971
1997	30589	594398	33861	22956	10905
1998	30055	669351	37397	26665	10732
1999	30218	655719	39353	29862	9491
2000	31737	661074	38157	27606	10551
2001	37359	710566	30327	23054	7273
2002	46401	684420	32431	27214	5217
2003	69050	729371	45279	18758	2636
2004	84964	751291	34596	12241	2150
2005	100791	792618	32449	12201	752
2006	129465	778185	24699	13062	
2007	148883	721246	19317	9399	
2008	169988	708092	20032	12344	56
2009	174380	716578	34407	26216	61
2010	180982	678382	30569	24070	13
2011	196075	679656	35264	31111	581
2012	203792	682859	37357	30082	392
2013	184085	656062	37314	30449	491
2014	185376	541426	37011	27722	971
2015	193980	521228	36425	28274	1822
2016	199598	524250	35370	26988	1334
2017	197183	514793	36222	29453	1260
2018	200701	511412	32841	24378	591
2019	194809	506130	31682	21153	412

Number of Graduates by Level and Type

(person)

普通中学 Regular Secondary Schools	高 中 Senior Secondary Schools	初 中 Junior Secondary Schools	职业中学 Vocational Secondary Schools	小 学 Primary Schools	盲聋哑学 校 Blind, Deaf, Deaf-mute Schools
684422	169152	515270	365	760548	441
527026	102731	424295	38792	654517	432
522845	89285	433560	45655	635770	554
507909	73306	434603	44775	638456	585
497697	74005	423692	42704	606170	569
515521	79682	435839	45016	591032	476
586482	86053	500429	45472	749160	549
575538	82932	492606	40828	785711	508
578390	91419	486971	44527	698124	632
630624	102784	527840	49615	638339	950
621709	105634	516075	30280	570422	670
658977	115778	543199	25115	438218	536
688863	139441	549422	27832	462923	566
726516	161301	565215	33653	443962	669
718229	181583	536646	35257	427035	724
669849	193767	476082	32080	398638	639
650950	203680	447270	37110	390554	879
642951	206616	436335	39220	389841	1629
600743	195518	405225	47070	363943	931
602472	204287	398185	41920	336006	642
600231	206310	393921	45271	346553	576
579347	206088	373259	39401	330069	799
468483	198990	269493	35932	267124	653
460988	193938	267050	23815	254050	655
466614	190714	275900	22266	278092	708
457565	181619	275946	21006	278965	806
425328	180948	244380	17929	276053	927
455768	185865	269903	18680	252008	921

17-8 普通高等学校本专科分学科学生数(2019年)
Number of Students Enrollment in Institutions of Higher Education by Field of Study(2019)

单位：人 (person)

学 科	Subject	本科毕业生数 Graduates of Regular College Course	本科招生数 New Student Enrollment of Regular College Course	本科在校生数 Student Enrollment of Regular College Course
总 计	**Total**	**122745**	**140913**	**542083**
#女 性	#Female	65813	73236	284037
哲 学	Philosophy	104	109	446
经济学	Economics	6018	7043	26926
法 学	Law	3023	3069	11865
教育学	Education	4279	5173	19353
文 学	Literature	11131	13587	49630
历史学	History	487	516	2002
理 学	Science	7553	8873	34107
工 学	Engineering	46755	55916	211522
农 学	Agriculture	2759	3461	12738
医 学	Medicine	9165	11252	47365
管理学	Manage	21733	21049	84973
艺术学	Art	9738	10865	41156

17-8 续表 Continued

单位：人 (person)

学 科	Subject	专科毕业生数 Graduates of Regular Specialized Subject	专科招生数 New Student Enrollment of Regular Specialized Subject	专科在校生数 Student Enrollment of Regular Specialized Subject
总 计	**Total**	**72064**	**106743**	**236077**
#女 性	#Female	34574	40561	99965
农林牧渔大类	Agriculture, Forestry, Animal Husbandry & Fishery Categories	2686	9107	14153
资源环境与安全大类	Resource Environment and Security Categories	1010	1995	3609
能源动力与材料大类	Energy Dynamics and Materials Categories	1008	1147	2657
土木建筑大类	Civil Construction Categories	5849	8695	19195
水利大类	Hydraulic Engineering Categories	73	171	311
装备制造大类	Equipment Manufacturing Categories	6678	8917	19728
生物与化工大类	Biology and Chemistry Categories	368	112	440
轻工纺织大类	Light and Textile Industry Categories	465	465	1510
食品药品与粮食大类	Food, Medicine and Food Categories	3192	3348	8480
交通运输大类	Major Transportation Sectors Categories	8782	10487	27545
电子信息大类	Electronic Information Categories	6771	13348	27747
医药卫生大类	Medical and Health Categories	8642	12310	30263
财经商贸大类	Finance and Trade Categories	11587	15372	31799
旅游大类	Tourism Categories	2239	3207	7399
文化艺术大类	Cultural and Artistic Categories	2370	3658	7954
新闻传播大类	News Communication Categories	443	684	1431
教育与体育大类	Education and Sports Categories	8095	11005	25589
公安与司法大类	Public Security and Judicial Categories	1643	1685	4774
公共管理与服务大类	Public Administration and Services	163	1030	1493

17-9　普通高等学校分科专任教师数(2019年)

Number of Full-Time Teachers by Field of Study in Regular Higher Education Institutions(2019)

单位：人　(person)

学　科	Subject	合　计 Total	教　授 Professors	副教授 A/Prof.	讲　师 Lecturers	助　教 Assistants	教　员 Instructors
总　计	**Total**	**48205**	**8193**	**16897**	**18156**	**3210**	**1749**
#女　性	#Female	26795	3707	9222	10777	2022	1067
哲　学	Philosophy	907	164	274	344	86	39
经济学	Economics	1950	322	742	650	152	84
法　学	Law	2294	299	715	896	195	189
教育学	Education	3586	436	1227	1435	347	141
文　学	Literature	6384	601	2112	3008	426	237
历史学	History	276	54	114	87	11	10
理　学	Science	4546	892	1784	1522	230	118
工　学	Engineering	15471	3143	5699	5398	775	456
农　学	Agriculture	1616	440	571	517	57	31
医　学	Medicine	4004	933	1275	1459	247	90
管理学	Manage	3818	559	1354	1391	351	163
艺术学	Art	3353	350	1030	1449	333	191

17-10　分学科研究生数(2019年)

Number of Postgraduates by Subject(2019)

单位：人　(person)

学　科	Subject	毕业生数 Graduates		招生数 New Student Enrollment		在校生数 Student Enrollment	
		博士 Doctor	硕士 Master	博士 Doctor	硕士 Master	博士 Doctor	硕士 Master
总　计	**Total**	**18826**	**1923**	**28272**	**24479**	**3793**	**78679**
#女　性	#Female	9811	748	14245	12730	1515	39178
哲　学	Philosophy	121	15	139	118	21	477
经济学	Economics	342	6	531	507	24	1123
法　学	Law	1066	39	1168	1103	65	3320
教育学	Education	948	10	1396	1376	20	2871
文　学	Literature	717	28	930	881	49	2316
历史学	History	109		93	89	4	279
理　学	Science	1448	145	1944	1683	261	5644
工　学	Engineering	8124	1148	12602	10227	2375	35548
农　学	Agriculture	1019	132	1815	1621	194	5042
医　学	Medicine	2675	276	3970	3404	566	11094
军事学	Military						
管理学	Manage	1847	110	3096	2908	188	9368
艺术学	Art	410	14	588	562	26	1597
学术型学位	Academic Degree	10432	1911	15138	11826	3312	47359
专业学位	Professional Degree	8394	12	13134	12653	481	31320

17-11 平均每万人口在校学生数和大中小学学生构成
Number of Students Enrollment Per 10000 Population and Composition of Students Enrolled

年 份 Year	大中小学校在校学生占全省人口(%) Students as Percentage of Total Population (%)	平均每万人口学生数(人) Number of Students per 10000 Population (person)			大中小学学生构成(%) Student Structure of Different Level (%)		
		大学生 University and College Students	中学生 Secondary School Students	小学生 Primary School Students	大学生 University and College Students	中学生 Secondary School Students	小学生 Primary School Students
1978	24.3	10.6	837.8	1584.2	0.4	34.4	65.1
1980	23.6	13.6	783.2	1561.5	0.6	33.2	66.2
1985	20.7	19.6	660.9	1393.5	0.9	31.9	67.2
1990	17.1	22.6	565.4	1122.5	1.3	33.1	65.6
1995	15.8	30.7	543.8	1007.7	1.9	34.4	63.7
1996	15.9	31.2	567.3	996.1	2.0	35.6	62.5
1997	16.1	30.9	590.2	987.8	1.9	36.7	61.4
1998	15.8	33.2	634.9	914.0	2.1	40.1	57.8
1999	15.5	41.4	686.2	817.9	2.7	44.4	52.9
2000	15.1	52.6	711.3	743.5	3.5	47.2	49.3
2001	14.6	71.2	713.1	679.0	4.9	48.7	46.4
2002	14.5	87.8	725.9	639.2	6.0	50.0	44.0
2003	14.3	102.8	698.0	629.8	7.2	48.9	43.9
2004	14.7	157.8	704.2	606.8	10.7	47.9	41.3
2005	14.4	192.3	673.0	577.0	13.3	46.7	40.0
2006	14.2	213.3	655.0	550.0	15.0	46.2	38.8
2007	14.0	220.7	641.9	533.7	15.8	46.0	38.2
2008	14.0	242.7	636.1	518.5	17.4	45.5	37.1
2009	13.9	253.0	637.7	497.6	18.2	45.9	35.9
2010	13.8	257.1	629.8	491.0	18.7	45.7	35.6
2011	13.6	255.4	616.6	489.1	18.8	45.3	35.9
2012	13.5	258.3	609.3	487.1	19.1	45.0	36.0
2013	11.7	266.3	506.0	401.6	22.7	43.1	34.2
2014	11.3	270.4	475.4	387.6	23.9	41.9	34.2
2015	11.1	267.6	456.9	386.7	24.1	41.1	34.8
2016	10.9	259.1	453.5	378.2	23.7	41.6	34.7
2017	10.7	256.5	453.4	362.8	23.9	42.3	33.8
2018	10.6	258.6	454.2	348.9	24.4	42.8	32.9
2019	10.4	253.0	450.2	340.9	26.8	39.1	34.1

注：从2002起，大学生、中学生在校生中分别新增了网络生和成人生，与以前年份不可比。

a) Since 2002, network students and adult students have been added to college students and middle school students respectively, which is incomparable with the previous years.

17-12　研究生数
Number of Postgraduates

单位：人　　(person)

年　份 Year	在校学生数 Student Enrollment	招生数 New Student Enrollment	毕业生数 Graduates	每十万人拥有研究生数 Number of Postgraduates per 100000 Population		
				在校学生数 Student Enrollment	招生数 New Student Enrollment	毕业生数 Graduates
1978	350	350		1.1	1.1	
1980	437	115	202	1.4	0.4	0.6
1985	3572	1926	588	10.7	5.8	1.8
1990	4011	1285	1572	11.4	3.6	4.5
1995	5643	1914	1344	15.3	5.2	3.6
1996	6269	2249	1606	16.8	6.0	4.3
1997	6662	2326	1667	17.8	6.2	4.4
1998	7195	2345	1774	19.1	6.2	4.7
1999	8465	3116	1903	22.4	8.2	5.0
2000	10647	4494	2293	28.0	11.8	6.0
2001	13861	5741	2455	36.4	15.1	6.4
2002	17586	7091	2999	46.1	18.6	7.9
2003	23630	9906	3862	62.0	26.0	10.1
2004	30268	12023	5345	79.3	31.5	14.0
2005	37075	13653	6608	97.1	35.8	17.3
2006	42683	14863	9064	111.7	38.9	23.7
2007	46109	15125	11679	120.6	39.6	30.5
2008	48890	15533	12903	127.8	40.6	33.7
2009	51915	17580	14667	135.7	46.0	38.3
2010	54467	18369	15468	142.3	48.0	40.4
2011	57829	19432	15247	150.8	50.7	39.8
2012	60819	20286	16824	158.6	52.9	43.9
2013	62249	20824	18439	162.3	54.3	48.1
2014	61174	20471	20685	159.6	53.4	54.0
2015	62044	21172	19151	162.3	55.4	50.1
2016	63620	21889	19510	167.2	57.5	51.3
2017	68078	25076	19328	179.4	66.1	50.9
2018	72952	26626	19461	192.9	70.4	51.5
2019	78679	28272	20749	210.6	74.6	56.0

17-13 中等专业学校分科学生数(2019年)

Number of Students in Specialized Secondary Schools by Field of Study (2019)

单位: 人 (person)

学 科	Subject	毕业生数 Graduates	招生数 New Student Enrollment	在校学生数 Student Enrollment
总 计	**Total**	**61511**	**55174**	**167688**
农林牧渔类	Agriculture, Forestry, Animal Husbandry & Fishery	13319	7959	30107
资源环境类	Resource and Environment	12	76	980
能源与新能源类	Energy and New Energy	28	55	136
土木水利类	Civil Engineering Class	1408	1099	3195
加工制造类	Machining and Manufacture	2414	1652	5929
石油化工类	Petroleum Chemical			10
轻纺食品类	Textile Food	435	347	1061
交通运输类	Traffic and Transport	8718	6907	22734
信息技术类	Information Technology	9199	11958	29869
医药卫生类	Medicine and Sanitation	10293	10692	32604
休闲保健类	Leisure-care	718	679	1746
财经商贸类	Financial Business	4952	4490	12478
旅游服务类	Tourism Services	2661	2764	7428
文化艺术类	Culture and Art	2150	2174	6557
体育与健身	Sports and Fitness	658	845	2165
教育类	Educational	3753	2628	8550
司法服务类	Judicial Service	471	573	1433
公共管理与服务类	Public Management and Service	322	276	706
其他	Others			

17-14 中等职业学校专任教师数(2019年)

Number of Full-Time Teachers in Secondary Vocational Schools(2019)

单位: 人 (person)

项 目	Item	合 计 Total	正高级 Senior	副高级 Sub Senior	中级 Middle	初级 Junior	未定职级 No Rank
总 计	**Total**	**12604**	**63**	**4366**	**4831**	**2326**	**1018**
#女 性	#Female	7447	41	2683	2663	1366	694
文化基础课	Culture Basic Course	5331	11	1936	2050	964	370
专业课	Professional Course	6954	52	2360	2676	1276	590
农林牧渔类	Agriculture, Forestry, Animal Husbandry & Fishery	982	11	352	427	166	26
资源环境类	Resource and Environment	26		4	16	6	
能源与新能源类	Energy and New Energy	11		6	3	1	1
土木水利类	Civil Engineering Class	124	2	33	42	32	15
加工制造类	Machining and Manufacture	446	2	165	163	69	47
石油化工类	Petroleum Chemical	9			3	4	2
轻纺食品类	Textile Food	35		16	10	9	
交通运输类	Traffic and Transport	592	3	147	213	138	91
信息技术类	Information Technology	1111	3	364	471	192	81
医药卫生类	Medicine and Sanitation	781	8	253	248	174	98
休闲保健类	Leisure-care	41		14	23	3	1
财经商贸类	Financial Business	583	11	257	206	69	40
旅游服务类	Tourism Services	353	1	111	120	71	50
文化艺术类	Culture and Art	527	2	161	200	106	58
体育与健身	Sports and Fitness	242	3	79	107	43	10
教育类	Educational	593	1	209	240	116	27
司法服务类	Judicial Service	16	1	10	3	2	
公共管理与服务类	Public Management and Service	69	1	17	32	10	9
其他	Others	413	3	162	149	65	34
实习指导课	Practice and Direction Course	319		70	105	86	58

17-15　各级各类学校女学生数和女教师数
Number of Female Students and Teachers by Level and Type

项　目	Item	2015	2016	2017	2018	2019
女学生数(万人)	**Number of Female Students (10000 persons)**	**190.1**	**187.2**	**183.7**	**180.9**	**178.7**
普通高等学校	Institutions of Higher Education	37.9	37.8	37.5	37.3	38.4
中等专业学校	Specialized Secondary Schools	5.8	5.4	5.2	4.7	4.3
普通中学	Regular Secondary Schools	72.6	72.4	72.7	73.7	72.5
职业中学	Vocational Secondary Schools	2.9	2.6	2.2	1.9	1.9
小　学	Primary Schools	71.0	69.1	66.2	63.4	61.6
女学生占学生总数(%)	**Percentage of Female Students to Total Students (%)**	**49.4**	**49.3**	**49.2**	**50.1**	**48.8**
普通高等学校	Institutions of Higher Education	51.5	51.4	51.0	50.9	49.3
中等专业学校	Specialized Secondary Schools	51.8	50.9	51.1	51.4	52.3
普通中学	Regular Secondary Schools	49.9	49.8	49.7	49.7	49.5
职业中学	Vocational Secondary Schools	41.1	38.7	36.4	35.3	34.7
小　学	Primary Schools	48.1	48.0	48.1	48.1	48.2
女教师数(万人)	**Number of Female Teachers (10000 persons)**	**20.3**	**20.0**	**19.9**	**19.7**	**19.5**
普通高等学校	Institutions of Higher Education	2.5	2.5	2.5	2.5	2.6
中等专业学校	Specialized Secondary Schools	0.3	0.3	0.3	0.3	0.3
普通中学	Regular Secondary Schools	9.8	9.8	8.6	8.6	8.6
职业中学	Vocational Secondary Schools	0.5	0.4	0.4	0.4	0.4
小　学	Primary Schools	7.3	6.9	8.0	7.8	7.6
女教师占教师总数(%)	**Percentage of Female Teachers to Total Teachers (%)**	**63.2**	**64.1**	**65.1**	**65.7**	**66.0**
普通高等学校	Institutions of Higher Education	53.6	54.1	54.7	55.2	55.6
中等专业学校	Specialized Secondary Schools	59.4	59.7	60.0	61.0	62.6
普通中学	Regular Secondary Schools	64.1	64.8	64.9	65.3	65.7
职业中学	Vocational Secondary Schools	59.9	59.3	60.0	61.1	61.4
小　学	Primary Schools	66.5	68.3	70.2	71.0	71.4

17-16 各级学校教师负担学生数
Student-Teacher Ratio by Level

单位：人 (person)

年 份 Year	普通高等学校 Institutions of Higher Education		中等学校 Secondary Schools		小 学 Primary Schools	
	教师数 Number of Teachers	平均每个教师负担学生 Student-teacher Ratio	教师数 Number of Teachers	平均每个教师负担学生 Student-teacher Ratio	教师数 Number of Teachers	平均每个教师负担学生 Student-teacher Ratio
1978	8380	4.0	142761	18.4	187061	26.5
1980	10365	4.2	144291	17.4	193787	25.8
1985	13448	4.9	135366	16.4	207256	22.6
1990	15915	5.0	149499	13.4	215735	18.4
1991	15823	5.0	149950	13.3	216342	17.9
1992	15641	5.4	149918	13.2	216377	17.5
1993	15604	6.2	147621	12.7	213823	17.5
1994	16097	6.8	147699	12.8	215222	17.5
1995	16542	6.9	148057	13.6	214944	17.4
1996	16403	7.1	149560	14.1	213124	17.4
1997	15736	7.4	152402	14.5	214807	17.2
1998	15505	8.1	156257	15.3	210954	16.3
1999	15804	9.9	159855	16.3	206807	15.0
2000	16169	12.4	160153	16.9	193113	14.7
2001	18042	15.0	161133	16.9	182929	14.1
2002	23179	14.6	160153	17.2	180900	13.5
2003	28525	13.5	160108	16.6	178122	13.5
2004	32119	14.6	159719	16.4	175274	13.2
2005	35105	15.4	153952	16.1	163204	13.5
2006	36866	16.7	154299	15.1	160511	13.1
2007	39792	16.0	154769	14.9	158918	12.8
2008	41727	16.3	156018	14.5	157436	12.6
2009	43057	16.5	156205	14.2	155025	12.3
2010	44198	16.3	155048	13.9	151344	12.4
2011	44821	15.9	168152	12.4	134479	13.9
2012	45448	15.5	170671	12.0	128792	14.5
2013	46215	15.5	167746	10.3	120214	12.8
2014	46870	15.6	167073	10.0	114606	13.0
2015	46806	15.7	165186	9.9	109061	13.6
2016	46829	15.7	162945	10.0	101401	14.2
2017	46278	15.9	144294	11.3	114487	12.0
2018	46027	15.9	143413	11.2	110544	11.9
2019	47245	16.5	141887	11.3	107089	11.9

17-17　中小学升学及学龄儿童入学情况

Statistics of Junior Secondary Schools and Primary Schools Entering Higher Level Schools, Statistics of School-Age Children Enrolled

单位：万人、%　　(10000 persons,%)

年　份 Year	初　中 毕业生数 Graduates of Junior Secondary Schools	高级中等 学校招生数 Students Entering Senior Secondary Schools	小　学 毕业生数 Graduates of Primary Schools	初级中等 学校招生数 Students Entering Junior Secondary Schools	小学升学率 Percentage of Graduates of Primary Schools Entering Junior Secondary Schools	学　龄 儿 童 数 School-age Children	已入学学 龄儿童数 School-age Children Enrolled in Schools	学龄儿童 入 学 率 Percentage of School-age Children Enrolled
1978	46.9	24.5	77.4	72.5	93.7	406.7	386.9	95.1
1980	51.5	26.0	76.1	68.5	90.1	417.9	395.1	94.5
1985	42.5	21.7	65.5	56.2	85.8	341.5	333.8	97.7
1990	43.5	20.0	63.6	52.7	82.8	313.1	310.0	99.0
1995	43.5	19.3	63.8	59.4	93.1	347.9	343.9	98.9
1996	42.4	18.4	60.6	57.3	94.6	346.9	345.8	99.7
1997	43.6	20.5	59.1	55.7	94.2	355.9	351.2	98.8
1998	50.0	20.8	74.9	70.3	94.0	334.0	327.7	98.1
1999	49.3	20.3	78.6	74.2	94.4	296.6	292.0	98.4
2000	48.7	18.9	69.8	66.2	95.9	275.1	271.7	98.8
2001	52.8	20.6	63.8	61.0	96.1	248.4	240.6	96.9
2002	52.3	26.3	57.0	56.1	98.4	232.0	226.5	97.6
2003	55.1	28.3	43.8	43.3	98.9	247.2	225.1	91.1
2004	55.6	28.5	46.3	45.9	99.2	232.1	217.8	93.8
2005	57.3	32.6	44.4	43.6	98.2	211.2	207.9	98.4
2006	54.2	36.2	42.7	42.2	98.9	201.2	198.9	98.9
2007	47.7	36.7	40.0	39.8	99.5	196.3	193.7	98.7
2008	44.8	39.2	39.1	39.0	99.7	189.7	188.5	99.4
2009	43.7	41.9	39.0	39.0	99.9	183.1	182.2	99.5
2010	40.5	40.6	36.4	36.4	99.9	181.6	180.0	99.1
2011	39.9	41.8	33.6	33.5	99.8	182.1	181.7	99.8
2012	39.4	39.7	34.7	34.6	99.7	181.7	181.3	99.8
2013	37.3	32.2	33.0	27.9	84.6	145.6	145.5	99.9
2014	27.0	29.0	26.7	26.3	98.5	141.1	141.0	99.9
2015	26.7	28.0	25.4	25.1	98.8	139.6	139.6	99.9
2016	27.6	28.1	27.8	27.5	99.0	136.0	136.0	99.9
2017	27.6	27.8	27.9	27.6	98.9	130.8	130.8	99.9
2018	24.4	24.5	27.6	27.3	98.8	125.2	125.1	99.9

注：2002起年高级中等学校招生数中新增了成人中专招生数，使相关数据明显增大。

a) From 2002,the data of senior secondary schools include the data of specialized secondary schools for adults.

17-18 各类技工学校基本情况(2019年)
Statistics on Various Technical Schools(2019)

单位：人 (person)

指标	Item	合计 Total	地方人社部门办 Local Human Resources and Social Security Bureau	地方国有经济单位办 Launched by Local State-owned Economic Institution	行业办 Launched by Sector	企业办 Launched by Enterprise	其他 Others
学校数(所)	Number of Schools (unit)	131	62	32	19	13	37
在校学生数	Number of Students	76424	49286	7676	3287	4389	19462
#女性	#Female	26070	17129	1946	1317	629	6995
招生数	New Student Enrollment	47342	33302	4025	2253	1772	10015
毕业生数	Graduates	20503	10332	1728	755	973	8443
在职教职工数	Teachers and Staff	10166	7075	1240	488	752	1851
#文化技术理论课教师	#Classroom Teachers	5133	3638	751	260	491	744
生产实习课指导教师	Practical Training Teachers	1766	1170	226	115	111	370

17-19 各级各类成人学校在校学生数
Student Enrollment in Adult Schools by Level and Type

单位：万人 (10000 persons)

学校类别	Category	2015	2016	2017	2018	2019
成人高等学校	**Adult Education Schools**	**1.98**	**1.39**	**1.10**	**1.73**	**2.36**
广播电视大学	Radio and TV Universities	0.28	0.27	0.23	0.35	0.50
职工高等学校	Schools of Higher Education for Staff and Workers	0.37	0.24	0.13	0.12	0.13
管理干部学院	College for Management Cadres	0.47	0.35	0.29	0.51	0.66
教育学院	Pedagogical Colleges	0.86	0.54	0.44	0.74	1.07
成人中等学校	**Secondary Schools for Adults**	**63.75**	**47.94**	**36.03**	**20.40**	**15.59**
中等专业学校	Specialized Secondary Schools for Adults	4.76	4.31	4.08	3.58	3.15
成人中学	Secondary Schools for Adults	1.26	0.78	0.39	0.32	0.04
成人技术培训学校	Technical Training Schools for Adults	57.73	42.85	31.57	16.49	12.40

17-20　技工学校数、学生数和教职工数
Number of Technical Schools, Students, Staff and Teachers

单位：所、人　　(unit, person)

年　份 Year	学校数 Schools	在校学生数 Student Enrollment	毕业生数 Graduates	招生数 New Student Enrollment	教职工数 Staff and Teachers	#教师数 Teachers
1978	128	25200	4523	19969	4887	1855
1980	217	50731	19969	25529	8941	3670
1985	202	50257	18949	25048	12902	5192
1990	220	95665	32103	33409	18271	7745
1995	220	85809	49100	29608	16179	8002
1996	195	64105	30884	20261	15245	7993
1997	192	62580	30898	22788	14990	7578
1998	168	44107	27155	13903	12595	6667
1999	170	35795	21884	10969	11962	7040
2000	172	28979	13126	9886	9375	5392
2001	166	24939	13379	9769	10429	7966
2002	150	28008	11567	13458	8892	5903
2003	147	31789	11135	17104	9454	7099
2004	135	41411	12318	21591	10833	7620
2005	128	60407	16429	28264	9417	6064
2006	124	68658	17167	32860	9256	6170
2007	121	88076	21775	46796	10457	7465
2008	130	91059	21063	40428	10261	7474
2009	130	101307	25158	44570	11101	8417
2010	133	142109	39697	82949	12316	7982
2011	133	194501	31131	100878	11539	8211
2012	134	225762	55013	94975	12338	8695
2013	134	144221	91463	44647	11671	7987
2014	133	95985	71838	30150	10789	7965
2015	131	63300	48680	22771	11274	8054
2016	127	56295	27561	23205	10893	8083
2017	127	55893	21235	24360	10999	7335
2018	129	55494	18402	20379	10307	7110
2019	131	76424	20503	47342	10166	7130

17-21 分地区普通高等学校基本情况(2019年)
Basic Statistics on Regular Institutions of Higher Education by Region(2019)

单位：所、人 (unit, person)

地 区	Region	学校数 Schools	教职工数 Staff and Teachers	#专任教师 Full-time Teachers	#教授 Professors	#副教授 A/Prof.	招生数 New Enrollment	在校生数 Total Enrollment	毕业生数 Graduates	授予学位数 Degrees Conferred
全 省	**Total**	**81**	**72220**	**47245**	**9380**	**20879**	**247656**	**778160**	**194809**	**121758**
哈尔滨	Harbin	51	49845	32633	6792	15049	160216	526209	133696	85981
齐齐哈尔	Qiqihar	6	4871	3442	528	1307	18746	60996	14903	8892
鸡 西	Jixi	1	689	466	84	101	2740	9129	2114	1020
鹤 岗	Hegang	1	350	194	26	147	1485	2896	785	
双鸭山	Shuangyashan	1	301	146	16	63	2739	4073	349	
大 庆	Daqing	5	5297	3369	675	1506	15536	53074	13539	9600
伊 春	Yichun	1	330	182	14	87	1254	2392	653	
佳木斯	Jiamusi	4	3806	2463	380	943	15778	37397	8037	5408
七台河	Qitaihe	1	161	134	26	44	2237	3358	675	
牡丹江	Mudanjiang	7	4616	2884	642	1210	19894	53482	13822	5716
黑 河	Heihe	1	839	584	115	175	2919	10653	2320	2316
绥 化	Suihua	1	828	528	64	185	3099	11847	2832	2825
大兴安岭	Daxinganling	1	287	220	18	62	1013	2654	1084	

17-22 分地区中等专业学校基本情况(2019年)
Basic Statistics on Secondary Vocational Schools by Region(2019)

单位：人 (person)

地 区	Region	学校数(所) Schools (unit)	教职工数 Staff and Teachers	#专任教师 Full-time Teachers	#副高级以上 Deputy High above	招生数 New Enrollment	#初中毕业 Graduate from Senior Secondary Schools	在校生数 Total Enrollment	毕业生数 Graduates
全 省	**Total**	**219**	**17054**	**12604**	**4429**	**55174**	**42662**	**167688**	**61511**
哈尔滨	Harbin	56	5694	4275	1397	20300	16837	59564	22248
齐齐哈尔	Qiqihar	27	1725	1265	417	10728	5802	34934	12988
鸡 西	Jixi	10	556	419	128	1144	857	3458	1439
鹤 岗	Hegang	7	877	527	228	1405	654	5659	1604
双鸭山	Shuangyashan	9	441	352	185	936	755	2776	1895
大 庆	Daqing	14	1149	828	319	1813	1700	4575	1562
伊 春	Yichun	9	845	473	153	987	731	4042	1589
佳木斯	Jiamusi	19	1521	1121	351	5637	4593	16418	5537
七台河	Qitaihe	2	59	26	9	610	550	1763	647
牡丹江	Mudanjiang	21	1250	1024	326	4045	3645	11698	4477
黑 河	Heihe	18	1194	941	467	2546	1871	7609	2367
绥 化	Suihua	20	1431	1149	385	4647	4558	13594	4162
大兴安岭	Daxinganling	7	312	204	64	376	109	1598	996

17-23 分地区普通中学学校数(2019年)
Number of Regular Secondary Schools by Region(2019)

单位：所 (unit)

地区	Region	合计 Total	#高中 Senior Secondary Schools	城区 Urban Areas	#高中 Senior Secondary Schools	镇区 Counties and Towns	#高中 Senior Secondary Schools	乡村 Rural Areas	#高中 Senior Secondary Schools
全　省	**Total**	**1788**	**368**	**604**	**200**	**797**	**159**	**387**	**9**
哈尔滨	Harbin	450	102	186	62	159	37	105	3
齐齐哈尔	Qiqihar	246	41	57	22	111	19	78	
鸡　西	Jixi	98	21	40	15	43	6	15	
鹤　岗	Hegang	50	13	23	5	26	8	1	
双鸭山	Shuangyashan	78	16	18	5	47	11	13	
大　庆	Daqing	146	29	68	17	48	12	30	
伊　春	Yichun	52	18	38	14	14	4		
佳木斯	Jiamusi	128	28	40	14	62	10	26	4
七台河	Qitaihe	48	8	20	4	17	4	11	
牡丹江	Mudanjiang	116	34	47	18	56	16	13	
黑　河	Heihe	91	22	18	8	56	12	17	2
绥　化	Suihua	248	29	44	15	128	14	76	
大兴安岭	Daxinganling	37	7	5	1	30	6	2	

17-24 分地区普通中学招生数(2019年)
Number of New Enrollment Students of Regular Secondary Schools by Region(2019)

单位：人 (person)

地区	Region	合计 Total	#高中 Senior Secondary Schools	城区 Urban Areas	#高中 Senior Secondary Schools	镇区 Counties and Towns	#高中 Senior Secondary Schools	乡村 Rural Areas	#高中 Senior Secondary Schools
全　省	**Total**	**440359**	**190255**	**221725**	**102800**	**189940**	**83529**	**28694**	**3926**
哈尔滨	Harbin	125616	52349	76334	34226	42502	17413	6780	710
齐齐哈尔	Qiqihar	58308	22948	20177	9803	32551	13145	5580	
鸡　西	Jixi	19198	8665	12222	6451	6114	2214	862	
鹤　岗	Hegang	11813	5630	6382	2895	5395	2735	36	
双鸭山	Shuangyashan	18728	9149	5304	2772	12765	6377	659	
大　庆	Daqing	43568	19400	23141	9928	17784	9472	2643	
伊　春	Yichun	9596	4686	8394	4467	1202	219		
佳木斯	Jiamusi	33647	14313	16726	7336	13327	4839	3594	2138
七台河	Qitaihe	11324	4648	6229	2559	4194	2089	901	
牡丹江	Mudanjiang	32715	13781	16951	6130	13872	7447	1892	204
黑　河	Heihe	19106	8493	7228	3515	10336	4104	1542	874
绥　化	Suihua	52799	24264	22191	12498	26447	11766	4161	
大兴安岭	Daxinganling	3941	1929	446	220	3451	1709	44	

17-25 分地区普通中学招生数(2019年)
Number of New Enrollment Students of Regular Secondary Schools by Region(2019)

单位：人 (person)

地 区	Region	合 计 Total	#高 中 Senior Secondary Schools	城 区 Urban Areas	#高 中 Senior Secondary Schools	镇 区 Counties and Towns	#高 中 Senior Secondary Schools	乡 村 Rural Areas	#高 中 Senior Secondary Schools
全 省	**Total**	**440359**	**190255**	**221725**	**102800**	**189940**	**83529**	**28694**	**3926**
哈尔滨	Harbin	125616	52349	76334	34226	42502	17413	6780	710
齐齐哈尔	Qiqihar	58308	22948	20177	9803	32551	13145	5580	
鸡 西	Jixi	19198	8665	12222	6451	6114	2214	862	
鹤 岗	Hegang	11813	5630	6382	2895	5395	2735	36	
双鸭山	Shuangyashan	18728	9149	5304	2772	12765	6377	659	
大 庆	Daqing	43568	19400	23141	9928	17784	9472	2643	
伊 春	Yichun	9596	4686	8394	4467	1202	219		
佳木斯	Jiamusi	33647	14313	16726	7336	13327	4839	3594	2138
七台河	Qitaihe	11324	4648	6229	2559	4194	2089	901	
牡丹江	Mudanjiang	32715	13781	16951	6130	13872	7447	1892	204
黑 河	Heihe	19106	8493	7228	3515	10336	4104	1542	874
绥 化	Suihua	52799	24264	22191	12498	26447	11766	4161	
大兴安岭	Daxinganling	3941	1929	446	220	3451	1709	44	

17-26 分地区普通中学毕业生数(2019年)
Number of Graduates of Regular Secondary Schools by Region(2019)

单位：人 (person)

地 区	Region	合 计 Total	#高 中 Senior Secondary Schools	城 区 Urban Areas	#高 中 Senior Secondary Schools	镇 区 Counties and Towns	#高 中 Senior Secondary Schools	乡 村 Rural Areas	#高 中 Senior Secondary Schools
全 省	**Total**	**455768**	**185865**	**222158**	**104207**	**198949**	**77830**	**34661**	**3828**
哈尔滨	Harbin	120545	47277	70544	31534	41920	15077	8081	666
齐齐哈尔	Qiqihar	59417	21947	19763	9679	33470	12268	6184	
鸡 西	Jixi	21012	9905	13340	7108	6625	2797	1047	
鹤 岗	Hegang	13127	6255	7057	3524	6028	2731	42	
双鸭山	Shuangyashan	19227	8830	5549	2928	12762	5902	916	
大 庆	Daqing	42949	19094	24004	11500	16158	7594	2787	
伊 春	Yichun	11775	5795	9555	4999	2220	796		
佳木斯	Jiamusi	34701	14473	17229	7654	13545	4695	3927	2124
七台河	Qitaihe	10843	4724	5994	2610	3997	2114	852	
牡丹江	Mudanjiang	33091	14272	17116	6975	14112	7212	1863	85
黑 河	Heihe	21724	8382	7834	3563	11697	3866	2193	953
绥 化	Suihua	62550	22639	23652	11879	32186	10760	6712	
大兴安岭	Daxinganling	4807	2272	521	254	4229	2018	57	

17-27　分地区普通中学教职工数(2019年)

Number of Teachers and Staff of Regular Secondary Schools by Region(2019)

单位：人　(person)

地　区	Region	合　计 Total	按城乡分 By Urban and Rural Areas			按主管部门分 By Department		
			城　区 Urban Areas	镇　区 Counties and Towns	乡　村 Rural Areas	教育部门办 Run by Educational Department	其他部门办 Schools Run by Other Department	民　办 Run by Private and Other Social Sources
全　省	**Total**	**177408**	**79816**	**74520**	**23072**	**163091**	**5437**	**8880**
哈尔滨	Harbin	45511	26208	13749	5554	38886	644	5981
齐齐哈尔	Qiqihar	22363	6554	11088	4721	21914	55	394
鸡　西	Jixi	9494	4966	3645	883	7361	1865	268
鹤　岗	Hegang	6039	3154	2816	69	4055	1756	228
双鸭山	Shuangyashan	7711	2516	4598	597	7449	114	148
大　庆	Daqing	17367	10436	5180	1751	16722	133	512
伊　春	Yichun	5202	3993	1209		5202		
佳木斯	Jiamusi	12531	4801	5964	1766	11766		765
七台河	Qitaihe	3890	1868	1374	648	3770	120	
牡丹江	Mudanjiang	10759	5150	4727	882	10103	465	191
黑　河	Heihe	9060	2315	5655	1090	8978	82	
绥　化	Suihua	24859	7438	12372	5049	24263	203	393
大兴安岭	Daxinganling	2622	417	2143	62	2622		

17-28　分地区普通中学教师数(2019年)

Number of Teachers of Regular Secondary Schools by Region(2019)

单位：人　(person)

地　区	Region	合　计 Total	#高　中 Senior Secondary Schools	按城乡分 By Urban and Rural Areas			按主管部门分 By Department		
				城　区 Urban Areas	镇　区 Counties and Towns	乡　村 Rural Areas	教育部门办 Run by Educational Department	其他部门办 Schools Run by Other Department	民　办 Run by Private and Other Social Sources
全　省	**Total**	**130967**	**42909**	**63585**	**54632**	**12750**	**120056**	**4141**	**6770**
哈尔滨	Harbin	35058	11582	21486	10631	2941	29889	488	4681
齐齐哈尔	Qiqihar	15493	5058	5246	8217	2030	15165	34	294
鸡　西	Jixi	6836	2147	3925	2361	550	5166	1440	230
鹤　岗	Hegang	3787	1407	2014	1755	18	2359	1312	116
双鸭山	Shuangyashan	5440	1913	1806	3279	355	5228	98	114
大　庆	Daqing	12985	4560	7324	4466	1195	12501	107	377
伊　春	Yichun	3941	1410	3165	776		3941		
佳木斯	Jiamusi	8935	3215	4121	3762	1052	8412		523
七台河	Qitaihe	3157	1019	1658	1149	350	3059	98	
牡丹江	Mudanjiang	8406	3056	4280	3587	539	7911	345	150
黑　河	Heihe	6157	2032	1973	3497	687	6101	56	
绥　化	Suihua	19093	4971	6410	9670	3013	18645	163	285
大兴安岭	Daxinganling	1679	539	177	1482	20	1679		

17-29 分地区小学学校数和在校学生数(2019年)
Statistics on Primary Schools and Students Enrollment by Region(2019)

单位：所、人 (unit, person)

地区	Region	学校数 Number of Schools	按城乡分 By Urban and Rural Areas			在校学生数 Student Enrollment	按城乡分 By Urban and Rural Areas		
			城区 Urban Areas	镇区 Counties and Towns	乡村 Rural Areas		城区 Urban Areas	镇区 Counties and Towns	乡村 Rural Areas
全省	**Total**	**1431**	**550**	**597**	**284**	**1278727**	**623928**	**523491**	**131308**
哈尔滨	Harbin	358	170	135	53	398792	237046	128615	33131
齐齐哈尔	Qiqihar	181	56	77	48	179028	54748	92375	31905
鸡西	Jixi	63	30	22	11	48335	27257	17452	3626
鹤岗	Hegang	36	20	13	3	29771	16927	12197	647
双鸭山	Shuangyashan	67	19	38	10	47416	12559	31982	2875
大庆	Daqing	157	64	44	49	112853	61598	36737	14518
伊春	Yichun	48	32	12	4	24826	19369	5236	221
佳木斯	Jiamusi	119	42	47	30	97222	48450	41223	7549
七台河	Qitaihe	33	15	13	5	29605	16342	9834	3429
牡丹江	Mudanjiang	116	48	51	17	96712	55960	32074	8678
黑河	Heihe	67	19	37	11	53920	19476	31465	2979
绥化	Suihua	167	35	90	42	150177	53055	75601	21521
大兴安岭	Daxinganling	19		18	1	10070	1141	8700	229

17-30 分地区小学招生数和毕业生数(2019年)
Number of New Students Enrollment and Graduates of Primary Schools by Region(2019)

单位：人 (person)

地区	Region	招生数 Number of New Students Enrollment	按城乡分 By Urban and Rural Areas			毕业生数 Number of Graduates	按城乡分 By Urban and Rural Areas		
			城区 Urban Areas	镇区 Counties and Towns	乡村 Rural Areas		城区 Urban Areas	镇区 Counties and Towns	乡村 Rural Areas
全省	**Total**	**214565**	**117765**	**79188**	**17612**	**252008**	**114685**	**104723**	**32600**
哈尔滨	Harbin	70072	46603	18761	4708	73884	40206	25575	8103
齐齐哈尔	Qiqihar	26275	9689	12698	3888	35642	9768	18649	7225
鸡西	Jixi	9021	5608	2844	569	10572	5739	3778	1055
鹤岗	Hegang	5105	2991	2042	72	6198	3503	2567	128
双鸭山	Shuangyashan	7538	2176	5023	339	9732	2574	6270	888
大庆	Daqing	21297	12763	6527	2007	24106	12502	7487	4117
伊春	Yichun	4196	3369	806	21	5009	3867	1061	81
佳木斯	Jiamusi	15282	8387	6061	834	19408	8990	8379	2039
七台河	Qitaihe	5262	3356	1490	416	6814	3771	2020	1023
牡丹江	Mudanjiang	14931	9086	4600	1245	19124	10418	6657	2049
黑河	Heihe	8408	3298	4675	435	10715	3556	6292	867
绥化	Suihua	25516	10235	12227	3054	28767	9579	14230	4958
大兴安岭	Daxinganling	1662	204	1434	24	2037	212	1758	67

17-31 分地区小学教职工数(2019年)

Number of Teachers and Staff of Primary Schools by Region(2019)

单位：人 (person)

地区	Region	合计 Total	按城乡分 By Urban and Rural Areas			按主管部门分 By Department		
			城区 Urban Areas	镇区 Counties and Towns	乡村 Rural Areas	教育部门办 Run by Educational Department	其他部门办 Schools Run by Other Department	民办 Run by Private and Other Social Sources
全省	**Total**	**101932**	**41474**	**42293**	**18165**	**100708**	**804**	**420**
哈尔滨	Harbin	27815	13148	10646	4021	27170	281	364
齐齐哈尔	Qiqihar	11215	3396	5282	2537	11215		
鸡西	Jixi	4136	2275	1335	526	4052	84	
鹤岗	Hegang	2691	1413	1009	269	2592	99	
双鸭山	Shuangyashan	4419	1228	2466	725	4419		
大庆	Daqing	8866	3624	2812	2430	8866		
伊春	Yichun	3998	2831	1014	153	3998		
佳木斯	Jiamusi	7775	3481	3012	1282	7754		21
七台河	Qitaihe	2052	1062	662	328	1984	68	
牡丹江	Mudanjiang	8570	3679	3144	1747	8355	180	35
黑河	Heihe	5177	1664	2617	896	5177		
绥化	Suihua	13867	3673	7048	3146	13867		
大兴安岭	Daxinganling	1351		1246	105	1259	92	

17-32 分地区小学专任教师数(2019年)

Number of Full-Time Teachers of Primary Schools by Region (2019)

单位：人 (person)

地区	Region	合计 Total	按城乡分 By Urban and Rural Areas			按主管部门分 By Department		
			城区 Urban Areas	镇区 Counties and Towns	乡村 Rural Areas	教育部门办 Run by Educational Department	其他部门办 Schools Run by Other Department	民办 Run by Private and Other Social Sources
全省	**Total**	**87646**	**37286**	**35765**	**14595**	**86734**	**602**	**310**
哈尔滨	Harbin	23980	11939	8986	3055	23498	218	264
齐齐哈尔	Qiqihar	9525	3008	4682	1835	9525		
鸡西	Jixi	3720	2131	1133	456	3655	65	
鹤岗	Hegang	2179	1235	754	190	2091	88	
双鸭山	Shuangyashan	3633	974	2055	604	3633		
大庆	Daqing	7854	3057	2587	2210	7854		
伊春	Yichun	3081	2251	739	91	3081		
佳木斯	Jiamusi	6468	3349	2223	896	6453		15
七台河	Qitaihe	1907	979	613	315	1865	42	
牡丹江	Mudanjiang	7759	3415	2734	1610	7613	115	31
黑河	Heihe	4384	1519	2166	699	4384		
绥化	Suihua	12111	3429	6136	2546	12111		
大兴安岭	Daxinganling	1045		957	88	971	74	

17-33 分地区幼儿园基本情况(2019年)
Basic Statistics on Kindergartens by Region (2019)

单位：个、人 (unit, person)

地区	Region	园数 Number of Kindergartens	班数 Number of Classes	幼儿数 Student Enrollment	教职工数 Staff and Teachers	#专任教师 Full-time Teachers
全省	**Total**	**9173**	**26013**	**509864**	**72013**	**35914**
哈尔滨	Harbin	2198	6961	143463	21313	10221
齐齐哈尔	Qiqihar	1447	4128	85874	7846	3893
鸡西	Jixi	490	1321	23354	3407	1717
鹤岗	Hegang	231	627	12045	1573	710
双鸭山	Shuangyashan	333	881	17195	2491	1260
大庆	Daqing	921	2633	54383	9013	4531
伊春	Yichun	208	532	10635	1757	994
佳木斯	Jiamusi	708	2102	37437	5678	2716
七台河	Qitaihe	227	636	12597	1766	846
牡丹江	Mudanjiang	667	1933	36292	5636	2883
黑河	Heihe	486	1231	22816	3618	1793
绥化	Suihua	1126	2735	48285	6795	3729
大兴安岭	Daxinganling	131	293	5488	1120	621

17-34 各级各类成人学校基本情况(2019年)
Basic Statistics on Adult Schools by Level and Type(2019)

单位：所、人 (unit, person)

学校类别	Category	学校数 Schools	毕业生数 Graduates	招生数 New Student Enrollment	在校生数 Student Enrollment	教职工数 Staff and Teachers	#专任教师 Full-time Teachers
总计	**Total**	**1921**	**242260**	**19534**	**179624**	**20687**	**13194**
成人高等学校	Adult Education Schools	16	4431	10860	23679	2038	960
广播电视大学	Radio and TV Universities	2	1123	2716	5102	321	157
职工高等学校	Schools of Higher Education for Staff and Workers	9	217	272	1293	543	354
管理干部学院	College for Management Cadres	3	1394	2956	6625	604	374
教育学院	Pedagogical Colleges	2	1697	4916	10659	570	75
成人中等学校	Secondary Schools for Adults	1905	237829	8674	155945	18649	12234
中等专业学校	Specialized Secondary Schools for Adults	32	11149	8674	31501	1882	1391
成人中学	Secondary Schools for Adults	21	1138		403	103	91
职工中学	Secondary Schools for Staff and Workers						
农民中学	Secondary Schools for Peasants	21	1138		403	103	91
成人技术培训学校	Technical Training Schools for Adults	1852	225542		124041	16664	10752
职工技术培训学校(机构)	Worker's Technical Training School	57	13396		15189	2583	1842
农村成人文化技术培训学校(机构)	Rural Culture & Technology Training School(Institution)	762	51055		37939	1284	673
其他培训机构(含社会培训机构)	Other Training School	1033	161091		70913	12797	8237

17-35　科技活动基本情况
Basic Statistics on Scientific and Technological Activities

指　标	Item	2016	2017	2018	2019
单位基本情况	**Basic Statistics on Unit**				
单位数(个)	Number of Unit (unit)	5125	4983	4534	5597
有R&D活动单位数(个)	Number of Unit With R & D Activities (unit)	666	702	607	605
研究与试验发展(R&D)投入情况	**Statistics on R&D Input**				
R&D人员全时当量(人年)	Full-time Equivalent of R&D Personnel(man-year)	54942	47406	37155	44394
#基础研究	#Basic Research	10485	11188	12350	14797
应用研究	Applied Research	8479	7427	8150	10888
试验发展	Experimental Development	35978	28792	16655	18709
R&D经费内部支出(万元)	Expenditure on R&D(10000 yuan)	1525048	1465898	1349873	1465528
#基础研究	#Basic Research	157698	228371	243869	256620
应用研究	Applied Research	384187	275710	401990	335764
试验发展	Experimental Development	983164	961817	704015	873144
#政府资金	# Government Appropriation Funds	553475	542391	534590	523802
企业资金	Self-raised Funds by Enterprises	905912	876889	774650	837739
R&D经费内部支出相当于地区生产总值比例(%)	Proportion of R & D Expenditure to GDP (%)	1.28	1.19	1.05	1.08
科技产出及成果情况	**Statistics on S&T Outputs and Results**				
发表科技论文(篇)	Scientific Papers Issued (piece)	43169	45873	47478	51826
出版科技著作(种)	Publication on Science and Technology (kind)	1291	1355	1231	1060
科技成果登记数(项)	Number of Major Achievements (item)	1470	1489	1582	1624
国家技术发明奖(项)	State Technological Invention Award (item)	12	5	12	6
国家科学技术进步奖(项)	National Science and Technology Progress Award (item)	13	13	15	15
专利申请受理数(件)	Number of Patent Applications Accepted(piece)	12795	11685	11063	14633
#发明专利	#Inventions	6244	6572	6967	9183
专利申请授权数(件)	Number of Patent Applications Granted(piece)	6496	6735	5977	6130
#发明专利	#Inventions	2879	3328	2983	3169
技术市场情况	**Basic Statistics on Technical Market**				
成交技术合同(件)	Number of Technical Contracts Completed (piece)	1747	2836	3405	3799
技术市场成交额(亿元)	Transaction Value in Technical Market(100 million yuan)	132.0	151	170	236

17-36 科学研究与开发机构基本情况
Basic Statistics on Research and Development Institutions

指 标	Item	2015	2016	2017	2018	2019
机构基本情况	**Basic Statistics on Institutions**					
机构数(个)	Number of R&D Institutions(unit)	226	226	226	226	226
#中央属	# Subordinated to Central Level	16	16	16	16	16
地方属	Subordinated to Local Level	210	210	210	210	210
研究与试验发展(R&D)投入情况	**Statistics on R&D Input**					
R&D人员(人)	R&D Personnel (person)	7663	7429	7359	7219	7175
R&D人员全时当量(人年)	Full-time Equivalent of R&D Personnel(man-year)	6778	6324	5573	6180	5788
#基础研究	#Basic Research	1268				
应用研究	Applied Research	2229				
试验发展	Experimental Development	3281				
R&D经费内部支出(万元)	Expenditure on R&D(10000 yuan)	139353	142700	180265	158671	153026
#基础研究	#Basic Research	30880	24312	43017	39607	25783
应用研究	Applied Research	36789	34786	50447	37755	35882
试验发展	Experimental Development	71684	69118	64202	63362	91361
#政府资金	# Government Appropriation Funds	107780	94445	125400	113195	88555
企业资金	Self-raised Funds by Enterprises	7056	8287	15572	3612	4624
R&D项目(课题)情况	**Statistics on R&D Topics**					
R&D项目(课题)数 (项)	Projects of R&D (item)	2165	2127	2386	1947	1756
R&D项目(课题)人员全时当量(人年)	Participants (man-years)	5806	5150	6152	2244	4567
R&D项目(课题)经费内部支出(万元)	Intramural Expenditure (10000 yuan)	65969	73034	107266	91791	53938
科技产出及成果情况	**Statistics on S&T Outputs and Results**					
发表科技论文(篇)	Scientific Papers Issued (piece)	3543	3687	3477	3065	2950
#国外发表	#Published in Foreign Periodicals	427	736	667	583	508
出版科技著作(种)	Publication on Science and Technology (kind)	139	71	86	56	55
专利申请受理数(件)	Number of Patent Applications Accepted(piece)	624	789	851	774	618
#发明专利	#Inventions	303	357	361	324	307
专利申请授权数(件)	Number of Patent Applications Granted(piece)	412	557	620	627	495
#发明专利	#Inventions	134	170	172	176	151

17-37 高等学校科技活动情况

Basic Statistics on Higher Education for Scientific and Technological Activities

指 标	Item	2015	2016	2017	2018	2019
高等学校基本情况	**Basic Statistics on Higher Education**					
学校数(个)	Number of Schools (unit)	121	135	136	132	130
#理工农医	#Science,Agricultural, Medicine	56	56	56	54	53
#人文社科	#Humanities and Social Sciences	65	79	80	78	77
R&D机构(个)	R&D Institutions (a)	305	329	358	306	424
研究与试验发展(R&D)投入情况	**Statistics on R&D Input**					
R&D人员全时当量(人年)	Full-time Equivalent of R&D Personnel(man-year)	14787	14211	7932	15254	20744
#基础研究	#Basic Research	6428	8653	4104	10499	12556
应用研究	Applied Research	5176	5247	2681	4421	7400
试验发展	Experimental Development	541	311	1148	334	788
R&D经费内部支出(万元)	Expenditure on R&D(10000 yuan)	380956	449414	184447	501664	512229
#基础研究	#Basic Research	112322	125165	56431	195601	212206
应用研究	Applied Research	221990	317902	82435	296105	245873
试验发展	Experimental Development	11544	6348	45581	9959	54151
#政府资金	#Government Appropriation Funds	212066	244137	112598	310329	289049
企业资金	Self-raised Funds by Enterprises	166070	195097	40298	184738	166998
R&D项目(课题)情况	**Statistics on R&D Topics**					
R&D项目(课题)数 (项)	Projects of R&D (item)	19807	17308	14122	18902	22584
R&D项目(课题)人员全时当量(人年)	Participants (man-year)	15577	14210	7943	15255	20744
R&D项目(课题)经费内部支出(万元)	Intramural Expenditure (10000 yuan)	379856	409465	146834	413788	351452
科技产出及成果情况	**Statistics on S&T Outputs and Results**					
发表科技论文(篇)	Scientific Papers Issued (piece)	38123	36133	40839	41236	45220
#国外发表	#Published in Foreign Periodicals	14050	14502	9759	12749	19804
出版科技著作(种)	Publication on Science and Technology (kind)	892	1142	1938	1083	912
专利申请受理数(件)	Number of Patent Applications Accepted(piece)	8974	7679	8083	7185	9081
#发明专利	#Inventions	4763	3878	3388	5250	6596
专利申请授权数(件)	Number of Patent Applications Granted(piece)	6130	5924	6407	5278	5572
#发明专利	#Inventions	2559	2714	1827	2791	3013

17-38 三项专利受理和授权情况
Three Types of Patent Applications Examined and Granted

单位：件 (item)

指 标	Item	2015	2016	2017	2018	2019
受理专利数	**Number of Patent Applications Examined**	**34611**	**35293**	**30958**	**34582**	**37313**
发 明	Inventions	14663	13177	10607	12017	13125
实用新型	Utility Models	16914	18856	17963	19530	20406
外观设计	Designs	3034	3260	2388	3035	3782
授权专利数	**Number of Patent Applications Certified**	**18942**	**18046**	**18221**	**19435**	**19989**
发 明	Inventions	4023	4345	4947	4309	4144
实用新型	Utility Models	12502	11707	11395	13066	13308
外观设计	Designs	2417	1994	1879	2060	2537
在受理专利中	**In Patent Applications Examined**					
个 人	Individual	8110	9581	10437	13615	14083
大专院校	Universities and Colleges	10967	11862	10383	11580	12196
科研单位	Research Institutions	1058	1442	1558	1288	1434
企 业	Enterprises	14236	12118	8284	7812	9316
机关团体	Government Agencies and Organizations	240	290	296	287	284
在授权专利中	**In Patent Applications Certified**					
个 人	Individual	5219	4922	5334	6598	7241
大专院校	Universities and Colleges	7355	6772	7125	6320	6406
科研单位	Research Institutions	598	591	873	859	830
企 业	Enterprises	5709	5640	4766	5444	5294
机关团体	Government Agencies and Organizations	61	121	123	214	218

17-39 科学技术协会机构和人员数
Number of Institutions and Employed Persons of Associations for Science and Technology

单位：个、人 (unit, person)

项 目	Item	2015	2016	2017	2018	2019
机构数	**Number of Associations or Learned Societies**					
科协合计	Total Number of Associations for Science and Technology	140	140	140	140	133
省 级	Provincial Level	1	1	1	1	1
市地级	City Level	13	13	13	13	13
县 级	County Level	126	126	126	126	119
学会合计	Total Number of Learned Societies	144	155	114	114	114
省 级	Provincial Level	144	155	114	114	114
地市级	City Level					
人员数	**Personnel**					
科协合计	Total Number of Associations for Science and Technology	977	931	1030	1083	854
#科学家和工程师	#Scientists and Engineers					
省 级	Provincial Level	262	247	344	364	237
市地级	City Level	289	263	297	288	264
县 级	County Level	426	421	389	431	353
学会理事	Members of Boards of Directors	3969	6514	4125	6269	1759
#高级职称	#Members with Senior Titles					
省 级	Provincial Level	3969	6514	4125	6269	1759
市地级	City Level					

17-40　科协系统科技活动情况
Basic Statistics on Scientific and Technological Activities of Associations for Science and Technology

项　目	Item	2015	2016	2017	2018	2019
学术活动	**Academic Activities**					
国内学术会议次数(次)	Domestic Academic Meeting (times)	485	839	171	177	53
参加人数(人次)	Number of Participants (person-times)	58951	77767	22322	19936	8603
交流学术论文(篇)	Number of Papers Presented (piece)	7157	12601	3974	3406	678
科技培训	**Training Program**					
一般培训班培训人数(万人次)	Number of Persons Trained in Training Classes (10000 person-times)	199	203	190	40	18
科普活动	**Activities for Popular Science**					
科普讲座次数(次)	Number of Lectures(times)	11680	13416	1697	1581	1521
听讲人数(万人次)	Number of Participants (10000 person-times)	347	515	525	359	200
科普展览次数(次)	Number of Exhibitions(times)	2633	2651	123	458	1856
参观人数(万人次)	Number of Participants (10000 person-times)	98	159	182	136	562
青少年科技竞赛次数(次)	Number of Teenagers Participating in Science and Technology Competitions(times)	317	308	133	115	125
科技出版	**Publications**					
科技报纸(种)	Number of Newspapers (kind)	4	4	3	5	2
发行量(万份)	Number of Issue (10000 shares)	71	71	1	1	0
科技期刊(种)	Number of Academic Journals (kind)	19	45	9	15	23
发行量(万册)	Number of Issue (10000 copies)	84	157	19	21	14
论文集(种)	Number of Copies Distributed (kind)					
发行量(万册)	Number of Issue (10000 copies)					

17-41 公有经济企业单位专业技术人员数(年底数)

Number of Scientific and Technical Personnel in State-Owned and Collective-Owned Enterprises at Year-End

单位：人 (person)

类别	Category	合计 Total		#高级职称 Members with Senior Titles		#中级职称 Members with Secondary Titles	
		2018	2019	2018	2019	2018	2019
总计	**Total**	**140835**	**139012**	**19663**	**20596**	**44156**	**42428**
工程技术人员	Engineering	60246	62999	9611	11032	25077	18851
农业技术人员	Agriculture	17701	17948	1104	1394	6198	3738
科学研究人员	Scientific Research	242	206	77	64	75	83
卫生技术人员	Health Care	8868	8790	1204	1242	3975	3106
教学人员	Teaching	8459	5809	1399	828	3116	2781
其它	Economy	45319	43260	6268	6036	5715	13869

17-42 事业单位专业技术人员数(2019年)

Number of Scientific and Technical Personnel in Institutions(2019)

单位：人 (person)

类别	Category	学历 Academic				
		研究生 Graduate	大学本科 Undergraduate	大学专科 College	中专 Secondary	高中及以下 High school and below
总计	**Total**	**42537**	**323736**	**133514**	**35216**	**1159**
工程技术人员	Engineering	2623	22990	14249	3300	208
农业技术人员	Agriculture	612	8894	8265	1706	59
科学技术人员	Scientific Research	2790	3128	856	358	8
卫生技术人员	Health Care	9792	56787	26730	15278	238
教学人员	Teaching	24367	203436	69799	9846	257
其它	Economy	2353	28501	13615	4728	389

17-43　地方国有企事业单位五大类专业技术人员数

Number of Scientific and Technical Personnel in Local State-Owned Enterprises and Institutions

单位：人　　(person)

年　份 Year	合　计 Total	工　程 技术人员 Engineering	农　业 技术人员 Agriculture	卫　生 技术人员 Health Care	科　学 研究人员 Scientific Research	教　学 人　员 Teaching
1990	394936	173781	31010	112878	4873	72394
1995	660685	176636	28672	119136	4885	331356
1996	674304	173885	29181	123875	4889	342474
1997	687448	174120	29795	126429	5107	351997
1998	704590	176209	31968	127156	5808	363449
1999	733932	183370	30466	133307	5398	381391
2000	737890	182346	31134	135295	5252	383863
2001	737459	175644	29905	132167	5069	394674
2002	716539	158157	29564	130269	5047	393502
2003	716404	155432	30731	132671	5694	391876
2004	640340	127635	28149	123452	3251	357853
2005	652998	118318	28008	132515	6244	367913
2006	659834	115626	28653	130183	7043	378329
2007	678115	116311	32285	137244	7448	384827
2008	683084	111820	34084	140072	6955	390153
2009	688324	116152	35310	141749	5898	389215
2010	676844	114200	36220	137487	5027	383910
2011	692097	117109	36121	154820	6638	377409
2012	637316	99522	38198	132778	6911	359907
2013	656165	109558	40763	136690	8084	361070
2014	646741	104540	39481	134734	7498	360489
2015	640181	110047	40564	133675	8311	347584
2016	621962	113086	41555	123197	7045	337079
2017	657760	110986	42838	122852	8377	334680
2018	574852	106699	38480	116020	6692	306961
2019	582328	106369	37484	117615	7346	313514

主要统计指标解释

普通高等学校 指通过国家普通高等教育招生考试，招收高中毕业生为主要培养对象，实施高等学历教育的全日制大学、独立设置的学院、独立学院和高等专科学校、高等职业学校及其他机构。

大学、独立设置的学院主要实施本科及本科层次以上的教育。独立学院主要实施本科层次的教育。高等专科学校、高等职业学校实施专科层次的教育。其他机构是指承担国家普通招生计划任务不计校数的机构，包括普通高等学校分校、大专班等。

成人高等学校 指通过国家成人高等教育招生考试，招收具有高中毕业或同等学力的人员为主要培养对象，利用函授、业余、脱产等多种形式，对其实施高等学历教育的学校。包括：职工高等学校、农民高等学校、管理干部学院、教育学院、独立函授学院、广播电视大学、其他成人高教机构等。其他成人高教机构是指承担国家成人招生计划任务不计校数的机构。

小学学龄儿童净入学率 指调查范围内已入小学学习的学龄儿童占校内外学龄儿童总数的比重。计算公式为：

$$\text{小学学龄儿童净入学率}=\frac{\text{已入学的小学学龄儿童数}}{\text{校内外小学学龄儿童总数}}\times100\%$$

研究与试验发展(R&D) 指为增加知识存量（也包括有关人类、文化和社会的知识）以及设计已有知识的新应用而进行的创造性、系统性工作，包括基础研究、应用研究和试验发展三种类型。国际上通常采用R&D活动的规模和强度指标反映一国的科技实力和核心竞争力。

基础研究 指一种不预设任何特定应用或使用目的的实验性或理论性工作，其主要目的是为获得（已发生）现象和可观察事实的基本原理、规律和新知识。其成果通常表现为提出一般原理、理论或规律，并以论文、著作、研究报告等形式为主。

应用研究 指为获取新知识，达到某一特定的实际目的或目标而开展的初始性研究。应用研究是为了确定基础研究成果的可能用途，或确定实现特定和预定目标的新方法。其研究成果以论文、著作、研究报告、原理性模型或发明专利等形式为主。

试验发展 指利用从科学研究、实际经验中获取的知识和研究过程中产生的其他知识，开发新的产品、工艺或改进现有产品、工艺而进行的系统性研究。其研究成果以专利、专有技术，以及具有新颖性的产品原型、原始样机及装置等形式为主。

R&D人员 指报告期R&D活动单位中从事基础研究、应用研究和试验发展活动的人员。包括直接参加上述三类R&D活动的人员，以及与上述三类R&D活动相关的管理人员和直接服务人员，即直接为R&D活动提供资料文献、材料供应、设备维护等服务的人员。不包括为R&D活动提供间接服务的人员，如餐饮服务、安保人员等。

R&D人员全时当量 指报告期R&D人员按实际从事R&D活动时间计算的工作量，以“人年”为计量单位。为国际上比较科技人力投入而制定的可比指标。

R&D经费支出 指报告期调查单位内部为实施R&D活动而实际发生的全部经费，按支出性质分为日常性支出和资产性支出。不包括调查单位委托其他单位或与其他单位合作开展R&D活动而转拨给其他单位的全部经费。

R&D经费支出中政府资金 指R&D经费支出中来自于各级政府财政的各类资金，包括财政科学技术支出和财政其他功能支出的资金用于R&D活动的实际支出。

R&D经费支出中企业资金 指R&D经费支出中来自于企业的各类资金。对企业而言，企业资金指企业自有资金、接受其他企业委托开展R&D活动而获得的资金，以及从金融机构贷款获得的开展R&D活动的资金；对科研院所、高校等事业单位而言，企业资金是指因接受从企业委托开展R&D活动而获得的各类资金。

R&D项目（课题）数 R&D项目（课题）是进行R&D活动的基本组织形式，通常由R&D活动执行单位依据项目立项书或合同书等形式明确项目任务、目标、人员和经费等。

R&D项目（课题）人员全时当量 指实际参加研发项目（课题）活动人员折合的全时当量。

R&D项目（课题）经费支出 指调查单位内部在报告年度进行研发项目（课题）研究和试制等的实际支出。包括劳务费、其他日常支出、固定资产购建费、外协加工费等，不包括委托或与外单位合作进行项目（课题）研究而拨付给对方使用的经费。

新产品销售收入 指报告期企业销售新产品实现的销售收入。新产品是指采用新技术原理、新设计构思研制、生产的全新产品，或在结构、材质、工艺等某一方面比原有产品有明显改进，从而显著提高了产品性能或扩大了使用功能的产品。既包括经政府有关部门认定并在有效期内的新产品，也包括企业自行研制开发，未经政府有关部门认定，从投产之日起一年之内的新产品。

专利 是专利权的简称，是对发明人的发明创造经审查合格后，由专利局依据专利法授予发明人和设计人对该项发明创造享有的专有权。包括发明、实用新型和外观设计。反映拥有自主知识产权的科技和设计成果情况。

发明（专利） 指对产品、方法或者其改进所提出的新的技术方案。是国际通行的反映拥有自主知识产权技术的核心指标。

实用新型（专利） 指对产品的形状、构造或者其结合所提出的适于实用的新的技术方案。反映具有一定技术含量的技术成果情况。

外观设计（专利）　指对产品的形状、图案、色彩或者其结合所作出的富有美感并适于工业上应用的新设计。反映拥有自主知识产权的外观设计成果情况。

科技活动　指在自然科学、农业科学、医药科学、工程与技术科学、人文与社会科学领域(简称科学技术领域)中，与科技知识的产生、发展、传播和应用密切相关的有组织的活动。可分为研究与试验发展(R&D)、研究与试验发展成果应用及相关的科技服务三类活动。该定义是联合国教科文组织考虑成员国特别是发展中国家开展科技统计工作的需要，而对科技活动所作的统计界定。

科技活动人员　指直接从事科技活动、以及专门从事科技活动管理和为科技活动提供直接服务，累计的实际工作时间占全年制度工作时间 10%及以上的人员。(1)直接从事科技活动的人员包括：在独立核算的科学研究与技术开发机构、高等学校、各类企业及其他事业单位内设的研究室、实验室、技术开发中心及中试车间(基地)等机构中从事科技活动的研究人员、工程技术人员、技术工人及其它人员；虽不在上述机构工作，但编入科技活动项目(课题)组的人员；科技信息与文献机构中的专业技术人员；从事论文设计的研究生等。(2)专门从事科技活动管理和为科技活动提供直接服务的人员，包括：独立核算的科学研究与技术开发机构、科技信息与文献机构、高等学校、各类企业及其他事业单位主管科技工作的负责人，专门从事科技活动的计划、行政、人事、财务、物资供应、设备维护、图书资料管理等工作的各类人员，但不包括保卫、医疗保健人员、司机、食堂人员、茶炉工、水暖工、清洁工等为科技活动提供间接服务的人员。该指标用来反映投入科技活动人力的规模。

科学家与工程师　指科技活动人员中具有高、中级技术职称(职务)的人员和不具有高、中级技术职称(职务)的大学本科及以上学历人员。该指标用来反映投入科技活动人力的素质。

专业技术人员　指从事专业技术工作和专业技术管理工作的人员，即企事业单位中已经聘任专业技术职务从事专业技术工作和专业技术管理工作的人员，以及未聘任专业技术职务，现在专业技术岗位上工作的人员。包括工程技术人员，农业技术人员，科学研究人员，卫生技术人员，教学人员，经济人员，会计人员，统计人员，翻译人员，图书资料、档案、文博人员，新闻出版人员，律师、公证人员，广播电视播音人员，工艺美术人员，体育人员，艺术人员及企业政治思想工作人员，共十七个专业技术职务类别。用来反映科技人力资源情况。

Explanatory Notes on Main Statistical Indicators

Regular Institutions of Higher Education refer to educational establishments recruiting graduates from senior secondary schools as the main target through National Matriculation TEST. They include full-time universities, independently established colleges, colleges, and institutions of higher professional education, institutions of higher vocational education and others.

Universities and independently established colleges primarily provide undergraduate and above courses; colleges mainly impart undergraduate courses, institutions of higher professional education and institutions of higher vocational education primarily provide professional trainings; and others refer to educational establishments, which are responsible for enrolling higher education students under the State Plan but not enumerated in the total number of schools, including: branch schools of universities and colleges and junior colleges.

Institutions of Higher Education for Adults refer to educational establishments, enrolling personnel with senior secondary school or equivalent education through National Matriculation TEST for Adult, and providing higher education courses in forms of correspondence, spare time, or full time for adults. Institutions of higher learning for adults include schools of higher education for staff and workers, schools of higher education for peasants, colleges for management cadres, pedagogical colleges, independent correspondence colleges, radio and television universities and other educational establishments. Other educational establishments refer undertakings to enrol adult students but not enumerated in the number of schools under the State Plan.

Net Enrolment Ratio of Primary Schools refers to the proportion of school age children enrolled at schools to the total number of school age children both in and outside schools (including retarded children, but excluding blind, deaf and mute children). The formula is:

$$\text{Net Enrolment Ratio of Primary Schools} = \frac{\text{Total Primary School-age Children at Schools}}{\text{Total Primary School-age Children Whether or Not Attending School}} \times 100\%$$

Research and Experimental Development (R&D) refers to creative and systematic work undertaken in order to increase the stock of knowledge (including knowledge of humankind, culture and society) and to devise new applications of available knowledge.R&D includes 3 categories of activities: basic research, applied research and experimental development. The scale and intensity of R&D are widely used internationally to reflect the strength of S&T and the core competitiveness of a country in the world.

Basic Research refers to experimental or theoretical work undertaken primarily to acquire new knowledge of the underlying foundations of phenomena and observable facts, without any particular application or use in view. Basic research usually formulates hypotheses, theories or laws , and its results are mainly released or disseminated in the form of scientific papers or monographs or research reports.

Applied Research refers to original investigation undertaken in order to acquire new knowledge. It is directed primarily towards a specific, practical aim or objective. Purpose of the applied research is to identify the possible uses of results from basic research, or to explore new (fundamental) methods or new approaches. Results of applied research are expressed in the form of scientific papers, monographs, fundamental models or invention patents.

Experimental Development refers to systematic work, drawing on knowledge gained from research and practical experience and producing additional knowledge, which is directed to producing new products or processes or to improving existing products or processes. Results of experimental development activities are embodied in patents, exclusive technology, and monotype of new products or equipment.

R&D Personnel refer to persons of R&D activities units engaged in basic research, applied research, and experimental development at the reference period, including persons of directly participating in the three activities above, as well as managment and direct service staff related to R&D activities, such as literature provision, material supply,equipment maintenance staff, it excludes persons providing indirect support and ancillary services, such as canteen and security staff.

Full-time Equivalent of R&D Personnel refers to the ratio of working hours actually spent on R&D during a specific reference period (usually a calendar year) divided by the total number of hours conventionally worked in the same period by an individual or by a group. The measurement unit of the ratio is "man-years". This is an internationally comparable indicator of S&T manpower input.

Expenditure on R&D refers to the real expenditure of surveyed units on their own R&D activities in reporting period. It is divided into current expenditures and gross fixed capital expenditures for R&D according to the nature of expenditure. It doesn't include the fees transferred to cooperated or entrusted agencies on R&D activities.

Expenditure on R&D from Government Funds refers to the expenditure of funds on R&D activities from government agencies at different levels, including appropriate funds on science and technology from financial departments, and the real expenditure of other fiscal functional funds on R&D activities from government agencies.

Expenditure on R&D from Enterprises funds refers to the expenditure of all kinds of funds on R&D activities from enterprises. In terms of enterprises, it refers to the expenditure of self-raised funds of enterprises, funds from other enterprises through entrustment, loans from financial institutions on R&D activities. In terms of public institutions, such as institution of scientific research and universities, it refers to the expenditure of funds from enterprises through entrustment.

Number of R&D Projects (subjects) R&D Projects (subjects) are the basic forms of R&D activities, The project task, target, personnel and expenditure are usually defined by R&D activity execution unit according to project approval specification or contract document.

Full-time Equivalent of R&D Personnel refers to the full-time equivalent of persons actually engaged in R&D projects (subjects).

Expenditure of Funds on R&D Projects (subjects) refers to the real expenditure of internal funds of the surveyed units on research and test of R&D projects (subjects) at the reference year, including service fee, other daily expenditure, cost for fixed assets, cost of external process; excluding expenditure of funds transferred to other cooperated or entrusted units of the projects.

Sales Income of New Products refers to the sales income of new products of the enterprises at the reference period. New products refer to products developed and produced with new technologies and designs or improved in structure, material, process or other aspects so that their performance are improved or their functions expanded. New products include those affirmed by government authorities in their validity period and also those developed by enterprises without the affirmation of government authorities within one year after they are put into production.

Patent is an abbreviation for the patent right and refers to the exclusive right of ownership by the inventors or designers for the creation or inventions, given from the patent offices after due process of assessment and approval in accordance with the Patent Law. Patents are granted for inventions, utility models and designs. This indicator reflects the achievements of S&T and design with independent intellectual property.

Patented Inventions refer to new technical proposals to the products or methods or their modifications. This is universal core indicator reflecting the technologies with independent intellectual property.

Patented Utility Models refer to the practical and new technical proposals on the shape and structure of the product or the combination of both. This indicator reflects the condition of technological results with certain technical content.

Designs refer to the aesthetics and industrially applicable new designs for the shape, pattern and colour of the product, or their combinations. This indicator reflects the appearance design achievements with independent intellectual property.

Scientific and Technological Activities (S&T Activities) refer to organized activities which are closely related with the creation, development, dissemination and application of the scientific and technical knowledge in the fields of natural sciences, agricultural science, medical science, engineering and technological science, humanities and social sciences (referred to as scientific and technological fields). S&T activities can be classified into 3 categories: research and development (R&D) activities, application of R&D results, and related S&T services. This statistical definition is made by UNICHIEF for scientific and technological activities to meet the need of carrying out statistical work in this field for its member countries particularly the developing countries.

Personnel Engaged in S&T Activities refer to personnel directly engaged in S&T activities, in the management of S&T activities, and in providing direct service to S&T activities, with over 10% of the total working hours in a year spent on S&T activities. (1) Personnel directly engaged in S&T activities include researchers, engineers, technicians and other related personnel engaged in S&T activities in independent-accounting R&D institutions, institutions of higher learning, and in research institutes, laboratories, technology development centres and central experiment workshops under enterprises and institutions. Also included are people working in S&T research project teams, professional and technical personnel working in S&T information archiving institutes, and graduate students working on the design of their thesis. (2) Personnel engaged in the management of S&T activities and in providing direct service to S&T activities include senior management people responsible for S&T activities in independent-accounting R&D institutions, S&T information archiving institutes, institutions of higher learning and in enterprises and institutions where S&T activities are undertaken. Also included are people responsible for the planning, administration, personnel management, financial management, logistics supply, equipment maintenance, information and library management that are related with S&T activities. People providing indirect services are excluded, such as security, medical service, drivers, plumbers, cleaners and those providing catering and related service. This indicator reflects the size of personnel engaged in S&T activities.

Scientists and Engineers refer to persons engaged in S&T activities either having obtained titles of senior and middle level professional positions, or those without such positions but have completed university or higher education. This indicator reflects the quality of personnel engaged in S&T activities.

Professional and Technical Personnel refer to persons engaged in professional and technical work or in the management of professional and technical activities, i.e., people with professional or technical positions who are engaged in professional and technical work or in the management of professional and technical activities, and people without professional or technical positions but are working on professional or technical posts. They include professionals and technicians working in 17 categories of technical occupations including engineering, agriculture, scientific researches, medical service, teaching, economic research and application, accounting, statistics, translation, libraries, archives, cultural and museum service, journalism and publication, lawyers, notarization service, radio and television broadcasting, handicraft and fine arts, sports, performing art, and political workers in enterprises. This indicator reflects the condition of human resources in S&T.

第十八篇　文化、体育、卫生和社会服务

CHAPTER 18　CULTURE, SPORTS, PUBLIC HEALTH AND SOCIAL SERVICES

资料整理：安　静　陈　虹　曹夏茵

18-1 文化事业机构数、从业人员数
Number and Personnel in Cultural Undertakings Institutions

项 目 Item 年 份 Year	总 计 Total	艺术业 Art Institutions	图书馆业 Public Libraries	群众文化 Mass Culture	艺 术 教育业 Culture and Education	文物业 Cultural Relic	#博物馆 Museums	其 他 文化业 Other Culture Units
机构数(个) Number of Institutions(unit)								
2001	1361	153	97	946	9	127	41	29
2002	1458	157	97	1037	9	132	46	26
2003	1491	153	97	1081	9	131	45	20
2004	1419	146	96	1018	9	133	46	17
2005	1408	141	96	1015	8	132	46	16
2006	1401	142	96	1000	8	138	47	17
2007	1521	138	98	1033	8	146	53	98
2008	1630	142	101	1141	8	149	56	89
2009	1804	139	100	1227	7	173	71	158
2010	2338	138	107	1654	7	179	76	253
2011	2372	140	107	1652	6	205	103	262
2012	2373	136	106	1641	6	207	104	277
2013	2376	70	107	1640	6	250	156	303
2014	2381	73	107	1640	6	251	158	304
2015	2397	89	107	1641	6	250	158	304
2016	2457	105	108	1665	6	268	176	305
2017	2444	122	109	1635	6	275	183	297
2018	2466	146	109	1635	6	282	191	288
2019	2255	151	110	1430	6	277	193	281
从业人员数(人) Number of Personnel(person)								
2001	11423	5683	1565	2621	365	858	494	331
2002	12768	6200	1751	3070	378	948	570	421
2003	12700	6196	1706	3068	347	989	578	394
2004	12304	6147	1664	2767	360	1099	698	267
2005	12574	6129	1669	2947	342	1119	706	368
2006	12704	6067	1803	2978	362	1100	726	394
2007	14297	5997	1800	2538	354	1312	894	2296
2008	14022	5829	1819	2754	359	1408	967	1853
2009	14517	5602	1806	3387	339	1652	1206	1731
2010	16245	5571	1846	4324	330	1703	1245	2471
2011	17416	5506	1772	4530	324	2078	1636	3206
2012	18056	5308	1796	4633	323	2244	1788	3752
2013	18213	3660	1817	5110	469	2719	2369	4438
2014	18657	3935	1697	5299	535	2790	2387	4401
2015	18335	3782	1693	5193	298	2993	2618	4376
2016	19464	4293	1664	5468	644	3232	2867	4163
2017	19284	4290	1688	5683	605	3212	2893	3806
2018	19756	5139	1659	5685	607	3008	2691	3658
2019	18965	4932	1594	4972	598	2934	2668	3935

注：本表中不包括文化市场经营机构数、旅行社和星级饭店。
a) Cultural market operators, travel agency and star hotel are not included.

18-2 艺术表演团体基本情况(2019年)

项　目	Item	机构数 (个) Number of Institutions (unit)	从业人员 (人) Number of Engaged Persons (person)
总　计	**Total**	**87**	**3617**
按照登记注册类型分类	**By Status of Registration**		
国　有	State-owned	38	3175
集　体	Collective-owned		
其　他	Others	49	442
按隶属关系分	**By Jurisdiction of Management**		
省　级	Run by Provinces	6	1174
地市级	Run by Prefectures (Cities)	17	1551
县区级	Run by Counties (Cities) and Others	64	892
按管理部门分	**By Management Authority**		
文化部门	Cultural Departments	39	3206
其他部门	Other Departments	48	411
按剧种分	**By Type of Art**		
话剧、儿童剧、滑稽剧类	Drama, Children's Play and Comedy Troupes	12	359
#儿童剧团	Children's Play	4	83
歌舞、音乐类	Song and Dance, Musicals	20	927
京剧、昆曲类	Peking Opera and Kunqu Opera	1	210
#京剧	Peking Opera	1	210
地方戏曲类	Local Opera	11	662
杂技、魔术、马戏类	Acrobatics, Magic and Circus	4	310
曲艺类	Folk Arts	5	111
综合性艺术表演团体	Comprehensive Art Performance	34	1038

Basic Statistics on Art Performance Troupes(2019)

#专业技术人员 Professional Technical Staff	本团原创首演剧目（个） Premiere Repertoire By Its Troupe Produced(unit)	演出场次（场） Number of Performances (show)	#国内演出 Domestic Performances	国内演出观众人次（万人次） Number of Domestic Audience (10 000 person-times)
2858	**27**	**13620**	**13280**	**416.8**
2645	26	5160	4830	277.7
213	1	8450	8450	139.1
970	3	1390	1370	91.2
1309	11	2430	2120	92.8
579	13	9800	9800	232.9
2657	27	5360	5020	282.1
201		8260	8260	134.7
204	2	1890	1890	60.6
45	1	740	740	22.1
801	3	1720	1690	55.2
178		180	180	14.6
178		180	180	14.6
560	10	1390	1390	94.4
218	3	600	300	22.8
64	2	1640	1640	15.7
833	7	6180	6180	153.5

18-2 续表

项目	Item	收入合计（万元） Total Revenue (10 000 yuan)	#财政拨款 Fiscal Appropriation	#演出收入 Performance Income
总计	**Total**	**55098.8**	**48692.5**	**3695.5**
按照登记注册类型分类	**By Status of Registration**			
国有	State-owned	51100	47958.8	2370.1
集体	Collective-owned			
其他	Others	3998.8	733.7	1325.4
按隶属关系分	**By Jurisdiction of Management**			
省级	Run by Provinces	18769.9	17833.2	651
地市级	Run by Prefectures (Cities)	27043.1	24963.4	1665.7
县区级	Run by Counties (Cities) and Others	9285.8	5895.9	1378.8
按管理部门分	**By Management Authority**			
文化部门	Cultural Departments	51823.5	48629.9	2422.5
其他部门	Other Departments	3275.3	62.6	1273
按剧种分	**By Type of Art**			
话剧、儿童剧、滑稽剧类	Drama, Children's Play and Comedy Troupes	5783.8	3689.9	1380.8
#儿童剧团	Children's Play	1250.4	950.1	271.4
歌舞、音乐类	Song and Dance, Musicals	16295.4	14445	1357.3
京剧、昆曲类	Peking Opera and Kunqu Opera	3446.2	3425.5	20.3
#京剧	Peking Opera	3446.2	3425.5	20.3
地方戏曲类	Local Opera	8279.3	8137.9	68.4
杂技、魔术、马戏类	Acrobatics, Magic and Circus	4546.9	4155.2	343.7
曲艺类	Folk Arts	4348.7	4182.3	98.4
综合性艺术表演团体	Comprehensive Art Performance	12398.5	10656.7	426.6

Continued

支出合计(万元) Total Expenditure (10 000 yuan)	#人员支出 Personnel Expenses	资产总计(万元) Total Assets (10 000 yuan)	#固定资产原价 Original Value of Fixed Assets	实际使用房屋建筑面积(万平方米) Floor Space of Buildings Actually Used (10 000 sq.m)	#排练练功用房 Buildings for Rehearsing
54819.6	**38220.1**	**69125.3**	**50160.2**	**17.1**	**3.9**
51741	36813	45682.1	48918.8	16.0	3.8
3078.6	1407.1	23443.2	1241.4	1.1	0.1
21401.5	13327.2	30321.8	29268.7	3.6	1.6
25429.8	19234.9	14500.9	18281.2	10.0	1.9
7988.3	5658	24302.6	2610.3	3.6	0.4
52837.8	37335.1	47446.4	50160.2	16.1	3.9
1981.8	885	21678.9		1.0	
4790	2694.7	5688	6392.7	3.9	0.1
1045.9	419.8	1133.9	981.5	1.0	0.02
16591.4	8703.7	20181.7	20315.3	4.4	1.3
3446.2	3068.6	2574	2482.1	0.9	0.4
3446.2	3068.6	2574	2482.1	0.9	0.4
8276.3	7070.5	7132.8	6945.5	3.0	0.8
5371.7	3358.3	5978.6	5126.1	1.0	0.2
4704.8	3949.9	3073.7	1725.4	0.3	0.1
11639.2	9374.4	24496.5	7173.1	3.5	1.0

18-3 艺术表演场馆基本情况(2019年)

项 目	Item	机构数（个） Number of Institutions (unit)	从业人员（人） Number of Engaged Persons (person)
总 计	**Total**	**64**	**1315**
#附属剧场	#Affiliated Theatre	29	246
儿童剧场	Children's Theatre	1	
按登记注册类型分	**By Status of Registration**		
国 有	State-owned	29	300
集 体	Collective-owned		
其 他	Others	35	1015
按管理部门分	**By Management Authority**		
文化部门	Cultural Departments	29	300
其他部门	Other Departments	35	1015
按机构类型分	**By Type of Troupes**		
剧 场	Theaters	33	448
影剧院	Music Halls and Cinemas	8	86
书场、曲艺场	Storytelling, Recitation and Ballad Places	1	10
杂技、马戏场	Acrobatics and Circus Places	1	
音乐厅	Concert Halls	2	23
综合性	General Performance Theaters	9	197
其 他	Others	10	551
按隶属关系分	**By Jurisdiction of Management**		
省 级	Run by Provinces	2	22
地市级	Run by Prefectures (Cities)	14	187
县区级	Run by Counties (Cities) and Others	48	1106

Basic Statistics on Art Performance Places by Region(2019)

#专业技术人员 Professional Technical Staff	坐席数（个） Seating Capacity (unit)	演(映)出场次合计（场次） Number of Performances (10 000 shows)	#艺术演出 Art Performances	观众人次合计（万人次） Number of Audience (10 000 person-times)	#艺术演出观众人次 Art Performances
384	**29163**	**5150**	**2530**	**136.3**	**69.0**
115	11421	1820	880	14.5	8.1
64	17752	1060	710	51.7	35.6
320	11411	4090	1820	84.6	33.4
64	17752	1060	710	51.7	35.6
320	11411	4090	1820	84.6	33.4
155	12971	2520	1310	51.6	32.4
15	4850	40	10	3.0	0.8
3	180	370	300	1.0	0.1
	900				
6	1250	190	190	12.8	12.8
48	3932	1050	560	31.6	19.5
157	5080	980	160	36.2	3.3
5	750				
40	10521	480	450	36.2	28.6
339	17892	4680	2080	100.1	40.3

18-3 续表

项 目	Item	收入合计（万元） Total Revenue (10 000 yuan)	#财政拨款 Government Subsidy	#演出收入 Performance Income
总 计	**Total**	**28911**	**5632**	**5118**
#附属剧场	#Affiliated Theatre	4578	4	66
儿童剧场	Children's Theatre			
按登记注册类型分	**By Status of Registration**			
国 有	State-owned	6488	3641	2770
集 体	Collective-owned			
其 他	Others	22423	1991	2349
按管理部门分	**By Management Authority**			
文化部门	Cultural Departments	6488	3641	2770
其他部门	Other Departments	22423	1991	2349
按机构类型分	**By Type of Troupes**			
剧 场	Theaters	5649	2326	2295
影剧院	Music Halls and Cinemas	202	153	
书场、曲艺场	Storytelling, Recitation and Ballad Places	24	1	11
杂技、马戏场	Acrobatics and Circus Places			
音乐厅	Concert Halls	1494	1102	390
综合性	General Performance Theaters	5624	2023	2419
其 他	Others	15918	26	4
按隶属关系分	**By Jurisdiction of Management**			
省 级	Run by Provinces			
地市级	Run by Prefectures (Cities)	6002	3207	2767
县区级	Run by Counties (Cities) and Others	22909	2425	2352

Continued

支出合计（万元） Total Expenditure (10 000 yuan)	#人员支出 Personnel Expenses	资产总计（万元） Total Assets (10 000 yuan)	#固定资产原价 Original Value of Fixed Assets	实际使用房屋建筑面积（万平方米） Floor Space of Buildings Actually Used (10 000 sq.m)	#演(映)业务用房 Buildings for Performances
23734	**6408**	**63693**	**8660**	**39.9**	**11.8**
4283	1148	5029		15.1	3.2
				0.29	
6605	1771	11744	8660	19.2	10.3
17129	4636	51949		20.7	1.6
6605	1771	11744	8660	19.2	10.3
17129	4636	51949		20.7	1.6
5633	1465	11176	2016	14.7	3.8
202	191	4779	4755	1.9	0.8
16	9	30		0.03	0.02
				0.1	0.1
1251	377	3160	1767	4.2	0.6
4876	985	4165	37	8.3	6.1
11758	3381	40383	84	10.5	0.36
433	176	1064	214	0.005	
5685	1170	4536	2226	15.9	8.7
17617	5062	58093	6220	24.0	3.2

18-4 群众文化机构基本情况（2019年）

指 标	Item	总 计 Total	文化馆 Cultural Centers
机构数（个）	Institutions (unit)	1430	150
从业人员（人）	Number of Employed Persons (person)	4972	2152
#专业技术人才	Professional Technical Staff	2366	1757
组织文艺活动（万次）	Art Performances and Story-telling Sessions (10000 times)	25307	8623
参加文艺活动人次（万人次）	Person-times Attending Art and Cultural Activities (10000 person-times)	881	590
举办训练班（次）	Number of Training Courses(time)	12628	6530
参加培训人次（万人次）	Attending Training (10000 person-times)	77	40
举办展览个数（个）	Number of Exhibitions (unit)	2633	671
参观展览人次（万人次）	Visiting Exhibitions(10000 person-times)	158	105
组织公益性讲座次数（次）	Number of Theoretical Lectures (time)	1100	1100
参加公益性讲座人次（万人次）	Attending Theoretical Lectures (10 000 person-times)	14	14
拥有计算机台数（万台）	Computer Owned (10000 units)	8493	1928
本年收入合计（万元）	Revenue this Year (10000 yuan)	47230	32750
#财政补贴收入	Financial Aid	46814	32377
上级补助收入	Subsidy	39	39
事业收入	Income From Undertakings	37	37
经营收入	Operating Income		
其他收入	other	340	297
本年支出合计（万元）	Expenditure this Year (10000 yuan)	46557	31888
资产总计(万元)	Total Assets(10000 yuan)	81014	34422
固定资产原值	Original Value of Fixed Assets	78609	34427
实际使用房屋建筑面积（万平方米）	Floor Space of Buildings Actually Used (10000 sq.m)	88	29
#业务用房面积	Buildings for Mass Cultural Activities	60	20
馆办文艺团体（个）	Art Performance Troupes Run by Centers (unit)	356	356
馆办文艺团体演出场次（万场次）	Number of Art Performances Run by Centers (10000 times)	197	197
馆办老年大学（个）	Aging College Run by Centers (unit)	32	32
群众业余文艺团体(个)	Part-time Art Troupes (unit)	8511	2505

Basic Statistics on Cultural Institutions (2019)

省级 Provincial Level	地市级 Prefecture Level	县市级 County (City) Level	#县文化馆 County Cultural Center	文化站 Cultural Stations	#乡镇文化站 Township Cultural Stations
1	16	133	44	1280	902
37	356	1759	932	2820	1665
34	321	1402	757	609	535
18	993	7612	3349	16684	10147
3.6	145	442	225	291	208
454	1756	4320	1465	6098	3773
0.9	13	26	11	37	26
3	88	580	290	1962	1284
0.9	6.4	98	65	53	41
92	275	733	340		
0.1	5.2	8.9	4.4		
62	395	1471	524	6565	4343
1012	8591	23147	10963	14480	8963
1012	8330	23036	10934	14437	8938
		39	29		
		37			
	262	35	0.2	43	25
1012	8144	22732	10563	14669	8944
632	8332	25458	8692	46592	36575
632	9686	24109	8422	44182	35339
0.2	5.7	23	9.4	59	33
0.1	3.9	16	6.4	40	27
3	71	282	102		
1.0	37	159	89		
	2	30	9		
30	449	2026	802	6006	4524

18-5 文物业基本情况(2019年)

项 目	Item	总计 Total	按单位类型分 By Unit Type		
			#文物科研机构 Scientific and Research Agencies	文物保护管理机构 Agencies of Cultural Relics Preservation	博物馆 Museums
机构数(个)	Number of Institutions(unit)	277	2	81	193
从业人员(人)	Number of Employed Persons(person)	2934	45	221	2668
#专业技术人员	Professional Technical Staff	1357	38	181	1138
藏品数(件/套)	Number of Collections(piece/set)	1016202	5186	14012	997004
#一级品	#Grade One	2709	11	25	2673
基本陈列(个)	Basic Displays(unit)	455		3	452
临时展览(次)	Temporary Exhibition (time)	489		3	486
参观人次(万人次)	Spectators(10000 person-times)	2224		6.0	2218
#未成年人	#Juveniles	603		1.8	601
门票销售总额(万元)	Sales of Admission Tickets(10000 yuan)	69			69
收入合计(万元)	Total Income (10000 yuan)	47406	1355		39191
#财政补助收入	Government Subsidy	41467	1329	6861	33278
支出合计(万元)	Total Expenditure (10000 yuan)	44408	1669	5899	36840
资产总计(万元)	Total Assets (10000 yuan)	258117	2318	2072	253727
#固定资产原值(万元)	Original Value of Fixed Assets (10000 yuan)	237614	1167	1802	234646
实际使用房屋建筑面积(万平方米)	Floor Space of Buildings Actually Used(10000 sq.m)	69.9	0.2	1.1	68.6
#展览用房	#Buildings for Exhibitions	42.9		0.3	42.7
文物库房	Storeroom	5.3	0.1	0.1	5.1

Basic Statistics on Cultural Relics (2019)

按隶属关系分 By Jurisdiction of Management			按部门分 By Management Authority	
省　级 Provin-cial Level	地　市 Prefec-ture Level	县　区 County (City) Level	文 物 部 门 Cultural Departments	其 他 部 门 Other Departments
12	62	203	185	92
430	1059	1445	1947	987
229	454	674	966	391
366244	325289	324669	621565	394637
		192	2562	147
34	120	301	276	179
35	195	259	370	119
	898	936	1619	605
	221	254	449	153
		69	32	37
		20561	36097	11310
8857	17868	17776	35868	5599
		18078	33053	11355
38142	89069	130906	103990	154127
	85946	116011	104017	133597
	27.8	35.7	33.7	36.2
	13.5	25.5	22.3	20.6
	1.6	3.0	2.7	2.6

18-6 博物馆基本情况(2019年)

项 目	Item	总计 Total	按机构类型分			
			#免费开放 Free of Charge	综合性 Comprehen-siveness	历史类 History	艺术类 Art
机构数(个)	Number of Institutions(unit)	193	186	67	83	12
从业人员(人)	Number of Employed Persons(person)	2668	2595	1053	1268	63
#专业技术人员	Professional Technical Staff	1138	1115	519	464	36
藏品数(件/套)	Number of Collections(piece/set)	997004	995260	550458	276069	18312
#文物藏品	Cultural relics collection	311389	311044	227861	80316	503
#一级品	Grade One	2673	2663	2304	369	
基本陈列(个)	Basic Displays(unit)	452	445	200	180	23
临时展览(次)	Temporary Exhibition (time)	486	485	285	152	20
参观人次(万人次)	Spectators(10000 person-times)	2217.9	2164.8	695.1	1351.4	29.9
#未成年人	Juveniles	600.8	593.8	260.8	298.4	4.3
门票销售总额(万元)	Sales of Admission Tickets(10000 yuan)	68.7	2.0		68.7	
收入合计(万元)	Total Income (10000 yuan)	39190.5	37865.3	16003.8	19405.8	354.9
#财政补助收入	Government Subsidy	33277.5	32389.5	14850.4	15699.4	2.0
支出合计(万元)	Total Expenditure (10000 yuan)	36839.5	35213.8	15770.3	17326.8	345.2
资产总计(万元)	Total Assets (10000 yuan)	253727.2	241046.2	75887.6	138701.3	11570.0
#固定资产原值(万元)	Original Value of Fixed Assets	234646.0	222055.3	73564.8	129126.2	5843.0
实际使用房屋建筑面积(万平方米)	Floor Space of Buildings Actually Used(10000 sq.m)	68.6	66.5	28.1	29.6	1.6
#展览用房	Buildings for Exhibitions	42.7	40.9	18.3	16.4	1.1
文物库房	Storeroom	5.1	5.0	2.0	1.6	0.3

Basic Statistics on Museums (2019)

By Organization Type		按隶属关系分 By Jurisdiction of Management			按系统分类 By Management Authority		
自然科技类 Science and Technology	其他 Others	省级 Provincial Level	地市 Prefecture Level	县区 County (City) Level	文物部门 Cultural Departments	其他部门 Other Departments	民办 Civilian-run
11	20	10	50	133	101	37	55
131	153	390	982	1296	1681	631	356
71	48	196	392	550	747	238	153
58901	93264	361575	320967	314462	602367	143609	251028
16	2693	72649	148186	90554	262247	30440	18702
		2257	237	179	2526	127	20
19	30	34	120	298	273	74	105
16	13	35	195	256	367	40	79
63.4	78.2	390.2	897.7	930.0	1613.3	408.0	196.6
16.7	20.5	128.0	220.8	251.9	447.3	99.1	54.4
				68.7	31.5		37.2
2069.3	1356.7	7764.5	15348.8	16077.2	27880.8	9139.0	2170.7
1835.7	890.0	7669.5	12315.8	13292.2	27678.3	5517.9	81.3
2040.1	1357.1	7729.8	14494.4	14615.3	25484.6	8867.6	2487.3
6555.0	21013.3	35826.8	88164.2	129736.2	99600.0	99511.8	54615.4
6529.8	19582.2	34492.7	85157.7	114995.6	101048.6	87350.9	46246.5
3.0	6.3	6.2	27.4	35.0	32.4	24.0	12.2
2.0	4.8	4.0	13.4	25.3	22.0	12.0	8.6
0.4	0.9	0.7	1.6	2.9	2.5	0.7	2.0

18-7 分地区公共文化设施情况(2019年)
Statistics on Public Cultural Facilities by Region(2019)

单位：个、人 (unit，person)

地区	Region	机构数 总计 Number of Institutions	公共图书馆 Public Libraries	文化馆 Cultural Center	文化站 Cultural Station	博物馆 Museums	美术馆 Art Museum
合计	**Total**	**1651**	**110**	**150**	**1280**	**101**	**10**
哈尔滨	Harbin	344	18	21	285	19	1
齐齐哈尔	Qiqihar	201	13	17	158	11	2
鸡西	Jixi	88	4	12	68	3	1
鹤岗	Hegang	67	3	9	51	3	1
双鸭山	Shuangyashan	85	5	9	66	5	
大庆	Daqing	83	6	6	65	5	1
伊春	Yichun	115	18	18	77	2	
佳木斯	Jiamusi	99	7	11	74	7	
七台河	Qitaihe	43	2	5	35	1	
牡丹江	Mudanjiang	112	8	15	78	10	1
黑河	Heihe	103	6	7	75	15	
绥化	Suihua	244	12	11	206	13	2
大兴安岭	Daxinganling	62	7	8	42	4	1

18-7 续表 Continued

地区	Region	从业人员数 总计 Number of Engaged Persons	公共图书馆 Public Libraries	文化馆 Cultural Center	文化站 Cultural Station	博物馆 Museums	美术馆 Art Museum
合计	**Total**	**8298**	**1418**	**2152**	**2820**	**1681**	**51**
哈尔滨	Harbin	1551	244	440	574	289	4
齐齐哈尔	Qiqihar	1045	148	244	513	131	9
鸡西	Jixi	423	58	154	122	86	3
鹤岗	Hegang	273	34	86	79	68	6
双鸭山	Shuangyashan	346	64	89	92	101	
大庆	Daqing	498	151	97	126	116	8
伊春	Yichun	451	176	123	127	25	
佳木斯	Jiamusi	369	110	114	112	33	
七台河	Qitaihe	180	39	72	39	30	
牡丹江	Mudanjiang	581	116	170	135	160	
黑河	Heihe	615	65	151	180	219	
绥化	Suihua	1145	165	291	590	83	16
大兴安岭	Daxinganling	295	48	84	131	27	5

18-8　档案机构情况
Basic Statistics on Archive

项　目	Item	2018	2019
机构数(个)	**Number of Institutions**		
行政管理部门	Administrative Department	139	135
档案馆	Archives	179	167
#综合档案馆	Comprehensive Archives	142	142
从业人员(人)	**Employees (person)**	**2031**	**1888**
#专 职	Full-time Personnel	1130	1370
馆藏情况	**Collection Situation of Archives**		
案 卷(万卷)	Files(10000 volumes)	**1179.1**	**1044.3**
以件为保管单位档案(万件)	Files of the Storage Unit(10000 pieces)	1144.3	1262.8
底图(万张)	Base Map(10000 pieces)	22.2	19.9
电子档案(GB)	Electronic Records(GB)	18660.3	56462.2
照片档案(万张)	Photos(10000 sheets)	93.8	86.6
录音磁带、录像磁带、影片档案(万盘)	Audio Tapes, Video Tapes and Film Files (10000 discs)	2.4	2.0
开放档案(万卷、万件)	**Archives Open to Public(10000 volumes,10000 pieces)**	**389.6**	**514.3**
档案利用情况	**Utilization of Archives**		
利用人次(万人次)	Utilization (10000 person-times)	65.7	41.5
利用卷次(万卷(件)次)	Utilization Volume Times (10000 Rolls (pieces))	79.3	64.4
档案馆建筑面积(万平方米)	Floor Space of Archive Institutions(10000 sq.m)	28.5	27.8
#库 房	Storage Room	14.3	13.2

18-9 分地区公共图书馆基本情况(2019年)

地 区	Region	机构数(个) Number of Institutions (unit)	从业人员(人) Number of Employed persons Persons (person)	#专业技术人员 Professional Technical Staff
全 省	**Total**	**110**	**1594**	**1347**
#少儿图书馆	Children's Libraries	1	8	8
#省 级	Provincial Level	1	176	152
地 市	prefecture Level	13	556	464
县 区	County Level	96	862	731
#县图书馆	Run by Counties	44	403	349
哈尔滨	Harbin	18	244	221
齐齐哈尔	Qiqihar	13	148	140
鸡 西	Jixi	4	58	52
鹤 岗	Hegang	3	34	30
双鸭山	Shuangyashan	5	64	62
大 庆	Daqing	6	151	98
伊 春	Yichun	18	176	122
佳木斯	Jiamusi	7	110	102
七台河	Qitaihe	2	39	24
牡丹江	Mudanjiang	8	116	111
黑 河	Heihe	6	65	52
绥 化	Suihua	12	165	147
大兴安岭	Daxinganling	7	48	34

Statistics on Public Libraries by Region(2019)

总藏量 (万册件) Total Collections (10000 copies)	#图　书 Books	本　年 新增藏量 (万册) New Collections During the Year (10000 copies)	有效借书证数 (个) Accumulative Number of Library Cards Distributed (10000 units)	总流通人　次 (万人次) Total Number of Circulation (10000 person-times)	#书刊文献外借人次 Borrowing from Libraries	书刊文献外借册次 (万册次) Number of Books and Periodicals Lent to Readers (10000 copy-times)
2319.1	**1892.2**	**86.5**	**878448**	**1151.8**	**425.0**	**884.0**
5.1	2.6	0.1	955	2.2	0.5	1.7
421.6	323.8	16.1	175179	188.9	23.8	80.7
934.1	712.3	33.5	390211	448.1	200.6	331.4
963.5	856.1	36.9	313058	514.9	200.5	471.9
444.7	385.6	16.8	111202	226.1	90.3	188.1
617.8	494.2	15.9	226595	357.2	128.9	273.9
253.8	212.7	9.9	57868	98.6	30.7	62.2
76.8	54.8	8.6	12246	31.8	18.3	26.9
55.2	50.7	1.1	12364	17.8	3.3	5.6
60.2	48.9	5.6	112320	29.2	9.5	23.7
164.5	139.2	4.0	82554	134.5	99.9	164.3
132.4	104.3	6.3	84149	46.8	20.3	40.7
110.2	94.9	2.9	23603	42.2	12.8	40.8
35.6	29.9	2.7	1830	26.1	4.6	14.2
126.9	119.2	3.3	39264	74.7	26.4	58.8
43.8	38.9	2.7	14763	13.9	6.9	12.9
171.8	138.2	6.3	28817	80.6	36.8	72.6
48.5	42.5	1.1	6896	9.5	2.8	6.7

18-9 续表1

地 区	Region	为读者举办各种活动 Service Activities Provided for Readers		计算机（台） Computers (set)	#电子阅览室终端数 Terminals in Electronic Media Reading Rooms	本年收入合计（万元） Total Revenue (10000 yuan)
		次数（次、个） Number of Activities (times)	参加人次（万人次） Number of Readers Involved (10000 person-times)			
全 省	**Total**	**3888**	**160.1**	**5897**	**3752**	**31629**
#少儿图书馆	Children's Libraries	23	0.5	35	25	183
#省 级	Provincial Level	707	59.9	416	163	6119
地 市	prefecture Level	1045	25.1	1520	883	11945
县 区	County Level	2136	75.1	3961	2706	13565
#县图书馆	Run by Counties	887	41.5	1765	1205	6920
哈尔滨	Harbin	1058	27.5	1060	697	5946
齐齐哈尔	Qiqihar	433	6.4	650	416	2511
鸡 西	Jixi	128	4.5	180	145	1389
鹤 岗	Hegang	44	1.8	182	83	606
双鸭山	Shuangyashan	117	6.6	180	80	924
大 庆	Daqing	233	7.9	462	313	2578
伊 春	Yichun	212	3.3	813	521	1751
佳木斯	Jiamusi	199	5.4	397	291	1416
七台河	Qitaihe	21	0.5	94	75	1798
牡丹江	Mudanjiang	179	5.2	420	295	2574
黑 河	Heihe	75	2.0	296	186	944
绥 化	Suihua	391	28.5	552	378	2411
大兴安岭	Daxinganling	91	0.6	195	109	662

Continued

本年支出合计(万元) Total Expenditure (10000 yuan)	资产总计(万元) Total Assets (10000 yuan)	#固定资产原值 Original Value of Fixed Assets	公用房屋建筑面积(万平方米) Floor Space of Buildings Actually Used (10 000 sq.m)	#书库 Stack Rooms	#阅览室 Reading Rooms	阅览室座席数(个) Seats of Reading Rooms(unit)
31220	**92048**	**89161**	**34.4**	**5.9**	**9.9**	**28477**
179	232	224	0.05		0.03	120
6119	37821	34709	3.4	0.3	1.3	2633
11710	28314	29600	13.6	2.5	3.2	8854
13391	25914	24851	17.5	3.0	5.4	16990
6778	12264	11874	7.9	1.5	2.3	6405
5688	13158	16249	5.6	1.4	1.5	5930
2618	6139	5531	4.3	0.6	1.2	2418
1355	2365	2188	0.8	0.2	0.3	960
620	1746	1534	1.3	0.4	0.2	713
807	1848	1691	0.7	0.2	0.2	809
2566	5311	4978	4.1	0.4	0.9	2996
1755	5235	4828	3.2	0.5	1.2	3743
1418	1813	1735	3.1	0.6	1	2007
1675	872	872	0.6	0.1	0.1	430
2659	9439	8898	2.5	0.4	0.4	1854
903	1442	1323	1.4	0.2	0.5	960
2406	3332	3107	2.5	0.4	0.7	2246
631	1527	1518	0.9	0.2	0.4	778

18-10 文化文物机构人员情况
Number and Personnel in Culture and Cultural Relics Institutions

机构类别	Category of Institution	机构(个) Number of Institutions(unit)			从业人员(人) Number of Employed Persons(person)		
		2017	2018	2019	2017	2018	2019
合　计	**Total**	**8483**	**7842**	**8434**	**39383**	**35867**	**47237**
文化合计	**Cultural**	**8208**	**7560**	**8157**	**36171**	**32859**	**44303**
艺术表演团体	Art Performance Troupes	71	90	87	3682	4317	3617
#公有制	Public Ownership	37	39	39	3303	3230	3206
艺术表演场馆	Art Performance Places	51	56	64	608	822	1315
#公有制	Public Ownership	31	30	29	319	298	300
公共图书馆	Public Libraries	109	109	110	1688	1659	1594
文化馆	Cultural Centers	148	149	150	2320	2280	2152
文化站	Cultural Stations	1487	1486	1280	3363	3405	2820
#乡镇综合文化站	Township Comprehensive Cultural Stations	900	901	902	1601	1552	1665
艺术展览创作机构	Art Exhibition and Creative Institutions	23	23	18	135	123	118
#美术馆	Museum	12	13	11	76	83	81
艺术教育业	Culture and Education	6	6	6	605	607	598
文化科研机构	Art Research Institutions	3	3	3	72	85	80
文化市场经营机构	Institutions of Business of Culture	6039	5376	5142	20099	13743	13743
#娱乐场所	Entertainment Venues	2424	2274	2032	8940	6923	5773
网　　吧	Internet Bar	3491	2978	2943	9333	6658	6596
文化行政主管部门	Administrative Department of Culture	141	139	142	2151	2107	2379
其他文化机构	Other Cultural Institutions	130	123	118	1448	1343	1358
#文化市场执法机构	Cultural Market Law Enforcement Agencies	74	73	71	615	603	678
旅行社	Travel Agency			855			4816
星级饭店	Star Hotel			182			9713
文物合计	**Cultural Relics**	**275**	**282**	**277**	**3212**	**3008**	**2934**
博物馆	Museums	183	191	193	2893	2691	2668
文物保护管理机构	Agencies of Cultural Relics Preservation	87	86	81	259	258	221
文物科研机构	Scientific and Research Agencies	2	2	2	48	47	45
文物商店	Cultural Relics Shops						
其他文物机构	Other Cultural Relics Agencies	3	3	1	12	12	

注：文化市场经营机构不包括非公有制院团和场馆。
a) Institutions of Business of Culture do not include non-state-owned troupes and theaters.

18-11　广播电视事业发展情况
Basic Statistics on Radio and Television Stations

项　　目	Item	2015	2016	2017	2018	2019
广播	**Radio**					
广播电台(座)	Number of Broadcasting Stations (set)	14	14	10	10	10
广播节目综合人口覆盖率(%)	Radio Coverage of Population(%)	98.6	98.8	98.8	99.0	99.2
公共广播节目套数(套)	Number of Public Radio Programs (set)	101	111	107	108	108
全年制作广播节目时间(小时)	Length of Radio Programs Produced (hour)	219863	239479	255972	245174	234049
全年公共广播节目播出时间(小时)	Length of Public Radio Programs Broadcasted (hour)	488597	536502	573841	587998	601021
电视	**Television**					
电视台(座)	Number of Television Stations (set)	15	15	10	10	10
电视节目综合人口覆盖率(%)	TV Coverage of Population (%)	98.8	98.9	98.9	99.1	99.1
全省有线广播电视用户数(万户)	Number of Users of Cable Radio and TV(10 000 households)	685.7	651.4	606.1	591.6	666.2
#农村	#Rural	162.2	152.9	112.4	125.9	106.3
数字电视用户数	Number of Users of Digital TV (10000 households)	619.7	642.6	554.6	568.8	652.2
有线广播电视实际用户数(万户)	Users of Cable Radios and TVs				591.6	666.2
#农村	#Rural				125.9	
数字电视用户数	Digital TV				568.8	
有线广播电视入户率(%)	Popularization Rate of Cable Radio and TV (%)	45.7	48.4	41.6	38.6	42.9
#农村	#Rural	23.7	24.6	18.5	20.5	17.5
公共电视节目套数(套)	Number of Public TV Programs (set)	117	121	105	105	105
全年制作电视节目时间(小时)	Length of TV Programs Produced (hour)	97437	115121	90490	105089	88602
全年公共电视节目播出时间(小时)	Length of Public TV Programs Broadcasted (hour)	605044	634212	587060	593441	602615
全年电视剧播出数(部)	Number of TV Plays Broadcasted (set)	4061	3872	4963	4809	4869
全年电视剧播出数(集)	Number of TV Plays Broadcasted(part)	125578	121301	176304	171629	173410
广播电视技术及其他	**TV Technology and Others**					
广播电视总收入(亿元)	Revenue of Radio and TV (100 million yuan)	57.8	63.2	82.1	59.8	61.1
广播电视从业人员数(人)	Staff and Workers of Radio and TV (person)	25194	20935	29160	27518	24856
#编辑、记者	Editors and Reporters	4943	5494	4880	4962	
#播音员、主持人	Announcers and Anchor Persons	983	1048	796	859	
#工程技术人员	Engineering Technical Personnel	4997	3221	3349	4274	
中、短波转播发射台(座)	Transmission and Relaying Stations of Medium and Short Wave Broadcast (unit)	41	41	42	39	38
发射功率(千瓦)	Power of Transmitters (kw)	2162	2131	2167	2188	2026
调频电视转播发射台(座)	Relaying Stations of Frequency Modulation TV Broadcasting(unit)	194	203	218	223	217
调频发射功率(千瓦)	FM Transmitting Power(kw)	673.2	683.3	632.3	635	634
电视发射功率(千瓦)	TV Transmitters Power(kw)	625.4	690.8	981.4	1041.2	1029.7
有线广播电视传输干线网络总长(万公里)	Length of Transmission Trunk for Cable Radio and TV (10 000 km)	17.9	6.4	4.6	7.6	9.0

18-12 广播电视节目制作情况(2019年)
Basic Statistics on Radio and Television Programs Produced(2019)

单位：小时 (hour)

项目	Item	总计 Total	省级 Province Level	地市级 City Level
广播节目制作	**Production of Radio Programs**	**234049**	**63121**	**132770**
新闻	News Programs	34259	8357	16883
专题	Special Subject Programs	76717	19258	47879
综艺	General Entertainment Programs	41881	9548	23200
广播剧	Radio Play Programs	10568	3756	3251
广告	Advertising Programs	19284	7274	10902
其他	Others	51337	14925	30653
电视节目制作	**Production of TV Programs**	**88602**	**21206**	**33123**
新闻	News Programs	28130	6334	8566
专题	Special Subject Programs	17852	4676	6799
综艺	General Entertainment Programs	10355	2275	2437
影视剧	TV Play Programs	1938	73	
广告	Advertising Programs	13177	3478	6854
其他	Others	17148	4367	8464

18-13 广播、电视节目播出情况(2019年)
Basic Statistics on Radio and Television Programs Broadcasting (2019)

单位：小时 (hour)

项目	Item	总计 Total	省级 Province Level	地市级 City Level
广播	**Radio Broadcasting**			
公共节目套数(套)	Number of Public Programs (set)	108	9	36
平均每日播出时间	Broadcasting Hours per Day	1647	171	637
新闻资讯	News Programs	284	22	92
专题服务	Special Subject Programs	360	51	184
综艺益智	General Entertainment Programs	259	26	110
广播剧	Radio Play Programs	135	10	49
广告	Advertising Programs	105	20	67
其他	Others	504	43	135
电视	**Television Broadcasting**			
公共节目套数(套)	Number of Public Programs (set)	104	7	31
平均每周播出时间	Broadcasting Hours per Day	1638	150	553
新闻资讯	News Programs	230	20	66
专题服务	Special Subject Programs	172	13	62
综艺益智	General Entertainment Programs	104	6	28
影视剧	TV Play Programs	661	71	250
广告	Advertising Programs	145	19	71
其他	Others	326	20	77

18-14　出版、发行事业机构和人员数
Number of Institutions and Personnel Engaged in News and Publishing Undertakings

指　　标	Item	2013	2014	2015	2016	2017	2018	2019
机构数(个)	**Number of Institutions (unit)**	**662**	**693**	**692**	**693**	**692**	**625**	**668**
出版单位	Publishing Units	420	419	418	421	420	367	413
书刊印刷厂	Printing Houses	156	169	169	169	155	155	155
新华书店	Book Stores	86	105	105	103	103	103	100
人员数(人)	**Number of Personnel (person)**	**23469**	**23031**	**21045**	**20556**	**16434**	**15794**	**16286**
出版单位	Publishing Units	13387	13468	12809	11865	9135	8798	9654
书刊印刷厂	Printing Houses	7018	6539	5304	5274	4991	4294	4039
新华书店	Book Stores	3064	3024	2932	3417	2308	2702	2593

18-15　图书、期刊和报纸出版情况
Number of Books, Magazines and Newspapers Published

年　份 Year	出版数量(种) Number of Publications (kind)			印刷数量(万册、万份) Printed Copies (10000 copies)			总印张数(万印张) Printed Sheets (10000 sheets)		
	图　书 Books	期　刊 Magazines	报　纸 Newspapers	图　书 Books	期　刊 Magazines	报　纸 Newspapers	图　书 Books	期　刊 Magazines	报　纸 Newspapers
1978	269	24	3	10512	1361	13797	33915	3325	12789
1980	246	59	9	11108	2151	15324	50301	6161	13463
1985	855	88	28	16513	2795	49649	62240	8143	31764
1990	1176	184	58	12342	5302	56480	46750	14390	37577
1995	1868	311	86	11342	6718	69115	53136	19103	72446
2000	2070	319	75	9944	7919	73571	49187	24908	119448
2001	2281	322	76	9779	7391	69783	58022	24030	114053
2002	2258	323	76	8747	6459	74244	56561	23116	141986
2003	2098	323	76	7865	5615	73639	50934	21291	143870
2004	2828	312	76	7704	4331	74339	50388	21703	159947
2005	2930	315	76	5938	3503	71410	45850	14985	261470
2006	2667	307	95	5520	3870	89458	48814	18045	267697
2007	3099	309	95	5285	4996	78166	39911	23662	290481
2008	3182	313	91	5167	5092	72667	43260	25191	238501
2009	3408	314	90	6114	5210	75726	44384	26235	229434
2010	3515	314	90	7420	5253	78219	55880	26568	256544
2011	4430	315	89	8284	5502	79234	61349	28559	299480
2012	4218	315	89	6353	5640	78997	52721	29575	311360
2013	5247	314	88	6636	5789	74931	53024	29213	281419
2014	5043	315	88	7426	5279	69039	62513	28070	232130
2015	6087	314	88	7170	4467	66308	62626	25358	173144
2016	7336	314	88	7694	4340	62387	66638	24598	145570
2017	7549	315	86	8837	4390	56521	75582	24205	110925
2018	8709	315	88	8203	3483	49909	68944	18923	87629
2019	8110	315	84	8452	3049	42801	67310	17338	69770

18-16 图书出版情况(2019年)
Statistics on Books Published by Categories(2019)

类　别	Category	种类 (种) Number of Publications (item)	总印数 (万册) Printed Copies (10000 copies)	总印张 (千印张) Printed Sheets (1000 sheets)	定价总金额 (万元) Total Amount of Pricing (10000 yuan)
使用“中国标准书号”部分合计	**Publications with "China International Standard Book Number"**	**8110**	**8452.8**	**673101.7**	**161017.7**
马列主义、毛泽东思想	Marxism-Leninism, Mao Zedong Thought	6	1.4	160.0	56.6
哲　学	Philosophy	81	48.9	5825.1	2796.4
社会科学总论	General Social Sciences	37	13.7	1685.9	600.3
政治、法律	Politics and Law	83	34.6	4440.6	1070.6
军　事	Military Affairs	25	3.7	373.3	125.4
经　济	Economics	227	39.7	5627.3	1893.9
文化、科学、教育、体育	Culture, Science, Education and Sports	3978	7368.9	561891.0	117690.6
语言、文字	Languages	208	49.4	5239.4	1749.9
文　学	Literature	1106	474.2	37638.4	14559.2
艺　术	Arts	475	74.8	6518.6	3625.9
历史、地理	History and Geography	243	77.2	7281.5	3648.5
自然科学总论	General Natural Sciences	5	4.0	339.8	401.6
数理科学、化学	Mathematics and Chemistry	280	52.6	9635.2	3032.5
天文学、地球科学	Astronomy and Geology	36	9.4	722.1	391.1
生物科学	Biology	98	38.4	1859.4	1291.8
医药、卫生	Medicine and Health Care	271	17.4	1970.2	923.9
农业科学	Agricultural Science	87	8.9	1044.6	440.7
工业技术	Industrial Technology	617	105.7	15953.8	4940.5
交通运输	Transportation	130	14.3	2012.0	565.5
航空、航天	Aeronautics and Aerospace	14	2.1	355.2	217.5
环境科学	Environmental Science	16	1.4	178.4	65.3
综合性图书	General Books	87	11.9	2350.2	930.1

18-17　音像制品出版情况

Statistics on Number of Publication of Audio-Video Products

指　标	Item	出版品种(种) Number of Publications (kind)		出版数量(万张) Volume of Publications (10000 discs)		发行量(万张) Circulation (10000 sheets)	
		2018	2019	2018	2019	2018	2019
总　计	**Total**	**7**	**10**	**0.44**	**0.12**	**0.72**	
录象制品	Video Products	4	4	0.29	0.06	0.21	
录音制品	Fixation on Phonograms	3	6	0.15	0.06	0.51	

18-18　体育系统从业人员情况(2019年)

Statistics on Staff and Workers in Physical Education System (2019)

单位：人　　(person)

指　标	Item	总　计 Total	公务员 Civil Servants	体　育 教练员 Sports Coaches	运动员 Athletes	科研人员 Scientific and Technical Personnel
总　计	**Total**	**4814**	**605**	**1056**	**1501**	**75**
体育行政机关	Administrative Agencies of Physical Culture and Sports	735	605	12		
运动项目管理部门(优秀运动队)	Sports Events Management (Elite sports team)	1961		290	1299	14
本科院校	Colleges					
职业、运动技术学院	Sports Technical Institutes	123				6
体育运动学校	Physical Education and Sports Schools	227		91		7
竞技体校	Competitive Sports School	42		21		
少儿体育运动学校(业余体校)	Spare-time Sports School	825		567	8	5
单项运动学校	Physical Education and Sports Schools	9		7		
体育中学	Secondary School of Physical Education					
训练基地	Training Bases	359		32	194	3
体育场馆	Stadium and Gymnasium	279				4
体育科研机构	Sports Science and Technology Institute	46				36
其他事业单位	Other Institutions	208		36		

18-18 续表 Continued

单位：人 (person)

指　标	Item	医务人员 Medical	文化教师 Teachers	管理人员 Administrative	工勤人员 Logistics	其他 Others
总　计	**Total**	**40**	**153**	**605**	**380**	**399**
体育行政机关	Administrative Agencies of Physical Culture and Sports			34	14	70
运动项目管理部门(优秀运动队)	Sports Events Management (Elite sports team)	26		178	81	73
本科院校	Colleges					
职业、运动技术学院	Sports Technical Institutes	11	54	24	11	17
体育运动学校	Physical Education and Sports Schools		92	17	9	11
竞技体校	Competitive Sports School			5	4	12
少儿体育运动学校(业余体校)	Spare-time Sports School		5	106	30	104
单项运动学校	Physical Education and Sports Schools		2			
体育中学	Secondary School of Physical Education					
训练基地	Training Bases	2		33	84	11
体育场馆	Stadium and Gymnasium			87	129	59
体育科研机构	Sports Science and Technology Institute	1		6	1	2
其他事业单位	Other Institutions			115	17	40

18-19 体育事业发展情况 Development of Sports

指　标	Item	2014	2015	2016	2017	2018	2019
运动员教练员裁判员人数(人)	**Number of Coaches and Referees (person)**						
等级运动员	Number of Athletes in Grades	1170	1483	912	724	968	1037
等级教练员	Number of Coaches in Grades	20	25	32	30	15	33
等级裁判员	Number of Referees in Grades	773	690	99	135	981	712
优秀运动员	Excellent Athletes	1064	1286	1363	1398	1348	1501

18-20　卫生机构基本情况
Basic Conditions of Health Institutions

年　份 Year	卫生机构数 (个) Number of Health Institutions (unit)	床位数 (张) Number of Beds (bed)	人员数 (人) Number of Personnel (person)	#卫生技术人员 Medical Technical Personnel	万人拥有卫生机构床位 (张) Number of Health Institutions Beds per 10000 Persons (bed)	万人拥有卫生技术人员 (人) Number of Medical Technical Personnel per 10000 Persons (person)
1980	8685	104022	175286	133527	32.5	41.7
1985	8794	107527	201065	151337	32.0	45.1
1990	8945	122328	227003	172821	34.5	48.8
1991	8878	124949	232614	178220	35.0	49.9
1992	8853	127164	237985	182368	35.2	50.5
1993	7702	127896	236793	179536	35.1	49.3
1994	7714	128390	235334	179362	35.0	48.8
1995	7637	126466	234074	178842	34.2	48.3
1996	7065	121441	230843	177663	32.6	47.7
1997	7676	121263	231589	178483	32.3	47.6
1998	7620	120470	226719	174980	31.9	46.4
1999	7653	120211	226532	176100	31.7	46.4
2000	8038	120454	222746	171252	31.6	45.0
2001	7944	118037	219624	169865	31.0	44.6
2002	8755	119547	198462	154660	31.4	40.6
2003	8469	115930	192858	149964	30.4	39.3
2004	8230	119645	190563	149274	31.4	39.1
2005	8326	119833	191172	150657	31.4	39.5
2006	8181	123308	191945	151916	32.3	39.8
2007	8464	126058	200346	158726	33.0	41.6
2008	7928	136315	203502	161927	35.6	42.3
2009	8678	146568	215412	172118	38.3	45.0
2010	8938	159957	233900	188612	41.8	49.3
2011	8656	165402	236101	191396	43.1	49.9
2012	8836	178342	241266	197168	46.5	51.4
2013	9582	189290	250191	203741	49.4	53.1
2014	9603	201538	256148	209169	52.6	54.6
2015	9304	211637	259395	212504	55.4	55.6
2016	20378	220039	292210	221345	57.8	58.2
2017	20278	241422	299903	229059	63.6	60.4
2018	20357	250139	299813	230890	66.3	61.2
2019	20377	257539	305552	237595	68.7	63.3

注：2016年开始包括村卫生室情况，与以往年份不可比(下同)。
a) From 2016, includes the situation of the village health room, which is not comparable with the previous years.

18-21 卫生机构各类人员(2019年)
Employed Persons in Health Care Institutions by Type of Occupation(2019)

单位：人 (person)

类别	Category	总计 Total	医院 Hospitals	卫生院 Health Centers	疾病预防控制中心 Diseases Prevent and control Centers	其他卫生机构 Other Institutes
总 计	**Total**	**305552**	**203480**	**23010**	**5634**	**999**
卫生技术人员	**Medical Technical Personnel**	**237595**	**167092**	**19081**	**4137**	**571**
执业(助理)医师	Assistant Doctors on Guard	93493	59159	8614	1790	155
#执业医师	Doctors on Certified Doctors	79473	54892	5372	1452	126
注册护士	Registered Nurses	97616	78912	3835	325	141
药师(士)	Pharmacists of Chinese Medicine Personnel	11290	8139	1207	79	24
检验人员	Laboratory Technicians Personnel	8763	5855	640	818	45
其 他	Others	26433	15027	4785	1125	206
其他人员	**Other Personnel**	**67957**	**36388**	**3929**	**1497**	**428**
其他技术人员	Other Technical Personnel	10804	7288	1063	544	203
管理人员	Managerial Personnel	17457	12606	1273	525	116
工勤人员	Logistics Works	21611	16483	1593	428	109
平均每万人拥有卫生技术人员	**Number of Medical Technical Personnel per 10000 Population**	**63.3**	**44.5**	**5.1**	**1.1**	**0.2**

注：其他卫生机构总计中包括乡村医生和卫生员。
a) Other Institutes include rural doctors and health workers.

18-22 医疗机构运营情况(2019年)
Operation of Medical Institutions (2019)

指标	Item	合计 Total	#医院 Hospitals	卫生院 Health Centers	门诊部 Clinics	妇幼保健院 Maternity and Child Care Centers	专科疾病防治院 Specialized Disease Prevention &Treatment Institutes
门诊服务	**Service of Clinics**						
诊疗人次(万人次)	Total Number of Patients Treated (10000 person-times)	11241.1	6823.9	798.0	199.7	218.3	45.6
#门 诊	#Clinics Patients	9908.7	6149.4	727.1	140.1	209.3	45.3
急 诊	Emergency Patients	594.0	549.3	10.9		4.7	0.1
住院服务	**Service of Clinics**						
入院人数(万人)	Hospital Admissions (10000 patients)	604.3	549.6	38.5	1.0	6.8	2.0
住院病人手术人次(万人)	Number of Operation of Patients (10000 patients)	158.2	156.0			2.2	0.0
每百门、急诊的入院人数(人)	Hospital Admissions per 100 Out-patient and Emergency Patient (person)	7.2	8.2	5.2		3.2	4.5
床位利用	**Utilization of Hospital Beds**						
平均床位周转率(次)	Average Turnover of Beds (times)	24.3	25.9	17.1		17.6	8.6
平均床位工作日(日)	Number of Days per Bed in Use in a Year (days)	253.8	271.8	140.9		121.2	300.4
床位使用率(%)	Utilization Rate of Beds(%)	69.6	74.5	38.6		33.2	82.3
出院者平均住院日(日)	Average Hospitalization Period (days)	10.2	10.4	7.0		6.8	24.6

18-23　卫生机构、床位、人员数(2019年)

Numbers of Health Institutions, Beds and Employed Persons (2019)

机构名称	Name of Institutions	机构数 (个) Number of Institutions (unit)	床位数 (张) Number of Beds (bed)	人员数 (人) Number of Personnel (person)	#卫生技术人员 Medical Technical Personnel
总　计	**Total**	**20377**	**257539**	**305552**	**237595**
医　院	Hospitals	1143	219095	203480	167092
综合医院	General Hospitals	755	150594	146571	121780
中医院	Hospitals Specialized in Traditional	169	29113	29136	23943
中西医结合医院	Hospitals Combining Chinese and Western Medicine	11	968	1071	885
民族医院	National Hospitals	5	336	262	210
专科医院	Specialized Hospitals	200	37845	26358	20208
口腔医院	Hospitals of Mouth Cavity Diseases Care	20	524	1139	890
眼科医院	Hospitals for Eye Care	14	1146	1344	849
耳鼻喉科医院	Hospitals for Ear, Nose and Throat Care	3	353	549	443
肿瘤医院	Tumor Hospitals	6	5172	4089	3257
心血管医院	Hospitals for Vas of Heart	6	1316	1093	945
胸科医院	Hospitals for Chest	1	650	722	598
妇产(科)医院	Hospitals of Maternity	15	1379	1654	1372
儿童医院	Hospitals of Children	4	1067	825	732
精神病医院	Mental hospitals	36	14466	5662	4069
传染病医院	Hospitals for Infectious Diseases	11	4660	3301	2595
皮肤病医院	Hospitals of Dermatology	7	197	201	158
结核病医院	Hospitals for Tuberculosis	1	600	178	148
职业病医院	Hospitals for Occupational Disease	1	576	827	580
骨科医院	Orthopedics Hospitals	9	970	828	760
康复医院	Rehabilitation Hospitals	6	1320	688	498
整形外科医院	Plastic Surgery Hospital	1			
美容医院	Hairdressing Hospital	7	175	483	271
其他专科医院	Other Specialized Hospitals	52	3274	2775	2043
护理院	Nursing Home	3	239	82	66
疗养院	Sanatoriums	2	800	274	229
县(区)社区卫生服务站	Sanitation and Service Agencies of Community of County	631	6757	14904	12263
卫生院	Health Cares	972	24017	23010	19081
县(区)卫生所、医务室	Institutions of Sanitation of County	855		2168	1988
门诊部	Clinics	949	313	7952	7136
县(区)诊所	Clinique's of County	4623		9296	8933
村卫生室	Village Clinics	10448		23005	4933
急救中心	First-aid Centers	15	6	884	436
采供血机构	Institutions of Pick and Supply Blood	28		1021	737
妇幼保健院(所、站)	Maternity and Child Care Centers	140	4181	7787	6081
专科疾病防治院(所、站)	Specialized Disease Prevention and Treatment Institutes	87	2370	2516	1943
疾病预防控制中心	Center for Diseases control and Prevention	162		5634	4137
卫生监督所	Medical Supervise Institutions	145		2454	2022
计划生育技术服务机构	Family Planning Institutions	129		430	236
医学科学研究机构	Research Institutes of Medical Sciences	5		59	25
医学在职培训机构	Medical Institutions of In-service Education	8		214	44
统计信息中心	Statistical Information Center	4		81	6
其他卫生机构	Other Medical Institutions	31		383	273

注：村卫生室人员数包括乡村医生和卫生员。

a) Village hygienists include rural doctors and health workers.

18-24 分地区卫生事业基本情况(2019年)
Basic Statistics on Public Health by Region(2019)

地区	Region	卫生机构数(个) Number of Health Institutions (unit)	#医院 Hospital	#综合医院 General Hospitals	#县(区)社区卫生服务站 Sanitation and Service Agencies of Community of County	#卫生院 Health Centers	#县(区)诊所、卫生所、医务室 Institutions of Sanitation of County	#县(区)门诊部 Clinics of County
全省	**Total**	**20377**	**1143**	**755**	**631**	**972**	**5478**	**949**
哈尔滨	Harbin	4240	331	194	143	187	855	403
齐齐哈尔	Qiqihar	2751	133	93	52	138	632	123
鸡西	Jixi	1073	68	51	30	50	407	33
鹤岗	Hegang	733	47	39	21	21	331	17
双鸭山	Shuangyashan	1067	57	42	90	44	286	30
大庆	Daqing	1411	116	68	91	64	459	137
伊春	Yichun	738	43	34	29	17	409	47
佳木斯	Jiamusi	1966	95	66	41	92	521	69
七台河	Qitaihe	637	28	18	18	20	197	5
牡丹江	Mudanjiang	2213	85	48	56	58	662	57
黑河	Heihe	1044	59	48	19	73	195	8
绥化	Suihua	2195	47	29	30	175	392	3
大兴安岭	Daxinganling	309	34	25	11	33	132	17

18-24 续表 Continued

地区	Region	卫生机构床位数(张) Number of Beds in Health Institutions (bed)	#医院 Hospital	卫生机构人员数(人) Number of Persons in Health Institutions (person)	#卫生技术人员数(人) Medical Technical Personnel (person)	#执业(助理)医师 Assistant Doctors on Guard	#注册护士 Registered Nurses
全省	**Total**	**257539**	**219095**	**305552**	**237595**	**93493**	**97616**
哈尔滨	Harbin	89262	78888	90164	70600	27972	30084
齐齐哈尔	Qiqihar	34830	29922	38965	30226	11562	13224
鸡西	Jixi	13267	11429	15165	12200	4783	5177
鹤岗	Hegang	9447	8552	11154	8735	3249	4044
双鸭山	Shuangyashan	11356	8780	11880	9430	3564	3998
大庆	Daqing	18800	16982	28841	22469	9960	9028
伊春	Yichun	7530	6975	9324	7137	2783	2793
佳木斯	Jiamusi	19269	15422	23080	17910	6510	7351
七台河	Qitaihe	5096	4475	6392	4909	1841	2074
牡丹江	Mudanjiang	17833	15674	28069	23172	8347	9081
黑河	Heihe	8220	7148	12547	9661	4025	3629
绥化	Suihua	19631	12444	25998	17895	7683	5790
大兴安岭	Daxinganling	2998	2404	3973	3251	1214	1343

18-25　享受补助、救济人员情况
Persons Receiving Subsidies or Relief Funds

单位：万人　　(10000 persons)

项　目	Item	2015	2016	2017	2018	2019
城乡居民最低生活保障人数	**Number of Persons Receiving Minimum Living Allowance in Urban Area and Rural Area**	**238.4**	**232.1**	**200.6**	**163.4**	**140.0**
城镇居民最低生活保障人数	Number of Persons Receiving Minimum Living Allowance in Urban Area	120.2	111.1	95.4	74.1	59.8
农村居民最低生活保障人数	Number of Persons Receiving Minimum Living Allowance in Rural Area	118.2	120.9	105.2	89.3	80.2
传统救济情况	**Traditional Relief**					
农村特困人数	Extremely poor population in rural areas	13.3	12.2	11.3	10.3	9.5

18-26　社会福利单位机构和工作人员数
Number of Social Welfare Institutions and Enterprises

项　目	Item	机构数(个) Number of Institutions or Enterprises (unit)			工作人员(人) Number of Persons Engaged (person)		
		2017	2018	2019	2017	2018	2019
总　计	**Total**	**1365**	**1481**	**1747**	**18688**	**18490**	**19651**
社会福利事业单位	Social Welfare Institutions	1162	1290	1556	15125	15048	16082
收容遣送站	Collecting and Repatriation Units	65	57	56	629	584	587
殡葬事业单位	Funeral and Interment Institutions	138	134	135	2934	2858	2982

18-27　社会福利事业单位基本情况(2019年)
Basic Statistics on Social Welfare Institutions (2019)

项　目	Item	单位数(个) Number of Institutions or Enterprises(unit)	工作人员(人) Number of Persons Engaged (person)	床位数(张) Number of Beds (bed)	年末收养人数(人) Number of Persons Housed (year-end)(person)
总　计	**Total**	**1645**	**16686**	**166167**	
优抚安置单位	Institutions for Aftercare and Martyrs	89	604	580	2646
收养性单位	Adopting Institutions	1556	16082	165587	89993
#光荣院	#Homes for Disabled Veterans	55	355	4829	5000
社会福利院	Social Welfare Homes	62	2039	18224	9768

注：优抚安置单位的年末收养人数为全年接待人次数。

a)The number of persons housed in the table of Institutions for Aftercare and Martyrs is the number of whole year.

18-28 调解民间纠纷分类
Number of Civil Disputes Mediated by Type

项 目	Item	调解纠纷(件) Civil Disputes(cases)			各种纠纷所占比重(%) Percentage(%)		
		2017	2018	2019	2017	2018	2019
总 计	**Total**	**282968**	**362434**	**372933**	**100.0**	**100.0**	**100.0**
婚姻家庭	Family Disputes	57520	77018	72474	20.3	21.3	19.4
房屋、宅基地	Housing and Housing Sites	12658	13417	12875	4.5	3.7	3.5
邻 里	Neighbor Disputes	65146	86743	99590	23.0	23.9	26.7
损害赔偿	Compensation for Damages	16581	19725	22213	5.9	5.4	6.0
其 他	Others	131063	165531	165781	46.3	45.7	44.5

18-29 律师、公证、调解工作基本情况
Basic Statistics on Lawyers, Notarization and Mediation

项 目	Item	2015	2016	2017	2018	2019
律师工作	**Lawyers**					
律师事务所(个)	Number of Law Offices (unit)	827	834	857	862	857
律师(人)	Number of Lawyers (person)	5009	5091	5378	5468	5999
#专职律师	#Full-time Lawyers	4614	4733	4765	4840	
兼职律师	Part-time Lawyers	231	252	236	220	
聘请担任常年法律顾问的单位(处)	Number of Units with Permanent Legal Advisors (unit)	6275	6409	5212	6547	6938
民事诉讼代理(件)	Agent of Civil Cases (case)	23190	25006	30468	41378	52046
行政诉讼代理(件)	Agent of Administrative Action (case)	720	945	845	864	1581
刑事辩护代理(件)	Agent and Defender of Criminal Cases (case)	22967	23413	11188	15166	17474
非诉讼法律事务(件)	Agent of Non-Litigious Legal Affairs (case)	4638	6114	547	10108	13753
咨询和代书(件)	Consulting and Writing (case)	394108	455621	100889	49278	54632
代理诉讼(件)	Agency Litigation (case)					1353
公证工作	**Notarization**					
公证处(个)	Number of Notary Offices (unit)	149	149	149	123	119
#办理涉外的	#Related to Foreign	77	77	77	77	77
公证人员(人)	Notarial Personnel (person)	999	1024	1092	864	814
#公证员	#Notaries	424	421	399	412	395
公证员助理	Assistant Notaries	338	370	445	452	419
办理公证件数(件)	Number of Transacted Notarization (case)	380509	384625	426754	452323	509098
#国内经济合同公证	Notarization of Domestic Economic	33751	31770	4038	15996	53835
人民调解工作	**Number of People's Mediation**					
专职司法助理员(人)	Number of Full-time Judicial Assistants (person)	2449	2032	2382	2422	2404
人民调解委员会(个)	Number of People's Mediation Committees (unit)	15699	16146	15286	15324	15178
调解人员(人)	Number of Mediators (person)	67627	68135	59633	57508	57005
调解民间纠纷(件)	Number of Civil Disputes Mediated (case)	262728	282195	282968	367248	372933

18-30　国内公证业务分类
Domestic Notarial Services by Type

单位：件　　(piece)

分　类	Item	2018		2019	
		办理公证 Number of Notarial Documents Issued	比重(%) Percentage (%)	办理公证 Number of Notarial Documents Issued	比重(%) Percentage (%)
总　计	**Total**	**452323**	**100.00**	**509098**	**100.00**
合同(协议)	Contract (Agreement)	15996	3.54	53835	0.12
继　承	Inheritance	59320	13.11	83200	0.18
委　托	Proxy	89214	19.72	80639	0.18
声　明	Announcement	44913	9.93	52829	0.12
赠　与	Gift	3474	0.77	3875	0.009
遗　嘱	Testaments	2113	0.47	2491	0.006
现场监督	Site Supervision	2027	0.45	1339	0.003
婚姻状况、亲属关系、收养关系	Marital Status, Kinship Confirmation, Adoptive Relationship	46951	10.38	45323	0.10
出生、生存、死亡	Birth, Death	14880	3.29	13542	0.03
身份、经历、学历、学位、职务、职称	Identity, Experience, Education, Degree, Position, Title	15643	3.46	9279	0.02
有无违法犯罪记录	Illegal and Criminal Record Check	18757	4.15	13609	0.03
公司章程	Corporation Constitutions	56	0.01	7	
保全证据	Evidence Preservation	3359	0.74	3677	0.01
证书、执照	Certificate (License)	26221	5.80	47623	0.11
签名、印鉴	Signature (Seal)	6334	1.40	4333	0.01
文本相符	Conformity of Documentation	47239	10.44	58634	0.13
赋予强制执行效力	Executor Force	17543	3.88	13206	0.03
执行证书	Certificate of Execution	332	0.07	199	0.0004
抵押登记	Mortgage Registration	4		42	0.0001
提　存	Drawing	34	0.01	38	0.0001
保　管	Storage	5		12	
其　他	Others	37908	8.38	21366	0.05

18-31 婚姻登记和离婚情况
Basic Statistics on Marriages and Divorces

年 份 Year	居民登记结婚(对) Registered Marriages (couple)	初 婚(人) First Marriages (person)	再 婚(人) Remarriages (person)	涉外及华侨、港澳台同胞准予登记结婚的国内居民 Registered Marriages Related to Foreign, Oversea Chinese, Hong Kong, Macao & Taiwan 合 计(人) Total (person)	#女 性 Female	准予登记离 婚(对) Registered Divorces (couple)	法院协议判决离婚(对) Agreement and Adjudged Divorces (couple)	离婚率(‰) Divorce Rate (‰)
1985	284282	547585	20979	56	39	9155	30018	2.3
1990	284720	529796	39644	173	128	17104	37224	3.1
1995	267300	490744	43856	4312	4271	19237	54733	4.0
1996	260229	473216	47242	4002	3771	20571	58705	4.3
1997	270653	498139	43167	3173	3154	20737	61855	4.4
1998	234488	416018	52958	2745	2700	19792	56600	4.0
1999	224610	403756	45464	2168	2060	22654	52976	4.0
2000	217750	384399	51101	2560	2385	23739	51137	3.9
2001	222294	392712	51876	3889	3675	24940	50925	4.0
2002	193072	335930	50214	3770	3592	26698	45552	3.8
2003	201202	348460	53944	4208	3920	35186	42388	4.1
2004	235120	410058	60182	2844	2558	49278	43733	4.9
2005	228311	395978	60644	2448	2055	53932	42065	5.0
2006	231917	409739	54095	2942	2034	55506	43026	5.2
2007	252041	438465	65617	1982	1738	66779	40340	5.6
2008	283017	486996	79038	2879	2470	79403	40044	6.2
2009	303854	519276	88432	2929	2460	91355	36961	6.7
2010	308886	529835	87937	3093	2286	104406	35272	7.3
2011	332683	555952	109414	2390	1459	116019	35272	7.9
2012	345617	591433	99801	2348	1199	124138	32616	8.2
2013	376612	651424	101800	2101	1163	147613	30643	9.3
2014	352253	617682	86824	1853	1171	157983	29302	9.8
2015	318224	553715	82733	1500	997	162094	27708	9.9
2016	306307	522071	90543	1547	978	164902	22532	9.9
2017	286732	481250	92214	1271	816	175276	21573	10.4
2018	278195	462484	93906	1262	782	175566	19095	10.3
2019	244370	399726	89014	1246	761	170110	16767	10.0

18-32　劳动争议案件受理和处理情况
The Disposal of Labor Disputes

单位：件　(case)

项　目	Item	2015	2016	2017	2018	2019
案件受理情况	**Cases Accepted**					
当期案件受理数	Number of Cases	11364	10661	12884	23326	36254
#集体劳动争议案件数	# Collective Labour Disputes	66	56	37	9	9
劳动者申诉案件数	Cases Appealed by Laborers	11279	10496	12781	23187	35877
劳动者当事人数(人)	Number of Laborers Involved(person)	13079	12690	14278	23613	36830
#集体劳动争议劳动者当事人数	#Laborers Involved in Collective Labour Disputes	1442	1831	1275	142	362
争议原因	Cause of the Disputes					
劳动报酬	Labour Remuneration	3528	3939	5289	9872	13613
社会保险	Social Insurances	2379	2192	2277	2842	6441
变更劳动合同	Change the Labour Contract					
解除、终止劳动合同	Relieve and End the Labour Contract	670	624	563	1025	1035
其　他	Others	3755	2972	3515	5664	6024
案件处理情况	**Cases Disposed**					
结案数	Number of Cases Settled	11437	10683	13200	23205	35205
处理方式	By Manners of Settlement					
仲裁调解	By Mediation	3572	3248	4520	8187	12762
仲裁裁决	By Arbitration Lawsuit	6092	5874	6675	11228	16743
其　他	Other	1773	1561	2005	3790	5700
处理结果	By Result of Settlement					
用人单位胜诉	Lawsuit Won by Units	731	778	1084	2533	2841
劳动者胜诉	Lawsuit Won by Laborers	5193	5260	7076	7633	12342
双方部分胜诉	Lawsuit Partly Won by Both Parties	1913	1868	2087	2333	3226
本期未结案件数	**Number of Cases Dissected**	**419**	**397**	**81**	**202**	**1251**
其他方式调解案件数	**Number of the Arbitrated Cases through Other Forms**	**2357**	**7274**	**11732**	**17674**	**30750**

18-33 社会保险基本情况
Basic Statistics of Social Insurance

项 目	Item	2015	2016	2017	2018	2019
年末参加城镇职工基本养老保险人数(万人)	Number of Urban Staff Basic Pension Insurance Contributors at Year-end(10000 persons)	1118.0	1144.1	1206.1	1308.5	1364.9
#职工	#Staff and Workers	646.9	655.6	682.2	731.7	765.1
离退休人员	Retirees	471.1	488.5	523.9	576.8	599.8
基金收入(亿元)	Revenue(100 million yuan)	1030.7	1005.7	1240.5	1630.2	2307.3
基金支出(亿元)	Expenses(100 million yuan)	1223.2	1332.7	1534.2	1793.1	2183.8
累计结余(亿元)	Balance at Year-end(100 million yuan)	130.9	-196.1	-486.2	-557.2	-433.7
年末参加基本医疗保险人数(万人)	Number of Basic Medical Care Insurance (10000 persons)	1594.8	1599.8	2892.6	2908.6	2837.1
年末参加城乡居民基本医疗保险人数(万人)	Number of Urban and Rural Households Basic Medical Care Insurance Contributors at Year-end (10000 persons)	873.7	879.5	843.8	856.2	873.6
#职工	#Staff and Workers	543.6	525.5	493.2	498.0	496.5
离退休人员	Retirees	330.1	354.0	350.6	358.2	377.1
基金收入(亿元)	Revenue(100 million yuan)	229.8	258.4	285.6	308.1	333.0
基金支出(亿元)	Expenses(100 million yuan)	213.0	237.8	259.9	267.8	295.7
累计结余(亿元)	Balance at Year-end(100 million yuan)	273.5	294.8	320.6	360.9	398.2
年末参加城乡居民基本医疗保险人数(万人)	Number of Urban Residents Basic Medical Care Insurance Contributors at Year-end (10000 persons)	721.1	720.3	2048.9	2052.3	1963.5
年末参加失业保险人数(万人)	Number of Unemployment Insurance Contributors at Year-end (10000 persons)	312.8	313.2	315.1	318.0	324.0
#领取失业保险金	#Beneficiaries of Unemployment Insurance Fund	7.3	6.9	7.1	7.2	6.1
基金收入(亿元)	Revenue(100 million yuan)	34.0	26.5	22.0	19.1	22.5
基金支出(亿元)	Expenses(100 million yuan)	20.9	20.2	19.4	15.2	25.6
累计结余(亿元)	Balance at Year-end(100 million yuan)	158.8	165.2	167.8	171.7	128.2
年末参加工伤保险人数(万人)	Number of Work Injury Insurance Contributors at Year-end (10000 persons)	512.0	522.2	519.1	520.1	464.1
#享受工伤待遇	#Beneficiaries	6.5	6.1	6.2	6.9	5.9
基金收入(亿元)	Revenue(100 million yuan)	22.3	23.2	23.7	24.9	26.9
基金支出(亿元)	Expenses(100 million yuan)	21.3	23.4	24.0	26.0	26.4
累计结余(亿元)	Balance at Year-end(100 million yuan)	32.5	32.3	32.0	30.9	31.3
年末参加生育保险人数(万人)	Number of Maternity Insurance Contributors at Year-end (10000 persons)	357.1	358.0	355.1	350.2	343.5
#享受待遇	#Beneficiaries	6.4	9.4	8.9	8.2	9.1
基金收入(亿元)	Revenue(100 million yuan)	7.1	6.3	6.8	7.5	8.4
基金支出(亿元)	Expenses(100 million yuan)	4.5	6.9	6.4	5.5	6.4
累计结余(亿元)	Balance at Year-end(100 million yuan)	15.5	15.0	15.3	17.4	19.4
年末参加城乡居民社会养老保险人数(万人)	Number of Urban and Rural Residents Basic Pension Insurance Contributors at Year-end (10000 persons)	828.6	837.6	839.6	896.8	916.7
#领取养老金	#Farmer Beneficiaries	290.2	309.6	328.0	347.7	361.1

主要统计指标解释

广播/电视节目综合人口覆盖率　指根据原国家广电总局制定的《广播电视人口覆盖率统计技术标准和方法》进行统计调查的，在对象区内能接收到由中央、省、地市或县通过无线、有线或卫星等各种技术方式转播的各级广播/电视节目的人口数占全国总人口数的百分比。

艺术表演团体　指由文化部门主办或实行行业管理（经文化行政部门审批或已申报登记并领取相关许可证），专门从事表演艺术等活动的各类专业艺术表演团体，含民间职业剧团。不包括群众业余文艺表演团体。

艺术表演场馆　指由文化部门主办或实行行业管理（经文化市场行政部门审批或已申报登记并领取相关许可证），有观众席、舞台、灯光设备，公开售票、专供文艺团体演出的文化活动场所。

文化市场经营机构　指经文化市场行政部门审批或已申报登记并领取相关许可证的、从事文化经营和文化服务活动的机构。

国家综合档案馆　指由中央或地方各级档案行政管理部门直接管理的，按行政区划或历史时期设置的，收集和管理所辖范围内多种门类档案的档案馆。

等级运动员　指经考核正式批准授予运动员称号的运动员，分为国际级运动健将、运动健将、一级、二级运动员。

等级教练员　指经考核正式批准授予等级教练员职称的教练员，分为国家级、高级、中级、初级教练员。

医疗卫生机构　指从卫生行政部门取得《医疗机构执业许可证》、《计划生育技术服务许可证》，或从民政、工商行政、机构编制管理部门取得法人单位登记证书，为社会提供医疗保健、疾病控制、卫生监督服务或从事医学科研和医学在职培训等工作的单位。医疗卫生机构包括医院、基层医疗卫生机构、专业公共卫生机构、其他医疗卫生机构。

医院　包括综合医院、中医医院、中西医结合医院、民族医院、各类专科医院和护理院，不包括专科疾病防治院、妇幼保健院和疗养院。包括医学院校附属医院。

基层医疗卫生机构　包括社区卫生服务中心、社区卫生服务站、街道卫生院、乡镇卫生院、村卫生室、门诊部、诊所(医务室)。

专业公共卫生机构　包括疾病预防控制中心、专科疾病防治机构、妇幼保健机构（含妇幼保健计划生育服务中心）、健康教育机构、急救中心（站）、采供血机构、卫生监督机构、取得《医疗机构执业许可证》或《计划生育技术服务许可证》的计划生育技术服务机构。

其他医疗卫生机构　包括疗养院、临床检验中心、医学科研机构、医学在职教育机构、医学考试中心、农村改水中心、人才交流中心、统计信息中心等卫生事业单位。

卫生人员　指在医院、基层医疗卫生机构、专业公共卫生机构及其他医疗卫生机构工作的职工，包括卫生技术人员、乡村医生和卫生员、其他技术人员、管理人员和工勤人员。一律按支付年底工资的在岗职工统计，包括各类聘任人员(含合同工)及返聘本单位半年以上人员，不包括临时工、离退休人员、退职人员、离开本单位仍保留劳动关系人员、本单位返聘和临聘不足半年人员。

卫生技术人员　包括执业医师、执业助理医师、注册护士、药师（士）、检验技师（士）、影像技师、卫生监督员和见习医（药、护、技）师（士）等卫生专业人员。不包括从事管理工作的卫生技术人员(如院长、副院长、党委书记等)。

执业医师　指《医师执业证》“级别”为“执业医师”且实际从事医疗、预防保健工作的人员，不包括实际从事管理工作的执业医师。执业医师类别分为临床、中医、口腔和公共卫生四类。

执业(助理)医师　指《医师执业证》“级别”为“执业助理医师”且实际从事医疗、预防保健工作的人员，不包括实际从事管理工作的执业助理医师。执业助理医师类别分为临床、中医、口腔和公共卫生四类。

每万人口执业(助理)医师　每万人口执业(助理)医师=(执业医师数+执业助理医师数)/人口数×10000。人口数系年末常住人口。

每万人口卫生技术人员　每万人口卫生技术人员=卫生技术人员数/人口数×10000。人口数系年末常住人口。

每万人口医疗卫生机构床位　每万人口医疗卫生机构床位=医疗卫生机构床位数/人口数×10000。人口数系年末常住人口。

社会工作师　指通过全国社会工作师职业水平考试并取得社会工作师职业水平证书的人员。

社会福利企业　指以集中安置有一定劳动能力的残疾人就业为目的（残疾职工占生产人员10%以上）、带有社会福利性质的企业总称。社会福利企业分类为：社会福利工厂、假肢厂、其他福利企业。性质分为：国有、集体和其他性质。

城市居民最低生活保障人数　指在报告期末家庭平均收入在当地规定的最低生活保障线以下的城镇居民数。包括“三无”对象，失业人员和在职、下岗、退休人员等。

农村居民最低生活保障人数　指报告期末在建立农村最低生活保障制度的地区，得到当地政府或集体给予最低生活保障的农业人口家庭人数。

五保户　指无法定抚养义务人，或者虽有法定抚养义务人，但是抚养人无抚养能力的；无劳动能力的；无生活来源的老年人、残疾人和未成年人。

传统救济人数　指国家规定由民政部门救济的特殊人员和60年代精简退职老职工救济人员。特殊人员包括麻风病人、原国民党起义、投诚人员、归侨、台胞台属、宽大释放人员、摘掉右派帽子人员、因公负伤的下乡知青、因计划生育手术事故造成死亡和丧失劳动能力人员等传统民政救济对象。

社区服务机构数 指报告期末设立的社区服务指导中心、社区服务中心、社区服务站、社区养老机构和设施、互助型的养老设施等其他社区服务机构的总和数。具有面向老人，残疾人，儿童及其家庭的商品递送、医疗保健、家庭保洁、日间照料、陪伴服务等为社区居家养老服务的设施和突出综合服务的职能。

粗离婚率 指某地区当年离婚对数占该地区年平均人口的比重。计算公式为:

$$粗离婚率=\frac{当年离婚对数}{年平均人口数}\times 1000‰$$

人民检察院直接立案侦查案件 指按照管辖的规定，由人民检察院直接立案侦查的贪污贿赂犯罪、渎职犯罪、国家机关工作人员利用职权实施的侵犯公民人身权利和民主权利的犯罪以及经省级人民检察院决定立案侦查的国家机关工作人员利用职权实施的其他重大犯罪案件。

要案 指县、处级以上干部的犯罪案件。该指标主要反映职务犯罪案件中县、处级以上干部被人民检察院依法立案侦查的情况。

批准逮捕 指人民检察院对公安机关、国家安全机关、监狱管理机关提出逮捕的犯罪嫌疑人进行审查，根据事实，依法做出逮捕决定。该指标主要反映人民检察院对提请逮捕犯罪嫌疑人进行审查后依法做出批准逮捕决定的情况。

决定逮捕 指人民检察院对直接立案侦查的案件，认为需要逮捕犯罪嫌疑人时，依据法律做出的逮捕决定。该指标主要反映人民检察院对直接受理的案件行使决定逮捕权的情况。

适用简易程序 指人民法院对依法可能判处三年以下有期徒刑、拘役、管制、单处罚金的公诉案件，事实清楚，证据充分，人民检察院建议或者同意适用简易程序的案件；告诉才处理的案件；被害人起诉的有证据证明的轻微刑事案件。

提出抗诉 指人民检察院对人民法院的判决、裁定认为确有错误，向人民法院提出对案件重新进行审理的诉讼活动。包括按照第二审程序提出的抗诉和按照审判监督程序（再审程序）提出的抗诉。

立案监督 指人民检察院对侦查机关刑事立案活动的监督。包括对应当立案而不立案的监督和不应立案而立案的监督。

监督立案 包括侦查机关接到要求说明不立案理由后主动立案和执行通知立案两个内容。

监管活动 指人民检察院对监狱等监管改造场所的管理活动进行的监督。**青少年罪犯** 指人民法院在报告期内判决发生法律效力的有罪判决中14周岁以上不满25周岁的罪犯。其中14周岁以上不满18周岁的罪犯为未成年罪犯。

行政案件 指公民、法人和其他组织不服行政机关作出的具体行政行为，向人民法院提起行政诉讼，人民法院依法审理的案件。

单独赔偿 指单独提起行政赔偿的案件。当事人对行政行为的合法性没有争议，就行政侵权造成的损害赔偿单独提起赔偿诉讼。

公证人员 指在公证处工作的人员总称，包括公证处主任、副主任、公证员、公证员助理(助理公证员)和其他从事辅助性工作的人员。

公证文书 指公证处根据当事人申请，依照事实和法律，按照法定程序制作的，具有法律效力的司法证明文书。

受理劳动人事争议案件数 指劳动人事争议仲裁委员会根据国家有关规定，对劳动人事争议当事人的申请予以审查，符合受理条件而正式立案、准备处理的劳动人事争议案件数。

城镇职工基本养老保险

1.参保职工人数 指报告期末按照国家法律、法规和有关政策规定参加城镇职工基本养老保险并在社保经办机构已建立缴费记录档案的职工人数，包括中断缴费但未终止养老保险关系的职工人数，不包括只登记未建立缴费记录档案的人数。

2.离退休人员人数 指报告期末参加城镇职工基本养老保险的离休、退休和退职人员的人数。

3.基金收入 指根据国家有关规定，由纳入基本养老保险范围的缴费单位和个人按国家规定的缴费基数和缴费比例缴纳的养老保险基金，以及通过其他方式取得的形成基金来源的收入。包括单位和职工个人缴纳的基本养老保险费、基本养老保险基金利息收入、上级补助收入、下级上解收入、转移收入、财政补贴和其他收入。

4.基金支出 指按照国家政策规定的开支范围和开支标准从养老保险基金中支付给参加基本养老保险的个人的养老金、丧葬抚恤补助，以及由于保险关系转移、上下级之间调剂资金等原因而发生的支出。包括离休金、退休金、退职金、各种补贴、医疗费、死亡丧葬补助费、抚恤救济费、社会保险经办机构管理费、补助下级支出、上解上级支出、转移支出、其他支出等。

5.基金累计结余 指截止报告期末基本养老保险基金收支相抵后的累计余额。

城乡居民基本养老保险

1.参保人数 指报告期末，参加城乡居民养老保险（在经办机构参保登记并已建立缴费记录以及制度实施当年已经年满60周岁并在经办机构参保登记）的总人数（不包括已经办理注销登记手续的人数）。

2.基金收入 指根据国家有关规定，由参加城乡居民基本养老保险的个人按规定缴费的城乡居民基本养老保险基金，以及通过集体补助、财政补助等其他方式取得的形成基金来源的收入。包括个人缴费收入、集体补助收入、政府补贴收入、利息收入、转移收入、上级补助收入、下级上解收入和其他收入。

3.基金支出 指按照国家政策规定的开支范围和开支

标准从城乡居民基本养老保险基金中支付给参加城乡居民基本养老保险的个人养老金待遇支出，以及由于参保人员跨统筹地区流动而发生的支出等。包括养老金待遇支出、转移支出、补助下级支出、上解上级支出、其他支出。

4.基金累计结余 指截止报告期末城乡居民基本养老保险基金收支相抵后的累计余额。

基本医疗保险

1.参保人数 指报告期末按国家有关规定参加相应基本医疗保险的人数。

2.基金收入 指由用人单位和个人按照国家规定的缴费基数、缴费比例或缴费标准缴纳的基本医疗保险基金，财政补助资金以及通过其他方式取得的形成基金来源的款项，包括：单位缴纳收入、个人缴纳收入、财政补助收入（含医疗救助补助个人收入）、财政补贴收入、利息收入和其他收入。

3.基金支出 指按照国家政策规定的开支范围和开支标准，从基本医疗保险基金中支付给参保人员的医疗保险待遇支出，以及其他支出。包括住院医疗费用支出、门急诊医疗费用支出、个人账户基金支出、其他支出。

4.基金累计结余 指截止报告期末基本医疗保险基金累计结余金额。

失业保险

1.参保人数 指报告期末按照国家法律、法规和有关政策规定参加了失业保险的城镇企业、事业单位的职工及地方政府规定参加失业保险的其他人员的人数。

2.基金收入 指报告期内筹集的失业保险基金的总额，包括失业保险费收入、利息收入、财政补贴收入、其他收入、转移收入。

3.基金支出 指报告期内为保障失业人员基本生活、预防失业、促进再就业等支出的基金总额，包括失业保险金支出、医疗补助金支出、丧葬补助金和抚恤金支出、职业培训和职业介绍补贴支出、其他费用支出、技能提升补贴支出、稳定岗位补贴支出、其他支出、转移支出。

4.基金累计结余 指截止报告期末失业保险基金收支相抵后的累计余额。

工伤保险

1.参保人数 指报告期末依据国家有关规定参加工伤保险的职工人数和有雇工的个体工商户的雇工数。

2.享受工伤保险待遇人数 指年报告期内因工伤或职业病而享受工伤保险待遇的职工人数。为享受工伤医疗待遇中未评定等级的人数、享受伤残待遇人数以及享受因工死亡待遇人数之和。

3.基金收入 指根据国家有关规定，由参加工伤保险的单位按国家规定的缴费基数和缴费比例缴纳及难以直接按照工资总额计算缴纳工伤保险费的部分行业企业按规定方式缴纳的工伤保险费，以及依法通过其他形式取得的形成基金来源的款项。包括：工伤保险费收入、利息收入、上级补助收入、下级上解收入、其他收入。

4.基金支出 指按照国家政策规定的开支范围和开支标准从工伤保险基金中支付给参加工伤保险的人员及供养直系亲属工伤保险待遇支出及其他支出。包括工伤医疗待遇支出、伤残待遇支出、工亡待遇支出、劳动能力鉴定支出、工伤预防费用支出、补助下级支出、上解上级支出和其他支出。

5.基金累计结余 指工伤保险基金收支相抵后的期末累计结余金额。

生育保险

1.参保人数 指报告期末依据有关规定参加生育保险的人数。

2.基金收入 指根据国家有关规定，由参加生育保险的单位按照国家规定的缴费基数和缴费比例缴纳的生育保险基金，以及通过其他方式取得的形成基金来源的款项，包括：单位缴纳的基金收入、利息收入和其他收入。

3.基金支出 指按照国家政策规定的开支范围和开支标准，从生育保险基金中支付给参加生育保险的职工，因妊娠、分娩和计划生育手术而享受的待遇及其他支出。包括：生育津贴、医疗费用支出及其他支出。

4.基金累计结余 指截止报告期末生育保险基金累计结余金额。

Explanatory Notes on Main Statistical Indicators

The Population Coverage Rate of Radio/Television refers to the percentage of the whole country's population who can receive radio/television programmes transmitted by national, provincial, municipal or county stations through wireless, cable or satellite techniques, according to Statistical Standard and Method on Television and Radio Coverage of Population established by the former State Administration of Broadcasting, Film and Television.

Arts Performance Troupes refer to the various professional performing arts groups, which sponsored by the cultural sectors or guided by the cultural society (approved by the cultural administration authority, or registered and permitted with the relative certificate), including non-governmental troupes. The mass amateur arts performance troupes are not included. administration, or registered and permitted with the relative certificate), with the facility of auditorium, stage and lighting, and selling tickets in public.

Arts Performance Places refer to the various sites for cultural activities, which sponsored by the cultural sectors or guided by the cultural society (approved by the cultural market.

Cultural Market Operating Units refer to the units dealing in culture and cultural services, which registered and permitted with the relative certificate by cultural market administration.

National Comprehensive Archives refer to all archives institutions responsible for collecting and keeping various documents and materials by administrative regions or historical periods.

Certified Grade Athletes refer to those who are awarded the title of athletes through assessment. The titles include international level athletes, master of sports, first grade athletes and second grade athletes.

Certified Grade Coaches refer to those who are awarded the title of grade coaches through assessment. The titles include national level coaches, senior grade coaches, medium grade coaches and junior grade coaches.

Medical and Health Care Institutions refer to the units which have been qualified the Certification of Health Care Institution, certification of family planning technical service by the administration of public health, or qualified the Certification of Corporate Unit by the civil affairs, administration for industry and commerce, commission office for public sector reform, and engaging in medical care, disease prevention and control, health supervision and inspection, medicine research and on-job training, etc., including: hospitals, health care institutions at grass-root level, specialized public health institutions, and other medical and health care institutions.

Hospitals include general hospitals, hospitals specialized in traditional Chinese medicine, hospitals of integrated traditional Chinese and western medicine, ethnic hospitals, specialized hospitals and nursing hospitals, excluding specialized disease prevention and treatment institutes, maternal and child health care hospitals and convalescent hospitals.

Health Care Institutions at Grass-root Level include community health service centers, community health service stations, urban health centers, township health centers, village clinics, outpatient departments and clinics (health centers).

Specialized Public Health Institutions include centers for disease control and prevention, specialized disease prevention and treatment institutions, women and children care agencies(including women and children health care family planning service center), health education institutions, first aid centers, blood gathering and supplying institutions, health supervision and inspection agencies, and family planning technical service centers that obtained the Certification of Health Care Institution or certification of family planning technical service centers.

Other Medical and Health Care Institutions include sanatoriums, clinical laboratory centers, medicinal scientific research institutions, on-job training institutions, medical examination centers, rural water improvement centers, talent exchange centers, and statistical information centers, etc.

Health Care Employees refer to all employees engaged in the health care institutions, such as hospitals, health care institutions at grass-root level, specialized public health institutions, and other medical and health care institutions, including medical technical personnel, village doctors and assistants, other technical personnel, managerial and service staff. The data is based on the year end payroll, including personnel hired (including contract labor) and re-employed after retirement by the institution for over half a year and excluding temporary workers, retired personnel, resigned personnel, personnel who have left the institution but kept the contract relation and personnel who are re-employed after retirement or temporarily employed for less than half a year.

Medical Technical Personnel refer to the professional staff engaged in health care, including licensed doctors, licensed assistant doctors, registered nurses, pharmacists, laboratory technicians, imaging staff, health care supervisors and intern doctors, pharmacists, nurses, and technical personnel, excluding the medical technical personnel engaged in managerial job (e.g. president, vice president and secretary of the party committee etc).

Licensed Doctors refer to the medical workers who have obtained the licenses of qualified doctors and are employed in medical treatment, disease prevention or healthcare institutions, excluding the licensed doctors engaged in management job. The licensed doctors are divided into 4 categories: clinician, Chinese medicine physicians, dentist and public health physicians.

Licensed Assistant Doctors refer to the medical workers who have obtained the licenses of qualified assistant doctors and are employed in medical treatment, disease prevention or healthcare institutions, excluding the licensed assistant doctors engaged in management job. The classification of licensed assistant doctors is clinician, Chinese medicine, dentist and public health.

Number of Licensed (Assistant) Doctors per 10000 Population The formula is:

Number of Licensed Doctors per 10000 Population = (Number of Licensed Doctors + Number of Licensed Assistant Doctors) / Population *10000

The population is the figure of usual population at year-end.

Number of Medical Technical Personnel per 10000 Population The formula is:

Number of Medical Technical Personnel per 10000 Population = Number of Medical Technical Personnel / Population *10000

The population is the figure of usual population at year-end.

Number of Beds of Medical and Health Care Institutions per 10000 Population the formula is:

Number of Beds of Medical and Health Care Institutions per 10000 Population = Number of Beds of Medical and Health Care Institutions / Population *10000

The population is the figure of usual population at year-end.

Social Welfare Enterprises refer to those welfare-oriented enterprises employing a significant number of handicapped people with certain labour ability (handicapped employees shall exceed 10% of the production staff). They can be categorized as welfare factories, artificial limb plants and other welfare enterprises. They can be in the form of state ownership, collective ownership or other kinds of ownership.

Number of Urban Residents Entitled to Minimum Living Allowances refers to the number of those whose average family income is below a minimum local standard by the end of the reporting period, including both the employed and unemployed, laid off and retired, and those jobless people without stable residence or valid IDs.

Number of Rural Residents Entitled to Minimum Living Allowances refers to the number of those receiving the minimum living allowances from the local government or community in the rural areas where this allowances system is in place as of the end of the reference period.

Households Enjoying Five Guarantees refers to those senior citizens, handicapped or under-aged who, without labour ability, can not make a living by themselves and whose statutory providers are unable to support them or who have no statutory providers at all.

Number of Recipients of Traditional Relief refers to special personnel receiving support from civil affair department according to national regulations and personnel who resigned because of the streamlining in the 1960s. Special personnel include traditional recipients of civil affair support, such as lepers, insurrectionists and surrenders of former KMT, returned overseas Chinese, Taiwan compatriots, personnel pardoned and released early from prisons, personnel removed of the label "rightist", educated youth suffered from work injuries in the "Down to the Countryside Movement" and personnel who have lost their work capacity due to family planning surgeries.

Number of Service Institutions in Communities refers to the total number of community service guidance centers, community service centers, community service stations, community pension institutions and facilities and mutual aid pension facilities and other community service institutions at the end of the reporting period. These institutions offer home keeping and elderly care services for the elderly, handicapped people, children and their families, like commodity delivery, health care, cleaning, adult day care, companion and others.

Crude Divorce Rate refers to ratio of divorced couples to the annual average population in a certain region for the reference year, the formula is:

$$\text{Crude Divorce Rate} = \frac{\text{number of couples divorced for the reference year}}{\text{annual average population}} \times 1000‰$$

Cases Registered and Handled Directly by People's Procuratorate Offices refer to those serious criminal cases that, according to the functional jurisdiction, are registered and handled by the People's Procuratorate Offices, including the ones on bribery and corruption, the ones on abuse and dereliction of duty, offenses against citizens' personal and democratic rights by government officials abusing their powers; and that are registered and handled by the provincial Procuratorate offices in relation to other major crimes committed by government officials by abusing their powers.

Key Cases refer to crimes committed by county and director-level and above officials. This indicator reflects the situation of those county and director-level and above officials involved in criminal cases registered and handled by People's Procuratorate offices.

Approval for Arrest refers to the decision made by people's procuratorate office, in accordance with the law and relevant facts, to approve the arrest of the suspect(s) as proposed by the public security departments, state security departments or prisons authority. This indicator reflects approved arrests made by people's procuratorate offices that are proposed by related departments.

Decision on Arrest refers to decision made by the people's procuratorate office, in accordance with laws, to arrest the suspect(s) in the cases that are accepted and to be investigated by the procurators office. This indicator mainly reflects the implementation of the decision on arrest by people's procuratorate office.

Application of Summary Procedure refers to those cases of public prosecution where the suspects might be, according to law, sentenced to fixed-term imprisonment of no more than three years, criminal detention, public surveillance or punishment with fines exclusively by People's Court ; those cases where the facts are clear and the evidence is sufficient, and which the People's Procuratorate suggests or agrees that the summary procedure is applied to; those cases to be handled only upon complaints; and those minor criminal cases prosecuted by the victims with evidence.

Protests Presented refer to those protests presented by local People's Procuratorate at any level who considers that there exists some definite error in a judgment or order of first instance made by a People's Court at the same level to the People's Court at the next higher level, including the protests raised in accordance with the second instance and protests raised in accordance with procedure for trial supervision.

Supervision of Case Registered refers to the actions made by the People's Procuratorate to supervise the criminal cases registered by investigative authorities, including supervision of the cases which have wrongly not been registered and have wrongly been registered.

Supervision of Case Registration includes both the supervision of the registrations by the investigatory authorities and the supervision of the implementation of the notifications to register after the investigatory authorities are requested to state reasons for not registering a case.

Supervisory Activities refers to the supervision of the People's Procuratorate over the management of prisons as well as other places of criminal reformation.

Juvenile Criminals refers to the offenders within the age range of 14 to 25 convicted guilty by the court during the reporting period while those between 14 and 18 are defined as minor offenders.

Administrative Cases refer to the cases filed by citizens, corporations and other organizations against the specific administrative conducts of administrative authorities and handled by the court.

Separate Compensation refers to cases that are separately filed for administrative compensation by the party who has no dispute on the legality of administrative conducts but brings proceedings separately to claim for damages caused by administrative tort.

Notary Personnel refers to people working for notary offices including: directors, deputy directors, notaries, assistant notaries and other people providing assistance.

Notary Documents refer to legally binding judicial notary documents developed at the request of the interested party based on facts and the law following certain legal proceedings.

Number of Labour Disputes Cases Accepted refers to the number of cases of labour disputes submitted that, after being reviewed by the labour dispute arbitration committees in line with the relevant national regulations, are accepted and registered for treatment.

Basic Pension Insurance for Urban Staff and Workers

1. Number of staff and workers covered refers to staff and workers participating in the basic pension insurance for urban staff and workers programme according to national laws, regulations and related policies at the end of the reference period, who have already had payment records in social security management agencies, including those who have interrupt payment without terminating the insurance programme. Those who have registered in the programme but with no payment records are not included.

2. Number of retirees refers to the number of retirees participating in the basic pension insurance for urban staff and workers programmes by the end of the reference period.

3. Revenue of the basic pension insurance programme refers to payments made by employers and individuals participating in the pension insurance programme in accordance with the basis and proportion stipulated in State regulations, and income from other sources that become the source of pension insurance fund, including the premium paid by employers and staff and workers, interest income, subsidies from higher level agencies, income as transfer from subordinate agencies, transferred income, government financial subsidies and other income.

4. Expenditure of basic pension insurance programme refer to payment made on pensions and funeral subsidies to those covered in pension insurance programmes according to related national policies on scope and standard of expenditure. Also included are expenditure which arises due to shift of the insurance relationship or adjustment of funds among agencies. More specifically, included are pensions for resigned people, pensions for retired people, pension for people quitting jobs, various subsidies, medical fees, funeral subsidies, compensation payments, management fees for social security agencies, expenses on subsidies to lower subordinates, expenses as transfer to agencies at higher level, transferred expenditure and other expenditure.

5. Balance of basic pension insurance programme refers to the balance of basic pension insurance funds at the end of the reference period after deducting expenses from revenue.

Basic Pension Insurance for Urban and Rural Residents

1. Number of participants refers to people participating in the basic pension insurance for urban and rural residents programme who registered with the participation and established payment records, and who were 60 years old or above when the system was established and registered with the participation.. Those who cancelled their registration are not included.

2. Revenue of the insurance programme refers to the revenue from the payments made, in accordance with related regulations of the government, by individuals participating in the basic pension insurance for urban and rural residents programme and from the subsidies contributed by collective subsidies, public finance and other sources. It includes the payment by individual participants, collective subsidies, government subsidies, interest income, transferred income, subsidies from higher levels, contributions from lower levels, and income from other sources.

3. Expenditure of the insurance programme refers to payment made to those covered in the basic pension insurance for urban and rural residents according to related national policies on scope and standard of expenditure. Also included are expenditures which arise due to movement of participants among different locations. It includes the payment to the individual participants, transferred expenditures, expenses on subsidies to lower subordinates, expenses as transfer to agencies at higher level, and other expenditures.

4. Balance of insurance programme refers to the

balance of basic pension insurance funds for urban and rural residents at the end of the reference period after deducting expenses from revenue.

Basic Medical Care Insurance

1. Number of people participating in the insurance programme refers to people participating in the basic medical care insurance programme according to related regulations at the end of the reference period.

2. Revenue of the insurance programme refers to payments made by employers and individuals participating in the medical care insurance programme in accordance with the basis and proportion stipulated in State regulations, government subsidies and income from other sources that become the source of medical insurance fund, including payment by employers and individuals, financial assistance (including medical assistance subsidiaries to individuals), financial subsidies, interest income and other incomes.

3. Expenditure of the insurance programme refers to medical care payment made to people covered in basic medical care insurance programme within the scope and standards of expenditure according to related national policies, and other expenses, including medical expenses of hospital inpatients, medical expenses for outpatients and emergency patients, payment to individual accounts and other expenditure.

4. Balance of the basic medical care insurance programme refers to the balance of medical care insurance funds at the end of the reference period after deducting expenses from revenue.

Unemployment Insurance

1. Participants refers to staff and workers in urban enterprises or institutions who have participated in the unemployment insurance according to relevant policies and regulations, and other people who have participated according to local government regulations at the end of the reference period.

2. Revenue refers to the total unemployment insurance funds raised in the reference period, including unemployment insurance premium, interest income, financial subsidies, other revenue, and transferred revenue.

3. Expenses refers to total expenses during the reference period to guarantee the basic livelihood of unemployed people, prevention of unemployment, and to encourage their re-employment. Included are unemployment relief, medical fees, funeral subsidies, compensation payments, training expenses, job placement expenses, other expenses, skills upgrading subsidy, job stabilization subsidy, other expenditures, transferred expenditure.

4. Balance refers to the balance of revenue after deducting expenses at the end of the reference period.

Work-related Injury Insurance

1.Participants refers to staff and workers who have participated in the work-related injury insurance and employees who work as self-employed and have participated in the work-related injury insurance according to relevant national regulations at the end of the reference period.

2. Number of beneficiaries refers to number of employee benefited from work-related injury insurance, as a result of work injury or occupational disease. It is the sum of beneficiaries of medical treatment of unrated work injuries, disability benefits for work injuries and compensation for deaths at work places.

3. Revenue refers to payments made by employers participating in the work-related injury insurance programme in accordance with the basis and proportion stipulated in state regulations, and payment by enterprises of some industries where it is difficult to estimate the injury insurance premium directly according to the total wage bill in accordance with stipulated way, and revenue from other sources according to law that become source of work-related injury insurance fund, including revenue of injury insurance, interest income, subsidies from higher level agencies, revenue as transfer from subordinate agencies, and other revenues.

4. Expenses refers to payments made from work-related injury insurance funds to those who participated in the work-related injury insurance and their direct dependents within the scope and standards of expenditure according to related national policies, and other expenditure, including medical fees for work injury, injury and disability subsidies, death subsidies, labor capacity appraisal, injury prevention fees, expenses on subsidies to lower subordinates, expenses as transfer to agencies at higher level, and other expenditure.

5. Balance refers to the balance of the work-related injury funds at the end of the reference period.

Maternity Insurance

1. Number of people covered refers to people who have participated in the maternity insurance programme according to relevant regulation at the end of the reference period.

2. Revenue of maternity insurance programme refers to payments made by employers participating in the maternity insurance programme in accordance with the basis and proportion stipulated in State regulations, and income from other sources that become source of maternity insurance fund, including income of funds paid by employers, interest income and other income.

3. Expenditure of the maternity insurance programme refers to payments made from maternity insurance funds to staff and workers who participate in the maternity insurance programme within the scope and standards of expenditure in accordance with related national policies, expenses paid for pregnancy, child delivery or surgeries related to family planning, and other expenditure, including allowance for child bearing, medical fees and other expenditure.

4. Balance of the maternity programme refers to the balance of the maternity insurance funds at the end of the reference period.

第十九篇　城市概况

CHAPTER 19 GENERAL SURVEY OF CITIES

资料整理：戚　萍　赵秋梅　郭振威
李莹莹　王璐璋

19-1　城市公用事业基本情况
Basic Statistics on Urban Public Utilities

指　标	Item	2015	2016	2017	2018	2019
城市建设	**City Areas and Floor Space of Buildings**					
城区面积(平方公里)	Urban Area (sq.km)	2578.3	2716.3	2582.9	2587.7	2528.1
建成区面积(平方公里)	Area of Built Districts (sq.km)	1772.2	1795.5	1819.7	1825.0	1770.9
城市建设用地面积(平方公里)	Area of Land Used for Urban Construction (sq.km)	1772.2	1808.0	2201.3	1831.4	1773.7
城市人口密度(人/平方公里)	Population Density of City Districts (persons/sq.km)	5504	5251	5515	5476	5498
城市供水、燃气及集中供热	**Water Supply, Gas Supply and Heating**					
全年供水总量(亿立方米)	Annual Volume of Tap Water Supply (100 million cu.m)	14.9	14.2	14.2	14.0	13.5
#生活用水	#Water Consumption for Residential Use	3.4	3.5	3.7	3.7	3.7
人均生活用水(升)	Per Capita Water Consumption for Residential Use (liter)	116.3	117.6	120.4	125.5	126.8
城市人口用水普及率(%)	Coverage Rate of Urban Population with Access to Tap Water (%)	97.2	97.2	98.5	98.5	98.8
人工煤气供气量(亿立方米)	Coal Gas Supply (100 million cu.m)	0.7	0.7	0.3	0.4	0.3
#家庭用量	#Consumption of Coal Gas for Residential Use	0.4	0.3	0.2	0.2	0.2
液化石油气供气量(万吨)	Liquefied Petroleum Gas (10000 tons)	21.0	19.6	18.9	19.9	18.8
#家庭用量	#Consumption of Liquefied Gas for Residential Use	12.3	10.9	9.6	8.6	7.8
供气管道长度(公里)	Length of Gas Pipelines (km)	8282	8971	9934	10644	11025
燃气普及率(%)	Coverage Rate of Urban Population with Access to Tap Gas (%)	86.6	86.7	87.8	89.5	91.1
集中供热面积(万平方米)	Area of Centralized Heating(10000 sq.m)	62457	67401	73217	76652	78100
城市市政设施	**Municipal Infra-structure**					
年末实有道路长度(公里)	Length of Paved Roads at Year-end(km)	12364	12626	12369	12726	13422
每万人拥有道路长度(公里)	Length of Paved Roads per 10000 Persons(km)	5.6	5.7	5.6	5.5	5.9
年末实有道路面积(万平方米)	Area of Paved Roads at Year-end(10000 sq.m)	18651	19511	19781	21062	21160
人均拥有道路面积(平方米)	Per Capita Area of Paved Roads(sq.m)	13.1	13.6	13.9	14.9	15.2
城市排水管道长度(公里)	Length of City Sewage Pipes(km)	10345	10642	11990	12278	12422
平均每万人拥有(公里)	Length of Sewer Pipelines per 10000 Population (km)	4.6	4.8	5.2	5.3	5.5
城市公共交通	**Public Transportation**					
年末公共交通车辆运营数(辆)	Number of Public Vehicles under Operation at Year-end (Buses and Trolley Buses, etc.) (10000 units)	18631	19423	20159	19866	20119
每万人拥有公共交通车辆(标台)	Number of Public Transportation Vehicles per 10000 Population(unit)	14.4	15.1	15.5	15.8	16.5
出租汽车数(万辆)	Taxis (10000 units)	10.3	10.2	10.1	10.1	10.0
城市绿化和园林	**City Greening**					
园林绿地面积(公顷)	Public Green Areas (hectare)	76501	76788	69711	70669	68732
人均公园绿地面积(平方米)	Per Capita Public Green Areas (sq.m)	12.0	11.9	11.8	12.4	12.4
公园个数(个)	Number of Parks(unit)	345	354	371	384	373
公园面积(公顷)	Area of Parks(hectare)	9777	9797	11450	12480	11078
城市环境卫生	**Environmental Sanitation**					
生活垃圾清运量(万吨)	Volume of Garbage Disposal (10000 tons)	523	535	553	525	524
粪便清运量(万吨)	Volume of Excrement and Urine Disposal (10000 tons)	122	120			
每万人拥有公厕(座)	Number of Public Toilets per 10000 Population(unit)	5.0	4.6	4.4	4.5	4.7

19-2 12个省辖城市社会经济主要指标
(2018年,不含所辖县及县级市)

指 标	Item	哈尔滨市 Harbin	齐齐哈尔市 Qiqihar
人口、就业	**Population, Employment**		
年末户籍人口(万人)	Domicile Population at the Year-end(10000 persons)	551.0	132.1
年平均人口(万人)	Annual Mean Population(10000 persons)	550.9	132.9
年出生人口(人)	Annual Birth Population(person)	37604	6463
年死亡人口(人)	Annual Death Population(person)	35837	11360
年末总户数(万户)	Total Households at the Year-end(10000 households)	231.3	59.5
年末单位从业人员数(城镇)(人)	Total Number of Employed Persons at the Year-end(person)	1045619	198861
#第一产业	#Primary Industry	4647	3133
第二产业	Secondary Industry	329510	57014
第三产业	Tertiary Industry	711462	138714
年末城镇登记失业人员数(人)	Number of Registered Unemployed Persons in Urban Areas at Year-end (person)	85490	
土地面积	**Land Areas**		
行政区域土地面积(平方公里)	Total Area of Administration Region(sq.km)	10198	4365
#建成区面积	#Developed Areas	442	140
城市建设用地面积(平方公里)	Urban Construction Land Areas(sq.km)	434	368
#居住用地面积	#Land Areas of Living	138	
公共管理与服务设施用地面积(平方公里)	Land Area for Public Management and Service Facilities(sq.km)	54	
工业用地面积(平方公里)	Land Areas of Industry (sq.km)	96	
综合经济	**Total Economy**		
地区生产总值(当年价格)(万元)	Gross Domestic Product(10000 yuan)	47591980	6494909
第一产业	Primary Industry	1921146	236364
第二产业	Secondary Industry	13406656	1807216
第三产业	Tertiary Industry	32264178	4451329
人均地区生产总值(元)	Per Capita GDP(yuan)	86382	49416
地区生产总值增长率(%)	Growth Rate of GDP(%)	6.2	5.5
地方一般公共预算收入(万元)	Local General Public Budget Revenue(10000 yuan)	3541904	457393
#各项税收	#Taxes	3051484	340343
地方一般公共预算支出(万元)	Local General Public Budget Expenditure(10000 yuan)	6724561	1683579
年末金融机构存款余额(万元)	Balance of Deposits of National Banking System at the Year-end(10000 yuan)	103152815	11295645
#城乡居民储蓄年末余额	#Balance of Deposits of Urban and Rural Residence	44391017	7861579
年末金融机构各项贷款余额(万元)	Balance of Loans of National Banking System at the Year-end(10000 yuan)	101966513	9139415
规模以上工业	**Industry**		
工业企业数(个)	Number of Industrial Enterprises(unit)	710	126
内资企业	Domestic Funded Enterprises	648	119
#国有企业	#State-Owned Enterprises	23	1
私营企业	Private Enterprises	250	43
港、澳、台商投资企业	Enterprises with Funds from Hong Kong, Macao and Taiwan	19	2
外商投资企业	Foreign Funded Enterprises	43	5

Major Social and Economic Indicators of 12 Provincial Capitals (2018, Not Including The Cities at County Level and Counties)

鸡西市 Jixi	鹤岗市 Hegang	双鸭山市 Shuangyashan	大庆市 Daqing	伊春市 Yichun	佳木斯市 Jiamusi	七台河市 Qitaihe	牡丹江市 Mudanjiang	黑河市 Heihe	绥化市 Suihua
78.4	60.5	46.5	136.9	72.5	76.4	47.3	86.7	18.4	84.0
	61.09	47.0	136.9	73.1	76.8	47.6	87.1	18.5	83.0
3371	2878	1984	9815	2617	4018	2648	5111	1153	3985
4521	4443	1186	13285	6381	6198	2816	7271	1248	13733
37.08	29.77	22.5	51.2	36.9	34.6	22.3	35.5	8.0	32.4
96662	88335	83066	432245	119627	75697	75491	92795	34314	28732
424	914	7450	2902	60773	3474	5130	240	5396	689
47112	51540	32231	230816	17046	18884	37935	18904	5324	6856
49126	35881	43385	198527	41808	53339	32426	73651	23594	21187
11145	11179	6799	34440	16273	10322	8122	14413	2458	1645
2300	4553	1760	5107	19608	1875	3800	2696	14446	2754
81	53	58	248	152	97	68	82	20	45
80	53	58	323	152	90	68	272	20	37
48	19	16	78	66	30	39	31	6	12
3	2	3	34	14	10	2	9	4	3
10	11	9	75	19	23	10	18	2	12
1619691	1503841	5070075	24604432	1697571	7629107	1932575	3554427	358607	1778102
75292	77879	1944499	537672	501481	3582189	156313	144109	14590	769555
752310	772331	1040734	14454577	385568	893045	850565	1236698	113276	492707
792089	653631	2084842	9612183	810522	3153873	925697	2173620	230741	515840
20475	24616	35996	179566	23118	32788	40624	36971	35682	22060
3.1	4.8	5.2	2.5	6.6	3.6	5.0	3.0	2.6	6.4
237327	199856	170343	1389126	139726	234039	242800	332715	111654	53502
167077	129943	125448	1128794	91369	176327	166885	251238	65179	47552
779145	750440	676191	1983658	1136135	859249	656360	945402	247881	433436
6302784	4298259	4325554	21412805	5179673	6395935	3446402	7239909	1595327	3979184
4541354	3330438	2627112	14087006	3416279	4951594	2555918	4037036		2870012
4327798	1369483	6455839	7690362	1345627	2113372	1618223	4217347	583959	2955538
61	85	46	230	47	92	65	89	23	71
60	83	46	220	43	81	64	81	21	69
3	2		4		4	3	1	1	1
24	16	43	129	21	77	32	36	9	17
1	2		2		3		3		1
			8	4	8	1	5	2	1

19-2 续表1

指 标	Item	哈尔滨市 Harbin	齐齐哈尔市 Qiqihar
邮电通讯	**Post and Telecommunication**		
年末邮政局(所)数(处)	Number of Post and Telecommunications Offices(unit)	383	72
贸易、外经	**Domestic and Foreign Trade**		
限额以上批发零售企业数(法人数)(个)	Number of Corporation Enterprises of Wholesale and Retail Trade Above Designated Size(unit)	570	108
#零售业	#Retail Trade	294	83
外商直接投资项目个数(个)	Number of Projects for Contracted Foreign Direct Investment(unit)	73	1
当年实际使用外资金额(万美元)	Foreign Capital Actual Used(USD 10000)	338009	
教育、科技、文化、卫生	**Education, Science and Technology ,Health**		
普通高等学校(所)	Number of Regular Institutions of Higher Education(unit)	11	
中等职业教育学校数(所)	Number of Specialized Secondary Schools(unit)	78	11
普通中学学校数(所)	Number of Regular Secondary Schools(unit)	243	69
小学学校数(所)	Number of Primary Schools(unit)	298	64
普通高等学校教师数(人)	Number of Full-time Teachers of Regular Institutions of Higher Education(person)	846	
中等职业教育学校教师数(人)	Number of Full-time Teachers of Specialized Secondary Schools(person)	4702	506
普通中学教师数(人)	Number of Full-time Teachers of Regular Secondary Schools(person)	23439	5218
小学专任教师数(人)	Number of Full-time Teachers of Primary Schools(person)	15989	3109
普通高等学校学生数(人)	Student Enrollment of Regular Institutions of Higher Education(person)	58784	
中等职业教育学校学生数(人)	Student Enrollment of Specialized Secondary Schools(person)	71515	4537
普通中学学生数(万人)	Student Enrollment of Regular Secondary Schools(10000 persons)	26	5
小学学生数(万人)	Student Enrollment of Primary Schools(10000 persons)	25	5
体育场馆数(个)	Number of Public Stadiums and Gymnasiums(unit)	75	
剧场、影剧院数(个)	Number of Theaters, Music Halls and Cinemas(unit)	59	7
公共图书馆图书总藏量(千册、件)	Total Collections of Public Libraries(1000 volumes)	938	149
医院个数(个)	Number of Hospitals(unit)	262	62
医院床位数(张)	Number of Beds in Health Institutions(bed)	66257	19309
医生数(执业医师+执业助理医师)(人)	Number of Doctors (Certified (assistant)Doctors)(person)	21449	6180
注册护士(人)	Registered Nurses(person)	25027	8491

Continued

鸡西市 Jixi	鹤岗市 Hegang	双鸭山市 Shuangyashan	大庆市 Daqing	伊春市 Yichun	佳木斯市 Jiamusi	七台河市 Qitaihe	牡丹江市 Mudanjiang	黑河市 Heihe	绥化市 Suihua
52	33	18	186	54	27	22	87	15	25
50	50	18	209	19	24	17	53	12	20
43	37	15	151	17	20	13	45	7	17
	1	1	3		1		12		1
9620	101	601	39551		217	511	54310		246
			1	1	4				
3	3	3	11	6	8	1	5	5	1
30	24	21	75	38	35	28	35	11	32
22	21	8	87	33	33	17	39	10	36
			74	19	1528				
139	301	80	499	366	222	4	114	246	164
2525	2096	1950	9141	3029	3098	2116	2890	879	3461
2484	1737	1524	3933	2470	2234	1369	2651	759	2129
			4160	869	16440		4049		
853	2616	148	4463	2562	800	96	1153	2554	449
3	2	2	9	2	3	3	3	1	4
2	2	1	7	2	3	2	3	1	3
9	3	5	59	15	7	4	5	4	562
2	1	2	26	2	1	2	5	5	4
18	36	33	109	89	36	20	62	13	19
34	32	26	93	27	53	23	39	6	28
3694	6364	4873	13845	4914	10127	3519	10742	1015	1022
2254	1988	926	6904	1965	3345	1388	4261	634	1125
2748	2866	1371	7199	2052	4565	1548	5234	615	1022

19-2 续表2

指　　标	Item	哈尔滨市 Harbin	齐齐哈尔市 Qiqihar
人民生活	**People's Livelihood**		
在岗职工平均人数(万人)	Number of Staff and Workers(10000 persons)	97	18
在岗职工工资总额(万元)	Total Wages Bill of Staff and Workers(10000 yuan)	7179393	1309728
城镇居民人均可支配收入(元)	Annual per Capita Disposable Income of Urban Households(yuan)	37828	28051
城镇居民人均消费支出(元)	Annual per Capita Consumption Expenditure of Urban Households(yuan)	27348	20417
每百户居民家庭拥有家用汽车(辆)	Number of Automobile per 100 Urban Households(unit)	28	18
每百户居民家庭拥有家用计算机(台)	Number of Computer per 100 Urban Households(unit)	83	55
社会保障	**Social Security**		
城镇职工基本养老保险参保人数(人)	Urban Active Contributors of Basic Endowment Insurance(persons)	1972555	312470
城镇居民基本医疗保险参保人数(人)	Urban Active Contributors of Basic Medical Treatment Insurance(persons)	657993	59221
失业保险参保人数(人)	Active Contributors of Unemployment Insurance(persons)	1002100	167136
提供住宿的各类社会服务机构数(个)	Number of Various Social Service Institutions Providing Accommodation(unit)	366	127
其中：养老服务机构数(个)	Number of Pension Service Institutions(unit)	364	122
提供住宿的各类社会服务机构床位数(张)	Number of Beds of Various Social Service Institutions Providing Accommodation(bed)	42894	17875
其中：养老服务机构床位数(张)	Number of Beds in Elderly Care Service Institutions(bed)	40869	16528
城市居民最低生活保障人数(人)	Minimum Number of Urban Residents(person)	46359	30674
市政公用事业	**Municipal Utilities**		
年末实有城市道路面积(万平方米)	Area of Paved Roads at Year-end(10000 sq.m)	6588	1228
排水管道长度(公里)	Length of City Sewage Pipes(km)	3383	948
供水综合生产能力(包括自备水源)(万立方米/日)	Production Capacity of Tap Water Supply(10000 cu.m/day)	2377	41
供水总量(万吨)	Total Annual Volume of Water Supply(10000 tons)	41400	8354
#居民家庭用水量	#For Residential Use	11851	3068
供气总量（人工、天然气)(万立方米)	Volume of Gas Supply (Coal Gas and Natural Gas)(10000 tons)	80045	28324
#家庭用量	#For Residential Use	18983	3784
液化石油气供气总量(吨)	Volume of Liquefied Petroleum Gas Supply(ton)	69000	7464
#家庭用量	#For Residential Use	12700	1350
年末实有公共汽(电)车营运车辆数(辆)	Number of Public Vehicles under Operation at Year-end (Buses and Trolley Buses,etc.)(unit)	7031	905
全年公共汽(电)车客运总量(万人次)	Number of Passengers Carried of Bus,Trolley Bus(10000 person-times)	127083	9823
年末实有出租汽车数(辆)	Number of Taxi(unit)	17852	2569
绿地面积(公顷)	Area of Urban Green Areas(hectare)	5074	1091
#公园绿地面积	#Area of Parks Green Areas	2825	615

Continued

鸡西市 Jixi	鹤岗市 Hegang	双鸭山市 Shuangyashan	大庆市 Daqing	伊春市 Yichun	佳木斯市 Jiamusi	七台河市 Qitaihe	牡丹江市 Mudanjiang	黑河市 Heihe	绥化市 Suihua
10	8	8	40	11	7	7	8	3	6
545673	490398	463077	3728992	474796	474000	410431	542619	212939	132689
23889	22639	252723	41091	25191	29869	24949	32504	27957	25023
21971	19778	22253	25152	17902	22642	19460	25162	19546	18044
21	14	15	40	23	22	29	27	24	8
46	52	56	61	75	56	62	64	78	67
223403	121193	85900	496645		267000	160690	201630	40658	39801
80900	54820	37000	88625	27385	110172	55103	93870	49731	24020
127300	74014	82200	163949	99825	113943	88268	124084	17012	9020
18	24	30	70	65	137	16	82	10	4
18	22		68	65	136	14	70	10	4
2168	3385	2733	7043	5179	8576	1931	6897	1522	1011
2168	3328	2893	6943	5179	8376	1782	5935	1522	1011
34956	46071	47205	5879	61092	25946	27692	14101	5185	20578
713	485	535	3674	978	637	487	1068	180	258
335	322	339	2542	606	566	210	559	107	214
23	624	1101	2934	1243	30	814	599	188	10
4331	3006	4243	27149	3065	4822	3233	10968	914	3398
1184	1182	1119	3930	1478	1781	930	2060	344	1360
1500	1248	1117	29600	19	5300	2701	3249	77	2000
152	714	648	8981	13	2100	1653	1135	4	400
8401	4705	5163	6415	14606	22432	1325	8749	2100	3505
5370	4238	4982	4298	11824	403	1230	4490	1820	3500
688	439	420	1932	389	584	434	810	114	396
9148	8817	5049	13910	3736	10000	8679	13388	1248	231
2915	2037	1100	3350	4739	2559	1000	2919	957	2344
2808	793	558	1801	1845	860	527	782	194	1041
738	652	302	889	1426	829	527	619	194	318

19-3 分地区城市建设情况（2019年）
Statistics on City Construction by Region (2019)

地 区	Region	城区面积（平方公里）Urban Area (sq.km)	建成区面积（平方公里）Area of Built Districts (sq.km)	城市建设用地面积（平方公里）Area of Land Used for Urban Construction (sq.km)	征用土地面积（平方公里）Land Put in Requisition for State Construction Projects (sq.km)	城市人口密度（人/平方公里）Population Density of Urban Area (persons/sq.km)
总 计	**Total**	**2528.1**	**1770.9**	**1773.7**	**36.1**	**5498**
地级市合计	**Total Number at Prefectural Level**	**1794.2**	**1423.6**	**1456.4**	**32.4**	**5922**
哈尔滨	Harbin	467.3	445.8	437.9	15.2	10542
齐齐哈尔	Qiqihar	127.5	127.5	127.0	0.7	8487
鸡 西	Jixi	80.4	80.4	80.0	0.2	8188
鹤 岗	Hegang	85.0	54.7	48.6		5935
双鸭山	Shuangyashan	118.0	58.1	58.1	2.8	3873
大 庆	Daqing	325.2	250.6	325.2	1.9	4430
伊 春	Yichun	121.9	96.1	97.2		3697
佳木斯	Jiamusi	188.0	95.7	80.3		3138
七台河	Qitaihe	67.6	67.6	67.6	2.2	6178
牡丹江	Mudanjiang	92.7	82.2	70.2	1.3	7251
黑 河	Heihe	27.9	20.0	20.0		5308
绥 化	Suihua	92.8	45.0	44.4	8.2	4036
县级市合计	**Total Number at County Level**	**733.9**	**347.3**	**317.3**	**3.7**	**4364**
尚 志	Shangzhi	152.0	21.3	21.3	0.8	1034
五 常	Wuchang	100.6	26.7	20.1	0.1	1893
讷 河	Nehe	20.0	15.0	15.0	0.6	5075
密 山	Mishan	87.4	19.4	17.9	0.3	997
虎 林	Hulin	46.2	11.1	11.1		1489
铁 力	Tieli	21.4	16.5	15.7		5435
同 江	Tongjiang	10.8	10.8	10.7	0.5	5204
富 锦	Fujin	17.9	16.2	16.2		7011
抚 远	Fuyuan	12.6	5.6	5.0		3373
绥芬河	Suifenhe City	28.3	28.3	20.9	0.6	3067
海 林	Hailin	24.3	17.7	17.7	0.4	4173
宁 安	Ningan	13.5	11.2	11.2		5541
穆 棱	Muling	10.4	10.4	10.1	0.4	7529
东 宁	Dongning	19.3	14.7	14.6	0.01	3950
北 安	Beian	57.3	23.1	23.0	0.03	2249
五大连池	Wudalianchi	10.0	5.6	5.6		4150
安 达	Anda	26.0	25.1	21.8		8975
肇 东	Zhaodong	48.8	42.0	35.6		4983
海 伦	Hailun	17.7	16.9	16.9	0.1	7653
漠 河	Mohe	9.5	9.5	6.9		3509

19-4 分地区城市供水情况(2019年)
Basic Statistics on Tap Water Supply in Cities by Region (2019)

地　区	Region	年末供水综合生产能力(万立方米/日) Production Capacity of Tap Water Supply (year-end) (10000 cu.m/day)	年末供水管道长度(公里) Length of Water Supply Pipelines (year-end) (km)	全年供水总量(万立方米) Total Annual Volume of Water Supply (10000 cu.m)	#生活用水 For Residential Use	#生产用水 For Productive Use	用水人口(万人) Number of Residents with Access to Tap Water (10000 persons)	人均日生活用水量(升) Per Capita Daily Consumption of Tap Water for Residential Use (liter)
总　计	**Total**	**683.3**	**17895.0**	**135444.3**	**39912.5**	**37156.9**	**1373.1**	**126.8**
地级市合计	**Total Number at Prefectural Level**	**594.5**	**14713.4**	**120425.5**	**32391.6**	**34622.2**	**1162.7**	**116.2**
哈尔滨	Harbin	166.6	2336.1	44077.0	13695.8	5358.9	492.6	148.3
齐齐哈尔	Qiqihar	48.0	1359.6	8371.3	3475.1	1170.4	108.2	130.6
鸡　西	Jixi	25.4	1255.6	5031.5	1341.0	736.8	65.0	97.6
鹤　岗	Hegang	19.2	635.0	3774.9	1135.6	1280.8	50.4	88.8
双鸭山	Shuangyashan	26.0	1150.6	3821.6	1673.8	725.8	45.2	135.6
大　庆	Daqing	173.2	4571.4	29152.9	3448.5	17500.0	143.2	109.3
伊　春	Yichun	20.8	694.1	2520.5	1041.5	776.9	40.2	94.8
佳木斯	Jiamusi	25.3	642.2	4828.0	1970.4	1120.8	59.0	115.7
七台河	Qitaihe	22.1	860.1	3405.7	983.6	931.7	41.4	99.7
牡丹江	Mudanjiang	50.0	599.0	11274.9	2259.1	4141.3	67.2	133.0
黑　河	Heihe	7.5	193.5	947.0	385.8	79.3	14.5	115.0
绥　化	Suihua	10.5	416.3	3220.4	981.6	799.5	36.1	126.4
县级市合计	**Total Number at County Level**	**88.7**	**3181.7**	**15018.8**	**7520.8**	**2534.7**	**210.4**	**114.1**
尚　志	Shangzhi	4.8	211.2	1412.0	751.2	273.5	15.3	180.5
五　常	Wuchang	8.8	207.8	1290.0	678.0	192.0	18.6	114.4
讷　河	Nehe	2.1	105.8	396.4	246.2	27.6	10.2	77.4
密　山	Mishan	4.0	138.1	710.0	338.8	191.4	8.7	137.7
虎　林	Hulin	2.3	199.8	479.0	207.0	91.0	6.9	109.9
铁　力	Tieli	4.7	251.3	907.0	734.0	75.0	7.4	275.8
同　江	Tongjiang	2.0	285.0	375.0	133.5		5.6	89.5
富　锦	Fujin	8.0	97.5	876.8	368.3	255.2	12.6	112.7
抚　远	Fuyuan	3.0	59.0	230.0	148.0	11.0	4.2	103.1
绥芬河	Suifenhe City	8.1	182.4	944.3	272.2	126.8	8.6	118.9
海　林	Hailin	3.3	90.4	721.1	207.0	20.0	9.9	96.0
宁　安	Ningan	3.0	153.9	495.0	268.0	5.2	7.5	116.5
穆　棱	Muling	2.4	143.9	445.5	191.1	31.8	7.9	78.1
东　宁	Dongning	7.0	103.7	449.3	231.0	17.9	7.6	93.5
北　安	Beian	5.2	139.5	968.0	323.0	293.0	12.8	96.8
五大连池	Wudalianchi	0.9	110.0	290.0	163.3	5.4	4.2	116.4
安　达	Anda	5.5	91.5	1022.0	620.1	58.5	22.5	87.4
肇　东	Zhaodong	7.0	150.8	2236.0	1211.6	762.7	24.0	138.3
海　伦	Hailun	5.1	326.2	641.4	384.6	61.3	13.0	85.6
漠　河	Mohe	1.6	133.8	130.0	44.0	35.4	3.1	53.3

19-5 分地区城市燃气情况(2019年)

Basic Statistics on Supply of Gas in Cities by Region (2019)

地 区	Region	生产能力(万立方米/日) Production Capacity of Coal Gas (10000 cu.m/day)	管道长度(公里) Length of Gas Pipelines (km)			全年供气总量(万立方米) Volume of Gas Supply (10000 cu.m)			用气人口(万人) Population with Access to Gas (10000 persons)		
			人工煤气 Coal Gas	液化石油气 Liquefied Petroleum Gas	天然气 Natural Gas	人工煤气 Coal Gas	液化石油气(吨) Liquefied Petroleum Gas (ton)	天然气 Natural Gas	人工煤气 Coal Gas	液化石油气 Liquefied Petroleum Gas	天然气 Natural Gas
总 计	**Total**		**296.9**	**19.2**	**10708.5**	**2872**	**186570**	**160302**	**35.8**	**281.8**	**948.5**
地级市合计	**Total Number at Prefectural Level**		**296.9**		**10134.8**	**2872**	**140645**	**151389**	**35.8**	**140.7**	**909.7**
哈尔滨	Harbin				4570.1		64200	80835		17.5	475.1
齐齐哈尔	Qiqihar				1417.8		7337	25095		1.0	107.2
鸡 西	Jixi				177.5		5500	1489		9.0	13.2
鹤 岗	Hegang				173.1		4635	1148		12.8	19.0
双鸭山	Shuangyashan		69.4		75.3	389	5983	371	3.8	3.4	28.4
大 庆	Daqing				2053.8		6095	31700		5.8	136.5
伊 春	Yichun				63.0		10282	156		39.0	0.2
佳木斯	Jiamusi				983.0		22120	5094		0.7	57.0
七台河	Qitaihe		227.6		19.2	2483	1380	54	32.0	5.2	3.5
牡丹江	Mudanjiang				377.3		7788	3325		5.0	62.2
黑 河	Heihe				132.8		1826	123		13.0	1.4
绥 化	Suihua				92.0		3500	2000		28.4	6.0
县级市合计	**Total Number at County Level**			**19.2**	**573.7**		**45925**	**8913**		**141.1**	**38.8**
尚 志	Shangzhi				33.0		5100	725		11.6	3.0
五 常	Wuchang				25.0		6650	213		17.9	0.2
讷 河	Nehe				64.2		450	910		0.8	9.0
密 山	Mishan				39.7		850	352		4.3	3.2
虎 林	Hulin						1350			6.2	
铁 力	Tieli				43.4		2014	89		5.0	0.7
同 江	Tongjiang			0.2	54.9		340	103		1.0	0.9
富 锦	Fujin				42.0		3895	279		8.9	3.1
抚 远	Fuyuan						289			3.0	
绥芬河	Suifenhe City				32.0		1041	60		7.9	0.1
海 林	Hailin				53.8		1860	130		8.5	1.4
宁 安	Ningan				18.2		991	64		5.8	1.6
穆 棱	Muling				11.5		1165	71		4.5	3.0
东 宁	Dongning				42.9		1800	57		5.3	2.0
北 安	Beian						5350			5.2	
五大连池	Wudalianchi				30.1		205	83		0.9	0.7
安 达	Anda				32.8		6530	888		20.5	2.0
肇 东	Zhaodong			19.0	46.1		3495	4875		16.0	7.6
海 伦	Hailun				4.2		1870	13		4.8	0.2
漠 河	Mohe						680			3.0	

19-6　分地区城市集中供热情况(2019年)
Basic Statistics on Heating in Cities by Region (2019)

地　区	Region	供应能力 Heating Capacity		供热总量 Quantity of Heat Supplied		集中供热管道长度 Length of Heating Pipelines		集中供热面积(万平方米) Area of Centralized Heating (10000 sq.m)
		蒸　汽(吨/小时) Steam (ton/hour)	热　水(兆瓦) Hot Water (Mega Watts)	蒸　汽(万吉焦) Steam (10000 gigajoules)	热　水(万吉焦) Hot Water (10000 gigajoules)	蒸　汽(公里) Steam (km)	热　水(公里) Hot Water (km)	
总　计	**Total**	**4516.0**	**52673.9**	**2383.3**	**41296.9**		**20241.2**	**78100.1**
地级市合计	**Total Number at Prefectural Level**	**3148.0**	**45242.9**	**1466.0**	**36723.3**		**16463.5**	**67771.4**
哈尔滨	Harbin	2929.0	18063.0	1366.0	17100.2		3362.4	30915.8
齐齐哈尔	Qiqihar		3948.0		2021.0		1015.2	5474.0
鸡　西	Jixi		1350.0		1050.0		607.3	2629.0
鹤　岗	Hegang		2221.0		1623.8		910.4	2799.0
双鸭山	Shuangyashan		1454.0		1318.0		885.0	2224.2
大　庆	Daqing		7465.4		6500.0		6454.7	9354.0
伊　春	Yichun		1605.0		1118.0		664.3	1808.2
佳木斯	Jiamusi		1574.0		1470.0		580.0	3273.0
七台河	Qitaihe	72.0	823.0	77.0	927.0		327.0	1845.5
牡丹江	Mudanjiang	147.0	3314.0	23.0	1797.0		831.0	4073.0
黑　河	Heihe		947.5		680.9		477.4	1141.0
绥　化	Suihua		2478.0		1117.3		348.9	2234.7
县级市合计	**Total Number at County Level**	**1368.0**	**7431.0**	**917.3**	**4573.7**		**3777.7**	**10328.7**
尚　志	Shangzhi		600.0		444.0		205.4	673.5
五　常	Wuchang		692.0		309.0		83.0	794.0
讷　河	Nehe		375.0		159.0		128.0	505.0
密　山	Mishan	158.0	174.0	169.0	59.0		241.4	522.0
虎　林	Hulin		249.0		220.0		197.0	390.0
铁　力	Tieli	350.0	176.0	156.0	184.0		149.8	555.0
同　江	Tongjiang	225.0	116.0	143.3	47.8		184.0	345.0
富　锦	Fujin		437.0		336.5		193.0	605.0
抚　远	Fuyuan		199.0		145.0		161.0	220.0
绥芬河	Suifenhe City		652.0		376.8		265.1	666.0
海　林	Hailin		447.0		280.0		204.0	490.0
宁　安	Ningan	150.0	232.0	80.0	118.0		159.5	415.0
穆　棱	Muling		282.0		226.7		143.1	340.8
东　宁	Dongning		92.0		245.0		274.0	401.0
北　安	Beian		810.0		458.0		315.0	711.9
五大连池	Wudalianchi		210.0		134.0		137.0	320.6
安　达	Anda		336.0		257.0		285.6	668.0
肇　东	Zhaodong		522.0		247.0		132.6	729.0
海　伦	Hailun	485.0	620.0	369.0	179.0		192.0	834.9
漠　河	Mohe		210.0		148.0		127.3	142.0

19-7 分地区城市市政设施(2019年)
Basic Statistics on Municipal Infrastructure in Cities by Region (2019)

地　区	Region	年末实有道路长度(公里) Length of Paved Roads (year-end) (km)	年末实有道路面积(万平方米) Area of Paved Roads (year-end) (10000 sq.m)	城市桥梁(座) Number of City Bridges (unit)	城市排水管道长度(公里) Length of City Sewage Pipes (km)	城市污水日处理能力(万立方米) Daily Disposal Capacity of City Sewage (10000 cu.m)	城市道路照明灯(千盏) Number of Street Lights (1000 units)
总　计	**Total**	**13422.3**	**21159.9**	**1157**	**12422.0**	**427.5**	**690.3**
地级市合计	**Total Number at Prefectural Level**	**10972.9**	**17902.5**	**1022**	**10180.3**	**374.5**	**558.7**
哈尔滨	Harbin	4265.8	7817.9	467	3400.2	165.0	185.6
齐齐哈尔	Qiqihar	544.2	1246.5	47	974.9	29.0	50.3
鸡　西	Jixi	474.3	728.8	82	334.7	19.2	35.6
鹤　岗	Hegang	403.6	492.0	32	341.3	8.0	12.8
双鸭山	Shuangyashan	443.8	509.9	27	344.9	10.0	13.5
大　庆	Daqing	2252.5	3698.8	192	2549.2	61.6	82.7
伊　春	Yichun	628.0	723.7	53	392.4	11.8	21.2
佳木斯	Jiamusi	341.2	676.6	33	588.5	20.0	51.1
七台河	Qitaihe	539.9	488.3	14	210.4	9.0	29.7
牡丹江	Mudanjiang	806.6	1070.3	68	718.1	25.9	50.2
黑　河	Heihe	84.0	187.1	3	108.3	5.0	9.6
绥　化	Suihua	189.1	262.8	4	217.5	10.0	16.5
县级市合计	**Total Number at County Level**	**2449.4**	**3257.3**	**135**	**2241.7**	**53.0**	**131.6**
尚　志	Shangzhi	146.8	205.7	14	97.9	4.0	3.2
五　常	Wuchang	119.8	166.3	5	126.9	5.5	4.7
讷　河	Nehe	85.9	102.5		108.4	2.0	3.4
密　山	Mishan	115.7	186.0	5	110.3	1.5	3.5
虎　林	Hulin	77.5	109.5		61.0	1.0	6.7
铁　力	Tieli	199.5	154.7	11	79.9	4.0	6.1
同　江	Tongjiang	77.5	142.0		121.8	2.0	8.5
富　锦	Fujin	112.7	192.5		106.4	2.5	9.7
抚　远	Fuyuan	68.8	132.3		36.9	1.0	6.5
绥芬河	Suifenhe City	119.3	190.3	17	129.2	2.0	13.3
海　林	Hailin	194.8	220.0	12	127.0	4.0	8.7
宁　安	Ningan	88.3	110.0	4	100.2	2.0	3.4
穆　棱	Muling	148.2	108.1	19	76.2	2.0	7.3
东　宁	Dongning	126.7	160.8	10	84.7	2.0	5.6
北　安	Beian	128.9	301.7	16	133.1	3.8	9.2
五大连池	Wudalianchi	44.8	40.1	1	75.4	2.0	2.9
安　达	Anda	183.6	184.4	3	181.4	4.5	2.6
肇　东	Zhaodong	223.1	306.8	11	314.9	5.0	3.6
海　伦	Hailun	91.9	150.0	2	143.0	2.0	12.9
漠　河	Mohe	95.7	93.9	5	27.3	0.3	9.8

19-8 分地区城市公共交通情况(2019年)
Basic Statistics on Public Transportation in Cities by Region (2019)

地 区	Region	年末公共交通车辆运营数(辆) Number of Public Vehicles under Operation at Year-end (unit)	#公共汽、电车 Bus and Trolley Bus	运营线路总长度(公里) Length under Operation (km)	#公共汽、电车 Bus and Trolley Bus	公共交通客运总量(万人次) Passengers Transported by Public Vehicles (10 000 person-times)	#公共汽、电车 Bus and Trolley Bus	出租汽车(辆) Number of Taxi (unit)
地级市合计	**Total Number at Prefectural Level**	**20119**	**19933**	**36035**	**36005**	**234049**	**223694**	**99881**
哈尔滨	Harbin	8881	8695	12625	12595	126895	116540	30782
齐齐哈尔	Qiqihar	1494	1494	3148	3148	11300	11300	15125
鸡 西	Jixi	777	777	2272	2272	12395	12395	5416
鹤 岗	Hegang	2557	2557	781	781	8664	8664	2801
双鸭山	Shuangyashan	1283	1283	1148	1148	7015	7015	3688
大 庆	Daqing	684	684	7507	7507	14309	14309	4131
伊 春	Yichun	968	968	1471	1471	6285	6285	4377
佳木斯	Jiamusi	576	576	1015	1015	12008	12008	6675
七台河	Qitaihe	525	525	500	500	9371	9371	1152
牡丹江	Mudanjiang	939	939	2656	2656	16941	16941	6444
黑 河	Heihe	1066	1066	1278	1278	3100	3100	6040
绥 化	Suihua	369	369	1634	1634	5766	5766	13250
县级市合计	**Total Number at County Level**	**2330.0**	**2330.0**	**4802.0**	**4802.0**	**20531.7**	**20531.7**	**20299.0**
尚 志	Shangzhi	358.0	358.0	735.0	735.0	3485.1	3485.1	1448.0
五 常	Wuchang	158.0	158.0	717.0	717.0	1767.4	1767.4	902.0
讷 河	Nehe	105.0	105.0	149.0	149.0	798.6	798.6	1486.0
密 山	Mishan	204.0	204.0	75.0	75.0	2193.0	2193.0	920.0
虎 林	Hulin	74.0	74.0	61.0	61.0	642.2	642.2	1156.0
铁 力	Tieli	255.0	255.0	617.0	617.0	2384.5	2384.5	1272.0
同 江	Tongjiang	48.0	48.0	48.0	48.0	360.0	360.0	547.0
富 锦	Fujin	148.0	148.0	474.0	474.0	1176.6	1176.6	2262.0
抚 远	Fuyuan	6.0	6.0	16.0	16.0	81.0	81.0	152.0
绥芬河	Suifenhe City	92.0	92.0	114.0	114.0	739.0	739.0	496.0
海 林	Hailin	48.0	48.0	91.0	91.0	342.7	342.7	988.0
宁 安	Ningan	95.0	95.0	209.0	209.0	820.0	820.0	392.0
穆 棱	Muling	163.0	163.0	256.0	256.0	900.0	900.0	420.0
东 宁	Dongning	76.0	76.0	207.0	207.0	771.1	771.1	741.0
北 安	Beian	149.0	149.0	238.0	238.0	920.0	920.0	1912.0
五大连池	Wudalianchi	74.0	74.0	372.0	372.0	1248.0	1248.0	690.0
安 达	Anda	116.0	116.0	344.0	344.0	1123.5	1123.5	670.0
肇 东	Zhaodong	27.0	27.0	32.0	32.0	128.0	128.0	1555.0
海 伦	Hailun	134.0	134.0	47.0	47.0	651.0	651.0	2290.0

19-9 分地区城市绿地和园林(2019年)
Basic Statistics on Parks and Green Areas in Cities by Region (2019)

地 区	Region	城市园林绿地面积(公顷) Area of Parks and Green Land (hectare)	#公园绿地 Park Green Areas	公 园(个) Number of Parks (unit)	公园面积(公顷) Area of Parks (hectare)	建成区绿化覆盖率(%) Green Covered Area as % of Completed Area (%)
总 计	**Total**	**68732**	**17275**	**373**	**11078**	**36.4**
地级市合计	**Total Number at Prefectural Level**	**58662**	**14300**	**264**	**9196**	**38.2**
哈尔滨	Harbin	15335	5143	97	2826	35.7
齐齐哈尔	Qiqihar	4526	865	21	511	37.7
鸡 西	Jixi	2812	742	8	539	39.6
鹤 岗	Hegang	2998	754	7	652	41.3
双鸭山	Shuangyashan	2379	629	18	302	43.6
大 庆	Daqing	13639	1942	13	894	43.8
伊 春	Yichun	2964	1544	31	1295	33.9
佳木斯	Jiamusi	3732	862	20	862	42.0
七台河	Qitaihe	3105	536	18	369	44.6
牡丹江	Mudanjiang	5357	767	19	614	27.9
黑 河	Heihe	723	194	7	194	40.7
绥 化	Suihua	1092	323	5	139	27.2
县级市合计	**Total Number at County Level**	**10070**	**2974**	**109**	**1882**	**29.2**
尚 志	Shangzhi	299	168	4	187	17.0
五 常	Wuchang	425	200	5	186	17.5
讷 河	Nehe	421	215	2	208	31.3
密 山	Mishan	398	120	3	114	20.2
虎 林	Hulin	320	109	7	60	38.6
铁 力	Tieli	657	190	6	72	40.0
同 江	Tongjiang	1562	111	3	65	40.0
富 锦	Fujin	459	117	2	5	30.6
抚 远	Fuyuan	100	67	8	69	18.4
绥芬河	Suifenhe City	963	125	13	66	39.9
海 林	Hailin	718	178	14	158	37.5
宁 安	Ningan	372	112	3	63	37.2
穆 棱	Muling	354	134	11	114	37.0
东 宁	Dongning	301	111	13	39	21.4
北 安	Beian	524	204	3	91	25.2
五大连池	Wudalianchi	100	65	1	52	20.6
安 达	Anda	411	91	4	23	19.1
肇 东	Zhaodong	986	417	3	200	36.1
海 伦	Hailun	401	19	1	21	27.3
漠 河	Mohe	298	222	3	90	29.4

19-10 分地区城市市容环境卫生情况(2019年)
Basic Statistics on Urban Sanitation in Cities by Region (2019)

地 区	Region	清扫保洁面积(万平方米) Area under Cleaning Program (10000 sq.m)	生活垃圾清运量(万吨) Volume of Garbage Disposal (10000 tons)	市容环卫专用车辆设备总数(台) Number of Special Vehicles for Environmental Sanitation (unit)	公共厕所(座) Number of Public Lavatories (unit)	#三类以上 Third Grade and Above
总 计	**Total**	**26586**	**523.6**	**8747**	**5964**	**2982**
地级市合计	**Total Number at Prefectural Level**	**22645**	**425.2**	**7378**	**4810**	**2588**
哈尔滨	Harbin	9676	184.9	3641	2274	1839
齐齐哈尔	Qiqihar	1903	45.7	688	431	22
鸡 西	Jixi	790	30.0	453	313	166
鹤 岗	Hegang	589	14.7	472	225	60
双鸭山	Shuangyashan	473	17.7	218	181	101
大 庆	Daqing	3600	40.1	595	243	243
伊 春	Yichun	743	14.9	222	290	64
佳木斯	Jiamusi	1316	25.8	115	526	
七台河	Qitaihe	650	11.9	169	26	13
牡丹江	Mudanjiang	1521	20.7	361	153	48
黑 河	Heihe	426	5.9	217	70	32
绥 化	Suihua	957	12.8	227	78	
县级市合计	**Total Number at County Level**	**3941**	**98.4**	**1369**	**1154**	**394**
尚 志	Shangzhi	233	6.9	96	40	18
五 常	Wuchang	210	10.2	41	17	
讷 河	Nehe	106	4.4	122	68	68
密 山	Mishan	220	3.8	97	71	17
虎 林	Hulin	144	3.0	93	68	22
铁 力	Tieli	178	5.1	74	46	13
同 江	Tongjiang	160	2.3	84	11	
富 锦	Fujin	248	5.5	45	79	28
抚 远	Fuyuan	90	2.4	32	15	
绥芬河	Suifenhe City	312	5.0	99	20	18
海 林	Hailin	240	4.4	43	38	10
宁 安	Ningan	189	4.8	40	51	8
穆 棱	Muling	138	3.0	49	24	16
东 宁	Dongning	202	4.2	62	37	25
北 安	Beian	212	5.6	105	182	85
五大连池	Wudalianchi	90	1.7	74	35	19
安 达	Anda	369	8.5	74	131	21
肇 东	Zhaodong	306	10.1	79	192	25
海 伦	Hailun	212	6.0	31	4	1
漠 河	Mohe	82	1.5	29	25	

19-11 分地区城市设施水平(2019年)
Level of Public Facilities in Cities by Region (2019)

地 区	Region	城市用水普及率(%) Coverage Rate of Urban Population with Access to Tap Water (%)	城市燃气普及率(%) Coverage Rate of Urban Population with Access to Gas (%)	每万人拥有公共交通车辆(标台) Number of Public Transportation Vehicles Per 10000 Population (unit)	人均城市道路面积(平方米) Per Capita Area of Paved Roads (sq.m)	人均公园绿地面积(平方米) Per Capita Public Green Areas (sq.m)	每万人拥有公共厕所(座) Number of Public Lavatories Per 10 000 Population (unit)
总 计	**Total**	**98.8**	**91.1**	**19.5**	**15.2**	**12.4**	**4.7**
地级市合计	**Total Number at Prefectural Level**	**98.3**	**87.0**	**21.5**	**13.3**	**13.9**	**4.6**
哈尔滨	Harbin	100.0	100.0	15.5	15.9	10.4	5.5
齐齐哈尔	Qiqihar	100.0	100.0	13.7	11.5	8.0	4.0
鸡 西	Jixi	98.7	33.8	13.0	11.1	11.3	4.9
鹤 岗	Hegang	99.8	63.1	16.2	9.8	14.9	4.5
双鸭山	Shuangyashan	98.8	77.9	21.6	11.2	13.8	4.1
大 庆	Daqing	99.4	98.8	15.9	25.7	13.5	2.1
伊 春	Yichun	89.2	86.9	18.1	16.1	34.2	6.5
佳木斯	Jiamusi	100.0	97.7	14.7	11.5	14.6	9.0
七台河	Qitaihe	99.0	97.2	20.9	11.7	12.8	0.7
牡丹江	Mudanjiang	100.0	100.0	22.1	15.9	11.4	2.3
黑 河	Heihe	97.8	97.2	28.5	12.6	13.1	5.2
绥 化	Suihua	96.3	91.9	10.9	7.0	8.6	2.2
县级市合计	**Total Number at County Level**	**96.9**	**79.6**	**10.9**	**17.0**	**16.6**	**5.6**
尚 志	Shangzhi	97.6	92.8	18.0	13.1	10.7	2.6
五 常	Wuchang	97.7	95.1	7.3	8.7	10.5	0.9
讷 河	Nehe	100.0	96.0	10.0	10.1	21.2	7.7
密 山	Mishan	99.3	86.1	19.4	21.4	13.8	8.3
虎 林	Hulin	100.0	90.1	10.6	15.9	15.8	10.0
铁 力	Tieli	63.5	48.9	21.9	13.3	16.4	4.0
同 江	Tongjiang	100.0	34.3	8.5	25.3	19.8	2.3
富 锦	Fujin	100.0	95.5	11.0	15.3	9.3	6.5
抚 远	Fuyuan	98.8	70.6	62.1	31.1	15.9	3.6
绥芬河	Suifenhe City	99.0	91.9	11.1	21.9	14.4	3.4
海 林	Hailin	97.8	98.1	3.3	21.7	17.5	3.8
宁 安	Ningan	100.0	99.6	10.9	14.7	15.0	7.0
穆 棱	Muling	100.0	96.1	12.5	13.8	17.0	3.2
东 宁	Dongning	100.0	95.3	8.8	21.1	14.5	5.0
北 安	Beian	99.2	40.3	10.9	23.4	15.8	14.3
五大连池	Wudalianchi	100.0	39.5	16.4	9.7	15.6	9.7
安 达	Anda	96.6	96.5	5.2	7.9	3.9	5.7
肇 东	Zhaodong	98.8	97.2	1.1	12.6	17.1	7.9
海 伦	Hailun	96.2	36.6		11.1	1.4	0.4
漠 河	Mohe	93.1	90.4	9.4	28.2	66.6	8.0

主要统计指标解释

供水综合生产能力　指按供水设施取水、净化、送水、出厂输水干管等环节设计能力计算的综合生产能力。包括在原设计能力的基础上，经挖、革、改增加的生产能力。计算时，以四个环节中最薄弱的环节为主确定能力。

供水管道长度　指从送水泵至用户水表之间所有管道的长度。不包括新安装尚未使用、水厂内以及用户建筑物内的管道。

城市供水总量　指报告期供水企业(单位)供出的全部水量。包括有效供水量和漏损水量。

生活用水　包括公共服务用水和居民家庭用水。公共服务用水指为城区社会公共生活服务的用水。包括行政事业单位、部队营区和公共设施服务、批发零售业、住宿餐饮业以及社会服务业等单位的用水。居民家庭用水指城市范围内所有居民家庭的日常生活用水。包括城市居民、农民家庭、公共供水站用水。

生产用水　指在城区范围内生产、运营的农、林、牧、渔业、工业、建筑业、交通运输业等单位在生产、运营过程中的用水。

用水普及率　指报告期末城区用水人口数与城市人口总数的比率。计算公式:

$$用水普及率=\frac{城区用水人口(含暂住人口)}{城区人口+城区暂住人口}\times 100\%$$

人工煤气生产能力　指报告期末人工燃气生产厂制气、净化、输送等环节的综合生产能力，不包括备用设备能力。一般按设计能力计算，当实际生产能力大于设计能力时，应按实际测定的生产能力计算。测定时应以制气、净化、输送三个环节中最薄弱的环节为主。

供气管道长度　指报告期末从气源厂压缩机的出口或门站出口至各类用户引入管之间的全部已经通气、投入使用的管道长度。不包括煤气生产厂、输配站、液化气储存站、灌瓶站、储配站、气化站、混气站、供应站等厂(站)内的管道。

城市供气总量　指报告期燃气企业(单位)向用户供应的燃气数量。包括销售量和损失量。

燃气普及率　指报告期末城区使用燃气的城市人口数与城市人口总数的比率。其中燃气包括人工煤气、天然气、液化石油气三种。计算公式为:

$$燃气普及率=\frac{城区用气人口(含暂住人口)}{城区人口+城区暂住人口}\times 100\%$$

城市供热能力　指供热企业(单位)向城市热用户输送热能的设计能力。

城市供热总量　指在报告期供热企业(单位)向城市热用户输送全部蒸汽和热水的总热量。

城市供热管道长度　指从各类热源到热用户建筑物接入口之间的全部蒸汽和热水的管道长度。不包括各类热源厂内部的管道长度。

道路长度　指道路长度和与道路相通的桥梁、隧道的长度，按车行道中心线计算。

城市桥梁　指为跨越天然或人工障碍物而修建的构筑物。包括跨河桥、立交桥、人行天桥以及人行地下通道等。

城市排水管道长度　指所有排水总管、干管、支管、检查井及连接井进出口等长度之和。

城市污水日处理能力　指污水处理厂(或污水处理装置)每昼夜处理污水量的设计能力。

年末公共交通车辆运营数　指年末城市用于公共交通运营业务的全部车辆数。新购、新制和调入的运营车辆，自投入之日起开始计算；调出、报废和调作他用的运营车辆，自上级主管机关批准之日起不再计入。

城市绿地面积　指报告期末用作园林和绿化的各种绿地面积。包括公园绿地、生产绿地、防护绿地、附属绿地和其他绿地的面积。

公园绿地　城市中向公众开放的、以游憩为主要功能，有一定的游憩设施和服务设施，同时兼有健全生态、美化景观、防灾减灾等综合作用的绿化用地。包括综合公园、社区公园、专类公园、带状公园和街旁绿地。其中综合公园、专类公园和带状公园面积之和为公园面积。

清扫保洁面积　指报告期末对城市道路和公共场所(主要包括城市行车道、人行道、车行隧道、人行过街地下通道、道路附属绿地、地铁站、高架路、人行过街天桥、立交桥、广场、停车场及其他设施等）进行清扫保洁的面积。一天清扫保洁多次的，按清扫保洁面积最大的一次计算。

市容环卫专用车辆设备　指用于环境卫生作业、监察的专用车辆和设备，包括用于道路清扫、冲洗、洒水、除雪、垃圾粪便清运、市容监察以及与其配套使用的车辆和设备。

每万人拥有公共交通车辆　指按城市人口计算的每万人平均拥有的公共交通车辆标台数。计算公式:

$$每万人拥有公共交通车辆=\frac{公共交通运营车标台数}{城区人口+城区暂住人口}$$

Explanatory Notes on Main Statistical Indicators

Production Capacity of Water Supply refers to the designed overall production capacity of water facilities, covering the four segments of water collection, purification, conveyance, and outflow through trunk pipelines. Increased capacity through transformation and innovation projects is included as well. The capacity is determined mainly on the weakest of the above-mentioned four segments.

Length of Water Supply Pipelines refers to the total length of all the pipelines between the water pumps and the user water meters, excluding pipelines newly installed but not used yet, pipeline in the water factory, and pipeline in the user's buildings.

Total Volume of Urban Water Supply refers to the total volume of water supplied by water-works (units) during the reference period, including both the effective water supply and loss during the water supply.

Consumption of Water for Living Use It includes Consumption of Water for Public Service Use and Consumption of Water for Households Use. Consumption of Water for Public Service Use refers to water consumption for public service in the urban areas. It includes water consumption of administrative institutions, army camps, public facilities, wholesale and retail, accommodation and catering industry and social service industry, etc. Consumption of Water for Households Use refers to consumption of water for daily life of all households in cities, including households of urban residents and farmers, and public water supply stations.

Consumption of Water for Production and Operation Use refers to water consumption in the process of production and operation by production and operation units of agriculture, forestry, animal husbandry, fisheries, industry, construction industry, and transportation industry, etc. in urban areas.

Coverage Rate of Urban Population with Access to Tap Water refers to the ratio of the urban population with access to tap water to the total urban population at the end of reference period. The formula is:

$$\text{Coverage of urban population with access to tap water} = \frac{\text{Urban population with access to tap water}}{\text{Urban population}} \times 100\%$$

Production Capacity of Gaswork Gas refers to the overall production capacity of the urban gasworks in gas generation, purification and delivery at the end of the reference period, excluding capacity of the reserved facilities. In general, it is determined by the designed capacity, and when actual production capacity is larger than the designed capacity, the capacity is determined by the actual measurement on the weakest segment in the production, purification and delivery.

Length of Gas Pipelines refers to the total length of pipelines in use between the outlet of the compressor of gas-work or outlet of gas stations and the leading pipe of users, excluding pipelines within gasworks, delivery stations, LPG storage stations, refilling stations, gas-mixing stations and supply stations.

Volume of Gas Supply refers to the total volume of gas provided to users by gas-producing enterprises (units) during the reporting period, including the volume sold and the volume lost.

Coverage Rate of Urban Population with Access to Gas refers to the ratio of the urban population with access to gas to the total urban population at the end of the reference period. Gas here includes artificial coal gas, natural gas and liquefied petroleum gas. The formula is:

$$\text{Coverage rate of urban population with access to gas} = \frac{\text{Urban population with access to gas}}{\text{Urban population}} \times 100\%$$

Heating Capacity in Urban Areas refers to the designed capacity of heating enterprises (units) in supplying heating energy to urban users during the reference period.

Quantity of Heat Supplied in Urban Areas refers to the total quantity of heat from steam and hot water supplied to urban users by heating enterprises (units) during the reference period.

Length of Urban Heating Pipelines refers to the total length of steam or hot water pipelines for sources of heat to the leading pipelines of the buildings of the users, excluding internal pipelines in heat generating enterprises.

Length of Paved Roads refers to the length of roads with paved surface including bridges and tunnels connected with roads. Length of the roads is measured by the central lines.

Urban Bridges refer to bridges built to cross over natural or man-made barriers, including bridges over rivers, overpasses for traffic and for pedestrians, underpasses for pedestrians, etc.

Length of Urban Sewage Pipes refers to the total length of general drainage, trunks, branch and inspection wells, connection wells, inlets and outlets, etc.

Daily Disposal Capacity of Urban Sewage refers to the designed 24-hour capacity of sewage disposal by the sewage treatment works or facilities.

Number of Vehicles under Operation at Year-end refers to the total number of vehicles under operation by public transport enterprises (units) at the end of the year, based on the records of operational vehicles by the enterprises (units).

Area of Urban Green Land refers to the total area occupied for green projects at the end of the reference period, including park green land, production green land, protection green land, green land attached to institutions, and other green areas.

Park Green Area refers to green areas open to the public

for amusement and rest with the facilities of amusement, rest and services. Its function includes perfecting ecology, beautifying landscape, and preventing and reducing disaster. Park green areas include comprehensive park, community park, theme park, linear park and roadside green space. Total areas of comprehensive park, topic park and belt-shaped is the area of park.

Road Area Cleaned refers to the area which are regularly cleaned, as at the end of the reference period, at urban roads and public places (mainly including urban roadways, pedestrian walkways, vehicular tunnels, pedestrian underpasses, underground railway stations, lifted roads, pedestrians walk bridges, overpasses, plazas, parking lots and other facilities). If there are several times of cleaning in a day at a location, the area of that time of cleaning with the largest area cleaned will be taken.

Vehicles and Facilities Dedicated to Urban Cleanliness and Environmental Sanitation refer to vehicles and facilities dedicated for use in the operation, management and monitoring of environmental hygiene work. They include vehicles for road cleaning, washing, showering, ice removal, disposal of garbage and human wastes, cleanliness monitoring and related activities.

Public Transportation Vehicles per 10000 Population refers to the number of public transportation vehicles, calculated by urban population, per 10000 population in the city district. The formula for calculation is:

$$\text{Public Transportation Vehicles per 10000 Population} = \frac{\text{Number of Public Transportation Vehicles}}{\text{City District Population}}$$

附录　各县、市主要指标(2019年)

APPENDIX　MAIN INDICATORS OF COUNTIES(2019)

资料整理：于占占　王　悦　王志博　刘忠梁
刘世娟　安　静　李莹莹　张小旋
罗华军　赵秋梅　郭振威　曹夏茵
雷　丽　魏　瑨

附录　各县、市主要指标(2019年)
Main Indicators of Counties (2019)

县、市名称	Name	行政区域土地面积(平方公里) Total Land Area (sq.km)	年底户籍总人口(人) Total Population (year-end) (person)	乡镇(个) Township and Towns (unit)	#建制镇 Organic Town	村民委员会(个) Villagers Committee (unit)
呼兰区	Hulan	2233	610687	9	6	162
阿城区	Acheng	2449	541713	4	4	108
双城区	Shuangcheng	3112	766316	17	9	246
依兰县	Yilan County	4606	377611	9	6	132
方正县	Fangzheng County	2976	220070	8	4	67
宾　县	Bin County	3843	567313	17	12	143
巴彦县	Bayan County	3139	642241	18	10	116
木兰县	Mulan County	3171	247493	8	6	86
通河县	Tonghe County	5661	233624	8	8	82
延寿县	Yanshou County	3096	245195	9	6	106
尚志市	Shangzhi City	8891	555278	17	10	163
五常市	Wuchang City	7499	894100	24	12	261
龙江县	Longjiang County	5887	578350	14	8	158
依安县	Yian County	3676	463518	15	6	149
泰来县	Tailai County	3918	301993	10	8	83
甘南县	Gannan County	4791	373091	10	5	95
富裕县	Fuyu County	4018	278631	10	6	90
克山县	Keshan County	3186	456492	15	7	122
克东县	Kedong County	2083	275901	7	5	98
拜泉县	Baiquan County	3597	549584	16	7	186
讷河市	Nehe City	6660	677559	15	11	171
梅里斯区	Meilisi Daur District	2078	163094	6	5	49
鸡东县	Jidong County	3233	267352	11	8	123
虎林市	Hulin City	9331	273130	11	7	85
密山市	Mishan City	7728	388801	16	8	154
萝北县	Luobei County	6769	212164	8	6	63
绥滨县	Suibin County	3344	175401	9	3	109
集贤县	Jixian County	2217	292616	8	5	150
友谊县	Youyi County	1684	115602	11	4	67
宝清县	Baoqing County	9995	400466	10	6	145
饶河县	Raohe County	6599	137433	9	4	79
肇州县	Zhaozhou County	2446	427730	12	6	104
肇源县	Zhaoyuan County	4110	441164	16	8	135
林甸县	Lindian County	3504	253626	8	5	83
杜蒙自治县	Durbote Mongolia Autonomous County	6040	242334	11	5	79
大同区	Datong	2371	216449	8	4	58

注：1.阿城区、呼兰区、双城区、梅里斯区、大同区、阳明区、爱辉区、北林区、加格达奇区、佳木斯郊区和五大连池风景区的主要指标数据来自当地统计局(下同)。

2.嘉荫县、汤旺县、丰林县、大箐山县、南岔县、铁力市、五大连池风景区、呼玛县、加格达奇区的户籍人口数据来自当地统计局。

a) The main indicators data of Acheng,Hulan,Shuangcheng,Meilisi Daur,Datong,Yangming,Aihui,Beilin and Jiagedaqi District,Jiamusi Suburb, Wudalianchi Scenic Spot come from local Statistics(the same as following tables).

b) Census data for the following areas are from local statistics bureaus, such as Jiayin County, Tangwang, Fenglin, Daqing, Nancha, Tieli, Wudalianchi Geological Park, Huma County and Jiagedaqi District.

附录 续表1 Continued

县、市名称	Name	行政区域土地面积(平方公里) Total Land Area (sq.km)	年底户籍总人口(人) Total Population (year-end) (person)	乡镇个数(个) Township and Towns (unit)	#建制镇 Organic Town	村民委员会数(个) Villagers Committee (unit)
嘉荫县	Jiayin County	6750	69889	9	4	73
汤旺县	Tangwang County	2142	51295	2	2	2
丰林县	Fenglin County	2971	95095	3	3	2
大箐山县	Daqingshan County	1039	45647	2	2	10
南岔县	Nancha County	3084	109692	4	3	27
铁力市	Tieli City	6443	341238	8	5	71
佳木斯郊区	Jiamusi Suburb		257838			
桦南县	Huanan County	4418	408117	12	7	192
桦川县	Huachuan County	2228	203007	9	5	105
汤原县	Tangyuan County	3420	240095	10	4	137
同江市	Tongjiang City	6229	174999	10	6	85
富锦市	Fujin City	8224	452379	11	11	267
抚远市	Fuyuan City	6041	82587	10	5	49
勃利县	Boli County	2390	302265	10	5	133
林口县	Linkou County	6638	332878	11	11	176
绥芬河市	Suifenhe City	422	69126	2	2	11
海林市	Hailin City	8712	360308	8	8	112
宁安市	Ningan City	7200	408425	12	8	240
穆棱市	Muling City	6041	267469	8	6	127
东宁市	Dongning City	7117	201867	6	6	102
阳明区	Yangming	1345	214403	4		59
爱辉区	Aihui	14373	182839	13	3	89
逊克县	Xunke County	17027	94961	9	3	78
孙吴县	Sunwu County	4313	91822	11	2	94
北安市	Beian City	7193	416724	9	5	62
五大连池市	Wudalianchi City	8745	333026	11	7	96
嫩江市	Nenjiang County	15211	461154	14	9	148
五大连池风景区	Wudalianchi Scenic Spot	780	14412	1	1	3
北林区	Beilin	2754	808982	20	15	148
望奎县	Wangkui County	2316	442904	15	10	109
兰西县	Lanxi County	2484	482776	15	8	105
青冈县	Qinggang County	2680	443153	15	12	165
庆安县	Qingan County	5467	363261	14	8	93
明水县	Mingshui County	2297	331306	12	6	99
绥棱县	Suiling County	4311	291581	11	5	76
安达市	Anda City	3599	446609	14	11	116
肇东市	Zhaodong City	4323	854050	21	13	186
海伦市	Hailun City	4642	752776	23	14	243
漠河市	Mohe City	18428	69343	6	6	7
呼玛县	Huma County	14205	276116	8	2	54
塔河县	Tahe County	14064	71371	7	4	11
加格达奇区	Jiagedaqi District	1359	131740	2		8

附录　续表2　Continued

县、市名称	Name	地　区 生产总值 (万元) Gross Domestic Product (10000 yuan)	第一产业 Primary Industry	第二产业 Secondary Industry	第三产业 Tertiary Industry	地区生产总值指数 (上年=100) Indices of Gross Domestic Product (preceding year=100)	人均地区生产总值 (元) Per Capita GDP (yuan)
呼兰区	Hulan	1000244	368437	148725	483082	-4.7	
阿城区	Acheng	2316402	202964	404169	1709269	4.6	42650
双城区	Shuangcheng	2359977	1098915	358632	902430	0.9	30722
依兰县	Yilan County	1096007	260810	122949	712248	4.2	28942
方正县	Fangzheng County	623315	256563	78860	287892	6.7	28264
宾　县	Bin County	1757825	394561	190676	1172588	3.4	30920
巴彦县	Bayan County	1179948	414394	76499	689055	7.3	18324
木兰县	Mulan County	803533	242504	61207	499822	7.0	32340
通河县	Tonghe County	860809	311813	55157	493839	6.3	36700
延寿县	Yanshou County	640172	173032	76953	390187	7.5	26024
尚志市	Shangzhi City	1791746	607038	226613	958095	8.5	32118
五常市	Wuchang City	2812468	1028818	350114	1433536	5.7	31393
龙江县	Longjiang County	1145697	500445	299865	345387	9.3	19767
依安县	Yian County	712193	340528	75399	296266	6.3	15342
泰来县	Tailai County	610679	249854	97327	263498	6.5	20172
甘南县	Gannan County	855216	402312	167073	285831	6.2	22848
富裕县	Fuyu County	706058	316348	134280	255430	6.2	25280
克山县	Keshan County	646201	327608	40413	278180	5.3	14108
克东县	Kedong County	517755	159960	181826	175969	-6.1	18725
拜泉县	Baiquan County	619839	287335	61165	271339	3.3	11241
讷河市	Nehe City	1166290	496900	196605	472785	9.5	17166
梅里斯区	Meilisi Daur District	323470	16172	12704	79929	5.5	
鸡东县	Jidong County	855553	317995	143657	393901	5.8	31801
虎林市	Hulin City	1543194	1004666	139578	398950	6.0	56274
密山市	Mishan City	1375060	647989	121903	605168	4.2	35020
萝北县	Luobei County	957865	463154	103280	391431	3.2	44957
绥滨县	Suibin County	580917	363628	10498	206791	4.1	33059
集贤县	Jixian County	691202	295695	65999	329508	7.9	23549
友谊县	Youyi County	398796	175296	29838	193662	7.9	35619
宝清县	Baoqing County	1184237	768213	85392	330632	8.0	29531
饶河县	Raohe County	633557	433348	22923	177286	8.0	45822
肇州县	Zhaozhou County	1314996	504908	373793	436295	10.1	30669
肇源县	Zhaoyuan County	1033885	479495	152962	401428	5.1	23596
林甸县	Lindian County	618347	269099	83153	266095	7.0	24639
杜蒙自治县	Durbote Mongolia Autonomous County	1001238	416014	152113	433111	9.5	42741
大同区	Datong	723624	402203	84181	237240	6.2	34962

附录 续表3 Continued

县、市名称	Name	地区生产总值(万元) Gross Domestic Product (10000 yuan)	第一产业 Primary Industry	第二产业 Secondary Industry	第三产业 Tertiary Industry	地区生产总值指数(上年=100) Indices of Gross Domestic Product (preceding year=100)	人均地区生产总值(元) Per Capita GDP (yuan)
嘉荫县	Jiayin County	245731	133068	13000	99663	5.7	35035
汤旺县	Tangwang County	142268	93892	8771	39605	5.0	27457
丰林县	Fenglin County	225853	121402	29971	74480	4.6	23473
大箐山县	Daqingshan County	161551	89885	20455	51211	-3.7	18632
南岔县	Nancha County	173090	36124	37646	99320	5.6	15589
铁力市	Tieli City	801586	379005	188462	234119	5.5	27853
佳木斯郊区	Jiamusi Suburb						
桦南县	Huanan County	1085857	652663	108422	324772	3.5	26509
桦川县	Huachuan County	638103	412065	62067	163971	3.1	30057
汤原县	Tangyuan County	652384	358577	87638	206169	3.7	27087
同江市	Tongjiang City	1040368	636632	59703	344033	2.1	49859
富锦市	Fujin City	1404660	646942	149466	608252	2.1	31014
抚远市	Fuyuan City	758405	557441	10324	190639	3.0	60927
勃利县	Boli County	538858	159749	144165	234944	5.9	19083
林口县	Linkou County	687265	275247	64134	347883	4.6	20534
绥芬河市	Suifenhe City	546068	14028	79027	453012	3.0	78722
海林市	Hailin City	1143597	286195	262336	595065	4.7	31499
宁安市	Ningan City	1131942	558908	75149	497885	4.6	27622
穆棱市	Muling City	1189773	252863	446104	490806	10.3	44164
东宁市	Dongning City	714556	246370	161463	306723	3.7	35301
阳明区	Yangming	483676	79144	135572	268960	1.2	-
爱辉区	Aihui	358695	137561	59836	161298	7.3	39105
逊克县	Xunke County	382380	183302	84739	114339	4.8	40162
孙吴县	Sunwu County	218890	83251	12897	122742	6.7	26696
北安市	Beian City	1204787	317210	161211	726366	4.8	28781
五大连池市	Wudalianchi City	1037788	598815	79139	359835	5.0	33156
嫩江市	Nenjiang County	2243173	1128612	271558	843003	7.1	48457
五大连池风景区	Wudalianchi Scenic Spot	56975	12226	4508	40241	4.0	39533
北林区	Beilin	1950628	803615	252985	894028	3.5	24052
望奎县	Wangkui County	731918	377627	58975	295316	2.4	16490
兰西县	Lanxi County	715340	382978	45863	286499	1.0	14787
青冈县	Qinggang County	763637	429466	96476	237695	2.5	17184
庆安县	Qingan County	849102	484313	101520	263269	2.2	23289
明水县	Mingshui County	502695	289252	37054	176389	2.4	15137
绥棱县	Suiling County	508493	296189	22041	190263	2.1	17378
安达市	Anda City	1810299	388833	271140	1150326	7.0	40341
肇东市	Zhaodong City	2093144	896261	258340	938543	3.6	24437
海伦市	Hailun City	1200336	761620	39826	398890	1.3	15905
漠河市	Mohe City	328871	110027	101359	117486	5.3	470243
呼玛县	Huma County	166404	77566	8854	79984	5.3	37426
塔河县	Tahe County	211292	109126	13677	88489	5.2	29254
加格达奇区	Jiagedaqi District	402933	62152	26471	314310	3.1	29833

附录　续表4　Continued

单位：人　　　　(person)

县、市名称	Name	城镇非私营单位就业人数 Number of Employment In Urban Units (Excluding Private)	国有单位 State-owned Units	集体单位 Collective-owned Units	其他单位 Other	城镇非私营单位就业人员平均工资(元) Average wage of Employed Persons(yuan, Excluding Private)
呼兰区	Hulan	31166	15446	559	15161	70757
阿城区	Acheng	29310	16801	303	12206	63720
双城区	Shuangcheng	19806	15346	180	4280	68428
依兰县	Yilan County	14974	11140		3834	63872
方正县	Fangzheng County	11733	10389	219	1125	54397
宾县	Bin County	18062	13364		4698	59865
巴彦县	Bayan County	23510	19302	36	4172	58179
木兰县	Mulan County	9985	6505	30	3450	59242
通河县	Tonghe County	13958	10290	43	3625	53907
延寿县	Yanshou County	8678	8021	17	640	61377
尚志市	Shangzhi City	25804	21585	234	3985	53577
五常市	Wuchang City	25703	20523	982	4198	60283
龙江县	Longjiang County	16511	12474	61	3976	56328
依安县	Yian County	11805	9168	18	2619	54544
泰来县	Tailai County	12689	9169	141	3379	60971
甘南县	Gannan County	18564	16717	398	1449	46500
富裕县	Fuyu County	11689	7578	513	3598	57978
克山县	Keshan County	20472	17687		2785	48985
克东县	Kedong County	8988	7018		1970	51414
拜泉县	Baiquan County	11411	9454		1957	51191
讷河市	Nehe City	18038	12017		6021	54132
梅里斯区	Meilisi Daur District	3470	2921		549	80051
鸡东县	Jidong County	10098	7454	119	2525	54905
虎林市	Hulin City	25927	22005	38	3884	51538
密山市	Mishan City	17750	13725	56	3969	62272
萝北县	Luobei County	47389	40729	74	6586	40548
绥滨县	Suibin County	27904	26028	0	1876	35583
集贤县	Jixian County	14871	11266	44	3561	54381
友谊县	Youyi County	23512	21553		1959	40361
宝清县	Baoqing County	19313	15871	15	3427	54951
饶河县	Raohe County	16236	14654	52	1530	46826
肇州县	Zhaozhou County	12031	9805	80	2146	57584
肇源县	Zhaoyuan County	12332	10132		2200	68945
林甸县	Lindian County	7694	6992		702	64103
杜蒙自治县	Durbote Mongolia Autonomous County	9535	7512		2023	65330
大同区	Datong	7688	5330	899	1459	90642

附录 续表5 Continued

单位：人 (person)

县、市名称	Name	城镇非私营单位就业人数 Number of Employment In Urban Units (Excluding Private)	国有单位 State-owned Units	集体单位 Collective-owned Units	其他单位 Other	城镇非私营单位就业人员平均工资(元) Average wage of Employed Persons(yuan, Excluding Private)
嘉荫县	Jiayin County	5865	5456		409	62938
汤旺县	Tangwang County	9157	8947		210	36005
丰林县	Fenglin County	17160	16521		639	32693
大箐山县	Daqingshan County	5474	5315		159	34982
南岔县	Nancha County	9641	8671	40	930	40662
铁力市	Tieli City	39759	37182	221	2356	34037
佳木斯郊区	Jiamusi Suburb	22445	18766	16	3663	62953
桦南县	Huanan County	22252	17967	447	3838	44015
桦川县	Huachuan County	15201	13371	9	1821	38191
汤原县	Tangyuan County	16571	12394	26	4151	42348
同江市	Tongjiang City	36496	35423		1073	41542
富锦市	Fujin City	32352	24308	1343	6701	55199
抚远市	Fuyuan City	17678	17038		640	45802
勃利县	Boli County	13390	10183	83	3119	51751
林口县	Linkou County	13877	12354	60	1463	53670
绥芬河市	Suifenhe City	8510	5525	92	2893	68359
海林市	Hailin City	23983	20464	31	3488	53100
宁安市	Ningan City	24449	21488	404	2557	60462
穆棱市	Muling City	16514	14494	125	1895	54483
东宁市	Dongning City	14276	12390	149	1737	63243
阳明区	Yangming	7323	2330	116	4877	62652
爱辉区	Aihui	15020	9280	43	5697	56587
逊克县	Xunke County	13346	12814	162	370	39684
孙吴县	Sunwu County	7535	6252	347	936	55762
北安市	Beian City	44922	40523	109	4290	46317
五大连池市	Wudalianchi City	38068	22279	226	15563	37606
嫩江市	Nenjiang County	23705	16802	88	6815	60388
五大连池风景区	Wudalianchi Scenic Spot	2781	2351		430	46873
北林区	Beilin	22030	12647	107	9276	61051
望奎县	Wangkui County	14715	11184	22	3509	52465
兰西县	Lanxi County	12730	10046	20	2664	59370
青冈县	Qinggang County	16312	10110	372	5830	57476
庆安县	Qingan County	16974	12448	88	4438	56172
明水县	Mingshui County	13384	11495	59	1830	60231
绥棱县	Suiling County	17444	16003	61	1380	44442
安达市	Anda City	21103	13793	68	7242	60257
肇东市	Zhaodong City	32466	22220	25	10221	55006
海伦市	Hailun City	22915	17359	165	5391	46013
漠河市	Mohe City	16802	15998		804	43432
呼玛县	Huma County	6341	5912	38	391	62050
塔河县	Tahe County	13159	12730		429	42538
加格达奇区	Jiagedaqi District	22055	16479	28	5548	70215

附录　续表6　Continued

单位：万元　(10000 yuan)

县、市名称	Name	农林牧渔业总产值 Gross Output Value of Farming, Forestry, Animal Husbandry and Fishery 合计 Total	#农业 Farming	#林业 Forestry	#牧业 Animal Husbandry	#渔业 Fishery	化肥施用折纯量(吨) Consumption of Chemical Fertilizers (ton, Converting the gross weight into weight containing 100% effective component)	农村用电量(万千瓦时) Electricity Consumed in Rural Areas (10000 kwh)	农用机械总动力(万千瓦) Total Agricultural Machinery Power (10000 kw)
呼兰区	Hulan	674233	460176	14587	165599	17325	35369	10386	64.6
阿城区	Acheng	421544	203262	4492	172000	11060	17109	19242	50.3
双城区	Shuangcheng	2146526	1274302	10903	711025	34140	66492	30164	92.0
依兰县	Yilan County	463636	369844	17181	46872	6598	20140	13987	76.7
方正县	Fangzheng County	450947	327470	30844	67968	19605	13490	6942	74.0
宾县	Bin County	808237	311652	26044	457902	8371	60224	11985	111.0
巴彦县	Bayan County	847566	432216	3533	327896	25687	40348	14099	148.0
木兰县	Mulan County	457995	300113	11527	111409	10910	17288	5288	78.5
通河县	Tonghe County	545184	424396	47620	45697	9976	14272	9762	98.9
延寿县	Yanshou County	323999	216941	7984	75203	7983	26440	11984	52.9
尚志市	Shangzhi City	1067144	802696	54989	175696	18642	29775	16013	83.0
五常市	Wuchang City	1890800	1313340	87408	361046	45510	51993	29266	167.9
龙江县	Longjiang County	1007168	456117	16668	517536	15082	36676	16432	180.8
依安县	Yian County	656961	369091	21024	251704	6798	21753	6920	68.3
泰来县	Tailai County	471772	280314	7039	158798	22329	45593	12476	86.8
甘南县	Gannan County	765075	453514	3262	297736	8672	39187	13997	77.4
富裕县	Fuyu County	620195	313911	3995	280192	21713	30672	7518	56.1
克山县	Keshan County	637221	367476	2224	243958	8575	25309	6482	71.3
克东县	Kedong County	328554	132608	6429	182752	6300	10190	3991	59.3
拜泉县	Baiquan County	543511	327360	22869	176025	9360	34785	9808	78.5
讷河市	Nehe City	965736	530782	10361	399609	15243	36820	13048	120.1
梅里斯区	Meilisi Daur District	308489	205012	3047	87241	3405	56029	4513	60.0
鸡东县	Jidong County	591775	366133	16353	189433	11480	10818	13873	57.4
虎林市	Hulin City	1694313	1463196	55647	122561	30779	110733	17440	98.2
密山市	Mishan City	1156280	851304	12216	221220	45819	61203	14964	101.5
萝北县	Luobei County	905377	530017	13492	290806	3930	18682	1673	38.9
绥滨县	Suibin County	695536	513593	2730	88700	18003	19475	3050	66.8
集贤县	Jixian County	364917	217537	5250	132971	4298	34994	15524	70.0
友谊县	Youyi County	304246	253967	683	48537	1059	22419	14026	3.9
宝清县	Baoqing County	1377267	980159	33797	294848	24463	70253	16154	99.1
饶河县	Raohe County	1170106	993374	45008	97937	10960	57085	7371	37.7
肇州县	Zhaozhou County	1054774	396535	6667	641139	6200	34323	4597	70.9
肇源县	Zhaoyuan County	930607	484803	11737	375703	54763	23338	13610	56.3
林甸县	Lindian County	546627	235717	8726	278169	19014	21890	10786	107.3
杜蒙自治县	Durbote Mongolia Autonomous County	882151	275423	5216	510845	81911	24322	9441	84.8
大同区	Datong	790394	407846	30000	308195	29076	19165	4094	41.8

附录 续表7 Continued

单位：万元 (10000 yuan)

县、市名称	Name	农林牧渔业总产值 Gross Output Value of Farming, Forestry, Animal Husbandry and Fishery					化肥施用折纯量(吨) Consumption of Chemical Fertilizers (ton, Converting the gross weight into weight containing 100% effective component)	农村用电量(万千瓦时) Electricity Consumed in Rural Areas (10000 kwh)	农用机械总动力(万千瓦) Total Agricultural Machinery Power (10000 kw)
		合 计 Total	#农业 Farming	#林业 Forestry	#牧业 Animal Husbandry	#渔业 Fishery			
嘉 荫 县	Jiayin County	217833	189795	3126	16161	1880	10067	1185	19.3
汤 旺 县	Tangwang County	159172	80219	70550	8272	131	189	33	
丰 林 县	Fenglin County	199579	142087	37036	20119	337	977	7	
大箐山县	Daqingshan County	159461	64407	62689	31286	439	394	85	
南 岔 县	Nancha County	59933	41657	10799	7036	203	866	3697	
铁 力 市	Tieli City	668097	383304	39083	235340	3570	11887	2991	47.8
佳木斯郊区	Jiamusi Suburb	620443	303397	10813	298391	7379	17728	14660	
桦 南 县	Huanan County	1222028	634841	98700	452707	30902	48977	8547	111.1
桦 川 县	Huachuan County	685275	506434	3319	150332	19590	35968	15659	81.0
汤 原 县	Tangyuan County	704827	462976	20135	190445	12480	18862	5500	61.0
同 江 市	Tongjiang City	1080088	991785	4131	36693	18424	77463	21165	64.4
富 锦 市	Fujin City	1084881	957835	3567	91284	14345	90379	29683	141.3
抚 远 市	Fuyuan City	929600	848312	5086	22034	33636	35112	13092	71.1
勃 利 县	Boli County	329119	178710	32540	99226	5538	22805	8734	47.6
林 口 县	Linkou County	492109	350797	2549	129683	2837	19305	7248	65.9
绥芬河市	Suifenhe City	26931	15237	23	9809	362	373	320	4.3
海 林 市	Hailin City	494233	396923	11758	72093	2781	14419	7739	42.4
宁 安 市	Ningan City	1027883	718025	8277	241523	12371	25575	13350	93.8
穆 棱 市	Muling City	463777	330901	14935	89188	4698	12132	4198	34.3
东 宁 市	Dongning City	444011	371403	2177	24964	2787	9520	9423	54.0
阳 明 区	Yangming	148390	91879	237	52524	780	5179	4706	
爱 辉 区	Aihui	262279	166539	24789	54610	5970			
逊 克 县	Xunke County	362625	265450	9783	42150	6377	23845	1901	55.8
孙 吴 县	Sunwu County	150318	118047	8595	20436	487	8935	1149	49.8
北 安 市	Beian City	597863	433698	31020	92839	10060	30880	3977	52.9
五大连池市	Wudalianchi City	1136216	685781	251657	122388	18500	24381	8891	42.0
嫩 江 市	Nenjiang County	2116997	1715386	20816	235179	5560	33158	6081	93.8
五大连池风景区	Wudalianchi Scenic Spot	22914	14339	740	3911	3352	1423	162	3.3
北 林 区	Beilin	1598764	746932	8145	771849	62664	32082	19077	130.6
望 奎 县	Wangkui County	747501	357679	1800	376983	10339	27852	6580	50.1
兰 西 县	Lanxi County	715540	397118	5240	300442	11175	41979	31568	55.0
青 冈 县	Qinggang County	833425	445821	4571	361351	13107	27888	17623	64.9
庆 安 县	Qingan County	837837	623276	17899	155708	23288	18622	17286	66.1
明 水 县	Mingshui County	552420	281950	6521	252606	9054	13088	7324	83.9
绥 棱 县	Suiling County	486444	410570	13051	38317	19044	19824	19116	72.4
安 达 市	Anda City	777884	360082	2856	379845	23670	22346	14040	65.9
肇 东 市	Zhaodong City	1807567	743593	6251	980986	72890	69629	24033	67.0
海 伦 市	Hailun City	1194179	973319	15121	195364	7057	57457	15238	123.7
漠 河 市	Mohe City	228940	67796	102050	37622	375	170	857	2.6
呼 玛 县	Huma County	140137	96540	24980	10535	1130	4712	657	25.3
塔 河 县	Tahe County	209615	38613	150960	13655	411	109	395	3.1
加格达奇区	Jiagedaqi District	47077	29838	2027	12515	787	1107	108	4.9

附录　续表8 Continued

单位：公顷 (hectare)

县、市名称	Name	主要农作物播种面积 Sown Areas of Main Farm Crops				
		粮　食 Grain Crops	#谷物 Cereal	#大豆 Soja	油　料 Oil-bearing Crops	甜　菜 Beetroots
呼 兰 区	Hulan	134300	123205	3357	1	47
阿 城 区	Acheng	77353	74058	3124		
双 城 区	Shuangcheng	209474	203709	3084	1555	
依 兰 县	Yilan County	217616	189633	24600	41	
方 正 县	Fangzheng County	69600	57286	11999	1	
宾　县	Bin County	160992	147078	10881	3	
巴 彦 县	Bayan County	215554	167226	43125		
木 兰 县	Mulan County	116723	90917	25760		
通 河 县	Tonghe County	115851	96897	18620	5	
延 寿 县	Yanshou County	114749	96475	17770	133	
尚 志 市	Shangzhi City	170705	98411	65674	533	
五 常 市	Wuchang City	269455	257862	11193		
龙 江 县	Longjiang County	316297	300322	8770	149	46
依 安 县	Yian County	276052	165325	88222	27	6707
泰 来 县	Tailai County	174671	162586	8324	719	57
甘 南 县	Gannan County	304443	243424	47620	2021	40
富 裕 县	Fuyu County	171180	145943	16046		600
克 山 县	Keshan County	226523	97206	116661		312
克 东 县	Kedong County	117540	43702	70656		30
拜 泉 县	Baiquan County	238621	70214	161967	196	116
讷 河 市	Nehe City	406020	229176	162376		392
梅里斯区	Meilisi Daur District	89219	82141	7078	518	266
鸡 东 县	Jidong County	113704	100446	12775	781	
虎 林 市	Hulin City	448072	368793	76274	482	
密 山 市	Mishan City	319957	292115	27449	41	
萝 北 县	Luobei County	247752	188822	58354	1	
绥 滨 县	Suibin County	201873	177237	22729	33	
集 贤 县	Jixian County	150006	138201	11107	27	
友 谊 县	Youyi County	120890	103654	17235	11	
宝 清 县	Baoqing County	353161	219569	133223	670	
饶 河 县	Raohe County	298272	228332	68477	216	
肇 州 县	Zhaozhou County	133186	128822	3839	327	
肇 源 县	Zhaoyuan County	159918	147947	9631	9738	
林 甸 县	Lindian County	154052	89770	32405	16	89
杜蒙自治县	Durbote Mongolia Autonomous County	140449	124464	8786	5691	28
大 同 区	Datong	76032	65954	7576		

附录 续表9 Continued

单位：公顷 (hectare)

县、市名称	Name	主要农作物播种面积 Sown Areas of Main Farm Crops				
		粮食 Grain Crops	#谷物 Cereal	#大豆 Soja	油料 Oil-bearing Crops	甜菜 Beetroots
嘉荫县	Jiayin County	94580	26611	65330	15	
汤旺县	Tangwang County	6749	187	6562		
丰林县	Fenglin County					
大箐山县	Daqingshan County				217	
南岔县	Nancha County	15926	1976	13752	17	
铁力市	Tieli City	117484	66278	46063	7	
佳木斯郊区	Jiamusi Suburb	35207	995	12810	1362	
桦南县	Huanan County	227711	151991	75487	453	
桦川县	Huachuan County	145780	127253	17807		
汤原县	Tangyuan County	134602	117849	16017		
同江市	Tongjiang City	411855	326997	84748		
富锦市	Fujin City	531135	401230	129433	15	
抚远市	Fuyuan City	293736	254793	38942		
勃利县	Boli County	101903	94342	5893	118	
林口县	Linkou County	148495	75038	61223	4803	
绥芬河市	Suifenhe City	2792	1072	768	136	1
海林市	Hailin City	92697	62612	28725	1238	
宁安市	Ningan City	146080	114662	17353	2125	
穆棱市	Muling City	126322	55943	68104	7997	
东宁市	Dongning City	53987	26344	26613	4030	
阳明区	Yangming					
爱辉区	Aihui	142820	26602	106511	227	
逊克县	Xunke County	204398	64044	129740	49	
孙吴县	Sunwu County	104673	14465	80635	200	
北安市	Beian City	316279	88958	224661	662	31
五大连池市	Wudalianchi City	398446	91451	301542		
嫩江市	Nenjiang County	649527	140173	503274	122	
五大连池风景区	Wudalianchi Scenic Spot	12121	2694	7936		
北林区	Beilin	197111	147743	34614		
望奎县	Wangkui County	169301	110908	42737		
兰西县	Lanxi County	159319	149127	9298	256	
青冈县	Qinggang County	164410	142646	21686	7	
庆安县	Qingan County	184450	134165	36845		4
明水县	Mingshui County	137331	79791	48793		
绥棱县	Suiling County	146550	74006	70134		
安达市	Anda City	130894	112455	14789	33	67
肇东市	Zhaodong City	235110	221577	8630	200	
海伦市	Hailun City	316290	102033	207928	9	
漠河市	Mohe City	3153	62	2922		
呼玛县	Huma County	74742	4585	69871	36	
塔河县	Tahe County	6890	141	6701		
加格达奇区	Jiagedaqi District					

注：主要农作物播种面积，汤旺县数据取自汤旺县农业农村局，南岔县数据取自农业年报。

a) About main crops sown area, the data of Tangwang county are from the agricultural and Rural Bureau of Tangwang County, the data of Nancha county are from the agricultural annual report.

附录　续表10　Continued

县、市名称	Name	主要农作物产量(吨) Yield of Main Farm Crops (ton)					水产品产量(吨) Aquatic Products (ton)
		粮食 Grain Crops	#谷物 Cereal	#大豆 Soja	油料 Oil-bearing Crops	甜菜 Beetroots	
呼兰区	Hulan	1007530	954108	6151	4	2069	4752
阿城区	Acheng	521083	516417	4210			7601
双城区	Shuangcheng	1618003	1606637	4642	5906		11950
依兰县	Yilan County	1411500	1351023	48808	65		7309
方正县	Fangzheng County	373673	353077	19956	2		9987
宾　县	Bin County	1019821	984091	19841	6		8644
巴彦县	Bayan County	1307479	1190489	84398			19874
木兰县	Mulan County	647696	602679	44729			7823
通河县	Tonghe County	641662	607541	33551	10		7764
延寿县	Yanshou County	581360	548967	31269	120		5023
尚志市	Shangzhi City	807357	674669	119177	1762		11979
五常市	Wuchang City	1751250	1729642	19642			9651
龙江县	Longjiang County	2176519	2152197	15632	172	900	7970
依安县	Yian County	1359756	1100527	127158	52	352097	2404
泰来县	Tailai County	934765	914490	14285	1709	3078	14155
甘南县	Gannan County	1594343	1513822	66277	2620	30	6866
富裕县	Fuyu County	959589	914078	26885		21660	7736
克山县	Keshan County	783143	555786	161052		7534	2775
克东县	Kedong County	365724	259982	99350		88	2966
拜泉县	Baiquan County	720235	470757	238472	284	3275	5109
讷河市	Nehe City	1890683	1541278	294750		13237	9121
梅里斯区	Meilisi Daur District	790500	772000	13500	1105	6465	2350
鸡东县	Jidong County	771749	741926	28420	1287		6620
虎林市	Hulin City	2797933	2637128	155004	195		9513
密山市	Mishan City	2050643	1996596	52682	160		27283
萝北县	Luobei County	1474163	1362040	110977			1571
绥滨县	Suibin County	1249570	1212093	33845	49		7048
集贤县	Jixian County	882205	856931	22094			2722
友谊县	Youyi County	877887	845571	32316	16		
宝清县	Baoqing County	1918321	1645633	271737	908		7481
饶河县	Raohe County	1777726	1637762	136806	129		1806
肇州县	Zhaozhou County	1043701	1033772	8439	1154		10485
肇源县	Zhaoyuan County	1136739	1109292	20142	29167		26709
林甸县	Lindian County	804332	699989	58295	4	1328	12086
杜蒙自治县	Durbote Mongolia Autonomous County	835873	802799	17641	22237	1470	35647
大同区	Datong	500740	487381	9818			10000

附录 续表11 Continued

县、市名称	Name	主要农作物产量(吨) Yield of Main Farm Crops (ton)					水产品产量(吨) Aquatic Products (ton)
		粮食 Grain Crops	#谷物 Cereal	#大豆 Soja	油料 Oil-bearing Crops	甜菜 Beetroots	
嘉荫县	Jiayin County	272658	160619	106976	22		759
汤旺县	Tangwang County	8943	903	8040			2981
丰林县	Fenglin County						
大箐山县	Daqingshan County				334		
南岔县	Nancha County	36750	13151	21452	13		
铁力市	Tieli City	482430	396360	74837	12		989
佳木斯郊区	Jiamusi Suburb	642613	620707	15587			9320
桦南县	Huanan County	1221227	1067962	152562	680		8710
桦川县	Huachuan County	924430	888249	33672			7885
汤原县	Tangyuan County	917222	881488	33631			5761
同江市	Tongjiang City	2310669	2187359	123226			14639
富锦市	Fujin City	3082172	2850562	230551	18		12027
抚远市	Fuyuan City	1714957	1682930	32025			2395
勃利县	Boli County	502000	488894	9940	299		2579
林口县	Linkou County	578596	432362	105029	6557		1911
绥芬河市	Suifenhe City	10376	5498	1348	218	52	206
海林市	Hailin City	465108	419373	42337	1384		1607
宁安市	Ningan City	965519	859390	30708	3149		7827
穆棱市	Muling City	468351	347067	115207	12712		2674
东宁市	Dongning City	185069	141130	40521	6341		1273
阳明区	Yangming	165736	6725	23692	1709		1088
爱辉区	Aihui	403922	155000	226479	202		2201
逊克县	Xunke County	580468	327961	226566	17		3957
孙吴县	Sunwu County	239161	78455	140113	210		647
北安市	Beian City	1129770	651958	470196	791	462	3952
五大连池市	Wudalianchi City	1199759	622482	563106			3563
嫩江市	Nenjiang County	1616816	680269	924284	144		1146
五大连池风景区	Wudalianchi Scenic Spot	29014	11695	14863			1180
北林区	Beilin	1304609	1187598	56618			33334
望奎县	Wangkui County	1110299	938781	74650			10484
兰西县	Lanxi County	1004965	984865	14775	1980		10060
青冈县	Qinggang County	1199847	1156535	42907	21		9545
庆安县	Qingan County	1184758	1054688	62245		154	14594
明水县	Mingshui County	654566	549938	82003			6318
绥棱县	Suiling County	685300	543609	133630			10674
安达市	Anda City	961701	915254	23553	75	233	18764
肇东市	Zhaodong City	1751770	1724082	15548	497		43992
海伦市	Hailun City	1214616	726178	459713	22		13290
漠河市	Mohe City	5434	149	4527			265
呼玛县	Huma County	127423	22039	104860	108		506
塔河县	Tahe County	10850	420	10199			387
加格达奇区	Jiagedaqi District						617

注：主要农作物产量，汤旺县数据取自汤旺县农业农村局，南岔县数据取自农业年报。

a) The main crop yield data of Tangwang County are obtained from the Agricultural and rural Bureau of Tangwang County, and the data of Nancha County are obtained from the agricultural Annual report.

附录　续表12　Continued

单位：万元　　(10000 yuan)

县、市名称	Name	全年主营业务收入2000万元及以上的工业企业 Industrial Enterprises with Annual Revenue From Principal Business over 20 Million Yuan								
		企业单位数（个） Number of Enterprises (unit)	#亏损企业 Losses	工业总产值 Total Industrial Output Value	资产合计 Total Assets	流动资产合计 Total Current Assets	固定资产净额 Net Fixed Assets	负债合计 Total Liabilities	营业收入 Revenue from Principal Business	利润总额 Total Profits
呼兰区	Hulan	86	20	1806538	2170064	1076871	729739	1374861	1735143	100111
阿城区	Acheng	70	24	1039156	1837352	880728	725342	1167390	1020538	24874
双城区	Shuangcheng	53	15	1306499	1455350	866867	377058	808408	1201315	89168
依兰县	Yilan County	20	8	147325	452400	137403	281286	391163	179072	25105
方正县	Fangzheng County	38	11	298625	434609	286350	139013	290149	419884	10443
宾县	Bin County	57	16	937797	1772847	852380	416159	1202814	872485	32101
巴彦县	Bayan County	27	9	535476	397732	182636	134230	192442	569580	22104
木兰县	Mulan County	24	4	106817	154696	50429	85877	102344	97842	317
通河县	Tonghe County	18	1	140756	200252	84106	82979	161859	171705	10019
延寿县	Yanshou County	39	2	347806	300531	189525	64541	186515	382286	12757
尚志市	Shangzhi City	32	14	312356	438306	206842	169771	317072	342544	-13739
五常市	Wuchang City	104	22	1231254	1112554	649081	293794	632503	1241720	72879
龙江县	Longjiang County	20	3	647979	645144	250984	334059	361570	683641	187082
依安县	Yian County	20	8	321963	348454	163290	131430	234338	272415	13947
泰来县	Tailai County	25	6	155417	449099	189135	218376	297891	324868	75984
甘南县	Gannan County	36	16	509072	787682	586932	166701	278287	563710	117109
富裕县	Fuyu County	19	4	272308	377130	168009	177937	188587	274732	22535
克山县	Keshan County	16	5	102993	200271	97002	80346	144928	97712	-2391
克东县	Kedong County	15	8	806448	1724820	1413088	78510	877022	1496869	420716
拜泉县	Baiquan County	12	2	150443	144971	47183	69775	94874	141561	8764
讷河市	Nehe City	29	10	618293	791081	419877	158685	460715	574591	1839
梅里斯区	Meilisi Daur District	5	3	95423	78798	38536	8893	50277	109874	10042
鸡东县	Jidong County	24	7	401287	448374	169056	120138	267967	304580	1881
虎林市	Hulin City	47	5	622666	1366050	960127	238786	663661	782580	36516
密山市	Mishan City	45	8	331434	638364	264095	303564	399358	379439	8497
萝北县	Luobei County	39	7	455909	624090	321591	178075	382007	501567	23126
绥滨县	Suibin County	8	5	52098	187151	76358	91002	139001	57701	-99
集贤县	Jixian County	32	4	521241	847846	492043	236784	871584	503094	-31391
友谊县	Youyi County	17	5	211422	229869	84080	126999	189569	222654	-3031
宝清县	Baoqing County	39	5	1065834	728095	300718	121587	437675	1002494	12681
饶河县	Raohe County	11	3	61267	101456	38069	56906	80636	72557	835
肇州县	Zhaozhou County	48	5	2594723	1546620	299555	563469	361234	2569944	165353
肇源县	Zhaoyuan County	82	2	941845	580862	334201	186923	400038	848794	43014
林甸县	Lindian County	20	3	306003	311093	141106	118046	143483	326221	31278
杜蒙自治县	Durbote Mongolia Autonomous County	39	13	558639	1350222	449988	692128	1018931	643131	22673
大同区	Datong	28	7	457885	1258684	376929	473293	1054057	658795	2899

附录 续表13 Continued

单位：万元 (10000 yuan)

县、市名称	Name	全年主营业务收入2000万元及以上的工业企业 Industrial Enterprises with Annual Revenue From Principal Business over 20 Million Yuan								
		企业单位数（个）Number of Enterprises (unit)	#亏损企业 Losses	工业总产值 Total Industrial Output Value	资产合计 Total Assets	流动资产合计 Total Current Assets	固定资产净额 Net Fixed Assets	负债合计 Total Liabilities	营业收入 Revenue from Principal Business	利润总额 Total Profits
嘉荫县	Jiayin County	3	1	14445	62789	26590	28251	27585	12770	305
汤旺县	Tangwang County	2	1	6960	30942	6247	21918	30066	5369	-6849
丰林县	Fenglin County	10	2	38331	106331	41260	32175	51003	36253	4046
大箐山县	Daqingshan County	4		23928	103655	31949	61746	41077	23916	7845
南岔县	Nancha County	6	1	66767	236231	73685	97479	155034	63776	2050
铁力市	Tieli City	16	4	317329	530380	146907	253718	362026	345837	102786
佳木斯郊区	Jiamusi Suburb	35	7	315546	437911	201800	193827	289682	332957	8080
桦南县	Huanan County	29	10	231800	509766	174134	236228	331757	216025	12671
桦川县	Huachuan County	34	10	283145	417140	141738	150089	215636	257569	9415
汤原县	Tangyuan County	19	3	119716	229151	96237	107156	140258	142370	5506
同江市	Tongjiang City	26	5	186158	380895	122003	202726	282064	185517	12556
富锦市	Fujin City	57	12	910367	918084	399687	440871	617339	905894	30012
抚远市	Fuyuan City	7	3	41739	128682	61275	58183	103038	48303	1876
勃利县	Boli County	17	5	339153	584470	349380	130399	336610	340031	3370
林口县	Linkou County	13	9	56748	142068	47685	77096	108894	101123	-3505
绥芬河市	Suifenhe City	56	14	279797	222217	153478	43058	194039	209561	-3130
海林市	Hailin City	36	14	209657	609425	270475	172474	452673	167177	-166
宁安市	Ningan City	26	4	154167	245689	89470	106678	205157	147403	4916
穆棱市	Muling City	30	7	204868	378970	186062	147674	289136	183210	1685
东宁市	Dongning City	27	7	206595	217605	86356	122294	145135	206814	27479
阳明区	Yangming	41	9	818910	1395212	578269	773031	810188	803632	5479
爱辉区	Aihui	29	8	352406	647815	283122	196099	443720	358988	26348
逊克县	Xunke County	8	3	128504	439442	103972	107738	248558	128267	74071
孙吴县	Sunwu County	8		41938	73999	29896	34110	52192	39951	765
北安市	Beian City	35	4	443185	685274	291725	174159	515643	426281	1679
五大连池市	Wudalianchi City	13	3	64469	193476	141100	44017	162589	64918	-1949
嫩江市	Nenjiang County	19	5	457310	1027974	298712	330229	575274	491661	96534
五大连池风景区	Wudalianchi Scenic Spot	2		4572	12658	3145	5506	6145	4657	219
北林区	Beilin	101	27	1379029	2120459	925627	950758	1516144	1374184	32952
望奎县	Wangkui County	16	2	281487	187974	78327	74562	139110	273828	19302
兰西县	Lanxi County	15	4	109747	172290	70670	66500	136893	107853	-1969
青冈县	Qinggang County	27	6	800837	777588	353019	345432	450693	821040	31969
庆安县	Qingan County	37	3	607325	565789	287209	231118	330078	565118	23831
明水县	Mingshui County	9	1	89423	181004	94302	70821	106329	80153	5835
绥棱县	Suiling County	14	4	57603	72056	31585	37721	75010	63185	533
安达市	Anda City	43	6	814411	1585458	695390	600591	1144981	964364	35249
肇东市	Zhaodong City	38	12	1416186	1222234	727265	320096	805587	1429149	52667
海伦市	Hailun City	25	6	217212	219726	89647	112609	142091	208823	9406
漠河市	Mohe City	7	1	166662	268347	182976	74991	195826	171494	28727
呼玛县	Huma County	1	1	3336	28931	-13147	17854	6165	25497	-779
塔河县	Tahe County	3	1	18578	53104	35671	5885	19704	18134	5331
加格达奇区	Jiagedaqi District	5	2	77879	375917	260431	13536	354699	53574	-6073

附录　续表14 Continued

单位：万元　　　　(10000 yuan)

县、市名称	Name	全年主营业务收入2000万元及以上的国有控股工业企业 State-holding Industrial Enterprises with Annual Revenue From Principal Business over 20 Million Yuan								
		企业单位数（个） Number of Enterprises (unit)	#亏损企业 Losses	工业总产值 Total Industrial Output Value	资产合计 Total Assets	流动资产合计 Total Current Assets	固定资产净额 Net Fixed Assets	负债合计 Total Liabilities	营业收入 Revenue from Principal Business	利润总额 Total Profits
呼 兰 区	Hulan	6	2	248633	466626	44154	367241	427892	252604	1992
阿 城 区	Acheng	12	3	144935	342649	85973	180797	248131	141513	7441
双 城 区	Shuangcheng	2	2	33053	47559	14226	30817	42961	33939	-275
依 兰 县	Yilan County	6	1	69455	315773	78172	228238	272497	92085	33441
方 正 县	Fangzheng County	5	3	28345	96533	21990	73044	66549	32656	5142
宾　　县	Bin County	7	1	156406	377981	128220	169719	302475	160902	-9338
巴 彦 县	Bayan County	3	1	44976	104216	17383	55684	87576	44037	4446
木 兰 县	Mulan County	1		9162	22248	1740	18024	26359	9169	434
通 河 县	Tonghe County	4	1	26656	90472	25383	46015	73601	50958	2618
延 寿 县	Yanshou County	1	1	14806	24762	4060	19367	25223	14815	-314
尚 志 市	Shangzhi City	3	2	43437	69271	28215	34725	61592	64296	-1039
五 常 市	Wuchang City	3	2	95596	89665	20677	61633	82717	91890	1552
龙 江 县	Longjiang County	6	1	272520	406787	126598	261175	233586	276014	9237
依 安 县	Yian County	2	2	16333	34164	3132	27131	38852	16030	-1497
泰 来 县	Tailai County	5	2	39769	144188	37154	99372	115844	44274	1063
甘 南 县	Gannan County	3	2	27963	74400	24996	48214	75518	52375	431
富 裕 县	Fuyu County	4	2	142907	225569	101851	113859	100898	149700	18945
克 山 县	Keshan County	3	1	21358	45621	13801	31135	37963	26679	-1269
克 东 县	Kedong County	2	1	13625	35169	6991	13153	33979	18020	-173
拜 泉 县	Baiquan County	1		13709	22979	1691	17249	30146	13709	90
讷 河 市	Nehe City	3	2	30038	81783	25162	26529	66601	33582	-2540
梅里斯区	Meilisi Daur District	1		81240	19387	16474	2150	10413	90163	6754
鸡 东 县	Jidong County	3	1	34109	59940	24857	32401	45759	25905	-1512
虎 林 市	Hulin City	5		195847	299611	153458	125793	187121	312979	11202
密 山 市	Mishan City	7	1	67925	279684	41700	203958	168387	58266	6482
萝 北 县	Luobei County	5	1	71734	165220	43500	67509	115166	70263	4850
绥 滨 县	Suibin County	2	1	11009	92334	30789	47045	79656	11607	-117
集 贤 县	Jixian County	2	1	16603	61064	10446	49160	44880	22923	1973
友 谊 县	Youyi County	5	3	51022	122623	21682	94560	137581	51022	-3519
宝 清 县	Baoqing County	2	2	38234	78225	31617	34374	82774	38234	-6543
饶 河 县	Raohe County	2		11301	41582	7493	29545	29646	11462	2309
肇 州 县	Zhaozhou County	1		20253	37540	5606	31751	42453	20294	265
肇 源 县	Zhaoyuan County	3	2	73972	135249	49406	54072	126031	74728	-1817
林 甸 县	Lindian County	2	1	27018	118370	26110	87625	101560	27312	2285
杜蒙自治县	Durbote Mongolia Autonomous County	2	1	28764	91947	17429	65450	92343	28774	-561
大 同 区	Datong	8	2	239073	952488	229281	364361	826515	436468	1783

附录 续表15 Continued

单位: 万元 (10000 yuan)

县、市名称	Name	全年主营业务收入2000万元及以上的国有控股工业企业 State-holding Industrial Enterprises with Annual Revenue From Principal Business over 20 Million Yuan								
		企业单位数(个) Number of Enterprises (unit)	#亏损企业 Losses	工业总产值 Total Industrial Output Value	资产合计 Total Assets	流动资产合计 Total Current Assets	固定资产净额 Net Fixed Assets	负债合计 Total Liabilities	营业收入 Revenue from Principal Business	利润总额 Total Profits
嘉荫县	Jiayin County									
汤旺县	Tangwang County	1	1	3459	26839	4055	19601	28166	2675	-7091
丰林县	Fenglin County	4	1	16370	73365	24312	25104	43085	14926	2872
大箐山县	Daqingshan County	3		20712	99618	31778	57881	38040	20699	7147
南岔县	Nancha County	1	1	35885	191925	58308	83553	125862	33077	-205
铁力市	Tieli City	3		250378	346374	18186	227118	220739	270215	99836
佳木斯郊区	Jiamusi Suburb	2		20881	39399	3411	35897	38514	21349	1497
桦南县	Huanan County	4	1	45281	223554	46965	140872	159002	45281	9094
桦川县	Huachuan County	4	2	48070	226174	33123	127958	121655	46509	6847
汤原县	Tangyuan County	6	2	46693	109080	42953	56895	79811	62313	2720
同江市	Tongjiang City	3		41628	239879	57746	154857	191283	41611	11435
富锦市	Fujin City	11	2	401962	549131	191787	335129	429227	390989	12296
抚远市	Fuyuan City	3	1	14799	51224	9630	35686	37950	14890	2203
勃利县	Boli County	1		8070	16432	401	14893	21055	8094	480
林口县	Linkou County	3	2	20737	71657	9808	49046	59814	15171	-281
绥芬河市	Suifenhe City									
海林市	Hailin City	4	1	21958	120996	32443	86633	79468	21981	3140
宁安市	Ningan City	4	1	28485	92424	16117	65848	92975	24560	514
穆棱市	Muling City	4	1	30823	98702	20294	73357	93107	26374	-1824
东宁市	Dongning City	2	1	23486	51533	7505	42843	42090	23489	329
阳明区	Yangming	6	2	408163	744229	222266	635366	465399	407583	-20624
爱辉区	Aihui	5	1	84854	180933	44939	102186	85072	87779	7236
逊克县	Xunke County	2	1	11400	32513	3960	23818	23553	11400	1880
孙吴县	Sunwu County	1		5690	12137	1464	9357	14492	5690	350
北安市	Beian City	9	3	298532	354741	123703	145156	281093	300477	-3315
五大连池市	Wudalianchi City	2	2	12141	48268	17401	25448	37919	12024	-6403
嫩江市	Nenjiang County	4	2	53900	106578	30210	68967	89131	54807	-1761
五大连池风景区	Wudalianchi Scenic Spot									
北林区	Beilin	10	6	457692	1180853	355049	666989	922089	452478	2112
望奎县	Wangkui County	1		20258	26840	1631	23060	29740	17769	252
兰西县	Lanxi County	1		18191	28185	2043	23500	34489	18191	140
青冈县	Qinggang County	1	1	22261	23885	3106	20592	28365	22261	-314
庆安县	Qingan County	3	1	115980	147574	28525	111212	116165	130835	2375
明水县	Mingshui County	2		40359	84755	41602	40673	62879	31571	2652
绥棱县	Suiling County	1	1	12230	28090	1333	26103	33762	12230	-95
安达市	Anda City	6	1	158575	334555	68940	156835	207677	159231	18705
肇东市	Zhaodong City	5	1	91308	115351	46438	57119	97346	106741	3049
海伦市	Hailun City	2		31160	61778	7502	49727	63043	31504	283
漠河市	Mohe City	2	1	83260	169167	114625	44835	118541	87764	27591
呼玛县	Huma County									
塔河县	Tahe County	1		10813	13419	12856	562	4435	10813	4713
加格达奇区	Jiagedaqi District	1	1	27575	266132	168865		258043	27575	-5548

附录　续表16　Continued

县、市名称	Name	公共财政收入（万元）General Budgetary Financial Revenue (10000 yuan)	政府性基金收入（万元）Governmental Fund Income (10000 yuan)	公共财政支出（万元）General Budgetary Financial Expenditure (10000 yuan)	政府性基金支出（万元）Governmental Fund Expenditure (10000 yuan)	公路线路里程（公里）Length of Highways (km)	普通中学在校学生（人）Students in Regular Secondary Schools (person)	小学在校学生（人）Students in Primary Schools (person)
呼兰区	Hulan	21928		313138	14828	1432	14200	18749
阿城区	Acheng	47432	1050	355842	12584	1910	21113	22704
双城区	Shuangcheng	48003		468346	86904	2579	29875	30346
依兰县	Yilan County	35381	7063	388614	3337	1768	11729	13363
方正县	Fangzheng County	18342	2002	202174	2657	1252	8624	8327
宾　县	Bin County	47909	4082	410572	8065	2381	23996	24338
巴彦县	Bayan County	38379	2367	469618	5648	2444	20353	19800
木兰县	Mulan County	12311	3512	246707	5566	1370	8163	9588
通河县	Tonghe County	21739	1609	235552	8379	1457	8327	8325
延寿县	Yanshou County	17182	14459	280094	6223	1170	7671	9149
尚志市	Shangzhi City	30583	15183	404220	17017	2625	21441	21645
五常市	Wuchang City	59177	10276	551601	2779	3736	31660	30202
龙江县	Longjiang County	51904	16165	457291	40468	2770	22299	22692
依安县	Yian County	35726	1920	357163	2460	2706	12431	12743
泰来县	Tailai County	37072	2538	270136	11049	2466	11187	13604
甘南县	Gannan County	41887	4298	382132	1078	2871	16627	17354
富裕县	Fuyu County	32481	20384	290206	17078	2099	10174	9921
克山县	Keshan County	22033	1397	370138	3338	2443	12402	10135
克东县	Kedong County	49306	2702	310267	5386	1649	8892	7022
拜泉县	Baiquan County	21659	988	469806	1560	2587	13208	15016
讷河市	Nehe City	40406	7104	518045	105813	2875	22135	20656
梅里斯区	Meilisi Daur District	7471	2272	145609	2659	797	4433	4741
鸡东县	Jidong County	28965	11762	271211	12585	1763	10281	6677
虎林市	Hulin City	42207	10992	293325	15257	3475	11794	10510
密山市	Mishan City	38447	11770	339802	8645	2840	19437	12136
萝北县	Luobei County	43185	2324	283491	1990	2674	12598	6692
绥滨县	Suibin County	12190	2098	221152	25585	1945	5803	5559
集贤县	Jixian County	30568	8531	259418	11347	1225	13512	9392
友谊县	Youyi County	12678	863	88351	2123	509	3586	3247
宝清县	Baoqing County	46073	4269	410198	83352	4081	15745	15590
饶河县	Raohe County	13644	2360	195209	2890	2526	5153	6136
肇州县	Zhaozhou County	37448	6775	251470	58582	1394	19934	12546
肇源县	Zhaoyuan County	31119	10011	297729	18558	1672	21503	13934
林甸县	Lindian County	25078	2326	252513	3480	1508	9725	9504
杜蒙自治县	Durbote Mongolia Autonomous County	36000	7385	239813	18064	1927	13110	9437
大同区	Datong	41505	7190	165358	12411	1178	10059	7315

附录 续表17 Continued

县、市名称	Name	公共财政收入(万元) General Budgetary Financial Revenue (10000 yuan)	政府性基金收入(万元) Governmental Fund Income (10000 yuan)	公共财政支出(万元) General Budgetary Financial Expenditure (10000 yuan)	政府性基金支出(万元) Governmental Fund Expenditure (10000 yuan)	公路线路里程(公里) Length of Highways (km)	普通中学在校学生(人) Students in Regular Secondary Schools (person)	小学在校学生(人) Students in Primary Schools (person)
嘉荫县	Jiayin County	10818	1391	188005	1694	1465	2338	2472
汤旺县	Tangwang County	3478		3245		359	518	790
丰林县	Fenglin County	5066		56556	2447	553	757	1258
大箐山县	Daqingshan County	2103		22766	369	382	736	1025
南岔县	Nancha County	5266	50	66036	382	631	2945	1825
铁力市	Tieli City	31457	7665	272837	17250	1879	9865	7752
佳木斯郊区	Jiamusi Suburb	33961	2194	137082	1807	1170	4345	4509
桦南县	Huanan County	34860	12938	413193	41407	1744	14762	13366
桦川县	Huachuan County	22130	9779	245343	22050	1440	7457	7435
汤原县	Tangyuan County	23259	2056	263409	26442	1776	7284	7447
同江市	Tongjiang City	22851	1803	281977	22959	2536	7712	9844
富锦市	Fujin City	63593	11230	563188	54573	4927	20450	20895
抚远市	Fuyuan City	22910	1845	279378	11661	2200	4295	5673
勃利县	Boli County	41113	31924	441187	83291	1537	10702	9728
林口县	Linkou County	43888	5784	318753	6957	2504	10899	10137
绥芬河市	Suifenhe City	49377	4374	240332	22494	234	5931	7276
海林市	Hailin City	48877	2734	316388	5937	2583	13327	11186
宁安市	Ningan City	38645	6641	374331	7033	2700	14829	14334
穆棱市	Muling City	54519	829	352193	34829	2103	10076	9773
东宁市	Dongning City	38006	9709	236263	69328	1895	9248	9246
阳明区	Yangming	20551		69776	4769	154	1481	4862
爱辉区	Aihui	22674		221893	486	1747	4041	8192
逊克县	Xunke County	34231	909	227222	1429	2373	3428	3536
孙吴县	Sunwu County	18913	1046	183618	1290	1404	3937	3928
北安市	Beian City	63902	4174	421769	6597	3168	13531	11576
五大连池市	Wudalianchi City	32225	4374	285541	7167	2865	9410	9088
嫩江市	Nenjiang County	91186	18582	491674	17616	3762	16928	16224
五大连池风景区	Wudalianchi Scenic Spot	6974	318	49396	619	231	806	615
北林区	Beilin	58219	2190	460999	4645	2457	20651	26644
望奎县	Wangkui County	44728	4352	383149	8184	1882	18986	12341
兰西县	Lanxi County	36015	13433	362743	76833	1997	18239	12825
青冈县	Qinggang County	30697	9881	432100	19090	2702	20055	12077
庆安县	Qingan County	46767	2231	346098	38988	2234	13259	10641
明水县	Mingshui County	26558	4241	330092	8444	1505	10504	8717
绥棱县	Suiling County	33440	3578	308591	2039	2099	13921	8848
安达市	Anda City	97139	18595	520373	46233	1958	18745	12849
肇东市	Zhaodong City	102077	11596	549511	85845	2357	38318	26061
海伦市	Hailun City	53319	11713	650237	52127	3748	27621	19174
漠河市	Mohe City	34229	1980	220957	973	1807	1758	1626
呼玛县	Huma County	9302	204	145467	1168	1368	1672	1439
塔河县	Tahe County	6461	491	102800	275	1287	1627	1353
加格达奇区	Jiagedaqi District	27049	9146	102730	7656	588	2743	4694